新安文化丛书一

XINAN WENHUA CONGSHU

# 新安文书

赵懿梅 著

文物出版社

中共淳安县委宣传部
中共淳安县委党史研究室
淳安县人民政府地方志办公室
淳安县政协文史和教文卫体委员会
编

图书在版编目(CIP)数据

新安文书 / 赵懿梅著. -- 北京 : 文物出版社，
2024.7
(新安文化丛书. 一)
ISBN 978-7-5010-8399-2

Ⅰ. ①新… Ⅱ. ①赵… Ⅲ. ①文书档案－档案研究－
淳安县 Ⅳ. ①G279.275.54

中国国家版本馆CIP数据核字(2024)第067634号

**新安文书**

新安文化丛书一

---

**编　　者**：中共淳安县委宣传部
中共淳安县委党史研究室
淳安县人民政府地方志办公室
淳安县政协文史和教文卫体委员会
**著　　者**：赵懿梅
**责任编辑**：孙　霞
**封面设计**：方　卓
**责任印制**：张道奇

**出版发行**：文物出版社
**地　　址**：北京市东城区东直门内北小街2号楼
**邮　　编**：100007
**网　　址**：http: //www.wenwu.com
**邮　　箱**：wenwu1957@126.com
**经　　销**：新华书店
**印　　刷**：杭州富春印务有限公司
**开　　本**：787mm × 1092mm　1/16
**印　　张**：417.25
**版　　次**：2024年7月第一版
**印　　次**：2024年7月第一次印刷
**书　　号**：ISBN 978-7-5010-8399-2
**定　　价**：2880.00元(全18册)

---

# 总　序

新安文化是指新安江流域文化。

新安江是钱塘江的正源，源头分为两大支流。南支称率水，为新安江主源，发源于安徽省休宁县五龙山脉的六股尖；北支叫横江，源于黟县五溪山主峰白顶山。两支源流在屯溪汇合，流至歙县浦口一段称渐江，歙县浦口以下至浙江省建德县与兰溪相汇处称新安江。新安江与兰溪汇合后称富春江，到萧山闻家堰称钱塘江，流至杭州湾入海。

新安江流域地处闽浙山地的北缘，黄山、天目山、白际山、五龙山、千里岗、龙门山六大山脉盘桓其间，山地及丘陵占十分之八九。新安江水呈树叶网络状，由西向东辐射，地势也是由高及低逐步下降。流域平均海拔 800 ～ 1000 米，处在山岭川谷之中。俯视江南，附近的江西、浙江、江苏、安徽，均在其下。地处新安江源头的徽州，有“吴头楚尾”之说。杜牧诗云：“溪山侵越角，风壤尽吴根。”非常准确地描写出新安江流域的地理位置。

新安江流域以黄山山脉为界，南坡有流向东南钱塘江的新安江水系，直达杭州，是前往江南的捷径；流向西南鄱阳湖的阊江水系、乐安江水系，直达饶州、九江；北坡有直接流入长江的青弋江、秋浦河水系，直达池州、安庆、芜湖长江沿线。新安江下游严州府与兰江相接，向南直达金华、衢州，是前往江西、福建的捷径。陆路虽地势高耸，山路崎岖，但由于地处皖、浙、赣三省交界，成为全国的交通网络中重要的一环。

魏晋时期，由杭州经新安江前往江西、福建的通道，是全国交通枢纽上的重点线路。宋永初三年（422）秋，谢灵运离开建康（今南京）赴任永嘉郡太守。他沿钱塘江、富春江溯流而上，经桐庐、建德、兰溪，转由婺江到永嘉，途经桐庐写下《初往新安至桐庐口》诗。唐代以前，北方通往南方的三大干线，其中两条干线经过新安江流域。一条由洛阳东行至汴州，循运河东南而下，经杭州，沿钱塘江溯流而上，经睦州、婺州、衢州、信州至江西、福建和岭南道。另一条由洛阳走陆路，经汝州、许州至陈州，过寿州、庐州，渡江至采石，经宣州、歙州到睦州，经婺州、衢州，再选择西行或南行通往福建、江西和岭南各地。宋以后，新安江流域交通线路更是呈放射状，四面通达。虽然山道崎岖，水路湍急，路途稍显艰难，但无论水路、陆路，前往江西、湖北、福建、南京、杭州都是必经的捷径。

人类逐水而居，河流是人类文明的摇篮。先秦时期，新安江流域先属吴，吴亡属越，越灭属楚。秦末，在新安江中游和上游设黟、歙二县，下游则归富春县管辖。东汉建安十三年（208），分歙地置始新、新定、黎阳、休阳四个县，加上原来的黟、歙二县，就有了六个县，以这六个县新设新都郡，郡治设在始新县治新定里（今淳安县威坪镇）。黄武四年（225），析吴郡富春县地置建德、新昌、桐庐、新城四县，建德县、新昌县（后改寿昌）地处新安江下游。其后新安江流域郡、州、府级机构，先后更名或改设为新宁郡、新安郡、东阳郡、遂安郡、婺州、睦州、歙州，最后定名为徽州和严州；县级机构先后更名或改设为新安江上游的歙县、黟县、休宁县、祁门县、绩溪县、婺源县，新安江中游的淳安县、遂安县，下游的建德县、寿昌县。

新安文化的地域范围，以新安江上游古徽州一府六县，即歙县、黟县、休宁县、祁门县、绩溪县、婺源县，以及新安江中下游古严州的淳安县、遂安县、寿昌县、建德县为核心区域。新安文化的时空概念起自史前文明，迄于 1949 年，根据研究需要适当后延。其内容涉及哲学、经济、社会、教育、学术、文学、艺术、工艺、建筑、医学等诸多学科，凡与新安江流域社会历史发展有关的内容，均是新安文化的范畴。

新安江流域是我国原始文化的一个独立发展单元，一步步走来，没有停留，没有断代。历经早期文明、晋唐兴起、五代至元崛起、明清鼎盛和近代转型五个发展阶段，形成新安文化的完整体系。

1974 年 11 月，在建德县上新桥村乌龟洞发现一枚人的犬齿化石，被命名为“建德人”，属于晚期智人类型，距今约五万年。同时，新安江流域分布着大量的旧、新石器时代遗址，承继“建德人”的文化发展。1959 ~ 1975 年，新安江上游的屯溪西郊奕棋村先后发现 8 座西周至战国早期的墓葬。出土的青铜器、原始青瓷和几何印纹硬陶，在形制、纹饰和构图风格上，具有浓厚的越文化特色。史称当地人为越族，人民性格强悍，尚武好斗，文化礼仪相对薄弱。通过地方行政治理过程中的教化，当地越人在了解和接受中原人的生产、生活方式后，道德观、价值观、文化崇尚等方面均发生变化。

晋唐时期，新安文化兴起。晋代的“永嘉之乱”和唐代的黄巢起义是中国历史上的两件大事。它不仅造成西晋和唐朝的灭亡，导致中国社会的分裂，而且对我国南方的发展产生深远的影响。“永嘉之乱”和黄巢起义期间，中原士族比较集中地迁入新安江流域，现存的徽、严二州不少姓氏族谱中，对始迁祖的追溯都上溯到这一阶段。中原士族大量迁入以后，以其自身的文化素养和生活习惯渗透民间，改变了新安江流域越族的风俗习惯，越族尚武习俗与中原儒雅之风融合，儒家思想的仁义忠孝和修身齐家理念，开始在新安江流域流行。休宁吴少微的“吴富体”在文坛崭露头角，新安江下游的“睦州诗派”更是享誉诗坛。

五代至元，新安文化崛起。这一阶段新安江流域的教育与科举得到长足发展，仅南宋时期徽州、严州二府进士就有 806 名。南宋理学大儒朱熹祖籍徽州，曾两次回徽州省墓、探亲、授课，并在严州丽泽书院、遂安瀛山书院讲学论道。新安人读朱子之书，秉朱子之教，以邹鲁之风自恃，形成新安理学学派，使得朱熹理学在新安江流域广为流传，对整个流域的文化形成和演变起到关键作用。文风郁起，留下很多脍炙人口的作品，如胡仔的《苕溪渔隐丛话》和方岳、方逢辰的诗歌，在全国诗坛都占有一席之地。徽州刻书和严州刻书，在中国刻书史上贡献卓著。制瓷技术、医学、植物学、光学、生物学等科学技术都取得一定成就，其中歙县张杲淳熙十六年（1189）写成的《医说》一书，是中国医学史上第一部医史传记。

明清时期，新安文化进入鼎盛。私学、官学和书院教育同步发展，推动新安江流域科举繁荣兴盛。淳安人商辂“三元及第”，于明宣德十年（1435）乡试、正统十年(1445)会试及殿试均为第一名。理学、心学与朴学相互融合发展，理学家们提倡“和会朱陆”，阳明心学受到欢迎。清康熙、乾隆时期，新安学者提倡实事求是的治学精神，开创朴实的学风，成为清代学术的主流，朴学领袖戴震更是中国哲学史上的唯物主义启蒙思想家。文学艺术百花齐放，新安画派是明清文人画的正统继承者，徽派版画代表了中国传统版画的最高成就，徽派篆刻成为中国文人篆刻的主流，徽剧乃京剧之母。科学技术成就斐然，新安医学所主张的“固本培元”理论，是中国传统医学中的精华；程大位是中国历史上珠算集大成者；郑复光《镜镜詅痴》集当时中西光学知识大成。

近代，新安文化开始转型。光绪二十六年（1900），歙县基督教堂在城内创办崇一学堂，迈开新安江流域兴办新式学堂的第一步。在西方近代科技和工业革命的影响下，实业救国成为潮流，培养近代农林、商业、工业人才，是教育转型过程中的重要一环。光绪三十四年（1908），戴英在休宁县隆阜珠里创办新安江流域近代第一所职业学校——休宁初等农业学堂。随后，徽州乙种商业学校、淳安县初级实业小学、建德县浙江省立甲种森林学校等相继开办。新安学术也开始向近代学术思潮转型，胡适成为近代文化转型中承上启下的关键人物。文学艺术在转型中得到提振，其中由汪渊集句成词、其夫人程淑笺注的《麝尘莲寸集》，以词集词，前无古人。黄宾虹成为近代中国绘画领域中的一座高峰；黄士陵的篆刻形成自己的艺术风格，被称为“黟山派”。“徽路徽戏”和睦剧得到全面发展。

新安江流域自古为越族领地，随着中原士族的迁入，中华儒家文化的价值观“修身齐家治国平天下”，在这里不断积淀，形成尚武自强、重教崇文、俗尚文雅、治生重商的区域特征。

新安江流域早期越人以尚武著称。明清时期，新安江流域百姓依然习武自强为常。至今民间仍留存不少延请拳师的“拳关”文书。明万历休宁程冲斗所著《耕余剩技》，是中国武术史上的名著。绩溪县张横秋更是以武术名世，在武术史上形成“豫徽武术”流派，其拳术至今仍在新安江流域流传。很多文人在习文的同时练武，明末休宁县抗清义士金声不仅文章出彩，而且武艺高强。休宁画家汪肇，喜好持矛舞剑。新安朴学后期的重要学者汪宗沂，通拳术、剑术、马术，喜谈兵。他的学生许承尧、黄宾虹，一个是著名诗人，一个是著名画家，跟着汪宗沂学习时，练剑、骑马也是必备的功课。

中原士族迁居新安江流域以后，注重文化传承。这种传承使得新安江流域重视教育，崇尚文雅。朱熹提倡读书，研究学问，从事著述，强调“穷理之要，必在于读书”。新安理学的兴起，增强了新安江流域的读书氛围。儒家思想被塾师细化在自己教学实践中，塾师编写的大量蒙学教材中，将儒家的道德观念灌输给学童。在新安理学的影响下，新安江流域读书著述之风盛行，形成“十家之村，无废诵读”的景象。宋元以来，被称为“东南邹鲁”。

随着儒家思想向民间基层渗透，礼教在老百姓中扎根。民间礼仪以朱熹《家礼》作为依据，渗透于各个家庭。休宁《茗洲吴氏家典》根据《家礼》，结合本宗族的情况，规定冠婚丧祭的礼仪，作为子孙后代遵行的法典。民国遂安《高峰朱氏宗谱》卷三《家训》对子弟的礼仪教育写得非常具体，结合家族特点，将礼教具体化，教育族人如何做人、做事，各项规范要求明确，可操作、能监督，俗向文雅，成为“礼下庶人”的典范。

新安江流域有一个异于全国其他地区的现象，就是人们以经商致富为荣，从商成为风气。新安学者提倡职业不分卑贱，引导民众经商，鼓励商人创业，提倡“廉贾”价值观。地方士绅还通过各种方式为商人代言，创造良好的经商环境。学者的倡导、士绅的鼓励，对不轻视商业、不以经商为耻社会风气的形成，起到极大的促进作用，使新安人在观念上获得解放，理直气壮去经商，造就了雄飞于中国商界三百年的新安商人集团。

新安文化不断兼收并蓄，坚持实事求是，遵循儒雅中庸的发展过程，构成以“包容、探索、和谐”为核心的人文精神。

在沉淀中原汉文化和践行儒家思想的过程中，新安江流域不断地塑造自身的人文精神，推进新安文化的发展。新安文化的形成，是中原汉文化与当地土著越文化进行融合的过程。在两种文化的融合过程中，汉文化虽然是强势文化，但具有很强的包容性，促进了越文化的自然融合，从而产生出新质的新安文化。这种包容性，在新安文化发展过程中，贯穿始终，成为新安文化特色。兼收并蓄的包容精神，体现了新安文化的博大气象，是新安文化得以发展的源泉。

在新安文化发展过程中，新安人一直遵循实事求是的原则，博学求知，努力探索规律，追求真理，勇得时代风气之先。朱熹提出“濯去旧见，以来新意”；戴震主张“不以人蔽己，不以己自蔽”；胡适要求“重新估定一切价值”，都是不懈求索、勇得时代风气的典范。实事求是的探索精神，体现了新安人的思辨能力，是新安文化得以不断创新发展的动力。

新安文化是宋以后中国儒家文化在民间社会最完整的体现和典型范例，其儒雅中庸的内质得到很好的体现。“薄利多销”成为新安商人的经营手段，自己少赚些，让消费者不吃亏，成为“中庸”思想在商业领域的一种表现，即双赢。新安宗族在“中庸”思想的指导下，和睦相处，很少发生械斗。就是宗族间有了矛盾，也是协调处理，互相谦让。在艺术上，也非常讲究中庸平和。新安篆刻中的雅逸隽秀、平和光洁；新安版画内蕴的恬静和安乐，也是儒雅中庸的一种表现。儒雅中庸的和谐精神，使得新安江流域社会平稳安定，是新安文化不断发展的基础。

新安江流域靠近越文化核心区，其文化既具有新安文化特点，又带有钱塘江流域良渚文化特色，体现出新安文化与良渚文化融合的趋势。对河系流域上下游文化碰撞、交融的研究，具有重要价值。

新安江流域至今保存下来的地面文物遗存 10000 多处、8000 余种文献、100 余万件文书，跨越千年历史，涵盖政治、经济、文化各个领域。尤其地面文物遗存、非物质文化遗产和文书档案，均为第一手资料，是人们了解中国封建社会后期农村社会实态不可多得的资料，为按历史本来面貌做综合实态研究创造了前所未有的有利条件。中国社会科学院历史研究所周绍泉先生指出："以徽州文书为代表的历史文书档案为主要资料，综合研究历史社会实态，将是我们这个时代的学术潮流。"

新安文化是中国封建社会后期传统文化的典范，独树一帜，在各自领域都处于领先位置。从新安文化中提炼出来，形成新安宗族、新安学术、新安商人、新安教育、新安建筑、新安书画、新安工艺、新安科技、新安文学、新安戏曲、新安饮食、新安民俗等文化现象，是新安文化中的精华，学术界在研究专业史时无法绕开这些课题。对新安文化展开研究，实际也就是对中国封建后期传统文化展开研究，窥一斑而见全豹，具有普遍的学术意义。

新安江流域四面环山，作为一个独立的自然地理单元，风景秀丽，人们的审美观受到山水环境的影响。新安四雕艺术、文房四宝艺术、盆景艺术、新安书画、新安文学等，都是新安江流域自然环境同新安人审美观相结合的产物。而新安饮食、方言的形成，同新安江流域独特的自然地理环境及资源有关；新安宗族社会构成和村落结构，同新安地理环境也是密切相关，具有地理文化单元的人类文化学研究价值。

新安文化是移民文化，中原士族的内迁，决定了其社会与文化的诸多现象和特点，受到中原文化的影响。同时，新安文化的昌盛与发展，还存在着一个由新安江流域再向外移民的过程，并对侨寓地的文化产生影响。如新安学术、徽剧、新安艺术、新安刻书、新安篆刻等对扬州学派、京剧、江南园林、江南版画、浙派篆刻都有渗透和影响。研究新安文化，可以获得中华大文化融合各民族文化、各地方文化的一般与个别规律，为繁荣中华大文化作出贡献。

新安江流域是宗族社会。明清时期，农村基层依靠宗族自治管理，有不少好的做法。现存不少宗族公约中有值得学习和借鉴的条文，如禁止乱砍滥伐和禁止赌博等。从内容上看，它们符合当今所提倡的环境保护和社会文明的主旨。从实施机制上看，它不是依赖于行政系统，而是靠"公约"的形式自我约束，这给建设社会主义新农村带来启示，村民自治要以农民为主体，增强农民的自觉意识，而不是靠行政手段。新安文书中的商业合同，反映了新安人市场观念的成熟；分家契约反映了新安人既遵从中国传统的伦理观，又理性地处理家庭财产等经济问题；诉讼文书，反映了古代新安江流域民间已经有较强的法治观念。新安江流域古村落人与自然和谐，以人为本的思想贯穿村落建设，村落中的防火措施、水系设计都十分讲究，科学性很强，给当代环境规划设计带来启示。

新安文化博大精深，对新安江流域上游的徽州文化研究，已经成为一门专门的学问——徽学。但对整个流域的整体研究还是一个空白，编撰《新安文化》丛书，可以填补全面涵盖新安江全流域文化的研究空白，力求科学、全面、准确、系统地展示新安文化的各个方面，对于新安文化学术研究及开发利用，是一件十分有意义的事情。

**《新安文化》丛书编撰委员会**

**2023 年 4 月**

# 目 录

# 绪 论

源头活水出新安，百转千回入钱塘。新安江流域自古以来文化传承系统而完整。宋代以后经济文化重心南移，新安江流域占据了有利的地理位置。明清时期新安江流域的社会经济文化发展鼎盛，形成了别具一格的新安文化。20 世纪 80 年代以来，对新安江流域上游的徽州文化研究厚积薄发，成为一门专门的学科——徽学；新安江流域中下游的严州文化研究正逐步展开。新安文书为地方文化的研究和开发提供了丰富的资料，奠定了基础。

根据《新安文化》丛书的要求，本书所探讨的新安文书的空间范围主要以古徽州一府六县，即歙县、黟县、休宁、祁门、绩溪、婺源，以及新安江中游的淳安、下游的建德为核心区域；时间范围主要以发现最早文书为上限，下迄 1949 年，根据文书遗存的现状来看，研讨的主体集中于明、清、民国时期。

新安江上游流域大量发现的徽州文书，是迄今所知国内遗存数量最多、质量最高的民间文书群。徽州文书奠定了徽州学研究的基础，为历史学、哲学、社会学等多个学科提供了丰富的史料。自 20 世纪 50 年代徽州文书面世以来，对徽州文书的整理与研究取得了丰硕的研究成果，为新安文书研究奠定了基础，提供了可资借鉴的路径和经验。其研究成果可分为两个方面，即以徽州文书作为研究对象的理论研究和利用徽州文书开展的学术研究。

以徽州文书作为研究对象的理论研究，主要涵盖了徽州文书的发现和流传；徽州文书的形成及原因；徽州文书的收藏和出版；徽州文书的分类方法和整理标准；徽州文书的定义、特点、价值；徽州文书的研究方法和开发利用等。

《徽州文书档案》[①]是第一部全面介绍和研究徽州文书档案的著作。王国键[②]、翟

① 严桂夫、王国键：《徽州文书档案》，安徽人民出版社，2005年。
② 王国键：《徽州文书发现的来龙去脉》，《中国档案》2005年第7期，第22～25页。

屯建[①]、卞利[②]、刘伯山[③]等梳理了徽州文书的发现和流传过程。严桂夫[④]、翟屯建[⑤]等通过考察徽州文书产生的历史背景及遗存现状，分析研究了徽州文书是如何形成和保存的。刘伯山认为徽州文书的遗存原因在于徽州人的宗族意识与观念、徽州人的契约意识与理念、徽州人的收藏爱好与习惯、良好的保存条件与环境、稳定的社会和极少战乱的历史。[⑥]卞利将徽州文书遗存的原因归纳为徽州文书数量巨大、地理环境相对封闭、徽州民间保护文书与文献的传统、徽州民间“健讼”习俗的影响、徽州文书的实用性、官府档案的移交。

严桂夫[⑦]、徐国利[⑧]、翟屯建[⑨]、卞利[⑩]等搜集和归纳了徽州文书的收藏、整理和出版情况。徽州文书的收藏和整理过程中，各机构主体摸索和归纳出宝贵的经验。严桂夫[⑪]、俞乃华[⑫]、刘伯山[⑬]在整理过程中，对徽州文书的计量方法提出了各自的看法。吴光龙将徽州文书的整理方式概括为目录式、提要式、汇编式、专著式。[⑭]徐国利将徽州文书的分类方法总结为形态分类法、作者分类法、年代分类法、内容分类法、归户分类法。[⑮]俞乃华等总结了徽州文书整理的科学流程，建立徽州文书特色数据库，开发了应用管理软件。[⑯]魏郭辉分析了敦煌文书、徽州文书、清水江文书及其他古

---

① 翟屯建：《徽州文书的由来、发现、收藏与整理》，《上海师范大学学报(哲学社会科学版)》2006年第1期，第110～114页。

② 卞利：《徽州文书的由来及其收藏整理情况》，《寻根》2008年第6期，第4～14页。

③ 刘伯山：《徽州文书的遗存与发现》，《探索与争鸣》2009年第6期，第57～59页。

④ 严桂夫、王国键：《徽州文书档案》，安徽人民出版社，2005年。

⑤ 翟屯建：《徽州文书的由来、发现、收藏与整理》，《上海师范大学学报(哲学社会科学版)》2006年第1期，第110～114。

⑥ 刘伯山：《徽州文书遗存的原因》，《安徽史学》2007年第2期，第95～100页。

⑦ 严桂夫、王国键：《徽州文书档案》，安徽人民出版社，2005年。

⑧ 徐国利：《当代中国的徽州文书研究》，《史学月刊》2005年第2期，第96～104页。

⑨ 翟屯建：《徽州文书的由来、发现、收藏与整理》，《上海师范大学学报(哲学社会科学版)》2006年第1期，第110～114页。

⑩ 卞利：《徽州文书的由来及其收藏整理情况》，《寻根》2008年第6期，第4～14页。

⑪ 严桂夫：《徽州历史档案总目提要》，黄山书社，1996年，第36页。

⑫ 俞乃华：《徽州文书整理探析》，《徽学丛刊(第1辑)》，黄山书社，2003年，第191页。

⑬ 刘伯山：《关于徽州文书的计量标准》，《安徽大学学报》2006年，第114～117页。

⑭ 吴光龙：《试论徽州文书的史学价值及其整理》，《安徽史学》2000年第3期，第38～40页。

⑮ 徐国利：《当代中国的徽州文书研究》，《史学月刊》2005年第2期，第96～104页。

⑯ 俞乃华、何广龙、汪柏树：《徽州文书整理及特色数据库建设研究》，《大学图书情报学刊》2010年第1期，第54～56页。

契约文书的整理现状，探析古文书整理的学术标准及规范。①

在对徽州文书的深入认识中，各位学者对徽州文书的定义、特点和价值提出了各自的看法。刘伯山认为“徽州文书是历史上的徽州人在其生产、生活及社会交往过程中因各自切身利益而形成的原始凭据、字据和记录”。②周绍泉认为徽州文书“是指徽州历史遗存下来的公私文书、书信、契据、案卷、账簿等”③。徐国利认为“徽州文书是徽州历史上的国家机构、社会组织或个人为从事或解决某些实际事务活动而制作的程式化的书面记载”。④《徽州文书档案》认为“徽州文书档案，是徽州及徽州以外的各级国家机构、社会组织和个人形成的以徽州籍各个平民家庭为表现主体的，反映中国封建社会后期历史实态的各种原始材料”。⑤在徽州历史上形成和保存下来的，在其他地区形成的有关徽州的，以及在徽州形成的与其他地区有密切联系的，均属于徽州文书。徽州文书的时间断限，《徽州文书档案》认为上限为北宋宣和三年（1121），下限为民国三十八年（1949）。目前已知最早的实物是黟县档案馆收藏的南宋嘉泰元年（1201）黟县无上黄箓法坛龙简，⑥最早的纸质契约是北京图书馆收藏的南宋嘉定八年（1215）祁门县吴拱卖山地契抄白，⑦最早的纸质契约原件是中国社会科学院历史所收藏的淳祐二年（1242）休宁李思聪等卖田、山赤契。⑧刘伯山则认为可以将徽州文书的下限推至20世纪80年代。⑨

周绍泉指出徽州文书数量大、种类多、涉及面广、跨越历史时代长、学术研究价值高，具有启发性、连续性、具体性、真实性和典型性等特点。⑩刘伯山将徽州文书的特点概括为真实性；唯一性；内容极其丰富，文书形式多样；时间跨度大，持续的朝代多且系统完整；连续系统，有很强的归户性。⑪《徽州文书档案》认为具

① 魏郭辉：《古文书整理的学术标准——以敦煌文书、徽州文书、清水江文书整理为例》，《贵州师范学院学报》2013年第8期，第25～28页。

② 刘伯山：《徽州文书的遗存与发现》，《探索与争鸣》2009年第6期，第57～59页。

③ 周绍泉：《徽州文书的分类》，《徽州社会科学》1992年第2期。

④ 徐国利：《当代中国的徽州文书研究》，《史学月刊》2005年第2期，第96～104页。

⑤ 严桂夫、王国键著：《徽州文书档案》，安徽人民出版社，2005年。

⑥ 严桂夫、王国键著：《徽州文书档案》，安徽人民出版社，2005年。

⑦ 张传玺：《中国历代契约会编考释》，北京大学出版社，1995年，第532页。

⑧ 王钰欣、周绍泉：《徽州千年契约文书第1卷》，花山文艺出版社，1991年，第1页。

⑨ 刘伯山：《徽州文化的基本概念及其研究价值》，《徽州社会科学》1999年第3期。

⑩ 周绍泉：《徽州文书与徽学》，《历史研究》2000年第1期，第51～60页。

⑪ 刘伯山：《徽州文书的遗存及特点》，《历史档案》2004年第1期，第122～126，136页。

有民间性、具体性、真实性、典型性、系统性和综合性六大特点。[①] 徐国利将徽州文书的特点概括为数量大；种类多和涉及面广；跨越的历史时代长；连续性强；典型性；民间性。虽然学界对徽州文书的特点表述不一，但已形成基本的共识。

吴光龙[②]、徐国利[③]论述了徽州文书的史学价值。严桂夫、王国键指出徽州文书具有重要的学术价值、收藏价值、史料价值、经济价值。[④] 常建华强调徽州文书为民间社会日常生活史研究提供了丰富的史料。[⑤]

王振忠在徽州文书收藏和研究上积淀丰富，他提炼自身的经验给后人以启发，指出田野调查是徽州文书研究的重要方法之一，应当在田野中收集口碑和文献资料，将文献放到具体的社会环境中进行考察。[⑥]《徽州文书档案》对徽州文书的开发和研究做了简评和展望。[⑦] 张蓓梳理了徽州文书档案开发利用的发展历程，总结了经验成果，发现问题和不足，并提出了相关对策以促进徽州文书的开发利用。[⑧]

利用徽州文书开展学术研究取得的成果更是硕果累累。阿风总结和归纳了1988年～1998年的徽州文书研究成果，主要集中在中国社会经济史、徽商、宗法宗族制度、明清农村社会制度、中国法制史等领域，代表性学者有傅衣凌、周绍泉、陈柯云、栾成显、叶显恩、藤井宏、臼井佐知子、居蜜等。[⑨] 区域社会史研究主要从宗族入手，主要有赵华富[⑩]、唐力行[⑪]、王振忠[⑫]、卞利[⑬]等学者。近年来，唐力行[⑭]、陈瑞[⑮]等学者从社会控制角度对徽州宗族进行了深入而全面的研究。刘伯山利用归户

---

① 严桂夫、王国键：《徽州文书档案》，安徽人民出版社，2005年。

② 吴光龙：《试论徽州文书的史学价值及其整理》，《安徽史学》2000年第3期，第38～40页。

③ 徐国利：《当代中国的徽州文书研究》，《史学月刊》2005年第2期，第96～104页。

④ 严桂夫、王国键：《徽州文书档案的特点和价值》，《档案学研究》2001年第1期，第20～24页。

⑤ 常建华：《徽州文书的日常生活史价值》，《安徽史学》2015年第6期，第5～10页。

⑥ 王振忠：《在田野中解读历史：徽州文书与实地考察》，《探索与争鸣》2009年第6期，第60～63页。

⑦ 严桂夫、王国键：《徽州文书档案》，安徽人民出版社，2005年。

⑧ 张蓓：《徽州文书档案开发利用研究》，安徽大学，2014年。

⑨ 阿风：《徽州文书研究十年回顾》，《中国史研究动态》1998年第2期，第2～10页。

⑩ 赵华富：《徽州宗族研究》，安徽大学出版社，2004年。

⑪ 唐力行：《徽州宗族社会》，安徽人民出版社，2005年。

⑫ 王振忠：《明清以来徽州村落社会史研究 以新发现的民间珍稀文献为中心》，上海人民出版社，2011年。

⑬ 卞利：《明清徽州社会研究》，安徽大学出版社，2004年。

⑭ 唐力行、张翔凤：《国家民众间的徽州乡绅与基层社会控制》，《上海师范大学学报(哲学社会科学版)》2002年第6期，第58～66页。

⑮ 陈瑞：《明清时期徽州宗族社会关系控制初探》，《安徽史学》2007年第2期，第109～116页。

文书对清代徽州宗族伦理生活实态做个案研究。[①] 从法律角度研究徽州文书的，主要有阿风[②]、卞利[③]、俞江[④]、郑小春[⑤]、田涛[⑥]等学者。

与徽州文书相比，新安江中下游流域文书面世数量少，整理和研究不足。栾成显在2018年举办的新安文化学术研讨会上指出，新安江中下流域的文书档案屡有重大发现。但由于面世数量尚少，未有充分的研究。国内其他地域民间文书群的整理研究正蓬勃兴起。近五十年来，清水江文书的发现和研究取得了一批较为重要的成果，出版有《清水江文书》第一至三辑[⑦]，《天柱文书》[⑧]《清水江文书整理与研究丛书》《贵州清水江文书·黎平文书》[⑨]《锦屏文书》等。太行山文书主要来源于晋冀鲁豫交界的太行山地区，出版有《太行山文书精萃》[⑩]等。福建有《福建民间文书》[⑪]《闽东家族文书》[⑫]《闽北文书》[⑬]《福建民间契约文书》[⑭]，浙江有《浙江畲族文书集成》[⑮]《莲都文书》[⑯]，江西有《赣南文书》[⑰]《赣南民间文书》[⑱]，涉及广西、湖南、广东等地的南岭山脉有《南岭文书》[⑲]，以及《土默特文书》[⑳]。这些民间文书群的整理和研究，为新安文书的整理提供了理论基础和方法经验，为比较研究的开展提供了角度和思路。

---

① 刘伯山：《清代中后期徽州宗族社会的松解——以《<黟县一都榆村邱氏文书>为中心》，《中国农史》2012年第2期，第93～105页。

② 阿风：《明清徽州诉讼文书的分类》，《徽学》2008年第5卷，第252～280页。

③ 卞利：《明清徽州村规民约和国家法之间的冲突与整合》，《华中师范大学学报(人文社会科学版》2006年第1期，第77～83页。

④ 俞江：《论清代"细事"类案件的投鸣与乡里调处——以新出徽州投状文书为线索》，《法学》2013年第6期，第105～119页。

⑤ 郑小春：《明清徽州案卷文书述略》，《徽学》2008年第5卷，第281～294页。

⑥ 田涛、王宏治、柏桦、邓建鹏：《徽州民间私约研究及徽州民间习惯调查》，法律出版社，2014年。

⑦ 张应强、王宗勋：《清水江文书》第1辑，广西师范大学出版社，2007年；张应强、王宗勋：《清水江文书》第2辑，广西师范大学出版社，2009年；张应强、王宗勋：《清水江文书》第3辑，广西师范大学出版社，2011年。

⑧ 贵州大学：《天柱文书第1辑》，江苏人民出版社，2014年。

⑨ 李斌：《贵州清水江文书·黎平文书》，贵州民族出版社，2017年。

⑩ 康香阁：《太行山文书精萃》，文物出版社，2017年。

⑪ 陈支平：《福建民间文书》，广西师范大学出版社，2007年。

⑫ 周正庆等：《闽东家族文书》，广西师范大学出版社，2018、2021年。

⑬ 徐雁宇：《闽北文书》，广西师范大学出版社，2019年。

⑭ 郑振满：《福建民间契约文书》，福建人民出版社，2022年。

⑮ 冯筱才：《浙江畲族文书集成》，广西师范大学出版社，2019年。

⑯ 杨国安、赵士第、彭昊博编：《莲都文书》，广西师范大学出版社，2022年。

⑰ 熊昌锟、徐雁宇：《赣南文书》，广西师范大学出版社，2019年。

⑱ 朱忠飞、温春香：《赣南民间文书》第1辑，广西师范大学出版社，2022年。

⑲ 刘永红、吴声军、陈才佳：《南岭文书》第1辑，广西师范大学出版社，2022年。

⑳ 储建中、储昱：《土默特文书》，广西师范大学出版社，2019年。

# 第一章　新安文书的界定

## 第一节　新安文书的空间范围

新安文书中的绝大多数是定居在新安江流域普通家庭的生产生活等各种活动中形成的。如歙县深渡镇漳潭村位于新安江山水画廊之中，依山傍水，风景秀丽，自古盛产“三潭枇杷”。2013 年 8 月，入选中国第二批传统村落名录。《徽州文书》第 5 辑第 6 册收录有歙县三十六都二图漳潭张氏文书。

新安江山水画廊

**雍正十三年（1735）十一月张贵龙立顶小买田批**[①]

立顶批人张贵龙，今有分受小买田八分一坵，（土）名枫段，今身出顶与林如

① 刘伯山：《徽州文书》第5辑第6册，广西师范大学出版社，2015年，第401页。

堂叔名下前去作种。三面议定顶价纹银一两一钱正，其银当日收足，其田听凭前去作种，其田租交谷一百五十斤。两相情愿，恐口无凭，立此顶批为照。

即批田麦系本身割。

雍正十三年十一月　日立顶批人张贵龙押

代笔　人张殿文押

这份文书就是清代雍正年间漳潭居民张贵龙将田地出顶给林如堂叔的活动中形成的。新安文书中以契约文书数量最多，这些契约就是新安人之间发生的买卖典当等交易交往行为中产生的。

大部分新安文书是历史上在新安江流域活动的普通民众保存和遗留下来的。《徽州文书》第 1 辑第 1 册收录有黟县一都榆村邱氏文书，[①] 共有 280 份，最早的一份是明天启四年（1624）的卖地赤契，最晚的一份是 1954 年的商店购物发票。其中有一份包契纸，表明原来包有 4 份契约：

**包契纸**[②]

天启四年六都胡姓卖与程姓名下契一纸已印无尾

道光十一年五都程姓卖与叶姓名下契一纸已印粘尾

十五年五都叶姓卖与胡姓名下契一纸已印粘尾

廿二年六都西递胡姓卖与邱姓名下契一纸当印粘尾

共计老新契四张土名马驼山风水计契价银四拾两正

老推单新推单收税单均在内昆字号计三千七百五十八号

这 4 份契约俱在，经过整理后，将信息列表如下：

① 刘伯山：《徽州文书》第1辑第1册，广西师范大学出版社，2005年。

② 刘伯山：《徽州文书》第1辑第1册，广西师范大学出版社，2005年，第301页。

## 黟县马驼山风水地流转信息一览

| 序号 | 契名 | 卖方 | 买方 | 土名 | 字号 | 地税 | 四至 | 价银 | 备注 |
|---|---|---|---|---|---|---|---|---|---|
| 1 | 明天启四年(1624)三月胡奎立卖地赤契附天启四年(1624)三月推单 | 胡奎 | 叔 | 马驼山 | | 三分 | 右边一片东至顶心埋石为界,西至员唇低坦为界,南至旧坟两便为界,北至低坦为界 | 纹银一十六两五钱 | 后加批注:道光十一年(1831)腊月为取东至西计长三丈二尺,南至北计阔一丈,并推地税一分六厘,转卖与叶姓名下管业边粮,此批 |
| 2 | 清道光十一年(1831)十二月程百达等立杜断卖地赤契 | 程百达、程佛贵、侄(程)福喜、侄孙(程)可成、(程)可文 | 叶 | 马驼山 | 昆字三千七百五十八号 | 一分六厘 | 东至卖人祖坟坟园,西至塝脚下,南至程姓坟,北至程姓坟,四至之内东至西计长三丈二尺,南至北计阔一丈正 | 九七色银四十两 | 根据明天启四年(1624)契约后加批注,可推断此契转卖为同一块风水地 |
| 3 | 清道光十五年(1835)十月叶赏龄等立杜断卖地赤契附道光十六年(1836)二月契尾 | 叶赏龄、弟(叶)赏增、(叶)赏榆 | 胡 | 马驼山 | 昆字三千七百五十八号 | 一分六厘 | 东至程姓祖坟坟园,西至塝脚,南至程姓坟地,北至程姓坟,四至之内东至西计长三丈二尺,南至北计阔一丈 | 四十两 | |
| 4 | 清道光二十二年(1842)六月胡履丰立杜断卖地赤契附道光二十二年(1842)十月契尾 | 胡履丰 | 邱三赐 | 马驼山 | 昆字三千七百五十八号 | 一分六厘 | 东至程姓祖坟坟园,西至塝脚,南至程姓坟,北至程姓坟,四至之内东至西计长三丈二尺,南至北计阔一丈 | 四十两 | |

可见，从明天启四年（1624）到道光二十二年（1842）二百多年间，这块马驼山风水地历经辗转，先后经历几任所有者（胡姓—程姓—叶姓—胡姓—邱姓），最终这些上首契约由最后的买主邱氏妥善保管了150余年后，再经汪姓文书贩子之手，为刘伯山所收藏。[①] 新安文书中的合同、阄书、账簿等等，也大多是这样代代相承而遗留至今。

目前发现的新安文书主要从新安江流域流出。笔者几乎每次在新安江流域村落进行田野调查时，都会有农民拿出自己祖上遗留下来的族谱文书。可见，新安文书的主要形成区域即新安江流域。

此外，还有一些形成和留存于新安以外，但与新安有关的文书；以及新安江流域形成的与其他地区有密切联系的文书，均属于新安文书的范围。本书研究的新安文书，其空间范围主要以古徽州一府六县，即歙县、黟县、休宁、祁门、绩溪、婺源，以及新安江中游的淳安、下游的建德为核心区域。

## 第二节　新安文书的时间断限

新安文书的时间范围应当以发现最早文书为上限。目前已知最早的实物是黟县档案馆收藏的南宋嘉泰元年（1201）黟县无上黄箓法坛龙简[②]。最早的纸质契约是国家图书馆收藏的南宋嘉定八年（1215）祁门县吴拱卖山地契抄白[③]，最早的纸质契约原件是中国社会科学院历史所收藏的淳祐二年（1242）休宁李思聪等卖田、山赤契[④]。下限则迄及1949年。根据文书遗存的现状来看，本书研讨的新安文书集中于明、清及民国时期。

---

① 刘伯山：《徽州文书》第1辑第1册，广西师范大学出版社，2005年，第2页。

② 严桂夫、王国键：《徽州文书档案》，安徽人民出版社，2005年。

③ 张传玺：《中国历代契约会编考释》，北京大学出版社，1995年，第532页。

④ 王钰欣、周绍泉编：《徽州千年契约文书》第1卷，花山文艺出版社，1991年，第1页。

## 第三节　新安文书的定义

新安文书，是历史上的新安人在其生产、生活，以及社会交往过程中，为各自切身利益而形成的原始凭据、字据和记录。空间范围主要以古徽州一府六县，即歙县、黟县、休宁、祁门、绩溪、婺源，以及新安江中游的淳安、下游的建德为核心区域；时间范围主要以发现最早文书为上限，下迄 1949 年。

## 第四节　新安文书与徽州文书

新安江上游流域大量发现的徽州文书，是迄今所知国内遗存数量最多、质量最高的民间文书群。利用徽州文书开展学术研究取得的成果，可谓硕果累累。与徽州文书相比，新安江中下游流域文书面世数量少，整理和研究不足。对其开展的研究更是少之又少。从文书的形式、内容、种类等来看，新安江中下游流域文书与徽州文书联系紧密，既有区别又有联系。徽州文书等民间文书群的整理和研究为新安江中下游流域文书提供了路径和借鉴。本书所探讨的新安文书并不是徽州文书与新安江中下游流域文书的简单加总，而是试图将新安江流域视为研究的对象，从整体上把握该流域形成和遗存至今的文书档案的定义、特点和价值等，拓展新安江中下游流域文书研究的深度和广度，展示新安江流域的区域互动与历史发展。

# 第二章　新安文书的遗存

新安江，古称浙江、浙江，发源于安徽省黄山市休宁县境内，东流入浙江省西部，经淳安、建德与兰江汇合后流入钱塘江，为钱塘江正源。其流经区域为我国华东多山丘陵地带，新安江干支流于群山中蜿蜒而过。沿江两岸山峦叠嶂，地势陡绝。“新安为郡在万山间，其地险狭而不夷，其土骍刚而不化，水湍悍少潴蓄”。[①]上游的徽州境内多山峦丘陵，四周高山环峙，西南有五龙山脉，东南有白际山脉，东北有天目山，北部有黄山向南西延展。中下游的淳安、建德也是山多地少。封闭而稳定的地理环境使得新安江流域成为一个历史地理文化单元。新安文书就是在这种长期相对稳定的社会环境中产生和遗存至今的。随着中华人民共和国的建立，封建社会制度和经济基础的瓦解，大批的民间文书档案作为文化遗存被收藏和研究。

## 第一节　新安文书的发现

徽州被誉为“东南邹鲁”“程朱阙里”，儒风昌盛，崇尚教育，民间读书藏书刻书蔚然成风，因此徽州地域文献古籍收藏量丰富。民国时期，就常有上海、杭州等地的文人墨客到徽州搜寻古籍。抗日战争时期，在屯溪老大桥附近形成了热闹的古书市场，贩卖古籍的小贩 100 多人聚集于此。一些徽州文书随着古籍流出徽州。其中一部分流入了南京市场，于民国三十五年（1946）被寓居南京的中央研究院史语所方豪先生所收购。这批资料先后于 1971 ～ 1973 年被发表在台湾复刊的《食货月刊》上，共 12 篇，全部以《战乱中所得资料简略整理报告》为副标题。这一段时间，上海图书馆等图书馆和研究机构也开始在上海、杭州等地进行徽州契约文书和徽州家谱的收购与收藏。

①[宋]罗愿撰，萧建新、杨国宜校著：《〈新安志〉整理与研究》，黄山书社，2008年，第63页。

徽州文书的发现与抢救，与郑振铎有密切的关系。20 世纪 50 年代中叶，在上海开旧书店的韩世保常在徽州收购古籍，他将徽州发现大批古籍文书的信息告知了时任文化部副部长的郑振铎。郑振铎高度重视，向当时的安徽省委书记曾希圣通报了情况。在安徽省有关部门的关注下，1956 年 9 月，屯溪古籍书店正式成立，余庭光为负责人。据他回忆，屯溪古籍书店工作人员经常下到徽州各县村民家中上门收购。1957 年夏天，余庭光到祁门县供销社废品收购站库房挑选古籍时，发现了大量被当作废纸收购的契纸。余庭光翻捡发现，竟然有宋代的契纸。于是他收购了这批契纸，全部装入麻袋中，拉回了屯溪。

为了能让契纸卖个好价格，屯溪书店对这批契约进行了整理，先按照宋、元、明、清、民国的时间顺序分类，再按田契、地契、房契、分家阄书、婚书、租妻契约、卖妻契约、卖儿契约、卖女契约、修桥补路善款公告、封山告示、禁渔告示和鱼鳞册等分类。不同的契约定价不同，宋代契约 50 元／件，元代契约 40 元／件，[①] 明代官契 5 角／张，“三红原契”（即草契、官版契纸、契尾齐全）1.5 ～ 2.5 元／件。[②]

为了能把文书推销出去，屯溪古籍书店做了很多宣传和推广工作。一边在报刊上作宣传，余庭光在 1957 年 10 月 17 日的《人民日报》上首先发表了《徽州发现宋元时代的契约》一文；此后，他又在 1957 年第 10 期《文物参考资料》上发表了《徽州发现了宋元以来的契约》。1958 年第 4 期《文物参考资料》上发表了《歙县发现明代鱼鳞图册》《徽州地区收集到万余件珍贵资料》，向外界披露了徽州契约文书的收集情况。一边油印发行《屯溪古籍书店古旧书刊简目》（有的叫《屯溪古籍书店书目》），登载古籍文书的编号、名称、售价、内容提要等信息，邮寄给全国各地的收藏机构。1961 年，屯溪古籍书店撤销，成立徽州专区文物商店，工作重点也转向了书画砚台的收购和销售。这一时期，歙县新华书店、休宁县新华书店等也参与了古籍、文书的收售工作。

屯溪古籍书店销售徽州文书最多，其销售方式是以各大城市书店为据点建立销售网络，委托全国各地的书店代为销售。因此，收藏徽州文书的机构也遍及全国各地，如山东省图书馆、湖北省图书馆、中山大学、厦门大学、南京博物院等，甚至远在

---

① 严桂夫、王国键：《徽州文书档案》，安徽人民出版社，2005年，第6页。

② 翟屯建：《徽州文书的由来、发现、收藏与整理》，《上海师范大学学报(哲学社会科学版)》2006年第1期，第110～114页。

西北西南的新疆、甘肃兰州、陕西西安、四川成都、重庆等地大学也有少量收藏。

新安江中下游淳安等地文书未见有大规模面世。但屯溪古籍书店在收售过程中，也到过浙江淳安等地收购古籍文书。这就是新安文书的发现过程。

屯溪古籍书店在新安文书的发现过程中起到了巨大的作用。首先，其成批量的收购避免了大量古籍文书的流散和损毁，阙功至伟。其次，其对文书的初步整理奠定了后期深入整理研究的基础和标准。但最大的弊端在于，有些相关联的文书被屯溪古籍书店人为拆散，分卖给各个单位，破坏了文书的原始性、整体性、联系性。比如，一批元末明初谢氏家族文书就被拆散分卖给了中国科学院历史研究所（今中国社会科学院历史研究所）、安徽省博物馆、中国人民大学历史系（后移交中国第一历史档案馆）、合肥师范学院（后移交安徽师范大学图书馆）等单位。① 类似同一户、同一系列文书被拆卖的情况更多，而且已经无法追溯。这使得后期学者无法掌握文书的全貌，无法判断文书的出自地，为深入研究带来了诸多困难。

这种情况引起了学界的重视。1962 年 2 月，时任中国科学院经济研究所副所长的严中平先生有鉴于此，致信中央档案馆，建议“派人了解情况，扩大收集范围，将所得资料全部接收保管”。② 中央档案馆收悉后，非常重视，由国家档案局转发给了安徽省档案管理局、档案馆等档案系统相关部门。此事受到安徽省政府的高度重视。1962 年 5 月，安徽省档案局、文化局、博物馆、历史研究所、图书馆联合成立了历史文物、档案资料收集办公室，在徽州地区收购文书档案。此一阶段，仅安徽省档案局就收集明清档案 80 卷、2484 件，民国档案 20 麻袋，资料 2649 册。③20 世纪五六十年代，新安文书的大规模发现由此告一段落。

20 世纪 70 年代末至今，仍有成批的新安文书被大量发现。如，1984 年在休宁县海阳镇钟鼓楼上发现了清代至民国时期的休宁鱼鳞册等土地管理文书，共计 4219 册，被誉为“中国农村土地管理制度的历史标本”。④ 时至今日，民间仍有不少古物贩子从事新安文书的收售活动。除了中国社会科学院、安徽大学、安徽师范大学、黄山学院等，

① 栾成显：《元末明初祁门谢氏家族及其遗存文书》，周绍泉、赵华富：《’95国际徽学学术讨论会论文集》，安徽大学出版社，1997年，第43页。

② 原件藏于安徽省档案馆，档号：18.1.47.79。

③ 严桂夫、王国键：《徽州文书档案》，安徽人民出版社，2005年，第15页。

④ 王国键，陈慧贞：《中国农村土地管理制度的历史标本——安徽省休宁县档案馆藏鱼鳞图册等历史档案介绍》，《档案》2001年第4期，第26～27页。

上海交通大学、厦门大学等收藏机构和个人，也多通过这些小贩子收购文书。

## 第二节　新安文书遗存的现状

由于徽州文书至今仍在陆续面世，且其价值日益受到学界的重视，故徽州文书的收藏机构和私人收藏处于持续的动态发展中，难以尽录，且无法掌握具体数量和状况。《徽州文书档案》一书称国内成规模的收藏单位不少于 40 家。[①] 收藏机构主要分布于图书馆、博物馆、档案馆、高校、研究院所等。美国、英国、日本、法国和中国香港、台湾地区亦有收藏。主要收藏单位有中国社会科学院历史所收藏 1.4137 万件（册），时间自南宋至民国，经系统整理，出版有《明清徽州社会经济资料丛编》第 2 集[②]、《徽州千年契约文书》共 40 册[③]、《徽州文书类目》[④]。安徽省档案馆收藏总数 8 万多件，经整理出版有《徽州历史档案总目提要》。[⑤] 安徽省博物馆收藏 1 万余件，其中部分契约经整理收入《明清徽州社会经济资料丛编》第 1 集。[⑥] 安徽大学徽学研究中心收藏 1.0254 万件（册），来源于刘伯山研究员的捐赠，近年来仍陆续收集。刘伯山组织归户整理后出版《徽州文书》第 1 ～ 7 辑[⑦]（第 1 ～ 3 辑来源于安徽大学徽学研究中心“伯山书屋”和祁门县博物馆馆藏，第 4 ～ 7 辑来源于刘伯山个人收藏，共 70 册）。近年来，安徽师范大学集中力量陆续收购大量徽州文书，馆藏近 2 万件，[⑧] 部分经整理后出版有《安徽师范大学馆藏徽州文书》[⑨]、《安徽师范大学馆藏千年徽州契约文书集萃》[⑩]，

---

① 严桂夫、王国键：《徽州文书档案》，安徽人民出版社，2005年。

② 中国社会科学院历史研究所徽州文契整理组：《明清徽州社会经济资料丛编第二集》，中国社会科学出版社，1990年。

③ 王钰欣、周绍泉：《徽州千年契约文书》，花山文艺出版社，1993、2015年。

④ 王钰欣等编，中国社会科学院历史研究所编纂：《徽州文书类目》，黄山书社，2000年。

⑤ 严桂夫：《徽州历史档案总目提要》，黄山书社，1996年。

⑥ 安徽省博物馆：《明清徽州社会经济资料丛编第一集》，中国社会科学出版社，1988年。

⑦ 刘伯山：《徽州文书》第1～6辑，广西师范大学出版社，2005、2006、2009、2011、2015、2017年。

⑧ 李琳琦：《安徽师范大学徽州文书档案收藏与整理情况简介》；王振忠、刘道胜：《徽州文书与中国史研究》，中西书局，2019年，第270页。

⑨ 周向华：《安徽师范大学馆藏徽州文书》，安徽人民出版社，2009年。

⑩ 李琳琦：《安徽师范大学馆藏千年徽州契约文书集萃》，安徽师范大学出版社，2014年

共10册。黄山学院图书馆目前收藏数量约10万件，经分类整理后出版《中国徽州文书》民国编第1辑[①]、《中国徽州文书》民国编第2辑[②]，共20卷。中国徽州文化博物馆（前身为黄山市博物馆）收藏3万多件。黄山市档案馆收藏5600多件（册）。其他国内主要收藏单位还有中国社会科学院经济所、国家图书馆、中国历史博物馆、北京大学、北京师范大学、清华大学、上海交通大学、上海图书馆、南京大学历史系、南京博物馆、天津历史博物馆、南开大学、扬州市博物馆、四川省图书馆、山东省图书馆等单位，江西省婺源县博物馆、档案馆，以及安徽省内收藏单位还有安徽省图书馆，黄山市各级档案馆、博物馆、文管所等。近年来，厦门大学、中山大学等大学也积极开展收藏活动。此外，私人收藏更是无法统计，荦荦大者有刘伯山、王振忠、翟屯建等。

这些徽州文书汇编著作是各收藏主体整理智慧的结晶。早期研究者以点校考释和目录汇编为主，但由于面世民间文书数量越来越多，影印出版更加快捷并能提供丰富的原始信息，有利于研究者对于徽州文书的研究和利用，促进历史学、徽州学等学科的发展。

对于这些已出版的徽州文书，将数量进行加总，可以得到一个相对确切的数字。但是由于馆藏的动态性，收藏机构，以及个人情况的不透明，民间文书的不确定，计量单位的不一致，存世徽州文书只能是一个预估的数据。《徽州文书类目》推测流传至今的徽州文书的总数不少于20万件；[③]周绍泉推测被各机构收藏的徽州文书不下20余万件；[④]刘伯山估算已经发现的徽州文书数量不少于80万件，散落民间的有10万件，加总就是90万件；[⑤]《徽州文书档案》则推测存世数量不少于30万件；[⑥]卞利推测现存总量为50万件（册）左右。[⑦]将目前明确已知的各机构收藏数量加总，其和早已超过50万件。[⑧]根据刘道胜统计，目前所知已发现的徽州文书遗存有70余万件。[⑨]

---

① 黄山学院：《中国徽州文书》民国编第1辑，清华大学出版社，2010年。
② 汪柏树：《中国徽州文书》民国编第2辑，合肥工业大学出版社，2016年。
③ 王钰欣等编，中国社会科学院历史研究所编纂：《徽州文书类目》，黄山书社，2000年。
④ 周绍泉：《徽州文书与徽学》，《历史研究》2000年第1期，第51～60页。
⑤ 刘伯山：《徽州文书》第7辑第1册《前言》，广西师范大学出版社，2020年，第8页。
⑥ 严桂夫、王国键：《徽州文书档案》，安徽人民出版社，2005年，第33页。
⑦ 卞利：《徽州文书的由来及其收藏整理情况》，《寻根》2008年第6期，第4～14页。
⑧ 李梦霞、申斌：《徽州文书的收藏与整理》，《图书馆界》2014年第1期，第16～21页。
⑨ 刘道胜著，黄山市档案局（馆）编：《徽州契约》，北京时代华文书局，2018年，第23页。

徽州文书汇编出版情况一览表

| 序号 | 书名 | 作者 | 出版社 | 出版时间 | 收录详情 | 编纂特点 |
|---|---|---|---|---|---|---|
| 1 | 《明清徽州社会经济资料丛编》第1集 | 安徽省博物馆 | 中国社会科学出版社 | 1988年 | 收入950件，其中888件为安徽省博物馆藏品，62件为徽州地区博物馆藏品。分18大类，系统汇集了买卖田、地、山、塘、屋、基地、卖身和借贷等契约，时间自明洪武至清光绪年间 | 系点校出版。分类编目，再按时间排序 |
| 2 | 《明清徽州社会经济资料丛编》第2集 | 中国社会科学院历史研究所徽州文契整理组 | 中国社会科学出版社 | 1990年 | 收录中国社会科学院历史研究所宋元明三代徽州田土买卖文契697份，其中宋元两代文契12份，明代文契685份 | 系点校出版。按朝代排序，再分类编目，依时间编次 |
| 3 | 《徽州千年契约文书》 | 中国社会科学院历史研究所，王钰欣、周绍泉主编 | 花山文艺出版社 | 1993年 | 共40册，《宋元明编》20册，《清民国编》20册。上卷收录散件1811件，簿册55部；下卷收录散件1010件，簿册78部。收录宋至民国徽州租佃文约、田土契约、合同文书、卖身契、典当文约、税契凭证、赋税票据等的契约文书 | 系原件黑白影印出版。分类编目，按时间排序 |
| 4 | 《中国历代契约会编考释》 | 张传玺 | 北京大学出版社 | 1995年 | 收录契约1402件，上起西周，下至民国，涉及买卖、典当、租佃、借贷、雇佣等。其中徽州文书700余件，来自于北京大学图书馆等收藏单位 | 系点校出版。按朝代分8部分，再按分类编目，每类按时序编次 |

续表

| 序号 | 书名 | 作者 | 出版社 | 出版时间 | 收录详情 | 编纂特点 |
| --- | --- | --- | --- | --- | --- | --- |
| 5 | 《徽州历史档案总目提要》 | 严桂夫 | 黄山书社 | 1996年 | 选编宋元明清民国时期徽州文书档案目录约9600条。主要来自于安徽省档案馆系统以及南京大学历史系收藏的文书目录 | 系目录选编。要目按照宋元明清及民国两部分编排，再依《中国档案分类法》分类 |
| 6 | 《徽州文书类目》 | 中国社会科学院历史研究所 | 黄山书社 | 2000年 | 收录中国社会科学院历史研究所收藏徽州文书共14137件(册)条目，分为土地关系与财产、赋役、商业、宗族、官府、教育与科举、会社、社会关系、其他9个大类 | 系目录汇编。分类编目；再按时间编次 |
| 7 | 《美国哈佛大学哈佛燕京图书馆藏明代徽州方氏亲友手札七百通考释》 | 陈启智 | 安徽大学出版社 | 2001年 | 收录哈佛燕京图书馆藏明代信札等924件，其中手札731通，账单1件和名刺192件 | 点校考释附影印原件。原件经过装裱，分为日月金木水火土7册，按寄信人编订 |
| 8 | 《徽州文书》 | 刘伯山 | 广西师范大学出版社 | 2005年<br>2006年<br>2009年<br>2011年<br>2015年<br>2017年<br>2020年 | 目前出版7辑，每辑10册，共70册。第1～3辑来源于安徽大学徽学研究中心“伯山书屋”和祁门县博物馆馆藏，第4～7辑来源于刘伯山个人收藏 | 系原件黑白影印出版。大部分按归户性原则编排。结合文书信息，开展田野调查，撰写文书寻获记，记录发现收藏文书的原始过程，初步考证文书出自地，为研究者后续的深入研究提供了科学严谨的线索 |

续表

| 序号 | 书名 | 作者 | 出版社 | 出版时间 | 收录详情 | 编纂特点 |
|---|---|---|---|---|---|---|
| 9 | 《安徽师范大学馆藏徽州文书》 | 周向华 | 安徽人民出版社 | 2009年 | 收录安徽师范大学馆藏411件，附馆藏总目838条。涉及田地、山场、房屋等大小买卖文约、招承租约、宗族文书、立议合同书、各种日用类文书等 | 系原件黑白影印出版。按时间编次 |
| 10 | 《中国徽州文书》民国编 | 黄山学院 | 清华大学出版社<br>合肥工业大学出版社 | 2010年<br>2016年 | 共20卷。选录黄山学院馆藏民国徽州文书。涵盖14个目，涉及卖田契、卖地契、卖山契、卖屋基契、当田契、当地契、租田契、添找价契、赋役文书、商业文书、宗族文书、官府文书、教育文书、会社文书、社会关系文书、民间文化文书、其他文书等17类 | 系原件彩色影印出版。分类编目，再按时间编次。图片清晰，仿如原件 |
| 11 | 《安徽师范大学馆藏千年徽州契约文书集萃》 | 李琳琦 | 安徽师范大学出版社 | 2014年 | 共10册，萃选安徽师范大学馆藏中颇具特色的簿册文书，涉及族产、商业、诉讼、实征册、鱼鳞图册、保甲册等 | 系黑白影印出版 |
| 12 | 《清至民国婺源县村落契约文书辑录》 | 黄志繁<br>邵鸿<br>彭志军 | 商务印书馆 | 2014年 | 全18册，收集清至民国民间文书3600多份(套)9000余张，以契约为主；另有纳税凭证、状词和账本等 | 系原件黑白影印出版。以婺源县文书所在乡镇、村落为单位分类，再按时间编次 |
| 13 | 《徽州合同文书汇编》 | 俞江 | 广西师范大学出版社 | 2017年 | 收录清至民国间徽州合同文书共1234份，按其形制分为分单、阄书、合同三部分 | 系原件黑白影印出版。以文书时间先后编排，文书题名据实拟定，包含时代年月、事主、事由、原件尺寸等 |

续表

| 序号 | 书名 | 作者 | 出版社 | 出版时间 | 收录详情 | 编纂特点 |
|---|---|---|---|---|---|---|
| 14 | 《安徽师范大学馆藏清代徽州商业文书选编》 | 周向华 | 安徽师范大学出版社 | 2017年 | 收录整理道光二十六年(1846)岁次丙午盘查道光二十五年总，包括清道光年间歙县汪左淇所开设的德新、协和、怡和、敬义4个典铺的盘存账目；清宣统元年(1909)绩溪县官立东山高等小学堂分类誊清；路程图等 | 系原件黑白影印出版 |
| 15 | 《中国社会科学院经济研究所藏徽州文书类编·散件文书》 | 中国社会科学院经济研究所 | 社会科学文献出版社 | 2017年 | 共计4册。收集整理中国社会科学院经济所藏的徽州散件文书总计约1422件。包括各种规约、遗嘱、讼诉案卷、票据、官文、誊契簿、收借条等数十种。包括徽州一府六县及徽州以外的安徽青阳、宁国、池州、旌德，浙江安吉、遂安，江西浮梁，湖北潜江等县 | 按买卖文书及加价增找契、土地税契凭证文书、典当文书、租佃文约、借贷文书、商业文书、承揽文书、宗族财产和宗族事务文书、乡规民约和社会关系文书、官府公文告示、其他成包文书、其他散件文书、徽州以外散件文书分类 |
| 16 | 《中国社会科学院经济研究所藏徽州文书类编·置产簿》 | 中国社会科学院经济研究所 | 社会科学文献出版社 | 2018年 | 全15册。收录中国社会科学院经济研究所藏全部徽州置产簿共93册，共1.08万余页。包括徽州一府六县，及淳安、遂安等 | 系原件黑白影印出版 |
| 17 | 《徽州民间珍稀文献集成》 | 王振忠 | 复旦大学出版社 | 2018年 | 共计30册，以民间收藏家收集的文献为主，包括日记、商书(商业书和商人书)、书信尺牍、诉讼案卷、宗教科仪、日用类书、杂录、启蒙读物等 | 系原件影印出版。大致按年代顺序编排 |

与徽州文书相比，新安江中下游流域文书面世数量少，整理和研究不足。在2018年举办的新安文化学术研讨会上，栾成显指出新安江中下流域的文书档案屡有重大发现。但由于面世数量尚少，未有充分的研究。据不完全统计，黄山学院收藏淳安文书219份，是在收藏徽州文书过程中偶然收录的。刘伯山有针对性地寻访和收藏淳安、开化等地归户文书，计有15户1043份。翟屯建、卞利等也反馈有所收藏。可见，在徽州文书的收藏过程中，会偶然零星地寻获新安江中下游流域文书，但数量较少，而对其开展的研究更是少之又少。从文书的形式、内容、种类等来看，新安江中下游流域文书与徽州文书联系紧密，既有区别又有联系。徽州文书等民间文书群的整理和研究，为新安江中下游流域文书提供了路径和借鉴。

## 第三节　新安文书遗存的原因

全国各地发现的民间文书群并不在少数，早期北方有清顺天府宝坻县档案、东北和内蒙古地区土地文书、清河北获鹿土地文书、明清山东曲阜孔府档案，南方有清江苏商业文书和太湖厅档案、明清浙江严州府土地文书、清兰溪鱼鳞册、安徽宁国府南陵县档案、明清福建契约文书、清四川巴县文书档案、珠江三角洲土地文书、清香港土地文书等。[①] 近年来大量发现的有贵州清水江文书、太行山文书等，浙江、福建、江西等各地契约文书均有面世。与之相比，新安文书数量之多、跨度之长、种类之繁、内容之丰富，具有鲜明的典型性、普遍性、丰富性。其遗存至今并得以大量发现有特定的客观环境和主观原因。

### 一、山限壤隔，社会稳定

历史上的魏晋永嘉之乱、唐末黄巢起义、两宋靖康南渡等动乱时期，中原士家大族为躲避战乱纷纷南迁定居新安江流域。他们带来了先进的技术、文化和制度，在与土著山越人的碰撞和融合中，促进了新安江流域的封建化进程。由秦至隋，淳安、遂安与徽州地域一直属于同一行政区划，梁普通二年（521）寿昌也曾属新安郡。

---

① 秦国经：《中华明清珍档指南》，人民出版社，1994年。

直到隋开皇九年（589），上游的徽州与中下游的淳安、建德才剥离了行政隶属关系。从历史发展的角度来说，新安江上中下游的社会发展趋势和历史文化积淀具有强相关性。到宋代，新安江流域崇尚农耕、崇文向雅的宗族社会结构已经基本定型。“黄巢之乱，中原衣冠避地保于此，后或去或留，俗益向文雅，宋兴则名臣辈出”。[①] 此后，新安江流域保持了长期稳定的发展，为新安文书的保存和传承提供了良好的社会环境。

新安江流域峰峦叠嶂，徽州“东有大障之固，西有浙岭之塞，南有江滩之险，北有黄山之厄”，形成了天然的屏障。[②] 相对封闭的地理环境阻隔了战火，兵燹鲜少。历史上，新安江流域较少成为大规模战争的发生地。其中影响最大的是清代咸、同年间，清军与太平天国将新安江流域作为主战场，拉锯长达 10 年，许多村庄毁于一旦，人口死伤无数，而民间文书因便于携带保存未受较大影响，得以流传下来。

**二、防虫防火，妥善保管**

纸质文书保存的风险，就在于水火虫害带来的损毁。新安江流域居民沿用公匣制度妥善保存、管理家族文书。文书族谱存放在木匣木箱中，选材大多为坚固耐用的梧桐、樟木、白果、榉树木、楮树木等，施以桐油和生漆，放入樟树木块等，能够很好地防虫防蛀防腐。古代宗族还会推选专门的人员轮流司值管理公匣，他们分工明确、各司其职，一人管匣、一人管钥匙、一人管封条、一人管存放，只有 4 人到齐方可开启，有效地起到管理和监督的作用，如有遗失或损坏可以有效地追究责任。如《窦山公家议校注》卷一《管理议》：“中元祭毕，各房家长同家众于接管中举一人领银匣，一人领钥匙，一人领手册，一人领印秤，一人领什物，填于接管手册各名下。至一年事完，送出点检交递。”[③] 祁门黄龙口汪氏宗族至今仍沿用公匣制度，收藏和管理完整的三大箱族谱与文书。

文书一般存放在当地民居的阁楼上，砖木结构的特色建筑力求防潮防火，村落选址也极力避免山洪滑坡，增加了文书保存的安全性。

**三、崇儒重教，字纸不丢**

新安江流域自古崇儒重教，文风昌盛。徽州被誉为“东南邹鲁”“程朱阙里”，藏书刻书蔚然成风。清代祖籍祁门的徽商马曰琯建有小玲珑山馆等，累计藏书 10

---

① [宋]罗愿撰，萧建新、杨国宜校著：《〈新安志〉整理与研究》，黄山书社，2008年，第16页。

② [清]马步蟾修，夏銮纂：《道光徽州府志》，成文出版社，1975年，第137页。

③ 周绍泉、赵亚光：《窦山公家议校注》，黄山书社，1993年，第13页。

余万卷，“甲大江南北”。乾隆年间开馆编纂《四库全书》，其子马振伯献藏书 776 种，居全国私人献书首位。淳安历史上书院繁多，人才辈出，有“文献名邦”之誉，建德也有刻书的传统。这种对于文献文物的收藏和爱好，也潜移默化地影响了普通大众对文字的珍惜和爱护，形成了“字纸不丢”的传统，写有文字的废纸也不会轻易丢弃，而是留存后经拣选定期集中焚烧。许多家族家庭的便记、日记、账册等得以保存和流传至今。

**四、字据为凭，契约理性**

新安文书中大多数为契约文书。契约的历史非常久远，中国有文字的契约的历史，可以追溯到西周时期，当时的“格伯簋”等青铜器铭文中出现了契约条款。[①]契约对缔结者具有约束力，是物权的重要凭证。东晋至五代时期就出现了红契和白契的区分，缴纳过契税、官府盖有官印的为红契或赤契，反之未完税、没有官印的为白契。[②]唐代契约已基本完善，其中就有“官有政法，人从私契，两平共章，书指为记”[③]等语句。北宋初年开始推行标准契约，标志着契约的完全成熟，北宋后期开始推行“官版契纸”，元、明、清、民国是使用官版契纸和契尾时期。如黄山学院图书馆收藏的清咸丰十年（1860）闰三月歙县江俪忠立卖田赤契附民国执照、民国验契纸，[④]清咸丰年间的土地契约经过民国官方的认可仍具有法律效力，是物权的凭证，这也是民众妥善保存契约文书的原因之一。红契、官版契纸的推行，更多与契税征收制度有关。在民间实践中，红契、官版契纸与白契具有共同的法律效力，同样能作为物权的凭证。因此，新安江流域居民将契约妥善保存，作为土地、房屋等所有权的重要证据。如黄山学院图书馆收藏的清乾隆四十年（1775）三月歙县方奕矶立杜绝卖山地赤契附民国十六年（1927）十一月验契纸，[⑤]共卖了 184 块山地。契约遗失或损毁后，就丧失了产业所有权的凭证，新安江流域居民还会寻求官方的认

① 张传玺：《秦汉问题研究》，北京大学出版社，1995年，第140～141页。

② 张传玺：《秦汉问题研究》，北京大学出版社，1995年，第152页。

③ 中国科学院历史研究所资料室：《敦煌资料》第一辑，中华书局，1961年，第293页。

④ 清咸丰十年闰三月歙县江俪忠立卖田赤契附民国执照、民国验契纸，黄山学院图书馆收藏，编号：1.1.3-E6810-0005，包号：495，尺寸：480毫米×893毫米。本文所引黄山学院图书馆收藏文书的编号为黄山学院图书馆整理时采用的文书分类编号，有少量文书分类存在偏差。但作为该文书的唯一检索标志，可以确定其存放位置，因此暂不作修改，予以保留，下文皆同。

⑤ 清乾隆四十年三月歙县方奕矶立杜绝卖山地赤契附民国十六年十一月验契纸，黄山学院图书馆收藏，编号：1.1.3-E6540-0001，包号：721，尺寸：610毫米×121毫米。

证。黄山学院图书馆藏有一份清乾隆十七年（1752）三月休宁吴元忠户产权执照，[①]乾隆十三年（1748）八月吴元忠家失火，所有契据毁于一旦，因此他向县府禀明清单，县府查明后发给他这份执照，登录了他的所有产业，作为产业所有权的凭证。再如，前引黟县邱氏家族妥善保存的有关马驼山风水地的4份买卖契约，其原因就在于这些契约能够证明土地所有权的流转，规避假冒、重复交易、产权纠纷等风险。新安文书正是因为在古代社会中有这样重要的作用，才得以妥善保存遗留下来。

契约是物权的凭证，在发生纠纷时是判别的依据、诉讼的证据。新安有健讼风气，徽州人还常常将诉讼过程事无巨细地记录下来，形成卷宗。发生纠纷时采用调解诉讼的方式来解决，也从一个侧面反映了新安人重视契约理性的意识。这种契约理性深入新安人生活的方方面面，除了土地房屋等产业的买卖、典当等契约之外，其他经济交易、社交活动等也订立文书合同、依约而行。这也是遗存至今的新安文书内容、种类如此丰富的原因。

### 五、千丁之族，千载谱系

历史上，士家大族迁移定居新安江流域，多聚族而居，宗族控制严密，宗族氛围浓厚。“父老尝谓新安有数种风俗，胜于他邑：千年之冢，不动一抔；千丁之族，未尝散处；千载之谱系，丝毫不紊”。[②]各宗族在收宗睦族、宗族管理、宗族控制等方面开展各种活动，达到壮大宗族声望、凝聚宗族力量的目的，由此产生了大量的宗族文书，种类繁多、内容丰富，有族谱、宗族合同、宗族账簿等。比如，祁门黄龙口汪氏宗族至今保存有三大箱族谱文书。

### 六、新安移民，文化遗产

1956年6月，国务院批复同意建设新安江水电站，选址淳安与建德交界的铜官。根据工程建设的需要，淹没了当时淳安县、遂安县5个城镇、49个乡的1377个自然村，移民289951人，主要迁往浙江省内各县，以及江西省、安徽省等地。淳安县民众为水电站建设作出了巨大的贡献。淹没在水下的既有狮城等古村镇，更有散布在群山中的大小村落。地面遗存虽然被淹没，但也有些文书文献随着移民流出面世，如文渊狮城陈列有一份该地发现的文书。目前，笔者掌握的淳安、遂安文书主要出自

① 清乾隆十七年三月休宁吴元忠户产权执照，黄山学院图书馆收藏，编号：1.12－E6517－0001，包号：721，尺寸：758毫米×600毫米。

② [清]赵吉士辑撰，周晓光、刘道胜点校：《寄园寄所寄》卷十一《故老杂记》，黄山书社，2008年，第872页。

遂安十五都浯溪鲍家、遂安十七都图康塘、遂安十六都、全朴村一图、淳安七都三图永丰庄等地，通过对古今地名的检索发现，这些均为未受江水淹没地区，且文书年代最晚至 1964 年。因此，为研究清至民国时期淳安、遂安乡村社会的实态提供了第一手的史料。

新安文书正是在新安江流域独特的自然地理环境和历史文化氛围中保存和流传下来的。

# 第三章　新安文书的特点及学术价值

新安文书既具有民间文书群的共同特点，同时呈现出了区别于其他文书群的典型特色，具有极高的学术价值和应用价值。

## 第一节　新安文书的特点

### 一、新安文书具有民间文书群的共同特点

新安文书并不是全国唯一发现的民间文书群。各地早期发现的民间文书群并不在少数，近年来也有大量发现的贵州清水江文书、太行山文书等。新安文书具有民间文书群的共同特点，具体列举如下：

（一）民间性

中国浩瀚的历史长河中遗留下了丰繁硕大的史料资源，造就了数量巨大的史籍典藏。但纵观我国的历史档案与书写，描写王侯将相、朝野战事的官方档案浩繁多见，描写黎民百姓、日常生活的民间文书少为人知；宏观叙事多，微观解读少。20世纪档案史料有四大发现，即殷墟甲骨、秦汉简帛、敦煌遗书、明清内阁大库档案。这些文书档案主要反映了统治阶级上层的政治、经济、文化活动，而历史典籍中较少遗留下升斗小民的生活轨迹。

王国维语："古来新学问之起，大都由于新发现。"以新安文书为典型代表的民间文书群弥补了这一不足，其来源于平民百姓的日常生活，集中展示了日常生活的方方面面，具有民间性。翻阅已出版的文书汇编，直观可见大多为民间交易的土地等财产买卖、典当契约，其他还有各种合同、信件、日记等，都是老百姓日常生活中形成和遗留下来的。如中国社会科学院历史所收藏徽州文书档案分类统计中，官

方档案仅占5.1%；[1]徐国利则认为民间私人文书在徽州文书中占70%～80%。[2]新安文书的民间性，为中国古代封建社会平民的日常生活研究提供了丰富的史料，为中国古代史研究拓展了新的领域和空间。

(二)真实性

来源于民间的新安文书与官府档案相比，更加真实。其一，官府档案为了维护统治阶级的正统性，存在一定的美化和虚构。其二，官府档案由于主流价值观倡导和宏观管理的需要，总是有意无意地忽略或回避某些细节事实。比如，受到传统“士农工商”观念的影响，正史方志中多收录官宦儒士，很少见农民、工匠、商人的资料。

而新安文书则是由农民、工匠、商人自己书写记录下的日常生活细节。比如土地等财产的交易行为，通过买卖双方、中间人画押避免造假。各种合同书有骑缝印记或文字以防伪。黄山学院图书馆藏有一份乾隆年间徽州商人使用的会票，采用版画的彩色套印技术印制不易仿制的独特图案，防止假冒伪造。[3]同时每份新安文书反映的是一个个具体的真实的历史细节，通过学者的整理研究可以补充正史的细节，也可以考辨订正。比如，由于明代黄册原件非常稀少，因此过去往往以文献记载为依据研究明代黄册制度，而栾成显则以新安文书整理中发现的黄册抄底、归户册等文书档案为依据，做了翔实的考辨订正，纠正了明代黄册制度研究中的错漏，阐释解答了疑难问题。[4]再如，新安文书中大量的土地买卖、典当文书，为研究历史上田皮田骨的真实状态提供了丰富的史料。新安文书记录和反映了中国封建社会后期农村社会的实态，使得再现历史细节成为可能。

(三)具体性

新安文书的真实性与具体性是相伴而生的。每份新安文书反映的是新安江流域某个时代某个村落某个人生命中某一天的具体活动。如黄山学院收藏有清乾隆五十年（1785）休宁程佛佑应得钦赐荣身凭执[5]，清乾隆年间政府施行优老政策，钦赐休

---

① 严桂夫、王国键：《徽州文书档案》，安徽人民出版社，2005年，第51页。

② 徐国利：《当代中国的徽州文书研究》，《史学月刊》2005年第2期，第96～104页。

③ 清乾隆四十七年十月刘玉洁会票，黄山学院图书馆藏，编号：3.7－E6547－0001，包号：360，尺寸：270毫米×410毫米。

④ 栾成显：《明代黄册研究》，中国社会科学出版社，1998年。

⑤ 清乾隆五十年休宁程佛佑应得钦赐荣身凭执，黄山学院图书馆藏，编号：5.2.4－E6550－0001，包号：721，尺寸：310毫米×60毫米。

宁县81岁老人程佛佑绢棉米肉，顶戴荣身。黄山学院收藏清代咸丰七年（1857）七月歙县王三元门牌[①]，记录了王三元户的家庭情况：王三元家住歙县二十七都二图王村第四十一牌；王三元时年74岁，闲居为业；有两个儿子，长子王八顺，41岁，务农，娶媳程氏；次子王八圣，39岁，外贸为业，娶媳程氏；同居有两个年幼的侄子，一个9岁的孙子。这么详细具体的普通平民信息不仅正史不可见，某些官方资料中也不会收录记载。但是这份门牌让后人了解了历史上基层社会的户籍制度是如何运作的，同时也记录了王三元家庭的某个瞬间。这一份份新安文书所记录的具体细节折射了中国封建社会后期农村社会的实态，填补了正史和官方记录的空白。

## 二、新安文书具有的典型特点

新安文书之所以在民间文书群中享誉较高，受到学界的重视，具有极高的学术价值和应用价值，就在于还展现出其他文书群所不具备的典型特点。

### (一)数量多

新安文书的数量巨大，上文中已汇编出版的徽州文书就远超过了10万件。由于馆藏的动态性、收藏机构以及个人情况的不透明、民间文书的不确定、计量单位的不一致，存世徽州文书只能是一个预估的数据。《徽州文书类目》推测流传至今的徽州文书的总数不少于20万件，[②] 周绍泉推测被各机构收藏的徽州文书不下20余万件，[③]《徽州文书档案》则推测存世数量不少于30万件，[④] 卞利推测现存总量为50万件(册)左右。[⑤] 将目前明确已知的各机构收藏数量加总，其和早已超过50万件。[⑥] 刘伯山估算已发现徽州文书数量应达到80万份，还散落在民间、可资研究利用的徽州文书有10万份左右，两者相加应为90万份。[⑦] 根据刘道胜统计，目前所知已发现的徽州文书遗存有70余万件。[⑧] 与徽州文书相比，新安江中下游流域文书面世数量少，整理和研究不足。新安文书总数大约有90万件。据学者统计和估测，近

---

① 清咸丰七年七月歙县王三元门牌，黄山学院图书馆收藏，编号：5.3.1－E6807－0001，包号：721，尺寸：215毫米×235毫米。

② 中国社会科学院历史研究所收藏编纂，王钰欣等编：《徽州文书类目》，黄山书社，2000年。

③ 周绍泉：《徽州文书与徽学》，《历史研究》2000年第1期。

④ 严桂夫、王国键：《徽州文书档案》，安徽人民出版社，2005年，第33页。

⑤ 卞利：《徽州文书的由来及其收藏整理情况》，《寻根》2008年第6期，第4～14页。

⑥ 李梦霞、申斌：《徽州文书的收藏与整理》，《图书馆界》2014年第1期，第16～21页。

⑦ 刘伯山：《徽州文书》第6辑第1册，广西师范大学出版社，2017年，第6页。

⑧ 黄山市档案局(馆)编，刘道胜：《徽州契约》，北京时代华文书局，2018年，第23页。

年来陆续发现的清水江文书超过30万件，[①]太行山文书也有30万余件[②]。虽然民间文书群的数量无法精准测量，但从数量上来说，新安文书是非常显著的。

（二）全面性

新安文书内容极其丰富，涉及面广。中国社会科学院历史研究所在文书整理和研究中形成了一套分类标准和规则，将文书归类为土地关系与财产文书、赋役文书、商业文书、宗族文书、官府文书、教育与科举文书、会社文书、社会关系文书、其他文书等 9 个大类 117 个目 128 个子目。可见，新安文书涉及了中国封建社会后期经济、政治、文化、社会生活、民间交往及习俗、信仰等日常生活的方方面面。与之相比，其他民间文书群涉及的内容和种类相对集中单一，或数量较少。

（三）连续性

新安文书的连续性体现在时间维度上。一方面以新安文书作为整体观之，跨越的历史时代长。虽然对新安文书的具体时间上限观点不一，但一般认定新安文书的上下限是从南宋到 1949 年，跨度长达七八百年。新中国成立后的一段时间内，民众在某些领域内仍沿用了传统形制的契约，可以视作新安文书的遗迹。如黄山学院图书馆藏有《公元一九五五年三月休宁金仲康立经手出卖田赤契附一九五一年十月土地证、一九五五年九月草契、一九五六年一月买卖契》，[③]显示出土地制度过渡时期产权凭证的形式和民众意识观念转变的具体过程。安徽大学徽学研究中心“伯山书屋”藏有一份 1984 年签订的房产析分合约，黄山学院图书馆也藏有 1985 年调换宅基地的协议。另一方面归户文书也体现出了时间上较强的连续性。归户文书是指由某一主体（家庭、宗族、会社等）所拥有的文书，少则十几份、多则成百上千。这些属于某一户的文书具有时间上的连续性，比如《徽州文书》第一辑中收录的《祁门环砂程氏文书》多达 1361 份，从明宣德四年至民国二十七年（1429 ~ 1938）前后长达 500 多年，反映了历史上这个宗族的发展轨迹。新安文书的全面性及连续性，既展示了中国古代历史长河中丰富的细节片段，同时又规避了零碎和片面，促使新

① 马国君、王紫玥：《贵州清水江流域林业契约文书整理和研究综述》，《古今农业》2019年第4期，第109～120－108页。

② 孙继民：《古文书学视野下太行山文书的定位、特点和价值》，《河北学刊》2014年第6期，第166～173页。

③《公元一九五五年三月休宁金仲康立经手出卖田赤契附一九五一年十月土地证、草契、一九五六年一月买卖契》，黄山学院图书馆藏，编号：1.1.1－G7355－0001，包号：721，尺寸：410毫米×280毫米。金仲康代金翠富嫂出卖田产。

安江流域区域史综合研究成为可能，促使中国封建社会后期基层社会全面而深入的研究成为可能。

(四)归户性

归户性最早由刘伯山于2000年提出，即文书属于某户或由某户拥有并保存。归户文书的所属主体是非常明确的，这个主体并不局限于某户家庭，也有可能是某个宗族、会社等单位。早期收购和销售新安文书时人为打破了文书之间的天然联系，促使文书的整理、研究、出版大多采用了分类的标准和方法。而刘伯山等研究者在收购时即保存和追溯文书的原生状态，在整理、研究、出版时遵循了归户的标准和方法，如《徽州文书》目前已出版7辑共70册，收录的均是归户文书。归户文书少则几十份，多则成百上千，内容丰富且相互关联，时间上具有连续性，全景展现了历史上某个家庭、宗族或村落变迁的生活图景，为个案研究提供了充分的史料。

新安文书的这些特点决定了其在历史学、社会学、文化学、文献学等领域具有重要的研究价值。

## 第二节　新安文书的学术价值

新安文书为哲学、历史学、社会学、艺术学等多个学科提供了丰富的史料，具有多学科多领域的实态研究价值。

**一、促进了新安江流域历史文化研究**

新安文书数量巨大、内涵丰富、跨度时间长，为新安江流域历史文化的综合性研究提供了大量的资料。如徽州文书的大量发现催生了徽学这一新兴学科的产生。20世纪50年代，傅衣凌、日本学者藤井宏等学者以徽商资料研究开启了徽州社会经济史研究的发端，其他学者从徽派建筑、徽州文化艺术、徽州历史人物等领域开展研究。1977年以后，更多的学者和机构进入徽学研究领域，徽学研究繁荣发展，徽学学科开始成熟。徽州文书不断汇编出版，徽学论著频现，国际交流日益频繁。徽学研究领域日益深入和拓展，涉及经济、政治、文化、社会生活等方方面面，比较突出的有徽州农村社会及佃仆制度、徽州的土地制度、徽商、徽州宗族等研究。

徽州文书的开发和研究，也带动了全国其他地域民间文书群的开发和研究，如贵州清水江文书、太行山文书等都曾与徽州文书研究开展交流与合作。新安文书的发现和研究，也会促进新安江流域的历史文化研究。

**二、为各学科研究提供了丰富的史料**

新安文书内容极其丰富，可以归纳为土地关系与财产文书、赋役文书、商业文书、宗族文书、官府文书、教育与科举文书、会社文书、社会关系文书、其他文书等，涉及了中国封建社会后期经济、政治、文化、社会生活、民间交往及习俗、信仰等日常生活的方方面面。由于新安文书的全面性、连续性，使得其具有超越地方性的普遍意义，对各学科研究都具有重要意义。美国约瑟夫·麦克德谟特称徽州文书是"研究中华帝国后期社会和经济史的不可或缺的关键"。[①] 新安文书不仅奠定了徽学研究的基础，同时从近年学术发展可见哲学、历史学、社会学、艺术学、建筑学等多个学科都从中汲取了丰富的史料，推进了该领域的创新性研究和类比性研究，促进了本学科研究的进展。

**三、推进了历史学研究的进展**

历史学界利用新安文书开展学术研究起步早、积淀厚，因此新安文书对历史学研究价值和意义更为突出，不仅促进史学研究范式的转换，"为中国新史学提供和开辟了新的学术领域，并在众多领域里取得了重大研究成果。徽州文书档案来源于民间，它的研究有助于新史学自下而上研究方法的实践和运用。作为综合、典型和连续性材料，它的开发和研究又能促进徽学的综合研究，为历史学解决'碎化'问题探索有效途径和方法"。[②] 并且新安文书来自民间的特性，促使历史学的政治史、经济史、思想文化史、社会史、法制史、教育史、军事史、科技史、艺术史等的实态研究和综合研究成为可能，对具体史学研究具有重要价值。日本臼井佐知子教授指出："包括徽州文书在内的庞大的资料的存在，使得对以往分别研究的各种课题做综合性研究成为可能。这些课题如土地所有关系、商工业、宗族和家族、地域社会、国家权力和地方行政系统、社会地位和阶级以及思想、文化等。它也可以纠正局限于具体课题研究中易于产生的失误。而且，这些资料是延至民国时期的连续性

---

① [美]约瑟夫·麦克德谟特：《徽州原始资料——研究中华帝国后期社会与经济的关键》，《徽学通讯》1991年第10期。

② 王国键：《徽州文书档案与中国新史学》，《徽学》第2卷，安徽大学出版社，2002年。

的资料，给我们提供了考察前近代社会和近代社会连续不断的中国社会的特性及其变化的重要线索。”[①]阿风总结了明清史研究利用徽州文书所取得的成果，涉及中国社会经济史、徽商、徽州宗族、明清农村社会、中国法制史研究等五个方面。[②]常建华认为徽州文书反映了生活的日常性，最大特点是具有民间性，最大的学术价值是提供了民间社会日常生活史研究的资料。[③]具体研究成果涉及佃仆生活、分家文书、信札、徽帮学徒生活、卖身婚书、民间信仰、日用类书、归户文书等方面。

随着新安文书的不断发现和研究的深入，各学科利用新安文书开展研究必将取得更丰硕的成果，将对新安江流域历史文化的研究和开发具有更多的反哺效应。

① 森正夫等：《明清时代史的基本问题》，汲古书书院，1997年，第528页。
② 阿风：《徽州文书研究十年回顾》，《中国史研究动态》1998年第2期。
③ 常建华：《徽州文书的日常生活史价值》，《安徽史学》2015年第6期，第5～10页。

# 第四章　新安文书的分类整理

新安文书的种类非常丰富，涉及社会生活的各个方面。从新安文书的寻获之初，搜集者就开始有意识地进行分类和定名。根据标准的不同，新安文书的分类方法有形态分类法、作者分类法、年代分类法、内容分类法、归户分类法。[①]在具体的整理和研究过程中，会综合运用以上分类方法进行分类、标记和定名。

## 第一节　新安文书的分类方法

### 一、形态分类方法

新安文书的主要载体介质是纸张，但也有石质、布料、竹木等。如黟县档案馆收藏的南宋嘉泰元年（1201）黟县无上黄箓法坛龙简[②]镌刻于“黟县青”石料。黄山学院图书馆收藏有宋政和年间石质冥契[③]和元至正十二年（1352）砖质冥契[④]。祁门县环砂村存有一块雍正九年（1731）放生池碑刻。祁门县黄龙口村同善堂进门右侧墙上还嵌有一块碑刻，是乾隆年间汪氏与吴氏因霸占祖坟案件的审判，汪氏宗族将其勒石永存于祠堂，希望子孙后代勿忘祖宗、时刻谨记。还有一些世系图、礼单等书写于缣帛之类的布料，翟屯建保存的徽州盐商营盐执照是用竹木制成。

新安文书以纸质文书为主。在实际的整理过程中，整理者务求以文书形成及保存方式的内容完整性与独立物理存在性为计量单位标准[⑤]，以件为单位。文书根据形

① 徐国利：《当代中国的徽州文书研究》，《史学月刊》2005年第2期，第96～104页。

② 严桂夫、王国键：《徽州文书档案》，安徽人民出版社，2005年。

③ 宋政和八年九月冥契，黄山学院图书馆收藏，编号：10.5–B0408–0001，包号：721，尺寸：385毫米×295毫米。

④ 元至正十二年十一月歙县张坚固立卖地冥契，黄山学院图书馆收藏，编号：10.5–C4412–0001，包号：721，尺寸：300毫米×300毫米。

⑤ 刘伯山：《“伯山书屋”一期所藏徽州文书的分类与初步研究（上）》，《徽学》，安徽大学出版社，2001年。

祁门县黄龙口村同善堂墙上碑刻

态可分为散件和簿册（卷）两类：一件文书可能是一个或若干个单张组成的散件文书，一件文书也可能是一册或若干册组成的簿册文书。散件文书以契约、合同、推单、票据、信札等为主。单张的买卖、典当、租赁契约比较常见，也有一式两份、一式若干份的合同。如清乾隆四十年（1775）三月歙县方奕矾立杜绝卖山地赤契附民国十六年（1927）十一月验契纸，[①]包含正契与验契纸两部分，原本粘连一体。如果这类两联或若干联文书在保存过程中分开了，后期整理能够确定其关联性，也应算作一件文书，包含两个或若干个单张。再如一件信札，由若干个单张信纸组成。簿册文书指装订成簿、册、卷的文书，如分家书、账簿、抄契簿、归户册、鱼鳞图册等。

**二、作者分类法**

新安文书最终由新安江流域居民拥有和保存，无疑出自于民间，但新安文书的

① 清乾隆四十年三月歙县方奕矾立杜绝卖山地赤契附民国十六年十一月验契纸，黄山学院图书馆收藏，编号：1.1.3−E6540−0001，包号：721，尺寸：610毫米×1210毫米。

书立者或发出者则有公私之分。按照文书作者的身份、性质可以分为私家文书和官方文书。新安文书的大部分为私家文书，如中国社会科学院历史所收藏的徽州文书档案分类统计中，官方档案仅占5.1%；[①] 徐国利认为民间私人文书在徽州文书中占70%–80%。[②] 如土地买卖典当契约、商业合同、宗族合同、会书等，都是民众之间或者由民众组成的宗族组织、会社组织之间订立和缔结的，账簿、抄契簿、书信等都由民众抄写而来。私家文书是由农民、工匠、商人自己书写记录下的日常生活细节。而官方册立或发出的布告、执照、鱼鳞册、串票、契税收据、土地陈报收据、门牌、证件等，一般都会钤有官方印章，属于官方文书。如黄山学院收藏的清康熙五十三年（1714）八月歙县正堂鲁严禁盗荫木布告[③]，是歙县县衙回应三十六都五图的方氏家族保护祖坟的恳求而发出的示禁，要求当地居民及方姓族裔不得盗卖祖坟、不得盗砍荫木。其上盖有歙县府的印章，并有官员的朱批。方氏家族极有可能会将这份大幅的布告勒石置于祖坟附近，起到警示的作用。官方政府也会用谕令的方式推行政策，如清光绪十年（1884）十一月歙县正堂吴防匪盗谕单要求歙县二十八都六七八图董事程怀远厉行保甲制度，在冬季组织居民夜晚巡查支更，预防匪盗。[④] 还有些民国年间官方政府为推行政令张贴的布告，这些面向基层民众的布告以往在正史中不太多见，并且张贴的实物大多被撕毁或因日晒雨淋而较少遗留下来。但新安文书中还是遗存了一些，如黄山学院图书馆收藏的民国十三年（1924）二月徽州徽属六县硝磺局布告，[⑤] 这份实贴在大阜瀛，可见民国年间徽州的猎户拥有枪支的事实，官方要求不得私售硝磺。民国十九年（1930）十一月休宁安徽休宁烟酒事务局布告[⑥] 原本实贴于墙上，后来可能揭下做包契纸得以遗存至今，应为中原大战后，民国政府为筹措资金，布置征收烟酒税的布告。民国二十一年（1932）

---

① 严桂夫、王国键：《徽州文书档案》，安徽人民出版社，2005年，第51页。

② 徐国利：《当代中国的徽州文书研究》，《史学月刊》2005年第2期，第96～104页。

③ 清康熙五十三年八月歙县正堂鲁严禁盗荫木布告，黄山学院图书馆收藏，编号：5.2.1–E6353–0001，包号：721，尺寸：1160毫米×600毫米。

④ 清光绪十年十一月歙县歙县正堂吴防匪盗谕单，黄山学院图书馆收藏，编号：5.2.4–E7010–0001，包号：721，尺寸：240毫米×480毫米。

⑤ 民国十三年二月徽州徽属六县硝磺局布告，黄山学院图书馆收藏，编号：5.2.1–F7213–0001，包号：721，尺寸：750毫米×480毫米。

⑥ 民国十九年十一月休宁安徽休宁烟酒事务局布告，黄山学院图书馆收藏，编号：5.2.1–F7219–0001，包号：721，尺寸：600毫米×480毫米。

七月歙县县政府严禁偷窃布告[①]是时任歙县县长胡昭功应当地“公民”要求发布的，告示歙县小洲村居民不得盗窃别人的农作物。这些民国年间的布告原本张贴在墙上，因为新安江流域民众对文字的崇尚、对规范的重视才得以保存下来。这些告示沿用了旧有的形式，又反映了时代的印记。官方文书体现了制度、政令在民间的实践和推行，体现了公私、官民的互动。

### 三、年代分类法

根据文书写立的时间，按照朝代、年号、年份分类和排序。朝代一般分为宋、元、明、清、民国、中华人民共和国。其中以明清时期文书最多，难得的是历史上持续时间较短的弘光、洪宪等年号，也有文书遗存下来，反映了新安江流域居民对时代的敏感和顺应。如黄山学院图书馆藏有明弘光元年（1645）五月歙县罗维鲤等立卖住屋基地赤契。[②]1645年五月，朱由崧被四镇拥立于南京，改元弘光，在位仅8个月。而这份契约就是弘光元年五月初十写立的，并钤有官方赤印。可见当时徽州为南明所控制，并且政令能快速下达至民间。一般文书写明朝代的，可以明确其年代；而没有写明朝代或因残缺致不详，需要整理者予以考证，如同包文书、归户文书可按照相关文书进行确定，有的需按照行文、纸质等信息进行初步的判断。具体来说，有朝代无年月日的文书，置于该朝代的最后；有朝代、年份无月日的，置于该朝代该年份的最后。

### 四、内容分类法

根据文书涉及的社会生活内容进行分类。中国社会科学院历史所在整理和研究中形成的分类标准和规则，将文书归类为土地关系与财产文书、赋役文书、商业文书、宗族文书、官府文书、教育与科举文书、会社文书、社会关系文书、其他文书9个大类117个目128个子目。[③]周绍泉将文书分为8类67目：土地文书，赋役文书，商业文书，宗族文书，科举、官吏铨选和教育文书，社会文书，阶级关系和阶级斗争文书，官府案卷、档册、公文。[④]《徽州文书档案》将文书分为土地关系和财

① 民国二十一年七月歙县县政府严禁偷窃布告，黄山学院图书馆收藏，编号：5.2.1－F7221－0001，包号：721，尺寸：630毫米×370毫米。

② 明弘光元年五月歙县罗维鲤等立卖住屋基地赤契，黄山学院图书馆收藏，编号：1.1.5－d7401－0001，包号：721，尺寸：535毫米×455毫米。

③ 中国社会科学院历史研究所收藏编纂，王钰欣等：《徽州文书类目》，黄山书社，2000年。

④ 周绍泉：《徽州文书的分类》，《徽州社会科学》1992年第2期。

产、赋税、商业、宗族、官府、教育和科举、文化和艺术、会社、社会关系9个大类。[①]黄山学院图书馆将文书分为土地关系与财产、赋税、商业、宗族、官府、教育、会社、社会关系、民间文化、其他10个大类。内容分类法是根据文书展现的内容性质来划分的，并不能一蹴而就地穷尽所有的文书，总是根据新发现的文书内容不断增益和调整类目。内容分类法的优点在于整理者对文书的初步分类归纳，再结合电子数据库的开发，有利于研究者对某一专门领域史料的检索、利用和研究；不足之处在于前期整理者需花费巨大的精力进行整理、识读和初步的分析研究，且分类错误会造成后续的误导误用。

**五、归户分类法**

根据文书的形成、保存和流传的主体来分类。归户文书最早由刘伯山于2000年提出，是指由某一主体（家庭、宗族、会社等）所拥有的文书，少则十几份、多则成百上千，内容上具有相关性，时间上具有连续性。黄山学院图书馆早期按照内容分类整理，其后在收购、整理时注意保持文书征集的原始状态，分包存放。归户分类法符合档案学中的“全宗原则”，有利于展现历史事实的全貌和联系。但归户分类法需要在收购阶段较早介入，明确文书的来源，保持归户文书的完整性，才可以实现科学和严谨。一旦文书被拆卖到不同收藏单位，打破了文书之间联系，重新找到同户同包文书极为困难；无论研究者如何穷尽考订文书之间的联系，可信度和准确性也大打折扣。

在文书的整理和研究过程中，并不会使用单一的分类方法，而是综合运用以上分类方法。各收藏单位在文书的整理、研究和出版过程中，综合运用各种分类方法，积累了丰富的整理经验，总结了各自的流程和规范。

## 第二节　新安文书的整理规范

吴光龙分析归纳了各收藏单位的文书整理情况，分为目录式整理、提要式整理、

① 严桂夫、王国键：《徽州文书档案》，安徽人民出版社，2005年。

汇编式整理和专著式整理四种形式。[①]《徽州文书档案》总结了中国社会科学院历史研究所等收藏单位的分类整理方法。大多数学者关注的整理偏向于文书的分类整理方法或整理出版情况。少数学者对文书整理的规范和流程进行了总结和分享，如中山大学图书馆藏徽州文书近17万件，整理工作由中山大学图书馆和中山大学历史人类学研究中心合作开展，选取了历史学、图书馆学、文献学等不同专业背景的工作人员成立了徽州文书工作小组。文书的整理工作分为三个部分，即准备阶段、初步整理阶段和调整统一阶段。在准备阶段，主要工作有著录细则的拟定、数据库框架的构建、分类草案的拟定、无酸薄膜的购买和制作，以及工作人员的培训工作等。在初步整理阶段，先采用试点整理方式，由专家指导工作人员进行，对文书的状态进行拍照记录、清点著录、数字化和修复等，不断完善著录方案、元数据设计方案，规范整理流程，形成一套整理体系。第三阶段是对徽州文书的著录情况进行核实，进行数字化扫描，上传到数据库，确定分类体系以及著录方案，并尝试开展徽州文书资源的深挖掘。[②]黄山学院图书馆在文书整理和研究中归纳总结出了科学化、规范化的整理工作方法和工作程序。[③]各单位为了文书的妥善保存还对文书进行数字化拍摄或扫描，有的还开发了数据库便于检索和利用。

文书的整理看似简单，其实对历史学、文献学、古籍整理等专业知识要求较高，整理过程中还需要对手写繁体文字进行识读、考辨，熟悉当地的地理、方言、文化等。因此建立科学的整理规范和流程，分享实用工具、方法和经验，对其他民间文书群的整理和研究是有益的。

黄山学院图书馆从90年代开始征集地方特色文献，目前收藏文书10万余件。2004年开始启动文书整理及相关工作，探索和建立了科学的文书整理工作规范和流程。[④]

第一，编制分类表。借鉴中国社会科学院历史所和安徽省档案馆文书分类方法，编制了分类表，分为土地关系与财产、赋税、商业、宗族、官府、教育、会社、社

① 吴光龙：《试论徽州文书的史学价值及其整理》，《安徽史学》2000年第3期，第38～40页。

② 李梦霞、申斌：《徽州文书的收藏与整理》，《图书馆界》，2014年第1期，第16～21页。

③ 俞乃华、何广龙、汪柏树：《徽州文书整理及特色数据库建设研究》，《大学图书情报学刊》2010年第1期，第54～56页。

④ 俞乃华、何广龙、汪柏树：《徽州文书整理及特色数据库建设研究》，《大学图书情报学刊》2010年第1期，第54～56页。

会关系、民间文化、其他 10 个大类 129 个二级类目 156 个三级类目。其中民间文化文书为首次设立，主要涵盖了乡音字汇、算法丈量、乡村日用类书、楹联、戏曲、医著药方、宗教讲录、商业经营、堪舆各类手抄本。

第二，制定文书整理细则。由于参与文书整理的师生较多，有必要确立统一的标准保证整理工作的质量和一致。因此，通过制定整理细则，对文书的题名、朝代、形制、地域、事主等主要信息进行了统一的规范。整理者将这些信息提取、考订后填入《黄山学院图书馆特藏部徽州文书登记表》。

1. 确定时间

文书时间包括朝代、年号、年月日等。文书原文明确按原文填写；原文用月令等旧称替代的，应考证对应的农历序数月份，如桃月即农历三月，闰月应写明。难以确定时间的文书，应根据同包文书的相关信息、行文、纸质等尽可能进行考证。簿册一般以封面书立时间为准；如封面无时间，抄契簿以所抄契约的下限时间为准；收租簿等则以记账的上限时间为准。

2. 确定地域

按照文书原文填写县、都、图、村等。不能确定县域的，可以根据文书中的都图字号等信息，查询各县都图册考证后确定。俞乃华总结了 5 种考证文书地域的方法：(1) 从文书所钤官印考证；(2) 以文书中提及的都图字号与都图分布为依据考证，即对照各县都图字号册去确认；(3) 根据文书中提及的土地名利用地方志等工具书考证；(4) 利用相关契约彼此印证考证地域；(5) 根据特有习惯用语断定。徽州各县都流传着各种契约书写日用类书，提供了各种契约的书写格式，不同的地域构成不同的契约圈。如土地契约中出现“某都某保、本都本保”等，说明坐落地为祁门县；表述旱地面积“计种豆子一升半”，契约所属地域应为歙县；出现“佃皮、佃”等词语表述“小买”含义的，可以推测为休宁县。①

3. 确定事主

从文书中提取事主信息，一般指书立文书者。契约、合同等文书一般按照施事者填写，归户票、串票等契税凭证文书以应缴税的财产所有者为事主。

① 俞乃华、何广龙、汪柏树：《徽州文书整理及特色数据库建设研究》,《大学图书情报学刊》2010年第1期，第54～56页。

4. 拟定题名

文书题名由整理者拟定，包括时间、地点、事主、文书首句或末句提及的名称四个要素；簿册类保留封面题名，如无原题名，则由整理者根据簿册内容性质确定。(1) 文书题名一般写作"事主（施事者）立"，若事主为受事者则不写"立"等动词。(2) 在同一份文书上，写立有两份或若干份契文信息的，应将较早契文作为主题名，并将较晚契文信息附写上；正契附有官契、执照、契尾、验契纸等，参照此规则。(3) 契约若钤有红色官印，则为赤契；未钤官印则为白契。(4) 文书为抄写契文，无画押者为抄白；契文中有〇〇、△△等符号，应为草底。

5. 提取相关信息

还需提取文书中的字号、土名、受业人、尺寸、形态、叶数、包号、征集时间、征集地点等元素，并备注考证信息及重要信息等。

6. 分类编号

根据文书内容确定分类，初步填写分类编号。

第三，文书排序。由于黄山学院图书馆文书按征集批次编订包号，按包号存放整理，因此在完成单份文书的整理后，还要将该包文书按时间顺序排序。

第四，复核。在初步整理后，由不同整理者再次复核，纠正错误、考订谬误。

第五，拍摄。文书整理完成后，使用数码相机拍摄保存图像。文书即可按原貌存放，如非必要无需翻阅文书原件，减少文书的翻动次数，对文书实施有效保护。

第六，录入数据库。黄山学院图书馆自主研发了文书数据库及应用管理软件。将整理者在文书登记表中填写的关键信息如时间、地域、事主、题名、受业人、土名、字号等录入数据库。通过数据库实现自动编号，每份文书给出唯一编号。黄山学院图书馆的文书编号规则为：分类号－朝代、帝王年号、年序号－某类自然顺序号。如 5.2.1−E6353−0001，即第 5 个大类"官府文书"第 2 个二级分类"政令"第 1 个三级分类"5.2.1 告示、照会"类别下，清代康熙五十三年（1714）的第 1 份文书。该数据库可以便捷实现数据添加、修改、删除功能；检索功能强大，可以实现类名、时间、地域、事主、土名、字号、受业人、原始编号等字段的单一检索、复合检索和模糊检索。该数据库配合图片，可以直接调用文书信息和图片，有利于文书原件的保护；文书信息通过数据库集成，整理者可以检索相关信息考证文书的地域；检索的便捷也方便后续研究者的开发利用。

文书整理和研究还需必备一些相关资料，如地方志、各县都图册、千字文、柴码表等。刘道胜整理汇编的《徽州文书稀俗字词例释》，[①] 收录文书稀俗字 151 个、稀俗词 325 条，大大方便了文书的整理和研究。

贵州清水江文书、太行山文书等收藏单位都曾与安徽大学、安徽师范大学、黄山学院等交流分享文书整理规范和经验，促进了民间文书群的整理和研究。

① 刘道胜：《徽州文书稀俗字词例释》，中国社会科学出版社，2019年。

# 第五章　新安文书的主要种类

新安文书是在新安江流域居民的日常生活中形成和保存下来的，涉及日常生活的方方面面。本章根据文书的内容性质，概括介绍新安文书的 10 个主要分类：土地关系与财产、赋税、商业、宗族、官府、教育、会社、社会关系、民间文化、其他。新安文书浩若烟海，难以穷尽，二级三级分类更是不胜枚举，且每一分类的研究牵涉面极广又错综复杂，几部专著未必能穷尽。因此，本章将尽力引用具有典型性的文书作为例证进行介绍和分析。

## 第一节　土地关系与财产文书

新安文书中以反映土地等财产所有权和使用权的买卖、典当、租赁等活动的文书数量最多，反映了民间土地等财产关系变动的实际状况，为研究中国封建社会后期的社会经济和土地制度提供了丰富的史料。土地关系与财产文书主要有以下种类：

### 一、土地、房屋、耕牛等事产买卖文书

即土地等财产所有权的买卖。最早的契约可以追溯到西周时期。中国历史上遗留下大量的契约文书，其中以买卖契约居多。特别是宋元以来遗留的纸质契约文书，目前各地仍多有发现，如新安文书、贵州清水江文书、太行山文书等。这是因为中国人认为契约文书是所有权的凭证，即使朝代更替，仍能说明业主对物业的所有权，能够在纠纷和诉讼中作为凭证。买卖契约是买卖双方为地产、物权、会股等动产和不动产所有权的转移和交易订立的契约文书。在新安江流域的日常生活中，买卖的事项五花八门，最普遍的是田地、山塘、房屋，其他还有坟墓、厕所、牛马、水碓等。

#### (一)卖山地田塘契

按年代分类，宋元买卖契约较为稀见。《中国历代契约会编考释（上)》中收录

了7件徽州宋代土地买卖契约，有南宋嘉定八年(1215)祁门县吴拱卖山契、南宋淳祐十二年(1252)徽州李从致卖山田契、南宋宝祐三年(1255)祁门县周文贵卖山地契、南宋景定元年(1260)祁门县徐胜宗卖山地契、南宋景定五年(1264)祁门县项永和卖山地契、南宋咸淳三年(1267)徽州方伯淳卖山地契、南宋咸淳六年(1270)休宁吴运幹卖山地契。[①] 中国社会科学院历史所收藏有2件，其中一件淳祐二年（1242）休宁李思聪等卖田、山赤契是最早的徽州文书纸质契约原件。

**淳祐二年(1242年)休宁李思聪等卖田、山赤契**[②]

休宁县附产户李思聪、弟思忠，同母亲阿汪商议，情愿将父□□存日置受得李舜俞祈（祁）门县归仁都土名大港山源，梨字壹□□，次夏（下）田二角四十步，二号忠（中）田一角，又四号山一十四亩。其四［至］东至大溪，西至大降，南至胡官人山，随垅（垄）分水直下至大溪，北至□俞山，随垅（垄）分水直上至大降，直下至大溪。今将前项四至内□山四水归内，尽行断卖与祈（祁）门县归仁都胡应辰名下，三面评议价钱官会十七界一百二十贯文省，其钱当［立］契日一并交领足讫。其田、山今从卖后，一任受产人闻官，［自］祖舜元户起割税钱收苗为业。其田、山内如有风水阴地，一任买主胡应辰从便迁葬，本家不在（再）占拦。今从出卖之后，如有内外人占拦，并是出产人抵（祗）当，不及受产人之事。所有元（原）典卖上手赤契五纸，随契缴付受产人收执照会。今恐人心无信，立此断卖田、山文契为照。

淳祐二年十月十五日　李思聪押

弟　李思忠押

母亲　阿　汪押

见交钱人　叔李余庆押

依口书契人　李文质押

今于胡应辰名下交领前项契内十七官会一百二十贯文省前去领足讫，其钱别更不立碎领，只此契后一领为照。

① 张传玺:《中国历代契约会编考释》上，北京大学出版社，1995年，第532～541页。

② 严桂夫、王国键:《徽州文书档案》，安徽人民出版社，2005年，第133～134页。

同□年月日　李思聪押

弟　李思忠押

母亲　阿　汪押

叔　李余庆押

南宋淳祐二年（1242）休宁县的李思聪等人将父亲所置祁门县归仁都的 2 块田地、1 块山地出卖给祁门县归仁都的胡应辰名下。这些土地位于梨字号，土名是大港山源。[①] 在中间人的见证下，三方议定的价格是官会十七界一百二十贯文省。钱银收讫后，田山所有权就归买方所有，由买方管业缴税。有其他人阻拦的情况则由卖方承担责任。另外，还将这块土地流转的上手赤契 5 份交由买方收执。口说无凭，立契为证，这份契约就成为胡应辰拥有这些土地所有权的凭证。

南宋赤契钤有宋代圆形官印，交易使用的货币和行文都具有宋代特色。但内容与制式还是与其后的元明清契约具有相似性。根据《徽州文书档案》的统计，元代徽州契约文书数量有 60 多件。[②] 现存最早的元代契约是中国国家图书馆收藏的元世祖至元二十六年（1289）汪周孙卖地契。

**至元二十八年（1291 年）祁门县李阿林卖山赤契** [③]

归仁都李阿林，有山一段，在杭契(?)，土名杨梅山。今无钞开修田亩，曾（情）愿将前项杨梅山东字三百一十四号，夏（下）山四亩二角，夏（下）地二角，又更字号黄小坞东排夏（下）山二亩。其二号山、地，东至圤塝横过至胡四坞岭，西至黄小坞田及地，北至尖，南至溪。其前项山地并地内大小杉苗，尽行出卖与同都人李景高名下讫。三面平（评）值中统宝钞十一贯文省。其钞当日交足无欠，契后更不立碎领，只此随契一领为凭。今从出卖后，一任受产收苗管业。如有四止（至）不明及家外人占栏，并是出产人支当，不涉受产人之事。今恐无信，立此卖契为用者。

---

① 土地买卖契约中需载明田地的土名、字号、大小、四至：土名就是当地人对土地所在区域的称呼，其后逐渐演化为小地名；字号是唐宋以后地籍管理的基本工具，由“字”和“号”组成，历代官方在丈量土地过程中依据千字文次序给基层单元（如厢、坊、里、保、图等）分配相应的字，每字之下编订流水号，朝代更换字号也会更替；大小就是土地的面积；四至即土地的边界范围。

② 严桂夫、王国键：《徽州文书档案》，安徽人民出版社，2005年，第135页。

③ 严桂夫、王国键：《徽州文书档案》，安徽人民出版社，2005年，第135～136页。

杨梅山六百五十九号。

黄小坞六百六十号。

至元二十八年五月十五日李阿林押

代书契人李渲言

这是中国社会科学院历史所收藏的一份元契。元代至元年间归仁都李阿林将2块山地卖给李景高。契内载明山地的土名、字号、四至、面积。三面议定的价格是中统宝钞十一贯文省。最后明确了买卖双方的权利和责任。各朝各代的契约文书包含了基层社会货币、户籍、土地丈量、土地交易变迁的真实状况。宋代以来的土地等不动产买卖契约大量存世，为研究中国封建社会后期土地制度的变迁和落实提供了丰富的史料。

黄山学院图书馆收藏的明弘治十一年（1498）四月休宁余齐鑫立卖田、山赤契[①]，卖方休宁五都居民余齐鑫和弟弟齐旺、齐顺，将田5块、山1块注明字号土名，出卖给金以进名下，价格是文银七钱正，其银当成日一并收足。从出卖之后一听买人自行交税管业，如有四至来历不明及重复交易、外人拦占等情况，由出卖人承担，不干买人之事。恐人心无凭，立此文契为用。最后是卖方和代笔人画押。契文上还钤有红色的官印，说明这份契约当时到官府验契交过契税，是一份赤契。这份契约也就是金以进拥有这些田山的凭据。

清代淳安、开化等地的土地买卖契约也不在少数。

**清康熙十五年（1676）四月淳安方见实立卖田赤契**[②]

浪川方见实，今因兄故支用无办，自愿将土名百山，珎字一千四十二号，田三分四厘二毫，又将土名四庆，珎字一千三百三号，田五分七厘，又将一千三百七号，田三厘七毫三，共田九分五厘，并山在上，自愿出卖与堂侄方□边，面议价银四两七钱正。其银当日收乞，其田受人管业不词，其税□□□□□□亲外争执，卖人理直。恐口难凭，［立此卖］契存照。

---

① 黄山学院图书馆收藏，编号：1.1.1-D5411-0001，包号：721，尺寸：290毫米×360毫米。

② 黄山学院图书馆收藏，编号：1.1.1-E6315-0001，包号：45，尺寸：310毫米×298毫米。

康熙十五年四月　　日立卖人方见实押

亲笔押

利市

此份契约钤有赤印，从印章文字判断应出自淳安县浪川。淳安以方姓、余姓人数最多，这在已发现文书中也得到了验证，方氏文书较多。[1] 淳安县浪川的方见实将3块田地注明土名、字号、税亩，出卖给堂侄方某，价格是四两七钱。

**清乾隆二十四年（1759）二月开化汪文秋立杜卖田赤契附乾隆契尾**[2]

立杜绝卖契人开邑十九都汪文秋，今置有早田一段，坐落本都土名上村，计额半亩，其田四至照丈不必开述。今因缺用自情愿托中将前田立契出卖与王义取号名边为业，当三面凭中议作时值价纹银三两正，成日契价两相交付足讫。其田未卖之先与兄弟内外人等并无不明等情，如有自理，不干受业人事。既卖之后，听凭照契管业。此系正行交易，并非债负准折以及公置祭产，自卖后永无找贴回赎之说。今欲有凭，立此绝卖文契为用。

立推票汪锡玠户，今推十九都上唐庄田税二分六厘四毛二丝正，其税推与廿三都华埠庄王显儒户前去收入登册无词，立此推票存照。

其田内有棋子树一根在内，再批。押

乾隆廿四年十二月　　日立杜绝卖契人汪文秋押

见叔　斗瞻押

代书　步先押

此份契约明确写明了出自浙江省开化县十九都，交官方验契，缴纳契税，后附乾隆二十五年（1760）三月开化县发给的官版契尾，钤有多个赤印。明清时期，土地所有权发生变更后，一般赋税的责任也从卖方过割到买主，由买主缴纳赋税。汪锡玠户就是卖方所在的业户，田地买卖后田税就推到买方所在的业户廿三都华埠庄

① 淳安县志编纂委员会：《淳安县志》，汉语大词典出版社，1990年，第94页。

② 黄山学院图书馆收藏，编号：1.1.1-E6524-0003，包号：28，尺寸：550毫米×590毫米。

王显儒户缴纳。

**民国十二年（1923）十一月杭县倪长寿等立杜卖征地赤契附民国十二年十一月买契附民国十二年十一月契纸费收据**①

立杜绝卖契倪长寿、宝兴，今将祖遗倪嘉珍名下征地一分三厘七毫五丝正，坐落杭县钱字栅外一图成字号内，土名羊义衖内，四至弓口绘具图说，并连地上所有浮沉石器一应在内，今有正用，挽中情愿出卖与余荫堂许名下为业，三面言定公估产价洋一百元正，其洋当日亲自收足。自卖之后，凭（任）凭收产管业，提粮过户入册，□粮完纳，决无阻措。倘有纠葛事端仍归卖主承值，不涉买主之事。此系正行交易，并无重叠交□，亦非公同祀产，并无典戤他人等情。上下不瞒，长幼咸知。自卖之后永不回赎，永无找贴，永斩葛藤，永无枝节丛生，买卖如同截木，各无翻悔，均无异言。欲后有凭，立此杜绝卖契存照。

再批，当交户折，注明割售亩分，仍还卖主收执，粮串昆连别产，老契遗失，故不检交，倘有检出作为废纸，又照。

民国十二年十一月　　日卖主倪长寿

中人倪正昌等

此份契约还画有四至图，附有杭县公署发给的民国十二年（1923）十一月官版“买契”，以及民国十二年（1923）十一月契纸费收据，缴纳契税6元。除钤有若干赤印外，还有一枚赤印“中华民国十二年十一月十九日杭县验契处注册讫，如犯验契办事细则第二十一条□□□条规定办□”。赤契和契尾的意义，更多在于官方收取验契税的需要，并不意味着赤契和白契的所有权是不同的。

将明清民国时期的徽州文书与淳安、开化、杭县契约相比较，可见契约的体例、格式是一致的，必须具备卖方、买方、中见、时间、土地土名字号四至面积、价格、权力和责任这些基本要素。但是行文、习语则带有地方特色，比如徽州将某人称作“某伩”，而淳安等地称为“某边”。“此系正行交易，并非债负准折以及公置祭产，自卖后永无找贴回赎之说”，这种行文也是淳安等地较多，徽州则较少见。

① 黄山学院图书馆收藏，编号：1.1.2-F7212-0041，包号：372，尺寸：580毫米×720毫米。

(二)卖坟、厕所、水碓等契

新安江流域买卖的事项五花八门，坟墓、厕所、牛马、水碓等等也是比较常见的标的物。

**明崇祯十一年（1638）四月歙县罗美立卖风水业制式契**①

立卖契人罗美，歙县通德乡十四都五图人，今将续买此字二千一百一十四号风水一业，土名叶家山，计地税一分七厘，四至照依原买界，至于上结有空墎二只，今凭中尽行出卖与二十九都三图张 名下为业，三面议定价纹银一百三十两正。其银当即收足，并无欠少准折之类。其字号内本家并无毫忽存留，目下眼同交业，听凭买人扦造风水。其税仰于本家户下起割，推入买人户内支解，并无异说。倘有内外人等拦阻异说，俱卖人承当，不干买人之事。今恐无凭，立此卖契为照。

契内价银一并收足，再不另立收领，再批。

崇祯十一年四月　　立契人罗美押　书契人罗天游押

中见人鲍仪卿押　俞惟石押　鲍似白押　罗恺之押

罗若押　罗甘泉押　张仲偃　刘全甫押

这份契约填写于明代崇祯年间官方发给的印制契纸上，但是没有钤赤印，意味着这份契约还没有到官方验契。歙县通德乡十四都五图罗美将 1 块风水地包含其中的 2 只空坟穴，卖给二十九都三图张姓，在 8 个中见人的见证下，三面议定价格纹银一百三十两。坟地归买主所有，听凭买主在坟地内修造坟墓。卖坟契体例的基本要素与其他卖契一致。这份官版契纸还印有崇祯年间官方颁布推行的验契及契税相关条例，为研究当时的土地和赋税制度提供了信息，印证了中央政府和基层社会之间的互动。

**清同治九年（1870）腊月裕元立卖坟山地契**②

立卖契人房侄裕元，今因缺少便用，自情愿将土名东圳坟内余地山，又并□名

---

① 黄山学院图书馆收藏，编号：1.1.6–D6111–0001，包号：721，尺寸：630毫米×590毫米。

② 刘伯山收藏《淳安五都一内图薗川庄徐氏文书》，尺寸：481毫米×295毫米。

在内，该身股份尽行立契出卖与房叔来□名下一半，贵宣、海金一半名下为业，三面言定时值价银七百文正，契银当即两明。其税先是二本家户内纳银，无有付收等情。日后坟山地□名听凭叔边照该身股分经管，□边不得异言。自卖之后再无翻悔异言。恐口无凭，立此卖契存照。其契内加该身股分四字当书。

同治九年腊月　　日立卖契人房侄裕元押

中　　长庚押

代书　　鼎定押

利市

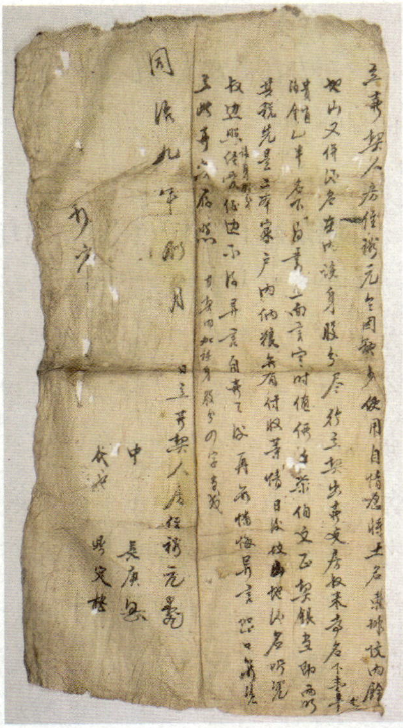
清同治九年（1870）腊月裕元立卖坟山地契

这份卖坟山地契出自淳安五都一内图蘭川庄徐氏文书，体例与徽州卖坟契是一致的。新安江流域居民非常重视墓葬，视作对祖宗长辈的孝敬，因此坟地所有权的买卖也是有重要意义的。

## 清道光十二年（1832）二月弟妇鲍阿王氏立卖厕所契推①

立卖契推堂弟妇鲍阿王氏，今因年岁饥荒，自情愿将土名坟山脚大门前厕所一个，上至椽瓦，下至基地，计基地七毫五丝，一尽出卖推与堂伯谌先边为业，当日面议厕所价文四钱正。其钱随契收足，其地听凭执契管业，其税听向本庄鲍承羽户推入谌先户收税完粮供差，契外再不另立推约。恐口难信，立此契推为用。

道光十二年二月　　日立契推鲍阿王氏押

凭并书素先笔

① 刘伯山收藏《遂安十五都浯溪鲍家鲍氏文书》，尺寸：243毫米×513毫米。

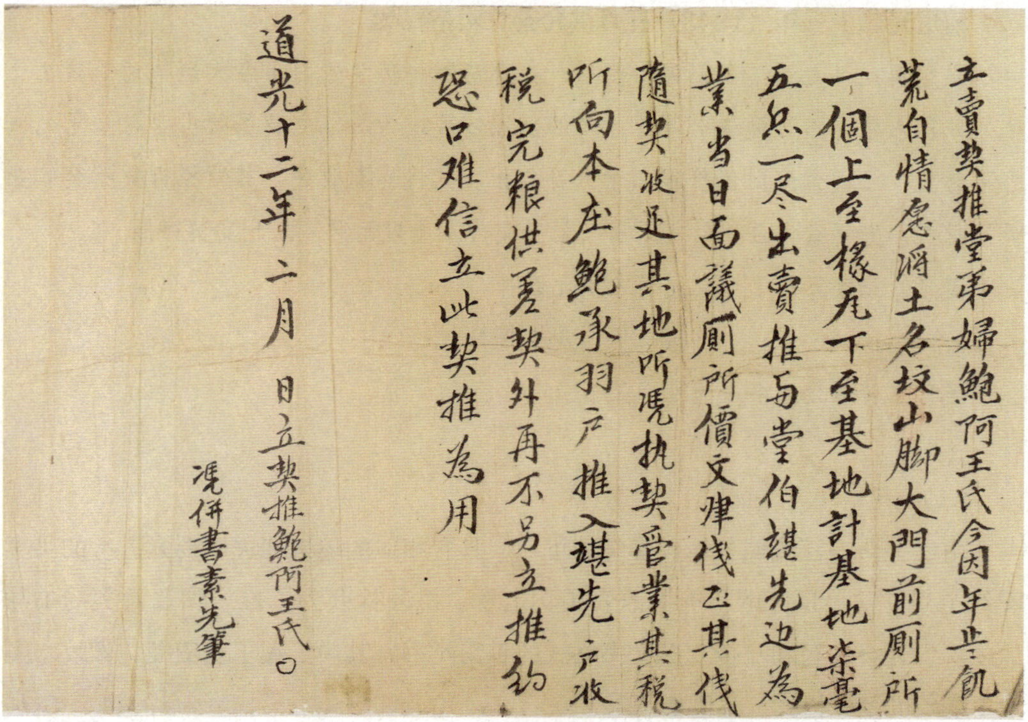

立賣契推堂弟婦鮑阿王氏今因年丗飢
荒自情愿將土名坟山脚大門前厕所
一個上至椽瓦下至基地計基地柒毫
五忽一盡出賣推与堂伯继先边為
業当日面議厕所價文肆仟正其仟
隨契收足其地所憑执契管業其稅
所向本庄鮑承羽户推入堪先户收
稅完粮供差契外再不另立推約
恐口难信立此契推為用
道光十二年二月　日立契推鮑阿王氏㊞
凭併書素先筆

清道光十二年(1832)二月鲍阿王氏立卖厕所契推

买卖契约中，卖厕所契也不在少数，这可能与传统农耕所需粪肥有关。厕所买卖后，其中的粪肥也由买主所有。另一种与农耕有关的产业就是水碓、猪栏、牛栏等，同样可以买卖。

**清雍正九年（1731）十月淳安方炳如立卖碓并地赤契**①

立卖契人方炳如，今因缺用，自愿将珍字三百七十八号该分碓并地税一厘一毛八勿（忽），出便与堂弟方　边，面议时值价银二钱五分足。其银当日收足，其碓即仰受人管业，其税即册开付过户不辞。如有争执，自行理□，且不涉受人之事，恐口无凭，立□存照。

其契价银不另立收票，再书。

雍正九年十月　日立卖方炳如押

利市　　　　　　　亲笔

① 黄山学院图书馆收藏，编号：1.1.9—E6409—0001，包号：45，尺寸：225毫米×440毫米。

**清道光二十三年（1843）五月洪允泰立卖猪栏契**[①]

立卖契人洪允泰，今因欠少使用，自身情愿将传字号内土名大坦柿树下猪栏一个，并出入路道，计地税一厘正，其四至照依现成为局，立契尽行出卖与堂兄允通名下为业，三面言定时值价钱二千六百文正。其钱当即收楚，其猪栏听凭随契管业，毋得阻执，先年致（至）今并无重（复）交易。恐口无凭，立此卖契存照。

道光廿三年五月　日立卖契人洪允泰押

奉书侄　茂惟押

当日立转与允志名下为业，又书。

(三)小结

由以上新安江流域各地买卖契约可见，具有相似的体例和关键要素。有的买卖契约也用"便、顶、倒"等用语表买卖之意。民间社会为了推广和普及契约书写的体例，还会抄写和流传有关文书帖式的日用类书，其中汇编了卖田契、卖坟水契、卖牛契等的基本格式。举例如下：

**卖田契**[②]

立卖契人某都某图某人，今因欠少支用，自情愿将承祖分受收买到某字某号，该身股法计田税若干，土名某处，计租谷几秤／斗正，东至某处，西至某处，南至某处，北至某处，四至之内开载明白，凭中立契出卖与某都某图某人名下，三面议定得受时值价银若干正。其银随即收足，其田听凭管业，其税现造册算，听凭起甲入户输粮，无得执阻。其田以先并无重复交易，倘有内外分法人等异言，俱系卖人承当，不干受人之事。倘有字号讹错，听凭照依鳞册改正。恐口无凭，立此卖契永远存照。

嘉庆某年某月　日立卖契人某某某

中见人某某某

代书人某某某

---

① 刘伯山收藏《淳安八都交界歙县三十二都大坦洪氏文书》，尺寸：438毫米×378毫米。

② 徽州《文书汇集》，黄山学院图书馆收藏，编号357。

**卖坟水契** ①

立卖坟水地契人某都某图某人，今因无钱家用，自身情愿将坐落某处山／地几亩，尽行出与某某名下为业，当日三面言定时值价银若干。其银即时收足，所卖山地一任买主造坟，一定不得阻，安葬结椰，并无异言。其山的系应分产业，与亲族无涉，亦无重卖不明等事，如有此情等，卖主承当，不干买主之事。恐后无凭，立此卖契为照。

再批，中见笔资加一酒酌。

**卖牛** ②

立卖牛契人某都某图某人，今因无银使用，自愿将已养大栏下某色牯／牸牛一头，凭中立契出卖与某都某图某人名下，面议言定时值价银若干正。其银随即收足，其牛凭中面付过索。其牛好歹，买主自见，自卖之后毋许反悔。如有悔者，甘罚白银若干正与不悔之人。其牛倘要来历不明，并人阻挡，俱系卖人承当，不干买主之事。恐口无凭，立此卖契存照。

新安文书中的买卖契约，标的物既有不动产的田地房屋，也有动产的牲畜、树木等。归纳总结可知，买卖契约的基本要素有以下几项：

1. 卖方——立卖契人。

2. 买方——受业人。

3. 中见。

4. 代笔（代书人）。

5. 买卖动机——自愿。

6. 物业性质——物业位置（田地字号、土名、四至、税赋）、种类、数量。

7. 价金——三面议定，随即收足。

8. 卖方义务和权利——毋得生端异说，毋得加价；听凭管业，无得执阻。

9. 买方义务和权利——其田听凭管业；所卖山地一任买主造坟，一定不得阻，安葬结椰，并无异言。

① 徽州《文书帖式》，黄山学院图书馆收藏。

② 徽州《文书汇集》，黄山学院图书馆收藏，编号357。

10. 担保——其税现造册算；其田以先并无重复交易，倘有内外分法人等异言，俱系卖人承当；其牛倘要来历不明，并人阻挡，俱系卖人承当。

11. 违约处理——如违听自业主鸣公理论；如有悔者，甘罚白银若干正与不悔之人。

12. 立契原由——恐后无凭，立契存照；恐口无凭，立此卖契存照。

13. 立契时间。

买卖双方在中人的见证下自愿签订契约，对买卖的不动产和动产的性质明确数量和界限，三面议定价格，当即收足，即所谓“一手交钱一手交货”。卖方获得经济利益，渡让所有权；买方付出经济利益，获得所有权。契约明确规定了买卖双方的义务和权利：在约定好的情况下，卖方不得加价，不得阻拦买方获得物业所有权，买方可对物业进行耕作、竖造等。这里的中人主要起到一个见证人、中间人的职责，没有明确的担保项目。买卖双方达成合意所需的担保是相对隐晦的，如契约中交易的田地需要按照鱼鳞册和归户清册等赋役文书明确赋税，鱼鳞册、归户册由官府主持丈量田土、核实田主、攒造成册，这就暗含了国家公权力保证的意味。而更多契约则是仰赖买卖双方自身信用的担保，需对物业此前的重复交易和来历不明进行承诺，承担责任。立契时间限定了所有权流转的时间界限。有的契约还会明确违约的处理方式为鸣公处理或接受金钱惩罚，违约是针对买卖双方的约束性条款。

由此可见，买卖契约的签订是买卖双方自由意志的合意达成的结果，合意的达成主要基于各方的诚信；买卖双方是平等自愿的，契约规定了买卖双方的义务和权利；契约规定了买卖物业的性质和价格，以及立契时间，这些都是今后发生纠纷和诉讼时界定所有权的依据。

**二、土地、房屋、耕牛等事产典当文书**

中国古代的借贷早已有之，随着经济活动的发展，借贷行为也越来越普遍，元代出现了可以参照的借贷契约文书帖式。土地、房屋、耕牛等事产典当文书在遗存至今的新安文书中数量颇多。明清时期，新安江流域典当业发达，这里的典当主要是百姓因无钱用度，将土地、房屋等物业抵押给别人以获得金钱，一般约定回赎期限。《徽州文书档案》认为典和当是有区别的，典契一般言明“其钱不起利，屋不起租”，出典人出典后不需要直接交纳利息，使用（耕作）权即转移给受典者，受典人可以自己使用（耕作），也可以将使用（耕作）权再转移出去获取收益；当契则指物业出当之后仍由出当人使用（耕作），还需向受当人交纳租额作为利息。[①] 而事实上典当文书措辞五花八门，有典、有当、有押等，应根据契约中对于产业处置、是否赎回等约定进行分辨和判断。

(一)典田地山塘契

新安文书中的元代典契非常稀见，一件藏于中国国家图书馆，一件藏于安徽省博物馆。

**元泰定三年（1326）胡日和典山契**[②]

十五都胡日和今有山一段，在本都二保，土名板枥培，系量字号。东至坑心，南至大降，北至大坑，西至麦园坞心上至尖，下出大坑抵胡兴进山。今将前项四至内山本应伍分内得一分，尽数出典与同都人汪茏二官人名下为主，面议典去中统钞四拾伍贯，前去足讫。未典已（以）前，即不曾与家外人交易。如有乙（一）切不明，并是出典人自行理直。今恐人心无信，故立文契为照者。其山断典收苗折利。

泰定三年十月二十二日　　胡日和押

奉书人胡稳龙押

此份元代典契主要元素、行文与买卖契约相类，载明出典人、受典人、抵押物、典价、利息等。典当契约涉及借贷和抵押，是研究中国封建社会后期民间金融活动发展变化的重要史料。

**明崇祯元年（1628）七月歙县潘应福立批包皮赤契**[③]

立批色（包）皮人潘应福，今因正用，自情愿将祖遗受自置己业，土名羊鹅坑口大小买水田十五秤，共计三坵，四至照依原形，色（包）内原脚契两纸，凭中立批包皮一应出当与张观全兄名下为业，当日三面言定，得受价纹银六十元正。其银当即收足，其田即交受人管业耕种，其洋包利，其田因旧包□，其利每长年包还一分五厘行息照算，逐年尽七月终交楚，不得拖延短欠，如有欠少听凭累不交租。此

① 严桂夫、王国键:《徽州文书档案》,安徽人民出版社,2005年,第155~156页。

② 张传玺:《中国历代契约会编考释》上,北京大学出版社,1995年,第638页。

③ 黄山学院图书馆收藏,编号:1.2.1-D6101-0001,包号:721,尺寸:415毫米×414毫米。

系两愿，各无异言。其田限定计当一年为满，一年之内不得取续（赎），一年之外听凭照依原数读（赎）出，洋价无异言其涨跌。先前至今并无重复交易，倘有内外亲房人等异言，系身承值，不干受业人之事。恐口无凭，立此包皮契为据。再批，注田租二字，又照。再批，中资洋六两，取续（赎）之日一并交还，又及。

大明崇祯元年七月日　立批包皮潘应福押

中见张继良

亲笔押

这份明代当契钤有赤印。潘应福将3块水田出当给张观全，收到价银六十元。约定每年七月交利息一分五厘；一年之内不得取赎，一年之外按原价取赎。

**清光绪二十七年（1901）十二月淳安方虞璧立押田契**[①]

立押契淳邑□□□图流大坞方虞璧，今因无钱使用，自情愿将民田六坵，一处土名大坞□汪家坞口计民田三坵，计田税一亩实，又田后磅余地一片在内，又将七汉坞计田三坵，计田税一亩五分实，二处共税二亩五分，系腾字千百十号，情愿立契出便于徽邑金竹头方敬春名下，现管耕种五禾为业。三面言听时值押价计英洋五十元足，其洋当即收清，每元计洋价九百四十文是大钱。其洋后日不得起利，其田不得起租。面言约至三年，三年之后随时原价取赎，亲人不得执纸异言。自押之后两相情愿，不得翻悔，倘有亲房外人争论，俱系自身之当，不干徽邑亲人受边之事。恐口无凭，立此押契存照。内加改四字一个当书。

大清光绪念七年腊月　日立押契人方虞璧押

代书亲人徐锦叙押

押契利益

这份契约的出典方是淳安县的方虞璧，将田地出典给徽州金竹头方敬春。契约名为押田，以田为抵押借贷金钱，但是根据契约规定田业交由受业人耕种，以及约定三年之后原价取赎，可见此份契约还是属于典当契约，而不是抵押借贷。淳安与

① 黄山学院图书馆收藏，编号：1.2.1–E7027–0003，包号：61，尺寸：215毫米×430毫米。

徽州毗邻之地，同姓族人常发生土地典当买卖的经济往来。

**黄帝纪元四千六百〇九年（1912）十二月房叔本𫍲立典宅基坦字**[1]

立典字房叔本𫍲，今因缺用，自情愿将土名李宅基坦一片，一尽出典与房侄致米名下收晒，当日面议典价英洋一元正，其洋当日即收足，其坦听凭当即收晒管佃，约定十年为满，日后备原价回赎。恐口无信，立此典字为用。

再批，日后接坦墙石灰砖匠工资，本身之当粗工收晒之人之事。

黄帝纪元四千六百零九年十二月　日立典字本𫍲押

凭代房弟本楣笔

坦内每年交太祀折豆一升，本身自交。

这份契约出典的是晒坦，约定赎期十年后原价取赎。该契约的典型之处在于年号使用了“黄帝纪元四千六百零九年”，这是 1911 年 10 月 10 日武昌起义后才短暂使用的纪年法，国民政府成立后，孙中山通电各省黄帝纪元使用到 1911 年 12 月 31 日为止。

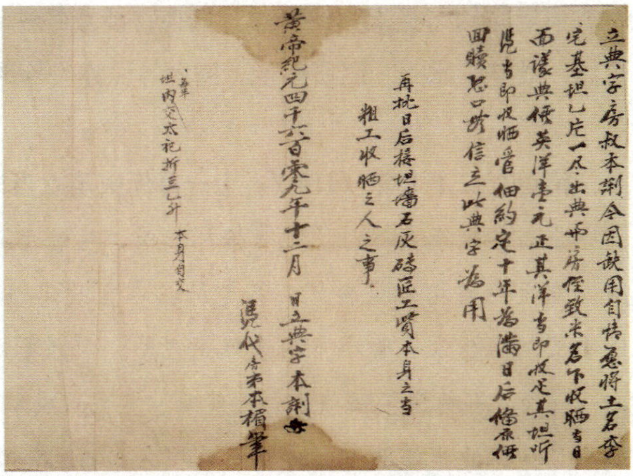
立典字房叔本𫍲今因缺用自情愿将土名李
宅基坦一片一尽出典与房侄致米名下收晒当日
面议典价英洋壹元正其洋当即收足其坦听
凭当即收晒管佃约定十年为满日后备原价
回赎恐口无信立此典字为用
再批日后接坦墙石灰砖匠工资本身之当
粗工收晒之人之事
黄帝纪元四千六百零九年十二月　日立典字本𫍲押
凭代房弟本楣笔
坦内每年交太祀折豆一升　本身自交

黄帝纪元四千六百〇九年(1912)十二月房叔本𫍲立典宅基坦字

**民国三十年（1941）十一月［休宁］黄宝全立出租并佃皮契**[2]

立出租并佃皮田纸人黄宝全，今因正用自愿央中将祖遗下田业一宗，坐落土名山下湖，计田三秤，今凭中出佃与孙　名下为业。当日三面言定，时值租佃价洋法币四十元正，比时如数一并收足讫。其田即交受佃人管业耕作，息订定年期十二年为满，不加不取，年期以满听从原价取回。其田未佃之先并无重复交易，今佃之后，

---

① 刘伯山收藏《遂安十五都浯溪鲍家鲍氏文书》，尺寸：245毫米×340毫米。

② 黄山学院图书馆收藏，编号：1.3.1–F7230–0002，包号：339，尺寸：395毫米×286毫米。

倘有内外人言拦阻等情，尽是出租佃人一力承值，不涉受佃人丝毫之事。恐口无凭，立此出租并佃皮田纸存据。印

中华民国三十年冬月立出租并佃皮田纸人　黄宝全印

凭中人　方灶厚印

代　笔　曾良禄印

古代日常生活中形成的新安文书，其性质和分类不能完全按照名字来判断，而是要根据具体的内容。如以上这份契约用的是“出租并佃皮田纸”，但并未提到每年缴纳的租金，而是议定了十二年为期，“不加不取，年期以满听从原价取回”。因此，这份名为租实际应归为典契。

(二)典牛、苗木等契

典当契约与买卖契约一样，抵押物涉及各种动产或不动产，如田地山塘、房屋道路、坟茔、水碓、厕所牛栏、树木等。淳安等地文书中也有不少典当契。

**清道光二十七年（1847）十一月侄庆茂立当楂林约**①

立当约侄庆茂，自己栽有楂林一所，生址十五都普贤地方，土名西山墈田头等处，左至土竹塆中昆料兄庆裔楂林，右至政忠楂林，上至顶，下至田，四至明白，递年应纳山租米三管小，纳在弟亮兴处。今因要用将此楂林当与叔润章处，当出米本八斗小，言约递年每斗加利五管算，俟至冬成十月内本利一起送还明白，不敢欠少。如有欠少将此当楂树并杉木听叔彩（采）摘，理纳山租管业，其空山亦听叔栽松树杂木等树。此楂林自己手置物业，与别无干，并无来历不明。如有此情，系侄出头抵当，不涉叔之事。今欲有凭，立当约一纸为照。

内改中字，又注此字，共二字，再书。押

道光二十七年十一月日立当约侄庆茂押

在见兄庆裔押

代字见弟亮兴押

① 刘伯山收藏，尺寸：215毫米×430毫米。

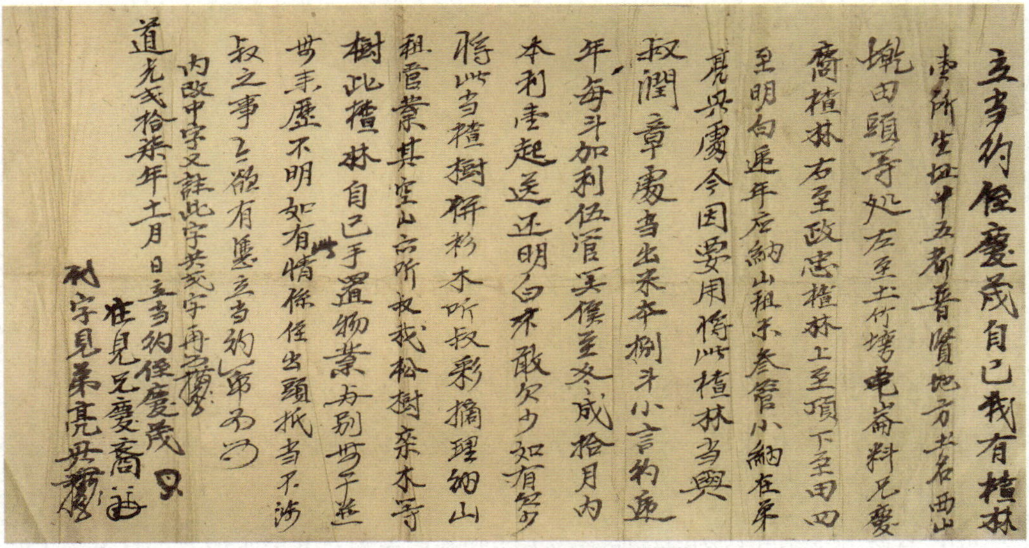

清道光二十七年十一月侄庆茂立当楂林约

庆茂将自己栽种的楂林当给叔润章，当价是米本八斗小，利息每斗加五管，等到来年十月归还本利。这里的山租“米三管小”，当价“米本八斗小”，利息“五管”，计价单位非常少见，徽州文书中较为少见，疑为遂安当地特有的用语。

（三）小结

由以上新安江流域典当契约可见，体例相似，但上中下各流域又葆有各地的惯用语和特色。新安文书中典契的一般体例如下：

**典契**[①]

立典契人，今将土名某处闲屋几间几迳，自愿央中将屋出典与某名下，三面议定得受典价银计官串足钱若干正。其钱当即收足，其屋听凭典人日下前去开张／住歇。其钱不起利，屋不起租。其屋议定几年不时将原价并酒食取赎，不得执阻。即便搬移，倘有内外人等异言，俱系出典人承值，不干受人之事。恐口无凭，立此典契存照。

对以上典当契约进行类比，可见，典当一般有不动产或动产的质押物，典当契约具备以下要素：

① 徽州《文书汇集》，编号357，黄山学院图书馆藏。

1. 借款方——出当人。

2. 贷款方——受当人。

3. 中见。

4. 代笔（代书人）。

5. 借贷动机——自愿。

6. 质押物业——物业位置（田地字号、土名、四至、税赋）、种类、数量。

7. 借款金额——三面议定，随即收足。

8. 还款约定——取赎时间；还款金额；利息；还款方式。

9. 借款方义务和权利——未当之先并无重复交易，倘有来历不明以及内外人等情，是身自理。

10. 贷款方义务和权利——听凭受人执契管业无阻；其屋听凭典人日下前去开张（住歇）。

11. 立契原由——恐口无凭，立此典契存照。

12. 立契时间。

借贷双方在中人的见证下自愿签订契约，这里的中人一般不具备今天保人的担保职责，可能仅为借贷行为的见证人。对质押物业明确数量和界限，三面议定借款金额，约定取赎时间、还款金额、还款方式、利息。契约明确规定了借贷双方的义务和权利：借款方需对物业此前的重复交易和来历不明进行承诺，承担责任；贷款方在期限内获得物业的使用权，可以对物业进行管理和使用，或获取利息等。典当契约中的质押物业起到了担保的作用。立契时间限定了借款的时间界限。

从契约上看，典当契约的签订是借贷双方自由意志的合意达成的结果，合意的达成主要基于各方的诚信；借贷双方是平等自愿的，契约规定了借贷双方的义务和权利；契约规定了质押物业的性质和价格，以及立契时间，这些都是还款和发生纠纷、诉讼时的界定依据。

**三、土地、房屋、耕牛等事产租佃文书**

该类所指为与中国古代租佃制度有关的租佃文书，反映的是正常的租佃关系，主人与佃户之间没有人身依附关系。出租方通过物业所有权让渡使用权而获得租金收益，承租方凭借他人所有之物业而获得收益或使用权，并需交纳租金，为了保障双方的责任和权利订立租佃契约。从承租方角度订立的契约为承租／佃田契约，从出租方角度订立的契约为出租／召佃契约。这两种形式的租佃契约都普遍存在。租佃契约是伴随着土地私有制度逐渐发展起来的。

(一)承租/佃田契约

承租／佃田契约是事主租到出租方所有的田地等物业而书立的契约，在租佃文书中由承租方角度订立的契约比重较大。

**清乾隆三十九年（1774）三月泰灯等立租屋约**[①]

立租约人泰灯等，今租到建东名下桃源桥头土库店屋一重楼上三间、楼下二间，又余屋一重，做面生理。当三面议租银三两六钱正，作四季交付，不得短少，亦不得翻悔。自定之后，两无异说。如违甘罚酒银五钱公用，仍依此约为准。今欲有凭，立此存照。

内批，本年四月上工扣租银一季，来年租银照约，只此面批。

乾隆三十九年三月十六日立租约人泰灯押

泰烈押

国纬押

中见太怜押

代笔佩□押

**清道光十四年（1834）八月徐年保立租田契**[②]

立租批人徐年保，今租到徽邑庄吴　边田一处，土名垅里岩下，田税九分三厘。其田是身前租去种佃，每一全年交还光租谷二石三斗，其谷每逢秋期挑至上庄面东清楚，不得拖欠。如有此情，倘有天旱虫伤，面仝均分。恐口难凭，立此租批存照。

道光十四年八月　日立租批人徐年保押

信利　　　　书中　项景福押

这块田的出租方应为徽州人吴某，双方约定由徐年保租去耕种，每年交光租谷二石三斗，每年秋收时挑去东家。如遇干旱或者虫灾则另有约定。

① 刘伯山:《徽州文书》第1辑第9册，广西师范大学出版社，2005年，第356页。

② 黄山学院图书馆收藏，编号：1.3.1-E6714-0001，包号：35，尺寸：240毫米×210毫米。

### 清乾隆五十二年（1787）十二月石塘鲍硕林立租山约[①]

立租约石塘鲍硕林，今租到　浯溪族内锦公祀下食字二十三号内山一业，是身结蓬歇客开种，每年议交租钱仪（文）三钱六分，不得短少。恐后无凭，立此存照。

乾隆五十二年十二月　　日立租约硕林押

　　　　　　　　　　　　盟族叔蔚文笔

这份契约应出自遂安县，石塘和浯溪都是鲍氏在遂安的聚居地。鲍硕林以租金换得山地的使用权。中华人民共和国成立后的一段时期内，当地人还沿用了传统的契约形式。

### 公元一九五〇年王衍善立租屋批[②]

立租批人王衍善，今向鲍致美叔名下租得土名前店基坐南朝北三间寄丁住屋一堂内上横左边正家一个到顶并出入路道等项，一尽租到身边居住数年，租金议定每年□□□。□□无凭，立此租批为（照）。

一九五〇年六月初四日立租批人王衍善押

　　　　　　　　　　代书人鲍谟敬笔

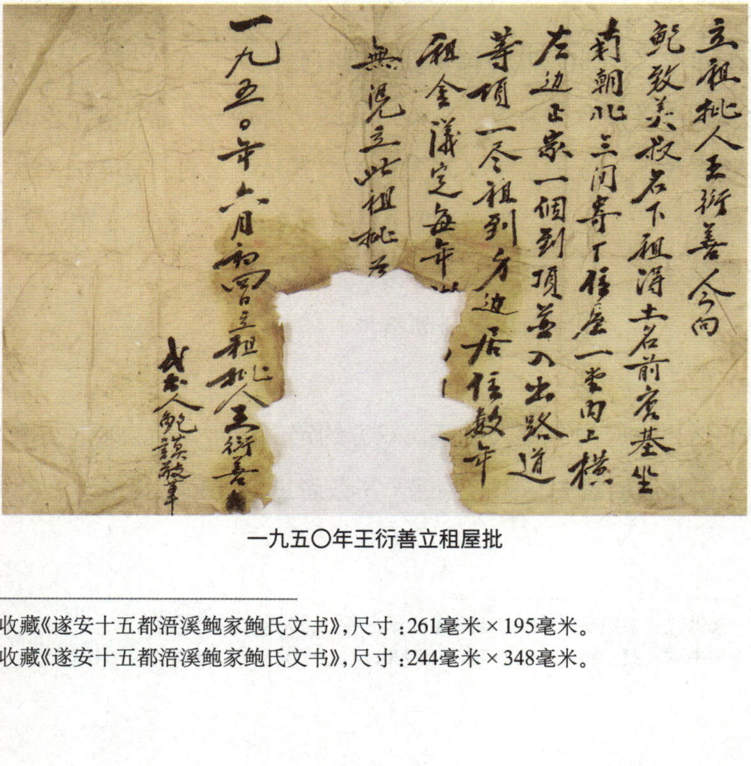
立租批人王衍善今向
鮑致美叔名下租得土名前店基坐
南朝北三间寄丁住屋一堂内上横
左边正家一個到頂並入出路道
等項一尽租到身边居住數年
租金議定每年
無憑立此租批为
一九五〇年六月初四立租批人王衍善
代書人鮑謨敬筆

一九五〇年王衍善立租屋批

---

① 刘伯山收藏《遂安十五都浯溪鲍家鲍氏文书》，尺寸：261毫米×195毫米。
② 刘伯山收藏《遂安十五都浯溪鲍家鲍氏文书》，尺寸：244毫米×348毫米。

(二)出租/召佃契约

出租／召佃契约是出租方将田地等物业出租而书立的契约，相较而言新安文书中从出租方角度订立的契约数量不多。

**民国八年（1919）十二月王华公下绳武堂其中、心全等立给山约**[①]

立给约华公下绳武堂其中、心全、启辰、凤林、良丰、侄丙云、佛法等，今将祖遗土名盖西四百零九号山一亩六分内华公下绳武堂身该应股，一尽出祖（租）与族侄边开剟作种，议定玉米租四斗，除秆苗租二斗，三年秆苗四尺二头，四年达看不秆追前租，听凭管业另给。恐口无信，立此给约为用。

日后杉木出并二棚准分。

民国八年十二月　日立给约王华公下绳武堂等

其中押

心全押

心会押

心吉押

启晨押

心贡押

凤林押

佛法

丙云押

良丰

王华公下绳武堂的其中等人将山地出租给族侄兴种，约定“玉米租四斗，除秆苗租二斗，三年秆苗四尺二头，四年达看不秆追前租”。

① 刘伯山收藏《遂安十七都一图康塘洪氏文书》，尺寸：243毫米×707毫米。

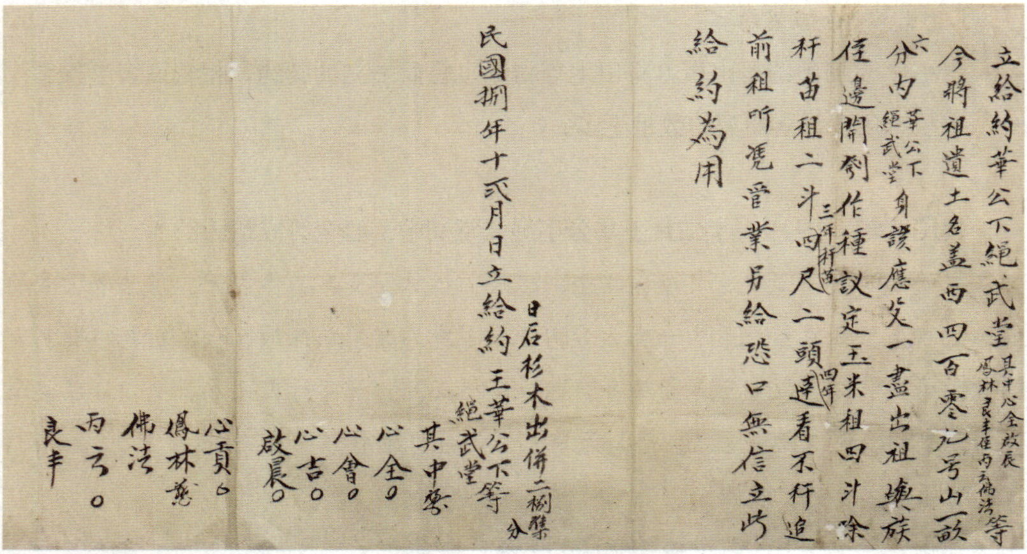
立給約華公下繩武堂其中心全啟長鳳林良丰佛法等
今將祖遺土名盖西四百零九号山一畝
六分內華公下繩武堂身該應父一盡出祖與族
侄邊開劄作種議定玉米租四斗除
杆苗租二斗四尺二頭（三年折）逐（四年）看不許追
前租所憑管業另給恐口無信立此
給約為用
民國捌年十二月日立給約王華公下繩武堂
其中
心全
心會
心吉
啟長
心貢
鳳林
佛法
雨云
良丰
日后杉木出拚二分

民国八年十二月王华公下绳武堂其中、心全等立给山约

(三)小结

日用类书中的租佃契约帖式如下：

**召田**[①]

立召批人某某，今将收买到某字某号，土名某处，大买田几亩。今来凭中出召与某名下，三面言定，递年包还扇净硬租谷若干正。其租以熟包荒，时出挑送上门，谷粒不致短少。如有欠少，听凭起业，另租他人，种人不得阻执。倘有人等异言，俱系召人理治，不涉租人之事。恐口无凭，立此召批为据。

**佃田帖**[②]

立佃田帖某人等，今因严种，情愿凭中佃到某处某田主名下若干，许租若干。其田每长年秋收照数交租均分，或有处止用，约至秋收看场，或遇干旱缺水，请田主眼见同明，看除再分，不致短少。如有荒芜田地，依数赔还。恐后无凭，立此佃契为据。

① 徽州《文书汇集》，编号357，黄山学院图书馆藏。
② 徽州《文书帖式》，黄山学院图书馆藏。

**租田** [1]

立租批人某某，今租到某名下土名某处大买田几亩，共计几坵。今身租来耕种，三面言定递年包还扇净硬租谷若干正，其租以熟包荒，时出挑送上门，谷粒不致短少。如有欠少，听凭起业，另召他人，租人不得阻执。其租不欠，不得起业加租。今恐无凭，立此租批为据。

除租佃契约外，日常生活中其他不动产和动产所有权和使用权的分离，相应地也有出租塘、屋等不动产，以及牛马等动产的其他租赁契约。

**租塘** [2]

立租批人某某，今租到某某名下，土名某处，现有鱼塘一口。今身租来蓄养杂鱼，面议每年包还租钱若干，其租约至每至秋收交还，不得欠少。倘有拖延挂欠，听凭召人起业另租他人，租人不得阻执。倘有内外人等异言，俱系召人承当，不涉租人之事。恐口无凭，立此租批为用。

**召牛** [3]

立召批人某某，今将自己栏下看养某色牯／牸牛一头，凭中出召与某名下，前去看养。三面言定，递年包还扇净干谷几秤正，时出挑送上门，不致短少。如有欠少，听凭本家另召他人，租人不得阻当。其牛务要勤紧看守得好，毋许狼狈瘦弱其牛。倘有天灾时气，系是天命，不干守人之事。或有夜不小心失脱耕牛，估值赔偿，身受无辞。今恐无凭，立此召批为据。

对以上租佃契约进行类比，可见，租佃契约基本要素有以下几项：

1. 出租方——召（租／佃）人。

2. 承租方——受佃人；承租人。

3. 中见。

---

① 徽州《文书汇集》，编号357，黄山学院图书馆藏。

② 徽州《文书汇集》，编号357，黄山学院图书馆藏。

③ 徽州《文书汇集》，编号357，黄山学院图书馆藏。

4. 代笔。

5. 租赁动机——自愿。

6. 租赁物业——物业位置（田地字号、土名、四至、税赋）、种类、数量。

7. 租金及支付方式——三面言定递年包还扇净硬租谷若干正，其租以熟包荒，时出挑送上门；其田每长年秋收照数交租均分，或有处止用，约至秋收看场，或遇干旱缺水，请田主眼见同明，看除再分；面议每年包还租钱若干，其租约至每至秋收交还；当三面议租银三两六钱正，作四季交付。

8. 违约责任——如有欠少，听凭起业，另租他人；倘有拖延挂欠，听凭召人起业另租他人；如有荒芜田地，依数赔还；如违甘罚酒银五钱公用。

9. 出租方义务和权利——有人等异言，俱系召人理治，不涉租人之事；倘有内外人等异言，俱系召人承当，不涉租人之事。

10. 承租方义务和权利——种人不得阻执；租人不得阻执；其租不欠，不得起业加租；不得短少；其牛务要勤紧看守得好，毋许狼狈瘦弱其牛，倘有天灾时气，系是天命，不干守人之事，或有夜不小心失脱耕牛，估值赔偿。

11. 立契原由——恐口无凭，立此召批为据；恐口无凭，立此租批为用。

12. 立契时间。

出租方和承租方在中人的见证下自愿签订契约，对租赁的不动产或动产的性质明确数量和界限，三面议定租金及支付方式（租赁期限）。租赁契约明确规定了租赁双方的义务和权利：出租方应对租赁物业此前的重复交易和来历不明进行承诺，承担责任；承租方按照约定交纳租金，则出租方不能加租，也不能改租他人，承租方不得短少租金，对租赁物业妥善保管。如果双方有违约行为，则进行经济惩罚；若承租方违约拖欠租金，出租方可以另租他人；若承租方对租赁物业管理不善，则要进行赔偿。租赁契约同样大多仰赖自身信用的担保得以成立。立契时间是界定租赁行为的时间界限。

由此可见，租佃契约的签订是租赁双方自由意志的合意达成的结果，合意的达成主要基于各方的诚信；租赁双方是平等自愿的，契约规定了双方的义务和权利；契约规定了租赁物业的性质、租金及支付方式，以及立契时间，这些都是今后发生纠纷和诉讼时界定的依据。

**四、批契及财产处置文书**

批契及财产处置文书主要是指事主对财产进行处置的契约，不同于以上的买卖、典当和租佃关系，主要涉及财产的赠予、交还等。该类文书可分为 4 个三级类目：

(一)批契

从批契的实际内容判断，是事主无后将财产无偿转赠给亲属，由亲属负责其养老祭祀，类似于承继，但又没有像承继那样书立正式的过继文书。

**清乾隆五十三年（1788）十二月王阿张立批扒文契**[①]

立批扒文契人王阿张，兹因子不幸，今身年迈无靠，自愿将祖遗并夫手续置土名章坞口住屋一堂，又将土名牛轭坞田一亩六分，又将土名韭菜园熟地租一业，以上三处今凭亲族嘀议注立批扒与大予名下为业，凭中言明刻下系身收租输粮，候身百年之后此三处之业听凭大予经管，永远标祀香烟。日后永不致忘此之情，当念结草衔恩，知恩必报。其业永□不得转售他人。自立批扒之后不致争长竞短，倘有此情以不孝之论。今欲有凭，立此批扒永远为据。

乾隆五十三年十二月　　日立批扒文契人王阿张押

族长中见　人王尚校押

王永万押

王永瑞押

王思訡押

王永义押

王永栴押

依口代笔人王永溢押

王阿张因为无夫无子，经过宗族同意，将自家产业批扒与大予，大予拥有产业所有权后需负责王阿张死后的祭祀扫墓。契内并没有明确过继问题，与过继文书是有区别的。生前将遗产无偿转让给族中亲属，由继承者负责身前身后事。

① 黄山学院图书馆收藏，编号：1.4.1-E6553-0001，包号：60，尺寸：490毫米×405毫米。

**一九六二年十二月歙县王士玉立土地财产赠约**[①]

立赠约人王士玉，因本身年老，所有全部土地财产自愿立约赠与侄本旺执管。自赠之后，听凭受人取用，此系双方自愿，并无外人异议。因为本身所有契据遗失，日后倘若发现，作为无效。欲后有凭，立此赠约为据。

一九六二年十二月　　日　　立赠约人王士玉印

证明人王观全印

王本□印

代笔王炳南印

中华人民共和国成立后的一段时期内，新安江流域仍遗存有这种遗产继承的方式。这份1962年的契约中虽未言明，王士玉也应是无后人继承，所以将全部财产赠予侄子，由侄子负责其身后事。在田野调查中，当地居民也描述过这种继承方式。

(二)捐献文书

这里的捐献文书主要指将自有产业捐赠给寺院，也有将产业无偿捐赠给他人的。

**清康熙五十六年（1717）十月［祁门］陈文汉立乐助文约**[②]

立乐助文约人陈文汉，今有三保土名巴坑岭茶科山三号并地在内，又仝保土名藕塘塘口地一号，出助与巴坑岭茶亭，永远烧茶之资，尽系主持僧掌管，无许变卖他人，日后子孙亦无得取租，如违准不孝论。恐后无凭，立此存照。

内批乐助文约，眼仝经中付与山脚张光祖收领，永远为凭，此面批。

康熙五十六年十月初二日　立乐助文约人陈文汉押

中见　　　人　元朗押

思义押

张腊保押

亲侄　元权押

① 黄山学院图书馆收藏，编号：1.4.1-G7362-0001，包号：402，尺寸：540毫米×310毫米。

② 黄山学院图书馆收藏，编号：1.4.2-E6356-0001，包号：30，尺寸：470毫米×620毫米。

这份乐助契约反映了陈文汉将自己的土地捐给巴坑岭茶亭，土地的收益永远为烧茶的资金来源，资产则由主持僧掌管。这个茶亭应当是古代道路旁免费供行人休息的公益性场所。

**清康熙六十一年（1722）三月［歙县］江绳武等立助契抄白**①

立助契人江绳武等，今将承祖自法公佥业名字卅号，土名珠木坑口，地税一厘二毫二丝二忽，该身等三股之一。今来立契出助与洁湖寺为业，以作佛爷荫庇。□本家并无毫忽存留，从前至今并无重复交易。倘有人等异言，系身承当，不干僧边之事。今恐无凭，立此助契存照。

康熙六十一年三月　　日立助契人江汪伯

江绳武押

江德华

江德符

江德富押　　江德四押

中见凌富章押　　江德昭押

代书凌以伦押

这份契约未见画押字样，应为抄白，反映了历史上的一个真实的事件：江绳武等人将自己祖传的土地捐助给洁湖寺。

**民国七年（1918）八月［休宁］汪明爽立赠送风水地据**②

立赠送风水地人汪明爽今因操顺兄母故妻亡，乏地安葬，在予祖坟之侧有空地一块，土名中方端，任彼扦葬。因怜顺兄子幼家贫，当日凭图保情商，两方允洽，并无异言。往后倘有宗亲出阻，惟身是问。恐口无凭，立此兴发风水地据人存照。

民国七年八月　　日立赠送风水地据人汪明爽押

凭图叶置洪押

① 黄山学院图书馆收藏，编号：1.4.2-E6361-0001，包号：34，尺寸：245毫米×340毫米。

② 黄山学院图书馆收藏，编号：1.4.2-F7207-0001，包号：489，尺寸：450毫米×300毫米。

保

亲书

汪明爽在基层图保出面调停下，将风水地赠送给操顺扦葬亲属。这就是一份赠送与他人的契约。

(三)交业字据

交业字据，从字面分析，即将产业交与别人。从实际内容来看可分两种情况：一种是事主无嗣，将产业交与别人；一种是买卖典当之后，再立一次契约交付产业。

**黄帝纪元四千六百十年（1912）二月徽州运坤等立业单**①

立业单人亲房亲戚族内眼仝面订。今因伯兄运彰、运谱二家无传，凭中族内将二家之业一概系继男名唤树华名下经管为业，外人不得混争。倘有恃势混争者，凭公理论。众面议定，无得反悔。今欲有凭，立此交业单为据。

今将土名开列于左（土名厨灶屋一间通顶，又土名横庄庙下山一块，又土名踏碓边田一坵）

一、土名脑头大小田共三坵，又仝处菜园地一块

一、土名长湾里熟地一块并路上路下尽行在内（是亨淇之遗业）

一、土名踏碓边菜园地一块，又土名田头厕所一个，又田一坵

一、土名牛路里菜园地一块，又土名尖头地一块

一、土名上横塘屋后地一塔并花息，又土名塔岭山一块

黄帝纪元四千六百十年岁次壬子杏月　日立

立交业单亲房族内亲戚众议

族内运坤押　运汉押　运宝押　胞侄运德押

亲戚詹圣烈押　闻振英押　闻水高押

代书人罗步青押

大发利市

① 黄山学院图书馆收藏，编号：1.4.3-F7201-0001，包号：66，尺寸：380毫米×330毫米。

这份民国年间交业单表述得比较清楚，某姓宗族有运彰、运谱两个兄弟都没有后人，宗族协商将这两家的田地房屋开载明白，交与继男树华管业。从立交业单人可见，这份契约可能是在运彰、运谱两人死后由宗族同姓长辈和异姓亲属协商书立。

**民国十四年（1925）一月洪李氏立交业字据**①

今将屋宇田地山场列左

土名上通眷屋楼下右边后步一步

又楼上后堂右边游程头一步

土名老屋楼上右边中央一步

土名下坦楼下左边一步

又三层楼上左边游程一步

土名上厨灶后堂一个

土名上通眷隔壁房屋基一柱

土名下坦厕所一个

土名山脚对面田一坵

土名水湾路后大小田三坵

石堆下地一块

土名屋后地一块

土名棕树楞地一块

土名葛毛岭地一块

土名里湾垄地一块

土名牛鞍磨后地一块

土名水圳下地一块

土名水缸头菜地一块

土名桃树垄菜地一块

土名外菜地猪栏外一块

① 黄山学院图书馆收藏，编号：1.4.3–F7214–0002，包号：363，尺寸：236毫米×810毫米。

土名新屋后苎椪地一块

土名大坦有荒地一块并山一业

土名社会湾茶窠地一块

土名石门屋后山一块

土名拖长垄山一块

土名里湾田囤一个

上帝会一股

汪公会一股

立交业单人洪李氏押

亲房人洪上进押

永茂押

志本押

茂生押

灶炎押

族中　灶富押

亲戚人李得根押

叶承先押

方永煌押

代书　先兆押

民国十四年春王月　日立

这份交业单写于红纸上，事主为洪李氏，产业涉及田地房屋甚至会股等，虽未写明交业的缘由，但推测极可能是洪李氏无后故将产业交与族内亲戚。

**民国二十四年（1935）五月［歙县］方社标立交房屋业契**[①]

立自愿交业人方社标，今因年迈无依，惟先人祀典以及余之将来身后皆无所倚，故此恳求亲族再三筹设，议定愿将昔日承受他人之业即明□居厅楼上左边房一部

① 黄山学院图书馆收藏，编号：1.4.3-F7224-0001，包号：282，尺寸：375毫米×320毫米。

里进右边地房一部，又大屋外右边灶披一间，今凭中族交与方受昌名下为业。双方当即将业交明经管，此后面奉祀社份以及余之身后等等均归受业人承肩，则生殁皆感。但此后则余己不得私是将业在外抵押，如其察出，概作无效。如有亲房人等异言，不干受业人之事。此系两愿，亦无威逼，言恐无名，立此据存照。

中华民国廿四年古历榴月廿六日立交业据人方社标押

凭中人方镜杨押

方金喜押

代书方九源押

方社标因为无后，将房屋交给族人方受昌，方受昌则负责这一支祖先及方社标的祭祀。由这份契约可见是生前将产业所有权交付给继承人，但产业仍由事主居住所有，待事主死后继承人才真正获得产业所有权。

**民国三十年（1941）五月［歙县］谢东连立交业墨据**①

立墨据人谢东连，缘因昔年祖遗分派长二两房住屋一所，因于民国初年风灾倒坏，双方无力修理。目今势难□延，如此下去，恐负先祖艰难创造之基。本东连身后萧条，承嗣乏人，双方以昆仲关系，本身无力□持大厦。自愿将祖遗分受地基，计税三厘正，割绝与二房胞弟高连名下，任凭复修建筑，过户完粮纳税，永远管业。日后身女小娥不得争论事端。此系两相情愿，并无反悔威逼等情。恐后无凭，立此遗给绝墨据存照。

民国三十年五月　日立遗绝墨据人谢东连押

凭亲房谢炳然印（子云生代押）

谢青树印

谢大耀押

公证人谢瑞锟印

谢金全印

代笔谢云生印

① 黄山学院图书馆收藏，编号：1.4.3-F7230-0001，包号：96，尺寸：448毫米×422毫米。

谢东连有一女但无子，还是将房屋交给弟弟谢高连所有。也有的契虽名为交业，仅指产业典当买卖后将产业交给对方，与遗产赠予、继承无关。

**民国十五年（1926）四月徽州张金星等立房屋交单**①

立交单人张金星、吴王氏，今将吴王氏仝孙玉森出当与张金星名下披屋四间，墙院一个，水井一眼，所有门窗户扇各件，另立交单两纸，各执一纸为凭。

计开

披屋四间　（两间装房、一间堂前、一间厨房）

墙院一个　墙全

地房两步　（地板房门楷□全仰顶无，房内有装板砌墙不等）

大门两扇

大门后装板全

堂前掌壁全

堂前仰顶半段

墙院门两扇破

以上门窗户扇取赎之日照单点还

中华民国十五年四月　日立交单人张金星押

吴王氏押

凭中　蒋悌钰押

沈景星押

端木和押

程寿明押

代笔宁松坪押

吴王氏等将房屋出当给张金星，交接时另立一份交单，列明典当的产业。此份交单一式两份，由出当人和受业人各执一纸。

① 黄山学院图书馆收藏，编号：1.4.3-F7215-0002，包号：342，尺寸：244毫米×398毫米。

**民国三十六年（1947）八月休宁吴国荣立限期交屋业字**[①]

立限期交屋业字人吴国荣，今将身名下楼屋平屋披屋共十三间并园地一块，于民国三十六年八月二十四日，将此业立契杜卖与戴洲甫名下为业。当日三面言定，准期古历十月内将屋业并园地尽行交付受买人执管，听从择日搬移进屋居住，决不误事。恐口无凭，立此限期交屋业字存照。

民国三十六年八月二十四日立限期交业字人吴国荣押

证明人余兆庆押

解吴氏押

代笔胡佐周印

吴国荣将房屋卖给戴氏，同时立下限期交业字据，承诺交付房屋的期限。关于这次房屋买卖，同时还书立另外两份契约，一份是戴洲甫分期付款的字据[②]，一份是吴国荣交付上首契约的字据。[③]

以上列举的契约，虽然都名交业，但根据内容可以分为遗产赠予或继承，以及典当买卖后的清点交接两种不同的性质。

（四）乞地文约

乞地文约是指因某些特殊原因，事主将土地无偿让与他人使用。

**清乾隆二十五年（1760）三月［祁门］吴子实等立合同文约抄白**[④]

立合同文约人吴子实等同倪国运等，今因先年买受倪姓本都九保土名方盘园平地收税管业已久，今倪姓查得此处有伊祖倪胜公[坟]一塚，托中向身凂情认坟。因系邻好，凭倪姓坟□□心直量三丈抵吴光邦等菜园墙为界，从左至右□□一丈四向俱立界石，界内倪姓管业，界外空地尽系吴子实兄弟管业。先年所收地税倪姓自愿扒三分四厘一毫收过倪户解纳保坟。日后倪姓不得藉税多争地，吴姓不得越界害

---

① 黄山学院图书馆收藏，编号：1.4.3—F7236—0003，包号：402，尺寸：240毫米×130毫米。

② 民国三十六年八月休宁戴洲甫立买屋并地业缴款字据，黄山学院图书馆收藏，编号：1.4.3—F7236—0001，包号：402，尺寸：230毫米×140毫米。

③ 民国三十六年八月休宁吴国荣立卖屋地负责佥据字，黄山学院图书馆收藏，编号：1.4.3—F7236—0002，包号：402，尺寸：240毫米×140毫米。

④ 黄山学院图书馆收藏，编号：1.4.4—E6525—0001，包号：57，尺寸：265毫米×470毫米。

坟，二家子孙永远遵守文约管业。今明有凭，立此合同二纸，各收一纸存照。

再批，倪姓上坟往来吴姓之路，听其行走无说，又照。

乾隆二十五年三月二十日立合同文约人吴子实押

同弟□周押

倪□□押

起明押

中见吴摇万押

清乾隆年间吴子实等原买到倪姓一块土地，后来倪姓在这块土地上发现了祖先坟墓，委托中间人向吴子实请求认回祖坟地，吴子实等产权所有人同意将这块土地中的坟地。部分无偿让给倪姓经管，约定倪姓不得再多争地；吴姓也不可伤害祖坟，倪姓上坟可以自由往来吴姓道路。

(五)小结

根据该类文书的实际内容分析，批契及财产处置文书与买卖、典当、租佃契约最大的不同，主要是无偿转让、赠予资产，不涉及银价。批契及交业字据一般是事主无后嗣，故而将财产转移给宗族内部的亲戚，受业人则承担相应的祭祀义务；在新安江流域类似承继，又不同于正式的过继文书。捐献文书则是事主将财产无偿赠予寺院或者他人。乞地文约是事主经请求将财产无偿转让他人。从格式上来说，交业字据还会清楚列明田地、房屋的位置、大小、数量等。该类文书展现了新安江流域居民日常生活中的承继、赠予、转让等具体而细致的实态，这些在官方正史中极为少见，也很少被关注和书写，但历史上一个个具体的普通人物就在这些细节中鲜活起来。

## 五、兑换文约

兑换文约即双方将各自所有的产业进行交换。兑换的标的物既有不动产的田地山场、房屋坟墓，也有动产的牛猪等。

**清康熙四十一年（1702）八月朱子通等立议兑换基地合同**[1]

立议兑换合同朱子通、汝高，系同胞兄弟，有承祖基地。今汝高创业起造，兄弟笃义，兑换两全。今子通将承祖基地坐落土名村心，系新丈慕字三千四十三号，计地四十四步零五厘，又将慕字三千四十四号，并厨屋更楼，计地十四步零七厘，又将慕字三千四十六号，计地八步零五厘，又将慕字三千四十七号，计地十四步一分一厘，又将慕字三千四十八号，计地五步六厘六毫，共地五号，计地八十五步九分四厘，该身分法四股之一，计地二十一步四分八厘五毫，计税　　，又将新置子攀金章地，系慕字三千四十六号，计地四步零二厘五毫，又慕字三千四十七号，计地七步零五厘五毫，又慕字三千四十八号，计地二步八分三厘，共地三号，计地十三步九分一厘，计税　　，并前共地三十五步□分九厘五毫，又将承父置基地，系慕字三千三十九号，计地十四步　分　厘，又慕字三千四十号，计地十五步，二号共计地二十九步　分　厘，该身分一半十四步　分　厘，以上共地四十九步　分　厘，换与弟汝高为业。今汝高将续置子攀金章园地一片，坐落土名村心后地，系慕字三千六十三号，计地五十六步五分八厘，计地税　，换与兄子通为业。汝高名下多地七步零，弟兄仗义，不议加添。自兑换之后各无异言。立此兑换合同一样两张，各执一张，永远存照。

立议兑换合同一样两张，各执一张，永远存照。

康熙四十一年八月　　日立兑换合同朱子通押

朱汝高押

见议亲吴得公押

吴闻苑押

族朱公缉押

朱庭茂押

朱左宜押

朱公涵押

朱天章押

朱子攀押

---

① 黄山学院图书馆收藏，编号：1.5.5−E6341−0001，包号：721，尺寸：530毫米×510毫米。

朱仲美押

朱界远押

代书朱日先押

清康熙年间，朱汝高因要建造房屋，与兄弟朱子通兑换地产，朱汝高交换的土地稍多，也约定并不加价。契中写明了交换产业的位置和面积，并写有骑缝字样。田地山场、房屋等都是新安江流域居民日常生活中交换的标的物。

**清咸丰八年（1858）十二月［歙县］潘炳南立换大小买田契**[①]

立换契人潘炳南，自身情愿将传字号内土名矶碶大小买水田一坵，其四至照依原形现管为界，四至之内尽行立契出条换与观火名下为业。观火将土名舍基坦水田一坵，其四至上至塝，下至堪，里至汪宝，外至遵法，四至之内尽行出换与炳南名下为业，又外增贴丙（炳）南钱一千七百廿五文正。其税各户征纳，条换之后，各管各业，无得反悔。如若反悔，干罚大钱五千与不悔人收。恐口无凭，立此换契一样二纸，各执一纸，永远对同为据。

咸丰八年十二月　日立换契人潘炳南押

中见代书人潘灶抹押

对同为据

咸丰年间，潘炳南与观火互换水田，观火另补贴炳南一千七百二十五文钱。双方约定各管各业，如果反悔则需罚钱。契最后写有骑缝字样，“对同为据”。

**清同治十二年（1873）十二月［歙县］庄德庆祠立掉换山契**[②]

立掉换契庄德庆祠，今将庆字四千〇五十七号，土名福荫坞，计山税二厘，又庆字三千九百七十二号，土名朱兴村，计山税一厘，两共计大租一斗二升，今凭中立契出掉与汪炳荣名下为业。三面言定掉到土名蜈蚣形小买山一业，其四至上至降，

---

① 黄山学院图书馆收藏，编号：1.5.1-E6808-0001，包号：11，尺寸：445毫米×358毫米。

② 黄山学院图书馆收藏，编号：1.5.3-E6912-0001，包号：7，尺寸：375毫米×460毫米。

下至田，里至汪元发地，外至本祠地，四至之内交与本祠。其山业两造当即交明经管，其税亦即过割入户输粮支解无异。此系两愿，各无反悔，欲后有凭，立此掉换契存照。（再批，注契字一个，原书，又照。）

同治十二年十二月　　日立掉换契庄德庆祠押

中见庄兆全押

庄华美押

庄华开押

庄美金押

代书庄丹文押

庄德庆祠与汪炳荣交换山地，契中注明了双方山地的位置、山税。

**清道光二十六年（1846）二月洪光高公支下经手男允通同孙茂恬、茂招等立换菜园地契**[①]

立换单人洪光高公经手男允通仝茂恬、茂招，将土名大坦外垄菜园地一块，丈量一方四分零，自愿条换与允志名下一半，竖造栏枋合做。允志将土名凸头晒坦一块，丈量一方二分，条与光高公经管，其允通已下里垄菜园地毗连，贴补允志一分五厘□。两面当即交清，两无异言翻悔，倘有翻悔者，甘罚钱五两以作公用。今欲有凭，立此换单存照。

再批，合做竖造栏枋楼下，允志做三股之二，光高公做三股之一，楼上光高公通衢做造，之后两无争论，又书。

道光廿六年二月　日立换契人洪光高公

支下经手男允通押

孙茂恬押

茂招押

奉书侄孙茂惟押

① 刘伯山收藏《淳安八都交界歙县三十二都大坦洪氏文书》，尺寸：410毫米×354毫米。

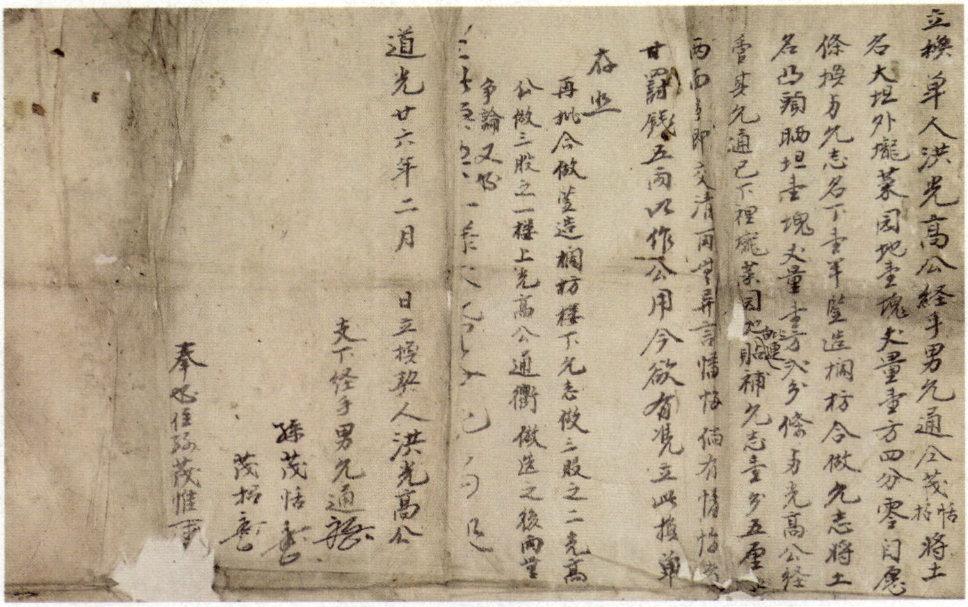

清道光二十六年二月洪光高公支下经手男允通同孙茂恬、茂招等等立换菜园地契

歙县三十二都一图大坦洪氏宗族洪光高公这一支的经手人洪允通等与洪允志调换土地，双方合做竖造栏枋楼。由于交换土地面积不等，允通还要再贴补允志一分五厘菜园地。

**公元一九六四年阴历七月洪道琨、洪道椿、洪道树立换牛栏基契**[①]

立换契人洪道琨、道椿、道树，自愿将土名大坦牛栏后牛栏基，三人共半堂，其四至照依原形为界，四至之内立契尽行出换与叔父洪五潮名下为业。洪五潮自愿将土名大坦油榨基一个，共九股之内一股三分三厘合身分得一半，其四至照依原形为，其四至之内立契尽行出换与亲侄洪道琨、道椿、道树名下为业。自换之后各管各业，双方不得翻悔。恐口无凭，立此换契为据。

换契对同一样两纸，各执一纸存照。

公元一九六四年阴历七月日立换契人洪道琨押

洪道椿押

洪道树押

---

① 刘伯山收藏《淳安八都交界歙县三十二都大坦洪氏文书》，尺寸：390毫米×386毫米。

洪五潮押
中见人洪道传押
洪叙和押
洪声志押
洪德祥押
洪声佳押
代笔人洪芳芝押

1964年新安人仍沿用传统格式签订兑换契约，洪道琨等人将牛栏基和叔父洪五潮的油榨基兑换。契中也有骑缝字样，用于核对、防止造假。

**公元一九五二年十月歙县凌家喜等立对换屋基地合墨附一九五四年十二月人民政府印发换契**[①]

立条换合墨人凌家喜、凌荣顺等，缘因产业相隔，取用不便，双方云通将业条业。其家喜有土名村东东后路现成楼房西边半堂，与荣顺住屋便连；其荣顺有土名村中（终）大路外现成基坦一业，与家喜住屋便连。今双方同意立墨定章，家喜将楼房半堂条与荣顺取用，荣顺将基坦一业条与家喜取用。今凭中估值时价荣顺因贴大米一担一斗与家喜收进，双方没有亏赢。如此双方全美，取用便利。自条之后，各管各业，不得反悔。此系双方同意，没有压迫等情。恐口无凭，立此合墨同样两纸，各执一纸，永远流芳，大发存照。

大米每担折价169000

土地证上姓名凌仙通印

公元一九五二年壬辰岁十月之吉日立条换合墨人凌家喜印
凌荣顺印
证明人凌灶生印
汪仙通印
代书人鲍荫堂押

① 黄山学院图书馆收藏，编号：1.5.5–G7352–0001，包号：19，尺寸：450毫米×800毫米。

这是中华人民共和国成立后，民间仍沿用传统制式书写的调换契约。凌家喜有座楼房在凌荣顺家旁边，凌荣顺有块基地在凌家喜旁边，不便使用，因此两人互换产业，凌荣顺另贴钱给凌家喜。这份契约还交到当时的歙县人民政府验契，缴纳了契税1500元，因此贴有10张绿色的中华人民共和国印花税票，一张契税收据，附有1954年歙县人民政府印制颁发的“换契”一张。可见当时的契约合同还沿用传统的制式，在基层乡村社会新式合同尚未推广仍沿用验核契税形式。除了常见的田地山场房屋之外，厕所、坟山等交换也有所见。

**清道光十二年（1832）十月汪吴氏立调换厕所契**①

立调换文契人汪吴氏仝子善庆，今将祖遗分受到庆字三百十七号，计地税一厘，土名船坊冲后山脚下粪窖一只，今凭中立契出调与汪绳篪、汪绳韶伯名下管业，听凭早晚填塞改造无异，得受贴价银洋四元正，其洋当即收足。绳篪、绳韶即将自置得庆字二百九十八号，计地税一厘正，土名船坊冲厕所一只，并厕屋椽木料砖瓦俱全，调与善庆管业。其税任凭早晚更入户内支解，各纳各粮。倘有内外人等异言，俱系调人理值。此系两愿，各无异说。恐口无凭，立此调换文契两纸，各执一纸，永远存照。押

道光十二年十月　　日立调换文契人汪善庆押

主盟母汪吴氏押

见中亲吴观明押

叔汪绳珣押

汪大年押

汪绳灿押

代笔汪绳根押

汪善庆将自家粪窖与别人的厕所交换，交换产业地税均为一厘正，但汪善庆还收到补贴银洋四元。这可能是因为对于徽州农民来说，粪窖中的粪肥具有一定的价值。

① 黄山学院图书馆收藏，编号：1.5.5-E6712-0001，包号：7，尺寸：335毫米×300毫米。

**民国八年（1919）十月徽州叶璞庵立调换坟山契**[①]

立条换契人叶璞庵，今将立字二千一百七十一号，俗名美女形东边造成明棺中央一只，凭中条与叶江氏名下安葬堂弟钟祥，江氏将社屋前猪栏基该身一半任凭取用，两无反悔。恐口无凭，立此条换为据。

民国八年十月日立条换契人叶璞庵押

弟中　士祥代押

叶璞庵将一个坟穴与江氏的猪栏基进行调换。淳安等地文书中，兑换契约也有所见，兑换的标的物主要是田地房屋等。

**清雍正十年（1732）元月淳安方炳如立便换田契**[②]

立便人方炳如，今将珍字四百九十六号内上坵田一分，出便与堂弟方旺边，便换珍字七百八号、七百九号田九厘八毛五步，其田听弟管业，其税即册开付过户不辞。恐口无凭，立此存照。

雍正十年正月　　日立便人方炳如押

亲书

利市

方炳如与堂弟方旺交换田地，双方交换田地的价值大约相当。徽州与淳安等地的兑换文约，其格式大体一致。

兑换文约一般是双方出于地利方便等原因，交换等价的田地山塘、房屋等产业所书立的契约；如果交换的标的物并不对等，则价值较低的一方会给予补贴。契约中会注明交换物的位置、大小、租税等，还会约定双方的权利、义务和违约惩罚。兑换文约不同于买卖契约，更类似于合同，一般一式两份，交换双方各执一份；并且写有骑缝字样，以便对同，防止造假伪冒。

① 黄山学院图书馆收藏，编号：1.5.6-F7208-0001，包号：4，尺寸：340毫米×185毫米。

② 黄山学院图书馆收藏，编号：1.5.1-E6410-0001，包号：45，尺寸：190毫米×205毫米。

## 六、卖茶柯苗木契

新安江流域买卖山地、茶园时有的会将山地上的树木茶柯一起买卖，但也有卖茶柯苗木为主的契约。因与不动产有所分别，且茶柯苗木是当地重要的生产资料，因此单列为卖茶柯苗木契。

### 清雍正十年（1732）十二月歙县张豫友等立卖树赤契[①]

立卖契人张豫友同弟易德，今有祖遗克字四千八百四十八号，土名□坑口号内扒税五毛，并坟上大株树荫木一根，凭中面议价银四两整，出卖与叔□、泰名下，以保坟茔。其树日后□永远毋许砍斫，其有余税仍系本家照旧管业。听凭取用，毋得异言，其价银并收讫。今恐无凭，立此为据。押

雍正十年十二月　　日立卖契人张豫友押

易德押

凭中余稚仙押

张若思押

张行友押

张永宁押

张近紫押

代笔人　张御先押

这是一份出售坟地及树木的赤契，较为少见。新安江流域居民宗族观念深厚，异常重视祖墓，因此祖墓上的荫木虽然可以买卖，却不允许砍伐。这份契约钤有县印外，还有“歙字九千二百四十号”“验讫”“吏房挂号讫”赤印。

### 清咸丰八年（1858）十二月［歙县］胡用敷立出卖山衣树木契[②]

十七都四图立出卖山衣树木契人胡用敷，今因正用愿将自禁兴养松杉树木，系拱字号山一业，土名西坞，今凭中出卖与本都本图胡名下管业兴养。三面议定，得

① 黄山学院图书馆收藏，编号：1.6.1–E6410–0001，包号：47，尺寸：595毫米×495毫米。
② 黄山学院图书馆收藏，编号：1.6.1–E6808–0001，包号：33，尺寸：450毫米×400毫米。

受时值山衣树木价钱三十千文整。其钱当即收足，其山衣树木即交管业兴养，日后听凭开山砍伐松杉树木，亦无异说。此系两相情愿，并无准折等情，倘有亲房内外人等言论，均系出卖人理直，不涉买人之事。恐口无凭，立此出卖山衣树木契永远存照。（再批，其树木各分一并，又照）

咸丰八年十二月　日立出卖山衣树木契人胡用敷押

凭中胡尧臣押

胡鸣和押

胡秉坚押

胡文南押

胡亮明押

汪瑞成押

胡胜和押

胡立和押

胡有财押

胡双喜押

亲笔押

这份契约反映了胡用敷出售山衣树木，出售之后即听凭买主开山砍伐松杉树木。这里的山衣应是相对于山骨而言的。山衣，既指耕种管理者在蓄养树木的过程中施加的肥料及投入的管理工时造就的土地增殖，也可以理解为这块山地的使用权；山骨，即所有权。这份契约买卖的是山地之上的树木及山地的使用权。松杉树自古就是新安江流域的经济木材，当地买卖运输松杉的传统也很悠久。此外，茶叶种植、采摘、经营也是当地农民的生计之一，因此茶柯茶丛买卖在新安文书中也有所见。

**清同治六年（1867）十二月［休宁］汪阿吴氏等立卖茶丛契**①

立自情愿断骨出卖茶丛契人汪阿吴氏仝男永泰，今将承祖遗下有茶丛一块，坐落土名长坦，系驹字　号，计税　整，其四至上至受主毗连，外至受主毗连及磅底

① 黄山学院图书馆收藏，编号：1.6.1−E6906−0001，包号：2，尺寸：510毫米×370毫米。

水圳，里至□秀成秀茶丛为界，四至述明，今因缺用自情愿托中将茶丛断骨出卖与族公相珪名下为业，当面议作价洋钿二元一角，其洋钿当即是身收讫，其茶丛自今卖后即听受主管业摘茶无异。未卖之先于本家内外人等并无重张交易，如有一切不明等情，是自料理，不涉受主之事。所有税粮听至本户下扒纳无阻，不必另立推单。今欲有凭，立此情愿断骨出卖茶丛契永远存照。

同治六年十二月　　日立自情愿断骨出卖茶丛契汪阿吴氏押

仝男永泰押

见中汪再本押

依书人汪汝亨押

所有契价当日两相交足，再批。押　　　　契尾

汪阿吴氏等将承祖得来的茶丛一块出售给族公相珪，茶丛听凭买方管业摘茶。此外，还有买卖栗树、梨木的契约。

**民国三十三年（1944）一月江方氏立卖栗树字**[①]

立卖栗树字人江方氏，今因缺少正用，自情愿将先夫遗受该身已业大栗木树一根，土名大园，今托凭中出卖与本家江聚美名下为业，当日三面言定，时值估价法币一百八十元正。其币当即凭中交身亲手收足，外不另收券。其栗树当即凭中交与受业执管，听凭永远兴养砍伐取用。身无异言，倘有亲房内外人等异说，均系出卖人一力承肩理直，不干受业人之事。恐口无凭，立此出卖栗树字为据。

民国三十三年旧历正月立卖栗树字人江方氏押

凭中江开秀押

代字江辅□押

在新安江流域，板栗、香榧、山核桃是重要的农业资源。历史上，栗树、香榧、梨木交易在某些栽培区域集中出现。如在休宁仁里，自古就有栽培、采收、加工香榧的传统。刘伯山研究员收藏有休宁六都里仁吴氏文书，共计87份，从嘉庆延续至

① 黄山学院图书馆收藏，编号：1.6.1–F7233–0001，包号：377，尺寸：235毫米×290毫米。

民国二十二年（1933），其中买卖榧树的文书就有21份，而且价格不菲。可见，当地人自古就将香榧视为经济材管业摘榧。

**休宁六都里仁吴氏香榧买卖文书统计表**①

| 序号 | 年代 | 卖主 | 买主 | 土名 | 数量 | 价格 |
|---|---|---|---|---|---|---|
| 1 | 清道光三十年(1850)正月 | 吴圣宇 | 吴至德堂 | 吴家屋后 | 榧木十股半之一股 | 九五平色银三两正 |
| 2 | 清道光三十年(1850)九月 | 吴圣治 | 吴至德堂支丁 | 吴家屋后 | 榧木十股半之一股 | 三两整 |
| 3 | 清咸丰元年(1851)正月 | 吴仁鋕 | 吴从云 | 北树坞、风树下、竹山尖 | 榧木四根 | 当价三两七钱八分，咸丰八年(1858)六月再找价九五色银二两正买断 |
| 4 | 清咸丰元年(1851)八月 | 余国滨同男士杨 | 吴从云 | 竹凹 | 一柯 | 两元〇六钱正 |
| 5 | 清咸丰七年(1857)十月 | 吴从烘 | 至德堂 | 吴家屋后 | 榧木十股半之半股 | 一两五钱 |
| 6 | 清同治元年(1862)十月 | 吴圣林 | 吴至德堂支丁 | 吴家屋 | 榧木十股半之半股 | 一两五钱整 |
| 7 | 清同治四年(1865)六月 | 吴阿卢氏 | 吴圣治 | 白石坦 | 茶柯荒山并杉松榧木杂项 | 二两正 |
| 8 | 清光绪三十四年(1908)三月 | 吴福培 | 吴福海 | 新山 | 榧木一柯，并杉木杂木茶柯，及荒山一块 | 英洋八元正 |
| 9 | 清光绪三十四年(1908)三月 | 吴福填 | 吴福海 | 际坞 | 荒山一处，计上下二块，杉木榧木荒山竹山杂木等项一并在内 | 英洋十三元五角正 |

① 原件由安徽大学刘伯山研究员收藏。契约为民间书立，使用多为民间俗字俗语，所用“柯”“颗”应为“棵”。

续表

| 序号 | 年代 | 卖主 | 买主 | 土名 | 数量 | 价格 |
| --- | --- | --- | --- | --- | --- | --- |
| 10 | 清光绪三十四年(1908)四月 | 吴福钧 | 吴福海 | 岭上 | 茶柯山一块,杉木榧木坳上一柯,坳下一柯 | 英洋十二元五角 |
| 11 | 清光绪三十四年(1908)四月 | 吴元楞 | 吴福海 | 阳培 | 茶柯山一块,榧树二柯,杉木桓木一并在内 | 英洋十九元正 |
| 12 | 清光绪三十四年(1908)八月 | 吴福俨 | 吴福海 | 上下竹凹 | 榧木六柯 | 英洋十七元正 |
| 13 | 清宣统三年(1911)八月 | 母余氏同男吴福棠 | 吴福海 | 际坞 | 荒山榧木竹山杉木 | 英洋三十八元正 |
| 14 | 民国二年(1913)十月 | 吴学枝、吴学文 | 吴福海 | 三元坞口 | 茶柯荒山榧木杉木杂项 | 英洋二十元整 |
| 15 | 民国二年(1913)冬月 | 吴家福 | 吴松洪 | 下山田 | 荒山一块,榧木一柯 | 英洋六元二角正 |
| 16 | 民国三年(1914)七月 | 余祖柏 | 吴福海 | 沙滩 | 榧树六柯 | 四十五元正 |
| 17 | 民国九年(1920)腊月 | 程氏同男福荣、彬 | 吴福海 | 前山横路转湾 | 榧木一柯 | 英洋四元正 |
| 18 | 民国十年(1921)六月 | 吴廷金 | 吴福海 | 前山圦 | 榧木一柯 | 英洋七元正 |
| 19 | 民国十二年(1923)新正月 | 吴福康同男敦本 | 吴福海 | 小源金竹坞 | 山并榧木竹木茶柯等项 | 五十元正 |
| 20 | 民国甲子年(1924)冬月 | 吴永福 | 吴福海 | 社屋后大路边、下圦 | 榧树三棵 | 四十五元 |
| 21 | 民国十四年(1925)腊月 | 吴元楞 | 吴福海 | 黟邑十都下东源胡婆岭脚 | 荒山并杉松榧木桓木杂项竹茶柯 | 英洋二十五元 |

这些契约中，大多有“其榧树即便银人管业摘榧”字样，可见榧树的价值就在于采收榧子，当时里仁就有栽培采收香榧的生产行为。以上21份契约，由于标的物不同，无法精确估计出榧木价格的变动，但单以价格来看，价值还是比较高的。此外，同户文书还有3份典当抵押契，标的物都含榧树。以一个村落为单位，有这么多契约涉及榧木买卖典当，说明榧木在当地人心中是比较重要的财产；交易如此频繁，持续时间持久，也说明榧木栽培采收已成风气。由此可见，清至民国时期休宁里仁等地种植香榧已成风气，且香榧在徽州人心中的经济价值较高，已成为常态的经济收入之一。

**民国三十五年（1946）十二月歙县张东果立卖树林契** ①

立杜卖树林契人张冬果，今因正用愿将祖父遗受到，坐落黄景乡第十七段第二百二十六号，土名朱神坑，计山税一厘正，四至另外摘明，自身并无存留。今身凭中立契杜卖与章庆法名下为业，三面言定，得受卖价国币三万元正。其币当即收清，其业随即过割管业，其税即推入买人户内输粮，无得执阻。未卖之先，并无存户交易。自卖之后，倘有内外亲房人等异言，概归出卖人承值，不干受业人之事。两无异言，恐口无凭，立此杜卖树林契，永远存照。又批，阴阳两边在内，又照。

立卖契人张冬果押

中华民国三五年十二月

这份卖树林契写于“安徽省歙县税捐稽征处卖契官草契纸”上，钤有红色印章若干。这种书写在印制官契上的卖树林契不多见。新安江流域下游的淳安等地亦有茶柯苗木交易。

**清嘉庆十四年（1809）元月［淳安］叙伦堂总首大勤总首立议拚字** ②

立议拚字叙伦堂总首，今因匠伐木料无办，会议将上屋垄上年所号□号枫木一株，出拚与嗣孙继有边，原议木价文七五钱八两四钱，其钱当即收乞□用，其木即

① 黄山学院图书馆收藏，编号：1.6.1—F7235—0001，包号：42，尺寸：385毫米×25毫米。
② 黄山学院图书馆收藏，编号：1.6.1—E6614—0001，包号：52，尺寸：255毫米×295毫米。

听砍伐并□抄在内。恐口无凭，立此议拚字为照。

嘉庆十四年正月　　日立拚字叙伦堂押

总首大勤押

继祖押

大位押

献鳌

焕炳押

书　名著押

万倍利市

新安文书中的“拚”有开挖种植之意，但这份契约中的“拚”则类似于出售。这份嘉庆年间的淳安契约即是出售枫树。

**清同治六年（1867）六月江福贵等立拚祖墓内松木文**①

立拚文江福贵等，今因众内缺少钱用，自情愿众议将祖墓一坵，土名后赵益公坟内，其松木六根，情愿出拚与五都徐春云砍斫。当面言定时值价钱六千六百文正，其钱当日收足，其松木即便徐边砍斫六根。两相情愿，并无翻悔异言。恐口无凭，立此拚文为据。

同治六年六月　日立拚文等江福贵押

旺贵押

宝林押

赤苟押

德圣押

旺□押

依书旺良押

拚文利市

① 刘伯山收藏《淳安五都一内图蘭川庄徐氏文书》，尺寸：352毫米×412毫米。

这份出自淳安的契约，出售的是祖墓界内的松木。由于新安江流域山林是主要的植被，因此卖茶柯苗木的交易是普遍存在的，具有同质性；契文制式也相类，只是在行文和习语上呈现出地域差异。此份卖茶柯苗木契的制式和要素与前文所引的买卖契约是一致的，约定了价格以及双方的权利与义务。

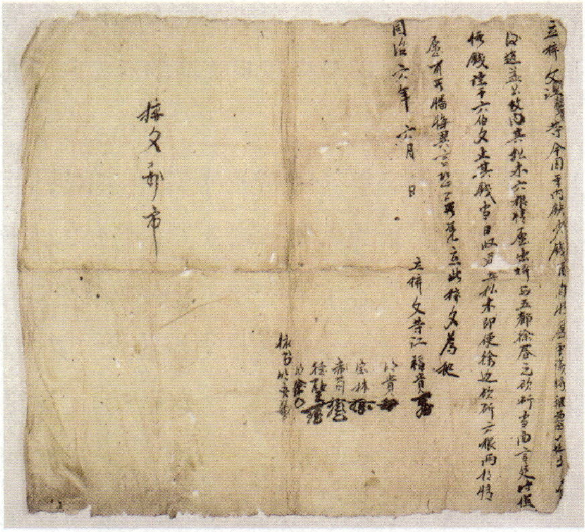

清同治六年六月江福贵等立拚祖墓内松木文

## 七、找价契

中国古代的土地房屋等不动产交易中，典当、活卖、绝卖是三种常见的形式。典当一般限定回赎期限；活卖与绝卖相对，允许出卖人在规定期限内赎回，一般活卖的价格较低。在典当和活卖的回赎期满后，就会出现卖主再次或多次加价的情况。现实中，即使宣称“绝卖”或“永不赎回”，也有可能会多次加价。找价回赎行为大兴于明清之际，但并不获得官方的支持。民间找赎习俗屡禁不止，买卖双方从中都获得了利益。找价回赎的实际情况非常复杂，涉及官方、宗族、买卖双方等各方面，也引起了不少诉讼纠纷。明代谢肇淛在《五杂俎》中就曾对此发出感叹。不少学者从法学、经济学、社会学等不同角度做出了纷呈各异的研究。

### （一）断卖与活卖

清朝律例规定，如果契约没有注明绝卖或回赎，就是活卖，三十年以内允许找赎。注明“杜绝”等字样的则为断卖。如前文清乾隆二十四年（1759）二月开化汪文秋立杜卖田赤契附乾隆契尾[①]中就有“杜绝卖契”“自卖后永无找贴回赎之说”，民国十二年（1923）十一月杭县倪长寿等立杜卖征地赤契附民国十二年十一月买契附民国十二年十一月契纸费收据[②]则注明“自卖之后永不回赎，永无找贴，永斩葛

① 清乾隆二十四年二月开化汪文秋立杜卖田赤契附乾隆契尾，黄山学院图书馆收藏，编号：1.1.1–E6524–0003，包号：28，尺寸：550毫米×590毫米。

② 民国十二年十一月杭县倪长寿等立杜卖征地赤契附民国十二月十一月买契附民国十二年十一月契纸费收据，黄山学院图书馆收藏，编号：1.1.2–F7212–0041，包号：372，尺寸：580毫米×720毫米。

藤，永无枝节丛生，买卖如同截木，各无翻悔，均无异言”。有的卖契则注明了赎期，即为活卖。有的学者将注明赎期的活卖归为典当契约。

**清乾隆十二年（1747）十二月［歙县］江丹五等立卖小买田约**①

立卖小买田约人同弟江丹五、尚松二人同卖，今将承祖分受小买田一坵，土名大塘充口，计租二十零半秤，外荷花池租二斗，凭中出卖与叔公名下，德（得）受价纹银十三两五钱整。其银当即收足，其田即交买人管业耕种，无德（得）异说。倘有尝押他人不干买人之事，卖人承当。言定十年取赎。今恐有凭，立此存照。（池田有小麦木招收割取后价一□整。）

再批，有老约一纸，共成二纸，酒酌纹银三钱整。

乾隆十二年十二月　　日立卖田约人仝江丹五押

尚松押

凭中人江洪章押

仇以七押

江天来押

代笔人江交章押

这份乾隆年间的卖小买田约，名之为卖，但契中又注明了“十年取赎”，这就是活卖。有的契约会注明原价取赎。

**清乾隆五十四年（1789）三月［歙县］张海山立取赎票**②

立取赎票人张海山，今将买到亲伯名下，景字号，土名中村段楼屋一堂并前后余田共计一半，订价足钱一百八十千文整。三面言定，五年之内听凭原价并认过税印契遍审修理一应使用取赎无异，如过五年之外不得取赎。恐口无凭，立此取赎票为据。

乾隆五十四年三月　　日立取赎票人张海山押

---

① 黄山学院图书馆收藏，编号：1.2.1－E6512－0001，包号：4，尺寸：500毫米×465毫米。
② 黄山学院图书馆收藏，编号：1.2.13－E6554－0001，包号：721，尺寸：240毫米×300毫米。

中见人张公辅押

张受天押

亲书

此份取赎票可见张海山买到亲伯的屋田，价格是一百八十千文正，约定5年之内可以原价取赎，5年之外不得取赎，所有权就归张海山所有了。如果卖主要求买主加价获得所有权，就是找价行为了。分辨活卖与断卖，是把握找价契的前提。

(二)找价契的不同情况

学界对找价契的性质基本达成一致，即指为加价而订立的契约。但在具体的分类中，《徽州文书类目》① 中“添价契、找价契和掇券”下分为“添价契、找价契、杜添加契、杜重复添加契、掇券”。根据目录分析，添价契中有卖有典当，找价契中也有卖有典当，比较明确的区分在于添价契契名中均有“加”字，而找价契契名中均有“找”字。黄山学院图书馆编制的分类中，指出添价契指卖契加价，找价契指续当加价。汪慧则认为添价契是指之前的买卖契约未注明回赎或标明为“绝卖”，即产业应为买断，卖方仍提出第一次加价而订立的契约。② 但通过对各种找价契的具体分析来看，契约中使用的原始契名有“加”、有“找”、有“增找”，与契约内容的关联性并未显现出特定的规律和区分，但从契约内容分析找价契表现出复杂的具体情形，是可以分类讨论的，如卖断后找价、活卖后找价、找价续当、多次找价、杜添加等。契约订立的方式也有两种：一种是在原契纸上再加批文，写明加价；一种是另立一份找价契。

1. 卖断后找价

即标明“绝卖”或未标明“赎回”的产业买卖后，卖方首次提出找补价而订立的契约。即之前交易应为买断行为，不应再增找价格，但卖方打破了之前的契约提出加价，这类添价契数量相对不多。

---

① 中国社会科学院历史研究所收藏编纂，王钰欣等编：《徽州文书类目》，黄山书社，2000年。

② 汪慧：《明清以来徽州找价契研究》，安徽大学，2016年。

### 民国十六年（1927）四月［绩溪］周门章氏等立增找契①

立增找契人周门章氏仝男周其铎，今因屋宇年久霉烂，无财力修理，变卖为祖办事正用，自愿将祖遗己下良字等号，土名山培上，前后厅屋毗连厨房、猪栏、厕所、屋后菜地、大门、耳门余地、周围墙脚、墙皮、砖瓦木石、屋宇全堂基地全业，计基地税二分二厘正，已凭中立契尽行出卖与堂兄周其庵名下为业，计卖价曹平纹银六十两正，业已契成价楚，无复异言。今因祖事办了，尚欠不敷，无从措置，只得仍托原中向受主相商，承情怜允出立增找契据，找得曹平纹银四十两正。其找银当即收足，其房屋全堂基地全业听凭照前卖契上书明四至、租额、粮户割税执业，折（拆）旧改造。楼屋寸木寸石、碎砖碎瓦，本身毫无分法。自增找后永不生端异议，亲房内外人等均已书押，亦永无难阻等情，后若有异言反复，甘受理处。恐口无凭，立此增找并洗业契为据，永远大发存照。

民国十六年四月　　日立增找契人周门章氏押

仝男周其铎押

凭中周汝芳印

堂叔周汝成押

周汝富押

亲房周汝贤押

代笔周升甫押

这份增找契中把前情交代得非常清楚，周门章氏同其子周其铎将房屋卖给了周其庵，卖价是曹平纹银六十两正，“业已契成价楚”，说明应已买断，但后来又委托原来的中见人向买主请求加价曹平纹银四十两正，“自增找后永不生端异议”。这份契约就是卖断后再找价，这种契约相对少见。更多的找价契是相对于活卖或典当而言，即原交易已注明卖主限期回赎的权利，卖主一次或多次加价形成的契约。

2. 活卖后找价

即卖方将产业活卖后加价一次，再次约定加价活卖后的赎期或未标明不得“加价取赎”。

---

① 黄山学院图书馆收藏，编号：1.7.1-F7216-0001，包号：643，尺寸：520毫米×440毫米。

**清康熙四十七年（1708）十一月［淳安］方之鳞立加价契**[①]

立加价人方之鳞，今因原便三百五号透天屋一间，原价三两，今加价五两，又原便三百七号□首透天屋一间，原价三两，后加价五两，二共加价银十两正。其银当日收足，其税再不关会。恐口无凭，立此存照。

康熙四十七年十一月　　日加价人方之鳞押

代书人方启煋押

利市

这份康熙年间淳安的加价契信息较少，只能推测卖主方之鳞原来卖了两间房子后，再向买主索要加价。

**清乾隆二十年（1755）十二月［歙县］江丹五立加小买园约**[②]

立加小买园约人江丹五，今将承祖分受小买园一坵，土名束塘，计硬租六斗，托中加到江名下为业，得受纹银一两正。其银当日收足，其园原系买人管业作种，无得推辞。此园三年原价取赎，两无异说。今欲有凭，立此加园约存照。

乾隆廿年十二月　　日立加价小买园约人江丹五押

中人江天求

代笔江圣廷押

从这份契约原文可见，江丹五之前就将园地出卖与买主，这次是卖方向买主索要加价，约定3年可以原价取赎。

**清嘉庆二十二年（1817）三月［歙县］江观发立加价小买园约**[③]

立加价人江观发，今因正用自愿凭中将父所卖过小买园一片，土名菱角充，得受过价元系银九四平九两正，计本家大租。又于嘉庆廿二年三月身正用无惜（措），凭中加价到堂兄名下，本时元九四平五两正。其银比即一并亲手收足，其园又加八

① 黄山学院图书馆收藏，编号：1.7.1－E6304－0001，包号：52，尺寸：345毫米×465毫米。
② 黄山学院图书馆收藏，编号：1.7.2－E6520－0002，包号：4，尺寸：310毫米×290毫米。
③ 黄山学院图书馆收藏，编号：1.7.2－E6622－0001，包号：4，尺寸：410毫米×350毫米。

年为满，听凭将原价取赎。此系两相情愿，并无异说等情。恐口无凭，立此加价约存照。

再批，卖约并加价约共二纸。

又批，酒水钱二百文正。

嘉庆二十二年三月　　日立加价园约人江观发押

凭中人黄锦菁押

亲笔押

江观发的父亲之前将一片小买园地卖给了堂兄，嘉庆二十二年（1817）三月江观发向堂兄索要加价，约定8年后原价取赎。

**民国六年（1917）十二月［歙县］邵炳高立增找契**①

立增找契人邵炳高，今因正用将祖遗已下十三都经理如字等号，土名村头旱坵大路外三桁楼屋基地并厨灶基地，及屋外出入路地一应在内，本身毛不存留，尽行立契出卖于邵树佳名下为业。三面言定，时值价洋一百元正。其洋当即收讫，其地目下管业，择日扦造无阻。两无异言，恐口无凭，立此增找契为据。押

民国六年十二月　　日立增找契邵炳高押

中见运珮押

观桂押

灶和押

增点押

增昌押

彭年押

代笔炳吉押

这份增找契应是加价出卖，但未注明不得“加价取赎”，因此并不宜归入杜添加契中。

① 黄山学院图书馆收藏，编号：1.7.2-F7206-0001，包号：97，尺寸：480毫米×440毫米。

**民国二十一年（1932）九月［歙县］宋裕悦立找价交业大小买山契**[1]

立找价交业大小买山契人宋裕悦，今因欠少正用，自愿将己身自置山一业火字一千二百八十四号，山一业计山税二分四厘，土名大梨园，业上兴有茶柯梨树杂木等项一应在内，上至宋姓业，下至朱宋二姓业，左至路，右至朱宋二姓业，四至开载明白，眼同指业管业为规。今挽中人说合，找价交业与本都本图郑纶裕名下为业。三面言定，得受时值找价大洋一百零六元整。其洋系身亲手如数收足，其业随即过割，听凭扦造兴养锄种，其税亦即推入买人户内支解输粮。大四至照依官册，小四至眼同指业管业为规，倘有字税亩讹错，任凭对册改正，改字号不改业。从前至今并无重复交易，又未典质他人，亦非公同祀产。从此找价交业之后，其税并业与身毫忽无存。此系两相情愿，并无勉强逼勒等情。倘有亲房内外人等生端异说，俱系出卖人一力承肩，不涉受业人之事。今恐无凭，立此找价交业契永远存照。（再批，改梨字一个，又照。再批，上契遗失，日后捡出以作废纸，不得行用．又栗树一株一应在内，又照。）

民国念一年九月　　日立找价交业契人宋裕悦押

凭亲房宋镜泉押

宋启周印

凭中人宋友三押

宋仰文押

宋金玉押

执笔人宋景耀押

此份找价交业契中，出卖的产业虽然约定山税过割由买主交纳，但契中也未注明不得加价字样。

3. 找价续当

即将出当产业加价后续当，约定取赎。

① 黄山学院图书馆收藏，编号：1.7.2–F7221–0002，包号：282，尺寸：530毫米×460毫米。

## 清光绪十年（1884）九月歙县王美光立转找当屋赤契附民国典契执照[1]

立转找当屋契人王美光，今因正用愿将咸丰九年祖置当来纪宅楼屋半堂，土名社屋前，于同治年间托中立契转当与族叔名下为业。三面言定，得受转当价钱四十千文正。今又托中情嘀交找当典钱三十千文正，两共计价典钱七十千文。其钱一并收足，其屋即交族叔管业居住。屋内因兵灾后均以倒难伤损，所有门扇窗户楼下房内地板皆系族叔装修，共计大钱八千文。倘日后纪宅取赎之日，须备还原价并装修钱向族叔处取回。此系两相情愿，并无异说。倘有内外人等异言，均系转当人一并承值，不涉受业人之事。此系并无重复交易，恐口无凭，立此转找当契，永远大发存照。

又批，其屋于咸丰十年兵乱，所有门窗户扇地板均系兵匪拆去遭净，故此无有。

又批，添愿字一个，改找字四字，又遭字一个，又照。

光绪十九年九月日立转找当契人王美光押

凭中　王理晙押

王日初押

王四贵

王佩卿

王得贵

王有魁

亲笔押

### 典契执照

立当契人王美光，今将楼屋半堂，土名社屋前，出当与族叔名下为业，得受当价银钱四十千文，又加找钱三十千文，二共计七十千文正。其钱一概收足，其屋即交管业居住。两无异言，立此当契存照。

光绪十年九月　日立当契王美光

中人王理晙等

中华民国　年　月　日　县知事丁能枢印

---

① 黄山学院图书馆收藏，编号：1.7.2-E7010-0001，包号：49，尺寸：470毫米×790毫米。

咸丰九年（1859）王美光的祖上受当到纪姓房屋，同治年间转当给族叔，当价为四十千文．光绪十年（1884）王美光向受当人增加典当价格三十千文，约定日后如取赎，应当以当价及装修价格赎回。契内提到房屋因咸丰十年（1860）兵乱损毁，就是太平天国战争对徽州本土的危害。民国时期，这份转找当契还到政府验契，缴纳契税，并粘有当时县知事丁能枢签发的“典契执照”，钤有“歙县第七区查讫”等红印若干。这份契约就是将产业典当后再加价典当，和活卖后找价卖断不一样，产业还可以赎回。

**民国十七年（1928）十月绩溪汪志生立加当大小买田赤契附民国三十年（1941）十二月典契**①

立加当契人汪志生，今因正用自愿将非字号，土名西山下，大小买水田三角，共计田五坵，四至现管尽行出当与堂叔汪有金名下执管。先前已有当契一纸，计价四十元正，其契亦存当主名下。凭中今又言明加当洋三十元正，其洋当即收足。计税四分五厘，其税于本都本甲汪业建户户内过割，推入受人户完纳。言明加当三十元，以三年为限，每年包息洋四元五角正，三年以外听凭田业建户过税完纳。自当之后两无异言，亦无内外亲房人等阻挡。如有此情，本身支当，不干受人之事。斯时如有字号差讹、税额多寡，听凭查明改正。先前并无重复交易，今欲有凭，立此证据为凭，永远存照。押

民国十七年十月初二日立加当契人汪志生押

凭中母胡氏押

代笔汪尊和押

出当人汪志生将水田出当给堂叔汪有金，价格四十元，民国十七年又加价三十元续当 3 年，每年利息四元五角。民国三十年这份加当契到政府验契，缴纳契税，粘有民国三十年十二月典契，钤有多个赤印。

4. 多次找价

原事主不止一次找价，而是两次甚至多次向受业人索要加价。最终结果可分为两类，或是仍典当与受业人，或卖断与受业人。

① 黄山学院图书馆收藏，编号：1.7.2–F7217–0002，包号：494，尺寸：495毫米×645毫米。

## 民国三年（1914）十二月徽州黄懋官立加当契附民国十六年（1927）十二月黄懋官立再加价契[①]

立加当大小买地契人黄懋官，今因年终正用，自愿将祖遗承受已业，前已当与亲房懋杰弟名下之洁字一千四百四十一号，大小买地八分六厘，土名中滩降上，又场字号内大小买地二亩八分，土名上滩。兹再凭中立契仍加当与懋杰弟妇名下为业，三面议定，得受时值加当价英洋三十五元正。其洋当即亲手收足，其地仍归受业人耕种管业，其粮前已过割，毋庸再行推收。订以十二年为期，期内不得生端取赎以及再行加当找卖等情，期外仍凭备前后两次当价取赎。事出两愿，并无威逼等情。倘有亲房内外人等异言，均系出当人一力承肩理直，不干受业人之事。恐口无凭，立此加当大小买地契存照。

再批，原来老契因乱遗失，日后捡出不作行用，又照。

再批，地角有茶柯数株，又照。

再批，契内改外字一个，又照。又添两字一个。押

民国三年十二月　日立加当大小买地契人黄懋官押

凭中许黄氏押

黄昂青押

夏湖周押

亲笔

立再加当大小买地契人黄懋官，今因年终急用，自愿托中向懋杰弟妇名下，三面言定，得受加价大洋三十五元。其洋比即亲手收足，其大小地一并三亩六分仍归十二年为期，期内不得取赎，期外任凭备原价取赎。此业从前至今并未抵押他人，亦无重复交易。此系两愿，并无威逼准折等情。倘有亲房内外人等异言，均系出当人一并承肩，不累受业人之事。恐口无凭，立此再加大小买地契存照。

民国十六年十二月　日立大小买地再加契人黄懋官押

凭中黄昂青押

黄懋官此前已将两块土地出当给黄懋杰，民国三年时加价英洋三十五元正续当

① 黄山学院图书馆收藏，编号：1.7.2-F7203-0001，包号：26，尺寸：490毫米×430毫米。

十二年。12 年之后按契内加价批注，即民国十六年黄懋官又加价三十五元再次续当十二年。这样黄懋官就加价续当了两次。

**民国二十六年（1937）十二月［休宁］项大春立加价佃田字据附民国二十九年（1940）找价字**①

立加价佃田字据人项大春，原身承父遗有佃田皮一宗，坐落土名湖仓里，计田大小两坵，计租十秤，计交外租谷一百九十斤正。今因家务正事应用，自愿央中将此田皮立此加价佃与储有财兄名为业种。三面言定，议作时值加价佃洋四元正。又昔年我父手佃价田字一处，计洋三元正，两项共佃洋七元正。其洋是身当日一并收足讫，其田随即交付受佃人过手耕种无阻，未佃之先并无重复交易。今加价之后，本家兄弟亲族内外人言毋得生情异说。如有不明等情，是身承当值理，不干受佃人之事。恐口无凭，立此加价佃田字据为照。（字内改张字一价，改耕字一价。押）

民国廿十六年腊月朔日立加价佃田皮字据人项大椿押

央中兄　　项大山押

代书人　　曹添喜押

立找价人项大春，急事正用，今找价洋十三元正。其洋是身当日一并收足讫，其田准加六年为满，六年不满不准加价取回，年月满足圆（原）价取回找字。存凭。

民国念九年腊月十七日找价人项大春押　亲笔

民国二十六年十二月项大春应是第一次加价佃田与储有财，民国二十九年十二月又再加价一次，约定 6 年之后可以原价取回。两次加价都在年底，推测可能是事主年底资金匮乏，索要加价来周转。

**民国三十一年（1941）十月歙县洪承钰立加当大小买田税赤契附民国三十一年（1941）典契**②

立加当大小买田税契人洪承钰，今凭中加到洪言慎名下国币一百六十元

① 黄山学院图书馆收藏，编号：1.7.2-F7229-0005，包号：224，尺寸：310毫米×220毫米。

② 黄山学院图书馆收藏，编号：1.7.2-F7231-0001，包号：21，尺寸：790毫米×445毫米。

正，其币亲手收足。三面言定，仍将民国二十九年一月二十九日原当之已业，必字三千六百六十五号，大小买田税一亩六分九厘七毛，土名长腰坵，又必字三千六百六十七号，大小买田税四分二厘五毛，土名尖山段，又必字二千七百八十五号，塘税五毛，土名尖山塘，以上三号议定再加当六年，在此前后年限未满，期内不得再生端加价取赎。此系两愿，并无异议，恐口无凭，立此加当大小买田税契存照。

中华民国三十一年十月　　日立加当大小买田税契人洪承钰押

凭　　中洪顺林押

洪顺福押

洪泽民押

洪子峰押

代书人忠义保保长洪朝宗

立加当人洪承钰，今因正用加到洪言慎名下法国（币）四千元正，其币当即亲手收足，其田加当四年为期，期份未满毋得加当取续（赎）等情。期满之日，听凭备同原当及加当价价取赎。恐口无凭，立此加批为证。

民国三十三年十一月　日立加当人洪承钰押

凭中洪子峰押

代笔洪寿民

立杜加卖大小买田契人洪承钰，今因正用自愿将民国廿九年出当在洪言慎名下大小买田二坵，计税二亩一分，土名尖山塘，又塘税五毛，凭中杜加卖与洪言慎名下永远为业。三面言定，得受时值杜加卖价法币五万元正。其币当即亲手收足，其田随即凭中过割交受业人永远为业，此系自愿并无威逼□枝等情。倘有亲房内外人等异言，概归出卖人承肩理直，不涉受业人之事。恐口无凭，立此杜加卖契永远存照。

民国三十五年九月　日立杜加卖洪承钰押

凭中洪寿民押

洪子峰押

胞弟洪承照押

民国二十九年洪承钰将田塘出当给洪言慎，民国三十一年找价续当6年，还慎重其事地请来了保长，并将当契交到县政府验契，缴纳契税，粘有典契纸一张。契上钤有“歙县礼义乡忠义保田房交易监证人戳记”及县印等多个赤印，粘有印花税票2张。6年未到期，民国三十三年洪承钰又加价续当4年，民国三十五年最终加价卖断。洪承钰短短时间内前后加价了3次，最终将典当产业卖断给了别人。

5. 杜添加价

卖主索要一次或多次加价后，最终将产业卖断，约定永不加价赎回，订立的契约就是杜添加契。

**清雍正三年（1725）十一月［歙县］朱育贤立卖小买田约附乾隆十一年（1746）十一月立加小买永不取赎批**[1]

立卖小买约人朱育贤，今因欠少钱粮，自愿将西塘充田一坵，出卖与族叔名下，计税十六秤五分。当日得受九五色价银六两一钱正，其银当即收足，其田即交管业耕种，无得异说。在先并未典卖与他人，倘有内外亲房人等争乱，俱系出卖人承当，与买主无涉。恐后无凭，立此小买约存照。　　外酒脚钱。

其田言听十年取赎，田内前半有菜子，卖人收，后半蚕豆大麦与买人脚草无他说。外有老约一纸，在批。

雍正三年十一月　　日立卖小买约人朱育贤押

中人　　　　朱开周押

乾隆十一年十一月朱育贤立加小买纹银一两二钱正，其银当即收足，其田永不取赎。押

雍正三年（1725）卖主朱育贤将一坵小买田卖给族叔，价格是九五色价银六两一钱，并注明十年取赎，田里一半油菜籽由卖人收割，另一半的蚕豆大麦归买主。乾隆十一年（1746）契约中加批，加价纹银一两二钱，其田永不取赎。这个交易中雍正年间就是注明赎期的活卖，乾隆年间买主加价后田地即被买断了，加价写于同一张契纸上。

① 黄山学院图书馆收藏，编号：1.1.1–E6403–0002，包号：4，尺寸：315毫米×350毫米。

### 清乾隆五年（1740）九月［歙县］吴用先立卖小买田契①

立卖小买田人吴用先，今将自己小买田一坵，土名里罗墩，计租九秤，自愿卖到何名下，本文银二两七钱。其银当即收足，其田听凭买人作种。先并无重复交易，倘有内外人言，系卖人承当，不干买人之事。其田约至五年将原价取赎无辞。今恐无凭，立此存照。外有老约一纸。

再批，酒食银二钱五分正。

乾隆五年九月　日立卖小买田人吴用先押

中人　　　吴治臣押

吴君楚押

### 清乾隆十六年（1751）七月［歙县］吴用先立加卖小买田约②

立加卖小买田约吴用先，今将卖过小买田一坵，计租九秤，土名里罗墩。今凭中加找绝卖与何　名下，加价纹银一两正。其银当即收足，其田听凭永远作种，再不得取续（赎）。今恐无凭，立此卖约存照。

乾隆十六年七月日立卖田约吴用先押

居间吴御天押

代笔吴越凡押

外酒食纹三钱。

这两份契约如果分开则被割裂了联系，但因同批收购，从买卖双方及田地的土名和租额可见，应是对同一块土地的加价出卖。乾隆五年（1740）卖主吴用先将一坵小买田出售给买方何姓，约定5年后原价取赎。第二份契约可见，乾隆十六年(1751)卖主吴用先向买主索要加价纹银一两，该田即被买断，永不取赎。这个交易是原契之外另立一份加价契，是活卖之后再找价买断。

---

① 黄山学院图书馆收藏，编号：1.2.1–E6505–0001，包号：4，尺寸：300毫米×300毫米。
② 黄山学院图书馆收藏，编号：1.7.3–E6516–0001，包号：4，尺寸：230毫米×170毫米。

**清乾隆九年（1744）十二月［歙县］章瑞玉立绝找契**[①]

立绝找契章瑞玉，今因先年有民田一亩八分，出卖于章　　处，因价不足，请同原中情找价银八钱正，其银当日一并收足。自找之后永无异说，恐后无凭，立此找契存照。押

再批，此田坐落官田坂，并照。

乾隆九年十二月　　日立找契章瑞玉押　　契

见找胡继周押

找契存照押

这份契约在名称中就显示了“绝找”二字。章瑞玉将民田卖给章姓，因价钱不足，又央原中见人协商，加价绝卖。

**清乾隆二十年（1755）十二月［歙县］郑有福立找屋价契**[②]

立找屋契价人郑有福，今因欠少使用，自情愿将制字号内承父所造楼屋一间，先年卖过与买人管业居住，批有取回赎票一纸。今来凭中，自愿将土名栗木坦楼屋找价与堂兄名下。三面言定，得受找价纹银五两六钱正，其银当即收足，其取赎票当面两缴，其屋永远不得加价取赎，无得异说。倘有亲房内外人等异说，系找价人承当，不干买人之事。今恐无凭，立此找价契存照。

乾隆二十年十二月　　日立找价屋契人郑有福押

亲房　　郑广年押

代笔　　叶林祥押

这份乾隆年间的加价卖屋契，之前的取赎票已经无法寻获了。但根据契约内容可知，卖方郑有福原先立有取赎票将房屋出售给堂兄，约定可以取赎。后卖方索要加价，房屋即被买断，永远不得加价取赎。

① 黄山学院图书馆收藏，编号：1.7.3—E6509—0001，包号：53，尺寸：310毫米×305毫米。

② 黄山学院图书馆收藏，编号：1.7.2—E6520—0001，包号：9，尺寸：510毫米×280毫米。

**清乾隆五十八年（1793）三月［淳安］方阿童立加价契**[1]

立加价人方阿童，今加到族叔嵩年边，因前所便珍字三百七号地税，尽行自愿加到价文四钱足。其钱文当即收吃（讫），其地听叔管业树造无辞，日后再不加价回赎。恐口不一，立此加价存照。

乾隆五十八年三月立加价人方阿童押

书男焕鹏押

利市

这份淳安县的加价卖断契中就有“日后再不加价回赎”字样，表明了杜绝加价的性质。

**民国元年（1912）七月绩溪柯让镜立增找价并洗业约**[2]

立增找价并洗业约人让镜，今因前用将祖遗分受岂字号内基地一堂，四围石脚本家毫不存留，四至照依经理不开明白，前已立契出卖，今身不愿取赎本，复托原中立约找到耕心堂。三面言定，得受时值找价英洋五元，当即收讫。其基地听凭耕心堂内随即管业，其税照依前契户内过割，本身再无异言。先前并无重复交易，亦无内外亲房人等阻当。如有此情，俱身支当，不干买之事。自找之后亦不增找，永不取赎。恐口无凭，立此找价并洗业约为用。押

民国元年巧月　　日立增找价并洗业约人柯让镜押

弟让满押

亲房让鉴押

凭中让锦押

仁煌押

亲笔让镜押

绩溪柯让镜将房屋活卖给耕心堂，到期后不愿意取赎，加价卖断，约定“自找

① 黄山学院图书馆收藏，编号：1.7.3-E6558-0001，包号：52，尺寸：285毫米×450毫米。
② 黄山学院图书馆收藏，编号：1.7.3-F7201-0005，包号：704，尺寸：435毫米×650毫米。

之后亦不增找，永不取赎”。

**民国二十二年（1933）三月绩溪陈贞祥立增找赤契附民国买契**①

陈春祥呈

立增找契人陈贞祥，今将继产土名桃木岱，平字等号，基税一分二厘正，三析楼屋一全堂并厨房基屋内皮门楼板石磉四围墙皮墙脚，上至椽瓦，下至寸土寸石并出入路道屋前石磅至脚，东至本屋墙脚，西至本屋墙脚，北至本屋墙脚，南至磅脚，四至载明，照依现业。因前家元镇在日出卖，因派身承顶，身不愿取赎，自愿托中立契尽行出卖与家元作侄名下为业。三面议定，时值增找价大洋五十元正。其洋当即面中收足，其屋听凭随即管业居住，其税由本都本甲陈永祯户内过割下户。倘有字号差讹、税额多寡，听凭不时查明改正。先前并无重复交易，亦无内外亲房人等阻挡。如有此情，俱身支当，不干受业人之事。自增找之后，再不增找，永不回赎，两无异言。恐口无凭，立此增找契永远大发为据。押　　再批，屋外屋基西边一片一并在内，又照。押

民国二十二年夏历三月　日立增找契人陈贞祥押

仝男　元志押

亲房　瑞炳押

凭中　元河印

代笔周耀轩押

契证（所是契内价洋尽行一并收足，再不另立推单收领），又照。押

陈元镇原将房屋出卖，应由陈贞祥继承他的产业将房屋取赎，但陈贞祥不愿取赎，于是向买主陈元作索要加价，房屋即被买断，并且税收也一并过割，“自增找之后，再不增找，永不回赎”。并且民国时这份契约还到政府验过契，缴了契税，粘有民国买契。这表明房屋加价后，应当是永远被买断了。由这两份民国绩溪增找契可见，“增找洗业”这种说法应为绩溪当地特有的习语。

① 黄山学院图书馆收藏，编号：1.7.1-F7222-0001，包号：495，尺寸：545毫米×515毫米。

## 民国十二年（1923）休宁朱鹤云室立加找杜卖屋基地赤契附民国十三年（1924）三月买契①

立加找杜卖屋基地契人朱鹤云室仝子吉林，今因正用无措，自愿将有莘遗下上年所当地业一号，并靠北首砖与墙石脚在内，加找杜卖明济正用，系己字八百四十七号，土名月潭，计地五十步零六分，四至照册为准，央中立契尽行加找杜卖与侄必达名下为业。当日三面言定，得受时值加找价大洋二元正，随手一并收足。其地受买人管业多年，毋庸赘述。其业共卖出五十步零六分，除当年补佥过十三步有零外，仍者任凭受业人照册登记换佥，其税即行起推过户，毋得异说。日前并无重复交易以及来历不明、内外人阻拦一切等情，如有此情，尽是卖者值，不涉受主之事。其上首来脚各据年远无存，日后捡出不作行用。凭口无凭，立此加找杜卖屋基地契永远存照。

民国十二年九月　日立加找杜卖屋基地契人朱鹤云室押

仝子朱吉林押

凭中人朱泽霖押

代书人朱少□押

仝日契内加税字一个，又批。

前项契内加找杜卖价洋，仝日随手收足，又批。押

这份民国契约应出自休宁月潭朱氏家族，是一份加找杜卖屋基地契。“其地受买人管业多年”，可见屋基地原先已卖给受业人，此次为加价卖断，并到政府验契，粘有民国政府签发的买契。

## 民国十五年（1926）二月休宁高胡氏立找卖断屋地赤契附民国买契②

立找卖断屋及地并菜园地契人高胡氏仝男进喜，今因正用自愿央中将上年身叔祖母高黄氏同孙璋桂出当赵姓屋地一业，系白字号，土名税亩开列于后。该号四至悉照鳞册分明，小四至东至毕姓菜园地，西至毕姓屋地滴水为界，南至潘姓地，北

---

① 黄山学院图书馆收藏，编号：1.7.3–F7212–0003，包号：557，尺寸：449毫米×649毫米。

② 黄山学院图书馆收藏，编号：1.7.3–F7215–0004，包号：493，尺寸：530毫米×610毫米。

至官路，以上四至钉石为界，界内之地建造平屋三间两厢，后进平屋一披两间，南首围墙，东首菜地一块。现璋桂故绝，由身子承继，身因粮累，只得将上项当业屋内装修、砖石、瓦片、墙壁、木料等项卖人，丝毫无存，凭中尽行找卖与赵名下为业。当日三面言定，得受时值找卖契价洋六十元正，其洋当成契之日，是身仝男亲手一并收足讫，不另立收字。其屋及地随即交受买人照旧管居住，听从□毁改造取用，如有余地，亦得添建，永无异言。其税粮在于二十二都二图十甲高启如户丁厚余名下即行起割，推入本都本图本甲程公绪户丁赵大顺名下自行办纳粮赋。此业未卖之先并无重复交易，今卖以后如有亲族内外人等生枝异论及一切来历不明等情，尽是出卖人一力承值，不涉受业人之事。今欲有凭，立此找卖屋契永远存据。押

此业佥票四纸、税票一纸，出当日曾经缴□，今经找卖，听从换佥收税，此批。押

计　开

白字五千一百九十三号　土名茶亭湾　计地税二分四厘二毫八丝

又　五千一百九十五号　仝　又　一分四厘四毫正

又　五千一百九十六号　仝　又　六厘二毫正

又　五千二百零二号　土名下屋基　又　二厘正

民国十五年旧历二月廿六日立找卖断屋地契人高胡氏押

仝男　高进喜押

凭中　高爕卿

高璋贵

高长发母代押

毕德润押

毕炳传押

毕和尚押

代笔　金永卿押

此业成交以□所有帐目概于契价内结算清讫。丙寅景尧清印

契内价银同年月日是身亲手一并收足。押　讫

高黄氏同孙璋桂将自有的房屋出当给赵姓，璋桂去世后这份房屋产业由高胡氏的儿子进喜继承。高胡氏同子无力赎回，于是将房屋加价出卖给赵姓。

## 民国二十六年（1937）十二月休宁金润泰等立杜卖赤契附民国二十七年（1938）买契[①]

立杜卖契人第六十一保第八、九甲甲长李如宽、金润泰，坐落一区六十一保东阁村地一亩〇分七厘〇毫〇丝。兹因编查土地陈报时间，查有八都六图东阁地段王姓破瓦屋一所并基地空坦等业，系珠字三千一百六十四号，土名村里，又珠字三千一百六十二号，土名上坞，共计地税一亩另七厘，其屋四至依照旧□□□，东至本屋后塝，西至大路田，南至菜园后石塝，北至本屋墙外滴水为界，所有空坦内栗树一株一并在内。该业经编定员查明确实，原系王姓已业，情因民国三年由本都本图地保出当与金姓名下，嗣于民国二十年由金姓转当与叶喜林名下为业，当日过税归受当人顶充完纳粮赋，前途期限未满，但原业主早年故绝无人，尤怨日久，积极生端。刻值土地陈报编查时间，为此经向联保主任及保甲长会同酌议，依遵保甲规章办理，以保甲内地方所有公产充作公用，以公济公。今蒙联保出为排解，将王姓绝户产业以作公，卖断与受当人找价卖断，凭公立契卖断与叶春林名下为业。当日央中三面言定估值时价除前当过价洋六十七元外，今仍找价洋四十五元正。其洋成契之日归六十一、二、三保保长亲手如数收讫，以作六十一、二、三保甲补充经费支用。其屋及空坦等业依照原日现管。缘因珠字号尚无册籍，日后如有字号错讹，□再查明更正，毫无异论。其税早年已经推税过户，归受业人完纳粮赋，兹不重复推收。其业当交业人照凭管业，倘有日后外人生枝等情，凭中证明负责。两无异说，恐口无凭，立此找断契为据。

卖主李如宽押

金润泰印

中人叶高升印

证明人郑万泰印

胡云万印

金翰卿印

监证人朱浦廷印

中华民国廿六年十二月廿七日

---

① 黄山学院图书馆收藏，编号：1.7.3-F7226-0001，包号：40，尺寸：415毫米×550毫米。

休宁东阁村有一块屋基地，原属于王姓产业，但这户王姓“故绝无人”。民国三年（1914）时八都六图地保将这块屋基地出当与金姓，民国二十年（1931）又由金姓转当与叶喜林。民国二十六年（1937）该屋基地作为保甲公产，由第六十一保第八九甲甲长李如宽、金润泰出面找价卖断与叶春林。这份契约书写于休宁县契税局买契官草契纸之上，并粘有民国二十七年（1938）五月签发的买契。

(三)小结

找价契的实际情况错综复杂，涉及买卖、典当的加价行为，如即使绝卖也可能加价、即使加价续当也可能最终卖断，应当根据契约的具体内容来做具体分析。找价契一般有第一次交易的原始契约，或者契文中涉及第一次交易的情况。找价契应当包含事主、受业人、产业、加价、回赎或卖断等要素，明确双方的权利和义务。找价契为研究中国古代的民间法、社会行为等提供了丰富而真实的史料。

## 八、财产处置合同

前文涉及的各种买卖、典当、租佃等契约，从格式和内容来说已经具备现代合同的基本要素。在新安文书中，契约和合同有不同之处，契约一般由事主出具给受业人，因此只有一份，由受业人收执；合同多指两方以上的合意，一式两份，甚至三份、五份，由合同各方当事人收执。新安文书中的合同适用的语境非常宽泛，既有商业经营的商业合同，也有宗族事务合作的宗族合同。而涉及财产处置的共业、分业、租赁、托管、清业等内容的，即为财产处置合同。

(一)共业合同

即两个或多个事主为合资购买产业或合资共同修造水碓、房屋等订立的合同，为共业合同。

**清乾隆七年（1742）十月郑以南等立议合同**①

立议合同人郑以南、郑邻交、吴廷万、程子攀等，今因所买土名猪圈坑大坞北边舒余住前螺丝坞等处山场一业向被无知所害，以致公议将税派于十九股均贮输粮。此议之后山场出拚树木、柴薪烧炭、开种出息等项，俱系十九股均分，不得以强欺弱。倘有在内人等入山私自窃取者，查出干罚纹银一两，议众公用。倘

---

① 黄山学院图书馆收藏，编号：1.8.1–E6507–0001，包号：9，尺寸：560毫米×520毫米。

有外人入山窃取等项，齐集捉获，刀齐家伙，不遵罚者听凭呈官理论，使费十九股均出。倘有在家袖手旁观徇情不到者，干罚纹银五钱，散与捉获人工食。日后倘有股法出卖，不得私自卖与外人，如有卖与外人，干罚纹银二两入众无辞。恐口无凭，立议合同存照。

再批，总契一纸，又收卖廿四股之内五股，契　纸税票五张，郑邻友收执。内田一号，郑以南作种，每年秋收交租米一斗，日后倘有出拚树木、田内堆场，其租米不取，又照。

乾隆十七年十月　　日立议合同人郑以南押　程子攀押

郑善交押　吴宾如押

郑尔乾押　吴德茂押

郑邻友押　吴德先押

郑魏公押　郑尚元押

郑德祯押　吴祖兴押

郑仲怀押　郑其志押

郑潘胜押　郑广裕押

郑春喜押　吴廷万押

郑新喜押

代笔　　戴士宾押

此契应是对共有山业约定管理规条的共业合同。乾隆年间，郑以南、郑邻友、吴廷万、程子攀等 19 人共同出资买了一处山场，因此众人商议约定山税由 19 股均摊，山场出拚树木、柴薪烧炭、开种出息等收益也由 19 股均分。管理规条如下：(1) 19 人中有人山私自窃取者，罚银一两，作为公用。(2) 有外人入山窃取的，众人应将其捕获，对犯事者进行惩罚，如果不遵守惩罚者则送官裁判，诉讼费用由十九股均摊。(3) 19 人中有不尽义务、袖手旁观的，罚银五钱做人工费，散与参加捕获者。(4) 众人拥有股份不得私自卖给外人，如有卖给外人者，罚银二两做公用。合同上写有骑缝对同的文字，以验证合同真假。

**清嘉庆九年（1804）十二月［歙县］江应麟等立合同附嘉庆十九年（1814）江继寿缴合同批**①

立合同江士美、僧以山、江应麟、凌耀廷，今合买到淳邑项宅嘉会堂庄屋右边屋半堂并门前晒坦，计屋价并使用□钱一十六两，内江士美出钱四两正，江应麟出钱五两，僧以山出钱四两七钱，凌耀廷出钱二两三钱。其屋递年合同收租，日后倘本家赎屋之日，四股照会面仝缴契，其各出之钱照依合同各人收讫，无得异言。又江士美出钱一两以作风车斗戽之费，递年收租合用并无异说。议立合同四纸，各收一纸，其屋契存与僧以山处。今恐无凭，立议合同存照。

嘉庆九年十二月　　日立合同僧以山押

江士美押

江应麟押

凌耀廷押

笔凌耀廷

（十九年八月江继嘉缴合同一纸，江应麟代付钱二两三钱）

嘉庆年间，江士美、僧以山、江应麟、凌耀廷共同出资买到了淳安县项氏的房屋。合同明确了四个人各自出资的金额，第二年开始四个人共同收取租金，如果卖主赎回的话，四个人按照合同收回出资的金额。根据批注，凌耀廷该分得的股份卖给了江继嘉，嘉庆十九年，江继嘉可能又把这份卖回给了剩余三人，由江应麟代付价金。此合同一式 4 份，每人收执一份，写有以备对同验核的骑缝字。

**民国十九年（1930）十二月徽州郑寿山立创造水碓合同**②

立议创造水碓合同墨据人郑寿山、郑长孙、程裕明、郑文开、吴溥仁、郑艾尔等，缘余村创造水碓之志发起多年，尚未成立，近因上下外村之水碓相隔数里，每年各户需工不少，以故邀集同志，热心创造。三面议定，作为六大正股，所有用钱多寡六股平均摊派，无得推委。如请各色匠人，须经股东通过，不得个人擅专，以及木

① 黄山学院图书馆收藏，编号：1.8.1–E6609–0001，包号：34，尺寸：475毫米×375毫米。

② 黄山学院图书馆收藏，编号：1.8.1–F7219–0001，包号：93，尺寸：470毫米×400毫米。

料一切归股东公拚公开。水碓告竣之后，再行另立合同，以为各股执据经管。惟愿股东心同意合，义气相投，所有粗工亦归六股摊做，不得反悔等情。恐口无凭，立此创造水碓合同六纸，各执一纸存照。

民国十九年十二月　　日立议创造水碓合同墨据人郑寿山一股押

郑长孙一股押

程裕明一股押

郑文开一股押

吴溥仁一股押

郑艾尔一股押

代笔人郑立庄押

民国年间，同村的郑寿山、程裕明、吴溥仁、郑长孙、郑文开、郑艾尔6人出资合造水碓。合同明确了股东的义务和权利：(1) 水碓修造的资金由六股均摊。(2) 延请工匠须经股东共同通过。(3) 木料由各股东出拚，并且要公开透明。(4) 粗工由六股分摊承担。水碓竣工之后的管理和使用则另立合同商定。合同一式六份，各执一份。

### 一九五三年十月徽州程福全等立盖屋合同①

立盖屋合同人程福全、继田，今因祖遗老屋年久失修，将要倒塌，势必重新翻造，但基地虽连，分造两堂，狭窄不便，双方家庭议决联合修盖，所有一切费用两家负责，砖瓦、石料、木材等两家采办各立清账，俟新屋落成后多除少补，挖□清楚，新屋完成联同厨房各分一半，毋得异言。此系两愿合力建筑，并无反悔，恐口无凭，立此合同，各执一纸，永远发家为据。(再批，所有屋里屋外横排石料一统福全家中所办，以后归完)

(再批，厨房各自另做，依中人划定新屋后面归继田做厨房，新屋两边余地归福全做厨房，至直进巷弄止。各照界线取用，两不侵犯，此系自愿，并无争执。程和清代批。印)

---

① 黄山学院图书馆收藏，编号：1.8.1–G7353–0001，包号：4，尺寸：450毫米×410毫米。

公元一九五三年十月　　日立盖屋合同人程福全押

继田印

中人程松发印

项椿树印

执笔江为琮印

(原笔再批，福全屋基不足，自将余家村心公分石头屋半堂与程大保田坑坞老屋基和本屋毗连的老屋基半堂调定派用)

可见中华人民共和国成立初期，基层乡村社会订立合同沿用了传统合同的制式和行文。程福全、程继田两家的地基相连，房屋年老失修，若两人分做房屋，房屋的开间就会变狭窄。因此，两家商议合资联合修盖房屋，新房盖好后一人一半。厨房两家划好界限后，各自修造。

共业合同的目的是合作完成某事，合同中一般列明出资各方、出资金额，以及相应的权利和义务。合同一式数份，各执一份，对同核验。

(二)分业合同

两个或多个事主对共有的产业进行分析的合同，即为分业合同。

**清康熙二十四年（1685）二月王一宪、一太、一通等立议约合同**[①]

立议约合同人王一宪、一太、一通、一忠、一标，今因房屋住歇不便，兄弟自情愿众面议房屋三堂并杂屋一应焰股均分。其厅后一堂并厨房灶下一应俱是一宪、一标名下住歇，后堂一应俱是一通、一忠二人名下住歇，其厅上一堂一太名下管业住歇。倘有重修造屋，任凭一太拆做，兄弟并无异言说。其后各歇各屋，日后兄弟不得争论，众面议以定，无许翻悔。如有翻悔者，罚银五两入众公用。倘内有兄弟不遵议约者，鸣公理治。恐口难信，立此合同议约为用。

康熙二十四年二月　　日立议约合同人王一宪押

一太押

一通押

① 刘伯山收藏《遂安十六都一图全朴村王氏文书》，尺寸：247毫米×380毫米。

一忠押

一标押

凭母舅张一统押

代书袁弟心奎

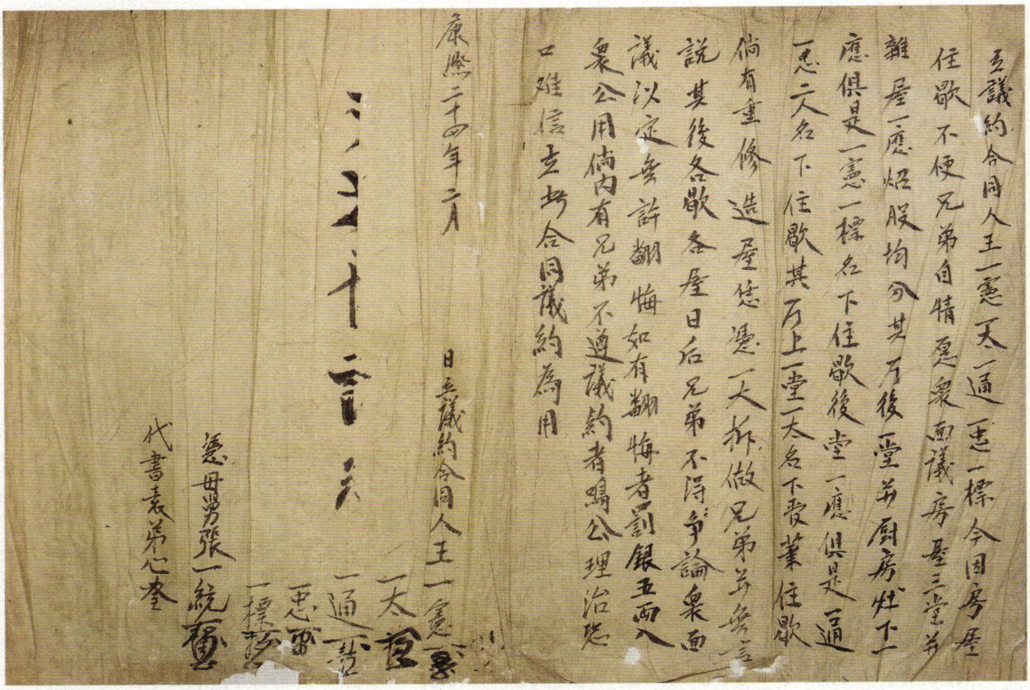
立議約合同人王一寔、太、通、忠、一標，今因房屋住歇不便，兄弟自情愿衆面議房屋三堂弟雜屋一應炤股均分，其屋後堂弟廚房灶下一應俱是一寔一標名下住歇，後堂一應俱是一通一忠二人名下住歇，其屋上堂一太名下管業住歇。倘有重修造屋，憑一大拆做，兄弟并無言說，其後各歇各屋，日后兄弟不得爭論，衆面議定，無許翻悔，如有翻悔者，罰銀五兩入衆公用，倘內有兄弟不遵議約者，鳴公理治。恐口難信，立此合同議約為用。

康熙二十四年二月 日立議約合同人王一寔

一太

一通

一忠

一標

憑母舅張一統

代書袁弟心奎

清康熙二十四年（1685）二月王一宪、一太、一通等立议约合同

王一宪、一太、一通、一忠、一标是浙江遂安县十六都一图全朴村王氏家庭的兄弟四人，商议将房屋均分为 4 份，各自管业居住。如有翻悔，则需缴纳罚金充作公用；如有不遵守合同者，则鸣公处理。

## 清道光二十五年（1845）二月王希敬同堂侄孙祖庆、祖升立合议[1]

立合议王希敬仝堂侄孙祖庆、祖升，缘祖遗合有土名黄坑口，房屋前后五间，二丁两堂，祸因本年二月惨被回禄，其木料椽瓦悉化无有为灰，浼凭中人亲族将该处基址绘图订界，并尺寸注明于后，不必照乾隆三十二年分关坐落各处，只将前后

① 刘伯山收藏《遂安十六都一图全朴村王氏文书》，尺寸：244毫米×695毫米。

一并品作十二股分派，以便竖造。升得十二股之四，敬自道光年间受到庆侄边十二股之一，共该得十二股之五，庆得十二股之三。其四面滴水各管各向，倘各家竖造各留滴水。自分之后，照图管业，毋得恃强侵占，亦不得以内外混争，永无翻悔。欲后有凭，立此合议三纸，各执一纸，永远存照。

图

道光念五年二月　日立合议王希敬押

祖庆押

祖升押

凭房侄启崑押

族侄启球押

亲人洪和南押

汪竟成押

鲍瑞征笔

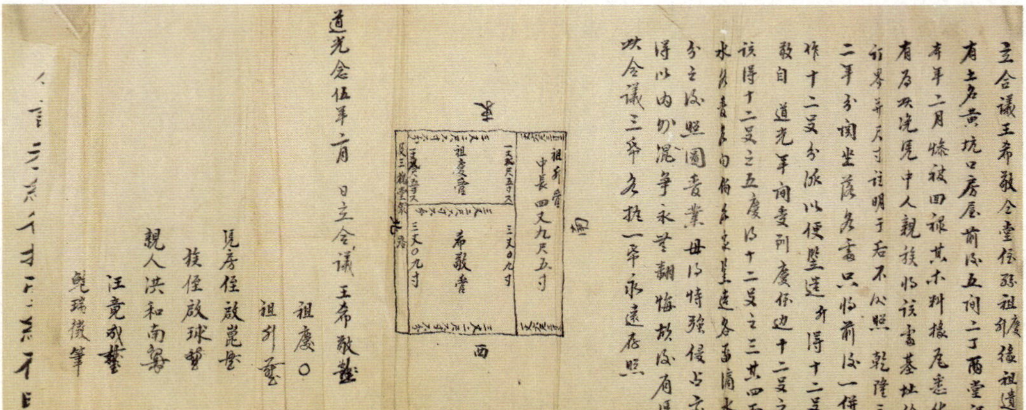

清道光二十五年（1845）二月王希敬同堂侄孙祖庆、祖升立合议

清道光年间，浙江遂安县的王希敬和堂侄孙祖庆、祖升共有一处房屋，不幸被火烧毁。因此，将屋基地重新订立界限，分作十二股，王希敬得五股，祖庆得三股，祖升得四股。

### 清嘉庆五年（1800）十月张全美等立分业合同[①]

立合同人张全美、得禄，仝侄天顺、立怀、立榕。先祖国澎公所生四子，长曰梁榜，二曰梁棣，三曰梁桢，四曰梁杜。杜公之子志高家贫未娶，年纪五十四岁病故，在日并无所积，只有祖遗房步、厨灶、山地，今托亲房品搭，长、二、三房三股均分。今住屋二层右边房一步，作钱二十千文；大门外右边厨房一所，作钱八千文；明堂岭山地一业，作钱十二千文。三共计足钱四十千文，三股本分每股该分钱十三千三百三十三文一股。三房立榕心不忍志高无传，志高在日所有承继之心，因继立恢，该继恢以故，恢子大用该分到立榕一股，面中情愿与大用经管，钱粮门户、社会众产一应大用承值接代，香烟永远，日后三房立榕无得生端反悔。立此合同一样三纸，各执一纸永远为据。（即批杜公之产日后无得私使典卖与他人。如有此情，听凭呈公理论无辞。又照）

大用得房一步，该找出钱六千六百六十七文

得禄得山地，该找进钱一千三百三十三文

全美得厨房，该找进钱五千三百三十三文

嘉庆五年十月　　日立合同人张天顺押

得禄押

全美押

立怀押

立榕押

中见人张梁佐押　张明体押

张梁升　　张文正押

张廷桓押　张文质押

张明诗押　张立基押

张明哲押　张明叙押

代书张良模押

张氏祖上国澎公所生四子，长子梁榜、次子梁棣、三子梁桢、四子梁杜。四房

① 黄山学院图书馆收藏，编号：1.8.2-E6605-0002，包号：22，尺寸：440毫米×414毫米。

梁杜后人志高无子嗣，其遗产房屋山地等折算为四十千文，由长二三房品搭均分三股，每股应得十三千三百三十三文。参与分业的应为全美、得禄、立熔。立熔不忍心志高无后，立愀过继志高。立愀过世后，由立愀的儿子大用继承立熔应得的三股之一。经过核算，大用分得房一步，再找出六千六百六十七文，贴给得禄和全美；得禄分得山地，再收进一千三百三十三文；全美分得厨房，再收进五千三百三十三文。杜公产业析分之后，不得私自典卖给他人。

**清光绪三十二年（1906）十一月［歙县］张承基等立分业合墨据**①

立合墨据人张承基仝侄源钫、源汉等，窃思谊属一家，以和为贵。兹因吾祖庆旺公所生四子，长曰衍金，二曰衍银，三曰衍洪，四曰四宝，分为四房，俱各人丁繁衍。不料兵燹以后，二、四两房并无后嗣，仅存长、三两房发枝，伊等股内所有山场田地，身等两房分管作种，永为标祀之需。今则人心不古，似有争竞之情，是以凭中批定，从此以后原管原业，毋得争长竞短，生端反悔，如有此情，以不孝论。恐口无凭，立此合墨一样两纸，各执一纸，永远为据。

以利为贵，对同存照

光绪三十二年葭月　　日立合墨据人张承錤押

仝侄张源钫押

源汉押

方中张承富押

族中张朝日押

秀峰押

戚中方金喜押

方德寿押

方灶法押

代书张翠峰押

张庆旺公有四个儿子，分为四房。但是太平天国战争后，二、四两房没有后嗣

① 黄山学院图书馆收藏，编号：1.8.2–E7032–0002，包号：26，尺寸：395毫米×335毫米。

传承，仅余长、三两房，因此商定二、四两房的遗产由长、三两房均分耕种，供应家族逝者的祭祀所需，不得争抢。这就是一份典型的分业合同，并且一式两份的合同都遗存至今。

**民国二十六年（1937）六月歙县胡臣运支下胡义羆等立分大小买松山业合同**[①]

立合同人胡臣运公会、元福公，缘因有祖遗土名前山嫩林大小买松山一条□，四至上至降，下至脚，并田町在内，左至胡庆德堂山界，右至湾心界，四至之内松木丛生。今值出拚松木发生界址纠葛，双方凭中解释，合对契据，不分界址，将该业照税执业，该臣运公会执全业十分之四，元福公执全业十分之六。自调解之后，该山四至之内统照四六成执业，两无异言，自愿言归于好，将松木拚斫以后再行合同禁养。俾愿□□更盛，是为厚望。恐口无凭，立此合同一样两纸，各执一纸，永远执业为据。

民国二十六年六月十七日立合同人胡臣运公会支下司事人

胡义羆押

胡贞梁押

胡闰生押

胡元福支下

胡松华押

笔中胡雅斋押

胡臣运公会、元福公共有一块松山地，因为拚松木发生界址纠葛，经调解核对契据后，双方约定不分界址，臣运公会占十分之四，元福公占十分之六。

从以上合同可见，分业合同是对共有产业进行析分。合同中一般列明各方相关人、应分得的份额、该分产业的大小位置、权利和义务等。合同一式数份，各执一份，对同核验。

(三)租赁合同

租赁合同与一般的租佃契约有所不同，是相关方面对于租赁相关事宜的约定，

① 黄山学院图书馆收藏，编号：1.8.2－F7226－0002，包号：434，尺寸：503毫米×526毫米。

如协商减租、分派包还租额等。

**清乾隆八年（1743）元月胡存锋等立出议租约抄白**[①]

立出议租约胡九一公祠、宗圣公祀等，共有十三都六保土名梅树弯合源，各土名田租近目荒芜，是以眼相嘀议定看田荒熟，其荒田者议定贴种三年照减，收成递年送至上门交纳，熟者亦照减，收成本年交租。自出议之后，即将合源各号土名开挖成熟，除贴年满，各□主租无得抛荒拖欠，如违听业主执约鸣官理论。自成议之后，两无异言，增减反悔，如悔者罚银珠十斤入官无词，照。

今将合源土名议定收成开列于后

此号外照年

正坞路（议作四收，候造圳另议收成）

磻头坵、上漆木弯（议作六收）

下漆木弯（议作六收）

榉树坵（议作七收）

栈培坞、青龙坞上单（议作六收）

栈培坞口、坛上坵、栈培岭、泥坞口、泥坞、泥坞界下（通号议作六收）

青龙中单（议作六收）

石道坵、梨木段、牛栏山下、梨木段、梨木段、梨木段、佛龛前（以上通田议作六收）

青龙下单（议作六收）

乾隆八年正月十二日立出议租约胡九一公祠经手胡存锋

宗圣公祠

裕祠 立爕

李和众堂 守仪

胡梁祀 正满

相祀 守玠

述祀 光发

代笔 光裕

① 黄山学院图书馆收藏，编号：1.8.3-E6508-0001，包号：50，尺寸：470毫米×240毫米。

清乾隆年间，胡九一公祠、宗圣公祠等所共有的田地荒芜，相关所有者协商根据田地荒熟的程度减少租金，鼓励兴种，以防租额过高，佃户无利可图，造成田地抛荒。因此，这份出议租约并不是一份租佃契，而是出租人之间协商订立的合同。

**民国三十三年（1944）三月［歙县］潘恒明等立租赁合同**①

立议合同人潘遵聚公孙恒光、恒明、恒德仝弟，缘因前有根据，土名塘角，会内之业，苞芦租两斗，出转方姓为业，此业三房抵捕，此租三房均派包还会内。将土名四亩降熟地恒明之业包还苞芦七升，又土名玩里熟地恒芝之业苞芦七升，又土名屋后熟地恒德之业包还苞芦七升，以上三处照依原形古界四至之内三房合同与遵聚公为业。三房之租有荒包熟，每年不得欠少，如若欠少会内听凭起业另租他人。无得阻执，众议无悔，同心合意，有始有终。今欲有凭，立此合同大发为证。

民国三十三年三月　日立议合同人潘恒明押

恒光手印

恒德押

恒如押

恒芝手印

恒祥手印

依口代笔人方隆柏押

潘遵聚公会内有一处产业租了出去，应交苞芦租两斗，这份合同约定了支下的三房裔孙恒芝、恒明、恒德应各自包还苞芦租七升。从合同内容来说，并不是一般的租佃契约，而是对应缴纳苞芦租的约定。

租赁合同是各相关方对租赁相关事宜的约定，如出租方协商减少租额，或分派包还租额等，明确了各方的权利和义务。

### (四)托管合同

托管合同是指事主将产业委托给他人代为管理而订立的合同。

① 黄山学院图书馆收藏，编号：1.8.3-F7233-0001，包号：108，尺寸：365毫米×325毫米。

**清嘉庆十一年（1806）二月［歙县］方时益立派单**[①]

立派单人方时益，今将时滜产业，凭中均半分开，方时旺阄管降□熟地一块，又坟后熟地上下二块，又外坟路下茶柯地一块并荒山，又庙外路下荒山竹园一块，又乌砂坟茶柯地一块并荒山，以上计开数处地业交与时旺侄经管十年，日后原产退还时滜无异，其屋宇钱粮门户等项一应二人承值料理。恐口无凭，立此派单为据。

嘉庆十一年二月　　日立派单人方时益押

中见人方玉祖押

代笔人方时本押

方时益立派单，将方时泷所有的数份山地委托给方时旺经管十年。这份派单也写有对同骑缝字样。

**清道光五年（1825）十月光远等立托约**[②]

立托约光远等、昭兴等，缘本族国课神戏无着，今将本都上十保，土名倪家，住基屋一重并前后左右余地，卖得价钱三十五千文，当因陈代讼费支用大钱十五千文正，余钱二十千文，公托光荣兄弟置租生息。所有该处地租茶萪，悉听管理收用，以为永远国课门户之资。嗣后合族人等毋得变卖违悖，故意生端滋事瓜分，如违准不孝论。恐后无凭，立此存照。

道光五年十月初一日　　立托约人合一祠

秩下　光远等押

昭兴等押

中见　昭鉴押　际元押　前科押　廷榜押

树仁押　丙南押　瑞翔押　昭清押

昭盛押　起基押　应瑞押

清道光年间，合一祠的裔孙光远、昭兴等人将屋基地出卖后得钱三十五千文。

① 黄山学院图书馆收藏，编号：1.8.4-E6611-0001，包号：8，尺寸：315毫米×360毫米。

② 黄山学院图书馆收藏，编号：1.8.4-E6705-0001，包号：64，尺寸：473毫米×440毫米。

其中，十五千文支付诉讼费用，剩下的二十千文委托给光荣置租生息，这笔钱就用于缴纳国课等。

**民国十八年（1929）二月［黟县］朱同辉立托照管字**①

立托照管字人朱同辉，今因故乡祖上昔年买进竹山两所，一系土名芦家坞，一系土名雄坑，并外有菜园数处。身因祖上迁移外居多年，路途遥远不能照应，该山场树木竹笋连年均被他人乱砍乱挖，实属不堪受害。但此数处钱粮地税仍原是身自理，似此无辜之亏何以底止，不得已立字转托族叔益贵代为看管□□，年深月久基业荒芜，亦并非转卖典押等情，但春季笋出之时，身当回家自挖。此系两厢情愿之事，本家亲族不得干涉，并立此承看字之后，所有芦家坞、雄坑两处树木竹笋，他人再不能乱砍乱挖，业各有主，各宜体情。因恐他人干预，故立此字为据存照。

民国十八年二月吉　　立

立字人朱同祥亲手

从这份文书可见，朱同祥已迁离故乡，不便管理自有竹山菜园，山场树木竹笋经常被人乱砍乱挖，于是他将这些产业委托给族叔益贵代为管理，约定春天生竹笋时，朱同祥还会回家采挖。这份托管字，注明不是转卖和典押，与买卖典当有所不同，并没有利益的交换。

托管合约与买卖典当契约不同，不涉及利益的交换。托管合约是事主将物业管理权授予他人的凭证。

(五)清业清白合同

清业清白合同是指产业或账目不清或发生纠纷时，为明确所有权及界限所订立的合同。

**清乾隆十一年（1746）十一月［祁门］胡圣书等立清白合同**②

立清白合同人胡圣书、胡尊三、周惟祥、胡君祥、汪元明等，今有三四都宋家坑，

① 黄山学院图书馆收藏，编号：1.8.4-F7218-0001，包号：321，尺寸：420毫米×310毫米。
② 黄山学院图书馆收藏，编号：1.8.5-E6511-0001，包号：30，尺寸：470毫米×330毫米。

小土名汪□坞，东培通山十大股为率，其山四至里至鸡心堆埋石为界，外至苎坞口随垅直，上至降上，降下脚，四至之内经今数载，犹恐人心不古私自入山盗砍，不能成材。是以公众嘀议立此清白合文，将在山松杉杂柴概行禁养，毋许家外人等入山盗砍。如有此情，甘罚白银一两公用。今恐无凭，立此清白合文一样四纸，各收一纸，永远存照。

乾隆十一年十一月初二日立清白合同人胡圣书押

胡尊三押

周惟祥押

胡君祥押

汪元明押

代笔中见　胡炳文押

胡圣书叔侄共股半　　周永盛得一股

胡报文得半股　　周友贞得半股

胡首元得一股　　周友良得三分三厘

胡尊三得一股　　胡太凤进三兄弟共半股

胡以文兄弟得一股，八分二厘　胡永生、文太共二分五厘，国候名下得二分五厘，共半股

胡旺三得半股　　胡含五兄弟共三分三厘

汪元明得半股

胡圣书、胡尊三、周惟祥、胡君祥、汪元明等人共有一块山地，众人协商约定禁止砍伐松杉等树木，不许外人入山盗砍，保护树木成材。如有违反者罚白银一两做公用。契后，还列明了各人所拥有的股份。

**清道光二十六年（1846）四月堂叔德厚同侄富喜立合议抄白**①

立合议堂叔德厚同侄富喜，今因祖遗阄分田地山塘屋宇，照旧各管各业。所有后堂白石垅山地一片系启宏公受买，至今管业无异。此地两相不明，近因叔侄相

① 刘伯山收藏《淳安五都一内图蘭川庄徐氏文书》，尺寸：484毫米×345毫米。

争此地，凭中劝息，叔边将地即便交与侄边经管，仍有先祖风水存众。日后祖遗阄分管业之后，俱不得恃强不遵，倘有翻悔此情，凭中公罚花银五两众用。恐口无凭，立此合议二纸，各执一纸，永远存照。

道光二十六年四月　　日　立合议堂叔德厚

同侄富喜

中见堂弟德美

德恭

堂弟如梅

亲人王德聪

雨亭

代书世佳

合议大吉利市

淳安县徐氏家族的堂叔德厚和侄子富喜，两人争夺一块祖遗山地，在中见调停下，叔叔将此地交给侄子经管，先祖风水则为存众。如有反悔者，缴罚款五两存众公用。

**清光绪四年（1878）十一月［祁门］周心昊等立清业合文**[1]

立清业合文人周叙德堂三房人等秩下心昊、心文、绍纲等，今有背后来龙，该山四至东至降，西至基地，南至埋石，北至石嘴为界，自明至今向系无异，缘因上首与永瑞已买受山业毗连，因山界朦胧互相争竞。今凭中保眼仝查出石界两清明白，各依照契埋石界址，自后各管各业，自今已后无得混争。所有众契刻下未曾查出，日后不拘，各家捡出即归众匣，无得私藏匿契，倘有查出之日，众人无得重究异言。今欲有凭，立此清白合文为据。

光绪四年十一月初二日　立清业合文周叙德堂秩下

族长心昊押　　绍界

族　心文押　　绍荣押

心开押　　绍章押

① 黄山学院图书馆收藏，编号：1.8.5-E7004-0001，包号：30，尺寸：385毫米×460毫米。

心晁押　绍铨押
心昱押　光禄押
心晃押　光前子代押
心升押　光旅押
心昂押　绍忠押
心晟押　绍志押
绍纲押　大昌押
代笔胡圣明押
中保胡义成押
圣明押
王荣华押
谢□文押

周叙德堂三房族裔心昊等人共有背后来龙山，和永瑞买到的山业毗连，因为山界朦胧发生争执。于是请中保人共同查明清楚山界，日后不得再争执，订立清白合文为凭据。

**民国九年（1920）五月 [ 歙县 ] 张银桂、张惠卿立清帐墨据抄白**[①]

立墨据人张银桂、惠卿，缘因堂兄衍明、先父凤标二人往来账目至今数年未理，二人口角支吾。今凭族中言明票洋五十六元兼账目在内，又标契价钱七十千文并修价钱七十三千文，以上明标二人所有往来账目一概销清并两人之票缴讫。倘有日后二人捡出账簿契据以作废纸，不在行用。此事两厢情愿，永远无得反悔。恐口无凭，立此墨据为用。

民国九年五月　日立墨据人张银桂
惠卿

张银桂、惠卿为了堂兄衍明、父亲凤标二人往来账目不清而发生口角，因此请

① 黄山学院图书馆收藏，编号：1.8.5–F7209–0003，包号：402，尺寸：380毫米×300毫米。

族人做中见核算并销清双方之间账目，订立墨据为凭。这份抄白一式两份均遗存至今。

**民国十九年（1930）十一月歙县许玉成、许四顺为门前晒坦上下事立议合同**①

立议合同字人许玉成、许四顺，今因为门前晒坦上下诤论，业迹不清，二人殴打诤斗无歙。亲房宗族人等相劝，丈尺扯索订界，上归四顺经管，与玉成无涉，下归玉成经管，与四顺无涉。里至墙院石脚为界，外至田磅石脚为界，上下以中界至为归，内墙院里有猪栏、灶厦，两边出入道路通行，无许堵积，公同出入。系此立合同之后，各管各业，永远不必诤论，如若诤论，亲族人等断不容情。各无异说，永无反悔，恐口无凭，立此合同存照。

民国十九年十一月日立合同字人许玉成押

许四顺押

亲房许立贤押　许富贵押

凭中胡顺灶押　许社春押

许嘉月押　许和尚押

许新泰押　许要银押

许春桃押　许月升押

代笔许汉廷押

许玉成、许四顺因为门前晒坦的分界问题争论纠斗不休，在族人的协商和中见下，订立界限，日后不得再为此争论。

**民国三十一年（1942）七月张源海立清水碓业合同**②

立合同人张源海、荣淦，兹因富竹坑口十大相公庙下祖先遗下水碓，双方均有误会，成为争执。今经王乡长洪旺先生说合，双方愿意订定合同，特将双方愿意履行之条件，开列于后：

（1）该水碓照例各共一半，嗣后不得争执。（2）碓分以轮流方式，一家一日，

① 黄山学院图书馆收藏，编号：1.8.5–F7219–0004，包号：460，尺寸：475毫米×390毫米。

② 民国三十一年七月张源海立清水碓业合同，黄山学院图书馆收藏，编号：1.8.5–F7231–0002，包号：177，尺寸：450毫米×390毫米。

订定每日天晓由甲方交给乙方管理。凡磨粉等物者，未磨完毕，该碓分依时间之多寡计算，摊分碓分。(3) 双方如有碓外之事，不得将本碓借事生端。(4) 双方对于碓内箩筛各自备办外，共如一切用具之损坏，二人合雇工修理，用资若干，二人均配。(5) 该碓经凭中决议，得双方同意后，切不可发生疑义。(6) 本案在未发生前，双方所有往来账目，两不追求。(7) 本合同由双方及凭中签字盖章，缮成两纸，各执一纸为凭。

中华民国三一年巧月卅日立合同人张源海手印

荣淦手印

中见人衍正押

源水印

逢善印

立志印

高化印

依书人王洪旺印

长发其祥

张源海、张荣淦在富竹坑口十大相公庙下有水碓一座，两人为水碓的所有权和管理发生纠纷。经乡长王洪旺居中调停后，双方就水碓的管理达成了协议，订立了一系列规条。历史上一直流传有教授契约格式的类书，民国年间也有推广和编印近现代合同格式。这份合同请来乡长调停，制式上也是古今杂糅，既沿用了传统的格式，也参照了近代的行文和体例，可见契约由古至今的演变过程。

**共和国一九六九年二月郑大澍立清业清白合同**①

立合同人郑大澍、金顺，我俩为了明确所有权，现经双方协议将祖遗房产作如下分派：

一、集义堂楼上房两步及集义堂左首厨房一个均归郑金顺所有（包括猪栏一个）。

二、土名下堂前厨房一个归郑金顺所有（包括猪栏在内）。

---

① 黄山学院图书馆收藏，编号：1.8.5–G7369–0001，包号：49，尺寸：525毫米×410毫米。

三、上堂前楼屋一堂郑圣成占二分之一，郑大澍、郑金顺各占四分之一，其中郑金顺所有部分概归郑大澍所有。

上述条件，俾系双方遵照，如有任何一方违者，应负完全责任。

本合同一式两分（份），各执一分（份）为证。

公元一九六九年二月廿八日立合同人郑大澍印

金顺印

证明人汪高生印

汪善生印

郑鸿元印

亲房郑圣成印

代笔郑圣礼印

这是一份1969年订立的合同，郑大澍、郑金顺共有祖上遗留下的房产，为明确所有权，双方协议确定所有房产的分配。可见中华人民共和国成立后的一段时期内，基层乡村社会民众订立合同时仍沿用了传统的形式，又使用了现代化的用语，体现了合同文书逐渐演变的过程。

清白清业带有清算清理之意，与分业合同分派产业不同，往往是在产业所有权界限不清或发生纠纷时，经中间人调停协商出解决办法，订立合同，明确各自的产权及界限，列明各方的权利和义务。

(六)其他合同

产业处置合同中涉及产业处置，而又无法归类到共业、分业、托管、清业等类的，称为其他合同。其他合同中房屋、水碓、碣的修造、管理等事项较多见。

**明正德四年（1509）八月李文朴等立合同**[①]

双溪李文朴兄弟同兄文昭，各承父正厅屋地，从流水下计一丈八尺，偏在东边。正德三年因遭回禄。兄弟今自商量日后造厅宜取宽阔中正。两下托凭亲族吴子仪等言议，昭边从流水下添出地二尺六寸三分，朴边兄弟亦从流水下添出地二尺六寸三

① 黄山学院图书馆收藏，编号：1.8.5-D5504-0001，包号：721，尺寸：310毫米×560毫米。

分，对半入众改造厅堂居中。西边昭原存留过厢路地九分一厘一毛，以通昭房子孙永远上下往来，朴房兄弟子孙不许闭塞。其余基地以听朴房兄弟造屋为业。今从议后，各无悔异，如有乖违者，甘罚白银一十两公用，仍依此文为用。立此合同一样二本，各收一本存照者。

启兄弟□价置全业

合同一样两本

图

正德四年八月十五日立合同弟李文朴押

文显押

兄李文昭押

言议亲人吴子仪押

吴廷□押

李侃　押

双溪李文朴、李文显兄弟二人，与兄李文昭继承父亲遗产正厅基地。明正德三年（1508）房屋被烧毁，双方协商以后重修正厅应当宽阔中正，因此托亲属吴子仪居中调停商定各自多出地二尺六寸三分，用于改造厅堂；李文昭原存留的道路，朴房兄弟子孙不许闭塞。

**民国三年（1914）六月徽州方长春立合修田碣合同**①

立合同字人方长春、郭早喜、方宗大、方观寿、汪志清、程秋发、方长生、郭有宜、郭早荣等，情因我都土名斗米坑大新碣，昔年被大水冲坏，近来年荒岁旱，禾苗皆枯，是此诸田东邀同出入坵小碣诸家，合议请工匠修理，用成费洋一百六十余元，当中面议照亩以作三股均派，大碣每亩派出两股，小碣田每亩派出一股。倘若日后有损，照前□亩而派，不得异说。今欲有凭，立此合同两纸，各收一纸为据。

民国三年六月　　日立合同字人方长春押

郭早喜押

① 黄山学院图书馆收藏，编号：1.8.6-F7203-0001，包号：97，尺寸：435毫米×670毫米。

方宗大押
方观寿押
汪志清押
程秋发押
方长生押
郭有宜押
郭早荣
郭寿生押
依口代　郭召生笔

因大新碣被大水冲毁，一遇旱灾周边水田无水灌溉而枯萎，方长春等人协商雇工修理，花费 160 余元。于是协商订立了出资规则，大碣灌溉田每亩出两股，小碣灌溉田每亩出一股。日后如果损坏修理，也照此规则摊派出资。

**民国十一年（1922）八月 [ 歙县 ] 吴亦财等立圆通合同**[①]

立圆通合同人吴亦财、吴亦杏等，今因土名坝手屋后，众坐地基一业，各分其半并无异议。缘今庚年月大利，择期构造楼屋，其地基众坐合身分法挨，亦杏得其一半，亦财亦得其半，无如外加东边自置之业，与众地基毗连，亦财拼业同造，亦杏有嫌地基狭窄之嗟。而亦财念在同胞，情愿除身合身分法以外，扒出二尺地基归于亦杏，前后出口并无曲湾之论；而亦杏既收亦财二尺地基，以致凭族三面言定，情愿贴出亦财大洋三元正，以作问亦财嘀便一样。其亦财既收亦杏之洋，以作出便亦杏二尺地基相同，其基地即交亦杏经管，以致拼作楼屋。此乃两全其美，同胞凑成方圆也。粗工饭工照依两股摊派无异。务望同心同德，共志共仁，不亦创业于前人而垂统绪于后世矣。欲后有凭，立此圆通合仝一样两纸，各执一纸，永远大发存照。

中华民国十一年壮月　日立圆通合同人吴亦财押

① 民国十一年八月[歙县]吴亦财等立圆通合同，黄山学院图书馆收藏，编号：1.8.2－F7211－0001，包号：315，尺寸：460毫米×490毫米。

吴亦杏押
族中见人吴亦银押
代书人张雁云押

民国年间，吴亦财、吴亦杏各分一半地基，两人均准备建造房屋。亦财自置一块基地，毗连自己分得的地基，准备利用两块地基一起建造；而亦杏又觉得自己的地基狭窄。于是两人商议，亦财扒出二尺地基给亦杏，亦杏则贴给亦财 3 元大洋。这样两人都可获得利益．因此订立的合同称为“圆通合同”，有通融圆满之意。

**民国十六年（1927）十月［歙县］潘侣笙、潘昆生立各做簷水枧合同墨据**①

立合同墨据潘侣笙、潘昆生，缘因昆生迪光堂之灶屋后与侣笙自置清源之屋后毗连，双方皆有簷水地，现因侣笙将自置之屋改造住屋，因地基西边狭窄，将簷水做入屋内五、四寸之间，东边簷水照原形未改，昆生之簷水仍照原形未动。以现下之两屋簷水逼近，侣屋之簷水未免滴落昆生墙上，侣笙应制水枧改作干簷，将来昆生灶屋改造簷水照依原形，亦不免簷水滴落侣之墙上，必须备制作水枧，其水枧凭中言明归侣笙出资。双方均受裨益，此系同堂情义想通，皆无异议。恐口无凭，立此合同墨据，一样两纸，各执一纸存照。

民国十六年十月立合同墨据潘侣笙押
昆生押
凭中 云涛
载阳押
新斋押
得高押
代书 萼楼押

再批昆生灶屋上西边向有屋角一只，侣笙之屋因簷水逼靠，向昆相商扩进少许，昆重同堂情义，概然允诺无异，又照。

---

① 黄山学院图书馆收藏，编号：1.8.6–F7216–0002，包号：402，尺寸：560毫米×470毫米。

民国年间潘昆生的灶屋和潘侣笙房屋毗连，两屋的簷水（应为滴水屋檐）靠近。潘侣笙房屋改造后，屋檐水会滴落在潘昆生家墙上，因此协议潘侣笙出资制作水枧（引水的木槽或竹管）引开屋檐水。合同中还规定以后如果昆生灶屋也要制作水枧引水，以免簷水滴落在潘侣笙家墙上。批注中还说明，昆生出于同堂情义，同意侣笙扩进簷水少许。

**民国十九年（1930）七月歙县潘兆淦、胡观本立邻屋间簷做滴水合同**[①]

立合同人潘兆淦、胡观本，因有赞字二千一百另七、八号之业，土名村心，其业相连，七号系早年兆淦买进，八号之业今胡观本买进。因七号业内之屋实靠八号之墙做成，倘日后八号之屋要修整改造，照依原形老脚挂线升墙上等滴水，滴于七号屋上，七号受业之人不得异言。倘七号之屋日后于要改造滴水，不得滴在八号之屋上面，倘要做高，七号自改滴水方可做高。今凭中人和平解决，面立合同言明，以免日后唇舌。此系两愿，并无逼勒准折等情。恐口无凭，立此合同一样两纸，各执一纸，永远为据。（再批，改合字一个，又照）

民国十九年阴历七月　　日立合同人胡观本押

潘兆淦押

凭中　胡春法押

胡进有押

胡九十押

潘雅云押

潘泰琩押

潘正佐押

潘承钧押

潘承照押

潘泰兴押

潘正铃押

奉书　潘正锡押

① 黄山学院图书馆收藏，编号：1.8.6-F7219-0004，包号：402，尺寸：490毫米×420毫米。

又批，其七号之屋前角，直做有一尺，有另阔有四、五寸之谱，实做在八号业内。倘日后八号改造，照老脚做齐界，七号业主不得异端；如八号业主不做，亦不准将七号之包角拆毁。凭凭□获，此批。

合同一样两纸，各执一纸，永远为据。

潘兆淦、胡观本两人房屋相连，潘兆淦拥有七号屋业，胡观本买得八号屋业。七号屋业靠在八号墙上做成，两座房屋的屋檐滴水有冲突，为此协商订立了合同，约定：(1) 如果日后八号房屋修整改造，屋檐水滴在七号屋上，潘兆淦不得反对。(2) 如果七号屋日后改造滴水，不得滴在八号屋上；如要做得更高，则滴水也要相应改造。在合同后的批注中，还对七、八号交界的屋角做了约定。

**公元一九五六年一月徽州陈瑞林等立合同议约**①

立合同议约人陈瑞林（简称甲方）、陈瑞顺、陈瑞铜（合简称乙方），今因双方协议：

甲方因缺乏建筑地基，乙方因缺乏劳力，但因双方人口多，拟另行建造，为此双方都愿意互相以劳资调换：甲方愿出物资给乙方，而乙方愿出将原有房屋与厨房给甲方，为双方对掉条件。此系双方愿意，决无后悔，特立合同议约两纸，双方各执一纸，永远为据。

兹将双方互相掉换的物资开列于后：

（一）甲方给乙方的物资：砖五十码，瓦六千，柱脚十二根，石□二十个，耳门□二条，椽五十根，石灰五百斤，人工三十工。

（二）乙方给甲方的原有房屋及厨房：坐落桃木垈东边楼屋半堂（连楼上装好房间及谷仓）附注：西边全衔通厨房为出入道路。坐落桃木垈西边厨房一堂。附注靠此边墙皮与陈德春、元珠合有，德春与元珠合占一半，靠南边墙皮与陈顺安合有，各占一半。

（三）双方议定：一但墙皮落地，乙方就要全部迁出让给甲方住用。如果因其他关系不能迁出，就决定在两年内无论如何要让出。

公元一九五六年一月四日立合同议约人甲方陈瑞林印

① 黄山学院图书馆收藏，编号：1.8.5–G7356–0001，包号：166，尺寸：490毫米×420毫米。

乙方陈瑞顺手印
陈瑞铜手印
乙方家属周定霞手印
陈瑞钟印
陈瑞康印
选区代表陈瑞鉴印
董同淦印
中证人周云山印
陈金锦印
陈连耀印

这是一份中华人民共和国建立后，1956年订立的合同。陈瑞林和陈瑞顺等双方都有建造房屋的想法，但甲方陈瑞林缺建造基地，乙方陈瑞顺等缺物资，因此双方协商交换互助，甲方赠予乙方砖瓦等物资材料，乙方将房屋让与甲方。这份合同采用传统的书写方式写立于契纸之上，但从格式、行文、用语都已经向现代合同靠近，还请来选区代表做凭证。这种杂糅过渡的风格形式，可见合同文书由古至今的发展演变。

**一九七〇年徽州凌海金等立合同**①

**合同**

立合同人甲凌海金、乙凌锦法，双方协议由甲方建造新房，乙方愿将老房东边由甲方靠墙皮，应由甲方竖列上顶墙升树挖洞不超过三寸。老墙□现价折方计币三十五元七角，由甲乙双方各负一半计币十七元八角五分，另加墙脚补贴石二个工，计币三元正，两共甲方应补贴乙方二十元另八角五分，乙方日后要抱泥洵灰由两边挑出。上述经双方协议后日两不后悔，空口无凭，特立合同为证。

此据

一九七〇年八月二十四日　　立合同人甲凌海金印

① 黄山学院图书馆收藏，编号：1.8.5—G7370—0001，包号：4，尺寸：400毫米×290毫米。

凌顺象印

乙凌锦法印

凌锦炳印

凌家明印

凌明淦印

凌寿禄印

凌家财印

证明人凌家淦印

凌家鉦印

凌炳根印

代书人江佛奕印

备注：

今凌公墙有损，需重建之季，应按原地基建成．如甲方有碍，应让开建筑，建筑费由双方负担。

合同书

这是一份1970年订立的合同，甲方凌海金要建造新房，乙方凌锦法愿意将老房东边让甲方靠墙皮造房，老墙由两房共有，再加上墙脚补贴石两个工，甲方应贴钱给乙方。虽然离民国年间已久，但民间沿用的合同书还是表现出了古今杂糅过渡的特点。

这一系列有关房屋、檐水修造合同，跨经明、清、民国、中华人民共和国成立后几个时代，可见由古代至近现代合同文书体例、行文、内容的演变。一直到20世纪六七十年代，基层乡村社会还遗存和沿用了传统合同文书的格式，同时又逐渐现代化。

(七)小结

新安文书中合同的基本要素包括以下几项：(1) 当事人，(2) 中见，(3) 动机，(4) 协议内容及具体条款，(5) 当事人义务和权利，(6) 违约责任及处理，(7) 立契原由，(8) 立契时间。

当事人在中人的见证下自愿签订合同，对财产的处置、违约责任及处理等进行协商和约定。合同明确规定了当事人的权利和义务，当事人应当诚实守信、同心协力，遵守合同约定。还明确了违约责任及处理方式，如违背合同条款，则凭公议罚或是诉讼解决。合同大多仰赖自身信用的担保得以成立。立契时间是界定交易行为的时间界限。

从字面来看，新安文书中的合同是当事人自由意志的合意。这种合同的约束力更多地来源于道德规范或自律。当事人不得擅自变更或者解除合同；当事人应按合同约定履行其合同义务；当事人不履行合同义务的，应承担违约责任。到了民国时期，随着法律的发展，法律的约束力也越来越发挥作用。

**九、认契**

认契是立契人对某项事宜声明认可的字据。

**清光绪二十六年（1900）四月［歙县］程立认契**[①]

其中资契内程姓付出洋三元，今加付出洋一元，年满取赎之日，两家对认，此照。

光绪二十六年四月　日立执笔人汪正新押

这个字据虽没有写明前因后果，但是根据字据内容可以推测汪、程两家之间应发生了典当类的交易。字据对程姓付出的中资表示认可，作为以后取赎时两家对账的凭证。

**民国二十五年（1936）三月［歙县］程阴春立尽字某号赤契作废墨据**[②]

立墨据人程荫春，缘先父于民国十五年承当程寿全地一业，系尽字二千一百零三号，计地税三分，土名王力，当时有该业赤契一纸，一并附执。嗣于民国十七年荫春将该业转当与孙泥姑名下，该业赤契一纸未曾转交，仍存于荫春处。兹因程寿全长子金桃备价前来取赎，荫春捡寻该业赤契，不知如何遗失，遍觅不着，仅有原当契一纸，对于该业赤契无法缴还。今特凭中书立墨据交与程金桃名下交执，嗣后无论何人何时何地捡出该业赤契，概作废纸，不得行用。恐口无凭，立此墨据，永

① 黄山学院图书馆收藏，编号：1.9–E7026–0001，包号：41，尺寸：90毫米×211毫米。

② 黄山学院图书馆收藏，编号：1.9–F7225–0001，包号：295，尺寸：425毫米×340毫米。

远存照。

中华民国二十五年三月　　日立墨据人程荫春押

凭中张寿金押

孙勉斋印

程炳贵押

代笔汪裕洋印

民国十五年（1926）程荫春父亲当到程寿全家一块土地，这块地及其赤契一起转交给程荫春父亲。民国十七年（1928）程荫春又将此地业转当给了孙泥姑，赤契并未转交，仍存放于程荫春处。民国二十五年，程寿全长子程金桃要取赎回地业，程荫春却找不到赤契了。因此，程荫春订立字据说明此事，并声明赤契已遗失，将来有人出示赤契也作废纸，没有任何效用。

**民国二十七年（1938）[ 休宁 ] 程□□立登记保产契草底**[1]

立登记保产契人程□□，今承祖遗下有实管现业，土名字号税亩开列于后。今遵新章，凭本都五十九保证明，烦请贵册先生原登入二十都三图十甲程天赐户丁灶旺众名下为业，时值估价大洋□□元正。自登记以后，倘有冒登一切等情尽是登记人承当，不涉司册先生之事。恐口无凭，立此登记契存照。

计开土名字号税亩于后

己字六百卅五号，土名大坟山，计山税三分三厘四毫，归入程天赐户丁灶旺众三分三厘四。

中华民国廿七年　月　日立登记保产契人程□□

凭中程□□

代笔程□□

遗下山业一宗，系新丈己字号，土名税亩均列于后，其业四至悉照分明，该业身历来现管无讹，所有佥契据因前清兵灾遗失无存，今遵新章。

① 黄山学院图书馆收藏，编号：1.9–F7227–0001，包号：325，尺寸：255毫米×230毫米。

这是一份文书草稿，虽然不具有实际的效力，但同样反映了历史上的一个片刻。程某某拥有一处山业，可能在太平天国运动期间契据毁于战火，无法证明所有权，因此于民国年间立下登记保产契声明对该处产业的所有权，请负责造册的人员登记入二十都三图十甲程天赐户丁灶旺众名下缴纳赋税，证明所有权。

**民国三十一年（1942）三月［绩溪］周启灶立认契**①

立认可字人周启灶，缘因先祖屋业全堂，坐落横溪湾镇，今身、明甫侄等公有。今因正用，明甫侄等出杜与高石英名下为业，今身屋价当日亲手如数收讫，契内身押今明甫侄代签，□实有数。立此为据。

中华民国二十一年三月十一日立字人周启灶押

契内证人仝见

代程公亨笔

周启灶与侄子周明甫共有先祖遗留房屋，此房屋被出卖于高石英。周启灶立字据声明屋价已收到，契约上自己的画押为周明甫代签。

认契是立契人对某项事宜声明认可的字据。如有对契约废止、收到价洋等事的声明和认可，可以作为将来核对、确认所有权的有效凭证。

**十、借贷文书**

借贷文书与典当文书有相同点，也有不同点。典当文书以田地山塘、田皮田骨，甚至是田租契约等不动产为抵押物，借贷金钱，典契中的受典者可以利用产业获取收益，当契中的受当人则能获得租额，并约定回赎期限。而借贷文书则涉及金钱、粮食、房屋的借贷、抵押和收领等，一般来说并不出现取赎字样。

(一)借券

借券，又称借约、借票等，是借款方为借到钱款、房屋、牛米等写立的文书。其中以钱财为最多的。

① 黄山学院图书馆收藏，编号：1.9–F7231–0001，包号：99，尺寸：316毫米×311毫米。

**清康熙四十八年（1709）二月鲍太占立借钱约抄白附清康熙四十八年二月鲍太占立借钱约抄白、清康熙五十三年（1714）八月鲍其熊立借钱约抄白**[①]

浯溪鲍太占，今立约借到王边银一十五两五钱，其银约至来（后）年内交还，如过期，照列起息。恐口无凭，立此借约为照。

康熙四十八年二月　　日立借约鲍太占押

代书王仰之押

浯溪鲍太占，今约借到王边银十两正，其银约本年冬季交还，如过期，照列起息。恐口无凭，立此借约存照。

康熙四十八年二月　　日立约鲍太占押

代书王仰之押

立借约鲍其熊，今因借到亲人王□如边本纹银五两、光谷十租，其银谷归身起熠烧炭发行，约至来年四月照依大例起息交还。恐口无信，立此为用。

康熙五十三年八月三十日　　立借约人鲍起熊押

亲笔

这三份借约抄于一张契纸上，事主来自浙江遂安浯溪鲍氏家族。前两份是鲍太占向王姓借银，第三份是鲍其熊向王姓借银谷，约定到期归还本息。

**清嘉庆十六年（1811）三月叶新富立借钱约**[②]

立借约叶新富，今借到亲人鲍腾云兄名下钱文四两正，其钱是身借去应用，约至本年冬季本利奉还，不致短少。如少欠，听凭照依大例起息。恐口无信，立此借约为用。

嘉庆十六年三月　　日立借约叶新富押

代书余书贤押

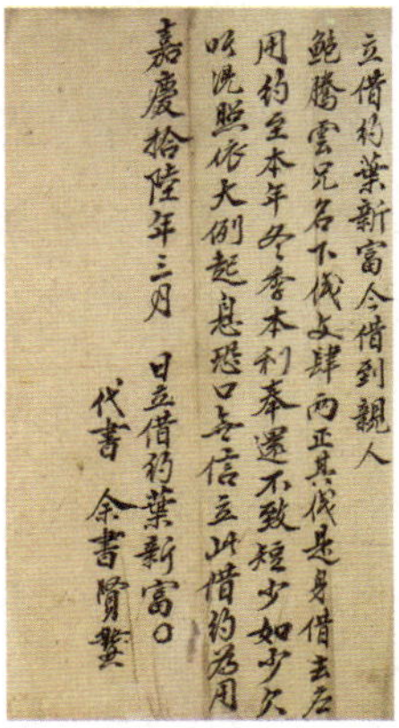
立借約葉新富今借到親人
鮑騰雲兄名下錢文肆兩正其錢是身借去應
用約至本年冬季本利奉還不致短少如少欠
听憑照依大例起息恐口無信立此借約為用
嘉慶拾陸年三月　日立借約葉新富〇
代書　余書賢押

清嘉庆十六年三月
叶新富立借钱约

① 刘伯山收藏《遂安十五都浯溪鲍家鲍氏文书》，尺寸：230毫米×289毫米。
② 刘伯山收藏《遂安十五都浯溪鲍家鲍氏文书》，尺寸：223毫米×124毫米。

叶新富向鲍腾云借到四两，约定本年冬季归还本利，利息照依大例计算。

**清嘉庆二十三年（1818）八月［淳安］项文达立约字**[①]

立约字人项文达，今因原欠田价钱并屋价钱并中资钱三十九千九百文，内除项宅安认完之钱有十一千九百文，仍欠之钱念八千八百文，其钱得于来年秋收交完钱六千文，庚辰年交完钱七千文，辛巳年交完钱八千文，壬午年交完清楚，不得少欠。如有此情，听凭理论。恐口难凭，立此约字存照。

嘉庆念三年八月　　日立字人项文达押

书中项佩金押

约字信□

邦传、道坊即是文达之名。

项文达欠钱总计三十九千九百文，经借款方认可十一千九百文，仍欠二十八千八百文。双方约定分期偿还，于第二年（1819）秋收后还钱六千文，庚辰（1820）还钱七千文，辛巳（1821）还钱八千文，壬午（1822）还钱七千八百文结清。这实际上是一份分期还款的承诺书。借券中以钱款借贷为主，与典当契约不同之处在于一般没有抵押物，相同之处在于大多有利息的要求。也有的借款允许折算成实物偿还。

**民国四年（1915）六月徽州程兆海立起借苞芦契**[②]

立起借苞芦票人砻头程兆海，今自借到湉田岭程四喜名下苞芦银洋五元正，其洋当即收足，□利每月二分息算，三面言定，准于十一月本利一□楚，倘拖欠，当即议定每洋折苞芦五十斤交上，决不有误。两无异说，恐口无凭，立字借票为用。

民国四年六月初二日立字借票人砻头程兆海押

凭中家侄　程全君押

依口书人　程燮周押

① 黄山学院图书馆收藏，编号：1.10.1–E6623–0001，包号：35，尺寸：248毫米×278毫米。

② 黄山学院图书馆收藏，编号：1.10.1–F7204–0002，包号：37，尺寸：235毫米×140毫米。

根据契约中出现的地名“浯田岭”，可以判断事主应为休宁人。程兆海向程四喜借到银洋 5 元，利息每月二分，约定十一月还清本利。如有拖欠，则每一元折算为苞芦 50 斤归还借款人。

徽州盛产茶叶，是历史上著名的茶叶初级市场。茶叶种植和销售是徽州农民重要的生产经营活动之一。受到周期性茶市交易的影响，清代徽州农村频繁发生限期茶市还款的借贷。

**清乾隆十一年（1746）九月江钟盛立借票附嘉庆十二年（1807）十二月取出批**[①]

立借票人江钟盛，今借到侄　名下九五本银三两正，其利照众起息，其本利约至来年茶市一并付还不误。恐口无凭，立此借票存照。

乾隆十一年九月　日立借票人江钟盛押

代笔　江鲁山押

嘉庆十二年十二月十二取出。

借款人江钟盛借到九五本银三两，约定利息等到第二年春茶上市后归还。

**清光绪十一年（1885）十二月汪瑞林立出期票**[②]

立出期票约人汪瑞林，今借到少山侄兄弟名下本洋五元正，当三面订期，来年春茶出售归还本洋五元正，不得短少。恐口无凭，立此期票存照。

光绪十一年十二月　日立出期票约人汪瑞林押

领钱男接丁押

中见叔润泽押

新元押

依口代书侄若周押

---

① 黄山学院图书馆收藏，编号：1.10.1-E6511-0001，包号：34，尺寸：280毫米×165毫米。

② 刘伯山：《徽州文书》第5辑第10册，广西师范大学出版社，2015年，第408页。

随着徽州茶叶初级市场的逐步发展和成熟，大约在清道光年间面向茶农的借贷中出现了一种典型的借茶票。借茶票有两种类型：一种是文书首尾明确写为“茶票”“借茶票”；一种是文书未写明“借茶票”，但以茶叶支付本利，或以茶叶为抵押。借茶票实质就是茶叶初级市场中的远期合同交易，茶贩以借贷的方式预付资金向茶农购买未来的茶叶，等到第二年茶季时，茶农才以茶叶支付本利，这就是先买后割的远期交易。

**民国四年（1915）十一月吴灶根立议茶票**[1]

立议茶票人吴灶根，自愿托中，今议到钱佥富名下为票，三面言定，时值借银洋五元正，其洋即日收，其利每年冬收之日其干苞芦五斗，其本约定来年下树之日一并归还，凭中将票缴回，两无异言。恐口无凭，立此茶票为用。

民国四年仲冬月　日立议茶票人吴灶根押

代笔　　吴天利押

借款方吴灶根向钱佥富借到银洋 5 元，双方约定利息为每年冬收之日还干苞芦五斗，本金则于第二年茶叶采摘时一起归还。还钱时，钱佥富将茶票归还吴灶根。

**民国二年（1913）九月休宁曹百盛立借票**[2]

立借票人曹百盛，今借到吴元春名下英洋五元，其洋当日一并收足，其利每月二分行息，其洋准期甲寅年春茶市秤干三十斤足，不得短少，倘有欠缺不清，凭中人承值，两无言说。今欲有凭，立此借票存照。

民国二年九月　日立借票人曹百盛押

包中人叶荣新

代笔人曹永昌押

这份借茶票即以来年春茶作为还款，这里的包中人兼有中证和包销商的双重身

① 黄山学院图书馆收藏，编号：1.10.1－F7204－0005，包号：346，尺寸：345毫米×245毫米。

② 民国二年九月休宁曹百盛立借票，黄山学院图书馆收藏，编号：1.10.1－F7202－0002，包号：325，尺寸：213毫米×436毫米。

份，对农户包销茶叶，为农户和收购商牵线借款。借茶票以预付资金购买第二年的茶叶，实质是远期合同交易，孕育了期货交易的萌芽。除了钱款之外，还有借牛、借米、借房等。

**民国十五年（1926）七月 [ 婺源 ] 俞万邱立借牛字**[①]

立承借约人俞万邱，今借到罗兴娇嫂名下，今借得大水牛一口，当中议定身自愿包放牧养，日后如果出售言定计价洋二十四元，应将洋如数交还勿误。倘有牛不出售者，订来年茶市交还，决不误。所借之牛任凭东牵用耕犁无阻，银不起利，牧不计工。恐口无凭，立此借牛约为据。

民国十五年七月吉日立此借牛约人俞万邱押

中　王吉甫

俞承茂押

俞万邱向罗兴娇嫂借到大水牛一只，水牛归俞万邱放牧饲养，将来水牛如果出售，则交还罗兴娇嫂 24 元；如果水牛不出售，则第二年茶市时交还。虽名为借牛，但从契中“银不起利，牧不计工”判断，类似于典牛。

**民国三十三年（1944）十二月 [ 歙县 ] 凌观林立借米票**[②]

立借票人凌观林，今因正用借到余秀娥名下白熟米一担，其米凭中立定限于二月中旬归还，不得误期短少，倘有误期短少，概由凭中处理。恐口无凭，立此票为据。

中华民国三十三年腊　日立借票人凌观林押

中书人凌大盛押

这份借票内容明白，可能是因为年关难过，凌观林向余秀娥借到白熟米一担，约定二月中旬归还。

---

① 民国十五年七月[婺源]俞万邱立借牛字，黄山学院图书馆收藏，编号：1.10.1－F7215－0003，包号：312，尺寸：255毫米×195毫米。

② 黄山学院图书馆收藏，编号：1.10.1－F7233－0001，包号：339，尺寸：350毫米×315毫米。

**民国三十六年（1947）十月［歙县］张齿一立借据**①

今借到张继述堂任首人名下粟米八斗正，其米本月终归清（或照市价折算），不得拖欠，如有拖欠照前账照算，不得反悔。恐口无凭，立此借条为据。

民国三十六年十月十五日立借条人张齿一押

负责人张茂荣押

亲笔押

张齿一借到张继述堂首人名下粟米八斗，约定本月还清，或者照市价折算还钱。

**清乾隆三十六年（1771）十月［歙县］汪光应等立借房约**②

立借房约汪光应，今借到长兄自手赎买到太子会上香火屋内楼上西边上堂房一步，今身暂借居住，倘长兄要用随即搬移出让，或与身住过天年之后，听凭封锁管业毋异。倘有异言，任从执此经公理论无辞。恐口无凭，立此借房约为据。

乾隆三十六年十月　　日立借房约汪光应押

仝男汪启惠押

中见人汪光河押

代书人汪光洪押

长兄赎买到太子会上香火屋内楼上西边上堂房一步，出借给汪光应居住。双方约定，如果长兄要使用，则汪光应须搬出交还给长兄；汪光应过世后，则房屋仍由长兄管业。借牛、借米都涉及本利问题，但这份借房约并未涉及钱款和本利，可能仅是房屋所有权的凭证，防止借住进而侵占。

（二）收据

收据，即收条，事主因各种事由收到钱款、文书等后书立的，由交纳方收执的凭据。其中大部分是收到还款或收到款项的收据。

---

① 黄山学院图书馆收藏，编号：1.10.1–F7236–0002，包号：420，尺寸：345毫米×305毫米。

② 黄山学院图书馆收藏，编号：1.10.1–E6536–0001，包号：7，尺寸：230毫米×240毫米。

**明崇祯十三年（1640）元月汪富等立领约抄白**[①]

立领约人汪富仝迁，领到房东兴寿□二两正，前去修造庄屋，日后婚姻出□倪兴寿子孙差用无词。口恐无凭，立此领为照。

所有文书未付，初一日新年卅日披岁□尊，听倪众子孙理论重责。

领约人汪富

富迁

中见人吴道元

崇祯十三年　正月初三日

这份明代抄白文书部分残缺。文书内容可见，汪富等人领到房东倪兴寿给的二两银子，用于修造庄屋。虽然文书并未明确表达，但从行文中可见，汪富等人应为倪兴寿家的庄仆。庄仆由东家提供房屋田地等，与东家有一定的人身依附关系，需要承担东家的抬轿等杂役。

**清乾隆二十三年（1758）观音会人等立收领据**[②]

立收领人观音会首人等，今收到章尔明男汉如先生名下存前所该会内帐目□两六钱，因众会友于乾隆二十一年旧账一并折清，计小买干田水田共三十一秤，出退与章边名下，共收九五银十二两正，利年以作善事之用。入后众会友捡出章尔明男汉如旧账目退业，永远不得行用。恐口无凭，立此收领存照。

乾隆二十三年王月　日立收领人观音会人等

方廷卿押

章遂元押

汪舆兴押

代笔余圣先押

方廷卿即赐福哥，章遂元即转福哥，汪舆兴即，余圣先即俭师哥。

① 黄山学院图书馆收藏，编号：1.10.2–D6113–0001，包号：57，尺寸：220毫米×320毫米。

② 黄山学院图书馆收藏，编号：1.10.2–E6523–0001，包号：53，尺寸：290毫米×320毫米。

观音会应当是由佛教徒组成的民间组织，筹集资金开展慈善活动。这是一份收到钱款的收据。

**清道光六年（1826）十二月［祁门］谢文延立收领包税约**[①]

立收领包税约人古城谢文延，缘承外祖李良顺佥业山一号，土名下坞下培，俗名雪梨坞，杜卖与程允聂管业。该山应推山税，因税征纳不便过割，自情愿收领到程允聂名下钱六百文，是身领去生息，代为永远供纳本山税粮，日后身无得异言。今恐无凭，立此收领包税约，永远存照。

道光六年十二月初六日立收领包税约人谢文延押

亲笔书

古城谢文延继承了外祖父李良顺山地一块，杜卖与程允聂。但是这块山地的税粮没有过割到买主缴纳，因此谢文延从买主处领到六百文生息，由谢文延代缴纳山税。谢文延写立的就是收领钱财、包交山税约。

**清道光十二年（1832）二月弟妇鲍阿王氏立收卖厕所钱字**[②]

立收字堂弟妇鲍阿王氏，今收到土名坟山脚大门前厕所价文四两正，其钱当即收足，其厕所听凭管业。恐口无信，立此收字为用。

道光十二年二月　日立收字鲍阿王氏押

素先笔

这份收据则与借款无关，应当是鲍阿王氏将厕所出卖后，收到钱款而书立的收钱字据。

**清同治十年（1871）荷月吴阿邵氏立收钱字**[③]

立收字人吴阿邵氏，今收徐海林钱七千文足，日后寻出海林之父名徐春元所欠

① 黄山学院图书馆收藏，编号：1.10.2−E6706−0002，包号：57，尺寸：480毫米×470毫米。

② 刘伯山收藏《遂安十五都浯溪鲍家鲍氏文书》，尺寸：243毫米×172毫米。

③ 刘伯山收藏《淳安五都一内图蘭川庄徐氏文书》，尺寸：250毫米×114毫米。

钱如麦账目，面言不论多少，概不行用。恐口无凭，立此收字为据。

同治十年荷月日立收字人吴阿邵氏押

奉弟吴连寿押

吴阿氏收到徐海林还钱七千文，并书立收字，声明之前海林父亲徐春元欠账无效。

**清光绪十二年（1886）九月［歙县］江春元立收领契洋据抄白**[1]

立收领人江春元，今收到江花果缴到英洋十五元正，其洋当日收足讫，其契未曾捡出，日后捡出不作行用。恐口无凭，立此收领为据。

光绪十二年九月立收领江春元

亲笔

江春元收到江花果缴纳英洋15元所开立的收条。

除了作为收到款项的凭据之外，有时是借贷或抵押契约已经遗失，因此事主开具收字给还款方，声明老契无效，作为避免今后纠纷的凭证。

**民国十二年（1923）腊月余启与立收押契字**[2]

立收字人余启与，今收到洪时可押契一纸，土名冷水塝脚，田三分，已经此时回赎，查检老契失灭，即复收字一纸，日后捡出原契不作用。口言难凭，立此收字为据。

民国十二年腊月　　日立收字人余启与押

代书堂兄祝南笔

洪时可之前将冷水塝脚田抵押给余启与，借得钱款。民国十二年，洪时可偿还借款，但是老契已丢失。因此，余启与书立收字，声明收到钱款，且老契遗失无效。

---

① 黄山学院图书馆收藏，编号：1.10.2–E7012–0001，包号：8，尺寸：170毫米×360毫米。

② 刘伯山收藏《遂安十七都一图康塘洪氏文书》，尺寸：250毫米×250毫米。

**民国三十三年（1944）徐得路立出受领契**[①]

立出受领人浙淳徐得路，兹因前者有徽州木竹坦程路来因出借票一纸，借到本人身处国币二百元正，当时本人收到程路来五千一百元正，本利一并归清。本人因借票失去无踪，特此所出受领是实，倘有后日检出借票，概作无效，一律作废，今后再不得重复折算。恐口无凭，特此所出受领为据。

民国三十三年　　立出受领人河村徐得路押

中人徐云尧

浙江淳安人徐得路之前借给徽州程路来200元正，并收到程路来开出的借票一张，民国三十三年程路来还给徐得路本利合计5100元整，之前的借票已丢失，因此徐得路书立收条，声明已收到还款，且此前的借票已丢失无效。这份契约涉及淳安和徽州两地居民，呈现了历史上两地的经济互动。还有收领到盐票开具的收条。

**民国二十三年（1934）十一月休宁汪双佑立收领盐票条**[②]

立收人汪双佑，今收到第四十三保第一甲第四户每日需用食盐票一张，如失甘坐，无辞此据。

民国廿三年十一月三日立汪双佑押

民国时期，新安江流域食盐供销不足，官盐采取配给制，汪双佑收到官方政府发放的每日需用食盐票一张，因此书立了这份收条。

**共和国一九七一年三月姚顺祥立收据**[③]

今因姚顺祥出售厨房一堂，土名上湖村后山，其四至东至姚云正，南至路，西至路，北至姚河南，现自主出售给本村姚安泉，经双方议定价值现金六十五园（元），其款即时付清，该厨房即时交给管业，特此收据为证。

出售人：姚顺祥印

① 黄山学院图书馆收藏，编号：1.10.2–F7233–0001，包号：108，尺寸：350毫米×300毫米。
② 黄山学院图书馆收藏，编号：1.10.2–F7223–0005，包号：479，尺寸：191毫米×109毫米。
③ 黄山学院图书馆收藏，编号：1.10.2–G7371–0001，包号：49，尺寸：530毫米×525毫米。

证明人：姚安益印

付款人：姚安泉

公元一九七一年三月二十二日立

这是一份1971年写立的收据，距离民国时期已有一段较长的时间，但新安江流域乡村社会仍沿用了旧有的收据格式。姚顺祥将厨房卖给姚安泉，收到姚安泉支付的买房款65元，书立收据为证。由文书可见，到了20世纪70年代农村社会仍有产业四至的概念。

(三)抵押字据

抵押字据，即借款人以不动产或动产作为抵押，向借款人借贷而书立的字据。欠款在先，再以物抵押的也归入此类。新安江流域乡村社会的抵押物也是多样的，与当地的自然环境和社会背景有一定的关联，不动产以田地、房屋较多。

**清乾隆四十二年（1777）十一月［歙县］汪锦川立抵屋笔据**①

立抵契笔据汪锦川，今因用五弟身夭毗陵，承秉黄叔应垫衣衾等费足钱十千文，复因身先事经年寄家常地，又承移借足钱四千文，共足钱十四千整。蒙秉叔推念同房情不计利，身愿将庆字三百十五号内，土名船舫村内，承祖分受并续卖造有厨房一所，愿抵与秉叔名下，其钱议以五年之内络续均偿，如五年之外无力归楚，即凭秉叔执此换契管业无辞。此系身自情愿，不敢以故弟衣衾累人垫偿，故特自愿立此笔据为照。

乾隆四十二年十一月初五日立笔据汪锦川印

亲笔无中印

汪锦川的兄弟在邻县过世，叔叔汪秉黄为其垫付衣衾等钱十千文，后又借给汪锦川四千文，共借款十四千文，并且不计利息。汪锦川将自己的厨房抵押给汪秉黄作为担保，约定五年之内分期偿还清楚，如五年之后没有还清欠款，汪秉黄则凭此抵契笔据作为凭证获得厨房所有权。

① 黄山学院图书馆收藏，编号：1.10.3–E6542–0001，包号：7，尺寸：255毫米×225毫米。

### 清道光十一年（1831）十月［歙县］张遂寿立抵押会钱字据[①]

立契据人张遂寿，今因身欠少会钱一十八千二百文，系吴鸿昌、张景明、含英、集贤、寿妹、德安、玉鼎、灶顺、廷祉等名下，缘身临期无措，自愿将父手造成三间房屋，该身右边地房一步出抵，已便逐会归还，不致久各，如有此情欠少延各，听凭申公管房，身无异说。恐口无凭，立此契据出抵存照。

道光十一年十月初十日立契据人张遂寿押

中见　　张寿妹押

代字　　张玉鼎押

张遂寿因欠会钱十八千二百文，临期无法偿还，将自己所有的房屋一步作为抵押物。也有以田园山地作为抵押的。有些抵押字据虽名为抵押，但从契约内容分析类似于当契，有时抵押字据中也会用“当”来表述，并对回赎做了约定。

### 清嘉庆二十一年（1816）四月房侄孙士行等立押田字[②]

立押字房侄孙士行等，今因无粮应办，自情愿将土名柘坑口滩洲，系阳边山脚开成田一段，计税二分，出当与房叔祖承彤边为业，当日面议定实得价系苞芦一百三十斤，其苞芦是身收讫，其田每年交还燥苞芦四十斤，以作利息，日后备本回赎，如要欠租不能回赎，听凭耕种无异。恐口无信，立此当字存照。

嘉庆二十一年四月　　日立当字房侄孙士行押

依口代书从房叔集登押

浙江遂安鲍士行等将田地一块出当与鲍承彤，收到苞芦130斤，利息则为每年交换干苞芦40斤。如果日后不能回赎的话，田地则归鲍承彤耕种。

### 清道光二十年（1840）四月洪允志立押田契[③]

立押契人洪允志，今因无钱所办，自愿将土名里弯脚，大买水田一坵，其四至

① 黄山学院图书馆收藏，编号：1.10.3–E6711–0001，包号：22，尺寸：380毫米×340毫米。

② 刘伯山收藏《遂安十五都浯溪鲍家鲍氏文书》，尺寸：246毫米×175毫米。

③ 刘伯山收藏《淳安八都交界歙县三十二都大坦洪氏文书》，尺寸：398毫米×378毫米。

照依原行古界，尽行出押与族内经手人堂叔名下为业，凭中言定时值当价洋钿十六元正，其洋听凭娶亲之日交出，毋得推躲。其契洋两相交清，倘若不清，听凭理论，再无异言。恐口无凭，立此押契为据。

大清道光廿年四月　　日立押契人洪允志押

代书人侄茂惟押

歙县三十二都洪允志将大买田水田一块抵押给堂叔，收到借款16元，约定娶亲之日还款。

**清同治三年（1864）十二月［婺源］裘启鳌立出押佃皮字约**①

立出押佃皮字约人裘启鳌，承祖遗股下有佃皮一号，坐落土名五亩段，秧田计骨租五秤正，因有应用自愿将佃皮出押与裘大鹏公名下，实押光洋十二元正，其洋是身当即收足，其利言定周年二分行息，不得欠少。倘有其利不清，听凭起佃过手耕种无阻。其田未押之先与本家内人等并无重账，如有不明等情，是身自理，不干受押人之事。恐口无凭，立此出押佃皮约存据。

同治三年腊月　日立出押佃约人裘启鳌押

见中　裘启泰押

依书　裘质彬押

裘启鳌将佃皮一号抵押给裘大鹏公，收到光洋12元整，约定按一周年二分计算利息。如果不能缴纳利息，则佃皮由裘大鹏公耕种。明清以来，乡村社会田地有骨、皮之分。骨即田地的所有权，皮即农民长年耕种田地所形成的肥力，也可以理解为使用权。田地的所有权和使用权是可以分离的，均可以各自出售、典当、抵押。这份出押佃皮约抵押的就是这块田地的使用权。

① 黄山学院图书馆收藏，编号：1.10.3–E6903–0001，包号：178，尺寸：220毫米×200毫米。

### 清宣统元年（1909）十二月徐锦城立押田契[①]

立押契人徐锦城仝树林，今因缺少使用，自情愿将佃田一处，土名石板桥头，计田税三分，又佃田一处，土名绕山坵，计田税五分，其田东西四至之内，尽行立契出押与徐鼎洪名下，押洋十元，作钱十千文正，其钱契当即两相交明，其钱长年二分利息交还，不得短少拖欠，如有短少拖欠利息不还，当年管业变卖，毋有异言。自押之后，倘有重复典押人等争论，俱身承当，不干受人之事，若不拖欠利息，值时原价取赎。恐口无凭，立此押契日后为据。

宣统元年十二月　日立押契人徐锦城

房侄　树林

中人　法林

亲笔

利市

面言契价

锦城用洋五元。

树林用洋五元。

徐锦城等人将佃田两块抵押给徐鼎洪，收到借款10元，约定利息按照二分计算。如果拖欠利息，则徐鼎洪可以管业变卖田地；如果不拖欠利息，则徐锦城等可以原价取赎。这份抵押契的花押部分被抠去了，可能产业已经赎回。

### 民国二年（1913）五月洪银水立押地契[②]

立押契人洪银水，今因无钱欠少使用，自身情愿傅字号内，将土名大坦横山路大路下地一块，又牛安磨后地一块，共大小地二块，计地税三分零，其四至照依源形古界，四至之内一屏花息等项，立此尽行出押与里东山罗先妹名下经管为业。三面言定，时值押英洋十元足，其洋每长年十二元苞芦一担照算。如若短少听平经管起业，便卖他人，无得找价，两无异言，再不关会。其钱契当日两明，两家竟付竟

---

① 刘伯山收藏《淳安五都一内图蘭川庄徐氏文书》，尺寸：310毫米×275毫米。

② 刘伯山收藏《淳安八都交界歙县三十二都大坦洪氏文书》，尺寸：463毫米×278毫米。

收，如有不清，各字改政，倘有亲房内外人等争论，俱事出押人承当，不干受人之事。恐口无凭，立契押为用。

中华民国二年五月　日立押契人洪银水押

依口代书人罗金福押

押契利市

民国三年照依原契价洋十元正，转与大坦洪芳火名下为业，其银利按年加二起息无异。

民国二年五月，洪银税将地二块抵押与里东山罗先妹，借款英洋10元，利息为每年12元苞芦一担。

**民国四年（1915）五月 [ 淳安 ] 詹正林立押契**[①]

立押契人詹正林，今因欠少使□，系玉字千百十号内，土名石门岭下，大小水田一坵，计田一分正，并水路通行，立契尽行出押与福花名下，三面议定，押洋十元正，其洋当日收足，每长年加二利，不得短少。如若欠少，听凭管业便卖他人，无得找价，两无异言。恐口无凭，立此押契为用。

民国四年五月　日立押契人詹正林押

代笔鲍思正押

淳安县詹正林将水田一坵及水路通行，抵押给福花，收到借款10元，约定按二分计算利息。

**民国三十二年（1943）六月 ［淳安］ 闻庆正立抵押契**[②]

立押契人闻庆正，今因欠少使用，自身情愿玉字千百十号内，土名太保塘，园地一块，四至照衣原形现管为界，四至之内立契尽行出押外东山吴有妹名下为业，三面言定，时值押洋一百元正。其洋当日收足，每年加二利起息，送至上门，不得短小，如要欠利，听凭经管便卖他人，无得找价，两无异言。恐口难凭，押契为据。

① 黄山学院图书馆收藏，编号：1.10.3-F7204-0006，包号：340，尺寸：340毫米×275毫米。

② 黄山学院图书馆收藏，编号：1.10.3-F7232-0006，包号：340，尺寸：320毫米×315毫米。

民国念二年六月日立押契人闻庆正押

代书闻庆钧押

押契利市

淳安闻庆正将园地一块抵押给吴有妹，收到借款100元，利息按每年二分计算。以上契约可见，新安江流域普遍存在着抵押田地的行为。

除了抵押不动产外，抵押物品种也很多样，动物有牛、猪、鱼等，植物有稻苗、杉木等，这些经济品种和作物在新安江流域普通民众的日常生活中具有一定的经济价值，才会被充作抵押物来换得借款。

**清嘉庆十二年（1807）十二月士富立押字**①

立押字富，将黄字牛半条押至房叔祖承彤名下，钱一两正，约至来年冬熟交还燥苞芦一百四十斤，如有过，其听凭官牛，不得阻执。

嘉庆十二年十二月士富亲笔

浙江遂安鲍士富将黄牛半只抵押给鲍承彤，收到借款一两正，约定第二年冬天时交还燥苞芦。这份抵押字据实际上是将黄牛半只的所有权作为抵押物。

**清道光二十三年（1843）十二月［歙县］胡行远立转召租小买塘批**②

立转出召租罗星塘人胡行远，今因父手至今租有数十余年，十有八九之年未用本水，亦不欠少塘租。历年以来手头不敷，借到崇礼堂谷二年八斗，无从所归，只得将父手召租来罗星塘凭中转租到与胡崇礼堂名下召租，以抵偿两年借谷之项，其塘听凭受租人管业车水供鱼，无得反赎。恐口无凭，立此召租小买塘批存照。

道光二十三年十二月　日立召租小买塘批人胡行远押

凭中胡聚盛押

亲笔押

---

① 刘伯山收藏《遂安十五都浯溪鲍家鲍氏文书》，尺寸：235毫米×166毫米。

② 黄山学院图书馆收藏，编号：1.3.8-E6723-0001，包号：33，尺寸：460毫米×450毫米。

这是一份转出租契约，胡行远父亲租到水塘有数十余年，胡行远因欠崇礼堂谷二年八斗，于是将水塘转租给胡崇礼堂抵偿借款。名为转租，实际上是将租到的水塘使用权抵押借款。

**民国四年（1915）十二月［婺源］徐益全立出押鱼塘及塘鱼字**①

立出押鱼塘及塘鱼字人徐益全，缘身有鱼塘一口及池鱼数十尾，土名禾场岭屋基里，今有要用，自愿央中将鱼塘及池鱼一并在内，实押到裘绍基兄名下，实押英洋十元正。其洋是身收领，其利言定终年二分行息，其本利洋准期来年八月中秋池鱼出塘之日，本利一并收楚，毋得异说。今欲有凭，立此出押鱼塘及池鱼押字存据。

民国四年腊月　日立出塘鱼并池鱼字人徐益全押

包中裘关保押

裘关法押

徐益彬押

徐三喜押

裘良坚押

代书裘云采押

徐益全将鱼塘及塘鱼数十尾抵押给裘绍基，收到借款10元，利息按照二分计算，约定第二年八月中秋池鱼出塘时归还本金和利息。由此可见，这份抵押字据实质上抵押的是来年池鱼出售所获得的收益。

**民国四年（1915）十二月［婺源］徐益全立出押苗猪字**②

立出押苗猪字人徐益全，缘身有苗猪一口，今有要用，自情愿央中将苗猪一口出押与裘绍基兄名下，实押英洋五元正。其洋是身当即收领，其利言定终年二分行息，其本利洋准期猪出栏之日随月本利一并收楚，无得异说。今欲有凭，立此出押苗猪字存据。

---

① 黄山学院图书馆收藏，编号：1.10.3-F7204-0002，包号：178，尺寸：240毫米×245毫米。

② 黄山学院图书馆收藏，编号：1.10.3-F7204-0001，包号：178，尺寸：240毫米×220毫米。

民国四年腊月　　日立出押苗猪字人徐益全押

包中兄徐三喜押

徐益彬押

裘关保押

裘关法押

裘良坚押

依书裘云采押

这份抵押猪苗契与前引鱼塘契一样，抵押的是未来苗猪出栏后获得的收益。

**民国十五年（1926）[休宁] 刘囡仂立抵稻苗批**①

立抵稻苗批人刘囡仂，今抵到胡金生名下本年兴种禾苗，胡金生收割抵洋十七元正，当日亲手一并收讫，两无异言，今欲有抵批存照。

民国十五年　日立抵稻苗批人刘囡仂押

凭中人方荣福押

代笔人朱起发押

按契文内容应是，刘囡仂将本年兴种禾苗抵押给胡姓，收到借款 17 元，禾苗则由胡姓收割所有。

**民国十八年（1929）八月［休宁］邓在明立押杉木借票**②

立借票人邓在明，今借到徐玉财名下英洋一百元整，其洋言定按月二分行息，准至来年春茶上市，本息一并归还。今将土名培嫁坑大坞头杉树一宗，其山四至，上至山尖，下至水沟，里至干沟直上，外至大降直下水沟为界，所有界内杉木尽行在内，倘有来年本息不清，其树以做抵押，附信平中追究无辞。今欲有凭，立此借票为据。

① 黄山学院图书馆收藏，编号：1.10.3-F7215-0002，包号：212，尺寸：385毫米×399毫米。

② 黄山学院图书馆收藏，编号：1.10.3-F7218-0003，包号：532，尺寸：310毫米×290毫米。

外批赤契一纸，赤签一纸，税票一纸，共三纸。

民国庚午年八月廿五日立借票人邓在明

凭中邓在汉

代笔邓在炜

邓在明向徐玉财借到英洋100元，约定利息按每月二分计算，待第二年春茶上市本利一起归还。此外，还将一处山地上的杉树作为抵押和担保，并且将山地的赤契、赤签、税票一并交给贷款方。这也是和前文茶票所不同的地方，除了以来年春茶收益还款外，另外设立了抵押物。

抵押物中还有一类比较特殊，以契纸作为抵押，买卖、典当等契约实际上是一种所有权或使用权的凭证，类似于今天将房产证作为房贷的质押物。以契纸为抵押物借到的可以是钱款，也可以是籼米等实物，也可以稻谷还款。

**民国三十七年（1948）十一月[休宁]金栢林立抵借籼米批**①

立抵借籼米批人金栢林，今因正用将土名西圩山佃批一纸，抵借到陈文停名下，抵借籼米两担正，准期民国卅八年三月内该清不误，倘有三月内不该，言定秋收交下午谷二十四砠，两无异言。今欲有凭，立抵借籼米批为据。

民国卅七年十一月日立抵借籼米批人金栢林押

书中人叶厚民押

金栢林以契纸为抵押，向陈文停借到籼米两担，约定第二年三月前归还。如果归还不了，则秋收时交谷二十砠。

**民国三十二年（1943）九月［休宁］叶文煊立抵借谷字据**②

立抵借谷字据人叶文煊，今实抵借到方起贵名下，土名下源山佃批一纸，又断批一纸，共二纸，用币洋五百元正，其租准定来年秋收交下午谷四砠正，不得欠

① 黄山学院图书馆收藏，编号：1.10.3-F7227-0002，包号：483，尺寸：438毫米×193毫米。
② 黄山学院图书馆收藏，编号：1.10.3-F7232-0004，包号：325，尺寸：240毫米×190毫米。

少。倘有欠谷不交，听从受抵人令行息管种作交租，无得异言，两无反悔。今欲有凭，立此抵借字据为证。

民国三十二年九月　　日立抵借利谷人叶文煊押

全男枝义押

亲笔押

这份抵押字据也是以契为抵押借款500元。以产业契纸做抵押，实际上即以产业的所有权或使用权做抵押。

(四)小结

借贷文书是借款、还款过程中作为凭据写立的文书。其中借券、抵押字据包含以下要素：

1. 借款方。
2. 贷款方。
3. 中见。
4. 代笔（代书人)。
5. 借贷动机。
6. 质押物业——物业位置（田地字号、土名、四至、税赋)、种类、数量。
7. 借款金额——三面议定，随即收足。
8. 还款约定——取赎时间，还款金额，利息，还款方式。
9. 借款方义务和权利。
10. 贷款方义务和权利。
11. 立契原由。
12. 立契时间。

借贷双方在中人的见证下自愿签订契约，这里的中人一般不具备今天保人的担保职责，可能仅为借贷行为的见证人。对质押物业明确数量和界限，三面议定借款金额，约定取赎时间、还款金额、还款方式、利息。契约明确规定了借贷双方的义务和权利：借款方应及时归还借款和利息；如果借款方无法按时还清本利，贷款方则可获得抵押物的所有权或使用权。立契时间限定了借款的时间界限。

新安江流域借贷文书的签订是借贷双方自由意志的合意达成的结果，合意的达成主要基于各方的诚信；借贷双方是平等自愿的，契约规定了借贷双方的义务和权利；契约规定了质押物业的性质和价格，以及立契时间，这些都是还款和发生纠纷、诉讼时的界定依据。借贷文书包含了丰富的民间金融活动信息，为研究货币史、经济史提供了丰富的史料。其中的利息、实物还款、还款时间等密切相关，反映了契面利率、折算利率、实际利率等错综复杂的信息，为研究古代中国农村的高利贷情况提供了第一手的资料。

## 十一、出拚与承拚山契、分授拚价清单

该类文书均与拚山有关。在新安江流域语境中，"拚"原义应指开山种树的行为，契约中多见拚山、拚树的表述。拚山契按照内容可以分为两种，一种是山主将山林的耕种管理权转让给力分（租佃者），[①] 任由力分砍伐、兴养，山主获得一次性的拚价，承拚人获得树木或柴薪销售的收益；一种是山主出山业并行使监督权，力分出劳力种植、照管，木材销售后双方按比例获得收益。

山主通过拚山获得的收益，会按照股份比例进行分配，此过程形成的文书就是分授拚价清单。如清乾隆十六年（1751）十月［歙县］拚山银分单，[②] 这是徽州某个家族拚山收益分配的清单。该家族共七房在一处公有山场中各占一些股份，乾隆十六年十月家族将西坑口坟山、来龙朝山拚与长坞人，收到拚价九五色银十两，扣去中见钱和摸山工五钱，仍有实际营收纹银九两，先将各房按照股份每两银的应摊派银开列，再开列各房分到的具体实银数。清后期至民国某年十月竖造前进拚去柴柨账单，[③] 出自淳安县五都一内图蘭川庄徐氏家族，应当是事主为了修造房屋前

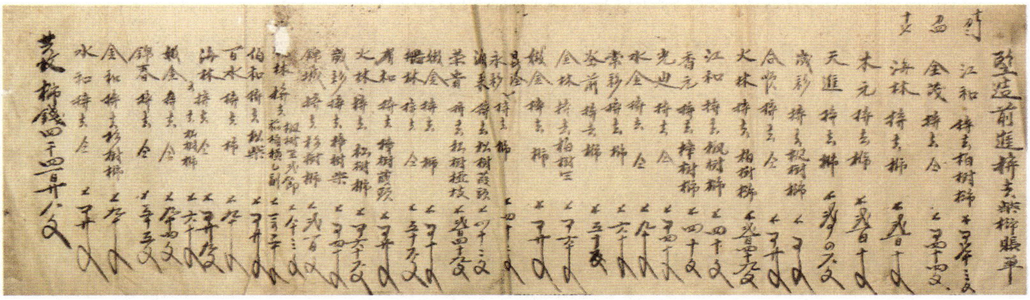

清后期至民国某年十月竖造前进拚去柴[木沛]账单

① 新安文书语境中，"力分"可作两种释义：一是指开垦山地、付出劳力的人，一是指开垦山地所产生的收益。

② 黄山学院图书馆收藏，编号：1.11–E6516–0001，包号：36，尺寸：170毫米×370毫米。

③ 刘伯山收藏《淳安五都一内图蘭川庄徐氏文书》，尺寸：163毫米×572毫米。

进，将自有的柏树、枫树、樟树、松树、杉树等出拚给各人，将缴纳的拚价开列清单，共收到四千四百二十八文。

拚山契按照事主的不同，可以分为承拚契和出拚契。承拚契由力分书立，山主持有；出拚契由山主书立，力分持有。

(一)承拚契

承拚契是由承种山业的力分书立的契约。

**清乾隆四十五年（1780）十月祁门王四得等立承拚山契**[①]

立承拚契人祁邑王有得、四得等，今拚到浮邑施敦伦堂山一号，土名田坞里主庄，杉松浮苗合面山一号，四至照依老界，前来做造片柴，其山好歹拚人自见，面议自愿出价银四十五两正，承拚之后各无异悔。今欲有凭，立此承拚为据。

乾隆四十五年十月廿八日立承拚人王四得押

王有得押

中见施大法押

清代乾隆年间，祁门王有得等人承拚到浮梁县施敦伦堂所有的一块山地，用于生产柴薪。王有得等人付给山主拚价四十五两，砍树做柴火卖出后的收益应归王有得方所有。

**民国四年（1915）六月徽州汪子安立承种山契**[②]

立承种山笔人汪吉、辉房经事支丁子安、步云等，今承到余新美祠名下有山一号，土名饭罗山，系新文诗字　　号，该山承得一半劖种扦苗，当面议定五年为期，无论悬崖峭壁，方园四尺四角四根不得稀疏。候至作种三年，主力邀同登山看苗，如果稀疏空地，另行补扦。所是隔火、窃盗，力分照管，知获报者，主力公同理论，若看养自窃，加倍议罚。候木成材之日，眼同出拚，主力对半分价。恐后无凭，立此承种山笔存照。

---

① 黄山学院图书馆收藏，编号：1.11-E6545-0001，包号：41，尺寸：440毫米×210毫米。

② 黄山学院图书馆收藏，编号：1.11-F7204-0002，包号：168，尺寸：240毫米×360毫米。

民国四年六月　　日立承种山笔人汪吉、辉房经事支丁

子安押

步云押

中见守仁押

代笔春泉押

民国年间，徽州汪氏家族汪吉房的族丁子安和汪辉房的支丁步云等，承到余新美祠所有的山地一块，双方约定承种山业以五年为期。第三年时，东主余新美祠和承种的力分（租佃者）汪子安等人一同上山检查种植的苗木，如果有稀疏空地的，再添补扦插。力分需承担好看管的责任，做好防火防盗；火盗等损失要报告给山主，山主力分共同追究犯事者的责任；如果力分监守自盗，则加倍惩罚。等到树木成材，山主力分共同参与出拚树木，双方均分出拚价银。这份契约反映了山主凭借山地产业所有权、力分凭借劳作投入，均分木材销售的收益。

(二)出拚契

出拚契是出拚山业的山主书立的契约。

**清嘉庆七年（1802）十月［祁门］陈浩峻等立出拚山契**[①]

立出拚契人陈浩峻等，原承祖手三保土名潘四坞山一号，其山四至里至埼心直下，外至弯心山降下坦，四至内通山杉松苗木分得本位分藉二股，张姓一股，自情愿立契出拚与张道璜名下，前去做造片柴，面议时价银主坌一两二钱，埊分自做。今欲有凭，立此出拚约存照，只此。

嘉庆七年十月廿二　日立出拚约人陈浩峻等押

中见人陈宗惟押

亲笔

清代嘉庆年间，祁门陈浩峻将自己所有的一份山业出拚给张道璜，由其生产柴薪。山主获得力分支付的价银，力分获得柴薪销售的收益。

① 黄山学院图书馆收藏，编号：1.11-E6607-0001，包号：25，尺寸：420毫米×240毫米。

## 清光绪三十二年（1906）十月储源德等立出拚长养杉树批[1]

立出拚长养杉树批人储源德仝男安守，今因正用自愿将祖父遗下该身分受阄得土名余公坑，坐落老屋基后杉树一块，其四至，上至横路，下至屋基后塝，里凭沟，外凭沟；又坐落伍猖庙前杉树一块，其界东至沟，西至岗向里劈场直下抵沟，南至水沟，北凭~~庙前杉树一块，其界~~（菜园地边，以上，押）两宗，四至之内大小杉树尽在无除，一并尽行出拚与贵客甘新茂宝号名下为货。当日三面言定，时值得受长养拚价洋三十四元整，其价洋比成批之日亲手一并收讫，其杉树即交受拚人管业。议定长养十二年为期，自丙午年起至丁巳年为满。期满之日，其杉树听从受拚人斫伐一次下山，任凭搬运出水无辞。其杉树未拚之先并无重复交易，嗣拚之后，倘有内外人言，先后重复以及来历一切不明等情，尽是出拚人一力承值，不涉受拚人之事。今欲有凭，立此出拚长养杉树批存照。

再批，批内添改菜园地边以上六字。押

光绪三十二年十月吉日立出拚长养杉树批人储源德押（子代押）

仝男安守押

凭中人储曜德押

储起贵押

储荣泰押

邹九发押

代笔人方成业押

一本万利

清光绪年间，储源德及其子安守将自己继承而来的两块杉树林出拚给甘新茂宝号，收到拚价 34 元，双方约定长养十二年为期。甘新茂可以在长养期满之后砍伐杉树一次，通过出售杉木来获利。

---

① 黄山学院图书馆收藏，编号：1.11－E7032－0002，包号：39，尺寸：470毫米×290毫米。

**民国四年（1915）九月徽州汪有福立出拚山批**[①]

立出拚批人汪有福、江老四司，今将柴一片，土名呈坑阴培，上至横降，下至水坑，外至盈坞，里至乾坑口大降及下为界，四至分清，今将柴转拚到瞿老五、俞老六司名下，听凭打窑烧炭，无得异说。当日言定拚价英洋六元正，其洋成批之日一并收足，其山言定三年为满，下山归还业主长养，不必缴批，此批作为废纸。倘有内外人言语，不涉受拚人之事，尽是出批人承值。恐口无凭，立此拚批存照。

民国四年九月　　日立出拚批人江老四押

汪有福押

凭中人程金德押

代书人姚伟卿押

汪有福、江老四将自己承拚来的一块柴山，转拚给瞿老五、俞老六，由他们造窑烧炭，收到拚价英洋6元。双方约定期限为三年，三年后柴山即归还业主。

**民国二十三年（1934）十一月［休宁］叶吉永立出拚山契**[②]

立出拚杉木契人叶吉永，今有苗山一号，坐落土名曹公坞，系赞字　　号，共山一亩三分三厘三毛正，其山四至现有硬界，不必开述。今因正用自情愿央中立契出拚与黄兴贵客名下，三面言定，拚得价洋八十元正。其洋价当日一并付清，听客开山砍伐、堆场硔路，听客取用无阻。倘有业内不明等情，本家料理，不涉拚客之事。今欲有凭，立此拚为据。

民国念三年十一月　　日立出拚杉木契人叶吉永押

代笔人叶吉成押

一本万利

这份契约虽然名之以拚杉木，实质上还是拚山。叶吉永将山地一块出拚给黄兴贵，收到拚价80元，山地即由黄兴贵任意使用。

① 黄山学院图书馆收藏，编号：1.11－F7204－0001，包号：13，尺寸：420毫米×370毫米。

② 民国二十三年十一月[休宁]叶吉永立出拚山契，黄山学院图书馆收藏，编号：1.11－F7223－0003，包号：233，尺寸：245毫米×175毫米。

(三)小结

与田地山塘交易不同，拚山是新安江流域山林经济开发的重要特征之一。新安江流域崇山峻岭，山林经济自古就是民众重要的收入来源之一。明清时期，山林经济开发更是日趋兴盛。清代中期，大量棚民流入徽州参与到山区开发中。拚山契与租山契都是转让山业的使用权获得收益，不同之处在于：租山涉及的是租金，拚山涉及的是力分（开垦山地获得的收益）。拚山涉及山主和力分（租佃者），山主拥有山业，力分则可能为佃户或棚民，付出劳力开垦山林。有的拚山契会明确力分的责任是栽种、兴养树木和保护山场，有的拚山契则注明山场任由力分使用，可以栽树，也可以烧炭、种玉米。拚山类文书反映了新安江流域独特的山林开发和经营行为，为研究中国古代的山林经济、佃仆制、棚民等问题提供了大量可信的第一手资料。

**十二、业主执照、土地证书、补契、契尾、共有产权证明书**

这类文书由官方统一印制、填写、颁发。业主执照、土地证书、补契、共有产权证明书等，可视为土地等不动产所有权的官方凭证。土地等不动产交易后，经政府认可，办理过户交割手续，需按价银缴纳一定比例的契税，契尾等就是政府征收契税后发给的收税凭证。

(一)契尾

元、明、清、民国时期，均有使用官版契纸和契尾的定例。一般来说，民间书立契约后将草契交到官府验核，缴纳契税；官府发给契尾等粘附于白契，并加盖骑缝官印。如果草契和契尾俱在，则视为一份契约文书；而如果草契与契尾失去联系，只遗留下契尾则归于此类文书。历朝历代的契尾大多会印制官方发布的验契规则、章程等，为了解契税制度的演变提供了翔实的信息。

明万历十年二月的直隶徽州府歙县契尾，[①] 由买主二十五都一图的程迪等收执。契尾等官版契纸由官方统一印制，列明当时通行的规条。根据这份契尾，可知明万历十年（1582）正值明代黄册每十年一次的大造之期，因此官方统一印制了契尾，以便发给缴纳契税的业主。买方将卖买契约交到官府验核认可，办理过户交割手续，按照“每契价一两照依旧例纳税银二分”，即契价的 2% 缴纳契税，由徽州府填号发

---

① 黄山学院图书馆收藏，编号：1.12-D5810-0001，包号：721，尺寸：340毫米×270毫米。

给契尾，粘连于草契，由歙县地方官府钤盖赤印。明天启二年（1622）六月歙县洪应元执徽州府契尾，[①] 是洪应元收执的月字三十号徽州府契尾，价银为四两一钱，缴纳税银一钱二分四厘，明天启年间契税的缴纳比例为 3%；其中引用《大明律例》规定典买田地山塘墓宅都应当缴纳契税。清康熙四十七年（1708）黟县毕成兴买田契尾，[②] 是黟县布字四百五十号布政司契尾，业主毕成兴买到田地五分，价银是四两八钱，缴纳税银一钱四分四厘，缴纳比例仍为 3%。清道光十六年（1836）八月歙县朱姓执契尾，[③] 可见道光年间的契税缴纳比例为 3%，契尾有编订的布字编号。清同治六年（1867）十一月歙县汪姓执契尾，[④] 制式与道光年间契尾相类，由预先印制的章程可知：同治年间契尾有前后两幅，后幅预先钤有布政司印，业主投税时在前后两幅填写清楚价银、税银，当着业主面将前后两幅骑缝裁开，前幅由买方业主收执，后幅则每月汇编成册送布政司查验。同治年间的契税缴纳比例为 3%。这些明清时期的契尾，直观上反映了明清时期契尾形制的演变过程，历代的章程办法及缴纳契税的比例，为研究契税制度提供了丰富的信息。

朝代更替后，当权政府会对前朝契纸进行核验，认可物权的合法性。如黄山学院图书馆收藏的清咸丰十年（1860）闰三月歙县江俪忠立卖田赤契附民国执照、民国验契纸，[⑤] 清咸丰年间的土地契约经过民国官方的认可仍具有法律效力，仍是物权的凭证，这也是民众妥善保存契约文书的原因之一。

如前引清代契尾类似，民国时期的契尾也会刊列官方发布的验契规则、章程等，如民国三十一年（1942）十月歙县洪承钰立加当大小买田税赤契附民国三十一年（1942）典契。这份民国年间歙县政府验核颁发的典契，列有典主姓名、不动产种类、坐落、面积、四至、典价、应纳税额、原契几张、立契年月日等事项，并刻印了验契的章程摘要。

---

① 黄山学院图书馆收藏，编号：1.12–D6002–0001，包号：721，尺寸：630毫米×410毫米。
② 黄山学院图书馆收藏，编号：1.12–E6317–0001，包号：555，尺寸：570毫米×510毫米。
③ 黄山学院图书馆收藏，编号：1.12–E6716–0001，包号：54，尺寸：490毫米×300毫米。
④ 黄山学院图书馆收藏，编号：1.12–E6906–0001，包号：55，尺寸：450毫米×280毫米。
⑤ 黄山学院图书馆收藏，编号：1.1.3–E6810–0005，包号：495，尺寸：480毫米×893毫米。

**民国三十一年（1942）十月歙县洪承钰立加当大小买田税赤契附民国三十一年（1942）典契**[①]

**章程摘要**

一、不动产经过买卖或典押成立卖契或典契时，均应于契纸成立六个月内赴该管官府投税。

一、税率卖契价洋一元收银币六分，典契价洋一元收银币三分。

一、典卖契纸成立后如逾限三个月应加罚税额之半，逾限六个月应加罚税额一倍。

一、县政府契税局经收契税，如有额外浮收或大头小尾情弊，准由人民告发，查明属实依律论罪。

本契纸每张收价法币五角，不收其他印刷等费。

通过章程摘要可了解到民国时期官方的验契制度和流程。民国时期的不动产买卖或典当，均应在交易完成后的6个月内到官府验契，缴纳契税。契税的比率如下，买卖契约为卖价的6%，典当契约为典价的3%。如果逾期不上报官府，则需缴纳罚款，逾期3个月的缴纳罚款为50%税款，逾期6个月的缴纳罚款为100%税款。县政府契税局应按章收款，不得乱收费。业主验税时，还需缴纳典契契纸的成本价法币5角。

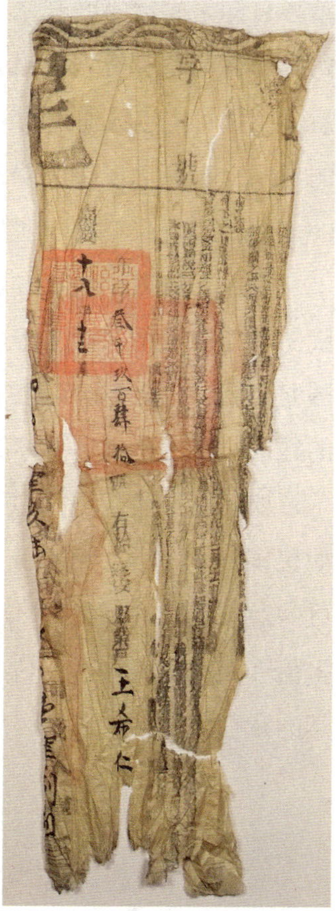

清嘉庆十八年(1813)
十二月王希仁契尾

遂安县的契尾则由当时的浙江地方政府颁发。清嘉庆十八年（1813）十二月王希仁契尾，[②]这份契尾由王希仁收执，但并未填写田地、价银、契税等信息。与徽州的嘉庆十八年（1813）契尾进行比较，可见契尾由各地方政府自行印制颁发。如清嘉庆十五年(1810)十二月歙县张金玉等立卖田赤契附嘉庆十八年（1813）十一月契尾，[③]这份歙县张金玉等立的卖田契，钤有县

① 黄山学院图书馆收藏，编号：1.7.2—F7231—0001，包号：21，尺寸：790毫米×445毫米。
② 刘伯山收藏《遂安十六都一图全朴村王氏文书》，尺寸：496毫米×316毫米。
③ 黄山学院图书馆收藏，编号：1.1.1—E6615—0006，包号：47，尺寸：485毫米×585毫米。

印若干，还有“库房挂号讫”印。

各地的契尾形制相似、内容有差异，反映了中国各地推行契税制度的实际状况，为了解中国不同时期各地域的契税制度提供了重要信息。

(二)执照、补契等

当契约遗失时，受业人会向官方申请补契，由官方核查后发给执照，作为产业所有权的凭证。如清乾隆十七年（1752）三月休宁吴元忠户产权执照。[①] 乾隆十三年（1748）八月，休宁县吴元忠家失火，所有契据毁于一旦。因此他向县府禀明清单，县府查明后发给他这份执照，登录了他的所有产业，合计有49项田地山等，作为产业所有权的凭证。这份执照为印制，再以毛笔填写，钤有编号印章，可见骑缝书写的对同字样，并钤有赤印，有朱批。由于政权更迭，推行土地登记政策时，业主也会顺应形势变化，向政府陈报土地，办理新契。

**民国三年（1914）六月休宁郑大生卖契执照附补契摘要** [②]

据北一区里东山村地方业主郑大生报补伊家价买霜字等号，土名税亩开列于后，四至之内各依塍塝为界，委属伊家自种现管实业，岁纳粮银，遵照验契新章捡呈历年完粮印串，连同保切各结证明，经县署验契总所核对，照时价表按亩计定契价，共英洋九十八元正，给予新契为据。

北一区里东山村地方业主郑大生

凭保人郑观洋押

中华民国三年六月　　日　县知事吴培尧印

**验契简则**

兹将验契及税契简则分别开列于后，以资遵守。

一、凡划一契纸章程施行以前成立之不动产契纸，无论已税契、未税契均应一律呈验。二、呈验契纸，无论典买均一律注册，给予此项新契纸，令与原有契纸粘合，由县于骑缝盖印后发还业主受执。三、所验系民国元年一月一日（阴历辛亥十一月十三日）以前之旧契，无论已税、未税，每给新契一张只收纸价一元、注册费一

---

① 黄山学院图书馆收藏，编号：1.12—E6517—0001，包号：721，尺寸：758毫米×600毫米。

② 黄山学院图书馆收藏，编号：1.12—F7203—0001，包号：67，尺寸：485毫米×715毫米。

角，不再缴税。惟此项办法以民国三年一月底（阴历甲寅正月初六日）为限，逾限补验已税者，加倍征收纸价，未税者概须补税。如系民国元年一月一日以后成立之契，已税者于换给新契时，只收注册费一角，未税者饬令先行照章税契后方注册。四、如业价在三十元以内者，验契时免收纸价；如业价系银数，以一五合银元钱数，以一千作洋八角。五、未经呈验之契于诉讼时不能作为证据。六、同一业主持有旧契多张，除附属上契不计外，每一最后旧契应给新契一纸，不得并数契领一新契，希图取巧。七、如系执照或系无上手红契之白契呈验时，须取具公正族邻五人保结核准后，方给新契，纸价仍只收一元。如有揑冒，除将原业发还本主外，仍从重罚办。若系契据遗失，更加业主切结一纸。

**税契简则**

一、为划一契纸起见，凡税契者亦一律用此项新契纸。二、为体恤民艰及速筹巨款起见，自此次章程发布后至民国三年一月底止，税民国新契者，买契每元只收税洋三分，典契二分；三年二月一日至三月底买契六分，典契四分；四月一日以后仍照旧章买契九分，典契六分。如原系银价以一五合洋，原系钱价以每千作洋八角，不得含混多收。三、先典后买者，准于买契税内扣还原纳之典税。四、凡税新契者照向章，每张收纸价四角五分，并加收注册费一角，不另收验契纸价。五、民间如先立契纸已经画押，可将原立之契贴于新契之后，于骑缝上编号盖印，仍将原文照录新契之上。六、从前征收契税有仿照丁漕办法，加收耗银及各附加税者，此后应一律禁止。如地方附加有案可稽者，得呈请于正项内照发。七、如原契有遗失情事，得仿照验契简则第七条办理。

休宁县北一区里东山村郑大生为其买到的若干田地申报补契，县署验契总所核对无误后，由县知事签署发给卖契执照及补契摘要。补契摘要开列了不动产业的业主姓名、种类、坐落、面积、四至、取得原由、中证人、价值等各种信息。这份契约骑缝为“休宁县验字第五万二千四百七号”，钤有“准凭新契管业，买补察实惩罚”赤印，粘有“中华民国印花税票”两分。根据遗存文书可见，类似的民国三年（1914）卖契执照附补契摘要数量较多，均为业主遗失契约，呈报验契后发给的新契纸。这与民国政府的财政政策有关。

根据《民国财政史》记载，民国元年（1912）国民政府财政紧张，因此先制定了“划一契纸章程”，通过验核不动产契纸，征收纸价和注册费，来缓解财政困难。直至民国三年（1914）一月颁布了验契条例，与前项章程大体相同。[①] 上引文书中的验契简则与民国三年（1914）政府颁布的条例一致。验核民国元年前的旧契，无论已税、未税，都不用再缴纳契税，只征收新契纸纸价一元、注册费一角，限期为民国三年（1914）一月底。此后逾限补验的旧契已税者加倍征收纸价，未税者先缴契税再验契。民国元年（1912）一月一日以后订立的契约，已税者验契换给新契时，只收注册费一角，未税者先缴纳契税后才可注册。如果契约未经呈验，则失去法律效力。这可能是民国三年（1914）民众集中补契的原因。民国四年，国民政府电令各省自定税率和验契规则，则又与上引条例不尽相同。

民国时期，有关土地所有权的凭证还有共有产权证明书、土地所有权状等。

**民国二十六年（1937）十一月歙县程耀志共有产权证明书** [②]

具共有产权证明书人程耀志、程寿祥等，兹经公议推派本业内共有产权人程耀志君代表负责陈报，嗣后关于本业内权利照股享有，义务照股分担，永无异言。所有坵号亩分及股分均详开于后，并照样缮具三份，除本业共有产权人各执一份永远存查外，理合具呈一份随同陈报单送请

歙县土地陈报处备查。此证。

共有人程耀志押　签盖

程寿祥押

中华民国二十六年十一月　日

程耀志、程寿祥等共有某处产业，因此推举程耀志为代表向歙县政府陈报土地。此份共有产权证明书经歙县土地陈报处备查后，就是各业主共有产权的凭证。

民国三十四年（1945）十月歙县鲍咏松土地所有权状附登记证件用费收据，[③] 这是一份安徽省民政厅颁给业主鲍咏松的土地所有权状，上面开载了土地坐落、地号、地目、地积、地价、四至等土地信息，并且粘有两个附件，一份是 1∶500 比例的

① 贾士毅：《民国财政史》（上册），河南人民出版社，2016年，第415～416页。

② 黄山学院图书馆收藏，编号：1.12−F7226−0003，包号：269，尺寸：273毫米×194毫米。

③ 黄山学院图书馆收藏，编号：1.12−F7234−0001，包号：223，尺寸：360毫米×320毫米。

四至地图，一份是民国三十四年（1945）九月颁发的歙县地籍整理办事处所有权登记证件用费收据。

中华人民共和国成立以后，特别是土地改革期间，也对土地进行了清查和登记。这一时期，民间遗存的主要为土地证表格、土地证书等。如共和国歙县方塘村土地证增表（散页），① 这份土地证增表主要将土地的坐落、种类、地名、原田地单位数、折市亩数、四至、长宽尺度、附属物、备考等信息登记造表，钤有土地证印赤印。共和国一九五一年休宁程金玉临时土地证书，② 这是一份土地改革时期的临时土地所有证，由当地村落的农协会主席、村长签发，钤有“休宁县第六区榆村村公所图记”赤印，登记了土地的种类、坐落、亩数、坵数、原业主、备注等信息。此后的很长一段时间里，民间仍有沿用传统契约进行交易的行为。共和国一九五四年十一月歙县程福全旱地买契，③ 这是一份中华人民共和国成立后的《歙县人民政府印发买契》，根据“详见原白契”及骑缝印可推断，此份买契应当是粘附于白契之后的，两件契纸可能散落失去了联系。土地交易应当发生在1953年11月。这份印制买契中开列了契文（摘录）、现业主、原业主、房地种类、户号、坵段号数、坐落、四至、土地面积、田地登记、常年产量、房屋间数、立契日期、草契载价、评定产价、税率、税额、原契字号、关系人、产邻、中证人、监证人、附记等信息。土地房产所有证也是由各地方负责印发，如公元一九五一年王鼎文等土地房产所有证，④ 是一份由遂安县人民政府印发的土地房产所有证，登记了遂安县四区白马乡居民王鼎文等所有的可耕地、非可耕地、房屋、地基等产业，开列了土地房屋等的坐落、种类、都图地号、面积、四至、长宽尺度、附属物、备考等信息。

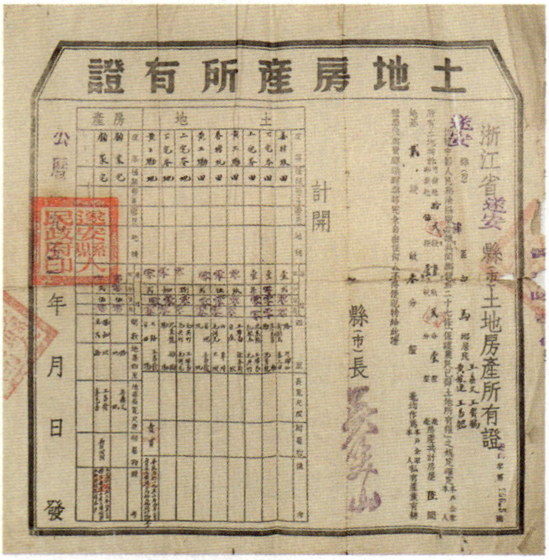

公元一九五一年王鼎文等土地房产所有证

① 黄山学院图书馆收藏，编号：1.12-G7300-0001，包号：19，尺寸：310毫米×285毫米。
② 黄山学院图书馆收藏，编号：1.12-G7351-0002，包号：721，尺寸：260毫米×285毫米。
③ 黄山学院图书馆收藏，编号：1.12-G7354-0001，包号：48，尺寸：460毫米×415毫米。
④ 刘伯山收藏，尺寸：380毫米×370毫米。

这个时期的土地证书等沿用了民间对土地清查登记的传统，使用了土名、坐落、四至、亩数等惯用信息，又采用了现代化的表格证书形式，开始逐渐采用新的度量衡单位。

(三)小结

这类官方印发的契尾、执照等文书，为了解和研究历史上真实的契税制度、土地制度提供了丰富的第一手资料。同时，这类文书也是公私互动、官民互动的文字凭证，为研究历代公私关系、政令推行提供了信息。

## 十三、苗木土地、田租等清单

新安江流域居民会详细记录和保存日常生活中与财产、钱粮有关的事项，形成的清单涉及的内容五花八门，有田地清单、租谷清单、货物清单、收款清单等等。清单形制上有单张或多份单张，有的清楚标明了时间地点人物事项，有的则缺失这些重要信息，研究利用有难度。而归户文书中的清单由于时代、地域、家族背景明确，结合同户其他文书，往往能够提供丰富的日常生活细节。相对契约而言，清单的书写较为潦草，且大量使用柴码等民间传沿的记数符号，识读、研究较为困难。与土地财产有关的多为苗木土地、田租等清单。如清道光五年（1825）五月方彦煦立地税清单存底，[①] 开列了方彦煦家买来的多块土地及地税清单，同时记载了列清单的原因在于：道光五年（1825）五月方冬二等兄弟两人说方陶住基地中有一部分是他们所有，查出乾隆九年（1744）方秉臣租批一纸，租金只收到乾隆三十八年（1773）。以此为理由，方冬二等人多次上门向方彦煦讨要卖地钱，要求补足租金，并向保长申诉。方彦煦后来找公正翻查地税资料，并找相关人等找来缴税凭据，抄白一纸交给方冬二细看，方冬二才不再提此事。考虑到方彦煦家乾隆年间买过多块土地，为了避免后代子孙纠纷，因此书立了这份清单作为凭证。民国年间邹鸿仁佃田交租清单[②] 记录了从民国元年到七年每年的交租和欠租情况。

历史上浙江遂安、淳安等地乡村的田地耕作生产风俗与上游的徽州是相似的。以下三份清单均出自遂安浯溪鲍氏文书，清中后期租额单[③] 开列了数块田地的土名、面积、应缴纳租谷，清中后期受买产业清单[④] 开列了各人买受到的数块土地面

① 黄山学院图书馆收藏，编号：1.13－E6705－0001，包号：31，尺寸：210毫米×568毫米。
② 黄山学院图书馆收藏，编号：1.13－F7201－0001，包号：312，尺寸：240毫米×370毫米。
③ 清中后期租额单，刘伯山收藏《遂安十五都浯溪鲍家鲍氏文书》，尺寸：228毫米×302毫米。
④ 清中后期受买产业清单，刘伯山收藏《遂安十五都浯溪鲍家鲍氏文书》，尺寸：240毫米×211毫米。

积，清中后期田地山清单[①]开列了数块田地山的面积和应缴纳的米茶等。虽然这些清单没有具体时间，但由于归户性明确，可以和同户文书相互参照，丰富研究的信息。以下两份清单均出自遂安县十六都一图全朴村王氏文书。清乾隆五十四年至道光四年（1789 ~ 1824）黄坑屋后山单[②]开列了乾隆至嘉庆年间王姓各户推收山税的情况。清后期至民国受山清单[③]按山地土名字号，开列了受到各块山地的面积，这些山地均出自王氏宗族子孙。出自淳安五都一内图蘭川庄徐氏文书的清后期至民国徐启佑户产业单[④]，是徐启佑户所有的田地山场清单，记载了田地山场的大小、土名，以及是自佃还是由谁承佃。这些归户文书中的清单与同户文书相互参照，为文书考证、个案研究提供了丰富的信息。

**十四、帐册（各种用工帐单）**

经济活动是日常生活中的头等大事，新安江流域居民尤为慎重其事，常常记录于簿册上形成账册，记录于单张上的即为账单。日常生活中的账目五花八门，有商业账簿、宗族账簿、家族账簿等，也有记录某一具体活动的，如婚丧嫁娶、做寿请客、日常收支等等。与土地财产相关的有佃账单、用工账单等。与清单相似，账册的时间、地点、人物、事项等要素比较明确，则能在研究和利用中发挥巨大的作用。书立主体在记账时可能会采用专业或个性的标记方式，也为识读带来了难度。

清康熙五十年（1711）十一月汪守玑等面议门柱等账单，[⑤]由汪守玑等人面议定立，众人议定门柱一副，价值为“九五色银一两三钱正”；开列了门柱的部件和尺寸；每人占的份额；还列有壁砖、青砖、开砖的数量和价格。

清歙县董四官等交租账册[⑥]，这本账册的书立年代不明确，但其中记有道光、咸丰、同治等年份，可以估计应为相近的年代。这份账簿的首页写有几行杂字，与账册内容并没有关系。事主将田地佃给各佃户，佃户每季应缴纳麦、豆粟等实物地租，账册记有富堨董四官等 6 个佃户历年缴纳的租额，包括佃户的姓名、住址、承佃面积、

---

① 清中后期田地山单，刘伯山收藏《遂安十五都浯溪鲍家鲍氏文书》，尺寸：239毫米×113毫米。

② 清乾隆五十四年至道光四年黄坑屋后山单，刘伯山收藏《遂安十六都一图全朴村王氏文书》，尺寸：169毫米×216毫米。

③ 清后期至民国受山清单，刘伯山收藏《遂安十六都一图全朴村王氏文书》，尺寸：257毫米×709毫米。

④ 清后期至民国徐启佑户产业单，刘伯山收藏《淳安五都一内图蘭川庄徐氏文书》，尺寸：412毫米×312毫米。

⑤ 黄山学院图书馆收藏，编号：1.14-E6350-0001，包号：65，尺寸：250毫米×343毫米。

⑥ 黄山学院图书馆收藏，编号：1.14-E0000-0001，包号：176，尺寸：160毫米×200毫米。

每季应缴纳的麦豆粟租额、历年实际缴纳租额等信息。

民国徽州江厚斋代冲出款项账单[1]，这份账单首先是装房内地板清账，包括开板、材料、木工、铁钉、木司点心等材料和人工的数量、支出，接着是典契印税契纸的花费，以上加总就是民国十三到十四年（1924 ~ 1925）江厚斋代冲出的钱款。最后是不同字迹的批语，“此条系典主佃账，升瑞批”。可见这是典主开给升瑞的房屋佃账单。

浙江淳安县民间也是一样的记账习俗。如民国二年（1913）徐国彬立《工账》,[2] 出自淳安五都一内图蘭川庄徐氏文书，封面有“中华民国二年徐国彬 工账”字样，说明这本簿册应立于民国二年。虽然簿册中再没有出现民国几年字样，但根据记载的秩序看，这本簿册应该沿用了两三年时间。簿册中按月日记载了雇工姓名、工作内容、付出薪资，最后记录了几个月的支出账目。用工种类包括锄豆园地、种豆、鳝（缮）灰、铲豆草、耕田、铲粟、割稻、打油、种麦、张窑、斫暖窑柴、挑粪、烧灰、搬灶等，付出的酬劳有现金、苞芦粉、白米等。账簿中还出现了“威坪”，可确定文书的出自地。这类工账簿册，再现了历史上农耕生活的图景，结合同户文书，为了解和研究浙江淳安乡村的日常生活提供了丰富的史料。

这些账册是对历史上乡村日常生活的真实记录，为还原和研究新安江流域日常生活史提供了丰富的史料。

### 十五、余论——从“永佃权”到“一田二主”

在新安文书中经常会出现“田骨”“田皮”“大买”“小买”等语汇，这些均与我国封建社会土地制度的发展有密切关系，是土地所有权与经营权发生分离的外在表象。

有的学者将“永佃权”与“一田二主”简单等同，但彭超澄清了这种误用，主张“永佃权”到“一田二主”有一个发展的过程。从徽州地域的文书来看，永佃权在明初出现较多，明代中期开始有“一田二主”现象，清代最为普遍、最为盛行。[3] 地主拥有土地，佃农在地主的土地上耕种，缴纳租额。当原地主出卖土地所有权后，如果新地主更换佃农，则佃农的利益就会受到伤害，因此就会在佃农与地主之间发生“保佃”与“夺佃”的斗争。斗争的结果是，明代初期佃农获得了永佃

① 黄山学院图书馆收藏，编号：1.14－F7214－0001，包号：73，尺寸：120毫米×390毫米。

② 民国二年徐国彬立《工账》，刘伯山收藏《淳安五都一内图蘭川庄徐氏文书》，尺寸：112毫米×159毫米。

③ 彭超：《论徽州永佃权和“一田二主”》，《安徽史学》1985年第4期，第61～68页。

权，也就是土地所有权发生变化后，新地主不得随意更换佃农，不得任意增加租额，并且要将新地主与原佃农缔结的关系写入卖买契约中，对双方进行约束。此时的永佃权并不是佃农对田皮的所有权，而是一种佃农享有的权益，因此不能简单等同于田皮权。随着商品经济的发展，土地买卖和租佃的频繁交易，佃农的力量也得到了一定的发展，明代中期开始出现“一田二主”现象，出现了“田骨”和“田皮”的分离。田骨权的所有者是官方认可的土地所有者，通过占有土地获得收益，可以纳税收租；田皮权的所有者通过土地的使用权获得收益，可以自己耕作，也可以转租与他人耕作获得部分地租，也可以转卖田皮权获得收益，从而成为二田主。徽州地域逐渐将“田骨”称为“大买”，“田皮”称为“小买”。大买权、小买权都可以买卖、典当、传承，因此土地交易的实际情况就非常复杂，既有一次性全部转让大买权、小买权的，也有单独交易大买权、小买权的，还有先后交易大买权、小买权的。买卖、典当、租佃契约文书就成为重要的凭证，要根据文书的具体内容才能判断土地财产交易的性质。

根据《徽州土地关系》的研究，[①] 小买田交易转让的是佃农所有的耕种权，有“退佃还银”之意，因此契约中用“退”来表达卖，后来直接使用“卖”的也越来越多。如清乾隆四十六年（1781）十二月［歙县］程景恒立退小买田批，[②] 程景恒将小买田出退给吴姓，“其田听凭受业人耕种”，这是小买田使用的习语。也有大小买田一并卖断的，如清嘉庆二十四年（1819）十月［歙县］萧高氏等立杜卖大小买田地塘契，[③] 萧高氏同其子贵宝，因为无钱操办丈夫的丧事，将大小买田地并塘一起出卖与吴东明，涉及大买田的契约一般都会写明田税、地税，言明“其税业比即过割入买人户内支解”。这些习语成为分辨小买田、大买田的标志之一。

在山林交易契约中出现了“地骨”“山骨”的用法，有的学者认为等同于“田骨”，即所有权。但刘和惠指出在明代徽州土地契约中，“山骨”指山地，“地骨”有时指山地，有时指房屋基地或地土。[④] 在山林经济中，“力分”现象对应于山林所有权和

---

① 刘和惠、汪庆元：《徽州土地关系》，安徽人民出版社，2005年，第114页。

② 黄山学院图书馆收藏，编号：1.1.1-E6546-0003，包号：33，尺寸：500毫米×500毫米。

③ 黄山学院图书馆收藏，编号：1.1.1-E6624-0001，包号：27，尺寸：450毫米×395毫米。

④ 刘和惠：《明代徽州地契中的“地骨”和“山骨”》，《安徽省徽学学会第二届理事会暨学术研讨会论文集》，2003年，第190～192页。

租佃权的分离。[①]山地的经营管理者在山场的开垦、栽培、施肥、管理中投入了劳动力，使得土地增殖，劳动力增殖的部分就称力分，也以一定的价格体现出来（在具体的语境中，力分也指开垦山地、付出劳力的人）。

新安文书中土地财产文书占了非常大的分量，如果按时间顺序就能研究历代土地关系、土地制度的发展变化，展现更丰富的历史细节。

## 第二节　赋役文书

赋役是封建时代国家经济的重要支柱，历朝历代都试图通过完备的赋役制度来保证赋役确实征收到位。在此过程中就产生了大量的赋役文书档案，如清查登记户口、事产的簿册，催缴赋税的凭证等。赋税文书体现了官民互动、公私关系，如户口、事产的清查登记一般由官方部署到基层，最终制定完成上交的应属官方政务档案，而流传在民间的大多为底册；催缴赋税、收到赋税的凭证等则由官方下发、业户保存。新安文书中赋役文书大部分与土地财产赋税有关。赋役文书按照功能可以分为两个不同的大方向，一类是在清丈登记土地过程中形成的鱼鳞图册、归户册、黄册等各种簿册和票据，是赋税征收的依据；一类是在催缴征收赋役过程中形成的各种单据、凭证等。

中国封建社会在赋役制度上，历代沿用“有田则有租，有家则有调，有身则有庸”[②]的原则，即田赋、劳役、户调，其核心都是按人户来收取。宋代以后，赋役征收越来越重要，是国家财政的重要来源。官府要将赋役落到实处，防止隐匿瞒漏，需先厘清田土数量及所有权。因此历朝历代的头等大事都是清丈田土，由官府派出人员丈量田土、核实田主、绘制图册，作为赋税征收的依据。根据栾成显的研究，南宋“绍兴经界通过逐坵打量，纽算步亩，核实田主，画鱼鳞图，而造有各种图账。”[③]此时的鱼鳞图账是后世鱼鳞图册制度的开端。鱼鳞图册以田土为基本单位，登记每号

---

① 陈柯云：《明清徽州地区山林经营中的“力分”问题》，《中国史研究》1987年第1期。

② [宋]欧阳修、宋祁撰：《新唐书》，吉林人民出版社，1995年，第794页。

③ 栾成显：《鱼鳞图册起源考辨》，《中国史研究》2020年第2期，第88～107页。

田土的等级、四至、亩步、税额、业主、分庄等信息。鱼鳞图册奠定了赋役征收的基础，但是实际操作中以人户为单位征收赋税并不方便。因此绍兴经界时，在鱼鳞图账攒造完成后又造有砧基簿。砧基簿是以人户为单位，登记各户所有的土地信息的簿册。明清时期，砧基簿逐渐演变为在鱼鳞图册基础上攒造而成的归户册。清丈土地后，绘编而成鱼鳞图册，官方会将鱼鳞图册登载的每号田土，印制填写相对应的小票，票据上开列了田土的字号、土名、丈量面积、田则、税额、业主都图姓名等信息，并将小票颁发给该号田土的业主收执，业主凭票到所属都图亲供归户，归户册由此攒造而成。这种票据可追溯至元代，明代称为“归户票”。归户票的功能一方面是业主亲供归户的凭据，是攒造归户册的基础；同时也能作为土地产权的凭证。在明初实行的小黄册之法和户帖制度的基础上，明洪武十四年（1381）在全国正式推行黄册制度。[①] 黄册制度是明代户籍与赋役的基本制度，而黄册是明代赋役征调的基本册籍，以人户为单位，详细记录了人丁和事产信息，采用旧管、新收、开除、实在的四柱式进行登载。“鱼鳞册为经，土田之讼质焉。黄册为纬，赋役之法定焉”。鱼鳞图册与黄册互为表里。归户册则与两者都不相同，归户册不登载人丁情况，“是介于鱼鳞图册与黄册之间、实现二者互为表里的一种册籍”。[②] 栾成显认为，鱼鳞归户册、归户清册、归户亲供册、田土号簿、税粮归户册等都属于归户册类文书。

### 一、鱼鳞图册

鱼鳞图册是中国封建社会后期官方为清丈农田、登记产权所攒造的一类土地账籍。其得名“一、以其比次若鱼鳞状得称，二、以所绘若鱼鳞得称，三、以排列先后之序常得变动得称”。[③] 鱼鳞图册发端于宋元时期，明清时期不断完善发展，民国时期仍有沿用。“官府通过土地清丈，将田地编为字号，标明土地类别，量度方圆，图画田形，书写丈尺，签定业主，登载税粮及地产分割情况，有关田地的自然属性和社会经济信息悉载在册，而成为确立土地权属、征调赋役，以及田土诉讼的基本依据。”[④] 梁方仲、赵冈、栾成显、汪庆元等学者都对鱼鳞图册有深入而系统的研究。

---

① 栾成显：《明代黄册制度起源考》，《中国社会经济史研究》1997年第4期，第34～43页。
② 栾成显：《万历九年清丈归户亲供册研究》，《中国历史博物馆馆刊》1996年第2期，第79～93页。
③ 梁方仲：《明代鱼鳞图册考》，梁方仲：《梁方仲经济史论文集》，中华书局，1989年，第2页。
④ 栾成显：《鱼鳞图册的遗存与研究价值》，《浙江学刊》2019年，第1期，第50～57页。

栾成显认为鱼鳞图册是“一个包含多种类别的土地册籍系统。”① 包括鱼鳞草册及有关丈量文书、鱼鳞总图、鱼鳞清册、归户鱼鳞册。② 一般讨论鱼鳞图册包括鱼鳞总图和鱼鳞分图（鱼鳞清册）。

鱼鳞总图是以土地字号为单位，标绘该字号所属各号田土形状和位置的一种文书，由于土地被分割成若干不同字号，形状犹如一片片层叠的鱼鳞，也称摊佥册、摊佥总图、摊册、全图等等。

鱼鳞清册，即鱼鳞分图，其登载的信息更为丰富详细，按字号顺序详载每号田土的相关信息，如字号、都保、业主姓名、土名、田土类别、四至、丈量弓步、税亩面积、分庄、佃户姓名等，一般每号一图展示田土形状、四至等信息，也有无图者。也称鱼鳞册、鱼鳞图册、鱼鳞经册、鱼鳞京册、鱼鳞号册、鱼鳞底册、鱼鳞弓口清册、弓口鱼鳞册等。③

新安地域鱼鳞图册的收藏分散在中国社会科学院历史研究所、中国国家博物馆、国家图书馆、中国社会科学院经济研究所、安徽省图书馆、安徽省博物馆、安徽省档案馆、安徽大学、黄山市博物馆、休宁县档案馆、黄山学院等机构。其中中国社会科学院历史研究所藏有百部以上，中国历史第一历史档案馆藏有数百部，休宁县档案馆藏有千册以上，④ 最为瞩目。

流传在民间的鱼鳞图册较为少见。如黄山学院收藏的这份“清光绪［休宁］鱼鳞册散页”⑤ 应属鱼鳞图册中的草册。这份鱼鳞册为印制表格，由工作人员填写详细信息。每个单元登记一号土地，包括字号、土名、俗呼、四至、地形示意图、税亩、丈量弓步、业户的都图甲姓名，以及开拓沿革等信息。根据记载的内容可知是清代光绪年间攒造的，登记了休宁县服字各号的土地与戴震所属的戴氏宗族有密切联系。比如，其中的服字三百八十九号地块，土名莲堂新寺基，地税三分三厘四毫一丝，丈积六十六步八分二厘，见业十六都五图六甲洪善、十八都十二图九甲戴思让施助。这块土地的沿革也很有意思，“霞咨莲堂于前朝古时庙基，今大殿西首大厅基是也。

① 栾成显：《鱼鳞图册的遗存与研究价值》，《浙江学刊》2019年，第1期，第50～57页。
② 栾成显：《徽州鱼鳞图册文书的遗存及其研究价值》，《黄山学院学报》2005年第1期，第5～9页。
③ 栾成显：《徽州鱼鳞图册文书的遗存及其研究价值》，《黄山学院学报》2005年第1期，第5～9页。
④ 栾成显：《徽州鱼鳞图册文书的遗存及其研究价值》，《黄山学院学报》2005年第1期，第5～9页。
⑤ 黄山学院图书馆收藏，编号：2.1.2-E7000-0001，包号：721，尺寸：340毫米×550毫米。

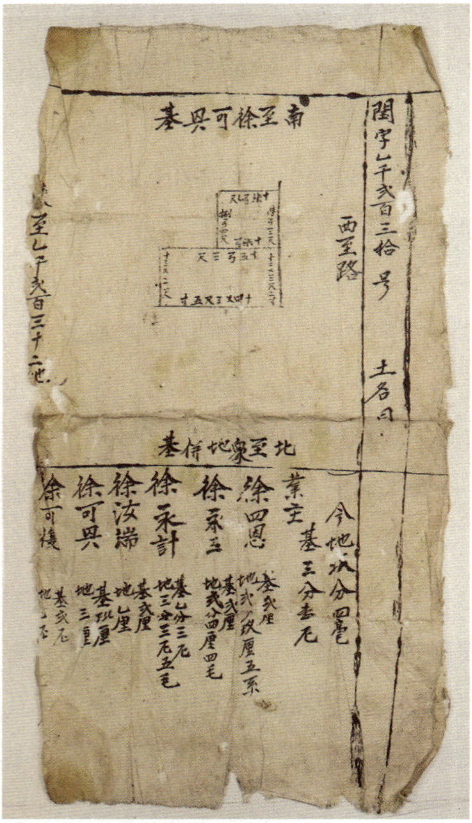


清 鱼鳞册散页

宋初之时隆阜戴思让建造连堂，以为家庙香火。后歙邑洪坑洪善凛公墓埋寺旁之山中，洪姓族坟与戴姓复合修寺，搬移在此号地上重做，以为戴洪香火。此庙先前在三百八十二号上，土名枫树坞，俗呼水井坞，废于草塌竹窠，形迹原有。又于大清康熙二年（1663），本寺祖扬古、慧恕两公承管莲堂，中兴寺院，将三百八十六、七、八号田填砌成地，开塘重新监造大殿、夫子殿、荷花塘等处，系二公解囊自发愿做，非化他金，以做华山种田下院。两宅施助庙基分庄：十八都十二图九甲戴思让户税二分四厘三毛二丝五忽，十六都五图六甲洪善户税九厘〇四丝七忽六微。光绪四年（1878）二月立据原补照册注戴思让户、洪善户，新佥僧圣泉执业两张”。宋代初年，隆阜戴氏宗族的戴思让在三百八十二号地块的水井坞建造连堂，作为家庙，后来废弃了。后因歙县洪坑洪氏宗族的洪凛公埋葬于附近的山中，洪氏与戴氏宗族联合于三百八十九号地块重修了莲堂，作为戴洪二族的家庙。清康熙二年（1663），扬古、慧恕两人继承主持莲堂寺，二人慷慨解囊，自己出资兴建寺院，将三百八十六、三百八十七、三百八十八号田地开拓成基地，重新建造了大殿、夫子殿、荷花塘。因此，这块土地是由戴氏、洪氏捐助而来。莲堂的原址枫树坞也在这份鱼鳞清册中，即服字三百八十二号地块，土名枫树坞。地税一亩零五厘，田税九厘三毫二丝七忽，山税三亩四分。丈积地二百十步，田二十四步二分五厘。见业十八都十二图九甲戴思让户丁全。“宋开山莲堂基系戴宅山主在水井坞里建造。十八都十二都九甲戴思让户布施全业山税三亩，（除僧惠如造塔，山税四分一厘）仍余两亩四分九厘，布施地税七分三厘三毫二丝七忽，计一百四十六步六分五厘四毫。十八都十二图九甲戴玭户，山税四分。十六都五图六甲洪善户，山税六厘七毫，地税一分五毫。十六都三图六甲鲍永茂户，地税一分一厘五毛。以上各宅布施莲堂万年香灯。又于康熙二年（1663）十二月僧惠如公自扦塔院，已买戴思让户丁上德，扒田税九厘三毫二丝七忽，地税九厘六毫七丝三忽，山税四分一厘。咸丰八年（1858）三月僧惠如户丁能宝执买戴上德赤契，补前田地山新票，系于十年冬兵乱遭失无存，又于同治四年（1865）十二月本户仁恕立供原照册注无托补新票二张，执凭乞光绪四年（1878）立碑清理。僧圣泉立供原补戴玭户山税三分八厘，丁圣泉执业。同年日月又补洪善户山税六厘七毫，户丁圣泉执业。同年日月又补戴思让户山地税九分九厘三丝五忽，户丁僧泉执业”。据此可见，这几块地由戴、洪等姓捐助或出售而来，其产权当时都属于莲堂寺院所有。淳安县民间也流传有这种类似的清后期鱼鳞册散页[①]，格式也比较一致，首先开载字号土名“闰字一千二百三十号”，绘有地形示意图及四至，开载了拥有地权的各个业主。

鱼鳞图册制度的实施清理了地权，为赋役的征收提供了基础与依据；鱼鳞图册是土地产权的重要凭证，在判别土地纠纷诉讼中发挥了重要作用。鱼鳞图册为研究明清时期的鱼鳞图册制度提供了丰富的第一手资料；同时在社会经济史研究中具有重要的学术价值，为土地流转、地权分配、社会结构、基层组织、赋役制度、民间会社、宗族社会、环境变迁等诸多研究课题提供了丰富的素材，拓展了研究的广度和深度。

## 二、田土号簿

栾成显将田土号簿归入归户鱼鳞册中，是将某一鱼鳞字号田土进行归户登记。[②]《徽州文书档案》则认为田土号簿也称鱼鳞归户号簿，以田土字号为顺序登记每块土地的户主、地名、面积和四至，没有绘图，登记字号涉及数个都图田土。[③]该书还介绍了安徽省档案馆收藏的祁门《十六都一保经理发字号簿》，可能是清代乾隆、道光年间照明代洪武时鱼鳞册抄录而成，内容为发字第1—1170号田土的信息，包括字号、业主、土名、面积、四至的简要信息。[④]《徽州文书类目》收录了6份清代民国时期的田土号簿，有的按户登记，有的按字号登记。[⑤]田土号簿由民间出于管

① 清后期鱼鳞册散页，刘伯山收藏《淳安五都一内图蘭川庄徐氏文书》，尺寸：347毫米×186毫米。
② 栾成显：《徽州鱼鳞图册文书的遗存及其研究价值》，《黄山学院学报》2005年第1期，第5～9页。
③ 严桂夫、王国键：《徽州文书档案》，安徽人民出版社，2005年，第102页。
④ 严桂夫、王国键：《徽州文书档案》，安徽人民出版社，2005年，第225页。
⑤ 中国社会科学院历史研究所收藏编纂，王钰欣等编：《徽州文书类目》，黄山书社，2000年，第535页。

理产业的需要抄录而成，结合归户文书，能够为个案研究提供有价值的信息和角度。

## 三、归户册

归户册是按照业户为单位将每户所有的田土汇编而成的簿册。归户册与鱼鳞图册不同，以业户为归纳单位，鱼鳞图册则以字号为单位；归户册与黄册也不同，不登载人丁情况。可以说归户册介于鱼鳞图册和黄册之间，是在归户票的基础上汇编而成的。归户册分为字号归户册、族户归户册、都图归户册。字号归户册、都图归户册是将某一都图下的所有业户田土登记造册而成，不太多见；族户归户册则细致到某一具体业户或多个业户，民间流传较多。栾成显将明代归户亲供册归类为归户册，只登载实丈、新收、实在田地山塘的字号、土名、税亩，而不登记人丁。①《徽州文书类目》收录的清代民国归户册则包括归户清册。②

民国三年二月歙县许成馀归户清册为印制，首页和版心有“归户清册”字样。民国三年二月由许正成登记填写了歙县十二都四图六甲一户许成馀户所有的田地山塘，开列有字号、税额、土名。

**民国三年（1914）二月歙县许成馀归户清册③**

歙县十二都四图六甲一户许成馀的名

计开

田

地

山

塘

共折实田

共折实粮

共折实米

民国三年二月吉日许正成立

人字三百六十九号，田税一亩正，土名江家坵

① 栾成显：《万历九年清丈归户亲供册研究》，《中国历史博物馆馆刊》1996年第2期，第79～93页。
② 中国社会科学院历史研究所收藏编纂，王钰欣等编：《徽州文书类目》，黄山书社，2000年。
③ 黄山学院图书馆收藏，编号：2.9.2-F7203-0004，包号：176，尺寸：230毫米×180毫米。

人字三百七十五号，田税三分四厘二毛，土名老康垢
（下略）

民国三十一年元月歙县朱小福户归户清册，[①] 封面粘有印制红纸“歙县十七区二段十甲归户清册”，首页有印制“归户清册”字样，后面的册页与首页不同，为铅印，版心有“宪奉核定颁发册式”字样。民国三十一年元月由册书填写登记新立朱小福户所有的田地山塘，同样开列字号、税额、土名信息。

**四、归户票**

归户票是登记业户所有的某一号田土丈量信息的票据，发给该业户作为凭据收执，明确土地归属和纳税额度。每一号田土对应一张归户票，某户有多少号田土就有多少张归户票。业户执归户票到所属都图亲供归户，就能攒造成归户册。元代清丈土地过程中形成的土地证券和乌由就是归户票的源头，明代称为归户票，清代则有“佥业归户票”“佥业票”“踻业印票”“纬税票”等名目，民国称为“佥票”“挂当票”。

归户票与土地佥业有密切关系。“所谓佥业，即是通过土地清丈，经过官府认定，而登录于国家版籍即鱼鳞图册上的土地产业。从业户的角度来说，佥业则指经过官方认定的土地业主”“土地佥业始于元末明初，在徽州一府六县广泛实行，并于明清两代贯彻始终，为业户土地产权方面的一项基本制度”。后“成为民国时期徽州土地私有产权确立的历史出发点。”[②]

官府组织人手清丈田地山塘，照号丈量积步；再将土地与业户所持的契约等凭据核对查验，核实业主，验契注业；依则查清，确定税额；给发归户票，由业户亲自领取前往所属都图亲供归户；册里还需将归户票与册籍再次核对字号步税，最后登册归户。这就是土地佥业的流程，其中发给业户的凭证就是归户票。土地的业主并不是永久不变的，重新丈量或者土地买卖、转让、继承等情况下，佥业的土地就会发生变动，这时就需要“换佥”“改佥”“补佥”。旧佥换新佥有两种情形：一是重新清丈土地，一是土地产权发生了转移。由之产生的归户票也会有所不同，即土地清丈归户票和田土买卖换佥的归户票。“清代徽州的土地佥业，已经从土地清丈

① 黄山学院图书馆收藏，编号：2.3.1－F7231－0001，包号：43，尺寸：245毫米×200毫米。
② 栾成显：《明清徽州土地佥业考释》，《中国史研究》2010年第4期，第5～26页。

之际的归户凭证扩大为业户的土地买卖、转让，以及业户土地所有的凭证”。[①]归户票既是归户凭证，又是土地产权凭证。

宋代以后，随着商品经济的发展，土地交易日益频繁。正常的土地买卖流程是，买卖双方协商签订买卖契约，买方将契约呈报给官府验核，缴纳契税，官方钤盖红色官印，粘附契尾等，白契就转变为赤契。有的赤契还会粘有“业户收税票”“业户割税票”，赋税随同交易过割。土地现业户凭赤契和票据前往所属都图佥业归户，同时赴册里完成赋税推收，核入实征。由此，在土地交易过程中就需进行佥业。但是从遗存的新安文书可见，明清时期土地交易中民间呈报的赤契并不占多数，未经买卖税契的白契大量存在。土地买卖税契制度是官方被动地对民间交易进行追认，由此流程进入土地佥业系统的只是赤契涉及的那一部分土地。而土地佥业则是官府主动为之。官方按地域对土地清丈编号后，为每号土地佥定业主发给归户票。理论上，只要清丈的土地都有归户票，都要确定业户，则佥业囊括业户所属的全部土地，归户册也成为赋税实施的重要依据。清代土地交易、转让、继承等也需要旧佥换新佥，佥业归户票也随之成为土地产权的一种有效凭据，可以充作抵押借贷的质押物，也能在法律诉讼中作为产权的证据。经过佥业的土地可以转让、继承、买卖、典当和抵押。海瑞于明嘉靖三十七年至四十一年（1558 ～ 1562）任浙江严州府淳安县知县，他在《淳安知县时期·量田申文》[②]中曾提及“吊查原号，佥定今业”和“以见今管业人佥为业主”等，与徽州实施的土地佥业是一致的，但目前尚未发现有淳安县佥业归户票类的文书。[③]

明万历十年（1582）元月庄敬兴等佥票，[④]是一份元代的庄敬兴等户尺字号土地的佥票，登记了业户、字号、丈量面积、四至等信息。

清同治九年（1870）十二月休宁汤永义户丁德义佥业票，为统一印制，由图书填写。钤有多处红印，“票内并无挖补嵌增更改字样”“同治甲子年（1864）起奉宪编立，便民注册执此佥票为据”“陈报验讫”。

---

① 栾成显：《明清徽州土地佥业考释》，《中国史研究》2010年第4期，第5～26页。

② 海瑞：《海瑞集》上册，中华书局，1962年，第160页。

③ 栾成显：《明清徽州土地佥业考释》，《中国史研究》2010年第4期，第5～26页。

④ 黄山学院图书馆收藏，编号：2.4–D5810–0001，包号：721，尺寸：210毫米×150毫米。

**清同治九年（1870）十二月休宁汤永义户丁德义佥业票**[1]

**鸣字号佥业票**

休宁县二十二都二图遵县主明示奉旨清丈过田地山塘，照则挨号查清，给带佥票，业主自领前付该图册里亲供归户，执此票证。

未临新丈鸣字一千三百三十号，土名堨上溪边

中则一百九十八步五分五厘

田税九分二毫五丝正

本都六图十甲汤永义户户丁德义业

同治九年十二月　日图书印

清光绪十年（1884）十二月休宁汤永义户丁德义佥归伟税票，钤有多个红印。

**清光绪十年（1884）十二月休宁汤永义户丁德义佥归伟税票**[2]

**佥归伟税**

休宁县二十三都五图遵奉县主明示清丈田地山塘，依则步亩，给发小票，付与业户，须执该册书入册，亲供输课，毋得隐漏，执此凭照。

计开

新丈木字三千九百七十一号，土名井边园

计积步　　　　　　　　山税二厘正

分佥入二十二都六图十甲汤永业户丁德义业

光绪十年十二月吉日　图书印

以上同治年间的佥业票与光绪年间的佥归伟税票，属于同一业户所有。此外，还有一份清光绪十年（1884）十二月休宁汤永义户丁德义佥业票，[3]为不同字号土地的佥业票，内容一致。可见，佥业票和佥归伟税票名称不同，但体例、内容、用途是一致的，开列的信息有田地的字号、土名、税亩、丈量面积、业户。之所以称伟税票，是因为按田土攒造的鱼鳞图册为经册，以人户为中心编制的黄册、归户册称

① 黄山学院图书馆收藏，编号：2.4–E6909–0001，包号：721，尺寸：240毫米×135毫米。
② 黄山学院图书馆收藏，编号：2.4–E7010–0001，包号：721，尺寸：240毫米×125毫米。
③ 黄山学院图书馆收藏，编号：2.4–E7010–0002，包号：721，尺寸：250毫米×120毫米。

纬册，同样以人户为中心的归户票也可称为纬（伟）税票了。

民国时期，徽州地域仍然认可明清时代对土地的确权，甚至会以清代鱼鳞图册作为依据，土地佥业也沿袭了明清时期的措施，遗存有较多的“佥票”。民国二年(1913)十二月休宁吴世公户执佥票，票据本身编有字号，盖有骑缝章。票据的头部印有统一的“说明”：“滚佥者须验来脚契据。补佥者尤重现管并妥保根据。佥费无论换补每税一亩取费二角，又补助行政费二分，预备清厘费六分。其税按号分算，自一厘至五分以半亩计，余以类推。”另印有小字“业户补佥时尤须验明粮串都图甲户丁是否与册注相符，不符不补。应补佥，须绘图”。民国时的土地登记由各县行政厅主持。领取佥票要缴纳佥费，佥费按照税亩计算。佥票是征收税粮和土地产权的凭据。

**民国二年（1913）十二月休宁吴世公户执佥票**[①]

**佥票**

休宁县行政厅为印发佥票事，查照议案，提册归区，由经管人将后开字号、土名、步积、税则验据对册，临丈现业，准填佥票，付与业户领执，收税供粮，一面注册骑票，册缝盖戳备考，此票。计开二十都三图

臣字一百九十三号，土名源口干头

未临计积　　　　　　　中则地税一分八厘正

佥入二十都三图十甲吴世公户户丁　名下现丁

中华民国二年十二月吉日南四区经管佥册人　司佥员程瑞生经管　填给

民国四年（1915）十二月休宁袁均钿佥票，钤有赤印若干，“原归销符同执”“陈报验讫”，粘有“民国政府印花税票”一张。票据顶部印有“附则”：

**民国四年（1915）十二月休宁袁均钿佥票**[②]

**附则**

一、此票系专凭典卖契税票老佥登记换给新佥及挂给当佥之用。

① 黄山学院图书馆收藏，编号：2.4—F7202—0001，包号：400，尺寸：468毫米×159毫米。

② 黄山学院图书馆收藏，编号：2.4—F7204—0005，包号：438，尺寸：355毫米×160毫米。

一、凡老佥遗失者，准检其他各种证据赴册登记备查，惟不准再行补给佥票。

一、此票每亩取缴公费银元二角八分，附收临时县农会基金捐银元一角，此外不准加取分文，违准指名禀候，依法惩治。

一、本则第二条登记公费照第三条减半收缴。

一、奇零数一厘至五分以半亩算，五分一至一亩以一亩算，票尾不得粘单，田地山塘一律。

一、经办册员应于本票内署名盖章，担负完全责任。

**佥票**

休宁县行政公署为发给佥票事，今据二十四都二图二地方　，持民国四年一月二十四日程文琦户原佥，连同该户现丁熊林春、谭振耀给该业　契税票，赴册请　佥，除核与册载相符准予登记备查外，合行　佥为据。

计开二十四都一图

盖字五百三十一号，土名西岸村心

未临计积□　　　中则地税五分三厘三毛正

换新佥入二十四都二图二甲汪有明户丁袁均钿名下现丁

民国六年十二月　　日给　推收所佥册员印

由这份民国佥票可见，盖字五百三十一号土名西岸村心这块土地的所有权发生了转移，所以换新佥入新的业户名下。

民国十六年（1927）四月休宁曾日新执挂当票，这份挂当票与佥票名称不同，但根据内容和信息判断，其功能和性质是相似的，是土地产业典当后发给的挂当票，粘附于原有佥票，赎回土地产业时再持票赴册对销。

**民国十六年（1927）四月休宁袁均玉挂当票**①

**挂当票**

休宁县行政公署为挂当事，据推收所挂当，后项列入　字　号，合给此票粘贴原佥，赎当时务持此票赴册对销，挂当费每亩取一角九分奇零，与换佥同须票。

① 黄山学院图书馆收藏，编号：2.4–F7216–0004，包号：438，尺寸：240毫米×110毫米。

计开盖字二百七十八号，土名黄头山，计田税一亩四分九丝，缴挂当费二角八分。

原佥二十九都三图十甲袁三清户丁丁均玉

受当人二十四都二图二甲汪有明户户丁曾日新

中华民国十六年四月二十八日册长印　册员印

民国十七年（1928）十二月休宁汤时贵执佥票，钤有“陈报验讫”等多个红印，粘有“民国政府印花税票”两张。

**民国十七年（1928）十二月休宁汤时贵执佥票**①

**注意**

一、此票系专凭典卖契税票老佥登记换给新佥之用。

一、此票自民国十七年二月起换佥，每亩收缴公费银元五角正，此外不准加取分文，违准指名禀候，依法惩治。

一、奇零数一厘至五分以半亩算，五分一至一亩以一亩算，票尾不得粘单，田地山塘一律。

一、凡老佥遗失者，准检其他各种证据赴册登记给由备查，惟不准再行补给佥票。

一、登记费自民国十七年二月起每亩取银元五角正，奇零与换佥同。

一、经办事务员应于本票内署名盖章，担负完全责任。

**佥票**

休宁县政府为发给佥票事，今据廿三都三图十甲地方　　，持道光元年三月日程李周户原佥，连同该户现丁　　　给该业　　　契税票赴册，请换新佥，除核与册载相符准予登记备查外，合行换新佥为据。

计开廿二都六图

白字二百六十五号，土名下房山

未临计积□　　下则田税一亩六分二厘八毫七丝正

佥入廿二都六图十甲汤永义户丁时贵名下现丁

民国十七年十二月廿四日给佥税局长印　事务员印

① 黄山学院图书馆收藏，编号：2.4–F7217–0001，包号：252，尺寸：360毫米×142毫米。

**民国二十四年（1935）四月休宁游有福佥票**[①]

**注意**

每亩收办公费二角，附加田赋征收费一角，不及一亩者以一亩计算，以外不准浮收分文，如违查究。

**佥票**

休宁县政府为发给佥票事，兹有业户饶恒兴卖过十九都三图

育字二千十六号，土名中街

计丈积□　　　合上则地税六厘六毛六丝正

由十九都三图十甲游长源户丁有福买受为业，除注册外合行换给佥票凭执。

计收换佥登记费二角　　附加田赋征收费一角

中华民国二十四年四月　日推收处经办册员印

由以上佥票可见，民国年间土地登记换佥每亩缴纳费用的比例和款项有所变动。根据规定，老佥遗失后，可以凭其他各种证据赴册登记，但是不准再行补给佥票。佥票遗失后，需要依照一定的程序申请登记产业：由业主提出申请，开列产业字号、土名、地税，陈报给司册，司册验核后登记于纳税户丁名下。民国年间，休宁胡孙氏先年将三块土地出当给孙姓，民国三年（1914）时将土地赎回，但是相关的佥据契约均遗失了。于是她立下补佥据，请求办理土地登记工作的事务所先生“照原册注身家十六都四图四甲孙建初户新佥执业”。

**民国三年（1914）十二月［休宁］胡孙氏立补佥据**[②]

立补佥据人胡孙氏，缘祖遗下地业一宗，系衣等号，土名、税亩均列于后。其先年当出孙姓名下，册上另粘孚字。今与孙姓所赎现业，奈该业佥据契凭均被兵乱遗无存。今烦事务所先生照原册注身家十六都四图四甲孙建初户新佥执业，裕课于中，并无讹误。今补佥后倘有亲族内外人言，均是在据人一力承值，不涉司所之事。恐口无凭，立此补佥据存照。

① 黄山学院图书馆收藏，编号：2.4-F7224-0001，包号：400，尺寸：317毫米×118毫米。

② 黄山学院图书馆收藏，编号：2.4-F7203-0003，包号：483，尺寸：240毫米×300毫米。

计开

衣字一百六十八号，土名前村，地税八分五厘五毫正

又一百九十三号，土名同，　　地税二分八厘二毫二丝

又一百九十四号，土名同，　　地税八分七丝正

共三号

民国三年十二月日立补佥据胡孙氏押

凭中孙云生

宁辅山押

代笔孙云生押

与此相类，以下两份申请登记契，从内容可见就是指补佥。民国十八年（1929）十二月［休宁］许时宝具申请书登记契，该申请书登记契钤有红印两枚，应为负责修缮造册先生收到申请编订的序号。

**民国十八年（1929）十二月［休宁］许时宝具申请书登记契**①

具申请书登记契人许时宝，缘祖遗下地业一号，土名朱村，系盖字四千二百四十六号，计地税八分九厘六毛三丝四忽正，其佥据因兵遭遗失无存，烦司册先生照册原名二十四都一图三、四甲许兆初、实季户名下，以便执据管业，其中并无冒登情事。恐口无凭，立此登记契存据。

民国十八年十二月　　日具申请书登记契人许时宝

凭中人许观容

代书人黄省三押

**民国十九年十二月［休宁］仇程氏立补登记契**②

立补登记契人仇程氏，今将卖过鞠字三千一百廿二号田业一宗，土名高环，计田税三分七厘六丝整，其粮在于二十五都一图十甲仇玉茂户丁兴斗完纳，其佥因庚

① 黄山学院图书馆收藏，编号：1.12－F7218－0001，包号：221，尺寸：351毫米×232毫米。

② 黄山学院图书馆收藏，编号：1.12－F7219－0001，包号：224，尺寸：470毫米×230毫米。

申年失慎遗失，今遵章赴册补登记契，请烦佥册先生在于前刊号内，请即买人本都图甲仇梓源户丁维新名下，以便执管，于中并无冒补登情事。如有此情，尽是身承值，不涉司册之事。恐口无凭，立此补登记契，永远存照。

民国十九年十二月　日立补登记契人　仇程氏押

凭中　仇金氏押

仇再伦押

代书　江兰生押

明清时期以及民国年间的佥票，展示了中国封建社会晚期土地佥业制度的迁沿和发展，这种制度的内在逻辑一脉相承，成为赋税征收的重要环节和凭据。这些票据是中国古代制度的重要史料，数量浩繁，但以往的研究和利用并不多见，主要原因在于其提供的信息零散而简略。随着大数据技术的发展，如果将票据识读后，将大量的数据信息输入、建立数据库，可能会呈现一个饶有趣味的数据模型，有利于学者展开深入而广泛的研究。但其前提是，大量不同来源文书的共享和在线，以及准确无误的识读。否则，可能因为数据样本较少而导致巨大的偏差。文书的整理、识读、共享作为基础工作，道长且艰。

### 五、垦荒帖文

垦荒帖文是官府发给的准予开垦荒地的证明文书。明代初年，由于战乱的影响大量土地荒芜，官府采取鼓励垦荒的措施促进农业生产的恢复。但是开垦荒地前需要确定土地产权的归属，避免纠纷。因此，在垦荒前农民必须先向官府呈文报告，由官府派出人员勘察确权预备开垦的土地是无主的荒地，既非官田，也无私主。农民收到官方发给的垦荒帖文，才能合法开垦。目前发现最早的垦荒帖文为中国社会科学院历史所收藏的永乐四年（1406）祁门谢能静、李胜舟垦荒帖文。① 垦荒帖文不多见，《徽州文书类目》还收录了另外 4 条明代垦荒帖文条目。②

### 六、田土丈量单

田土丈量单，又称清丈田由。明万历九年（1581）清丈时，官府颁发了丈量单

① 王钰欣，周绍泉：《徽州千年契约文书》，花山文艺出版社，1992，2015年。

② 中国社会科学院历史研究所收藏编纂，王钰欣等编：《徽州文书类目》，黄山书社，2000年，第547～548页。

的统一制式。有的由图中“公正”自行版刻刷印，填写都、图、甲，见业户名，土名，四至，原额田土类别，等则，亩数，新丈积步等信息。丈量单前面印有该图公正姓名，后面印有“弓书算”姓名。中国社会科学院历史所藏有“万历十年（1582）徽州商字三百五十号土地丈量单”。[①]

**七、户帖、户籍**

户籍制度古已有之，户籍、人口、田土是封建社会赋役征收的重要依据。明洪武三年（1370），朱元璋颁布命令，在全国调查户口，正式推行户帖制度，为黄册制度的实施奠定了基础。洪武十四年（1381），黄册制度正式在全国实行，取代了户帖制度。户帖制度实行时间较短，实物较为罕见。中国社会科学院历史所藏有数件明初户帖的实物，如洪武四年（1371）徽州府祁门县汪寄佛户帖等。此帖原件系单页厚皮纸，纵35厘米，横35.5厘米。木刻版黑色印文，四框为梅花栏；首印户部洪武三年（1370）十一月二十六日钦奉圣旨全文，其次印有户主、人丁、事产等各项栏目及年月日等。；左上部有墨迹书写的半印勘合字号，留在户帖上的印文和字号均为一半。年月日处用全印。印文均已模糊，无法辨认。末尾印一大“部”字，左下角有6个官吏的花押印文，横竖各3个。背面钤一红色印文，印文亦模糊，无法辨认；又钤有祁门县官防条记。填写文字均为墨迹行书。户帖所登载的项目首先是户名、住址、应当何差、计家多少口，其次为人丁事产。其下登载的项目十分详备，不但分为男子、妇女，而且还各设细目。所叙事产，下分田地、房屋、车船、孳畜等。[②] 中国第一历史档案馆还收藏有洪武四年（1371）祁门县谢允宪户帖，曾刊登于《历史档案》1983年第3期扉页。

**八、黄册底籍**

黄册底籍是明代黄册制度中形成的一种簿册。栾成显对明代黄册进行了深入的研究,其《明代黄册研究》[③] 为此领域的扛鼎之作。明代黄册制度正式建立于洪武十四年(1381),既是明代的赋役之法,也是明代的户籍制度。但其目的和功能集中于赋役征收。因此,明代黄册,又称“赋役黄册”。从洪武十四年（1381）开始,黄册每十年大造一次,至崇祯十五年（1642），共攒造了27次。每次大造，各地方送南京户部转后湖收贮的黄册达6万余本。至明末，南京后湖收贮黄册的库房近千间，所贮历代黄册已在200

---

① 严桂夫、王国键:《徽州文书档案》,安徽人民出版社,2005年,第105页。

② 栾成显:《明代黄册制度起源考》,《中国社会经济史研究》1997年第4期,第34～43页。

③ 栾成显:《明代黄册研究》,中国社会科学出版社,2018年。

万本以上。[1] 清初沿袭明制，顺治年间仍攒造黄册，至康熙年间终于下令停止。黄册制度的本质是以人身奴役为对象的落后的封建徭役制度，将人户牢固地束缚在土地上，存在着里书奸弊、肆意征敛等种种弊病。随着明清时期土地私有的发展、土地买卖的频繁、工商业的繁荣、人口的加速流动，黄册制度退出了历史舞台。[2]

黄册的攒造，首先由户部奏准统一的攒造格式等相关事宜，分发给各地方官府，各地方官府自行照式翻刻，张挂公告天下；司府州县等官员主持攒造，将统一印制的“清册供单”下发给基层的坊长、厢长、里长及甲首，各户将人丁事产依式填写于亲供单，上交给该管里长，该管里长将 11 户亲供单上交给现役里长，现役里长将本里甲亲供单汇总订成册本，送交本管衙门；该管衙门核实各里文册登载的人口、事产、户等，按照黄册里甲的编制原则编排里甲后，[3] 仍将文册发回给该里，依式眷写完备，然后交还州县衙门，里甲黄册即攒造完毕；在各里黄册基础上，司府州县分别按次汇成总册，连同各里黄册各送一本至南京户部查考收贮；各里文册及司府州县总册经南京户部解至后湖后，还须经过驳查补造，整个流程才算完成。[4]

黄册以户为单位攒造，大的类别分为“正管”户和“畸零”户（又称“带管”）：正管，指的是家有资产能够承担徭役者；畸零，是指鳏寡孤独不能承担徭役者。黄册的编订按照丁粮多寡排序，带管畸零附于图后。册首总为一图，登载该图田土和税粮总数。每一户首载户长姓名、所属都图乡贯、户籍（军、民、匠、灶等）、户等（上、中、下）及应役年份；其下按照旧管、新收、开除、实在四大类分别登载人丁和事产，俗称“四柱式”。人丁部分登其丁口，如男子成丁、不成丁，妇女大、小口等；事产部分载其田地、税粮与田土买卖推收事项，以及房屋、孳畜、车船等。黄册每十年一大造，前一次的“实在”即后一次的“旧管”。

黄册文书，应是一种内容明确、格式固定的官方文书，是明代赋役征调的依据。但攒造黄册的过程中，还产生了其他一些册籍文书，诸如黄册底籍、实征文册、归户册底等。由于朝代更替及战火的影响，明代正本黄册目前仍无发现，遗存至今的

---

① 栾成显：《明代黄册人口登载事项考略》，《历史研究》1998年第2期，第3～5页。

② 栾成显：《明代黄册研究》，中国社会科学出版社，2018年。

③ 黄册里甲编制的原则是，每正管110户编为一图附带管畸零户不等。其中丁粮多者10户为里长户，每年轮流担任里长。其余100户均为甲首户，分编为10甲；每1里长辖10甲首编为一甲，分10年轮流应役。

④ 严桂夫、王国键：《徽州文书档案》，安徽人民出版社，2005年，第204页。

多为在乡里保存的黄册底籍、草册及抄底等。其价值极为珍贵，为明代黄册研究提供了实证性的史料，拓展了明代社会经济史研究的广度和深度。

《明代黄册研究》一书中介绍了中国社会科学院历史研究所收藏的“永乐至宣德祁门县李务本户黄册抄底”，中国国家博物馆收藏的“永乐徽州府歙县胡成祖等户黄册抄底残件”“天启二年（1622）徽州府休宁县二十四都一图五甲黄册草册”“崇祯十五年（1642）徽州府休宁县二十五都三图二甲黄册底籍”，中国历史博物馆收藏的“崇祯五年（1632）徽州府休宁县十八都九图黄册残篇”，安徽省博物馆收藏的“万历徽州府休宁县二十七都五图黄册底籍”，上海图书馆藏“嘉靖四十一年（1562）严州府遂安县十八都下一图六甲黄册原本”，中国国家图书馆藏“万历二十年（1592）严州府遂安县十都上一图五甲黄册残件”。① 中国社会科学院历史所还收藏有《明代万历至清顺治年间休宁胡氏各户田产黄册抄存》《崇祯年间徽州□县黄册底藉》《崇祯五年（1632）至康熙三十一年(1692 年)黄册底籍》，南京大学历史系也收藏有徽州万历四十年(1612)和崇祯五年(1632)黄册两本。②

**九、实征册**

实征册是地方官府每年编造的实际征发徭税时所使用的一种赋役文册。明代实征册是根据黄册所载“实在”的人丁事产来编制的，简单记录丁口，登载的几乎全是田地山塘等土地税额。理论上，实征册应当与黄册内容相同。但由于黄册每十年攒造一次，而实征册则岁岁更新，更为灵活。明代中叶以后，由于黄册制度的弊病丛生，日益脱离实际，实征册与黄册愈加不同。不过，徽州地方黄册攒造比较认真，实征册与黄册差别不大。③ 清代黄册制度消亡后，雍正五年（1727）推行“摊丁入亩”，将人丁税摊入地亩，地多者多纳，地少者少纳，无地者不纳。实征册作为赋税征收的重要依据一直传沿至民国时期，记载各户土地产权的变动和赋税推收情况。

明代实征册极为罕见，中国社会科学院历史所收藏有两件明末实征册，其中一件为“万历至天启休宁汪氏实征册”，收藏号：1000222，按照旧管、新收、开除、实在“四柱式”登载土地税额。④ 清代实征册既有采用“四柱式”，也有登载每年的

---

① 栾成显：《明代黄册研究》，中国社会科学出版社，2018年。

② 严桂夫、王国键：《徽州文书档案》，安徽人民出版社，2005年，第205页。

③ 栾成显：《明代黄册研究》，中国社会科学出版社，2018年，第209页。

④ 栾成显：《明代黄册研究》，中国社会科学出版社，2018年，第214～215页。

田土推收税亩的格式，分为图甲实征册和族户实征册。

(一)图甲实征册

民国十四年（1925）歙县《二十八区九段六甲实征底册》，[1] 封面有“民国十四年重立二十八区九段六甲实征底册”字样，登载了刘金海、刘仲舫、刘圣发、刘玉昌、刘永庆、刘大成、刘元祺、刘科、刘余、程兴隆、刘德顺、刘相、余荣春、刘裕隆、刘元柏、刘永财、刘福清、刘祺、刘柏茂、刘清果、刘有、刘天申、刘长元、刘孟兴、刘金生、刘士灏、刘长根、刘观五、刘仲惠、刘银闪、（民国十五年）陆德贵、刘可任、刘德金共计 33 户名下的田地山塘字号、税亩、土名信息。

(二)族户实征册

清康熙三十九年（1700）正月立册歙县《三十二都一图五甲洪靖伟册底》，内页有“三十二都一图五甲洪靖伟归户册底”“洪五祥明瑞实征册底”字样，最后一页书有“康熙三十九年正月”，册里为洪晋惠，书手为洪俊德等信息。首先登载洪靖伟户所拥有的田、地、山、塘的总和税亩及“共折实田十亩二分七厘”，其后按字号详细登载每块田地的字号、性质、税亩、土名，钤有多个缮造者的红印。业主也会将后面收买到的田地接续登记其上。可见，实征册简单记载了丁口情况。

**清康熙三十九年（1700）正月立册歙县《三十二都一图五甲洪靖伟册底》**[2]

五甲洪靖伟户　　成丁一口

一则田六亩八分八厘

一则地二亩二分三厘五毛

一则山七亩一分二厘

一则塘无

共折实田十亩二分七厘

传字五千二百三十八、四十号，（内长三股之一）田四分七厘五毛，土名海沙潭

五千二百九十二、四、七、八号，（已）田二毛，土名龙王庙

（下略）

---

① 黄山学院图书馆收藏，编号：2.9.1-F7214-0001，包号：708，尺寸：235毫米×190毫米。

② 刘伯山收藏《淳安八都交界歙县三十二都大坦洪氏文书》，尺寸：294毫米×237毫米。

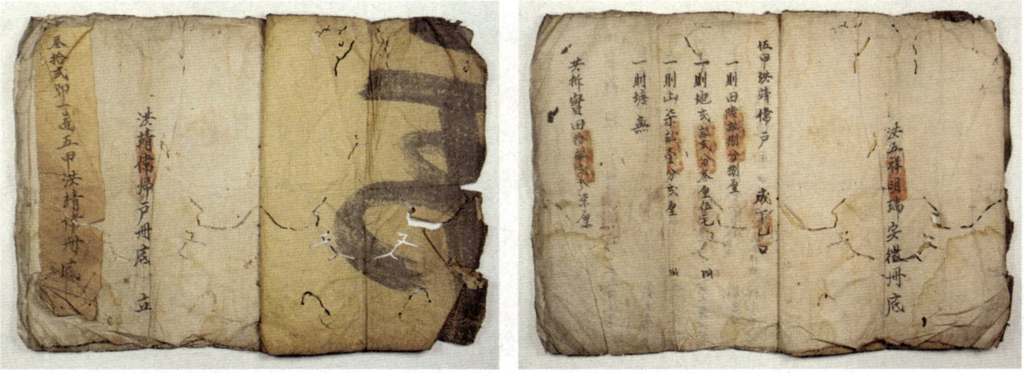

清康熙三十九年（1700）正月立册歙县《三十二都一图五甲洪靖伟册底》一

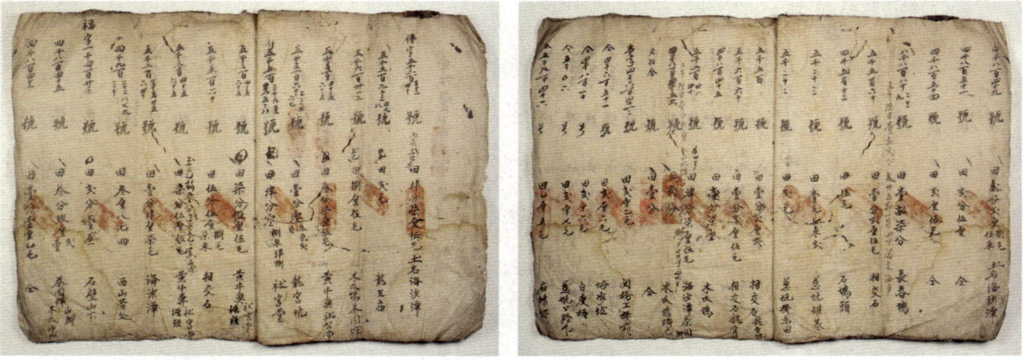

清康熙三十九年（1700）正月立册歙县《三十二都一图五甲洪靖伟册底》二

清道光二十九年（1849）一月［婺源］石怀仁堂立《东乡九都七图六甲石芳户新升怀仁户实征》册，封面有“东乡九都七图六甲石芳户新升怀仁户实征　廷镇股”字样，扉页为“道光二十九年岁次正□正月十七日石怀仁堂立”“丁粮广进　指日高升”。钤有多个“缮书李兴旺记”印章。此份簿册开载格式略有不同，按田、地、山、田皮、承祖分类记录了赋税的推收情况。

## 清道光二十九年（1849）一月［婺源］石怀仁堂立《东乡九都七图六甲石芳户新升怀仁户实征》册①

九都七图六甲石芳户升出怀仁户实征廷镇股

田　　　二亩一分七厘二毛二丝

① 黄山学院图书馆收藏，编号：2.9.2-E6729-0001，包号：178，尺寸：240毫米×131毫米。

地折实田三分五厘八毛七丝七忽一微三纤八沙

山折实田三厘八毛八丝四忽四微四纤五沙

塘

共田二亩五分七厘，折则二钱一分七厘。兵米五合，票钱十七文

推字号田

一百零九号，光绪卅二年付入，叶方坎，田五分六厘八毛

一百十号，本甲起学户收受，同处，田六分九厘七毛五丝

八百五十七号，　　　　　　兀里，田三分五厘七毛二丝二忽

五百七十六号，光绪卅二年付讫，上村桥，田五分四厘七毛五丝

推字号地

一千一百四十号，西坞口，基地六厘八毛三丝九忽三微六纤，收开泰户付

（下略）

推字号山

六百五十九、六十、六十一、六十二号，木山坞，山一分五厘

（下略）

田皮

杨栢坞（光绪卅二年卖与俞景良兄名下），佃租十三秤半，计四亩半

（下略）

承祖

泗成公、贵高公、天祐公、远公等众扒来田地山塘在璠户交纳，各会田亩在众户纳

清同治元年（1862）浯溪庄鲍泰祀收税归户《册本》为印制，钤有多个册书印章，“同治元年分推收，册书姚蔚起查讫”“同治二年、七年、九年、同治十二年推收，册书姚凝祥查讫”“民国三年征收员姜辅周查核”“民国十二年分推收员余□□查核”“中华民国十七年份□推收员□□□查核”。陆续登载了鲍泰祀户同治元年至民国十七年（1862～1928）的田地山塘税亩推收情况。

### 清同治元年（1862）浯溪庄鲍泰祀收税归户《册本》[①]

鲍泰祀

田九亩四分六厘五毫

地一亩四分七厘三丝一忽

山六亩二分六厘二毫九丝

塘八厘九毫五丝

应征银

应征米

一、收地二分八厘，买到本庄鲍素先户，土名下山埂

一、收田四分七厘五毫，买到本庄鲍琵先户，土名郑家□

（下略）

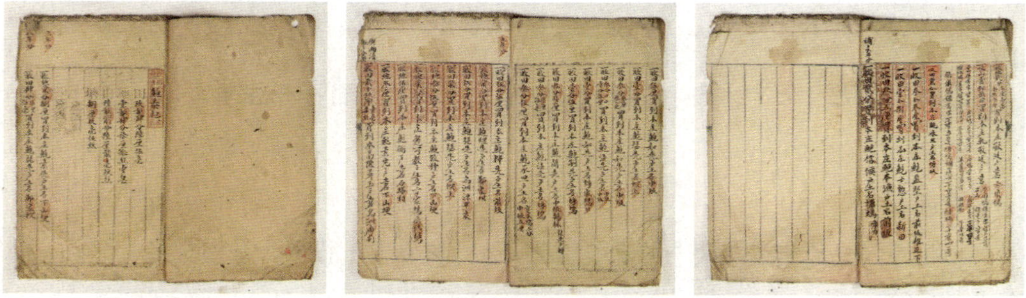

清同治元年浯溪庄鲍泰祀收税归户册

清同治七年（1868）黟县汤丹成实征册，封面有“丹成实征”字样。钤有多个红色印章。可见汤丹成户实征册为同治七年（1868）编造，后陆续于光绪七年（1881）、光绪二十二年（1896）增补了新收入的产业。

### 清同治七年（1868）黟县汤丹成实征册[②]

贤三图七甲一户汤丹成

一百〇九号，上段，井上坟边，丈田一亩四分六厘

---

① 刘伯山收藏《遂安十五都浯溪鲍家鲍氏文书》，尺寸：260毫米×175毫米。

② 清同治七年年黟县汤丹成实征册，黄山学院图书馆收藏，编号：2.9.2–E7012–0001，包号：395，尺寸：270毫米×170毫米。

(下略)

计丈田三亩六分七厘〇八丝

实折一亩六分〇四毛五丝

同治七年四月　　日李世城造

一千三百十二号，入新，野猪田、周家坞，分山三亩

(下略)

实折二亩二分二厘三毛二五

光绪七年七月　　日李正华造

一千三百十二号周家坞，分山五亩五分三六五

(下略)

实折三亩一分五厘九一八

光绪二十二年四月　　日李正华造

入新册

光绪二十六年（1900）七月黟县汤万发户实征册，封面有“实征，汤万发执”，钤有多个红色印章。

**清光绪二十六年（1900）七月黟县汤万发户实征册**[①]

贤三图七甲汤道中

清赋新理鳞字号

东田五百一十二号，唐下田，分田二分

南田二千六百五十五号（民国十九年陈讫），张家坦、鱼里碑，分田二分二厘二毛

东地一百零二、三号，兆坦，分地六分二厘五毛

一百七十三、一十四号，观音坦、兆坦，分地五分九厘七毛五

二百八十八号，背后山，分地三厘七毛五

五百一十八、七号，西厅二进，丈地二分三厘七毛六

① 黄山学院图书馆收藏，编号：2.9.2-F7204-0001，包号：395，尺寸：270毫米×170毫米。

实折九分三厘三毛三丝

光绪二十六年巧月　　日李正华造

收七甲汤丹成拨来

一千三百十二号，周家坞、野猪田，分山一亩三分八厘三三

（下略）

收七甲汤崧生（丹成拨管）

一千三百十二号，周家坞、野猪田，分山一亩三、八分八厘三三

（下略）

实折二亩三分四厘一毛九丝

中华民国四年乙卯正月　　日李正华造

在黄山学院图书馆的收藏中，还有清光绪十六年（1890）五月黟县汤克心户实征册、[①] 光绪二十六年（1900）七月黟县汤万发户实征册、[②] 光绪三十二年（1906）六月黟县汤万发户实征册、[③] 民国二十四年（1935）二月黟县汤永尧户实征册，[④] 均由李正华缮写、核查。可见李正华从清末至民国年间，一直负责黟县贤三图七甲的实征册编造。根据光绪三十二年（1906）六月黟县汤万发户实征册登载的内容，可知民国三十年（1941）编造者换成了乡书任正钦。这些清至民国时期的黟县实征册均是按年度陆续登载产业和赋税变化的情况，其中“丈”表明为丈量所得面积，“分”表明为分得的面积，再换算成税亩统计总额。

民国八年（1919）〔绩溪〕新立程燮和户税谱，封面有“民国八年分立税谱”字样。这份民国八年订立的税谱，一直增补到民国二十年（1931）分收入的田地税亩。开载格式与其他实征册略有不同，但内容、功能是相似的，均是登载每年税亩的变化，作为赋税的依据。

---

① 黄山学院图书馆收藏，编号：2.9.2-E7025-0001，包号：395，尺寸：270毫米×170毫米。

② 黄山学院图书馆收藏，编号：2.9.2-F7204-0001，包号：395，尺寸：270毫米×170毫米。

③ 黄山学院图书馆收藏，编号：2.9.2-F7230-0001，包号：395，尺寸：270毫米×170毫米。

④ 黄山学院图书馆收藏，编号：2.9.2-F7224-0001，包号：395，尺寸：270毫米×170毫米。

**民国八年（1919）[ 绩溪 ] 新立程燮和户税谱**①

民国八年分　吉立

二都二甲新立程燮和户

收九都二图八甲凌在中户

为字等号，田四亩六分正，岩山半、岭下杀口

民国十二年分

收九都二图八甲凌在中户

为字等号，合基地税二分正，岩山住屋村心、东边半堂同厨灶

民国十三年分

收九都二图八甲凌在中、调阳户

为字等号，田一亩四分正（十坵），岩山下水口、石河边

（下略）

民国十六年分

（下略）

民国二十年分

（下略）

民国九年（1920）婺源 [ 裘 ] 序镇等四户总管《税业分支》，封面有“序镇、立焞、立英、志贤四户总管”字样。该簿册虽名为《税业分支》，登载了四户的田地山塘税的推收情况，也应归入实征册。由簿册可见，田税税亩按 84.4% 折成银钱，地税税亩先按 32.2% 折成田税，再按 84.4% 折成银钱。黄山学院图书馆还收藏有民国九年（1920）二月〔婺源〕〔裘〕立英户《良田并茂》实征册②，登载的内容与该簿册中立英户一致，并增补了几块田地。

**民国九年（1920）婺源 [ 裘 ] 序镇等四户总管《税业分支》**③

八都五图六甲志贤户扒入序进户实征

① 黄山学院图书馆收藏，编号：2.9.2–F7208–0001，包号：641，尺寸：240毫米 × 238毫米。
② 黄山学院图书馆收藏，编号：2.9.2–F7209–0002，包号：178，尺寸：245毫米 × 138毫米。
③ 黄山学院图书馆收藏，编号：2.9.2–F7209–0001，包号：178，尺寸：243毫米 × 139毫米。

田税共五亩六分四厘二毛七丝五忽，0.844 折则四钱七分六厘二毛五丝

地税七厘二毛二丝五忽，0.322 折田税二厘三毛二丝，0.844 折则一厘九毛二丝

山

塘

共则银四钱七分八厘

字字三千五百七十四号，麻王山，田税七分六厘正

(下略)

地

(下略)

八都五图六甲志贤户扒入立焞户实征

(下略)

八都五图六甲志贤户扒入立英户实征

(下略)

八都五图六甲志贤户众实征

(下略)

民国九年岁次庚申二月日立缮书照抵造

由以上分析可见，实征册的重要特征就是登载了业户历年田土财产的变动和赋税推收情况，是赋税征收的确实依据。具有归户性的实征册既可以从地权分配和土地交易角度开展深入的研究，也是研究封建社会基层制度和管理的重要资料。归户文书中的实征册是家族财产的重要材料，能为个案性的宗族研究、日常生活史研究等提供丰富的史料。

**十、亲供册**

明代，归户册是鱼鳞图册编制后汇集归户票攒造而成；实征册是根据黄册每年攒造；亲供册“是为撰造黄册而由官府统一印制的，由民间百姓亲自填写上报的清单汇集册”，即将攒造黄册过程中的清册供单汇编成册，格式与黄册相同，为编制黄册的最初底稿。① 因此，实征册和亲供册都按照“四柱式”登载人丁事产，

① 严桂夫、王国键：《徽州文书档案》，安徽人民出版社，2005年，第101页。

实征册只是简单记录人丁。到了清代，随着黄册制度的消亡，归户册、实征册、亲供册的区分似乎不再明确，有的名为“归户册”，版心却为“实征册”，大多不再采用四柱式，更偏重于土地产权的变动和赋税推收。《徽州文书档案》认为清代归户册分为亲供归户册、大户归户册、里甲归户册。亲供归户册，也称归户实征册，即归到人户的实征册，不再采用四柱式。[①]《徽州文书类目》则将归户清册归为归户册，实征册、归户实征册归于实征册，亲供单、清册供单、亲供归户册等归于亲供册。[②]

明代亲供清单存世数量十分稀少。根据栾成显研究，现存的4件中有3件属于徽州地区。其中之一为中国历史博物馆收藏的“天启元年（1621）休宁县二十四都一图六甲许威美供单”，该供单是被再利用为黄册草册的封面而得以保存下来。[③]《徽州文书类目》收有一份“明代崇祯十七年（1644）祁门洪公寿户《清册供单》”。[④]清代至民国时期，归户册、实征册、亲供册从形式到功能上的区别，似乎已不再明确。

明代时，由人户自己填写人丁事产上交的亲供单，包含了向国家陈报土地事产之意。清代、民国时期，业户凭佥票登记土地，亲供与佥业事实上也不明确区分。如民国年间陈渭川立亲供补佥字据，申请补佥山地等事产。

**民国八年（1919）十二月［休宁］陈渭川立亲供补佥字**[⑤]

立亲供补佥人廿八都九图十甲陈敬科户，均办贵都佥册先生托补食佥，廿八都八图二甲吴从阶户户丁起贵，土名色下湾、色下潭、饭甑山，能字一千七百十二、三、四号，山税六分正，又园地一片，冈字二千八百八十六号，又二千八百五十七号下下则地，地税五分五毫四丝正，收籍办纳无异。恐口无凭，立此亲供是实。

民国八年腊月日立亲供人陈渭川押

书中人亲笔押

① 严桂夫、王国键：《徽州文书档案》，安徽人民出版社，2005年，第254页。
② 中国社会科学院历史研究所收藏编纂，王钰欣等：《徽州文书类目》，黄山书社，2000年，第550页。
③ 赵金敏：《明代黄册的发现与考略》，《中国历史博物馆馆刊》1996年第1期，第70～83页。
④ 中国社会科学院历史研究所收藏编纂，王钰欣等：《徽州文书类目》，黄山书社，2000年，第550页。
⑤ 黄山学院图书馆收藏，编号：2.10—F7208—0001，包号：718，尺寸：330毫米×180毫米。

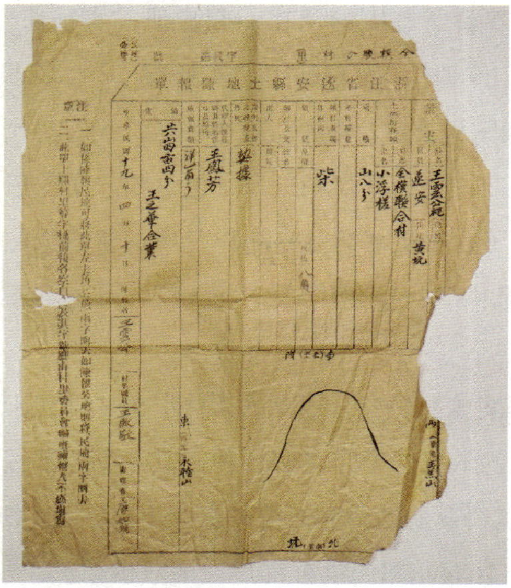
浙江省遂安縣土地陳報單

王雲公祀
遂安
黄坑
全樸聯合村
小浮槎
山八分
柴
王鳳芳
王之華合業

民国十九年(1930)四月王云公祀土地陈报单

土地陈报，也归入亲供性质。如民国二十六年（1937）土地陈报单，[①]这应是土地陈报过程中开列的草底，开载了宅地、田、山、碓基、砂地等不同产业的税亩、土名和业主。民国年间，浙江省遂安县也推行了土地陈报登记的制度。民国十九年（1930）四月王云公祀土地陈报单，[②]这份浙江省遂安县土地陈报单，由全朴联合村委员会填写，陈报者是王云公祀，开列了业主、土地所在地、面积、年收获量、地目及现作何用、价值、佃户及使用人、证明文件之种类及件数、代理人陈报时其姓名住址及原由、陈报费额、备考、四至地图等信息。

黄山学院图书馆收藏有两份民国歙县扒入吉兴户实征亲供册，封面有“三十一都三图八甲汪启鳌户扒入吉兴户”字样。两份簿册内容基本相同，字迹部分相似，其中一份后续增补了一些田地山业，并粘有一张字据：“汪启鳌户扒入吉兴户实征亲供，吉兴户 共结实粮一钱一分八厘九毫五丝二忽六纤七微。”从登载格式、内容可见，民国时期实征、亲供已不做明确区分，均为赋税征收的依据。

**民国歙县扒入吉兴户实征亲供册**[③]

歙县三十一都三图八甲汪启鳌户扒入吉兴户实征亲供

田

地

山

塘

---

① 黄山学院图书馆收藏，编号：2.10-F7226-0001，包号：229，尺寸：820毫米×190毫米。

② 刘伯山收藏《遂安十六都一图全朴村王氏文书》，尺寸：372毫米×323毫米。

③ 黄山学院图书馆收藏，编号：2.9.2-F7200-0001，包号：359，尺寸：290毫米×140毫米。黄山学院图书馆收藏，编号：2.10-F7200-0001，包号：359，尺寸：290毫米×140毫米。

听字　等号　　田税一毫　　土名社会田

（下略）

## 十一、审定户由、条鞭由票、易知由单

审定户由、条鞭由票、易知由单属于赋役征派文书。官府审核每户应当缴纳的丁粮，填写、编订户由，发给税户，税户执审定户由赴册里眼同填入归户，按此输纳粮差。万历年间"一条鞭法"实行后，所有的夏税、秋粮、徭役、土贡等折为一条征收税粮。因此，官府审核编订条编由单、审定户由、审图小票，通知业户照数缴纳。如中国社会科学院收藏的万历年间审定户由，开列了都图、户主姓名、籍别（民籍／军籍／匠籍／灶籍）、成丁口数、不成丁口数和应纳官民米数等。[①]清代，各地州府也会在每年开征前将当年全县征收总额和科则通报给各县，由各县再向花户颁发便民易知由单，通知到户应征收的税额。南京大学历史系藏有20多张乾隆至宣统年间的易知由单。黄山学院图书馆藏有道光、同治、宣统、民国年间的易知由单。如清道光二十四年（1844）黟县孙应祥户易知由单，[②]即将道光二十四年（1844）应缴的税粮开列通知给黟县四都一图的孙应祥户，钤有赤印。

### 清同治八年（1869）祁门义户由单[③]

**由单**

江南徽州府祁门县为须知由单事，照得应征地丁钱粮银数，发给二都二图一甲花户，照数完纳，须至单者一户义，额征银〇两一钱六分一厘。

上忙应完银八分一厘

下忙应完银八分〇厘

应征兵米照粮完纳

同治八年　月　日给

字廿九号

① 严桂夫、王国键：《徽州文书档案》，安徽人民出版社，2005年，第232～233页。

② 黄山学院图书馆收藏，编号：2.11—E6726—0001，包号：195，尺寸：240毫米×123毫米。

③ 黄山学院图书馆收藏，编号：2.11—E6908—0001，包号：173，尺寸：220毫米×115毫米。

## 清宣统元年（1909）祁门廷玉户由单①

### 由单

江南徽州府祁门县为须知由单事，照得应征丁地钱粮银数，发给二都二图一甲花户，照数完纳，须至单者一户廷玉，额征银〇两一钱一分二厘。

上忙应完银五分六厘

下忙应完银五分六厘

应征兵米照粮完纳

宣统元年　月　日给

字卅一号

## 民国十一年（1922）祁门周廷玉由单②

### 由单

安徽祁门县为须知由单事，照得应征地丁钱粮银数，发给二都二图一甲花户，照数完纳，须至单者廷玉，额征银〇两二钱〇分二厘。

上忙应完银一钱〇分一厘

下忙应完银一钱〇分一厘

应征兵米照粮完纳

民国十一年　月　日给

字卅一号

## 民国二十一年（1932）二月婺源光勋户便民易知由单③

### 便民易知由单

江南徽州府婺源县为知由单事，照得二十一年分应征丁地漕项物料银粮反本色兵米，合行开明应征科则名数，颁发由单，该户照数完纳，须至单者

---

① 清宣统元年祁门廷玉户由单，黄山学院图书馆收藏，编号：2.11－E7101－0002，包号：173，尺寸：220毫米×115毫米。

② 民国十一年祁门周廷玉由单，黄山学院图书馆收藏，编号：2.11－F7211－0001，包号：173，尺寸：195毫米×105毫米。

③ 民国二十一年二月婺源光勋户便民易知由单，黄山学院图书馆收藏，编号：2.11－F7221－0001，包号：186，尺寸：193毫米×159毫米。

民田项下

额征丁地漕项南米黄豆物料等款，每一亩科征银八分四厘三毫九丝七忽一钱五沙四尘四埃五渺三漠八逡一巡

额征本色兵米，除庄田外每亩科征本色兵米一合六勺一抄六撮一圭六粟四粒一颗二颖三黍五稷九糠四粃

九都七图八甲花户光勋共折额田八分二厘

应征丁地漕项南米黄豆物料等银七分

上限完额

下限完额　　　　　　六十□

应征本色兵米

民国壬申年二月十一日给该户自封投柜完纳毋得遗失

县柯为　　第六百卅二号

出自新安江下游地域的易知由单也有遗存，如清同治五年（1866）二月王善德户应完银数易知由单。[①] 原件下半部残缺，为印制的官方票据。由严州府遂安

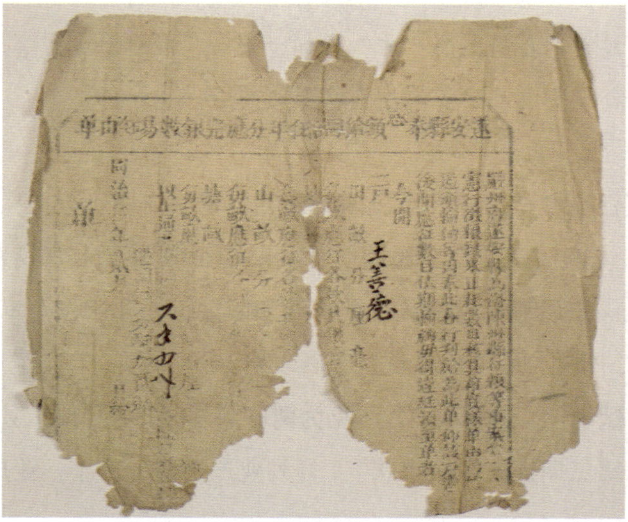

清同治五年二月王善德户应完银数易知由单

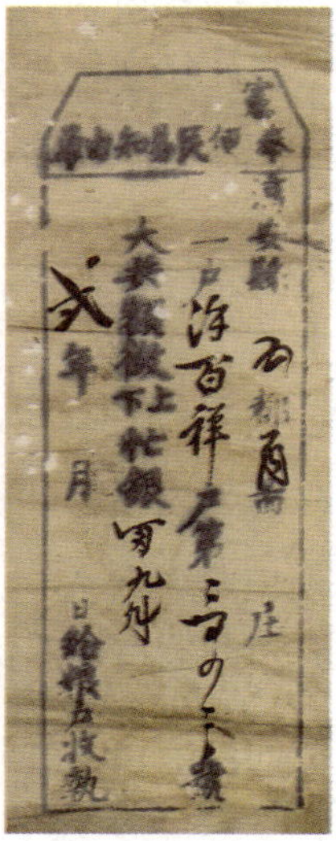

清光绪二年（1876）五都一内图徐百祥奉宪便民易知由单

① 刘伯山收藏《遂安十六都一图全朴村王氏文书》，尺寸：214毫米×251毫米。

县为备陈州县征粮等事，发给王善德户，开列了业户拥有的田地山塘、应征科则、税额。清光绪二年（1876）五都一内图徐百祥奉宪便民易知由单[①]，为印制票据，行文较为简单，注明业户及应缴纳的上下忙税银。民国年间徐鼎鸿户的两份由单，均钤有赤印，民国元年的内容较为简单，注明业户及税银，[②]民国四年（1915）的则相对完善。

**民国四年（1915）五都一内图徐鼎鸿由单[③]**

**由单**

今据五都一内图　村庄业户徐鼎鸿所有产　　，应完民国四年分上下忙成熟地丁原额银三钱八分九厘，每两连粮捐折征一元八角，合银元七钱〇三厘正。

务于上下忙开征期内如数投柜完纳，毋得延挨，除开征日期另行出示晓谕外，合给由单传知，须至单者，完纳地丁不满一元者准收小银元铜币，按照市价进出一律。

带征特捐及征收费加戳后方

特捐照原额每两带收银元七角正，合〇元二角七分三厘

征收费照原额银每两带收银元一角六分二厘，合〇元〇角六分三厘

上忙自开征日起，经过三个月每两照一元八角加一处罚，经过四个月加二处罚

下忙自开征日起，经过二个月每两照一元八角加一处罚，经过三个月加二处罚

中华民国四年　月　日淳安县县公署给发淳字第　　号

以上文书可见，新安江流域从清道光至民国的各县由单从体例、行文、内容沿袭一致，一般钤有县印，说明清中后期至民国时期的赋税征收制度未有较大改变，仍在同一框架内运行。民国中后期仍沿用赋税征收通知制度，但开始设有专门的税务局管理田赋等税收，文书的体例和形式改为印制表格。如民国二十九年（1940）休宁张泰户丁寿保征收田赋串票、通知单[④]，所见为两联单：右边为“休宁县税务局田赋经征处民国二十九年第二期征收田赋串票”，开列业户姓名、户丁、业户住址、

① 刘伯山收藏《淳安五都一内图蘭川庄徐氏文书》，尺寸：230毫米×87毫米。
② 刘伯山收藏《淳安五都一内图蘭川庄徐氏文书》，尺寸：280毫米×130毫米。
③ 刘伯山收藏《淳安五都一内图蘭川庄徐氏文书》，尺寸：268毫米×116毫米。
④ 黄山学院图书馆收藏，编号：2.11-F7229-0001，包号：711，尺寸：210毫米×215毫米。

田地亩数、田地坐落、本期应征正税、本期应征附加、本期灾免正税、本期灾免附加、本期应征正附税款合计等项，此联由业户收执；左边为“休宁县税务局田赋经征处民国二十九年第二期征收田赋通知单”，开列事项与串票相同，此联于征收期前通知业户；左下还有“民国二十九年第　期征收田赋收款回单”，应当是在业户缴清税款后，由收款机关填写发还给业户，凭此单制发串票。根据开列的条款可知，当时田赋征收同样每年分为两期，征收期限为三个月；“逾三个月期限不完纳者，一律照章加罚，并得拘案传追，暨封产备抵”“本年秋勘核定后，应减免之正附税于第二期扣除”“本单送达业户不取分文，并于征收期内持单赴收款机关照数完纳，随时制取串票，如有错，得随时呈请更正，如有遗失应即呈请补发”。可见，串票应当是业户缴清税款的凭据。各年份征收田赋通知单在制式上略有差异，但具体制度款项是相似的。

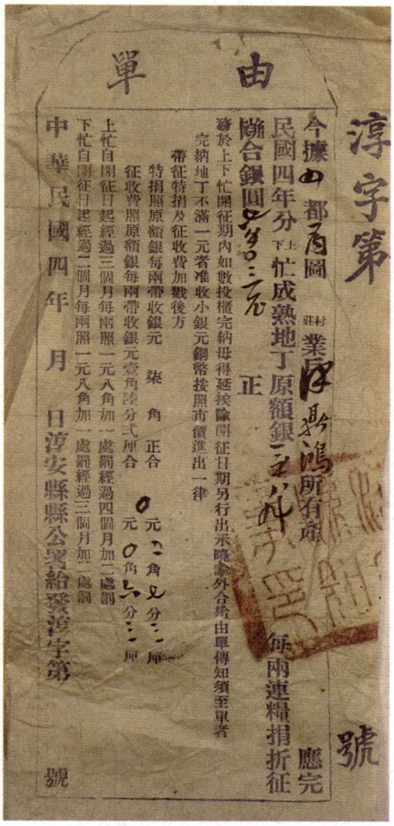
淳字第　號
由單
今據　都　圖　莊村業　所有承
民國四年分上下忙成熟地丁原額銀　正　每兩連糧捐折征
隨合銀圓　應完
遵於上下忙開征期內如數投櫃完納毋得延挨除開征日期另行出示曉諭外合給由單傳知須至單者
完納地丁不滿一元者准收小銀元銅幣按照市價進出一律
帶征特捐及征收費加戳後方
特捐照原額銀每兩帶收銀元柒角正合　元　角　分　厘
征收費照原額銀每兩帶收銀元壹角陸分式厘合　元　角　分　厘
上忙自開征日起經過三個月每兩照一元八角加一處罰經過四個月加二處罰
下忙自開征日起經過二個月每兩照一元八角加一處罰經過三個月加二處罰
中華民國四年　月　日淳安縣縣公署給發淳字第　號

民国四年五都一内图徐鼎鸿由单

## 十二、赋税凭证

赋税转移、过割、交纳等行为中产生的各类票据，统称为赋税凭证。根据用途的不同，包括推税单、收税单、推收双联单、吊税票、清查诡寄飞隐业税单、上下忙执照、串票、佃户纳税执照、田赋收据、买卖契税收据、典契税收据、验契印收、其他赋税凭证等。

### (一)推税单、收税单、推收双联单、吊税票

土地买卖交易后，产权发生转移，该块土地应当缴纳的赋役也由卖主转移到买主名下，买主承担缴税义务。卖主填写推税单，注明田地的面积、税则、税额，推入买主户内；同时买主填写收税单，这就是完整的赋税推收过割过程。推收税单既有印制的官票，也有民间手书的文约。有的在土地交易立契时当场完成推收过割，将推收税单粘附于正契之上。

**明万历三十五年（1607）十月吕元煌等立推单**①

三十五都一图立推单人吕元煌同弟太护今将传字五千五十号内地，计税二厘，土名塝下塘后，其税于吕　　户内，候册年过割，即不阻执，推入卅一都一图江岩贵名下支解。恐后无凭，立此为用。

万历三十五年十二月十一日立推单人吕元煌押

吕太护押

奉书男仲继押

随契推单

这份明代万历年间的推单即为卖方手书填写，注明了土地字号、税额、土名，此后由买主缴纳。根据“随契推单”可知，这份推单应是与卖买契约同时书立的。

**清乾隆元年（1736）十月歙县项世英户割税票**②

**割税票**

歙县二十六都二图七甲项起亨，今据户丁　　将田产业，本甲项世英户　　，计开字号列后

特字四百八十四号，田税一分七厘三号，土名坑儿下

余空

作本年推收

以上一号推入本都本图五甲项知户解纳，此照。

乾隆元年十月　　日经管黄册项汝凡押

这份乾隆年间的割税票由经管黄册人员填写，将项世英户的田税推入项知户缴纳，钤有赤印若干。

① 黄山学院图书馆收藏，编号：2.13.1－D5835－0001，包号：721，尺寸：340毫米×230毫米。
② 黄山学院图书馆收藏，编号：2.13.1－E6501－0001，包号：721，尺寸：260毫米×200毫米。

**清雍正年间休宁业户收税、割税双联票**①

**业户收税票**

休宁县为推收过税事，据　都　图　甲业户买到　都　图　甲户丁　名下业价契文已经税印，合给印票，付业户执赴该图图正，照契佥业归户，仍赴册里推收，覆入实征。业户自行纳粮，当差不得隐漏。敢有不行税契，无此合同印票，私相推收，不纳税粮者，查出依律究治，决不轻贷，须至票者。

雍正　　年　　月　　日给

县

这份清雍正年间休宁业户收税、割税双联票，钤有赤色县印，空白未填写业户信息。收税票与割税票行文相同，中间有“　字　号合同串票”字样。根据内容可知，签订契约买卖土地后，业户应当将契约交到官方验契并交纳契税，才会发给此收税、割税双联票。业户执票“赴该图图正，照契佥业归户，仍赴册里推收，覆入实征，业户自行纳粮，当差不得隐漏”。业户不得“不行税契，无此合同印票，私相推收，不纳税粮”。

**清乾隆三十二年（1767）四月宋彦资立吊票**②

**吊票**

十二都二图一甲册里宋彦资，今将本甲宋邦安户内似字号山税起割，推入十二都八图六甲潘启球户潘之逑户内，夏秋二季上纳完粮支解。今恐无凭，立此吊票存照。

计开

(35块山地字号、山税、土名)

乾隆三十二年四月　日立十二都二图一甲册里宋彦资押

经手人宋长葵押

凭中人宋陆兴押

代笔人宋润川押

---

① 黄山学院图书馆收藏，编号：2.13.3－E6400－0001，包号：721，尺寸：274毫米×349毫米。

② 清黄山学院图书馆收藏，编号：2.13.4－E6532－0001，包号：721，尺寸：490毫米×410毫米。

这份吊票由册里书立，钤有多个红印。其功能是将十二都二图一甲宋邦安户内似字号 35 块山地的山税起割，推入十二都八图六甲潘启球户潘之逨户内完纳夏秋税粮。清光绪年间印制式的吊税票也登有多块田地塘等。由此可见吊税票的功能和用途与推收税票相类，同样是田地赋税推收过割的凭据，但吊税票一次性会推收过割多块田地，而推收税票一般仅用于一块田地。

（二）上忙、下忙执照、串票

又称截票。其形制一般为两联、三联、四联为一份，作为赋税征收的凭据。两联、三联、四联是可以分别截断的，其中一张由纳税户收存，一张由官方收存，有的还可以做存根，或者交给官员和投柜，可以起到防止隐匿不交和官员贪污的作用。新安文书中还遗存有大量的上下忙串票（上下忙执照），上忙指代的是夏粮，下忙指代的是秋粮。清中期至民国多见上下忙串票，在新安文书中数量也最多，根据年代、地域的不同，也有称为上下限执照、上下限钱粮执照（祁门、婺源多见）、纳米执照、地丁上下忙串票、丁漕上下忙执照（绩溪多见）、第一二期田赋征收券执照、第一二期田赋串票、上下忙田赋执照。

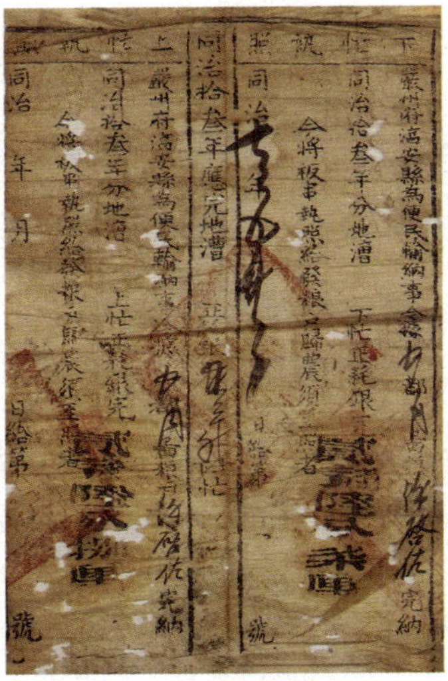

清同治十三年（1874）五月五都一内图徐启佐上下忙执照

这份清同治十三年（1874）五月五都一内图徐启佐上下忙执照[①]出自淳安五都一内图蘭川庄徐氏文书，由严州府淳安县为便民输纳事发给徐佐启户作为完纳同治十三年（1874）分地漕上下忙正耗银的凭证。有“板串执照”字样，正是所谓串票的由来，钤有红色赤印。

**民国十四年（1925）绩溪方承武丁漕上下忙串票**[②]

**丁漕上忙串票**

绩溪县知事为征收丁漕事，查本县丁漕应完科则，开列于后，俾众周知。田地

① 刘伯山收藏《淳安五都一内图蘭川庄徐氏文书》，尺寸：236毫米×155毫米。

② 黄山学院图书馆收藏，编号：2.13.6–F7214–0026，包号：361，尺寸：220毫米×205毫米。

山塘共折田条，每亩科征正耗平余银一钱四分三厘，一五折征银币二角一分四厘五毫。应完加捐钱三十一文,八折征银币二分五厘。带征本县地方附加税银币九厘六毫。以上每亩共征银币二角四分九厘一毫。又带征教育串票费，每张银洋二分。此外规费一律革除，不得浮收分文。

今据市都二图　甲花　方承武

田地山塘　亩　分　厘　毫，完纳民国十四年分上忙各项银一钱一分七厘，二四合银币　元　角　分　厘如数收讫，给此为据。

民国十四年　　月　　日第六百一十一号

## 丁漕下忙串票

（下略）

由这份上下忙串票，可知民国十四年丁漕银的征收规则：纳税户所拥有的田地山塘应当先按一定标准折为统一的田税额，再按照亩数，每亩缴纳正耗平余银、加捐钱、地方附加税。此外，每张串票还需缴纳教育串票费。

(三)佃户纳税执照(官田纳税执照)

根据现存的文书可知，佃户执照应指的是承种官田的佃户每年交租后发给的执照，多见于清末民国，遗存数量不多。

**民国元年（1912）十二月绩溪柯瑞琳佃户执照**[1]

**执照**

安徽绩溪县为征收廉惠仓租事，今据八都瑞川村佃户柯瑞琳完纳民国元年廉惠仓租折征银洋二元六角，除登收外，合给执照。

中华民国元年十二月　　日　给

廉惠仓是地方政府拥有的田地，出佃给佃户耕种，佃户交纳的仓租积蓄起来作为备荒资金。由这份执照可见，民国绩溪县交纳的是货币租金。

① 黄山学院图书馆收藏，编号：2.13.7–F7201–0001，包号：704，尺寸：225毫米×92毫米。

(四)田赋收据

田赋收据多为民国时期印制的征收田赋收据、征收田赋验收单、随赋购粮给价证及征收田赋收据等多种形式，作为交纳田赋后发给业户的收据和凭证。随赋购粮给价证及征收田赋收据[①]登载业户姓名、归户册号次、住址、亩分总额、本年度应纳赋额等信息，为三联，一张随赋购粮给价证交粮户向付款处兑款，一张随赋购粮给价证交粮户向付款处兑领粮食券，一张征收田赋收据于收粮并付后截给业户收执。

中华人民共和国成立后也有农业税征收收据，如公元一九五二年龚宗华衢县人民政府农业税征收收据，[②]向业户征收正税与附加税、土地证照费、公田地租等。2006 年 1 月 1 日起，我国全面取消农业税后，这类票据已成为历史遗迹。

(五)买契税收据、典契税收据、验契印收

买契税收据、典契税收据、验契印收都与验契行为有关。官方要求田地产权发生转移的时候，民众应当将买卖或典当的契约交到官方验核，登记产权转移，以确保赋税征收没有隐匿缺漏。验契也需要向官方交纳验契税，买契税收据、典契税收据就是发给业户的契税交纳收据。验契印收则是政府因经费不足事先向民众征收契税，发给有面值的验契印收，将来民众需要验契时可用验契印收抵扣契税。

清咸丰七年（1857）九月歙县方绪贵户契税执照，[③]是因为“江南徽州府歙县正堂为征收契税以济军需，暂给执照事。照得税契粘尾历久通行，近因赴庐绕道难行，所领契尾尚未奉到。现在军需紧急，正宜设法征输所收契税银两，合先给照收执，一俟奉到藩宪颁发该业户，即给契据带同执照赴县核对补给契尾，以免隐漏而济军需，须至执照者”。正常的验契程序是业户将订立的白契交到官府验核，缴纳验契税，官府发给契尾。但是咸丰七年（1857）急需军费，而契尾也还没下发到歙县。于是歙县官方先行征收契税颁发了这份执照，业户到时可以凭契约执照领取契尾。这份执照还开列了业户、字号、税额、契价、契税等信息，钤有赤印若干。民国三年（1914）十二月洪时可官给管业证据附验契执照，则是正常流程发给的验契执照。可见，浙江当时验契需缴纳查验费、注册费和契税，契税比例为 2%。粘附的官给管业证据开列有管

① 民国三十二年下期三十三年上期歙县胡明锟征收田赋收据并随赋购粮给价证，黄山学院图书馆收藏，编号：2.13.8−F7232−0012，包号：399，尺寸：270毫米 × 190毫米。

② 刘伯山收藏，尺寸：190毫米 × 80毫米。

③ 黄山学院图书馆收藏，编号：2.13.9−E6807−0001，包号：721，尺寸：432毫米 × 291毫米。

业人姓名、种类、坐落、面积、四至、价目、原申告邻证人姓名、原申告表号数等信息。

**民国三年（1914）十二月洪时可官给管业证据附验契执照**①

**验契执照**

浙江财政厅为给发验契执照事，今据　县业户洪时可将坐落塥坞脚等处田地山十七亩四分三厘〇毫〇丝〇忽旧契一纸，呈请验契注册，并缴查验费银圆一元，注册费银圆一角，（确征契税银八角四分二厘），查与条例相符，除各费照收，并将该契登入　有不动产册第　册第　页外，合将此联截给以为查验证据，须至执照者。

中华民国三年十二月二十日遂安县知事黄式苏

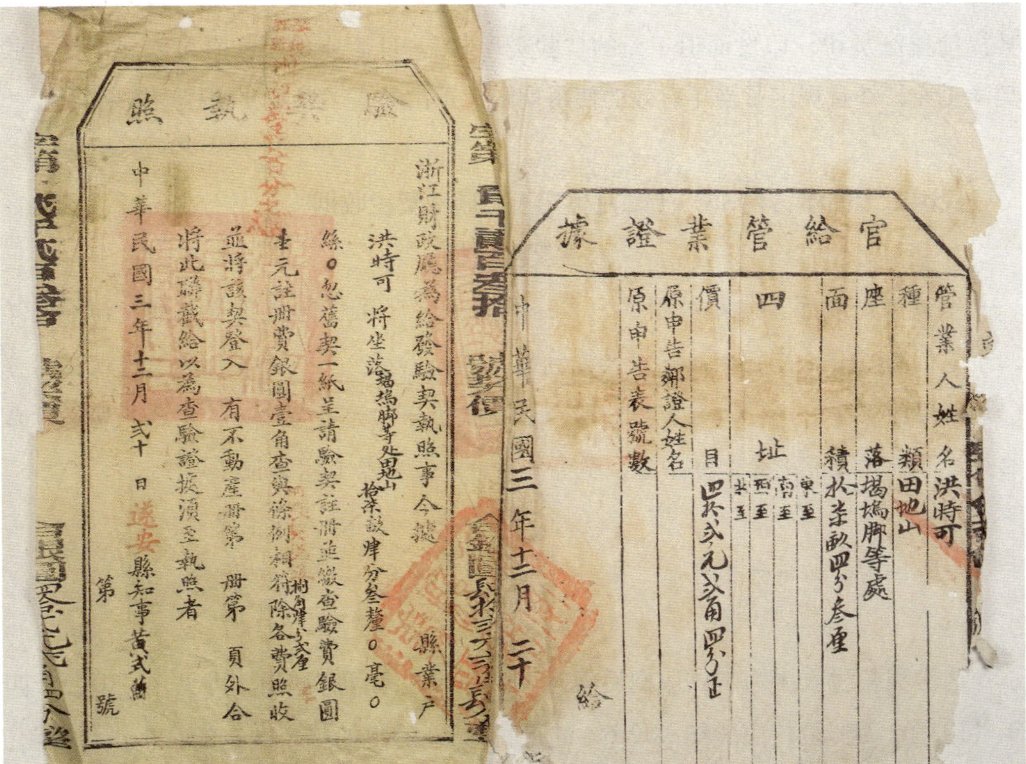
驗契執照
浙江財政廳為給發驗契執照事今據　縣業户
洪時可　將坐落塥塢脚等處田地山拾柒畝肆分叁釐〇毫〇
絲〇忽舊契一紙呈請驗契註册並繳查驗費銀圓
壹元註册費銀圓壹角查與條例相符除各費照收
並將該契登入　有不動產册第　册第　頁外合
將此聯截給以為查驗證據須至執照者
中華民國三年十二月二十日
遂安縣知事黄式蘇
第　號

官給管業證據
管業人姓名 洪時可
種類 田地山
坐落 塥塢脚等處
面積 拾柒畝四分叁釐
四址 東至 南至 西至 北至
價目 四拾弍元八角四分正
原申告鄰證人姓名
原申告表號數
中華民國三年十二月二十
給

民国三年（1914）十二月洪时可官给管业证据附验契执照

民国时，还出现了摊派契税的行为，提前征收定额契税。

① 刘伯山收藏《遂安十七都一图康塘洪氏文书》，尺寸：249毫米 × 186毫米，285毫米 × 164毫米。

### 民国十七年（1928）五月祁门县长朱振声给发验契印收[1]

验契印收

祁门县政府为给发验契印收事，案奉省政府令，催解摊派四五六月验契价款各万元，以充北伐经费等。因查本县因呈验不多，不足比较，兹应军需起见，特制一圆印收，先行摊借。此项印收限于验契时准抵验契洋一元，此据。

县长朱振声

民国十七年五月　　日

这份验契印收，为验字第五八一七号，钤有赤印，并钤有“此印收限于阳历十七年以内有效，过期作废”。民国十七年（1928）因契税不足以支付军费，祁门县提前摊派契税，印发面值 1 元的“验契印收”，日后业户验契时可以此据抵扣验契洋 1 元，并且规定了当年有效的使用期限。正常的买契典契要按程序缴纳契税。

### 民国二十四年（1935）十二月休宁王宝珊买契税收据[2]

买契税收据

安徽省财政厅为发给收据事，兹据民人王宝珊呈税田产买契一纸，计价值洋八十元〇角〇分，应征六分正税洋四元八角〇分〇厘，又三分附加洋二元四角〇分〇厘，贴给第一二七〇号官契纸一张，应征纸价洋〇元五角〇分，又印花费洋〇角二分，共计洋七元七角二分〇厘，业经如数收讫，特给此据为证。

民人王宝珊收执

中华民国廿四年十二月十二日

这份买契税收据为制式印刷后填写、钤赤印，编订有号码。可见，民国二十四年（1935）买契验核应缴纳买价 6% 的正税，3% 的附加税，额定的官契纸价 5 角、印花费 2 分。再如民国三十二年（1943）五月洪永春契税税银收据[3]，是一份遂安县

---

① 黄山学院图书馆收藏，编号：2.13.11－F7217－0001，包号：718，尺寸：230毫米 × 140毫米。

② 民国二十四年十二月休宁王宝珊买契税收据，黄山学院图书馆收藏，编号：2.13.9－F7224－0001，包号：400，尺寸：293毫米 × 93毫米。

③ 刘伯山收藏《遂安十七都一图康塘洪氏文书》，尺寸：200毫米 × 98毫米。

的买契税收据。此外，也有典契验核，缴纳典契税，发给契尾或官契纸。民国二十六年（1937）三月二十八日休宁县吴吉甫典契税收据，[1] 形制、内容与买契税收据基本相同，只是“买契”改为典契。民国二十六年典契验核应缴纳典价 3% 的正税，1.5% 的附加税，额定的官契纸价 5 角，不交印花费。

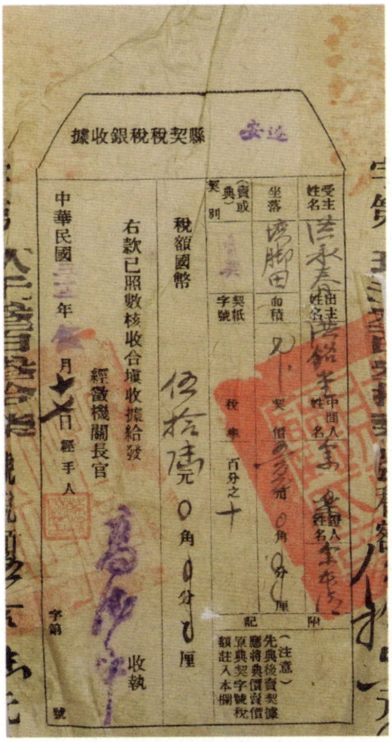
遂安縣契稅稅銀收據
受主姓名 洪永春　出主姓名　中間人姓名　代筆人姓名
坐落　面積　契價
（賣或典）契別　契紙字號　稅率 百分之十
稅額國幣　元　角　分　厘
右款已照數核收合塡收據給發
經徵機關長官
中華民國　年　月　日 經手人
字第　號
收執
附記
（注意）先典後賣契據應將典價賣價原典契字號稅額註入本欄

民国三十二年（1943）五月洪永春契税税银收据

验契执照、买契税收据、典契税收据、验契印收都是在验契行为中缴纳契税而产生的凭据。明清民国时期，征收契税原本是为了使产业登记在册，征收赋税时避免隐匿缺漏，后来也有肆意滥收、扩充税费的倾向。与之相类，则有现代房产交易中的契税和印花税。

（六）其他赋税凭证

明清民国时期，赋税门类五花八门，还有一些无法归类的赋税凭据，兹录一二。民国二十七年（1938）婺源县地方经费管理委员第三期征收经费收据，[2] 是向民众征收七八九月自卫费 9 角。民国二十二年（1933）遂安县要建造淳遂、遂开两条公路，经官方核准按照田赋每元带募公路股款银 7 角，发给业户公路股款收据，凭此收据可以更换成股票。[3] 还有民国二十二年遂安县征收保卫团捐。[4]

## 十三、承役文书

赋税和徭役一直是压在古代农民身上的重担，有力役、杂役、军役等，名目繁多，残酷严苛。在征发徭役的过程中产生了各种承役文书，比如轮流承役、摊派役费、证明书及切结、缓役申请书等。

明代在黄册里甲制度基础上派发徭役。110 户一里编订一黄册，其中丁粮最多

---

① 黄山学院图书馆收藏，编号：2.13.10–F7226–0001，包号：182，尺寸：293毫米×94毫米。

② 黄山学院图书馆收藏，编号：2.13.12–F7217–0001，包号：353，尺寸：210毫米×75毫米。

③ 民国二十二年（1933）鲍斌义公路股款收据，刘伯山收藏《遂安十五都浯溪鲍家鲍氏文书》，尺寸：222毫米×90毫米。

④ 民国二十二年（1933）鲍斌义保卫团捐收据，刘伯山收藏《遂安十五都浯溪鲍家鲍氏文书》，尺寸：226毫米×92毫米。

的10户为里长户，轮充里长；其余100户为甲首户，分为10甲；每甲10户轮充甲长。按照黄册编订的排年每年均有1名里长和10名甲长轮值差役，十年为一轮，“管摄一里之事”，主要负责人丁事产的核查、登记、管理，协助维护治安，以及其他官府交代的任务。明代后期，徽州出现了里役朋充的形式，即经过官方批准，数户签订承役合同，联合承担里役，协定里役均摊的权责，规定轮值年限、役费摊派等内容。

**明天启元年（1621）十月何天元等立议合同**[①]

立议合同人何天元、何廷祥、九老、天云等，今因本甲见役天云与兄天明对半充当，今云一半里长以作五股朋充，内云毛、女户系五股之二，内天元、廷祥五股之二，九老五股之一。恐有人心不一，议立合同，所有官中事体使用等项，照股均出，不致推挨。所有甲下人户赠贴使用，均取均用。日后递年钱米，各户上纳，不致贻累管年之人。其壬戌见年众管，以后各管一年。里长名目挨册轮流更唤（换），毋得反悔。今恐无凭，立此合同一样三纸，各收一纸，永远为照。

天启元年十月初九日立合同人何天元押

何廷祥押

何九老押

何天云押

中见人何天桂押

代书人汪仲□押

这份合同，就是关于朋充轮役的协定和分配。某甲天启元年（1621）的里役由何天云和何天明兄弟对半充当，何天元、何廷祥、九老、天云等协定将天云充当的一半里役朋充为五股，由云毛、女户为两股，天元、廷祥为两股，九老为一股，共同承担里役。签订合同规定所有里役费用由五股均摊，天启二年（1622）由五股共同管理，以后每股各管一年，“里长名目挨册轮流更换”。

黄山学院藏有一份民国二十九年（1940）八月乡公所书立的《歙县北岸区民德

① 黄山学院图书馆收藏，编号：2.18-D6001-0001，包号：721，尺寸：490毫米×450毫米。

乡梅西保甲乙级适龄壮丁名册》，[①] 登记了民国二十九年（1940）度该保甲级（35 岁以下）、乙级（35 岁以上）适龄壮丁的姓名、出生年月日、年龄、保甲户住址、备注丁口情况。官方再从中抽选每年的壮丁。如果有情况不能充役，应当由壮丁提出缓役申请书。如民国三十二年(1943)一月歙县毕寿春缓役申请书，[②] 填写于铅印表中，歙县上毻岭毕寿春出生于民国十年（1921）十二月二十九日，由于照顾寡母申请缓役。保甲还需将缓役申情书转呈长埠乡公所，再呈上级王村区署和歙县县政府。有的保甲会出具证明书和切结。

**民国二十八年（1939）歙县壮丁吴继寿担负家庭生活证明书及切结**[③]

**证明书**

兹有本保第二甲第一户壮丁吴继寿，确系担负家庭生活，合于兵役法施行条例修正草案第三十一条第　款之规定，用特证明。

歙县第四区昌溪乡集宁保保长吴朴生

第二甲甲长吴永安印

中华民国二十八年　月　日

**切结**

歙县第四区昌溪乡集宁保保长吴朴生、第二甲甲长吴永安，今于与切结事实，结得本保本甲第一户壮丁吴继寿，确系担负家庭生活，合于兵役法施行条例修正草案第三十一条第　款之规定。倘有隐匿伪报情事，甘受违反兵役治罪条例最严厉之处分，所具切结是实。

歙县第四区昌溪乡集宁保保长吴朴生

第二甲甲长吴永安印

中华民国二十八年　月　日

不愿承担徭役，也可以雇人来做壮丁、服兵役，或者联合充任。

---

① 黄山学院图书馆收藏，编号：2.14－F7229－0001，包号：718，尺寸：275毫米×175毫米。
② 黄山学院图书馆收藏，编号：2.14－F7229－0001，包号：361，尺寸：237毫米×196毫米。
③ 黄山学院图书馆收藏，编号：2.14－F7228－0001，包号：718，尺寸：252毫米×372毫米。

### 民国二十九年（1940）四月休宁江甘水立代替汤海青做壮丁字据[①]

立代替字据人江甘水，自情愿代替本区高阳乡东闵保第七甲五十四号门牌壮丁汤海青入营受训，不问年月，如至前线抗战，倘有残废足手及不测等情，各安天命。立据之日汤海青自愿津贴江甘水受训国币洋一百二十元正付清，如在近处逃邂，该津其洋如数交还汤海青，倘有入营合格归，津贴如数付清，日后决无异说。恐口无凭，立此代替字据存照。

民国二十九年四月　　日立自愿代替字据人江甘水手印

介绍人毕灶祥押

代笔人王秉□押

这份民国二十九年四月休宁江甘水立代替汤海青做壮丁字据，说是江甘水自愿代替，实质还是汤海青付钱给江甘水，雇佣他人代替自己入营受训，甚至参军打战。

### 民国三十年（1941）十一月［歙县］方同庆立卖征兵约[②]

立卖征兵人方同庆，今身自愿出卖到湖村姚冬九名下代为征兵要事一件。三面言定，工资大洋三百五十元正，其洋随即应付，日后征兵动身之日，工洋照数算清两楚，二各不得误期。此系两相情愿，两无异言，以后并无返悔。今欲有凭，立此卖征兵为据。

民国三十年十一月　　日立卖征兵人方同庆押

中见人吴炳煌押

代笔人方广配押

这份民国三十年十一月［歙县］方同庆立卖征兵约，名义上是卖征兵，实质是姚冬九付钱给方同庆，雇他代替征兵。

① 黄山学院图书馆收藏，编号：8.14-F7229-0001，包号：238，尺寸：269毫米×244毫米。
② 黄山学院图书馆收藏，编号：8.13-F7230-0001，包号：718，尺寸：330毫米×210毫米。

**民国三十一年（1942）十二月［休宁］程大堂、利本等四兄弟为联合均派承值壮丁立合议字**[①]

立合议字据人程大堂、程利本、程小果、程利泉，兹因国难，长期每年壮丁上下两期轮流照抽。今本年十二月挨至自户，壮丁临期，年荒紧逼，衣食难度，家中老幼如何能支。特因弟兄互相办法，今次利本壮丁贴出国币三百二十元，弟兄四人均派承值，下次小果壮丁无论国币多寡，四人承当均派，亦不私心反悔。如有违背，凭保甲征送无辞。恐口无凭，立此合议字据为用。

民国卅一年十二月　　日立合议字据人程大堂手印

程利泉手印

程小果手印

程利本手印

保长证明人程志盛印

程镇忠押

程喜月印

程观遂押

程顺溶押

代书人程善铂押

从这份程大堂、利本等四兄弟为联合均派承值壮丁立合议字据可见，民国年间每年有两次壮丁服役，各户轮流抽签充任。民国三十一年（1942）十二月轮到了程利本，程利本于是联合程大堂等四人一起共同承担，这次由程利本出给壮丁补贴钱，下次则由程小果出钱。这种联合应役也是得到保甲许可的。

**十四、土地陈报收据**

土地陈报收据是在民国年间土地陈报过程中发给的土地陈报单、陈报单收据、土地陈报复查单、土地陈报更正通知单等凭据。土地陈报主要是为了确定产业的归属，便于征收赋税。民国地方政府联保办事处稽查业户产业后，填写土地陈报单，发给业户验核。

① 黄山学院图书馆收藏，编号：8.14−f7231−0001，包号：402，尺寸：240毫米×400毫米。

民国二十六年（1937）绩溪许德亨业户土地陈报单，[1]是由安徽省绩溪县第三区磡头联保颁发的双面印制表格，登记有业户姓名、住址、土地种类、字号、土名、陈报亩数、实在亩数、每亩地价、每亩收益、佃户姓名、附记等信息。“查该户执管本段土地业经稽查完竣，并将应行陈报各款分类填就如上，仰即逐项切实核对。如有错误，限即日向联保办事处申请更正。如无错误，应即遵式签名盖章，或按指印履行陈报手续，以资确定产权。如有冒报虚报或逾限陈报者一律照章处罚，毋稍延误为要。右通知”。业户如核对无误就可签名或盖手印履行陈报手续，办事处再发给业户陈报收据，业户即可凭据请领管业执照。

**民国三十二年（1943）一月祁门程和裕田产陈报收据**[2]

**业户陈报收据**

兹据程和裕遵章签证陈报本乡／镇第十七段后列土地，除将证件验明发还外，特给收据以凭请领管业执照，此据。

计开

坵号、地别、亩数（略）

中华民国卅二年一月十三日

历龙乡土地陈报办事处兼主任印

这份民国三十二年（1943）一月祁门程和裕田产陈报收据是一份印制表格，钤有赤印。如有错误，业户向联保办事处申请复查。如民国三十三年（1944）七月休宁吴世德堂土地陈报复查单，[3]就是复查休宁县榆村乡桃溪保呈田吴世德堂的土地，由百益耕种，开列坵号、地目、亩数、土名信息。联保复查后，发给土地陈报更正通知单。

---

① 黄山学院图书馆收藏，编号：2.16－F7226－0081，包号：678，尺寸：390毫米×260毫米。

② 黄山学院图书馆收藏，编号：2.16－F7232－0039，包号：361，尺寸：260毫米×170毫米。

③ 黄山学院图书馆收藏，编号：2.16－F7233－0018，包号：393，尺寸：130毫米×130毫米。

**民国三十三年（1944）祁门程高保等土地陈报更正通知单**[①]

**土地陈报更正通知单**

兹查业户程高保、程和裕在本县历龙乡17段执管土地，经派员复查，结果计算实有后列土地共 亩八分八厘，除分别更正外，特给本单以凭请领土地管业执照，此证。

计开原申请事项及更正结果如次

坵号、业户姓名、亩额、地目、重漏（略）

中华民国三十三年 月 日

这份民国三十三年祁门程高保等土地陈报更正通知单，登记有土地更正后的信息，发给业户，业户可以凭此请领土地管业执照。有的业户还会把土地陈报登记抄录成册，如民国二十六年（1937）六月休宁黄顺清订《四十五保呈村土地陈报登记》。[②]

**十五、赋役其他文书**

新安文书的名目、体例、种类非常丰富，整理分类规则一般按照指名、用途的原则，但仍有无法归入已有类别的赋役其他文书，兹录一二。

**清乾隆三十九年（1774）二月叶汉臣立本甲税册执管交接议字**[③]

立议字叶汉臣，因本甲税册向系分班执管，所有税册匣系我五班班长璇公执管，后于乾隆二十一年支下将税册匣一个交于五班轮长郯封执管，自乾隆二十一年起至三十八年五班班长事务系郯封同各班经管，其历年税资公见俱系轮流各司年祠首收受。兹郯封上年作故，其子汉臣向系在外同事，不能执管亦且轮长当司。兹于乾隆三十九年将税册匣，凭各班司税事者公同交付五班之长叶于年收受。所有乾隆二十一年至三十八年税册设有事务，第五班司事系郯封执管，自应其子汉臣承当，其乾隆三十九年起嗣后事务与汉臣无涉。今恐无凭，公立议二纸，各执为照。

乾隆三十九年二月 日立议字叶汉臣押

① 黄山学院图书馆收藏，编号：2.16–F7233–0009，包号：361，尺寸：235毫米×235毫米。

② 黄山学院图书馆收藏，编号：2.16–F7226–0059，包号：395，尺寸：280毫米×330毫米。

③ 黄山学院图书馆收藏，编号：2.20–E6539–0001，包号：721，尺寸：240毫米×270毫米。

凭公中叶苍树押
叶陆琨押
叶永青押
叶国有押
一样合符

清乾隆年间某甲税册均分班执管，所有税册匣由五班班长璇公执管。乾隆二十一年（1756），璇公支下将其中一个税册匣交给当时的五班轮长郯封执管，一直到乾隆三十八年(1773),期间历年税资各司年祠首轮流收受。乾隆三十七年(1772)郯封过世，其子汉臣一向在外地做事，无法执管税册匣，也无法轮长当司，于是乾隆三十九年（1774）在各班司税事者公证下将税册匣交由五班之长叶于年执管。乾隆二十一年至三十八年（1756 ~ 1773）税册如果有问题，由汉臣承担，乾隆三十九年（1774）开始则与汉臣无关。

都图字号册一般为印制，反映了都图地理、土地田赋等情况，民间也有手抄本流传。清顺治歙县郑文茂堂抄歙邑都份字号地名册[①]包括歙县一都至三十七都，以及东关、西关、北关、古关、东南隅、西南隅、东北隅、西北隅的各都图、字号（按千字文编制）、地名，最后还抄录了歙县关隅都乡，唐宋五十六乡八十里名称，以及每个乡所辖的都。

赋役文书的种类丰富而多样，不能尽录，《徽州文书类目》[②]还收录了便民滚单、里甲勾摄杂费欠据及收据、赋役清白合同、审丁单等。

## 第三节 商业文书

“无徽不成镇”。出身于新安江流域的商人足迹遍布海内外，其商业活动留下了

① 徽州师范许长河收藏，编号：9.3.12—E6200—0001，包号：419，尺寸：210毫米×300毫米。
② 王钰欣等编，中国社会科学院历史研究所收藏编纂：《徽州文书类目》，黄山书社，2000年。

丰富的文书档案，主要分为商业合同、账簿等十几类。

## 一、商业合同

重视契约、信守承诺的新安商人通过订立合同明确权责，保证各种商业活动的有序进行。商业合同可以根据功能和用途分为合伙经营合同、承揽合同、赔偿合同、清白结算合同、出顶（卖）商业股份文约、买卖合同等。

参与经营的各方合伙人通过签订合同的方式，确定参股的比例，推动商业经营活动的开展，保障权利、明确责任。

**清嘉庆十六年（1811）二月［歙县］曹驾山等立议合伙开店约**[①]

立议合伙约人曹驾山、胡云衢，今因合开西溪南街级头曹万隆店，每人各出资本元丝银三十五两，共成七十两。倘若本店生意茂盛加本，二人嘀议该对派或移借。二人相嘀管店，驾山兄弟二人执事，各起辛俸元丝银二十两，无得透支暂移。倘有私心夹带，即罚出店，将店盘清。如有亏耗，立即补足。倘日后店内生意顺遂，已正月一盘该坐原本，余利二人均分，无得异说。倘管店执事，二人各守本分。倘有生端闯祸，各人承当，与合伙人无涉。其店发祥，亦不得反悔。此议恐口无凭，立此议合伙约为照。

嘉庆十六年二月　日立议合伙约人曹驾山押

亲笔

立合伙约两纸，各执一纸为照。

嘉庆十六年（1811），曹驾山、胡云衢订立合伙经营合同，商定在西溪南开店，店名为曹万隆，两人各出一半本金，每年正月盘点，利润均分；如果生意好，就再对半追加资金；由驾山兄弟二人管理店号，每人领取薪俸二十两，不得随便透支挪用；如果有人私心私藏，则退出店号，盘清账目；如有亏损，立即补足；应当本分经营，不生事端；店号刚开业，也不能反悔。

---

① 清嘉庆十六年二月［歙县］曹驾山等立议合伙开店约，黄山学院图书馆收藏，编号：3.1.1－E6616－0001，包号：33，尺寸：518毫米×457毫米。

## 清道光九年（1829）二月江在东等立合开茶行合同[①]

立合同人江在东、张明配、张季和、张荆山、张梓林等，盖我等谊属同袍，契重金兰之友；交如管鲍，志效陶朱之术。虽不云乎谋生，亦希冀觅蝇头。共图集腋以成裘，究得获于小补。兹我同列拟合开张聚盛茶行，行设小沟，公议事归张梓林董理。奈今已届茶市，不及呈请牙帖，故先筹酌章程，即为代客买卖办理，候下季再行呈请本号牙帖开张。所有苦乐概行共之，但事既专办于一人，毋得妄生猜忌之心。其所需资本银两，日后请帖时再行照股派出，均无翻悔。恐口无凭，立此合同一样五纸，各执一纸永远发大存照。

道光九年二月　　日立合同人江在东押

张明配押

张季和押

张荆山押

张梓林押

季和执笔

清道光九年，江在东、张明配、张季和、张荆山、张梓林等原本准备合开张聚盛茶行，由张梓林管理经营。但是二月茶市，申请许可茶叶中介经营活动的牙帖已经来不及，只能先行筹划茶行的章程，等到下季申请到牙帖后茶行再开张营业，至于本金和利润再行协商摊派。如果生意做不下去要拆伙会签订分拆合同。

## 清同治八年（1869）元月项曜唐等立清晰分拆字[②]

立清晰分拆字人项曜唐、郑辉秀、聂兴琮、余寿仁，缘因咸丰七年同在塘陂湾中街合开正昌店，布匹、杂货、纸张生理，其店四股，其合同乃立于咸丰六年腊月是也。今因四人股内有志于上达者，公同啲议，自情愿将店业分开，所存店内银钱、布货、纸张、预租等物，及存巴河贵邑纸物，四股照分均匀，各人亲手一并领去明白。又于同治元年分创吉昌，日在正昌捡货去售，所有历岁获利及存银钱、布货等

① 黄山学院图书馆收藏，编号：3.1.1−E6709−0001，包号：721，尺寸：390毫米×315毫米。

② 清同治八年元月项曜唐等立清晰分拆字，黄山学院图书馆收藏，编号：3.1.4−E6908−0001，包号：721，尺寸：550毫米×380毫米。

物一概归还正昌，四人分领清讫矣。至于吉昌店底家伙作计银钱一百五十千文，并招牌在内归聂兴琮名下受领。而正昌店底家伙作计银钱四百五十千文，并招牌在内归项曜唐、郑辉秀、余寿仁三人名下受领。吉店归一人，正店归三人。足征禀公分拆，并无公私相逼，日后无得异言。所分是实，立此清晰分拆字存据。

再批，于咸丰六年立有合墨四张，各执一张，未销缴毁，日后捡出不得行用，以作故纸。又及正昌、吉昌两店历年清估簿并一切往来帐簿亦未缴毁，日后不能为凭，永远作为废簿。又照。

立清晰分拆字人项曜唐押

郑辉秀押

聂兴琮押

余寿仁押

依口代笔人余启林押

清同治八年正月　　日立

项曜唐、郑辉秀、聂兴琮、余寿仁于咸丰六年（1856）签订合同，于咸丰七年（1857）在塘陂湾中街合开正昌店，经营布匹、杂货、纸张，在同治元年（1862）开设了分店吉昌店。因为有人不想再合伙经营，于是对店产盘点清算、协定拆分。正昌店的资金，预先缴纳的租金，布匹、杂货、纸张等货物，以及存巴河贵邑纸物，吉昌店历年的利润、存账、货物，这些都四股均分。吉昌店的家伙作价银钱和招牌归聂兴琮。正昌店的家伙作价银钱和招牌归项曜唐、郑辉秀、余寿仁三人。咸丰六年（1856）的合同四张、两店的所有账簿作废。

由股东出资、请专人管理经营的方式，订立的是承揽合同。专门的经理不出资占股份，每年需要上交股东约定好的利润。还有一种形式的承包合同是指承包建筑、修造等工程。

**民国二十二年（1933）闰五月淳安朱水宝立包批**[①]

立包批人浙江淳安大五都朱水宝，今央中包揽到岭口阁村人等名下为批，包砌沿

① 黄山学院图书馆收藏，编号：3.1.2–F7222–0001，包号：431，尺寸：475毫米×362毫米。

河石坝并下河大路。其坝长短高低均以联接原有旧坝为规，桥头高低以对河旧磅为则，为将来架桥之用，起脚阔狭照依原形。倘无老脚之处，深阔须照上下两头老脚。下边起脚须要砌四六八人成扛之大石三路，上边杀面阔要五尺。自桥头至水碓磯砌蛮石路心，其砾须一路，一路填增大清石子。至如石头如何砌式，由监工人指挥，不得潦草敷衍误事。三面言定，共计工资、饭食、柴火、菜蔬及应用器具一并在内，大洋五百零二元正，此外毫无津贴。其洋开工之后络续交付，工成告竣一并算清，两无异说。定期以六月半前后开始工作，约一月后圆工，断不多延时日。其坝倘三年之内被泓水冲毁，归中人负重修完全责任，毋得异言。恐口无凭，立此包批存照。

原笔再批，外补神福上贺大洋十八元正。又批，成批之日当付洋五十元正。

民国二十二年闰五月　日立包批人浙江大五都朱水宝押

包中人张学进押

张学松押

代笔人方怡浚押

民国二十二年，浙江淳安人朱水宝到岭口阁村承包了砌水坝修路的工程，签订

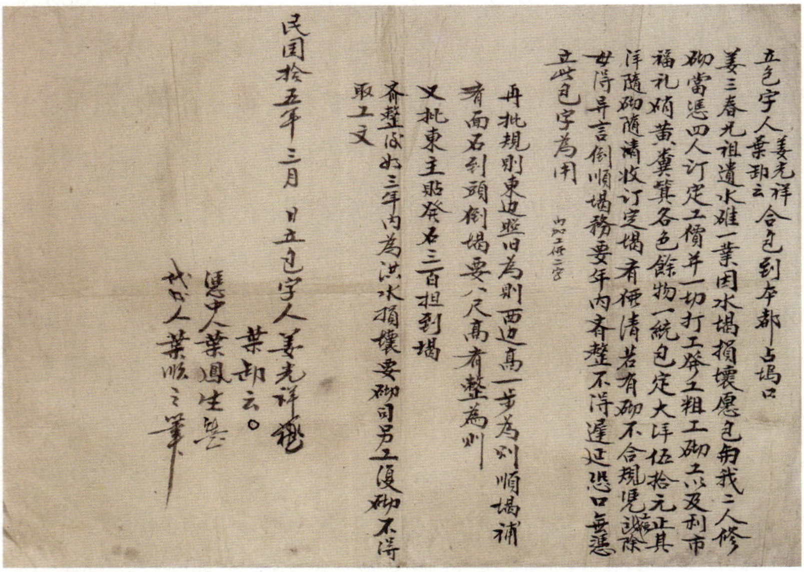
立包字人姜光祥、葉卸云，合包到本都一占堨口
姜三春兄祖遺水碓一業，因水堨損壞，愿包與我二人修
砌，當憑四人訂定工價并一切打工、挑工、粗工、砌工以及利市
福礼、煳黄、糞箕各色餘物，一統包定大洋伍拾元正。其
洋隨砌隨清收。訂定堨脊清，若有砌不合規，見議除，
毋得异言。倒順堨務要年内脊整，不得遲延。恐口無憑，
立此包字為用。　内加工伍二字
再批：規則東边照旧為則，西边高一步為則。順堨補
脊面石到頭，倒堨要八尺高脊整為則。
又批：東主貼發石三百担到堨。
脊整以后三年内為洪水損壞，要砌司另工復砌，不得
取工文。
民国拾五年三月　日立包字人姜光祥（押）
葉卸云○
憑中人葉週生（押）
代筆人葉順之筆

民国十五年（1926）三月姜光祥、邵卸云立包修水碓字[1]

① 刘伯山收藏《遂安十七都一图康塘洪氏文书》，尺寸：240毫米×715毫米。

了包批，规定了水坝和道路的位置、尺寸、材料等具体修造要求；工期六月半左右开始，一个月完工；约定了工程价格，包工资、饭食、柴火、菜蔬及应用器具在内502元，以及神福上贺18元，开工之后分期付清，订立包批时付50元，竣工时结算清楚。这里的中人不只是见证人，还是发包人，承担了中介担保的责任。如果水坝三年之内被洪水冲毁，中人需要负责重修。

除了修水坝之外，还有承包拆建房屋、修造祠堂、造坟茔、建造窖门捲洞、修路、做水碓、做堨、造石炮、装塑神像、制作罗汉等承包合同。

商人经营活动中，需要多方协商的，还会签订各式各样的合同，保障各方的权利，约束违规的行为。

## 二、商业账簿

行商坐贾的新安人自小学习算盘记账，详细的账目也是经商的基础。徽州商人以盐典茶木四大行当最为著称。商业账簿账单按照行当，可以分为茶业账簿、碓房账簿、典业账簿、杂货店簿、布业账簿、木业账簿、钱庄账簿、公司账簿等；按照功能和形式，可以分为总账、流水账、盘账、日用账、往来账等。

刘伯山收藏有《淳安五都一内图蘭川庄徐氏文书》中有8本商业账簿，目录见下表：

### 淳安五都一内图蘭川庄徐氏商业账簿一览

| 序号 | 名称 | 尺寸(毫米) | 备注 |
|---|---|---|---|
| 1 | 清光绪十一年(1885)荷月蘭川世禋堂鸿记《逐日登清》 | 122×202 | 应为借钱借苞芦账簿。此商号应是经营借钱生息行当。记录了清光绪十一年至十四年(1885～1888)借款人借款，以及欠利息等账 |
| 2 | 清光绪二十一年(1895)季夏月徐协和记《草批》 | 127×183 | 此商号应有收购销售豆麦生意。前半部分为清光绪二十一年(1895)六月至七月间向农户收购豆麦数量及支出洋，经黄江潭、街口至深渡销售给商号收支，包括挑力、船费、厘金、伙食等支出。后半部分为九月至十二月嘉兴府伙衣账等收支，主要为给各客户的支出 |

续表

| 序号 | 名称 | 尺寸(毫米) | 备注 |
| --- | --- | --- | --- |
| 3 | 清光绪二十七年(1901)孟冬月立徐协和万记《逐日登清》 | 141×207 | 此商号应有杂货及收购销售柏子生意。前半部分为清光绪二十七年(1901)九月至十一月每日进杂货支出账,后半部分为十月至十一月收购柏子支出账 |
| 4 | 清光绪乙巳年(1905)孟春月徐万邦记《川流不息》 | 110×220 | 此商号有经营借贷生息行当。记录了光绪三十一年(1905)一月、十二月,宣统元年(1909)又二月借款人借款还款账目 |
| 5 | 清光绪三十一年(1905)季冬月立徐协和记《典衣账》 | 143×234 | 此商号有经营典当衣服生意。记录了清光绪三十一年(1905)十一月、十二月收当衣服及支出,赎当衣服及收入,及每日收支盘账。收当价要低于赎当价 |
| 6 | 清宣统三年(1911)夏月抄立徐子升号《归账》 | 106×158 | 此商号经营杂货收购及借贷生息行当。前半部分为宣统二年至民国四年(1910～1915)收购柴火、棉纱、猪肉、柏子、麻布、棉布等杂货支出账。后半部分为民国元年至六年(1912～1917)收支账及借还款账 |
| 7 | 清后期至民国收支账簿 | 114×230 | 此商号有经营杂货收购生意,有六七月收购山楂、柴火支出账,包括挑力支出;另有光绪二十八年(1902)十一月徐协和收购榆皮支出账 |
| 8 | 清宣统三年(1911)至民国二年(1913)收支账簿 | 115×165 | 此商号有经营借款生息行当。民国元年(1912)十月至十二月收利息账,宣统三年(1911)十一月至民国二年(1913)雇工等支出账 |

上表可见，淳安五都一内图藺川庄徐氏家族应以经商为生，主要经营杂货销售、粮食山货柴火纱布收购贩售、衣物典当、借款生息等业务，种类繁多。且有与徽州地域商贸往来。

民国年间，黟县卢村有一间培本染织厂，雇工织布、染布，同时收购销售布匹。这个公司的账簿被黄山学院收藏，计有 26 本，外加一本家用账簿，基本涵盖了总账、流水账、进货账、盘底账、来往业务账、日用账、工账等商业账簿的主要类型。

## 民国黟县培本染织有限公司商业账簿一览

| 分类编号 | 内容 | 原图尺寸(毫米) | 原始编号(包) | 备注 |
|---|---|---|---|---|
| 3.2.8-F7213-0001 | 民国十三年(1924)黟县培本染织有限公司立《银钱兑》附民国十四年(1925)《银钱草》 | 190×234 | 718 | 按时间顺序誊清全年收支银钱 |
| 3.2.8-F7213-0002 | 民国十三年(1924)黟县培本染织有限公司立《批发誊清》 | 234×191 | 718 | 一级目录为商户或人头,二级目录按时间顺序,誊清付布、收洋账目 |
| 3.2.8-F7213-0003 | 民国十三年(1924)黟县培本染织有限公司立《批发》附民国十四年(1925)草批 | 151×232 | 718 | 按时间顺序随手记录每日批发出去的布匹和收入的银钱 |
| 3.2.8-F7213-0004 | 民国十三年(1924)黟县培本染织有限公司立《纱布总》附民国十四年(1925)《棉纱色布总》 | 152×233 | 718 | 按时间登记进出的纱布数量,是否对销 |
| 3.2.8-F7213-0005 | 民国十三年(1924)黟县培本染织有限公司立《日生》 | 152×229 | 718 | 按时间顺序记录每天的银钱和布匹往来进出 |
| 3.2.8-F7213-0006 | 民国十三年(1924)黟县培本染织有限公司立《织工》 | 152×231 | 718 | 为雇人织布,一级目录按人头,二级目录按时间顺序记录收购的织布和支出的工钱 |
| 3.2.8-F7213-0007 | 民国十三年(1924)黟县培本染织有限公司立《绕纱工》簿册 | 123×219 | 718 | 按人头记录绕纱、浆纱支出的工钱和收购的布匹 |
| 3.2.8-F7213-0008 | 民国十三年(1924)黟县培本染织有限公司立《各工收支》 | 123×219 | 718 | 一级目录按人头,二级目录按时间顺序记录收购的织布和支出的工钱 |

续表

| 分类编号 | 内容 | 原图尺寸(毫米) | 原始编号(包) | 备注 |
|---|---|---|---|---|
| 3.2.8–F7213–0009 | 民国十三年(1924)黟县培本染织有限公司立《各路进货》 | 152×230 | 718 | 按人头记录进货的纱布和付出的银钱 |
| 3.2.8–F7213–0010 | 民国十三年(1924)黟县培本染织有限公司立《各路往来》 | 190×234 | 718 | 按商户登记办货往来的货物、收支银钱,包括舟力和厘金 |
| 3.2.8–F7213–0011 | 民国十三年(1924)黟县培本染织有限公司立《各路往来》 | 123×221 | 718 | 按时间顺序记录进货支出 |
| 3.2.8–F7213–0012 | 民国十三年(1924)黟县培本染织有限公司立《杂支货力》 | 123×218 | 718 | 按时间顺序记录买进杂项和雇佣工人的支出 |
| 3.2.8–F7213–0013 | 民国十三年(1924)黟县培本染织有限公司立《杂支草》发信底 | 123×221 | 718 | 按时间顺序记录杂项支出,后附木工、木料账 |
| 3.2.8–F7214–0001 | 民国十四年(1925)黟县培本染织有限公司立《批发誊清》 | 191×235 | 718 | 一级目录为商户或人头,二级目录按时间顺序,誊清付布、收洋账目 |
| 3.2.8–F7214–0002 | 民国十四年(1925)黟县培本染织有限公司立《银钱总》 | 190×233 | 718 | 按时间顺序记录每日收支银钱 |
| 3.2.8–F7214–0003 | 民国十四年(1925)黟县培本染织有限公司立《批发》 | 151×231 | 718 | 按时间顺序随手记录每日批发出去的布匹和收入的银钱 |
| 3.2.8–F7214–0004 | 民国十四年(1925)黟县培本染织有限公司立《白布总》 | 152×235 | 718 | 一级目录按商户,二级目录按时间顺序记录织布数量及织布银钱,谁经手,是否对销并盘总 |
| 3.2.8–F7214–0005 | 民国十四年(1925)黟县培本染织有限公司立《绕纱工元册》 | 121×217 | 718 | 按人头记录绕纱支出的工钱和收购的布匹 |

续表

| 分类编号 | 内容 | 原图尺寸(毫米) | 原始编号(包) | 备注 |
|---|---|---|---|---|
| 3.2.8-F7214-0006 | 民国十四年(1925)黟县培本染织有限公司立《日生》 | 148×218 | 718 | 按时间顺序记录每天的银钱和布匹往来进出 |
| 3.2.8-F7214-0007 | 民国十四年(1925)黟县培本染织有限公司立《织工》元册 | 152×235 | 718 | 一级目录按商号,二级目录按时间顺序记录收购的织布和支出的工钱 |
| 3.2.8-F7214-0008 | 民国十五年(1926)黟县培本染织有限公司立《杂支货力、材料生财》 | 119×217 | 718 | 杂支、雇工、材料支出 |
| 3.2.8-F7215-0002 | 民国十五年(1926)黟县培本第二厂立《织工》 | 149×231 | 718 | 封面粘有印花税票,为雇人织布,一级目录按人头,二级目录按时间顺序记录收购的织布和支出的工钱 |
| 3.2.8-F7215-0003 | 民国十五年(1926)黟县培本染织有限公司立《棉纱、色布总》 | 152×235 | 718 | 封面粘有印花税票,收购条布、色布、染色布、银光平,以及支出银钱的总账 |
| 3.2.8-F7215-0004 | 民国十五年(1926)黟县培本染织有限公司立《白布总》 | 190×235 | 718 | 按商号登记白布收购和出售的总账 |
| 3.2.8-F7215-0005 | 民国十五年(1926)黟县培本染织有限公司立《批发誊清》 | 231×191 | 718 | 一级目录为商户或人头,二级目录按时间顺序,誊清付布、收洋账目 |
| 3.2.8-F7215-0006 | 民国十五年(1926)黟县培本染织有限公司《银洋总》 | 189×233 | 718 | 按时间顺序登记全年收支银钱 |

通过这些账簿,可以研究新安商人具体的经营活动,以及当时商品经济的发展状况。

### 三、行盐执照,茶税尾照,税卡厘金,准开店铺执照等

古代商人无论行商还是坐贾,都要得到官府发给的行商执照才可以开展经营活

动。比如，上述开茶行就需要申请牙帖。特别是徽商经营的盐、茶、木等属于关系国计民生的专营商品，为官方严格控制，其贩运首先要取得官方的盐引、茶引，是经相关专管盐茶部门审核后发给的贩运盐茶的许可证和通行证，无证照即为非法私营。明清民国时期，盐作为严控的专营商品，盐商必须获得盐业管理部门颁发的盐引或执照，按照规定的重量、盐场、运输路线、销售区域限期贩运销售，沿途还要受到巡查机关的盘查，如违反即为走私。两浙盐运使署于民国元年设置，总理两浙盐运。

**民国两浙盐运使护票**[①]

**护票**

两浙盐运使　为给发护票事，今据绍箫肩贩　，请运肩盐　担，计重　斤，应纳盐税洋　元　角，业已如数收足，凭第　号发盐准单，填给护票，发由该贩执持，运至　地点销售。经过沿途巡缉机关即将此票呈出，查验放行。倘有盐票相离以及重量不符、逾限挑销情敝，即作私论，毋稍违误，须至护票者。

中华民国　年　月　日填给

此项护票限　日缴销

**缴核**

两浙盐运使　为给发护票存根缴核事，今据绍箫肩贩　，请运肩盐　担，计重　斤，应纳盐税洋　元　角，如数收足，除凭第　号发盐准单，填给护票外，合留存根缴核。

中华民国　年　月　日填

这份空白护票钤有赤印。绍兴、萧山地区的盐贩向两浙盐运使申请贩售官盐，缴纳盐税后，即可领取此许可证和通行证，凭护票通过沿途巡缉机关。护票规定了销售官盐的数量、销售地点、销售时限、违规行为等。1937年4月，两浙盐运使署与两浙盐务稽核分所合并，成立两浙盐务管理局。两浙盐务管理局主要负责制盐许可、盐质鉴定和监督、盐业经营规划、核定盐价、征收盐税等事务。此期间颁发的

① 黄山学院图书馆收藏，编号：3.4—F7200—0002，包号：721，尺寸：200毫米×120毫米。

肩贩官盐护照相对规定更细致。

**民国徽州两浙丽水分局给杨寿还肩贩官盐护照**[①]

**肩贩官盐护照**

两浙盐务管理局丽水分局　为发给肩贩官盐护照事。兹据　县肩贩杨寿还，请于丽水仓配盐一担，所有应缴仓价业由本分局收讫，经凭　字第□号准单配放官盐净重一百市斤，饬遵后开程期挑运　销地济销，其所经过沿途查验关站，应即验明放行。倘查有违误后开各段有效期限，或盐与照离，或夹带私盐，以及伪造涂改，影射重运等情敝，仍应照章扣运究办。除填存根备查外，合给此照护运。

计开

放盐仓至松阳自填发日起三日内有效

松阳至遂昌自填发日起五日内有效

遂昌至衢县自填发日起十日内有效

衢县至常山自填发日起十二日内有效

常山至开化自填发日起十四日内有效

开化至婺源自填发日起十八日内有效

到达　销地限两日售完，过期本照作废。

右给　县肩贩杨寿还收执

局长周□□

中华民国　　年　　月　　日发

这份肩贩官盐护照是由黄山学院收藏的复印件。民国年间，杨寿还申请从丽水贩运官盐100市斤至婺源销售，缴纳费用后，获得了两浙盐务管理局丽水分局颁发的肩贩官盐护照。凭此护照杨寿还可以领取官盐，在限定时间段通过沿途的丽水、松阳、遂昌、衢县、常山、开化、婺源关卡，不需再缴纳厘金，即可验明放行，到达婺源后两日内需销售完毕。但是此护照有注明的有效期限，商户如果违反或超出

① 民国徽州两浙丽水分局给杨寿还肩贩官盐护照，黄山学院图书馆收藏，编号：3.4－F7200－0001，包号：127，尺寸：300毫米×210毫米。

了有效期限，或者有盐照分离、夹带私盐、伪造涂改护照、影射重运等违规行为，则仍应照章扣费，追究责任。可见，此护照有许可运输销售、免除厘金的功能。通过此护照也能了解丽水至婺源的运输路程，可见新安江流域各区域之间紧密的联系。

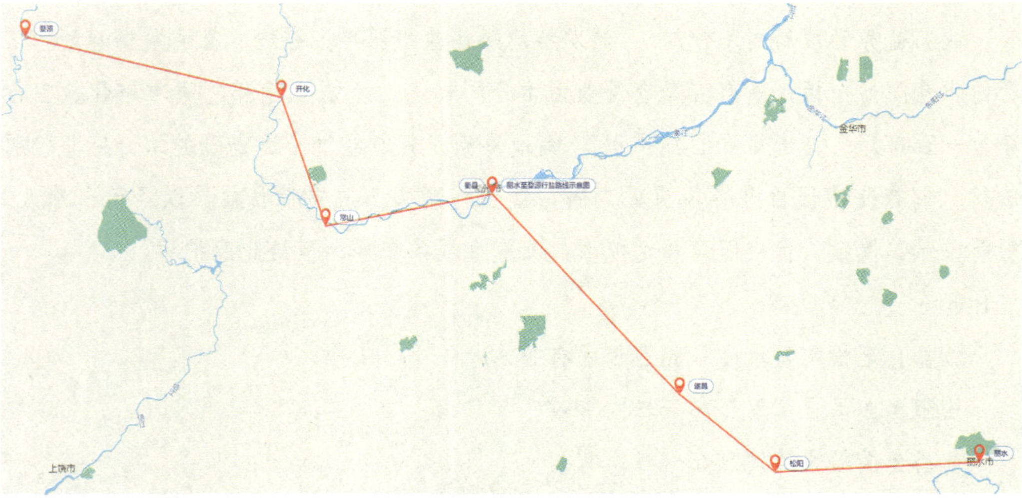


丽水至婺源行盐路线示意图

清同治年间，商品通过每道关卡都要引票、捐票、厘票齐全，除获得官方许可外，茶、盐等货物还要缴纳捐税和关卡厘金。民国时期，同样也需要缴纳茶税方可通过。

### 民国十七年（1928）一月程少记茶行皖南茶税尾照[1]

**皖南茶税尾照**

安徽财政厅为填注茶税票尾照事。兹据　　县商人程少记茶行，贩售绿茶，计一百斤，合一引，运赴上海地方销售，由　　茶税局扦量相符，照章完税。除将查验正票两联一并发交该商，其查验一联由商人分离，收税之局卡辖境后经过查验局缴销解核；正票一联即由该商收执，并将存根留存外，合将尾照送交财政厅查核。

货色绿茶四件，计一百斤

共完茶税银币二元二角五分

中华民国十七年十二月二十八日

---

① 黄山学院图书馆收藏，编号：3.3–F7217–0001，包号：392，尺寸：311毫米×257毫米。

这份皖南茶税尾照及存根为一票双联，休黟合并编订字号，钤有赤印。可见是商人程少记茶行贩售绿茶100斤，运往上海销售，需要在休黟缴纳茶税二元二角五分。发给此尾照，可以通过当地关卡到下一关卡查验局。除了要缴纳茶税外，还有各种茶捐费用。

**民国休宁裕昌祥茶商协助巡费收照**[①]

**茶商协助巡费收照**

旅浙徽属保商公会为掣给收照事。案照严河上下游一带盗匪充斥，抢案迭出，行旅视为畏途。前清末叶旅杭同乡呈请浙抚批准，组织徽属保商公会，创办徽商巡船，由官厅委员管带扼要驻防，并派兵随船护送，藉资保卫在案。惟经常费钜，非筹集的款，势难持久。民国肇兴，续经呈明浙军都督，循照旧章，凡徽产引茶，每箱带收本会经费洋六厘，用助饷需。今据　　过裕昌祥号徽产引茶四十八箱，计收捐洋二角八分八厘。合给收照征实，此照。

中华民国　　年　　月　　日给

徽商常经水路由杭州外出贩售茶叶，严河上下游经常有盗匪抢劫商船，清末旅杭徽州商人经浙江巡抚批准，组建了徽属保商公会，创办了徽商巡船，由官厅委员主管，驻守扼要地方，并有兵船护航，以保卫商船航行安全，耗费巨大。民国初年，经浙军都督批准，仍照旧行事，向徽产引茶征收经费，资助旅浙徽属保商公会开展巡船业务。上引便是民国年间裕昌祥号缴纳费用后收到的茶商协助巡费收照。

**四、船契**

古代商业活动中物流运输一般有陆运和水运两种方式。新安商人多赖新安江等水系，雇船户运输货物。经营船运同样需要官方的许可，沿途才能顺利通关，保证关卡厘金的收取。行商雇船的过程中产生了不少船契。

① 黄山学院图书馆收藏，编号：3.3-F7200-0001，包号：392，尺寸：280毫米×174毫米。

## 清咸丰七年（1857）七月朱玉宝立承揽官牙船契[①]

### 黑桥官牙船契

立承揽长安船户朱玉宝，今在黑桥河下承揽到吴□□处青茶，前往上海□便处交卸。三面议定水脚船银付讫，欠找下□□□，沿途支用。其船管得上干下燥，□关船料，船户承管，无涉客事。倘有疏虞缺数湿漏等情，即留本船照地头时价赔偿，不得轻放本船，不涉主人之事。恐后无凭，立此承揽船契为照。

计开

恒益宝号　青茶七百十五件　行李自查

用饭每位资钱卅六文

咸丰七年七月初九立承揽船户朱玉宝

黑桥邱二房老行印

顺丰大吉利市

这是一份印制船契，姓名、地点、银钱等处均钤有红印防止篡改，还钤有若干字样“南卡房挂验讫”“上洋□房打印，本客自营”“到卸三日此外如有□食每天每件加钱二文，三日内不加此钱”。黑桥邱二房老行应为一个官牙船行，船户朱玉宝应隶属于此船行。朱玉宝承揽到吴姓客户运输青茶往上海的业务，先行支付水脚船银，到目的地后再结算清楚。船户要负责货物的安全，如有缺漏受潮，要照价赔偿。并定下了饭钱，以及附加条款。

## 民国十五年（1926）三月休宁程客持杭屯顺风快利船票[②]

### 顺风快利

县船户蔡益子在杭揽到休宁程客一位，随身行李大小不计件，客自捡点，言明沿途打滩贴纤一应在内，送屯溪交卸，客膳每位每餐洋一角，此致。

原屯川水脚洋七元五角　□□三二〇入一角二分三厘

叨　　　用洋七角五分　□□二四〇入九分二厘

① 黄山学院图书馆收藏，编号：3.1.2-E6807-0001，包号：721，尺寸：420毫米×270毫米。

② 黄山学院图书馆收藏，编号：3.14-F7215-0001，包号：665，尺寸：300毫米×330毫米。

下力水沙力洋五分

出行茶酒洋听□

堂食（每位每日大洋二角）洋不计

埠　　叫洋一角四分

神　　福洋〇

募建新安会馆乐捐洋一角

共计洋八元七角五分五厘

收讫

民国十五年三月廿日　计数不缴王云生过塘老行印

此份船票，应是杭州的王云生过塘老行船行的船户蔡益子承揽到休宁程姓客人的货运生意，运到屯溪交卸，并注明了船资明细。

**五、期票、兑票、会票**

当今期票是指由债务人对债权人开出的，承诺到期支付一定款项的债务证书。根据遗存的期票内容可知，新安文书中的期票内涵与此一致，是承诺还款期限的借据。明清民国时期，茶叶销售就是新安江流域居民的重要收入，因此常见向茶行借款后承诺春茶上市时归还本利的期票，其中也有借钱还茶的茶票。

**民国二年（1913）歙县徐有贵立茶票**①

立茶票人徐有贵，今去到江林妹名下，三面言定，批春茶一担，每担计价洋十元正。其茶准于来年立夏后五日交货，十八两称过，不得欠少。如有欠少，凭中理论。恐口无凭，立此茶票为用。

中华民国二年十一月　　日立此茶票人徐有贵押

凭中子　福寿押

潘五水押

代书　余春贵押

① 黄山学院图书馆收藏，编号：3.7-F7202-0002，包号：672，尺寸：370毫米×160毫米。

这张民国年间茶票中徐有贵说是借茶，其实借的是钱，第二年立夏后五日偿还一担茶。

新安文书中的兑票，是指执票人可能预付了钱款给商铺，商铺给予兑票，执票人可以凭票兑换指定的货物。

**民国十一年（1922）婺源学川柴记立兑票**[①]

凭票兑早江乡庠谷三十四担正。

此据。包送铺前街。

又加一石

壬八月卅日　　学川柴记印　票

这份兑票钤有多个商户的红印，以做凭证。凭此兑票可以兑换庠谷 34 担正。

期票、兑票的内在逻辑，都是刺激资金的周转流动。对于古代和现代商人来说，资金的流动和拆借都是头等大事。行商过程中，随身携带大量现金，既不方便也不安全。如果和现代银行一样，可以异地支取现金将更加便捷。清代至少在康熙时期就已出现了类似功能的会票。会票分为两种，一种是汇款凭证，一种实质为借贷。第一种会票只具备汇款功能。钱归汇款人所有，事先存进商号账户，由商号开给会票，取款人可在异地凭票支取。

**民国十九年（1930）五月徽州江源有纸号立汇付支根**[②]

此第十六号支根，计汇付王丹记宝号大洋八十元，至期缴兑勿误，此据。此向同有本栈内

江仲衡先生核解　庚午国历五月底期江源有纸号具根

这是一份江源有纸号开出的汇付支根，为江源有纸号印制填写，有骑缝字样“徽字第十六号大洋八十元正”，钤有多个图案复杂的红印，年份及店号均为印章钤盖，

① 黄山学院图书馆收藏，编号：3.7-F7211-0002，包号：693，尺寸：170毫米×80毫米。
② 黄山学院图书馆收藏，编号：3.7-F7219-0001，包号：721，尺寸：235毫米×70毫米。

应是为了防止伪造冒领的措施。

第二种会票兼具借贷功能。借款人即为立会票人，向出借方借款，在异地取款，约定日后还款时间、利息。

**清乾隆四十七年（1782）十月刘玉洁会票**①

**会票**

立会票人刘玉洁今会到项　名下制足钱三百千文，其钱每周年一分起息，约次年十月一并归楚。为欲有凭，立次会票存照。

乾隆四十七年十月　　日立会票人刘玉洁押

中人刘宗海押

存照

这份会票上印有复杂精致的套色版画，这是因为凭票即可取款，用复杂的水印起到防伪的作用。

**六、商业买卖、典当、租赁文书**

商业活动中经常会有店屋、资产、家伙、货物、股份、盐引等的买卖、典当、租赁、抵押行为，新安商人一般都会书立契约，明确权责，保障商业活动的有序开展。

**民国四年（1915）一月恒丰典立顶染坊家伙契**②

立顶约人恒丰典，今将年前所顶染坊之生财各件逐一开单粘附于后，凭中盘顶与义和染坊受用，三面议定，时值价洋一百六十五元整。其洋当即收足，其生财各件照单点交清楚。自顶之后单内所开生财各件之所有权均属义和，而恒丰不再干预。今欲有凭，立此顶约，永远大发存照。

再批，以前所有顶约，倘日后捡出，作为无效，又照。押

又批，约内添而字一个。再批，内改后字一个，又照。押

民国四年阴历正月　　日立顶约人恒丰典押

① 黄山学院图书馆收藏，编号：3.7−E6547−0001，包号：360，尺寸：270毫米×410毫米。
② 黄山学院图书馆收藏，编号：3.9−F7204−0001，包号：341，尺寸：554毫米×441毫米。

中见人舒永年押
章蔼孙印
孙俊伯押
代笔苏显庭押

这是恒丰典店号将买来的染坊家伙，再卖给义和染坊。除了固定资产、有形资产外，盐引、执照也是可以交易的。

**民国二十五年（1936）五月歙县许宇仁立让渡浙东纲盐执照据**[①]

立让渡据人许宇仁，缘三房祖遗有歙字第四十二号引名吴广裕浙东纲盐旧执照一纸，连同民国念年换浙字二千八百四十四号引名更为许复康浙东纲盐新执照一纸，共计额盐九十七老引。今因正用，自愿凭中让渡与　名下存执，依照现行盐法按票完税，捆掣行销，当即收足时值法币一千四百元正。自让渡以后，永无取赎，如有废照改革情事，亦与宇仁无涉。今欲有凭，立此为据。

中华民国念五年五月　日立让渡据人歙县许村存心堂
三房许宇仁印
凭中苏欣如印
鲍咏松
许仲武印
亲笔印

许宇仁是歙县许村人，将祖遗新老纲盐执照两张杜断出卖。盐引也可以出租。

**民国二十三年（1934）三月歙县苏德泰苏介如立召租盐引批**[②]

立召批苏德泰，兹有歙县纲照引名鲍德大五票、鲍觐记三票，共计八票，原额老引八百引。因额多消少，情愿凭中出租与鲍咏松先生掣配行消。三面议定，每全

---

① 黄山学院图书馆收藏，编号：3.1.6-F7225-0001，包号：402，尺寸：500毫米×430毫米。
② 黄山学院图书馆收藏，编号：3.11-F7223-0001，包号：402，尺寸：510毫米×420毫米。

年应缴租价大洋八百元正，凭折分作四季支取，不得短少。自出租之后发生票捐税捐问题，属于票权者，归票主承认；属于管业者，归租客负担，两造毋得异言。恐口无凭，立此召批为据。

中华民国二十三年二月　　日立召批苏德泰苏介如

凭中曹聚卿押

曹允辉印

陈瑞生印

娄幼亭印

鲍坤生印

鲍其昌印

孙衡甫印

曹丹山印

苏璞园印

代笔陈煜章印

苏介如经营苏德泰号，因无力贩售，将8张歙县纲照引出租给鲍咏松使用，租价每年800元，分四季支取。如果发生票捐税捐问题，是所有者的责任由苏介如承担，是租用者的责任则由鲍咏松承担。

## 七、发票、定货单、收据、催款单

商业经营的批发零售活动中，还会产生发票、定货单、收据、催款单等各种票据。

明清民国时期的发票应为发货单，作为发货或购物的凭证，以便核对纠错。民国壬申年（1932）十二月威坪永昌隆号发票，[①] 就是开给徐寿洪的购买杂货发货票，钤有印花税票一张。

① 刘伯山收藏《淳安五都一内图蘭川庄徐氏文书》，尺寸：120毫米×1016毫米。

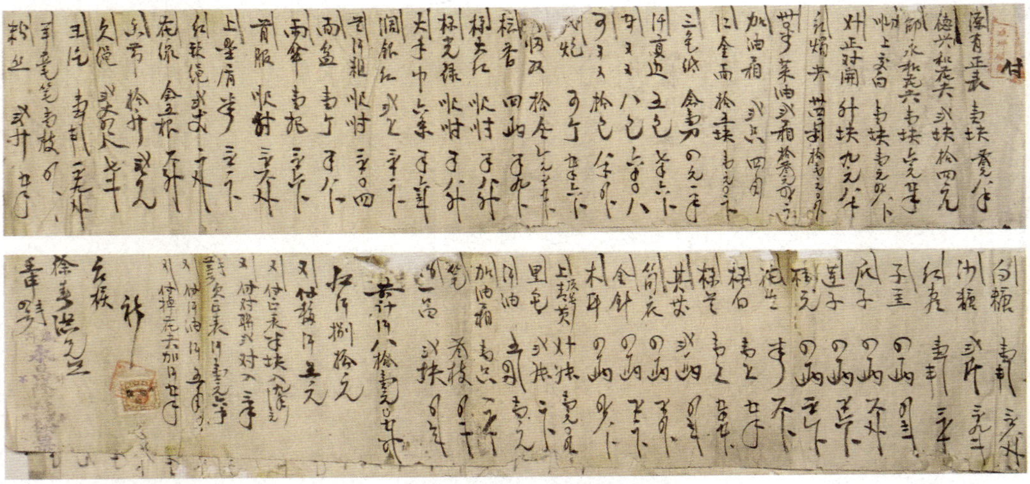

民国壬申年（1932）十二月威坪永昌隆号发票之一、二

黄山学院藏有一份民国歙县富堨镇裕大洋烛厂批发部空白发票。① 这是上海裕生洋烛厂在歙县富堨镇开设的批发部，主要经营各种重量的红白蜡烛。这份发票为印制，开列了红白蜡烛各项，使用时填上金额、时间即可。这份发票只做发货凭证，“不凭支取银钱货物”。有发货单就有定货单。

**清光绪七年（1881）十二月休宁程源发号定货单** ②

**休城西街程源发号**

何宅

光绪七年四月　　日用

彩轿一顶、高灯四对、官灯二对、花箱一担、圆衫一件、角带一条、方巾一幅、天圆地方一付、花冠一顶、书匣一对

言定英洋三元二角

当收英洋三元

光绪七年十二月廿六日定

① 民国上海裕生洋烛厂歙北富堨镇裕大厂批发部空白发票，黄山学院图书馆收藏，编号：3.8－F7200－0001，包号：718，尺寸：280毫米×180毫米。

② 黄山学院图书馆收藏，编号：3.13－E7007－0001，包号：252，尺寸：178毫米×238毫米。

这份红色的定货单为店家印制。清光绪七年(1881)，何家向休宁西街程源发号定购彩轿等货物，应是为举办婚礼所需。

民国辛未年（1931）屯溪中街曹大盛福记货款单，[1]这份单据出自浙江省遂安县十六都全朴村王氏文书，其印记表明为屯溪中街曹大盛福记开具的货款单，写明“此票不准支取银钱货物，一言为定早晚时价不同”。这表明曹大盛福记可能为百货铺，按照时价收售货品，开具的这种货款单为收领的凭证，并不是支取银钱货物的凭证。这份货款单也表明新安江上中下流域之间经济的交流。

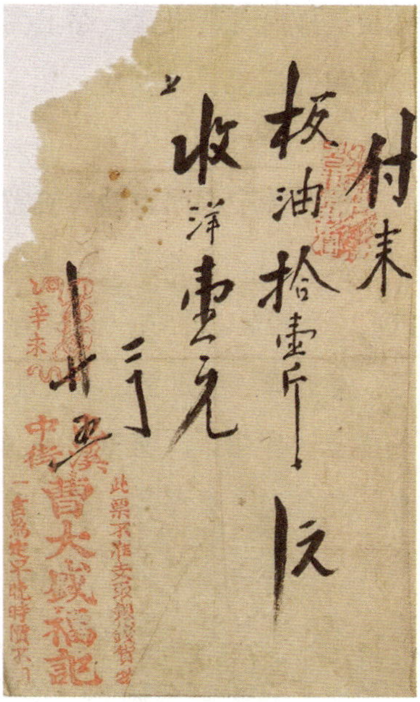
付来
板油拾壹斤
收洋壹元
此票不准支取银钱货物
屯溪中街
曹大盛福記

民国辛未年(1931)
屯溪中街曹大盛福记货款单

民国年间，操顺常在汉口益昌号赊账，年关结算欠店家钱款，于是店家发出了这张民国二十五年(1936）十二月［休宁］益昌号给操顺催款单。[2]

**八、商业其他文书**

还有些无法归入已有类目的手抄本、广告、商标、包装纸等其他文书。

清末民初，黄守五早年在武汉从事典当行，后来于衣庄供职，见程辉庭藏有典业博谈一书，于是抄录了下来。这就是民国十九年(1930)十一月黄守五抄《典业博谈》。[3]《典业博谈》原书大约成于清同治年间，主要内容是收当物品的鉴别和定价，包括珍珠论、玉器论、翡翠论、白玉论、碧露论、珊瑚论、宝石论、玛瑙论、水晶论、蜜蜡论、琥珀论、绿松论、铜磨石、青金石、试金石、金星石、各色金论、试金论、赤金成分及折扣、纹银成分及折扣，紫貂、洋貂论、玄狐等皮货，宫服、绫罗、钟表、名人字画、十思、九疑、三审、四覆、用水秤金法等。通过此书既可以了解历史上的典当行是如何运作的，也可以考察当时的物价等经济信息。

《商路便览》是在商业运输中使用到的工具书。民国休宁程厚志抄《杭省武林门至休宁屯溪水程一览表》，抄录了杭州武林到屯溪的水路路程，当时来往的行商

① 刘伯山收藏《遂安十六都一图全朴村王氏文书》，尺寸：160毫米×98毫米。
② 黄山学院图书馆收藏，编号：3.12—F7225—0001，包号：269，尺寸：270毫米×141毫米。
③ 黄山学院图书馆收藏，编号：9.8—F7219—0001，包号：691，尺寸：285毫米×160毫米。

就是这样沿着新安江一路上溯至屯溪。可见，新安江一衣带水，沟通了上下游的人流、物流和信息流。

**民国休宁程厚志抄《杭省武林门至休宁屯溪水程一览表》**[①]

武林门，念里至，江头，十里至，进垄浦（闸口），十里至，范村（半边山对河），十里至，朱硚，五里至，毛家堰，五里至，王家埠，十里至，鱼浦口，十里至，渡河埠，十里至，大安浦，十里至，庙山浦，十里至，赤松浦，五里至，大岭头，七里至，富阳，十里至，鹿山头，十里至，汤家埠，十里至，程坟，十里至，龙店湾，五里至，橦梓关，五里至，黄山寺，十五里至，窄溪（新城港口对河），十里至，紫埠，十里至，柏浦，十里至，桐庐县，十里至，鹅潭，三里至，六滚滩，七里至，黄山察，五里至，鸬鹚源，三里至，钩台，七里至，冷水浦，十里至，张村，十里至，胥口，十里至，乌石滩，十里至，东馆，五里至，严州，十里至，倒潭插，十里至，宗潭，十里至，马没滩，十里至，下衙，十里至，杨溪，十里至，白沙埠，三里至，仓后滩，七里至，试金滩，二里至，童埠，三里至，猢狲淇，五里至，小溪岩，五里至，百步街，五里至，茶园，七里至，瓦窖埠（即阎王庙），三里至，罗山墩，十里至，早禾埠，十里至，塔行，十里至，港口（遂安县治），十里至，赖爵滩，七里至，东溪源口，三里至，淳安，五里至，羊须滩，五里至，小金山（即上石渡），十里至，仰村岗，十里至，慈滩（橦梓源口对河），十里至，老人窗，五里至，息航渡，五里至，云头滩，十里至，竹节淇，十里至，威坪滩，三里至，和尚岭，三里至，常潭，三里至，滚滩，三里至，王家埠，三里至，梅花街滩，二里至，街口，五里至，八郎庙（即画眉跳架滩），五里至，米滩，一里至，牵钻滩（即天井滩），五里至，横石滩，五里至，山茶埠，五里至，结坞头，五里至，小川，五里至，境口（大川口对河），五里至，白石岭，五里至，金口，五里至，深渡，五里至，九里潭，五里至，蓬寨，五里至，绵潭（即牌楼前），五里至，庄潭，五里至，薛坑口，五里至，瀹滩（即金滩），五里至，梅滩，五里至，姚家淇，三里至，宗堡，二里至，狼源口，三里至，楪口，七里至，浦口（朱家村对河），三里至，义成，二里至，雄村，二里至，雄山渡，五里至，潘村，五里至，叶村，五里至，杨村岸，七里至，篁墩，二里至，下曹市，

① 黄山学院程伟乐收藏，编号：9.3.9-F7200-0001，包号：665，尺寸：120毫米×55毫米。

三里至，上曹市，五里至，由溪，一里至，牛坑口，五里至，罗汉松，五里至，长家塝，五里至，屯溪。

有人还将这段水路途编成诗意的歌谣。以下是刘伯山收藏的吴柏淮记《水路程》，途经地点略有差异。

**水路程**[①]（吴柏淮记）

**由杭至徽郡水路途成诗歌**

归途昨夜宿江头，风送钱塘一叶舟。

夜静潮声明月朗，六和塔影水中浮。

夜晚进陇浦江行（六和塔十里至进陇浦），犬吠人家是范村（进陇浦十里至范村）。

瞬息半边山下过（半边山对河诸桥），毛家堰上日初墩（范村五里至毛家堰）。

舟行两浙王家兜（毛家堰五里至王家兜），巨浪滔滔鱼浦口（王家兜十里至浦口，绍兴盐所在此下船）。

渡舟大安庙山连（浦口十里至渡舟，十里至大安铺，十里至庙山），赤松铺里沽仙酒（庙山铺十里至赤松铺）。

大岭奇花满路香（赤松铺三里至大岭头），富阳望见断人肠（大岭头七里至富阳）。

鹿山钓叟归来晚（富阳十里至鹿山头），点盏红灯说短长。

汤家埠口旧梅芳（鹿山头十里至汤家埠），程氏坟头新柳杨（汤家埠十里至程氏坟）。

无限春光难写尽，富春景物不寻常。

新店湾西橦梓关（程氏坟十里至新店湾，五里至橦梓关），绿萝古寺号黄山（橦梓关五里至黄山寺）。

新城窄溪并柴埠（黄山寺十五里至新城埠，十里至柴埠，新城埠口对河窄溪），栢浦清风时往还（柴埠十里至栢浦）。

桐君山下抱桐庐（柏浦十里至桐庐），点点彤云瑞雪飞。

暂泊鹅湾樽有酒（桐庐十里至鹅湾），醉看鹿港无声音（鹅湾三里至鹿港滩）。

---

① 吴柏淮记《水路程》，刘伯山收藏，尺寸：212毫米×135毫米。

黄山插在钓台东（鹿港滩七里至黄山插），溪涧鸬鹚曲遥通（黄山插五里至鸬鹚源）。

今夜子陵祠下泊，明日肯助一帆风。

浪静风快过严陵（鸬鹚源三里至钓鱼台），几叠青山水一弘。

千载高风归钓叟，云台那个文先生。

冷水铺边即张村（钓鱼台七里至冷水铺，十里至张村），不如归去雁声催。

试看多少白头老，啼尽东风唤不回。

胥口迴穿乌石头（张村十里至胥口，十里至乌石滩），鲥鱼三月乍尝新。

船中饮得兰陵酒，醉后高歌点绛唇。

扬帆东馆近严州（乌石滩十里至东馆，富春驲横港百里至兰溪），城砌梅花古迹留。

最爱暮春新雨后，万山空气一时收。

例潭插在宗潭接（东馆十里至例潭插，十里至宗潭），马投滩边下衙歇（宗潭十里至马投滩，十里至下衙）。

杨溪柳色已清明（下衙十里至扬［杨］溪），白埠桃花近三月（杨溪十里至白埠）。

仓后才过又试金（白埠十里至仓后滩，十里至试金滩），偶来童步说频频（试金滩二里至童步）。

猢狲淇水广长舌（童步三里至猢狲淇），小溪山岳清静身（猢狲淇五里至小溪岩）。

百步茶园近瓦窑（小溪岩五里至百步街，五里至茶园，七里至瓦窖埠），罗山墩顶月轮高（瓦窖埠三里至罗山墩）。

藻河与塔行连壤（罗山墩十里至藻河埠，十五里至塔行），瀑布飞流万顷涛。

遂安港口水如拨（塔行十里至港口），赖爵东溪冒雨过（港口十里至赖爵滩，七里至东溪源）。

官坝工程今已败，淳安古来读书多（东溪源三里至淳安县）。

羊须滩上小金山（淳安五里至羊须滩，五里至小金山），姹紫嫣红带雨看。

推蓬忽遇旧相识，问侬何日赴登舟。

响山空谷真奇异（小金山十里至响山潭，对面仰村岗），狮象双蹲俨若例。

船头叱咤一声雷，响彻东西与南北。

仰村岗上暗悲伤（响山潭十里至仰村岗），不是人生与别离。

往日鸰原音断处，池塘空忆梦中诗。

檑梓源头花渐稀（仰村岗十里至檑梓源，对河窗滩），老人窗下赌残棋（檑梓源十里至老人窗）。

锡行渡口樵归春（老人窗五里至锡行渡），肩荷松梢三两枝。

云头竹节水连天（锡行渡五里至云头滩，五里至竹节淇），才歇威坪兼岸联（竹节淇十里至威坪滩）。

薄暮同登高埠望，一轮明月万家烟。

和尚岭内僧享福（威坪滩三里至和尚岭），常潭滚滩多翠竹（和尚岭二里至常潭，二里至滚滩）。

大熟春笋效东坡，王家潭望水湾曲（滚滩三里至王家潭）。

街口东西会八郎（王家潭五里至街口司，五里至八郎庙），淳安古歙水分疆。

山多田少民勤俭，峰顶层层种黍粱。

米难牵销令人愁（八郎庙五里至米滩，五里至牵销滩），横石为棋结坞头（牵销滩五里至横石滩，五里至结坞头）。

坐对山茶坪下望（结坞头五里至山茶坪），小沟明月似银钩（山茶坪五里至小沟）。

大川镜口藜花汀（小沟五里至大川口，对河镜口），白石磷磷傍岸行（大川口五里至白石岭）。

深渡白波鱼可数（白石岭十里至深渡），寒潭九里午风清（深渡五里至九里潭）。

蓬寨绵潭载酒过（九里潭五里至蓬寨，五里至锦[绵]潭），庄潭藏碧玉书多（锦[绵]潭五里至庄潭）。

问音晚泊薛坑口（庄潭五里至薛坑口），长夜犹闻扣角歌。

没滩清残巧云多（薛坑口五里至没滩），闷坐舟中可奈何。

夜半瀹潭星灿烂（没滩五里至瀹潭），晚来洪水雨滂沱。

狼源梅口水潺浸（瀹潭十里至狼源口，三里至梅口），宜雨宜晴四月天。

午梦醒时新雨歇，夕阳浦口听鸣蝉（梅口七里至浦口，至屯溪五十二里，至府基十里）。

梁下康庄本府基（浦口二里至梁下），潺居半断近河西。

义成欲问雄村路（梁下三里至义成滩，四里至雄村），芳草丛丛树色迷。

岑山渡口结坞头（雄村五里至岑山渡），南海鲇鱼水面浮。

指点潘村烟雾里（岑山渡五里至潘村），近乡风景望中收。

烟村渡隔小姑峰（潘村五里至烟村渡），曲水王村断处通（烟村渡十里至王村湾）。
几辈同舟皆去远，夜来具膳阿谁光。
春雨浯村水满坡，富汀渡畔荷锄归。
溪南三月桃花帆，买得洞鱼味正肥。
篁墩草市对溪东（王村湾五里至篁墩，五里至草市），咫尺乡音大不同。
钓遍寒潭鱼无饵，九龙山下听松风。
黄口由溪咫尺间，青狮元旦过湖边。
扁舟卒[率]口溪边住（草市五里至卒[率]口），桃柳依稀似去年。
东风相送到屯溪，各捡行装趁早归。
揖别同舟桑梓友，何时相约到柴扉。
斜阳低挂树梢头，游子到家愿已酬。
堂上椿萱鬓发白，一番欢喜一番忧。
旷归夫妇胜新婚，欲语无言笑视频。
待叙离情见又醒，问娘房内是何人。
一自渔梁坝，百里至街口，八十淳安县，
茶园六十有，九十严州府，钓台桐卢守。
橦梓关富阳，三浙陇江口。
徽郡至杭州，水程六百多。
杭州江头至徽郡屯溪共结六百七十四里。

黄山学院藏有一份中英文的中国名茶商标，制造者是位于屯溪的中国安徽省第立第一茶务讲习所。① 徽州人也常将商家的包装纸再利用做包契纸，如民国休宁上溪口肇丰德号包装纸，② 印有“上溪口”“肇丰德号绸缎呢绒洋货布匹”“开设休西双凤坊正街，剪断褶皱概不退换”，可见肇丰德号位于休宁上溪口双凤坊正街，主要经营绸缎、呢绒、布匹等。

商人除了交纳税捐、厘金外，还要缴纳行会费用，如民国四年（1915）休宁县

---

① 民国休宁中国安徽省第一茶务讲习所中国名茶商标，黄山学院图书馆收藏，编号：3.14－F7200－0004，包号：411，尺寸：253毫米×93毫米。

② 黄山学院图书馆收藏，编号：3.14－F7200－0007，包号：454，尺寸：371毫米×312毫米。

商会具收年节费通知，[1]就是休宁县商会通知会员茂松缴纳该年度的年节费用，钤有字样“遵休宁县商会组织完备，惠蒙赐顾往来，概行三节归销尽止，腊月念四一律结清”。

由商业文书可见，徽州人常常经新安江取道杭州从事经商活动，这其中遗留下很多合同、契约、船契、盐引等都反映了新安江流域内部的交流和互动。

## 第四节　宗族文书

历史上新安江流域宗族掌握着基层社会的控制权，新安江流域平民都要参与到宗族活动中，确保宗族的发展和繁衍是首要任务。“新安各姓，聚族而居，绝无一杂姓搀入者，其风最为近古。出入齿让，姓各有宗祠统之，岁时伏腊，一姓村中千丁皆集，祭用文公家礼，彬彬合度。父老尝谓新安有数种风俗，胜于他邑。千年之冢，不动一抔；千丁之族，未常散处；千载之谱系，丝毫不紊”。[2]这是对新安江流域宗族社会准确的描述。新安人在管理宗族组织、开展宗族活动中产生了大量有关族产、宗祠、族谱、祖坟、祭祀、繁衍等事务的簿册、契约、合同、字据。

### 一、抄契簿、租谷簿、家族收支账

宗族活动、家庭生活最重要的是经济基础和支持，因此新安人常将涉及宗族和家庭资产、收支的重要经济活动和事项书立成簿册，妥善保存、代代相承。此类簿册包括有抄契簿、租谷簿、家族收支账等。

前述新安文书中五花八门的买卖、典当、租赁等财产处置契约，是资产所有权或使用权的凭证，新安人常将这些重要契约汇抄成册。如刘伯山收藏的《淳安八都交界歙县三十二都大坦洪氏文书》中有抄契簿 6 本，抄录的契约从清康熙直至道光年间，列表如下：

---

① 黄山学院图书馆收藏，编号：3.14－F7204－0002，包号：718，尺寸：270毫米×80毫米。

② [清]赵吉士辑撰，周晓光，刘道胜点校：《寄园寄所寄》，黄山书社，2008年，第872页。

淳安八都交界歙县三十二都一图大坦洪氏家族抄契簿一览表

| 序号 | 名称 | 尺寸(毫米) | 时间跨度 | 备注 |
| --- | --- | --- | --- | --- |
| 1 | 清嘉庆中后期抄立置产誊契簿 | 217×180 | 顺治至嘉庆 | 无封面。抄录契约最早顺治五年(1648),最晚嘉庆十八年(1813)。顺治1份,康熙13份,雍正17份,乾隆30份,嘉庆3份,合计64份卖契,买主均为洪姓,产业涉及田地山茶园房屋 |
| 2 | 清乾隆辛丑年(1781)柳月燉煌郡洪汪四立《契文簿》 | 264×222 | 康熙至乾隆 | 抄录契约最早康熙五十七年(1718),最晚乾隆六十年(1795)。康熙5份,雍正2份,乾隆29份,合计36份卖契、倒批等 |
| 3 | 清嘉庆二十三年(1818)正月抄立中期置产誊契簿一 | 224×184 | 乾隆至嘉庆 | 抄录契约最早乾隆五年(1740),最晚嘉庆二十二年(1817)。乾隆29份,嘉庆7份,合计36份卖契、倒批、找价契等 |
| 4 | 清嘉庆二十三年(1818)正月抄立中期置产誊契簿二 | 224×184 | 乾隆至嘉庆 | 抄录契约最早乾隆五十一年(1786),最晚嘉庆二十二年(1817)。乾隆7份,嘉庆12份,合计19份卖契、倒批等 |
| 5 | 清道光七年(1827)葭月抄写洪君如架下《契文》 | 220×193 | 乾隆至道光 | 抄录契约最早乾隆十六年(1751),最晚道光十八年(1838)。乾隆26份,嘉庆3份,道光18份, 合计47份卖契、倒批等 |
| 6 | 清道光八年(1828)腊月洪允志抄《立契簿》 | 207×183 | 嘉庆至道光 | 抄录契约最早嘉庆五年(1800),最晚道光十一年(1831)。嘉庆14份,道光12份,合计26份卖契、倒批等 |

通过梳理这 6 本抄契簿，就可以了解清顺治五年至道光十一年（1648 ~ 1831）歙县三十二都一图洪氏聚居村落的土地交易和地价波动，也可以了解该家族的资产交易及经济生活。

新安人赚到钱就会购置田地，宗族也会置办族产，再将这些田地出佃给别人承种，签订契约，规定好每年交租的时间和数量。置田收租也是重要的经济收益之一，新安人收租时就会将每块田地收谷租、豆租的情况记录下来，汇总成租谷簿。如刘伯山收藏的《遂安十五都浯溪鲍家鲍氏文书》中有 2 本租谷簿 ：一本是清乾隆年间收租簿，[①]

① 刘伯山收藏《遂安十五都浯溪鲍家鲍氏文书》,尺寸 :242毫米×183毫米。

抄录了 43 块田地收租谷的情况，开列了每块田地土名、税亩、租谷、承佃人、历年交租情况，交租记录从乾隆十五年至三十年（1750 ~ 1765）；一本是民国二十一年（1932）五月立鲍许林谷租豆租合收《草账本》，[①] 抄录了 20 块田地收租谷的情况，与乾隆年间收租簿体例一样开列了每块田地土名、税亩、租谷、承佃人、历年交租情况，交租记录从民国十九年至三十八年（1930 ~ 1949）。可见，该地区收租及抄录租谷簿这种经济活动的延续性，也能了解这个家族资产的变化和经济收入情况。

新安人积蓄财富的渠道在于开源节流，开源在于各种生产经营和金融商业活动，节流就隐匿在日常生活之中。新安人热衷于将家庭支用、银钱往来事无巨细地记录下来，从涓涓细流中节省花销、筹划收支，因此遗留下了大量的支用账。如刘伯山收藏的《淳安五都一内图蘭川庄徐氏文书》中就有 4 本家族收支账。

**淳安五都一内图蘭川庄徐氏家族收支账一览表**

| 名称 | 尺寸（毫米） | 时间跨度 |
|---|---|---|
| 清光绪十四年（1888）腊月立蘭川徐协和鸿记《做斋支用账》 | 159 × 199 | 前面为清光绪十四年（1888）十二月筹备做斋的各项开支。其后为光绪十五年（1889）正月至十二月的日用支出，包括往威坪、严府、屯溪、太平溪口办货，衣食住行各项支出，雇工伙食，接神、做斋、解厌等 |
| 清光绪三十一年（1905）和讼支用账簿 | 116 × 155 | 清光绪三十一年（1905）一月至十二月日用支出账，包括和讼支出、衣食住行、送礼等 |
| 民国甲寅年（1914）徐火荣记《家用账》 | 112 × 163 | 民国三年（1914）、民国四年（1915）日用支出，包括年礼、买猪肉、买杂货、雇工等 |
| 民国十五年（1926）立徐□□账簿 | 140 × 202 | 前半部分为贺礼账，后半部分为日用支出 |

## 二、宗祠簿

新安江流域的宗族组织通过祭祀、修谱等活动维系族谊、加强控制族众，以尊祖敬宗、开枝散叶驱动亢吾宗、强宗族的实现。祭祀等宗族活动的开展需要稳定而坚实的经济基础，大多来源于捐助和购置田地产业，收租增殖收益。宗祠有自己

① 刘伯山收藏《遂安十五都浯溪鲍家鲍氏文书》，尺寸：170毫米 × 141毫米。

的族产，宗族还会组建各种祀会负责田地祀产的管理和收益、祭祀的举办和支出等，如清明会专门负责清明时节祭扫祖墓。新安人将这些族产、祀产视为公家，公田数量比一般人家多很多。管理和清算的必要措施即为详细记录资产，以及收益和支出情况，这些记录族产、祀产，以及举办祭祀活动的簿册就是宗祠簿。记录宗祠财产、祠会祀会资产及收支的簿册就是祠会、祀会会簿，记录祭祀活动的开展和支出的合同、账簿等就归于祭祀簿，与世系源流、添丁进口有关的则有人丁修谱簿、氏族志、手写家谱等。

祠堂的收入部分来自于祠产的收益，出租田地的租金和出佃缴纳的租谷。

**民国三十七年（1948）九月［祁门］谢柏山祠谷票**[1]

**谢柏山祠**

今收到和祀一八号佃户杨文华西□　，土名骡田坦白石垢，租谷三秤十斤，已收入册，合给收据。

经手人印

民国三十七年九月十日谢柏山祠谷票

民国年间，杨文华承佃到谢柏山祠堂的田地，每年要交纳议定的租谷，谢柏山祠经手人即发给收到租谷的凭据。

黄山学院收藏有歙县程怀德堂3本簿册，全面记录了祠堂祠产的来源和管理、祭祀活动的收支。明代末年，程氏宗族从堨田迁徙至溪口，组成了程怀德堂。经过300多年后，到民国二十六年（1937）八月歙县施行土地陈报制度。程怀德堂众族裔清理宗祠产业，协定将一些产业推助给程怀德堂所有，由宗祠执业管理、收租缴税；再将三处产业卖给支丁。并对支丁出助产业、抵押借款、中介担保做了具体规定；出助祠堂及支出，以契据为准。程怀德堂将清理的产业抄录而成民国二十六年（1937）十一月歙县程怀德堂《总清》，即祠产簿。首先规定了每年正月十六日收利息，十月初十日收租息、租谷，接着规定了9名族丁共同管理二十七年份的公业、公账事务。这些契据、宗祠簿都要收入宗族公匣，由宗族推举的贤能共同轮值管理，即

① 黄山学院图书馆收藏，编号：4.4.1-F7237-0001，包号：200，尺寸：200毫米×120毫米。

新安宗族公共事务管理中惯用的公匣制度。即将对宗族至关重要的契约、租簿、账簿、祭祀、诉讼、议约等宗族文书存入匣中，由多人共同管理、互相监督。

公匣制并不限于族谱的管理，据刘道胜先生的研究，[①]公匣按所反映的组织系统有祠匣、祀匣、众匣、会匣、匣商等，按用途有纸笔匣、银匣、谱匣等。有专门的组织与管理人员，一般称司匣、管匣等，或祠正、司年、值年等。他们分工明确、各司其职，比如一人管匣、一人管钥匙、一人管封条、一人管存放，只有四人到齐方可开启。古代管理人员由合族或按房推举贤能产生，或由每房轮流司值。公匣制的优点在于：第一，管理人员必为族中贤能，更为重要的是必须为正直方正的有德之士，严防流入宵小之手。第二，各司其职的方式要求必须四人到齐方可启匣，有效地起到了互相监督制约的作用。第三，轮流司职，并执行严格的交接手续，保证了公开透明。第四，如有遗失或损坏，可以有效地追究责任，施以重罚。《窦山公家议校注》卷一《管理议》："中元祭毕，各房家长同家众于接管中举一人领银匣，一人领匙钥，一人领手册，一人领印秤，一人领什物，填于接管手册各名下。至一年事完，送出点检交递。"[②]遗失即重罚。《茗洲吴氏家典》卷一《家规十八条》："祀田所入，充每年祭祀之费，岁不可缺。当清查税亩，字号四至，另书一册，贮众匣内，以便不时稽考。以后置者，当陆续载入。"[③]由以下的公议可见，程怀德堂同样施行公匣制管理祠产。

**民国二十六年（1937）十一月歙县程怀德堂《总清》**[④]

**公议**

一议，历年正月十六日收利息

一议，历年十月初十日收租息、租谷（净黄豆以大斗为标准）

一议，本祠各办人列后

管契据、国币程社荣押

管账　　　　程济川押

---

① 刘道胜：《明清徽州宗族的"公匣"制度》，《中国农史》2008年第1期，第95～107页。

② 周绍泉、赵亚光：《窦山公家议校注》，黄山书社，1993年，第13页。

③ [清]吴翟辑撰，刘梦芙点校：《茗洲吴氏家典》，黄山书社，2006年，第18页。

④ 黄山学院图书馆收藏，编号：4.4.1–F7226–0001，包号：718，尺寸：270毫米×245毫米。

助事　　　程官水押

司年　　　程庆月押

司年　　　程茂荣押

助事　　　程官昌押

助事　　　程金春押

助事　　　程永顺押

助事　　　程鹏远代押

公议以上各办事人届期到祠共同参议处理

以上各理事二十七年份施行

中华民国念六年十一月日立

理值公业、公账人例（列）名

总理事人程永顺、程济川、鹏远

理事人程庆元　　程茂荣

程官水　　程清旺

程清闪　　程鉴霆

程进桃　　程官昌

程四喜　　程社荣　等

程庆月　　程金喜

程清海　　程民椿

程金锡　　程栢林

## 序

自明代末年间由堨田迁移居溪口，已历三朝之久。所有公业之税，自世科、世秩二公支下人等、尚越公支下人等共同与程怀德堂，走码完税已过去三百余载，各支下与程怀德堂皆无异言。今逢歙县土地陈报八月间布告施行，永顺、济川二支下召集各房长、各支丁理值公业账目。所有祠内后基地及门前祠坦、上店坦、门前朝山、店后、前山垭、上垭，以上各处，各支下慷义将公业税及私业推助与程怀德堂户下见业陈报完税。再上屋挂五元公容像、下屋观音堂及畚箕地，以上三业现已便卖与各支丁，立有契据。如有少数之支下有意将公业暗藏之情，不愿推助入程怀德堂祠内，照依违抗规章论理处罚。各支下如有向祠内借款，须要优良田地业公估抵价值，每百元限定抵押五十元，不得超过额外。向祠内借款及租地，须要妥实中保人保租保息，如有拖欠等情归保人负责偿还。自乾隆年间建造程怀德堂起至民国二十六年十一月止，本祠对与各支下有功及用款一切等，在祠须有字契为证，口传无效。有功在祠，本祠自有公理报效。各支下与程德怀堂至民国二十六年十一月望日以前各公业税完全统概理清，与祠堂有功及字约限定本年十一月底为至，以后发生一切等情不生效力也。 至。

民国二十六年（1937）十一月歙县程怀德堂《总清》，还登载了以下内容：

1. 民国二十六年（1937）十一月十五日尚越公、国総公、世秩公、国纬公、国缘公支下数名支丁推助入祠堂产业的字号、税亩、土名。

2. 民国二十六年（1937）三月二十七日国缘公支下偿清裕公红主牌费用，抄录议约一份。

3. 程怀德堂将上屋堂墙地挂五元公容像、下屋堂墙地观音堂、中村畚箕地、下屋东边下塘房间地灶林公业地便卖与本支丁清单。

4. 祠堂所有 3 份地产的字号、税亩、土名清单。

5. 祠堂受到 17 名支丁抵押田地的产业清单（后续全部赎回）。

6. 抄录中华民国三十七年（1948）五月思纬公支下姚三松等立杜便地契、民国三十七年（1948）七月程官水立掉换地契、民国三十七年（1948）七月程怀德堂族长程灶安等立掉换地契，以及土名溪口村前荒墩森养水口掉换契据并收及支清单。

7. 祠堂支丁公议将绝后的五十九世灶林公所有屋基地归入程怀德堂，清明等节为其在祠堂祖宗龛座烧冥袋一封。

8. 承租祠产 10 名支丁租种地业及租谷清单。

9. 民国三十年（1941）支丁捐助祠堂购买天井桥皮篻八条助洋清单。

10. 民国三十三年（1944）支丁捐助祠堂购买百年索（用于抬灵柩）大小四只、棕索一斤助洋清单。

11. 民国三十五年（1946）腊月支丁捐助祠堂购买新锅安灶助洋清单。

12. 排行诗：国正天心顺官清民自安，贤能由济治同庆继流芳。

以上这些祠产，每年由人轮值管理收租，还要缴纳税粮。民国三十三年四月歙县程怀德堂《租簿》，就是一本祠产收租账簿。《序言》部分说明了程怀德堂有 5 处产业由各支捐助，此前税粮未过割，由各房完粮收租。民国三十二年土地陈报之际，将5处产业税粮归祠堂陈报，以后由祠堂收租。凭公议定每条篁皮租净黄豆二升，冬季晒楚冬粮每年条租粟米一升。并开列了承租户的名单及承担的租金。

**民国三十三年（1944）四月歙县程怀德堂《租簿》**①

今缘因程怀德堂祠内众业，土名青山岭田、上店坦、祠堂坦、祠后、上坦五业，因系各房下喜助拥护栽培，祠内其税未推，均系各房完粮，祠内未经收租。今民国卅二年土地陈报，将五处众业税归祠内陈报，以今成立归祠内完粮，各租主归祠内收租。凭公议定每条篁皮租净黄豆二升，冬季晒楚冬粮每年条租粟米一升，其粮出山之日随即交祠内清楚，不得欠少。如有欠少，祠内起业另租他人，不得阻止。其租不欠，听凭晒用不得起业，其系公论，不得违命。倘租主不租，归祠内收回。此系众愿，不得反悔，恐口无凭，立序为证。

民国三十三年立办事人程社荣

观水

清发

长和　同

族长　程灶安

房长　程福源上□代事

程有根

程荣昌

程清正

程卖炭

今将篁皮各租主芳名列后

（下略）

这份《租簿》随后记录了民国三十三年（1944）至1950年的收租账，每年都要收豆租和粟米，并折合成纸币，民国三十六年（1947）开始还出现了麦租。所收租

① 黄山学院图书馆收藏，编号：4.4.1－F7233－0001，包号：718，尺寸：240毫米×210毫米。

金就是祠产的收益，是祠堂祭祀活动的经济来源之一。程氏宗族出于篁墩，每年各地的程氏宗族都要前往篁墩祭祀先祖。程怀德堂被安排在清明后十日做祭祀，十一日祭拜祖墓，十二日举行祠祭，祠祭后散胙。这本账簿记录了民国二十六年（1937）至 1950 年祠堂收支账，进账有祠礼、牌费、卖地款、利息、租金、豆租、麦租、米租等，支出包括春社、秋社、谢年、立春、谢众神、接天地、接春、禁山等每年惯例祭祀，还有伙食、交税和置办香火、纸箔、鞭炮、器具等。1950 年没有收支记录，但仍前往篁墩扫墓。

《遂安十五都浯溪鲍家鲍氏文书》中这份清嘉庆二十二年（1817）十一月蜈蚣形琨办祭各房饮祭名数①记录了鲍氏家族办祭每房饮祭人员的名单。清道光二十五年至咸丰五年（1845～1855）清明租用簿记录了鲍氏家族收租谷账和清明祭祀办货的开支。②

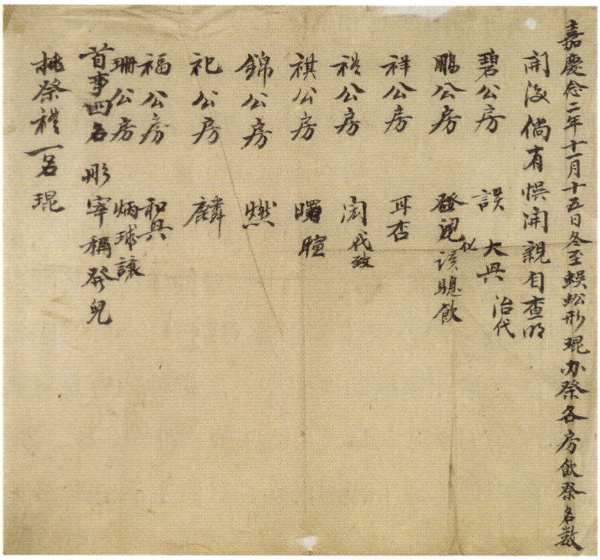
嘉庆廿二年十一月十五日冬至蜈蚣形琨办祭各房饮祭名数

清嘉庆二十二年（1817）十一月蜈蚣形琨办祭各房饮祭名数

清道光年间抄立康塘洪氏谱③抄录了康塘村心洪氏迁徙图，记载了三十四世至五十五世的世系源流，应为家乘簿。《淳安五都一内图蘭川庄徐氏文书》中遗存了 3 本百世草批，清光绪年间抄立长房《百世草批》④、清光绪年间抄立长房《草批》⑤记载了三十世至三十五世先祖的生殁时间，以及祖墓地点；清光绪年间抄立长房《草批》⑥绘制了二十五世至三十五世世系图。

① 刘伯山收藏《遂安十五都浯溪鲍家鲍氏文书》，尺寸：251毫米 × 270毫米。

② 清道光二十五年至咸丰五年清明租用簿，刘伯山收藏《遂安十五都浯溪鲍家鲍氏文书》，尺寸：243毫米 × 192毫米。

③ 刘伯山收藏《遂安十七都一图康塘洪氏文书》，尺寸：250毫米 × 173毫米。

④ 刘伯山收藏《淳安五都一内图蘭川庄徐氏文书》，尺寸：240毫米 × 200毫米。

⑤ 刘伯山收藏《淳安五都一内图蘭川庄徐氏文书》，尺寸：238毫米 × 198毫米。

⑥ 刘伯山收藏《淳安五都一内图蘭川庄徐氏文书》，尺寸：240毫米 × 196毫米。

## 三、分家书

新安江流域的分家阄书，通常被称为阄书、龟书、分匀书、分关、分单、拨单、标书、遗嘱、议合墨等，繁杂不一。但订立的过程大多央亲戚、族人、朋友或者保长等为凭中，将家产按照诸子数目品搭均分数份，标明字号，诸子在祖先灵前拈阄确定。形式上来说，一般为一式数份，按照“日月”“天地人”“孟仲季”“礼义廉耻”“福禄寿”等进行编号，子弟按照所阄字号各执一份。有的成册成本，有的则类似一纸或数纸的合同议墨。隆重者书于红纸之上，简陋者则用草纸。

内容上则大致相同，有正文、析分资产明细开列、落款画押三个部分。正文部分一般简介家族状况，各房读书、从业、婚嫁、子嗣情况，分家原因，析分原则，阄分字号，拈阄结果等。析分资产清单详细开列家产，各阄所得买受田业、租则、山场、屋基等，有的会股也会拿来析分，以及存众的田地、租则、屋基、祀产、祭祀用具等。最后书上订立阄书的日期、立约人、中人、代笔等，画押为证。

家庭财产的分配，并不只是简单的经济利益析分，复杂的血缘情感、纲常伦理也纠缠其中。分家事实上是对纲常伦理的违背，在经济上也是对族产的一次分崩离析。在徽州家族的阄书中，关键性内容是对族产的分配，同时极力提倡分而不散，要求子弟们孝敬父母、互助共荣、勿争多寡、勿败家产。其中的利益分配、情感需求，最为集中地体现了普通民众在日常生活中是如何实践孝观念的。

### 清乾隆六十年（1795）十月［歙县］张江氏立分单①

立分单母江氏，夫君弃世越今八载，老身年近八旬，精神非昔，家事浩繁。所生四子，长名朝榕，次名朝懋，三名朝模，四名朝相，各皆婚娶，俱有子女。惟次子朝懋不幸病故，遗孤一子，名庆端，年已十九岁，择期来年完娶。所有先人遗下房屋田地产业，今凭亲族公同品搭四股阄分。自分之后，各宜遵守。惟愿汝等以孝义诚信为报，以黾勉勤俭为本，发福兴家，亦可拭目而待也。一样四纸，各执一纸，永远存照。

计开

长房榕分受

① 黄山学院图书馆收藏，编号：4.5–E6560–0001包号：721，尺寸：335毫米×1350毫米。

（下略）

二房煓分受

（下略）

三房横分受

（下略）

四房相分受

（下略）

存众

（下略）

再批，祖父尚未归土，其各山地内听凭安葬，毋违母命。又照。

乾隆六十五年岁次乙卯十月　　日立分单母张江氏押

同男朝榕押

朝横押

朝相押

孙男庆煓押

凭母舅江松舟

侄朝楚

朝椿

朝棣

朝樽押

侄孙庆煋押

庆炳押

庆灯押

庆煊押

庆炤押

代笔　　再侄孙衍鹤押

清乾隆年间，歙县张氏家庭生有四子，父亲先逝，母亲邀亲族做见证，将家产品搭为四股，由三个儿子和次子的遗孤分别继承。此外，还留有一份存众产业，虽然未明确，但公存财产一般用作赡养父母或祭祀祖宗。

分家是家族人口数量增长和发展规模扩大的必然趋势，也有亲族人心不一的因素。如何保证虽分而合，督促子孙尽赡养的义务，保护祖宗父母的利益不受侵害。在徽州，分析财产时一般会保留一部分共存财产不进行分割，由族人公同管理生息，有的专门用于子孙读书和奖励，有的专门用于父母在世时的赡养，有的专门用于祭祀祖宗。忠孝仁义如果离开物质基础，是无法实现的。分析财产最忌力量分散造成的家势变弱，这就需要不遗余力地和睦友爱、互相扶持来规避分家的风险，虽分而合之，务使整个家族力量增强。

**清咸丰九年（1859）二月黟县程荣书立阄书**[①]

立阄书程荣书，缘予身鲜兄弟，初随父薛题公经商大通镇，嗣因父在日就业屯溪，经今已廿余年矣。所生二子启灯、灿，俱能立志勤俭，在屯创有店业。予思年近七旬，欲将祖遗及续置田产分晰，各自管业。二子请以田业山业概行存公为父薛题公及予立二祀会，永为子孙岁时祭拜之资。其意甚善，遂从所请。因将山田各业拔存立二祀会外，所余田产品搭均分为仁义二阄，拈定各自收管。惟望分晰之后，合志同心，继长增高。遵前人忠厚之训，为后嗣德业之遗。庶几子孙绵绵，勿替引之。为此立二阄书二本，各执一本，永远存照。

致辉公立祀会所存产业开列于后

（下略）

文柬会所存田业开列于后

（下略）

以上除存致辉公文柬二会之外，仍有余业品搭均分为仁义二阄开列于后

（下略）

外批与长孙兴鳌名下

（下略）

自分之后，各管各业，兄弟和气，永无异说，是望。

---

① 刘伯山收藏《黟县二都枧溪程氏文书》，尺寸：225毫米×180毫米。

咸丰九年季春月谷旦立阄书程荣书押
凭中侄学庭押
侄兆熿押

这是黟县二都枧溪程荣书家庭长房程启灯所有的一份阄书。程荣书于屯溪经商，将家产品搭均分给两个儿子。但根据阄书，所有产业实际分成了四份，一份是公存财产，为程荣书父亲薛题公及程荣书本人设立两个祀会，由两房以一年为期轮流管理，其收益作为祭拜的资金；一份为长子所有；一份为次子所有；还有一份给予长孙。生命有其始，有其终。生命之始来源于历代祖宗的传承，生命的延续在于子孙繁衍。这份阄书一方面明确了公存财产专供祭祀，体现了徽州人尊祖敬宗的观念和实践；一方面又体现了对长子长孙和传宗接代的重视和鼓励。正反映了儒家孝观念的实践。

**民国二十年（1931）八月黟县韩门汪氏等立阄书（二房）**[①]

**兄弟分爨阄书序**

尝闻张公九世同居，流芳百世；陈氏七百口共食，名扬万年。往古同居之风，岂忍一旦分拆而处。虽然山始昆仑，终分五岳；水本天汉，卒通九河。且树大则分枝，水流水分派。物尚如此，人亦宜然。是分爨之事，人所不能免也。窃我兄弟三人，承先人之业者无几，亦惟是克勤克俭，粒积而来。此际产业虽无丰裕，其居食颇足。家庭虽然一团和气，而人丁众庶，食指浩繁，事务实难总理。与其同聚而操烦，曷若分开而守约。况兄弟百人，终归一身。因念及此，故请出房亲韩观炎叔、金罗林舅母秉公调停裁评，将所遗产业从中剔出祭祀蒸尝，付与某某岁代祖先祀典，以为子孙等轮流办祭久远之计。其余田园厝宅各物按照三人阄受，均适其平，至公无私，分毫不爽。从此分门别户，各自为爨分。蒸□当从轮流，已业宜照管正。克绍先人遗训，勿忘公亲裁议。日后毋得异言纷更，须当和气致祥。前创后因，男耕女织，世世相承，克绍家声，天必锡汝以福也。是序。

（下略）

---

① 刘伯山收藏《黟县韩氏文书》，尺寸：230毫米×100毫米。

爰立阄书三本一样，各房均照执一本为据。

民国二十年八月吉立

胞嫂韩门汪氏押

胞叔韩承来押

韩承裕押

中见　旋叔韩观炎押

大舅母金门郭氏押

另有一份三房所执阄书，与以上内容相同。这份阄书反映了对宗族世代同居的向往和分家析产的现实，强调了家产分配的公平无私。家产在留有一份众存供应祖宗祭祀外，再由兄弟三人继承，实质上是分为四份。

**清嘉庆八年（1803）六月启俊等立嘱文阄书**[①]

立嘱文阄书父启俊、妻陆氏，所生三子，长子辰贵，次子龙贵，三子松贵，俱各成人长大，婚配已毕。今因身妻年迈，家务甚繁，难以管治，故凭托中人房长将身承父业，及自创业屋宇田地基山塘产业器皿等项，除拔取养老祀产长孙外，肥瘦品搭均分，尽行以作福禄寿三股，均分拈阄为定。依阄管业，毋许争长、竞短、翻悔等情。自分以后，父母轮流供膳。尽敬尽孝，勤劳宜报；克俭克勤，持守家业。冠婚丧祭，各尽其诚；待人接物，各尽其礼。毋因小利而伤手足之情，毋讨便宜而失兄弟之谊。当思创业之艰难，须知守成之不易。各遵父命，无违我嘱。倘有此情，即以不孝治罪。恐口无凭，立此嘱文阄书一样三纸，各执一纸，永远为照。

大清嘉庆八年六月　日立嘱文阄书父启俊押

辰贵拈得福阄　长男辰贵押

龙贵拈得禄阄　次男龙贵押

松贵拈得寿阄　三男松贵押

家长侄德椿押

亲笔父启俊押

① 刘伯山收藏《淳安五都一内图蘭川庄徐氏文书》，尺寸：267毫米×220毫米。

阄书合同利市

万代兴隆

计开福阄屋宇田地基山塘列后（辰贵经管）

（下略）

计开禄阄屋宇田地基山塘列后（龙贵经管）

（下略）

计开寿阄屋宇田地基山塘列后（松贵经管）

（下略）

一座养老田地开列于后

（下略）

今有父母不幸百年之后，以作三股，挨轮收租，感念春秋二祭，永远标挂。

一座长孙房屋开列于后

一新屋楼上楼下二间，并椅桌凳在内，以赠彩喜儒业，以作灯油钱。祖父母居处百年之后，彩喜经管。倘有二三房喜扬庆寿□□往来暂坐，毋得推诿。

其粮照阄分田地山塘完纳

此份文书出自淳安五都一内图蘭川庄徐氏文书。在分配家产方面，淳安人和徽州人采取一样的阄分模式。阄书明文规定徐启俊家庭所有家产，在剔除养老祀产和给长孙的财产外，余下资产肥瘦品搭均分，分为福禄寿三股，由三子阄分。关于公存的养老田地，规定父母生时供轮流赡养之资；父母死后分为三股，收益供祭祀所用。遗留给长孙的新屋，资助其读书；徐启俊夫妇居住的房屋，待过世后，则由长孙经管。同样是儒家孝观念——敬祖、事亲、有后的实践。

### 清道光元年（1821）正月浯溪鲍培风立分关（谌先得）①

立分单讳承九，字培风，年逾七旬有四。生三子，长谌，次盛，三辂，俱各完娶。惟艰之任，老不能堪。因将所承微基，请到日、月、星三光作证，拈作天、地、人三阄。

① 清道光元年正月浯溪鲍培风立分关（谌先得），刘伯山收藏《遂安十五都浯溪鲍家鲍氏文书》，尺寸：247毫米×123毫米。

拈管自分之后，毋得争长竞短，亦毋翻悔等情。如有此情，其罚白银五两入众公用，仍照关行。欲后有凭，立此分单一样三本执照。

（道光元）年正月　　日　立分单父承九押

命男谌先押

盛先押

辂先押

凭书胞侄方先笔

堂侄惟先押

天字阄

（下略）

地字阄

（下略）

人字阄

（下略）

抽膳田开后

（下略）

这份阄书封面有，“大清道光元年岁次辛巳正月　吉　旦　立”“浯溪鲍培风分关”“谌先得”字样。另有一份辂先所执阄书，与以上内容相同。据查，浯溪即为今浙江省杭州市淳安县浪川乡浯溪鲍家，为鲍氏聚居地。鲍氏三子析分家产之外，另有一份抽膳田，应为供养父母的经济来源。

## 清光绪二十六年（1900）初月父良続立分关书（时珂执管义字号）①

## 仁义分关引

孟子云：天时不如地利，地利不如人和。此为国然也。而为家，亦无不然。盖能人和，则天时地利即或不足，而人事尽可以补救；若不能人和，则天时地利俱属虚位。即论语所谓人能宏道，非道宏人也。况今居光天化日之下，益宜上和下睦之

① 刘伯山收藏《遂安十七都一图康塘洪氏文书》尺寸：228毫米×180毫米。

民矣。故尔育生三子，长男时瑟，次男时珂，三男时成。珂过继胞弟良绵之嗣，出继于龙源族宗之嗣。瑟、珂两相分爨，一家各供一日。凭中关约，凡祖遗新置，若者分若者存，无不了如指掌，取仁义二字以志别，瑟执仁字关，珂执义字关。惟是两相符合，各自遵约而行，一则视父母以效义之道，一则犹子比儿以敦仁之谊。凡事商酌而行，两相帮顾，如此则人和得矣。将见和气致祥，而光前裕后之隆，有不期然而然者矣。尚其勖哉。

子婿余春山撰印

（略）

大清光绪二十六年岁在庚子初月下浣之吉日立分关父良綵

长男时瑟押

次男时珂押

凭房□景禾

堂弟良迪押

良远押

子婿余春山笔印

这份阄书封面有“时珂执管”“分关义字号”字样，应为次子时珂所有，出自遂安十七都一图康塘洪氏文书。据查，朱熹曾经三次前往康塘，与当地洪氏家族交往颇深，留下不少诗文墨宝。此份阄书约定长子、次子分家后，父母由两房各供一日。在其后开列的分析财产中规定，仁管产业中的“下堂下首一间到顶，父母安住，百年之后一堂瑟管”；抽取膳产，“以上存众，父母到老之资，仁义合办，田地各半派分”；还有一部分作为长子长孙田。此份阄书由女婿书写，可见洪氏家庭有女儿。按照中国古代惯例，女儿嫁人之后冠夫姓，没有继承家产的权利。

以上所举徽州、淳安、遂安的分家阄书对财产的析分具有共性，都反映了敬祖、事亲、有后的理念，是当地孝观念实践的主流。

**四、婚丧礼账**

在新安江流域基层社会，结婚和丧葬不仅是人生大事，也是家庭和宗族的大事，是最重要的人情往来。家庭在举办婚礼和葬礼过程中的各项支出，以及礼金收入记录下来，就称为婚丧礼帐。民国时期，新安江流域乡村社会仍遵循了传统“六礼”

模式，实际施行中简省为批庚、行聘、下定、迎娶等。这些重要环节，主家都要给重要的亲友送上来礼，昭告喜事，收礼者在大婚之日则要回以贺礼和拜礼。这既是新安江流域平民日常生活中的重要开销，也反映了熟人社会的人际交往。

黄山学院收藏有一份账簿清同治三年（1864）五月［歙县］《夫荣子贵》，[①] 详细记录了歙县一位父亲为女儿婚事从议婚到回门的整个过程。同治三年（1864）年，歙县某家庭有个女儿名蕙芳，1846 年出生，当时 18 岁，经亲戚汪五爷做媒人，议到了堨田汪家的婚事。男方 1844 年出生，当时 20 岁。其过程记述如下：

1. 议婚。同治三年（1864）五月二十七日，女方先送了一份要求礼金、礼品的单子给男方，六月初十日男方回了一份应允送礼金、礼品的单子给女方，基本上是将女方要求对半打折。由此也可见，新安江流域民间婚礼实际的礼仪、书式和礼品，包括吉定（礼仪、喜盒），行聘（礼书、书套、花红、首饰、大担、鲜肉、鲜鱼、三元），冠笄（茶仪、果子担），迎娶（大担、鲜肉、鲜鱼、三元、喜蛋、红烛、花红、公堂礼、大门礼、小门礼、送亲礼、门闩礼、乳母担、福首担、旺相）。

2. 同治三年（1864）八月二十二日送福履。男方送礼上门，女方回礼，还要给亲友分发寿桃，告知婚事的消息。

3. 同治三年（1864）十二月十八日送年节，同时送日子单。同样男方上门送礼（有首饰等），女方当面回礼，给亲友分发寿桃。根据男女双方的生辰八字，第一次定下的行聘日期是 1865 年的二月初五，迎娶是二月十一日，初十晚丑时发轿。又另选了大婚吉日，行聘定在 1865 年的四月初二日，上头定在四月三十日，迎娶定在五月初二日，初一晚丑时发轿。

4. 同治四年（1865）四月初二日行聘。男方送礼上门，女方回礼。

5. 同治四年（1865）四月三十日上头。男方送礼上门，女方回礼，给亲友分发三元。代新人开席宴请宾客，每桌八碗菜（海会、猪肚、烧肉、包、炒米粉、蛋糕、火笋、鱼），共 2 桌。

6. 同治四年（1865）五月初一日发轿。女方发轿，需要招待宾客三餐，早饭吃面，中午开二碗二盘三席，晚上开五碗八盘四席。还要租用轿子、雇佣人力抬轿子等（彩舆一乘、宫灯 4 名、高灯 4 名、旺相 4 名、火燎 2 名、灯不一名、看轿 2 名、旺应一名、

---

① 黄山学院图书馆收藏，编号：8.11–E6903–0001，包号：721，尺寸：165毫米×360毫米。

下书一名）。女方还要给男方三朝送茶料盒 2 担。

7. 同治四年（1865）八月十三日接回门。女方家要雇轿夫 4 名抬轿两乘，到男方家中迎接姑爷、姑娘，男方要回送束盒等礼。姑爷到门，要给各房亲戚送上拜帖，亲戚也需要回帖回礼。姑爷由亲友陪客，招待三餐，晚上姑爷一席八碗十二碟两点（八碗：鱼翅、海会、烧蛏干、鸡煨栗、煨蹄包、火笋、鱼肚、尾鱼，十二碟：皮蛋、火腿、扎鱼、扎骨、甘蔗、石榴、花生、瓜子、冰糖、橘饼、鸡蛋、猪肝；两点：洗砂寿桃、肉饺）。可见，女方家以大礼招待姑爷。还要招待男方跟客、轿夫、姑娘的三餐。八月十三日，女方还要宴请主媒汪五爷。八月十四日，姑爷姑娘返回男方家，女方还要送上回门盒，适逢中秋再送中秋节盒。

这就是整个婚礼的过程，繁琐而细碎，每个环节男女双方都要互送礼金、礼品以及书帖。簿册最后汇总了筹备婚礼采办各项开支账目、五月初一发轿的收支账目、亲眷送嫁妆清单、八月十三日接回门支账。这主要是女方家中的各项收支。

男方视角也有文书可证。出自歙县沙坦钱氏文书的民国十三年（1924）十二月歙县钱韵兰立《礼尚往来》，[①] 记录了民国十三年（1924）、十六年（1927）、二十三年（1934），钱韵兰家庭收到的各家亲戚子孙结婚送上门的来礼，以及回礼情况。沙坦当地习俗，行聘、下定、星期书、批庚时，都要给亲友送上馒头、麻饼、粿粽、猪肉等。根据回礼时间可见，民国时期新安江流域婚礼的议婚程序还是比较长的，常见一年后才正式举行婚礼。参加婚礼的宾客回礼在 1 元左右，有来有往。民国二十年（1931）十一月钱韵兰为四子广富行聘，也要挑上礼粽送到各家亲戚，统计有 55 人。民国歙县[钱韵兰]立婚姻礼账，[②] 记载了钱韵兰于民国六年（1917）十月初十日为长男德先、民国十二年（1923）十月十九日为次男德骥举行婚礼收受的礼账。从中也可见，新安江流域婚礼实态及人情往来。虽然簿册中未见钱韵兰名字，但根据同包文书可知，钱韵兰与钱德骥应为父子关系。歙县沙坦婚礼亲友赠予的贺礼和拜礼是分开的，大多数亲友既送贺礼又送拜礼。贺礼既有现金，也有实物，比如鲜猪肉、鲜鱼、面粉、裱联、刀面、米糕、山粉、蕨粉等；拜礼均为现金，有元洋、大洋、英洋、龙洋、铜元等。礼金多则 1 元，少则 2 角。传统新安江流域婚礼

① 黄山学院收藏《歙县沙坦钱氏文书》，尺寸：141毫米 × 202毫米。
② 黄山学院收藏《歙县沙坦钱氏文书》，尺寸：142毫米 × 203毫米。

往往开席数天，特别是在乡村往往举村亲友都要前来拜贺帮忙，这个习俗也一直传沿至今。民国六年（1917）长男德先迎娶仪式定在十月初十，但婚礼过程初八就开始了，一直延续到十二日，前后长达 5 天。事主家要操办 7 次宴席，最多的是大婚当晚男宾 13 席，女宾 3 席。如果按照每席 10 人统计，包括主宾大约 160 人。民国十二年（1923）次男德骥大婚的日子是十月十九日，十八日晚就要发斩前往女方家中，十九日晚是洞房花烛夜，二十日为三朝，二十一日起马，宴客一直持续到二十一日晚，前后 4 天。事主家操办了 5 次宴席，大婚当夜宴客 12 席，男宾 8 席，女宾 4 席，含主宾大约 120 人。

刘伯山收藏《淳安五都一内图蘭川庄徐氏文书》中有一份民国年间娶亲恭贺收礼单，[1] 开列了前来拜贺宾客的姓名及送上的利市，包括礼金四角六角不等，蕨粉、猪肉、面、麦、白子糕等。

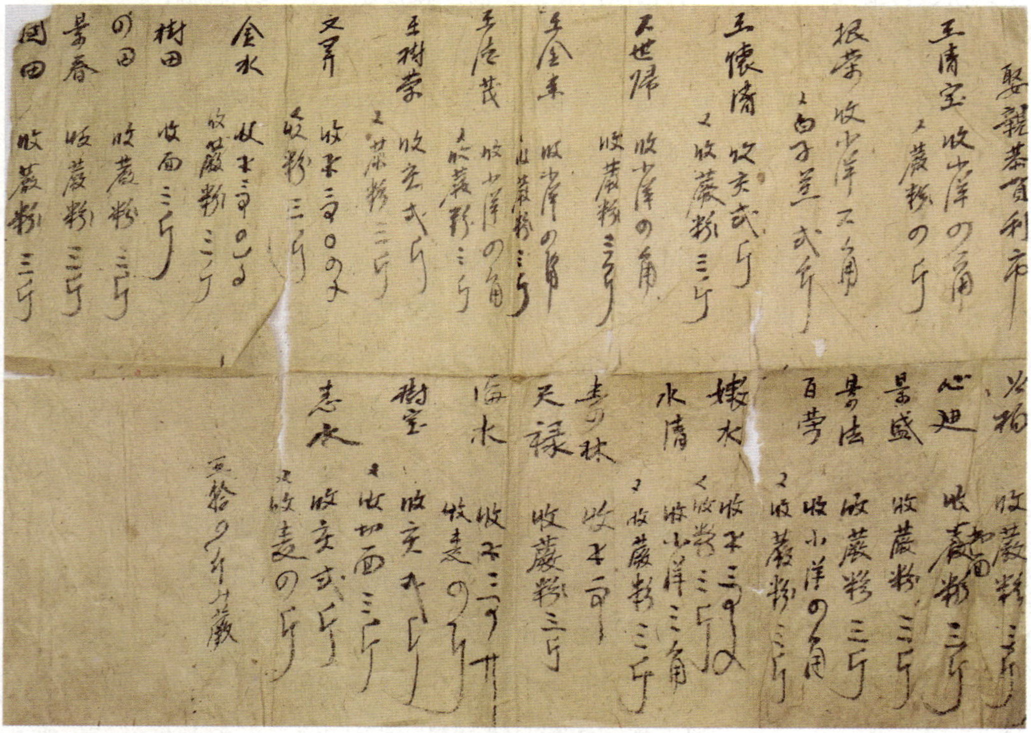
娶親恭賀利市

民国年间娶亲恭贺收礼单

① 刘伯山收藏《淳安五都一内图蘭川庄徐氏文书》，尺寸：306毫米 × 435毫米。

除了婚礼，丧礼也有礼金收入，以及各种墓穴、棺材、宴请和人力开支。通过这些文书，可以详尽地了解新安地区传统婚丧礼的细节和风俗，呈现古代民众日常生活的场景。

**五、捐输入祠**

由上文可知，宗族产业的来源之一为捐助，有的是自愿捐助部分产业；有的是无嗣又没有过继，将资产捐输后由宗祠承担捐助人过世后的祭祀；有的是通过捐输偿付供奉神主的费用。

**清康熙十七年（1678）九月［淳安］方之鳞立捐田入祠契**①

琅川方之鳞，原因孀母曾许田二亩奉入肃公祠内，以作追远祭奠之仪。今因孀故，不违前许，将珍字号所开田二亩零六丝入祠，听众管业，以后子孙并祠内后裔不得变卖。自奉入之后再无异词，其每年钱粮里役俱祠承值，不涉身事。恐口无凭，立此契照。

计开号税

（4块田字号、税亩、土名）

康熙十七年九月　　日立契人方之鳞押

见人方之瑞押

代书方德元押

琅川，即今淳安浪川。康熙年间，浪川方之鳞的母亲曾许诺向肃公祠捐二亩田，作为远祖祭祀资金。后来母亲过世，方之鳞仍然将此二亩田捐给祠堂，田税也由祠堂缴纳。

**清咸丰十年（1860）三月张思成立捐输收据**②

立收据张思成，今收到张大瑚名下捐输礼生一名，计足钱二十一千文正。其钱当即收楚，任凭祠内置产生息，以充公用，春秋享祭之期执签领胙无异。恐口无凭，

① 黄山学院图书馆收藏，编号：4.9—E6329—0001，包号：52，尺寸：455毫米×400毫米。

② 黄山学院图书馆收藏，编号：4.9—E6810—0001，包号：22，尺寸：300毫米×340毫米。

立此收据存照。

咸丰十年三月　　日立收据张思成印

经手族长张廷迪押

房长张明魁押

张明彪押

代书张立惜押

咸丰年间张大瑚向祠堂捐款二十一千文，由族长经手收取，获得礼生头衔，可以春秋祭祀时领胙一份。

## 民国十五年（1926）十月歙县一善祠三十一世本坤府君神主票[①]

### 一善祠祔祀神主票

本祠祖例，男主祔祀每名输银五两，女主祔祀输银四两，听本家择吉祔进。

今照例收银币二元两讫，填列创字第二十四号祔主票，付三十一世本坤府君支下收照。

经手裔孙运和印　亨达印

凤翥印　亨润印

运机印　玉明印

会珪印　会荃印

中华民国十五年十月初十日一善统祠印给

一善祠定例，男神主五两、女神主四两，缴纳后神主牌就可进祠堂祔祀，享受子孙后代的香火。民国年间，则是银币2元。这份一善祠祔祀神主票钤有赤印若干，有“暂开急公，从重减偿”印。年代久远，可能三代五代后祖宗祭祀就乏人问津、无钱供应，如果神主入祠或者捐输入祠，就可以稳定享受到宗族后裔的香火供奉。可见，新安人对祖灵信仰的虔诚。同时折射了宗族势力兼并土地的一种方式。

① 徽州师范许长河收藏，编号：4.10-F7215-0001，包号：419，尺寸：265毫米×225毫米。

## 六、服限身约

服限身约，是指在有纠纷的情况下，服从调解或认错遵命而立下的字据。

### 清同治十年（1871）十月汪章氏立字据抄白①

立字据人汪章氏，缘因堂侄汪冬闪与氏口角之嫌，闪量浅狭无能，自缢身故，但闪并无强近之亲，氏凭中族人等愿出衣衾棺椁，出殡使用俱氏承值。嗣后待夫回家，凭公斋醮超度，闪之坟水俱待夫归安葬，不得爽约异言。恐口无凭，立此字据存公为用。

同治十年十月　　日立字据人汪章氏押

中族人汪以明押

依口代书人吴翼三押

清同治年间，汪章氏与堂侄汪冬闪发生口角，汪冬闪因为心胸狭窄，想不开自缢而亡。汪章氏在族人的调解下，愿意承担汪冬闪的寿衣棺材和出殡费用。等汪章氏丈夫回家后，再举办斋醮超度汪冬闪亡灵，将其入土为安。这也是宗族管理调解内部矛盾的方式之一。

## 七、代祀领约、托约

子孙后裔因故不能完成祭祀义务的，委托他人代为管理经办祭祀，所立的文书即代祀领约、托约。

### 民国四年（1915）七月徽州黄应发立托约②

具托约人黄应发，缘弟应元前曾凭公继与梦辉叔为嗣，现在外贸，所有田地屋宇租息另立租折一扣，暂托耀钦兄代为经理，以作祭祀之用，俟弟应元回里成立门户之日，再行领回。倘有亲房内外人等私行变卖，以及抵押霸占等事，任凭邀同族会秉公经究。事系自愿，立此托约为据。

民国四年七月初三日立托约人黄应发押

中人黄柏枝押

① 黄山学院图书馆收藏，编号：4.13—E6910—0001，包号：65，尺寸：397毫米×332毫米。

② 黄山学院图书馆收藏，编号：4.14—F7204—0001，包号：248，尺寸：237毫米×220毫米。

黄理卿押

黄仲芳押

黄文彩押

黄昂清押

亲笔

民国年间，黄应发的弟弟应元过继给梦辉叔承嗣，但因为在外经商无法祭扫。于是将承嗣的资产暂时委托给耀钦兄代为管理，做祭祀费用。等到黄应元回乡成立门户时，再将资产领回。这些分家过继、资产处置等家庭事务都必须有宗族组织在场，以示公正。如有纠纷，也要找宗族出面处理。

**八、扶养、接济文书**

扶养、接济文书就是因为扶养、接济他人而立下的协议。

**清康熙四十一年（1702）七月吴德公等立抚孤议墨**[①]

立议墨吴德公、吴闻远、朱公缉、朱任予等，为因朱金章在苏病故，各项无从措办，家眷归乡并盘柩之费及家中日给支持仅无所遗，虽堂兄子攀卖地助费银五十两，总不敷用，是以子通、汝高亦笃从堂之谊，子通情愿助常贮银十两，汝高情愿助常贮银三十两，三共银九十两正。今亲族等公同商议托付汝高格外用情，代彼生息，每年二分算得利银十八两，逐年按时支付回家，子攀代为收帐料理支给，五年之后待其子成人，将本银九十两交与领去自行生理。然诸子不得妄行花费，以辜三位伯叔抚孤之盛念，我等亲族勤恳之谆谆。在金章诸子日后年长成家自知感激，当尽心报效，而金章亦佩德于冥冥之中矣。特此勤恳相托，立议墨一样两张，子攀及诸子侄收执一张，子通、汝高二位收执一张，两相存照。

其银九三色九八平，日后领银之日面缴。

康熙四十一年七月　　日立议墨吴德公押

吴开远押

孙子芳押

① 清黄山学院图书馆收藏，编号：4.15−E6341−0001，包号：721，尺寸：580毫米×1110毫米。

朱公辑押

朱廷茂押

(31 名朱氏族人姓名，略)

孙西有押

依议朱子攀押

朱子通押

朱汝高押

康熙年间，朱氏族人朱金章在苏州病故，家眷诸子扶柩回家，家产毫无所遗。堂兄朱子攀捐助五十两，朱子通捐助十两，朱汝高捐助三十两，共九十两。在宗族的共同商议见证下，由汝高经管这九十两，每年按二分利息寄十八两给朱金章诸子，由子攀代为收账、管理、支给。等五年之后朱金章儿子成人，再将九十两交给他们自行管理。在这类接济孤儿活动中，宗族力量承担了主事、协商、监督等职责。

**九、家族合约**

新安宗族支分派衍、昭穆有序，虽然丁口繁多也能井然有序，得益于宗族共同管理的制度。新安宗族推举德能之人做族长、房长作为首领之外，还会推举诸位贤能之人参与宗族共同管理，宗族活动、决议都出自各房各派的共同决议和参与。这种宗族合意都会落实为纸面的合同，与家族活动有关的合同就是家族合约。家族合约的内容非常丰富，涵盖了宗族管理、宗族活动的方方面面，根据内容和目的，大致可以分为保产合文，值年批据，安葬先人及保祖合同，购买坟茔、修建祠堂议约，筹资诉讼合同，清算讼费合同，捐资助讼账册，劝息合约，其他合约等。

**明天启二年（1622）元月方明学等立议文契抄白**[①]

众立议文契人方明学、明镛、文銮等，今因禄、龙、彪三公原缺祭产，子孙繁衍难以科，众各出己才生息，以为奉祀之需，仍多置买祀产。其长派子孙元琦母病危笃兼家无储粮，擅将祀产盗卖。众念琦母将满八旬，姑从勿论。各家所卖出祀产未归众户，故有此契再将田地山塘开载字号并亩步分厘，尽归彦瑜公户内。自后倘再有不肖子孙

① 黄山学院图书馆收藏，编号：4.8–D6002–0001，包号：721，尺寸：455毫米×385毫米。

以琦为质擅自盗卖者，以废祭论，听从经公。今恐无凭，立议文契永远存照。

计开

（田业字号税亩清单，略）

天启二年正月十五日众立议文契人方元琦

方元珎

方元珏

（19 名方氏族人姓名，略）

中见族方茂兰

代书人周允亮

明天启年间，方氏宗族后裔各捐助产业做禄、龙、彪三公祭产，为祭祀费用。不料长房的方元琦因为母亲病危兼家贫无钱，擅自将祀产盗卖。宗族决议念在方元琦母亲年事已高，没有追究责任；将各家捐助的资产过割到彦瑜公户内管理，避免被盗卖；如再有盗卖者，则处以废祭惩罚，鸣公报官。这是一份关于保护宗族公产的合同抄白。

**休宁房长姚学荣等立合族管年公议**[①]

立合族公议房长姚学荣、学全同侄根赐等，情因上祖迁居休邑外号多年，置有屋宇山场田地风水。所有上祖去世所遗产业契据，今议定自今之后每逢各户管年之人收领该项契匣凭据，所有各据点交，每逢（房）管收一年，每逢冬至日上交下接点交契凭，当众验收，所有契文开列于后。

计开（各房自置新契凭从今日领回）

（契据清单，略）

新安宗族遵循公匣制共同轮流管理宗族重要契约簿册。这份未知时间的合同抄白就是休宁姚氏宗族对每房轮流值年管理契匣的协议，每房管一年，每年冬至日当面清点交接。公匣制能够有效避免专权、私藏、盗卖等行为。

① 黄山学院图书馆收藏，编号：4.12-X0000-0001，包号：418，尺寸：407毫米×450毫米。

## 清康熙五十三年（1714）四月［歙县］倪台卿等立合同文约[①]

立合同文约倪台卿同倪起均，共买受得山一号，坐落本都上十保，土名宋村瓶牛山，其山四至，东至吴家住后山，西至许家坟，南至峰，北至山脚地，四至内山共买受得倪元声、倪起象业，各奉祖合葬在上，后被连三保吴天寿、涎吉谋买，计托倪大涛鑽买象重复分籍，以至偷葬。起均奋不顾身拼命前往保祖，致于口角诉讼，起均生楼半载，二家共费计去五十余金。因多果不一，概以品清言明。嗣后各家子孙虽念前人葬祖艰辛，各宜顾守，毋得侵害，永远拜扫。所有买山契书俱系台卿收住，两无异言。今托亲朋另立合同文约二纸，各收一纸，永远存照。

康熙五十三年四月二十八日立合同文约倪台卿押

同倪起均押

中见母旧（舅）江大茂押

族中倪国兴押

倪起俭押

代笔郑士鼎

清康熙年间，倪台卿、倪起均两人合买山业，各奉祖坟合葬于此山，后此山被他人诡计偷葬。倪台卿、倪起均两人花费诉讼保祖。《淳安五都一内图蘭川庄徐氏文书》中，也有一份为保祖坟协议拆高楼改低房的清咸丰六年（1856）七月徐如顺等立合议。[②]

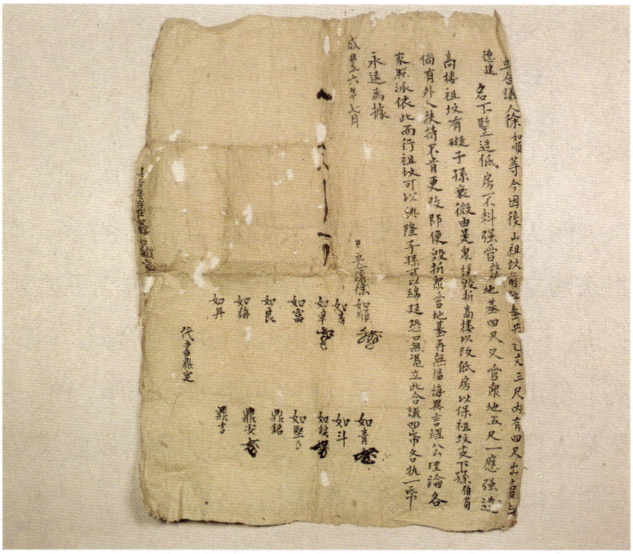

清咸丰六年（1856）七月徐如顺等立合议

① 黄山学院图书馆收藏，编号：4.16.1—E6353—0001，包号：64，尺寸：610毫米×540毫米。
② 刘伯山收藏《淳安五都一内图蘭川庄徐氏文书》，尺寸：352毫米×283毫米。

## 明天启三年（1623）十二月康一清等立合同文约[①]

五疃康一清、大观、志仁、益表、均相秩下人等，今为本姓未立宗祠，是为子姓不得不仔肩之经画也。适有秩下应迁、应学、应龙住屋神林基土库厅堂一重及门面店屋并路共四间，原系先人发迹基址。今众佥议照后派银数付众买受以为造祠之基，日后建造未完，屋宇门面及祭祀拜冬拜年等项一应外侮（物），悉照秩下丁数敷合，无得异言。自完之后，务要齐心协力，不得妄生异议，以沮盛举，以坏众事。违者众共呈治，不许入祠，仍依此文为始。立此合同文约五纸，各收一纸，永远为照。

天启三年十二月二十日立合同文约人康一清押

康大观押

康志仁押

康益表押

康均相押

其银约以一百四两为率

一清出二十五两

大观出二十五两

志仁出二十五两

益表出一十六两

均相出一十三两

明天启年间，康一清、大观、志仁、益表、均相 5 人合资购买本族人屋基地，用来建立祠堂，并协定建造祠堂费用由各支丁摊派。如有违反宗族规定者，则鸣公处理，不许入祠。这是一份出资兴建祠堂合同。《淳安五都一内图蘭川庄徐氏文书》中，有一份清道光二十七年（1847）正月徐德厚、萧一荣等立议文抄白，[②]徐德厚、萧一荣等人合穴祖坟，议定出拚祖坟上的杂木做修坟资费，界定了徐氏祖坟的界限，栽种树木保祖坟，双方不得盗卖。

---

① 黄山学院图书馆收藏，编号：4.16.2–D6003–0001，包号：721，尺寸：380毫米×545毫米。

② 刘伯山收藏《淳安五都一内图蘭川庄徐氏文书》，尺寸：358毫米×573毫米。

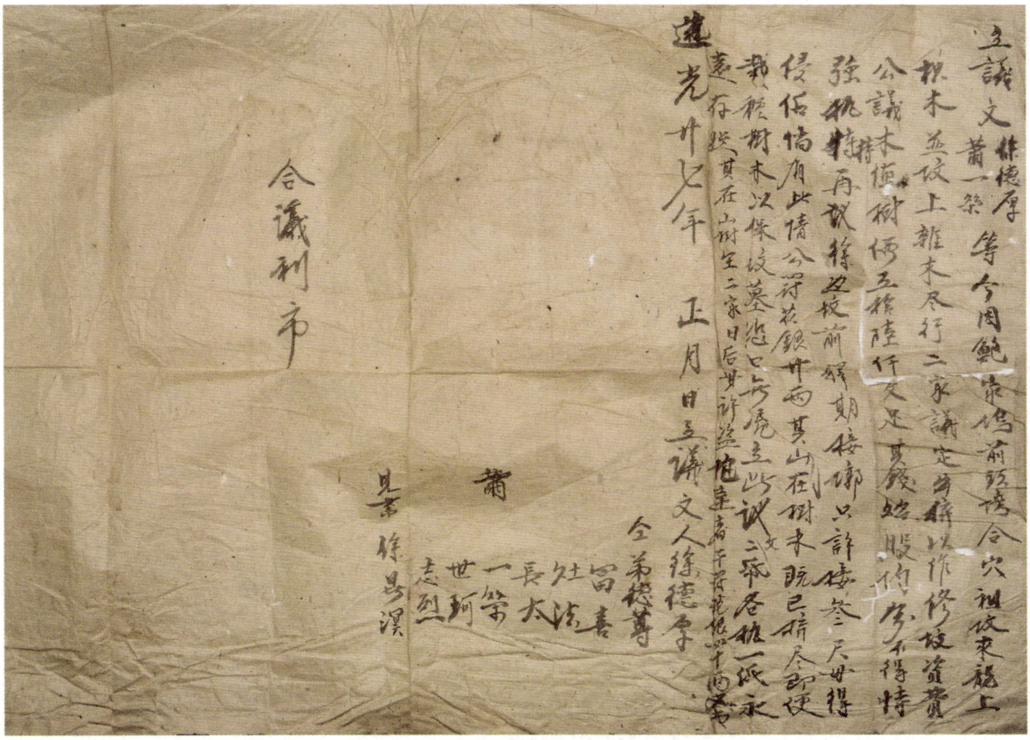

清道光二十七年(1847)正月徐德厚、萧一荣等立议文抄白

**清嘉庆二十一年（1816）元月方棣公支丁方廷校等立议筹资诉讼合同**①

立议合同人方棣公支丁等，兹因五渡后山祖坟山业，自明迄今向被吴姓地业屡年侵山越占，念在村邻眷戚息事不言。夫遭旧岁年冬，伊将吴灶闪故棺扛占山业厝放，伊有主谋镶罩之由，支丁往山视见向理，虽然山地毗连，字号各别，地有弓步，山有四至。支丁所议祖业难以保守，不得已鸣保理论，但吴姓倚势强横，靠族蜂拥之力，并无大地还山之理，支丁所议并无别嘀，只得呈控县主宪天分明。四房支丁为祖公议，所用使费银钱须照人丁科派。倘有支丁执拗或言自不理者，面言行止之策，所议之后再言执拗者，公罚无辞。倘有违公不遵者，乃是不孝罪矣。今恐无凭，立此合同一样四纸，各执一纸为用。

嘉庆二十一年正月　　日立合同人方棣公支丁等

长房廷校押

① 黄山学院图书馆收藏，编号：4.16.4–E6621–0001，包号：721，尺寸：355毫米×310毫米。

廷二押

廷栢押

光求押

二房廷旺押

廷璜押

三房廷彦押

廷新押

四房廷福押

廷云押

廷亨押

廷瑞押

奉书廷棹押

清嘉庆年间，方棣公支下四房子孙为吴姓侵占祖坟准备诉讼，公议诉讼费用向所有支丁摊派筹集。这就是一份筹资诉讼合同。还有劝息合约，如《淳安五都一内图蘭川庄徐氏文书》中，清道光二十六年（1846）四月堂叔德厚同侄富喜立合议抄白，[①]德厚与侄子富喜因为产业纠纷发生争执，经宗族调解立下劝息合约，如果反悔则公罚花银五两。

**清道光二十七年（1847）五月方明经堂［方］天龙等为完纳国课立合据**[②]

立合据方明经堂众等，今因本甲内钱粮向有数户无措完纳，今公议将祠内公项租谷豆麦等交与承值排年人润清收执，以作完纳国课，不致遗累年清年款，仍余之租众贴排年以作每年辛资。所有户头正则及租谷豆麦开载于后，照数收执，其户头照数完纳，不得拖欠，其粮议定秋收之后，稍数全完。今恐无凭，立此合据一样两纸，一纸存公，一纸交排年收执，两无异言，永远存照。

计开户头

① 刘伯山收藏《淳安五都一内图蘭川庄徐氏文书》，尺寸：484毫米×345毫米。

② 黄山学院图书馆收藏，编号：4.16.5–E6727–0001，包号：721，尺寸：460毫米×420毫米。

（下略）

计开租谷豆麦

（下略）

清道光二十七年夏月日　　立合据方明经堂支裔天龙押

本如押

启球押

惟高押

永寿押

天财押

代笔高应押

再批，倘遇年岁籽粒无收，明经堂公议众粮。又照。

又批，租谷交明经堂卖出之钱完众粮，仍余之钱交润清收。再照。

新安宗族将完纳税粮视为忠君报国的象征，是宗族的头等大事。清道光年间，方氏宗族因本甲钱粮还有数户没有完纳，宗族公议将祠堂公有产业所收租谷交给当值的润清收执，用以完纳国课，如果有余额则补贴给排年。可见，只要涉及宗族合议的活动都会书立合同，留下凭证。

宗族文书五花八门、内容丰富、形式多样，全面展示了新安宗族的组织、管理，呈现了新安江流域宗族社会的面貌，为研究中国封建社会后期的宗族制度提供了丰富的第一手资料。

## 第五节　官府文书

新安文书作为典型的民间文书群，其中常见的官府文书多为官方下发的政令、户籍资料原件，以及各种公文、诉讼文书的抄件。遗存于民间的官府文书，与基层社会普通民众生活息息相关。官府文书为研究古代社会政务落实、公私互动、社会关系提供了丰富的史料。

## 一、公文

公文是官方在行政管理活动中形成的各种上行、下行、平行政务文书。常见的有签票、移文、验单、牌文、帖文、禀文、呈文、咨文、捐赈执照、捐廉执照、捐饷执照等。民间文书中遗存的公文多为抄录而来。

### 民国壬戌年（1922）秋月《徽河零货捐小史》[①]

#### 上兰溪严州厘局禀

具禀徽商运同衔许忠、四品衔朱树铭、五品封典候选训导周锡淦、湖北候补县丞洪立身、廪贡生汪炳森、附贡生周祥征、监生舒世璪、胡桓、汪绍信、洪裕成，为零货名目叩恩免捐以恤徽商而循旧例事。窃职等籍隶徽州，向在兰溪贸易，其由兰运徽各货照章报捐外，凡系商人行李概予免捐，历经二十余年奉行无异，自新增零货名目而徽商困苦情状，有不得不为宪台大人批沥陈者。徽属处万山之中，居民生计窘迫，非贸易他乡不足以资糊口。其托业也微，其得俸也薄。得俸薄则归计艰难，托业微则商情隔阂。第就兰溪一隅而论，徽商十居其五，其中为东者无二三，为伙者有八九，综计通年薪水自数千文至数十千文，为率商例。帮伙三年一归，随身行李或系亲朋赆赠，或代伙友带携，益以铺盖衣箱不过二三担左右。零货捐钱每担四百文，合两起两验而算，中下商人固力所不支，中上商人亦情非所愿。况徽河水浅滩高，船身狭窄，一船载客十数人，货物零星，卡丁猝难逐一查检，每每以少喝多，稍一伸辩，船只即被留难。于斯时也，商人归心似箭，舟马坐日如年，不得已忍气吞声，俯首纳捐而后去。抵埠之日，典衣者有之，押物者有之，其间因摊派捐费争多论寡、斗殴之事，尤为层见叠闻。此零货增捐而徽商困苦之实在情形也。窃念国家设卡抽厘本出万不得已，果系宪章核定之货，尽可分别名目饬令缴捐，乃明明商人行李，无可指名，既浑而括之曰零货，复别而出之曰徽零货，盖自零货捐而徽商一肩半肩之行李搜括靡遗矣。或者曰零货即信货也，不知信货有例取之酒资，零货只随带之行李。查章程簿载，徽信货每担起捐三百文，验捐二百文，名目迥别而钱数又有加，不待智者而始辨也。以浙省数千万两之厘金捐，及徽商数千百人之行李，如政体何？两浙之地大矣，五方之人杂矣，别商无而徽商独有，如公道何且也？廿

---

① 黄山学院收藏复印件，原件为徽州地区博物馆藏刊印本。

余年前，无零之名，而捐款不加少；二三年来有零货之目，而捐额不加多，如旧章何？职等食毛践土，蒿目时艰，深知饷项万分支绌，安敢冒昧干求？特以桑梓关心，万口齐声，洞悉商情困苦。谨摅一念之愚诚，爰合万商而请命。侧闻宪台大人历任要冲，剔弊清厘，早为上游器重。为此沥陈情状，吁恳恩鉴作主，除徽商有可指名之货分别照章报捐外，如确系商人行李，是否概予免捐之处，出自逾格鸿施。如蒙恩准，将来口碑载道，有非职等所能宣者矣。顶德上禀。

光绪二十一年六月初十日　具

兰溪厘局郑大尊六月十三日批，查徽信各货应捐起验，自有定章，至徽商随带行李本不捐。及惟闻向来积弊，有以信客之货混作商人行李者；又徽船夹带货物，将整件折包分装，与行李充混者，以致徽商出卡不得不概与查验。本府深悉此情，迭经吩咐在卡司巡，务须分别持平，以免滋累。现据所禀各请，尚属允洽。惟商情固须体恤，流弊亦不可不防。其间信货充混及徽船折包夹带等弊，应如何分别防杜之处，该职等与徽商均系桑梓，自必深悉情形。即希会议妥章，具复到局，再候核办可也。

徽州人常乘船经威坪往来经商，厘金零货捐税负重。因此光绪年间，徽州商人团体一直向兰溪厘局、严州厘局、浙江通省厘捐总局等递送呈文、禀文申诉要求减免。这些文书抄件汇集而成“前清禀免零货捐”全卷。民国年间，威坪局黄家潭分卡又开始征收零杂货捐，徽州旅苏同乡会向浙江省省长、财政厅厅长呈文要求减免，又附上了这些前清材料。以上即摘录其中部分内容。

如今遗存原件数量较多的是各种捐输收据和执照。

**清光绪元年（1875）八月祁门谢承祖收执茶捐实收**[①]

**茶捐实收**

署理两江总督部堂江西巡抚部院刘　为捐助军饷给发实收事，案准户部咨各省士民如有情愿捐资助饷，准就近交纳给予议叙，并钦奉上谕行文遵照办理等。因

① 黄山学院图书馆收藏，编号：5.1.7−E7001−0001，包号：721，尺寸：560毫米×340毫米。

钦奉在案，兹据俊秀谢承祖系安徽省徽州府祁门县民籍，现年二十岁，捐输库平银八十八两，于同治　　年　　月　　日交皖南茶引局收讫，相应填发实收，付本人收执所有，给予议叙监生。俟接准部照到日缴换，须至实收者。

曾祖金有　祖支志　父遇镇

右实收给谢承祖收执

光绪元年八月　　日

两江总督部堂

清末，取得生员资格的读书士子即俊秀，可以通过捐纳而获得监生资格，称为例监。同治年间，祁门县俊秀谢承祖捐银八十八两助饷，由皖南茶引局收讫。按照户部的规定，可以获得议叙监生的头衔。两江总督部堂江西巡抚发给谢承祖《茶捐实收》，作为实收凭据。等到户部执照下发，即可用此实收凭证换取户部执照。

**二、政令**

政令是政府为了政务的推广和落实而向下级机关或民众发布的各种告示、通知、批文等。因此，在民间文书中也最为多见，具体包括告示、照会、札文、指令、功牌、谕单、通知书、关防、批文、宪牌、信牌、仰牌、限单、必完签单、通行证。

告示，即公告，由官方政府将政令、示禁等以文书的形式，公开告知民众。告示常常张贴于人群聚集之处，以达到广而告之的效果。

**清康熙五十三年（1714）八月歙县正堂鲁严禁盗荫木布告**[①]

江南徽州府歙县正堂加一级鲁，为叩赏示禁保祖，安生殁存永载事。奉本府督军总捕厅加二级纪录二次张批，据三十六都五图方文来等具禀前事词称，切缘身高祖社祐公安葬歙邑三十六都五图地方，土名水儿墩狮形，自明迄今二百余年，蓄木荫庇殁存，命脉攸关。祖裔四大分，痛二房无出，四房迁居彭城，身长房贸易吴鲁中州，惟三房方明瑫等居家，不务恒业，恃人众强，罔顾木本水源，或盗砍荫木，或计谋盗卖，种种不法。身外闻信奔归，果见伊等不守祖训，于今三月将荫木盗拚，而方明瑫等意欲将水儿墩狮形风水盗卖富豪，因见身归惧鸣中寝。此祖先有灵得免

① 黄山学院图书馆收藏，编号：5.2.1–E6353–0001，包号：721，尺寸：1160毫米×600毫米。

于今时，但彼念既萌，将恐难保于后日，况身客多家少，前去后空，何能朝夕提防？深夜筹思，非叩赏示严禁无以保安祖墓，为伏叩宪天大老爷俯鉴保祖蚁忱，金笔生春，恩准赏示严禁。俾盗者知所畏戢，而谋者不再觊觎。祖坟得保，殁存赖安。永感洪庥，生啣死结，激切上禀等情。据此蒙批，仰歙县查明给示严禁等因到县。奉此合行给示严禁，为此示仰该地保甲居民及方姓四大分支丁知悉，嗣后敢有前项不法之徒，在于土名水儿墩狮形坟山之上，或盗砍荫木，或计谋盗卖，许该地保甲及有分支丁人等指名赴县呈禀，以凭严拏重处，决不轻贷，各宜凛遵，须至示者。

康熙五十三年八月廿二日示

仰

这份手写的清康熙五十三年八月歙县正堂鲁严禁盗荫木布告，是应民众要求为示禁而立。康熙年间，歙县三十六都五图方氏家族四大房共有一块祖坟，三房的方明AAAA等盗拚荫木，并想将祖坟盗卖给别人。在外经商的长房方文来赶回家中阻止成功。考虑到二房无后，四房迁居外地，长房在外经商，不能有效防止不肖子孙盗卖祖坟、盗砍荫木，因此向县衙禀明希望给予示禁。当时的歙县正堂查明后，就颁发了这份告示，晓谕该地保甲居民及方姓四大分支丁，不得盗卖祖坟、盗砍荫木。这份告示上钤有赤色县印，并有朱批数处。这份政府发布的示禁告示，攸关宗族的重要利益，被妥善保存至今。如《遂安十六都一图全朴村王氏文书》也有一份相似的清嘉庆八年（1803）闰二月示禁告示抄白，[①] 是县衙应王希贤等王氏族人为坟山盗砍请求示禁事发给的告示，还写有“示禁已于廿六发行，所有应用之项约计五两”等语。新安宗族也会将官方的示禁、批文等勒石成碑，嵌在祠堂墙上，永远警示后人。

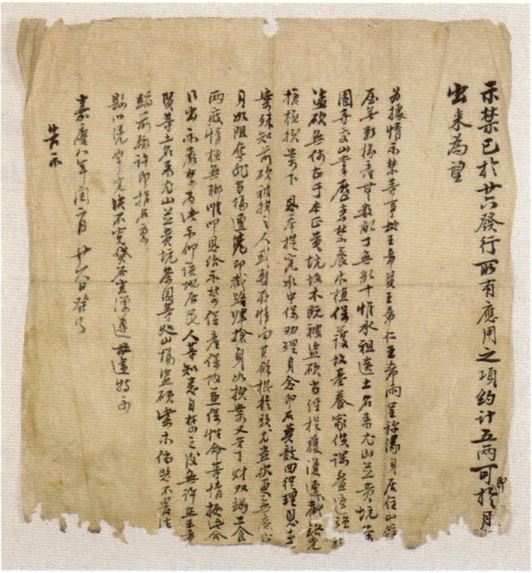

清嘉庆八年闰二月示禁告示抄白

① 刘伯山收藏《遂安十六都一图全朴村王氏文书》，尺寸：252毫米×237毫米。

### 民国十三年（1924）二月徽州徽属六县官硝磺局布告①

徽属六县官硝磺局　布告

为布告事，照得硝磺关系军火，定例森严，贩私买私，久干禁令。本局叠奉省宪颁定章程，凡乡间猎户曾经烙印之官枪，应向本局领购官硝，方足以重军火而杜流弊。为此布告各猎户一体知悉，凡尔等藏有烙印之官枪，亟应向本局领购官硝，不得私匿，以符定章。倘有贪利之徒贩私买私，罔知法纪，定即移送官厅依法惩办，勿谓言之不预也。切切此告。

协理兼代局长方中

中华民国十三年三月廿一日

实贴大阜瀛

这份民国年间的徽属六县官硝磺局布告，是要求持有烙印之官枪的猎户必须到硝磺局购买官硝，不得私自交易硝磺，由此达到钳制私藏军火枪支的目的。这份布告为印制，原张贴于大阜瀛即今大阜。新安民众常将张贴的布告揭下带回家中妥善收藏，或用来包裹契纸，从而得以流传至今。

谕单是上级发给下级的命令或告诫。

### 清光绪十年（1884）十一月歙县正堂吴督促董事实行保甲防范匪盗谕单②

**谕**

**钦加四品衔署江南徽州府歙县正堂加十级纪录十次吴　谕**

二十八都六、七、八图董事程怀远知悉，照得保甲之设，系属坚壁清野、除盗安民良法，各处办有成效。前经本县厘订章程十条，大张晓谕，剀劝通境力行，不啻三令五申在案。兹经数月，查各乡实力，筹办者固已不少，而因循玩视者亦不乏人。殊不知保甲认真，则民间守望相助，良莠攸分。痞棍难施伎俩，匪徒无可容留。功效甚大，全在各绅董牌甲奉行实力。官督其成，方收实效。县境深山密箐，每易藏奸，土客杂居，贤愚莫判。值此隆冬，正游手无依之日，益宜实力巡查，支更防范，同

① 黄山学院图书馆收藏，编号：5.2.1–F7213–0001，包号：721，尺寸：750毫米×480毫米。
② 黄山学院图书馆收藏，编号：5.2.4–E7010–0001，包号：721，尺寸：240毫米×480毫米。

资保卫。除移局札厅出示外，合再申明定章明白谕饬，谕到该董立即遵照。须知保甲为卫民要政务，须认真督率捕保牌甲稽查门牌，于各村镇分段安设更夫，勤慎支更。每夜挨派牌长一人，令本牌内有男丁之户，无论绅商土客，每户各出一丁，随同牌长逡巡查夜，一夜一牌，轮流挨转，周而复始。即畸村小市，户口无多，亦须按夜轮派数人支更巡察，务使锣柝相闻，彼此互应。并查客寓饭店，责令该店主□明宿客姓名籍贯，来踪去迹，逐日登记，二更锁门，不许出入铺户。居民如非往来，不准容留住宿。一切凛遵定章妥办，庶俾匪踪尽绝，民乐宁熙，是为至要。倘有无知违抗，怠惰阻挠，不服查察，以及窝留面生，聚赌滋事，立即指名具禀，定予立提惩办。本县为保卫善良起见，该董等素为一方矜式，其各破除情面，秉至公实力奉行，以副厚望勉旃，毋违切切。特谕。

光绪十年十一月初九日谕

这份谕单反映了清光绪年间歙县正堂向二十八都六、七、八图董事程怀远强调保甲制度对地方保安的重要性，要求他落实保甲制度，加强巡查、轮流巡逻、守望相助、保卫安全。谕单为折页式，钤有赤印，并画有朱批。

通知书是一种以书面形式告知对象相关信息的文书。如民国官方发出的通知有壮丁体检通知、免缓服役核准通知、开会通知等。民国二十六年（1937）发给王光海壮丁体检通知书[①]为印制，钤有“歙县第四区薛口岸保长联合办公处图记”“民国二十六年（1937）歙绩征集区征兵事务所检验讫”赤印，由薛口岸联保主任张席辉签发应征壮丁身体检查通知书，通知第十九保一甲王光海于八月十二日中午前到到达薛坑口参加征兵检查。该通知书还需要由本人画押，家长按手印收悉。民国三十三年（1944）九月歙县余凤云发开会通告[②]，由保长手写，钤有歙县王村区赤印，通知江富贵甲长：乡长命令于民国三十三年（1944）九月十日下午四点在余凤云保长处合开保甲会议，讨论一切要政事务，希望准时出席。

信票是清代官府向下级发布命令和指示的下行文种。

① 黄山学院图书馆收藏，编号：5.2.5-F7226-0001，包号：410，尺寸：290毫米×136毫米。
② 黄山学院图书馆收藏，编号：5.2.5-F7233-0002，包号：441，尺寸：260毫米×97毫米。

## 清乾隆五十二年（1787）二月休宁县为立户事信票[①]

### 信票

特授休宁县正堂加四级纪录六次徐　为立户声明等事。据二十都六图监生江正永禀立江恒足户收税完粮等情到县。据此除批示外合饬查编，为此仰二十都六图管税图正即将江恒足户编入十甲，查明契票收税，毋得舛错留难干咎，速速须票。

右仰管税图正准此

乾隆五十二年二月初四日户

县　　定限　　日缴

休宁县正堂徐某为二十都六图监生江正永要求设立江恒足户收税完粮之事，发出这份信票命令二十都六图管税图正负责设立江恒足户，并编入十甲，查明契票收税，不得出错刁难。这份信票钤有休宁县赤印，画有朱批数处。

限单是通知限期缴清钱粮下发的公文。

## 清咸丰三年（1853）四月歙县正堂催促完纳钱粮限单[②]

歙县正堂刘　为理谕催征以副国需事。照得沿江一带地方被匪扰乱，徽地虽未遭其蹂躏，然商于外者弃业逃归，惊惶失措，在所不免。是以开征之时札饬各税书挨户劝谕，不令一差追呼，原寓体恤之意。现在钦差大人四面兜剿贼匪，杀戳将尽，惟目前粮饷善后军需亟须赶催以供经费。现奉各大宪札频催，源源批解等因到县。奉此合行票饬，为此仰役协保立即饬令后开该图税书，剀切劝令后开各花户挨户赶紧输将。徽民好义急公，是必踊跃供赋，且所列皆五钱以上，并非小户零星，迩值茶麦登场，民力有余之时，正当各发天良，心存报称。如有意存观望，或妄信倡阻，即属藐法昧良，该役等即随时通知该处文会矜耆一面赴县陈禀，以凭察实差拏究办。该役等毋得扰延，致干严究，火速火速。

计开

　廿三都八图本

---

① 黄山学院图书馆收藏，编号：5.2.8-E6552-0001，包号：721，尺寸：360毫米×250毫米。

② 黄山学院图书馆收藏，编号：5.2.9-E6803-0001，包号：721，尺寸：230毫米×470毫米。

（各甲花户及税，略）

右差胡发准此

咸丰三年四月七日粮

县

限回日销

五月十三催批

清咸丰三年（1853）四月，正是太平天国运动期间。歙县正堂刘某为缴清税粮供应军饷事，下发限单给图甲税书要求限期催缴完粮，于五月十三日又催缴了一次。该份限单钤有赤印两枚，并画有朱批。

通行证是准许在某区域内通行的证明。

**民国三十四年（1945）十一月歙县潘观绍执通行证**[①]

**歙县梅溪乡竹溪保通行证**

兹有本保五甲三户住民潘观绍，因购□事前往浙杭一带，经查核准，即日起至十二月一日止为效期间，逾期作废，由此仰希沿途军警及各机关验明放行为幸。

右给潘观绍执照

保长潘崇栋印

中华民国卅四年十一月初一日发

民国三十四年，歙县梅溪乡竹溪保五甲三户居民潘观绍因购货事前往浙江杭州，保长潘崇栋签发了此份通行证给他收执，以备沿途巡查验明放行。这份通行证还钤有赤印一个。

历朝历代官府文书形制多样，通过这些官府文书可以了解国家政令政务是如何一步步落实，最终由基层的保甲、税书等任事，依托宗族文会的力量贯彻落实。

**三、保甲与户籍**

明清时期，官方通过户籍制度清查登记人丁户口。明代称为保甲人户牌，依托保甲进行管理和登记。清代则更加严密，基层社会10户编为一牌，10牌为一甲，

① 黄山学院图书馆收藏，编号：5.2.6–F7234–0001，包号：718，尺寸：236毫米×165毫米。

分别有牌长和甲长，甲长上有图董、都董，管理事务。黄山学院藏有一份清乾隆三十年（1765）十月祁门《奉旨编给十家总牌》，[1] 由祁门县下发给保甲，开列了10户人家的姓名、籍贯、年齿、生理、丁口，其中20岁的胡记为家长，57岁的谢起腾为甲长，70岁的谢永志任保长。牌头、甲长、保长的职责就是核对门牌巡查捕获，诸如为贼为盗，窝盗窝逃，窝娼窝赌，放火匪类，抢夺刨坟，私铸私销，私盐私茶，私贩硝磺，制造假银，奸拐人口，造卖赌具，结盟拜会，招集匪类，妖言煽惑，依附邪教，统众打降，夜聚晓散，夜去早来，以及容留面生可疑之人、形迹诡秘之徒等为害之人。如果民众包庇罪犯，则实行连坐制。可见，清查登记人丁户口的目的，就是巡查揭发为非作歹之人，加强地方治安管理。

保甲长从10户中推选，基层治安更多依赖互助自治。保甲也可以应民众要求自下而上地进行调整和重组。通过清嘉庆十九年（1814）三月汪朝其等立合议，可以了解到清代的十家总牌具体是如何组织在一起的。

**清嘉庆十九年（1814）三月汪朝其等立合议抄白**[2]

立合议一甲汪朝其、二甲叶福、三甲叶正发、四甲金天善，缘因图保历系程姓承充，四甲向附保内，近年以来程慎安等藉公苛索，遇事生波，多受其亏，且甲内多属农樵，各安生业，非完粮不见城郭，难堪遭伊鱼肉，是故众议具呈，愿叩分保。奉宪金批准分保，所有十家牌册，尔等四甲既已遵造，速将草册先行呈验，并饬□□顺投具认保，以凭给戳验充。奉此议立合墨呈案并各存众匣。第立分保后务须各相劝诫，守分安业，勤谨为生，国课早完，免差催科，父子兄弟夫妇亦当孝敬友爱，仰体宪恩，共乐升平。各议列后，愿诸恪守，毋得迨惰。倘有为保误公怀私欺胜，众呈公究。恐后无凭，立此合议五张，一呈存案，各甲执一张存匣为据。

一议每甲轮值一年务选举诚实之人充当，使费甲内均派，遇有大差重件，能者相帮料理，毋得袖视旁观坑公。

一议隆冬支更，甲内挨轮设立更夫，每夜鸣锣击柝梭巡，保当协同图捕督缉，务使保内安堵，懈惰议罚。

---

① 黄山学院图书馆收藏，编号：5.3.1–E6530–0001，包号：721，尺寸：525毫米×460毫米。

② 黄山学院图书馆收藏，编号：5.3.5–E6619–0001，包号：721，尺寸：465毫米×445毫米。

一议甲内设有鼠牙雀细故投论，务必秉公理劝，倘若倔强恃蛮，不依好讼，倚强欺弱，邀同甲长者公呈叩究。

一议甲内钱粮多寡不一，虽有总催甲催之责，为保者亦当严催早完，免致粮差催科呼号之劳。

以上各议务须恪守，愿各甲内互相劝诫勿兴讼，守法奉公，免致身罹法网，噬脐莫及，幸甚。

嘉庆十九年三月　　日立合议

一甲

(32 户姓名略)

二甲

(36 户姓名略)

三甲

(36 户姓名略)

四甲

(48 户姓名略)

大共一百五十二户

清嘉庆年间，汪朝其等四甲共计 152 户人家，原本依附于程慎安为保长的保甲内，但是由于屡次被苛索、刁难，因此众户向县衙申请分保，四甲另立一保。嘉庆时期，设立保甲需要编造 10 家牌册，将草册呈报县级官府核验，由官府认可批准。得到县衙的批准后，四甲众户共同定立合议，确立该保的规则：1. 四甲轮流担任保长，每年从当值甲内推选一人。费用由四甲均摊。如果有重大事件，务必互相帮助；2. 冬季每甲都要设立更夫，每晚轮流敲锣巡视，保甲长应当协助缉拿督导，维持安全和秩序；3. 甲内如有小纠纷，保甲长务必秉公劝导，如果有争强好胜、恃强凌弱的，应当和甲长一起公呈叩究；4. 保甲长应当协助粮差催促完纳国课。保甲长、众户都应该遵纪守法、勿兴诉讼、和睦相处。此合议一份 5 张，一份呈送县衙，四甲各执一张存入匣中。

官方还会发给每户门牌，登记每户人家男女老少的详细信息。比如，清道光九年（1829）十二月歙县门牌[①]开列了户主及祖母、母、伯母、婶母、嫂、妻、弟、弟媳、妾、子、媳、女、孙、孙媳等项，要求登记姓名、籍贯、年岁、生理，并男妇大小、丁口等。

### 清同治七年（1868）休宁江顺高户《户口门牌》[②]

#### 户口门牌

钦加五品衔赏戴蓝翎署休宁县正堂易　为查造悬挂事。照得迭奉大宪札催，递年平谧以来，居民复业如常，自应稽查丁口，清查田粮，给牌悬挂，以便查征粮赋，合行给牌悬挂。为此牌仰该户遵照，务将户内男女、丁口、年岁、何项生业填注明白，或系工贾，或系务农，种作田亩若干，或交租何人，抑或己置，都图册名某某，正饷若干，务宜清晰，开造牌内，悬挂门首，听候稽查，并造册申覆大宪。此次编查户口，清查田粮，毋许稍有含混，致干查究，毋违。须至牌者。

计开

一户江顺高年廿六岁 县人农生理

母　氏 妻／妾刘氏 子一　女一　侄　侄女

兄　　嫂一氏

弟　　弟媳　氏　雇工　仆妇　帮伙

本户种作田　亩内交租　册名 正饷银

内已租

该地保

同治七年七月　　日给

县　　　戊字第　号

这份清同治年间休宁县《户口门牌》，要求稽查丁口，清查田粮，给牌悬挂。民国期间，门牌则是造表登记，如黄山学院收藏有民国休宁吴德树户门牌，[③]登记有住址、姓名、年龄、居住年数、职业，亲属男女几口、附住男女几口、佣工男女几口

① 清道光九年十二月歙县门牌，黄山学院图书馆收藏，编号：5.3.1－E6709－0001，包号：721，尺寸：215毫米×240毫米。

② 黄山学院图书馆收藏，编号：5.3.1－E6907－0001，包号：721，尺寸：225毫米×400毫米。

③ 黄山学院图书馆收藏，编号：5.3.1－F7200－0001，包号：721，尺寸：235毫米×255毫米。

等信息。还有一份“休宁县第一区临溪乡方田保第四家第36号”字样的印制门牌纸，[1]钤有红印。

民国年间，定期开展户口调查，便于查清户口异动情况。如民国二十八年（1939）六月休宁程贵扬户户口调查表，[2]填写了安徽省休宁县第一区临溪乡程贵扬户一家五口的姓名、性别、年龄、居住年数、婚姻状况、职业、教育程度、特殊技能、有无残疾等状况，并钤有红印。此后，民国三十二年（1943）、三十四年（1945），程贵杨户两次填写了户口调查表。[3]

民国时期实行的保甲制度，任用选举产生的甲长管理本甲的所有事务。

**民国三十一年（1942）三月休宁袁吉谦甲长证明书**[4]

**证明书**

安徽省休宁县政府为发给证明书事。兹据本县第　区区署呈报，该区黄芳乡西渔保第十甲甲长选定袁吉谦充任，经予核准，合给书证明。此证。

右给袁吉谦收执

中华民国三十一年三月　日

县长卢慕曾

**附甲长服务规则**

第一条　本条例依据安徽省战时各县区乡（镇）保甲组织大纲第二条之规定订定之。

第二条　甲长秉承保长副之命令办理本甲事务，并得指挥甲自卫预后备队，办理自治自卫生产诸事宜，凡本甲有集体行动时一律由甲长指挥。

第三条　甲长服务期为一年，连选得连任三次，于每年十二月改选。

第四条　甲长在服务期间得免服兵役、工役。

第五条　甲设甲长办公处，于本甲内选择公共房屋，如无公共房屋得在甲长住宅内附设之，并于门首标贴某甲甲长办公处字样。

---

① 民国休宁县门牌，黄山学院图书馆收藏，编号：5.3.1－F7200－0002，包号：721。

② 黄山学院图书馆收藏，编号：5.3.2－F7228－0002，包号：411，尺寸：278毫米×373毫米。

③ 民国三十二年十月休宁程贵扬户户口调查表，黄山学院图书馆收藏，编号：5.3.2－F7232－0003，包号：411，尺寸：340毫米×240毫米。民国三十四年八月休宁程贵扬户户口调查表，黄山学院图书馆收藏，编号：5.3.2－F7234－0002，包号：411，尺寸：345毫米×240毫米。

④ 黄山学院图书馆收藏，编号：5.3.3－F7231－0001，包号：438，尺寸：253毫米×262毫米。

第六条 甲长代表本甲出席保务会议及提交本甲会议通过之提案于保务会议，在保务会议后甲长须将会议经过召集各户长开会报告并推行之。

第七条 如甲长办公处乃甲有财产者，本甲人民之集会、阅读书报及正当娱乐均应在甲长办公处举行及设置，但不得有吸食鸦片或代用品、窝娼聚赌及其他违法行为。

第八条 甲长为义务职，不支薪津，但得认为公务人员。

第九条 甲长应时常注意本甲治安、自治、生产及教育等事宜，除劝导监督外，须切实推行政令，甲内有何疾苦与不良分子，须随时报告保长。

第十条 甲内住户如有外处来客住宿时须保告甲长。如甲长认为来客有嫌疑时得令该户长负责并报告保长办理，但不得威胁户长、收受金钱。如甲长有违法或压迫住户时，住户得密告上级机关。当来客离开时，亦须报告登记。本甲居民离开本保在一日以上者，须向甲长报告事由及所往地点，回时亦同。

第十一条 甲长经选出后在服务期内不得推诿卸责。

第十二条 本规则自省政府公布日施行。

民国时期，通过保甲制加强基层社会的治理。甲长经选举产生后，由县长发给证明书。通过甲长服务规则可知，民国时期甲长由选举产生，服务期为一年，可连任三届。甲长不从政府支领薪水，但为基层公务人员，接受保长的领导，可以免除兵役和工役。甲长负责管理本甲事务，主要是负责地方自治安全和丁户管理。

### 民国三十二年（1943）一月十九日休宁县藏溪乡藏东保办公处证明书①

### 休宁县藏溪乡藏东保办公处证明书

### （民字第50号，中华民国三十二年一月十九日）

为发给证明书事。兹证明徐观云于民国十二年因父病故，由藏溪乡藏东保迁移榆村住居，缝纫为业，确系家庭独子，所具证明是实！

此致

榆村乡忠勇保

保长程

① 黄山学院图书馆收藏，编号：5.1.2-F7232-0001，包号：4，尺寸：235毫米×195毫米。

藏溪乡藏东保保长方骏生印

第三甲甲长张飞田印

这份证明书，是证明由藏东保迁居榆村的徐观云从事缝纫业，确实为家中独子。联保办公处经费由联合各保住户均摊，地方住户还需要缴纳保甲经费。

**民国二十八年（1939）休宁汪长印认捐乡镇保经费收据**[①]

**收据**

休宁县财务委员会收到第一区临溪乡三村居民汪长印认捐二十八年度第二期乡镇保经费法币〇圆五角〇分正。

此据

中华民国二十八年十一月　日

此联掣交捐户收执

**民国三十年（1941）歙县洪祝林缴保甲费收据**[②]

**歙县保甲经费收据**

歙县政府为掣给收据事。兹据梅溪乡竹浦保四甲住户洪祝林缴纳二九年全期保甲经费一元二角〇分，除截留存根缴查外，合给此联为据。

歙县地方财务委员会委员长江粹青印

经手收款人

中华民国三十年　月　日

此联掣给缴款户收给

以上分别是民国年间休宁县、歙县民众缴纳保甲费后的收据，均钤有红印，可见保甲经费需缴纳至县财务委员会。

保甲户籍制度是古代至近代国家政令落实的最末端，是密布城市乡间的毛细血

① 黄山学院图书馆收藏，编号：5.3.4−F7228−0001，包号：718，尺寸：260毫米×95毫米。

② 民国三十年歙县洪祝林缴保甲费收据，黄山学院图书馆收藏，编号：5.3.4−F7230−0002，包号：718，尺寸：190毫米×118毫米。

管。这些文书为研究中国历史上的基层社会运转、互助自治以及公私互动，提供了丰富的第一手资料。

**四、诉讼**

新安地域自宋代以来就养成了爱打官司的习惯，明清民国时期更是争讼不休，形成了“健讼”风俗。民间常因田地、坟墓等产业纠纷缠讼不断，反复申诉。诉讼过程形成的各种卷宗，以及形式多样的诉状、禀状、催状、投状、批词、传票、拘票等诉讼文书大量遗存。

刘伯山先生收藏有一份民国二年（1913）的《商界诉讼大观》，歙县商人程肇懋，字耀庭。“幼学业于兰溪之永济，长在金邑南市经营粮食酒坊，号名萃济，垂数十年，社会信用早已昭著。辛亥之冬，民国光复，金融奇紧，曾负裕亨等三庄银洋四千有奇，约期归偿，订有契约。乃有羡萃济号声名之优美、营业之发达、地点之形胜、交通之便利者，欲乘机而取之。复有商会丁董文樾甘为虎伥用，是不遗余力，齐起而逼闭焉，且呈诉于官厅，妄拟破产律，以遂其私欲”。裕亨等三庄、商会丁董文樾勾结欲侵占程肇茂店号产业，双方发生缠讼。民国初年，经几任县知事的审理都没得到公正合法的处理。后又到衢县第八地方法院、金华第七地方法院屡次上诉，得到日本法政毕业方律师的帮助，程肇懋申诉获得支持。但“裕亨等三庄及商会丁董不自引咎，反赴省法院上诉。省法院不直其言，痛斥其非，于民事部分仍照第七地方法院原判决办理，刑事部分犹欲咨请同级检事厅，转照会金华县检事厅起诉。于是某某（裕亨等）三庄及商会某（丁）董，心始慴伏（慑服）。又恐刑事部分一经起诉，法网难逃，挽出绍商盐栈，友陈葆卿、陈淑清、钱金堂，绅学章寿南、闻立堂，徽商叶日宣、汪朗山、程少山、王辑五、叶建山等求和于耀庭。耀庭古道可风之人也，不咎既往，予以自新，遂允其请。于民国二年二月二十四日重行开张，开张之日久雨忽晴，天之相之也；如是四方宾客，贺者盈门，人之趋之也”。程肇懋将这些诉讼案件印制成《商界诉讼大观》，以宣传昭示公正法律对私有财产的保护。

**民国二年（1913）《商界诉讼大观》**[①]

商界诉讼大观　呈金华县知事朱郁荃

① 刘伯山收藏石印本，尺寸：268毫米×150毫米。

具呈程耀庭，年六十三岁，安徽歙县人（抱呈程斌，阴历二月十一日），为谋吞店业，强迫封闭，泣扣吊票察核，以昭非理凌虐事。窃耀原籍徽州，前在兰邑应宝时所开永济布店经理，嗣至金郡南市街接开萃济粮食酒业。所有银钱常与裕亨、震茂、穗源三庄交易，历有数十年，重利滚逐，约被赚去利洋不下万余。兼以上年光复，生意更微，交付三庄利洋千元，以致本店稍受影响。用是旧历去腊，欠裕亨、震茂各有洋一千九百元，限于阴历二月底各还洋四百元，三月底各还洋一千五百元，又欠穗源洋四百元，亦限阴历三月底偿还，立有期票可核。讵意收发员程世达之胞弟程锦堂，今正谋顶耀店不遂，乘县长晋省，忽控虚词，嘱令商董丁文樾于阴历二月初六日扶同牒请盘货盘洋封店掳簿外，并将商子程鋆扭送发押凌虐。查破产律第六十三条，商家有因市面紧迫等情，不能应期偿还债项者，准其呈报商会，邀集各债主会议，酌予展限或另筹办法，免致倒闭等。因是耀所欠庄款，当此银钱紧迫之际，合以交易年久之庄，即使期至莫偿，照律亦应展期限设法，安可骤行盘货封闭？况二月三月两期均未至乎，期未至，官未断，而即用此手段，致令调转不及，谓非有心谋店而何？查第一条，商人因贸易亏折，或遇意外之事，不得已有愿破产者，应付赴地方官及商会呈报等，因是耀未经呈报，而即擅权串破，谓非有心强迫而何？其欠郑莀记裕亨、暂户叶曦记等款，现有该债主可质，并有控（折）可凭，今乃诬以捏造，谓非有心独吞而何？上年共借洋一万数千元做洋茶生意，约蚀二千余元，现今账在徽歙南乡萃华茶号未结，可访可查，何得谓之侵吞？且既称皆以信义相交，何致骗？既称存货颇多，何忍倒是倒骗二字，亦何异秦桧以莫须有三字而诬岳武穆。况此店系耀妻孥衣食所关，兹被逼倒，非但合家啼饥，抑且店账难缴。第思商会原系论理公地，今钱庄要盘便盘、要封便封、要押便押，甚且庄人虎踞店中不退，似此逞势作威，将来各业受害，何堪设想？为此伏乞知事先生速赐吊票，察核提讯公断，以杜偏抑，而免搅权，上呈。

批，此案系由商务分会据震茂、裕亨、穗源各庄帖称，经该会查有倒骗实迹，始行牒请本知事，察与各条件相符，允照破产律第四十九条办理。至该商所引六十三条之规定系指商人并无倒骗情弊，而因市面紧迫，或账难收回之故，致不能应期偿还者，与四十九条用意不同。惟既据称郑莀记裕亨、暂户叶曦记之款非捏造，茶叶款洋二千余元，账在徽歙南乡萃华茶号未结，着即检呈切据，仍交该会所选董事查明办理，无徒以空言求倖。

金华县知事二次呈

为产货存多无所（何致）倒骗，叩赐吊票原情察核，以免有心逼倒事。窃耀控裕亨号经手程锦堂与震茂、穗源等庄嘱令商董丁文樾强迫封店等情，蒙批之下容再禀明。查本店所存酒米等货，计值洋有三千数百元，本店放出新旧账洋共有二千余元，其家具又值洋一千数百元，加以本店栈屋又值洋二千数百元，茶款二千余元，招牌又值洋若干元。店底如此深厚，何致倒骗？上年光复以后，生意衰微，市面紧迫，账目难收。不特耀店为然，即浙省市面皆然；不特浙省市面为然，即各省市面亦无不然。此固可访可查，非耀可以空言饰。抵际此时艰，如程锦堂等稍有仁心，无论存货颇多，票期未至，即使存货无几，期至未偿，亦应念交易年久之情，调护维持，从宽展限设法，何忍遂串商董盘货闭封？且既盘明其货可抵，（封其货）不应封其店，既封其店不应押其人，乃（竟）因县主赴省，锦堂恃有胞兄程世达在署作威，除将簿尽掳外，一面勾串商董封货封店，并且拘留耀子程鋆。似此违例妄为，故意逼倒，实于身心不甘，亦于市面大有妨碍，为此迫切再扣知事先生察核旅（履）行。附粘　上宪未沐批。

批，查倒骗之商，如果知悔自首，将所欠之债按十成清完，各债主本可许其自新，惟须由各债主呈明商会，俟商（会）议决后，牒请地方官销案，始免治罪。该商能否照行，着即酌量赶紧办理，毋徒狡渎。

程耀庭前两次向金华县知事呈文，可见知事是偏向于裕亨庄方面的，要求程耀庭偿还欠款。第三次呈文后，获得批示，传讯原被告到案。

批，已知照商会切实查明，复以便转呈核办矣。

为传讯事，案准商会据震茂、裕亨、穗源三庄帖称萃济店东程耀庭捏造伪账、有心倒骗、牒请发封等情一案，即经照会商会查复去后，兹准咨复前来，准此令行传讯，为此仰吏应宪章前往传集，后开人证，务于日内到案，以凭讯办，该吏毋延切切。

批商会议决云云。

计开

原告震茂　　裕亨　　穗源　　被告程某某

民国元年五月七号给

右仰承发吏汪瑞麟、应宪章

程耀庭又向此时的朱姓知事第四次呈文，此后又向新任周姓知事三次呈文，七月获得判决，要求程耀庭还款，要求裕亨等三庄赔偿损失。

金华县知事周堂谕，七月三十号

讯得裕亨、震茂、穗源三庄，款未到期，遽尔帖告商会，请县发封宣告破产，迭经萃济店主程耀庭声明，死不承认破产。惟既不承认破产，欠款自应偿还，着限三月以下平均作三次还清。萃济店损害，自发封之日起至今日止计一百二十七日，应以去年全年生意为比例，平均每月共计几何，利息以一分五厘计算，每日所得几何，吊簿核算清楚，责成三庄赔偿。程鋆受不法之拘禁，每日令三庄出洋二元，聊以赔偿名誉自由之损害。至该店一经发封，恐失信用，准由本知事出示声明，以复名誉。此判。

程耀庭后又屡次向浙江都督府、民政司、提法司、衢州第八地方法院、浙江第七地方法院呈送禀状。浙江第七地方法院向承发吏开具的通知诣勘单，要求其在萃济店内听候法院派人勘查现场。

浙江第七地方法院

通知诣勘事：本月十八号覆讯程耀庭控诉程世榕等损害商业，请求赔偿一案，究竟萃济酒米各货损失几何，两造供词各执，非亲自履勘不足以昭核实，而成信谳。为此仰吏迅往通知后开两造人等，于本月二十一号上午齐集本城南市街萃济店内，听候本院派员亲自诣勘，以凭核夺，毋得违误，切切。

计开

原上诉人程耀庭

被上诉人程世榕

董存性

庞经衡

右仰承发吏高甲英执行

通知诣勘单　　十九号

以下为浙江第七地方法院的判决：

**浙江金华第七地方法院判词副本**

| | 姓名 | 籍贯 | 住所 | 年龄 | 职业 |
|---|---|---|---|---|---|
| **上诉人** | 程耀庭 | 安徽歙县 | 金华城南市街 | 六十三岁 | 商 |
| **被上诉人** | 程世榕 | 金华 | 金华城裕亨庄 | 四十一岁 | 商 |
| | 董存性 | 绍兴 | 金华城震茂庄 | 四十三岁 | 商 |
| | 庞经衡 | 绍兴 | 金华城穗源庄 | 四十岁 | 商 |
| | 丁文樾 | 金华 | 金华城 | 四十三岁 | 商会总理 |
| | 程世达 | 金华 | 金华城 | 四十三岁 | 自治委员 |

**判决主文**

著裕亨、震茂、穗源三庄赔偿程耀庭商业损害洋一千六百八十元，现物损害洋七百三十元，并垫还萃济放出城乡新账洋五百五十元。此项新放账款，应由三庄自行催收，其簿据亦由三庄领存。萃济店中损坏大墰真陈六百二十九墰，小墰真陈八百九十一墰，大墰全陈四十六墰，大墰新陈七十五墰，小墰新陈五墰，除墰归程耀庭收回外，其坏酒均归三庄处分，程耀庭不得阻止干涉。程耀庭所欠三庄本洋四千二百元，息洋二百四十元，及三庄垫付萃济自被封以来店伙薪水火食洋三百元，除三庄赔偿程耀庭共洋二千九百六十元相抵不计外，尚余归还三庄洋一千七百八十元，著程耀庭限于三月内一律还清程世达。讯系无干，应无庸议。丁文樾不称商务总理之职，由本院咨呈提法司转咨民政司撤换。第一审原卷发交金华县法院归档，所呈萃济簿折等件俟上诉期间经过后分别发还，未征讼费大洋一元五角八分、小洋三十二角四分，由三庄及程耀庭两造平均负担。

**呈诉事实**

缘程耀庭向在金华县城外南市街开设萃济粮食酒坊，与本城裕亨、震茂、穗源三钱庄交易有年，信用素孚。去岁以金融滞塞，未能流转，阴历年终结账，欠裕亨洋一千九百元，震茂洋一千九百元，穗源洋四百元，约定今年阴历二月底先还裕亨、震茂两庄洋各四百元，俟阴历三月底将所欠三庄之款如数清还，三庄均已应允，当即立有期票为凭。至今年阳历三月六号即阴历正月十八夜，萃济帖请春酒，裕亨庄程世榕、震茂庄董存性、穗源庄庞经衡及商会总理丁文樾等均列席。席次萃济店东程耀庭谈及去年店中亏本，恐难支持情事，三庄闻及，因有债权关系，即向程耀庭取阅账簿，耀庭慨然与之，三庄携归。查有叶树记洋三百元，流水未列此款；裕亨暂户洋五百元，清簿并无此账；郑荩记洋一千元，并息洋一百三十七元，叶曦记洋五百元，流水及银钱簿均无此账；胡金记程春记洋各二百元，宣统元年账簿未曾交出，无从查核。遂疑耀庭虚收实付，有心倒骗，乃于三月十八号缮具说帖，请商会交议商务分会。总理丁文樾于二十号开会解决，二十一号牒请朱前知事，按照破产律第四十九条办理，先将该店查封，并程耀庭之子程佑齐即程鋆传案管押。耀庭辩诉三庄串词，商会总理丁文樾有心逼倒，并赴省呈控。迭奉都督、民政司长、提法司长行令金华县知事兼执法长秉公审讯，经朱前知事、刘代理知事先后集讯二次，迄未判决。周知事兼执法长覆讯终结，判令程耀庭限三月以内将所欠三庄之款平均作三次还清。萃济店损害之处自发封之日起至判决之日止计一百二十七日，应以去年全年生意为比例，平均每日共计几何，利息以一分五厘计算，每日所得几何，吊簿核算清楚。责成三庄赔偿程鋆受不法之拘禁，每日令三庄出洋二元，聊以赔偿名誉自由之损害。至该店一经发封，恐失信用，准由知事出示声明以复名誉等词判决。程耀庭不服县判控，经第八地方法院传讯未结，嗣因本院成立，咨送过院，经本院传集两造开庭辩论四次，并亲诣该店履勘一次。程耀庭委任代理人方仲先到庭，以萃济簿据记载挂漏，系因不谙簿记学所致，裕亨等款数目既已相符簿据，又非捏造，则即不得谓为有心倒骗。三庄心存恶意，串同商务总理丁文樾遽请查封，主张三庄除赔偿损害外，尚需负刑事上责任。程世榕等偕胡禧昌辩护士到庭，以萃济账目多非流水过入，有账无根，显系虚立债户，主张照破产律第四十九条办理。各等语。

**证明曲直之理由**

查此案三庄以程耀庭倒骗，故帖请商会查封，程耀庭以萃济帐无弊窦，故反诉三庄有心逼倒。欲解决两造争执之理由，必先查萃济账目之有无弊窦，原因虽似复杂而前提颇属简单。今试就三庄所指程耀庭虚收实付各款，一一反证之。查郑荩记一款，三庄指程耀庭仅记入庄号簿，而于流水、银钱两簿未曾列入。然查阅萃济庚辛两年合并万利簿，确系立有郑荩记户名，洋数亦属相符，旧今两年又有债权者催告书信。此款本人郑莀臣已于五月间遣代表毕丹五向金华商会具有说帖，复经本院票传毕丹五到庭质讯，当庭呈有萃济收折，且愿作此款非虚证人，具有证结附卷，则此款可证明程耀庭之非虚收实付矣。又查萃华一款，据程耀庭供称系渠在徽州合股设有萃华茶号，此项款洋以卖茶亏折，至今尚未至徽结算，故账上有付无收。质之三庄，三庄亦供称确知耀庭开有萃华茶号，惟其亏赚不能尽悉底蕴。是此款三庄已明认其用途，亏赚计算系程耀庭之权利关系，与虚收实付问题无关也，且程耀庭呈有萃华收折股单、凌姓期票及去年九月间由上海凌湘南寄来报告做茶亏耗信札等证据，则此款又可证明程耀庭之非虚收实付矣。又查裕亨一款，萃济辛亥年七月银钱总清收裕亨洋一千一百十六元零，当日付出裕亨往来户及暂存共洋一千元，其数与裕亨庄折较对无讹，而其簿上只付裕亨洋五百元，可知其暂存五百元，尚系暂挂，及至八九两月暂存洋数取用将尽，于是遂将暂存余洋二百元转入往来户，惟欲转入往来与暂存对直，不得不于九月二十七写明付裕亨洋二百元，以免少挂二百元之账，否则五百元挂洋非特不能合数，而反有缺少之虞。核其九月二十七总清付洋二百元，与往来户洋数相对，十月十六总清补逐收洋五百元；与暂存户相对，同日付洋五百元；与七月二十七挂洋相对，数固无讹，账又非虚，则此款又可证明程耀庭之非虚收实付矣。他若胡金记、程春记两款究于何年存起，簿上虽无注明，然查其前清光绪二十七年、二十八年总清及己酉年流水，均付有两户息洋，则其非虚立债户一层，已不难证明叶树记、叶曦记两款。据程耀庭供称，叶树记洋三百元系先由徽州借用，后由萃济店中付还，故流水有付无收，且洋既还清，折即随之销毁。叶曦记一款现在洋未偿还，故收折尚在徽州叶姓之手，一时未便举证等语。查核前三庄帖内所称，萃济生意历年有盈无亏，人所共知，并与商等银钱往来皆以信义相交云云，则萃济之历年赚钱已可慨（概）见，店既赚钱而先虚立债户，以为将来倒骗之预备，必为情理之所无。况裕亨、萃华、郑莀记等款，既能一一证明，则此两款，虽未能明白举证，在理论上已可推定其为非虚收实付矣，既非虚收实付则非特无破产律第四十九条有心倒骗之条件，并无同律第五十三条各项有心倒骗之情形。该三庄票未到期，遽尔具帖商会，其用意尤属不情，程耀庭之反诉有心逼倒，以表面观之三庄实咎无所辞，此三庄之对于耀庭不能不负损害赔偿责任之理由也。虽然耀庭之非有心倒骗，固已如上证明，而萃济簿据之记载挂漏，实亦不能为之曲讳。查商人通例第六条规定，商人贸易无论大小必须立有流水账簿，凡银钱货物出入以及日用等项均宜逐日登记。考之商家普通惯例亦复如是，凡流水簿为各账之根据，银钱出入莫不由流水过入。此案三庄之所以疑萃济为有心倒骗者，实因郑茂记、叶曦记等款为萃济流水所无之所致。使萃济历年簿据一一记载，均循惯例，稍无可疑，则倒骗之诬何从而起？查封之举亦胡为乎来？是以查封破产之帖请在三庄，其所以致发生查封破产之原因实在萃济，此即可以证明三庄非有心逼倒之理由也。至于商会以三庄说帖牒请知事查封，于手续上似无欠缺第，丁文樾身任总理，自应切实审查详细，核算得有确实证据方可请官查封。乃该总理于萃济出入账款漫不审查，三月十八号接三庄说帖，二十一号即牒请朱前知事查封，其鲁莽疏忽、滥用职权已可概见。查新刑律第一百四十四条，凡吏员于前四条所揭情形外滥用职权，使人行无义务之事或妨害人行使权利者，处四等以下有期徒刑拘役，或三百元以下罚金。又查同律第一百四十六条二项，犯第一百四十条至第一百四十四条之罪者，并免现职。该总理丁文樾不彻查萃济有无倒骗，遽尔牒请知事查封，以致萃济商业大受损害，是即该总理之滥用职权妨害人行使权利，自应按照新刑律第一百四十四条科罚金二百元，又按照第一百四十六条二项并免现职。惟该总理所犯系属公罪，拟将应科罚金二百元从宽免科，以期情法之平。要之，此案两造均无极端之曲直，程耀庭虽非有心倒骗，然账目记载确系挂漏，其债务关系不得因三庄有帖请之举而销减，前欠三庄本洋四千二百元固当履行，即自被封至今息洋二百四十元及垫付萃济店中零用火食洋二百四十元、薪俸洋一百四十五元，程耀庭亦须如数偿还。惟三庄谬指程耀庭有心倒骗，致萃济查封，虽非有心逼倒，其萃济权利损害，三庄亦难辞赔偿之责。查萃济账簿每年能做生意约洋一万四千元，以长年分八利息计算，每月得赚洋二百十元，自三月被封迄今计八个月共可赚洋一千六百八十元。又勘查萃济损坏真陈、全陈、新陈大小墰酒共一千六百四十六墰，按照该业公议兑价折算共值洋七百三十元，均应由三庄负担赔偿。又查萃济壬子年簿，城乡外账约洋五百五十元，萃济因查封而不能收入，则此账当由三庄垫还。又萃济前存酒糟四十七墰，计洋三十七元，现在货既出售，其洋自应归耀庭收入，此款拟即由三庄垫款中扣算。又萃济被封后，三庄派有管理人住宿萃济店内，则此等管理人之火食，三庄应于萃济店所支火食洋二百四十元内分担十分之二，洋四十八元亦即由三庄垫款中扣除。至程耀庭所呈积欠簿据，阅系前清光绪十六年所立，其中虽有前清宣统二年、三年账目，然均系由旧簿过入，此等账洋，即萃济不被查封，亦断不能如数清收。况开庭四次，程耀庭均以此等簿据已被三庄掳匿为词，由此观念推测，则耀庭既非有意藏匿，亦为权利抛弃，积欠款洋八百九十六元，应由耀庭自行催收，不得藉此概令三庄赔偿。若程鋆之被拘，系由前知事误信商会，照破产律第四十九条办理所致，其拘禁盖出自知事职权作用，亦不得令三庄赔偿。程世达讯，无通同舞弊情事，不能无故牵涉案。既讯明，应即根据事实破毁原判，判决如主文。

共计三千五百十一字。

浙江第七地方检事厅检事　　莅庭

浙江第七地方法院

推事　盛钟灵

代理庭长推事　陈怡寿

代理推事　赵骏

录事典簿　顾斗寅

不料，裕亨庄程世榕等人又到省法院上诉，程耀庭亦即于辩诉状中上诉，旋又有丁文樾上告。“省法院不直其言，痛斥其非，于民事部分仍照第七地方法院原判决办理，刑事部分犹欲咨请同级检事厅，转照会金华县检事厅起诉”。以上节选自《商界诉讼大观》，可见民国时期诉状、禀状、批词、传票、会勘、判词等诉讼文书。这本书由徽州商人自行印制，可见在外经商徽州人之艰辛，也折射了徽州、金华两地经济上的互动，反映了民国初年的司法事实。

《遂安十六都一图全朴村王氏文书》中也有一份清后期至民国诉状草底，[①]“为黑夜持械，拥门围杀，抢先诬诉，希图卸责，请求派警拘办事”而诉讼。民间文书中的诉讼多以抄白或草稿为主，保留下来的多为判决原件。

诉讼后，要经官员审理、批复、判决。以下就是一份明代批词。

① 清后期至民国诉状草底，刘伯山收藏《遂安十六都一图全朴村王氏文书》，尺寸：142毫米×350毫米。

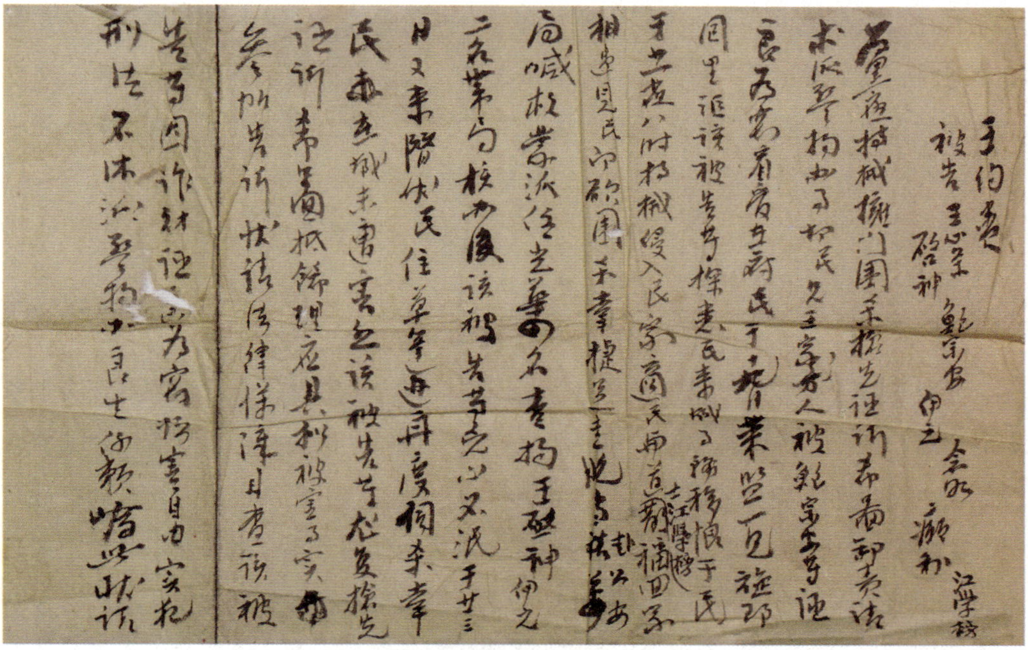

清后期至民国诉状草底

**明崇祯十四年（1641）五月徽州直隶徽州府督军厅批词**①

告执照人张之选，告为抄参叩照以防后患事。凶恶张梦魁兄弟七煞纠党张之钦等，伙证扛帮，如虎添翼，威震乡都，惯行占杀，欺父四代单传，旧腊占地开沟，挥党强殴。控宪蒙审，以弟殴兄，伦法蔑如，责令服罪。凶党愈肆猖狂，复加丛殴父活致死。急控天台，蒙研审责，断银六两祭父，参炳日星。凶等藐抗不给，扬言待宪高迁，杀孤泄忿。今爷天位高升，诚恐凶党挟仇明杀暗害，家传一脉攸关。伏乞天恩垂怜孤弱，金批印照给身珍藏，防祸杜患，生死含恩，甘棠永芘，录参上告府主爷爷施行。

二月初三日蒙台审明，申府金参审得，张梦魁、梦方俱张卿之房弟也，魁先年买张书臣房屋一所，其后墙即系卿之基地，界限甚明，只为墙外滴水，魁欲疏沟以通水道，而卿阻之，谓墙之外无余地也，梦魁等始而口角相争，随而手足相殴。虽曰互争，而弟殴兄则伦分篾如矣，合令魁等拜服张卿以正大分。其墙外水路照旧疏通，盖有檐，自有滴水，卿固不得坚阻也。梦魁、梦方分别各杖，以为不弟之戒。张卿

① 黄山学院图书馆收藏，编号：5.4.2-D6114-0001，包号：721，尺寸：635毫米×640毫米。

为此尺寸，架告抢杀，且出多词，亦自召衅，并稍示儆，余属牵连免究。爷台复审，金参审得，张梦魁当日与张卿争沟水相关是真，已断魁服礼，不意事后卿故，卿子之选遂欲深求，此亦以父命为重也。姑念死者可悯，不能赔礼于生前，应赔礼于死后，断银六两为祭祀之用，以服之选之心，梦魁仍与之钦扛帮并罚。

准照（直隶徽州府督军厅罗印）

崇祯十四年五月十五日告执照人张之选

张之选控告张梦魁兄弟、张之钦等，因占地开沟事殴打兄长，虽蒙审判决张梦魁等服罪，但张梦魁愈加猖狂，竟将张之选父亲打死。再次控告至府衙，判张梦魁等赔偿六两银子祭祀张之选父亲。张梦魁等藐视判决，不赔偿银两，扬言等官员高升，就杀张之选泄愤。张之选害怕被报复，祈求宪台能够赏赐金批印照以防患于未然。直隶徽州府督军厅罗批词，张梦魁等与张卿因为水沟界限发生口角和互殴。宪台第一次审判，张梦魁等因为不弟被判杖刑，张卿斤斤计较稍示儆。第二次因为张卿逝世，宪台判决死者可怜，张梦魁应赔偿六两银子为祭祀之用。直隶徽州府督军厅罗签发了这份执照给张之选。

下面则是一份清乾隆十五年（1750），四月祁门县长为盗砍树木纠纷发出的判词。

**清乾隆十五年（1750）四月祁门张大文判词**[①]

祁门七都二图竹科张六九父子惯贼窃树生涯，身祖坟山一号，土名庄前，两家蓄养树木，护庇祖茔，山落六九住屋对面，屡被窃害，旧腊胆将荫木盗砍数十余株，当获赃据投控。荷蒙县主青天张大父师讯明，赃真贼确，责惩追价。金参审得：

审得生员张本立、民人郑元采，以盗荫获赃等事，控张六九等一案。缘张郑二姓共有合葬祖坟山一号，坐落七都，土名庄前，与张六九家相距咫尺，其山向来蓄树木庇荫而已。突于上年十二月间被张六九等魆行盗砍，经本立等知觉具报到县。经本县传犯庭讯之下，据原告张本立等将伊两姓合葬，坟山树木被张六九等盗砍，情节供词符合。质之，张六九父子始则狡赖，捹买仰姓之树，并非偷砍。及传仰经大并保长张双等到案，饬令登山查验，禀明复讯之下，而仰经大及保长张双等坚供

① 黄山学院图书馆收藏，编号：5.4.9-E6515-0001，包号：80，尺寸：250毫米×392毫米。

六九盗砍属实，难为掩饰。复质之，张六九父子供认盗砍不讳，惟有俯首服罪。当将六九之子张运重责，以儆盗风，仍在该犯名下追赔树价银一两七钱，并原砍赤树一段给张郑二姓领回，照旧管业，其张六九不能禁约子弟，胆敢扶同回护，本应按究，姑念年老，从宽省释取具。该犯张六九父子不敢再犯，遵依以结斯案。此谳。

乾隆十五年四月　　日参

清乾隆年间，祁门七都二图张本立、郑元采共有祖坟山一处，两人发现被张六九父子盗砍树木，于是控告至县衙。县长审问庭讯、勘查现场后，判决张六九父子盗砍，重责张运，赔偿树价银钱，并将砍伐树木还给张郑二姓。张六九年事已高，免于责罚。这份判词应是张郑二姓将县长判词印制后，广而告之。

民国时，诉讼也可以调解的方式解决纠纷。以下就是一份民国二十年（1931）十月安徽高等法院第二分院民庭开具的和解证书。

### 民国二十年（1931）十月安徽高等法院第二分院民庭和解证书[①]

#### 和解证书

上诉人：廖世馨　廖鹏程

右代理人：廖起坤

被上诉人：陈廷瑞　陈仲华　陈子云

右代理人：陈冠肇　陈锦和

右开当事人间民国二十年二字第一六号因道路涉讼上诉案件，于民国二十年十月十五日下午三时经本院当庭试行和解，业经成立，特记其大要如左：

（一）和解之内容

（甲）上诉人廖世馨等石门砎村后之路，准被上诉人陈廷瑞等石墅村人行走，但被上诉人等陈姓不得抬棺木经过，免滋事端。

（乙）一二两审诉讼费用两造各自负担。

（二）和解成立关系人

廖世馨（起坤代押）　廖鹏程（押）　廖起坤（押）

① 黄山学院图书馆收藏，编号：5.4.6-F7220-0001，包号：384，尺寸：280毫米×388毫米。

陈廷瑞（冠肇代押） 陈仲华（冠肇代押） 陈子云（锦和代押）

陈冠肇（押） 陈锦和（押）

（三）和解成立年月

中华民国二十年十月十五日

安徽高等法院第二分院民庭

这份和解证书还钤有“本件应征收抄录费银圆〇元三角正”印字。民国年间廖世馨等与陈廷瑞等因道路使用发生纠纷，上诉至安徽高等法院，经法院调解，双方达成协议，廖世馨等石门硚村后之路准被上诉人陈廷瑞等石墅村人行走，但被上诉人等陈姓不得抬棺木经过。和解证书需要双方认可画押，承诺遵守。

诉讼审判后，被告如果不遵照执行，原告方也只得张贴广告揭发罪行。

**民国［婺源］汪曹詹香严院等激愤广告**[①]

**被占激愤广告**

**（注意）**

敬启者：缘我阆山汪曹詹香严院等与方姓叠订合墨，同禁沾泗山等处山场杉松二木，惟樵割与王姓公同。今被方姓背议私拚，业经公庭讯明，共养属实，按照税摊。讵方姓恃富藐法，以金钱主义，仗绅之势，复朦县尊，欲私发拖，我等断难抛弃主权，废却先人之合墨。贵宅诸君请勿入山帮运，倘我一时愤恨，恐有误伤，故特布告。

阆山汪曹詹香严院等与方姓先前订立合同，禁止砍伐杉松树木。后方姓背弃合同，私拚树木，经判决“共养属实，按照税摊”。不料，方姓并不遵守判决。于是阆山汪曹詹香严院等张贴广告，揭发方姓的罪行，并警告其他人不要帮助方姓运输树木。

诉讼文书反映了新安人健讼、缠讼的风俗，虽然常被人批为陋俗，但从一个侧面反映了新安人崇尚理性、追求公正的精神。诉讼文书也为研究中国古代及近代基层民众的法律生活提供了丰富的史料。

---

① 黄山学院图书馆收藏，编号：5.4.11-F7200-0001，包号：352，尺寸：239毫米×130毫米。

## 五、官府其他文书

官府文书形式多样、内容丰富，还有些未能归类的文书，兹举一二典型。

**清乾隆五十年（1785）休宁程佛佑应得钦赐荣身凭执** ①

安徽承宣布政使司陈　准　府县申详耆民册，结该各都图照册查明交收执。遵皇上御极五十年大庆，赏赉江南休宁县老人程佛佑，年登八十一岁，应得　钦赐绢绵米肉、顶带荣身，以光大典。

中国古代，官方民间都非常尊重耆老，给予优待和赏赐。乾隆五十年（1785），清廷就曾大办千叟宴，宴请耆老。这份程佛佑应得钦赐荣身凭执就是乾隆五十年大庆赏给休宁县81岁老人程佛佑“绢绵米肉、顶带荣身”。下面是一张清光绪年间的空白荣身大典凭执，也是优待和赏赐老人。

**清光绪婺源县皇恩钦赐耆民荣身大典凭执** ②

吏户二部会同具奏　准以咨部注册　奉旨皇恩钦赐耆民　年　岁　品顶戴荣身大典。

光绪　年　月　日发安徽徽州府婺源县　乡　人　照

民国年间，歙县第六区第一百零二保《清查情详报表》③登记了歙县第六区第一百零二保（旧三十四区二段）的受灾情况，登记有耕者姓名、合户人口数、自耕或佃种田地山亩数、无灾五成以上亩数、轻灾五成以下亩数、重灾籽粒无收亩数、如系佃户其业主姓名及亩数、附记等项目。

这份《解放后淳安县霞源乡霞源村黄别别互助组爱国增产计划》，④是黄别别互助组为了增产报国制定了一系列指标计划，增产指标包括油菜花、黄豆、水稻、玉米、山芋、葵花、种树造林（茶园）、增养家畜（猪鸡），农业耕作方面改进耕作技术、

① 黄山学院图书馆收藏，编号：5.2.4—E6550—0001，包号：721，尺寸：310毫米×60毫米。
② 黄山学院图书馆收藏，编号：5.2.4—E7000—0001，包号：721，尺寸：525毫米×178毫米。
③ 黄山学院图书馆收藏，编号：10.7—F7200—0001，包号：6，尺寸：315毫米×190毫米。
④ 解放后霞源乡霞源村黄别别互助组爱国增产计划，刘伯山收藏，尺寸：270毫米×670毫米。

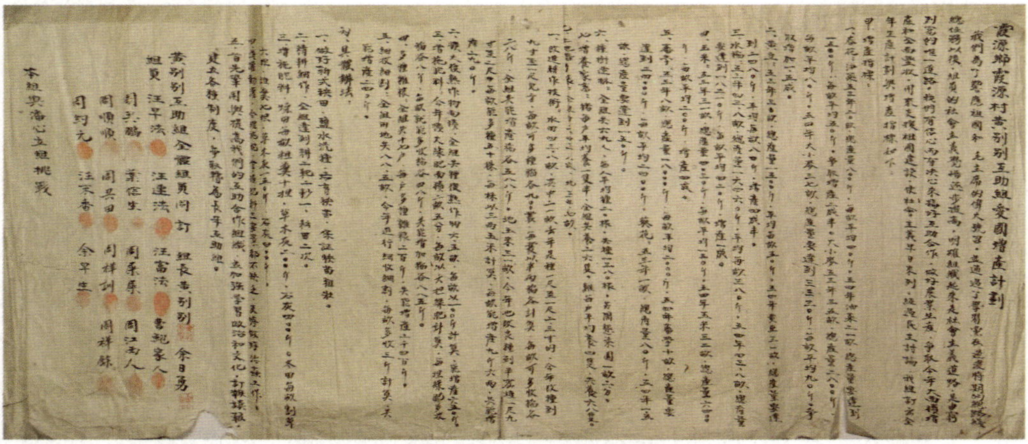

霞源乡霞源村黄别别互助组爱国增产计划

《解放后霞源乡霞源村黄别别互助组爱国增产计划》

扩大熟作物面积、增施肥料、多种杂粮、细收细割，最后制定了具体办法。

## 第六节　教育文书

历史上，新安江流域崇儒重文、学风昌盛，“十户之村，无废诵读”。儒家文化的积淀、宗族力量的推崇、商人的经济投入，推动了教育的兴盛。同时，教育的普及、素养的提升又对文化、宗族、商人的发展起到了鼎力支持的作用。最后呈现的直观成效，就是各领域都涌现出了一批精英和人才。宋元明清时期，官学、蒙学教育均极为兴盛，书院林立、私塾遍布。民国时期，新安教育开始了近现代化转变之路。在这些教育教学活动中遗留了形式多样、内容丰富的文书档案。

### 一、试卷、作业

新安人将耕读放在首位，科举入仕是人生最大的追求、家族最大的荣耀。由宋至清的600余年间，新安江流域涌现出了不少状元，如休宁县本籍和寄籍的状元就有19位，被誉为“中国第一状元县”。中国状元博物馆收藏有休宁状元黄思永殿试试卷、乡试题目刻印实帖等珍贵的科举文书档案。

民国时期中小学试卷、作业较为多见，如徽州师范许长河藏民国歙县尚实小学高等班吴成灏、吴成泮同学的历史、音乐、算术试卷。民国歙县尚实小学高等班吴成濑历史秋季试卷，[1] 被评为最优等第一名，总分 97 分，老师评语“气充词沛，惜少简净之功”，誊文草率扣 2 分。试卷共有 5 道问答题，题目有“问信陵君不夺晋鄙军，晋鄙能收秦师否？”“问高祖较光武二帝孰贤？”“问中国之佛教始于何时，至何时始盛？”“问符坚势盛于晋而反为晋所败者，何也？”“问秦隋一统，何以皆不再得？”老师对每个答案做了圈画，并作了评语。

刘伯山收藏有一份淳安县立屏山中心小学潘世清日记簿，潘世清记录了自己上学的各种感受。比如，可恨学校距离家很远，生活不方便；可喜学校繁华，老师同学友爱。这也是交给老师批改的作业之一。

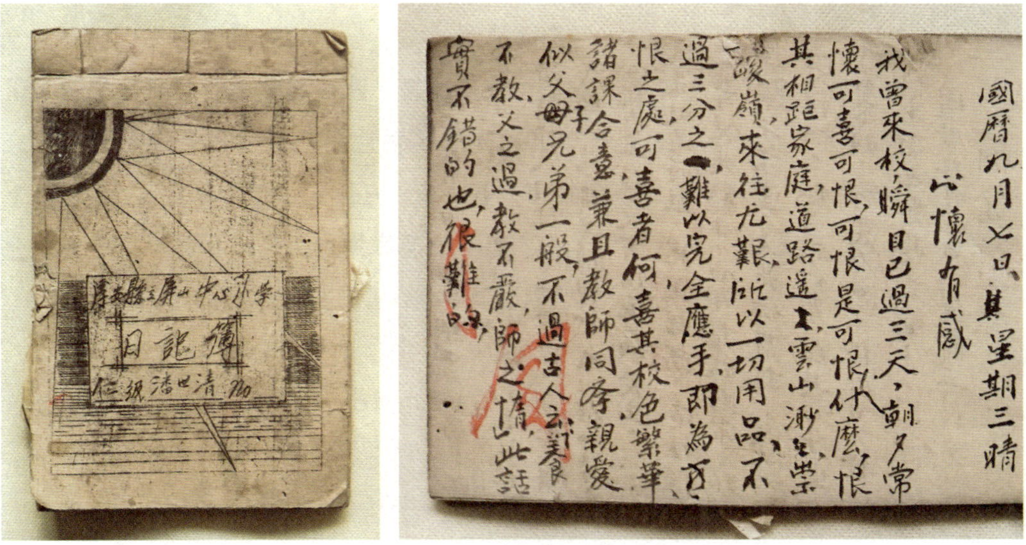


淳安县立屏山中心小学潘世清日记簿

## 二、捐纳功名执照、呈文、批文

明清时期，通过层层选拔的科举考试，是为入仕的正途。没有通过考试的平民也可以通过捐银获得监生的头衔。黄山学院收藏有一套 5 份文书，是婺源县曹氏家族捐纳监生的执照、监照。清嘉庆十八年（1813）三月十八日曹振南向安徽省藩库捐银一百两，获得监生的资格。

① 徽州师范许长河收藏，编号：6.2−F7200−0004，包号：419，尺寸：220毫米×410毫米。

## 清嘉庆十八年（1813）三月婺源曹振南捐银收据[①]

曹振南年三十岁，身中面白无须，由俊秀捐，遵旨酌定筹备事，例遵于嘉庆十八年三月十八日在安（徽）省藩库捐银一百两，准授监生，曾祖志均、祖虞书、父峻发，系徽州府婺源县人。

这份清嘉庆年间捐银收据，钤有多个红印。捐银之后，户部发给曹振南执照，以作为他缴纳捐监生银的凭据，杜绝假冒者。

## 清嘉庆十八年（1813）七月婺源曹振南户部执照[②]

**户部执照**

户部为筹备等事。嘉庆四年十一月初六日奉旨，户部奏筹备各省封贮银两，请在外省报捐监生普收折色，著照所请准于外省捐纳监生，概收折色，经赴藩库交纳，钦此钦遵在案。今据安徽巡抚册报俊秀曹振南，安徽徽州府婺源县人，年三十岁，身中面白无须，于嘉庆十八年三月十八日在本省藩库捐监生银一百两，除将实收存案外，相应换给部照，以杜假冒，须至执照者。

三代曾祖志均　　祖虞书　　父峻发

右照给曹振南收执

嘉庆十八年七月廿七日

部

这份清嘉庆年间婺源曹振南户部执照，钤有赤印，有多处朱批。第二年，国子监才发给曹振南监照，证明他获得了监生的身份。

## 清嘉庆十九年（1814）二月婺源曹振南监照[③]

**监照**

国子监　　　为奏明请旨事。照得本监条奏，直省报捐之监生，除一面给发

① 黄山学院图书馆收藏，编号：6.3-E6618-0001，包号：721，尺寸：340毫米×65毫米。
② 黄山学院图书馆收藏，编号：6.3-E6618-0002，包号：721，尺寸：470毫米×480毫米。
③ 黄山学院图书馆收藏，编号：6.3-E6619-0001，包号：721，尺寸：560毫米×500毫米。

实收，即造具该生年貌清册，送监登记号簿，给予监照，以凭查核等。因于乾隆十一年二月二十日具奏，本日奉旨依议行。钦此。嘉庆四年十一月内户部奏请，各省开捐监生，以备封贮银两，普收折色。奉旨准行，钦遵在案。今准安徽巡抚册报曹振南，系安徽徽州府婺源县人，年三十岁，身中面白无须，由俊秀于嘉庆十八年三月十八日遵酌定省捐以备封贮银两事，例在本省捐纳监生，相应给予监照，以杜假冒顶替等敝，须至监照者。

三代曾祖志均　　祖虞书　　父峻发

右照给曹振南收执

嘉庆十九年二月廿八日给

监

这份清嘉庆年间监照，钤有骑缝赤印，有朱批若干。曹振南之子曹邦杰于咸丰六年（1856）也通过捐饷的方式获得了监生身份，收到清咸丰六年（1856）六月婺源曹邦杰户部执照[①]、清咸丰六年(1856)六月婺源曹邦杰监照[②]。这样一套完整的家族捐纳监生的文书档案也是较为少见的。

### 三、学校资产文书

民国时期，中小学办学经费主要来自政府拨款和自有财产。

#### 民国三十年（1941）一月休宁榆村乡小学立本东出佃田批[③]

立本东出佃批人榆村乡小学，今将土名果子山，计田八秤，大小四坵，又土名湖架亭前銮驾坵，计田十四秤，两共五坵，计租二十二秤。今凭中出佃与方春九名下为业，当日三面言定，得受时值佃价国币八十元正，其洋于成佃之日是本乡小学一并收讫，其田即交受佃人管业种作，交纳大租三十二斗，挑送上门，不得短少，倘有拖欠，听从提业。未佃之先并无重复，今佃之后，倘有内外人言，尽归出佃人一力承值，不涉受佃人之事。其田言定客不欠租，东不提业，恐口无凭，立此出佃批存照。

---

① 黄山学院图书馆收藏，编号：6.3–E6806–0001，包号：721，尺寸：550毫米×490毫米。

② 黄山学院图书馆收藏，编号：6.3–E6806–00012，包号：721，尺寸：550毫米×500毫米。

③ 黄山学院图书馆收藏，编号：6.4–F7230–0001，包号：356，尺寸：490毫米×420毫米。

中华民国三十年一月　　日立出佃批人榆村乡小学

校长程槐亭印

凭中程足基印

程鹤亭印

亲笔

这份契约钤有榆村乡小学赤印。民国年间，休宁县榆村乡小学将自有的 5 块田地出佃给方春九耕种，这样就能获得佃价 80 元，而且每年能收大租三十二斗。学校土地带来的收益是教育经费来源之一。除了田地，还可以通过捕鱼卖鱼来收益。

**民国三十三年（1944）十一月歙县漳清联校张文进等立协议**①

立协议人漳清联校基金保管委员会代表张文进、薛潭保校基金保管委员会代表程育德，今协议薛潭鱼产，由上自刘家榨渡船头（俗名龙口滩），下至苦竹滩脚，统归漳清联校基金保管委员会捕捉，依现在中色鱼价每斤四十元，由漳清联校基金保管委员会每年交付薛潭保校基金保管委员会国币七千元整，以后鱼价变动依每斤四十元为标准增减，以国历十二月底以前为付款时期。自此协议之后，双方不得争执，恐口无凭，立此协议字约各执一纸，并呈报县政府备案，永远存照。

立议人漳清联校基金保管委员会代表张文进印

薛潭保校基金保管委员会代表程育德印

凭中柳戟门印

许卢生印

程世英印

代笔万步华印

中华民国三十三年十二月三十一日

漳清联校收执

这份协议同样钤有学校赤印一枚。民国时期，歙县漳清联校、薛潭保校，应位

① 黄山学院图书馆收藏，编号：6.4–F7233–0001，包号：80，尺寸：455毫米×516毫米。

于今天新安江畔的薛潭村，以及下游的漳潭一带，就薛潭河段的鱼产归属交易订立合同，协定自刘家榨渡船头（俗名龙口滩），下至苦竹滩脚，由漳清联校基金保管委员会组织捕捉，每年十二月底将鱼折价7000元交付薛潭保校基金保管委员会，以后每年按鱼价变动缴钱。此合同还需交县政府备案。实际上，就是漳清联校承包捕鱼，再支付一定的收益给薛潭保校，双方都能从中获利，充作教育经费。此外，国民学校也能获得政府补助。

**民国三十四年（1945）八月歙县梅溪乡筠麓保国民学校潘瀛校长开具国民学校补助收据存根**[①]

**存根**

今收到歙县县政府给本乡（镇）本保国民学校三十四年一至六月份补助费，国币五千三百四十九元，业已校长如数领讫，除将二三两联分别送交会计室、出纳室外，合留存根备查。

区梅溪乡／镇筠麓保国民学校校长潘瀛印

中华民国三十四年八月廿六日

教保字第一号

这份收据存根，钤有歙县梅溪乡筠麓保国民学校赤印，可见民国时期歙县政府会给予学校补助费。

**四、科举名单、毕业证书**

新安江流域基层社会崇儒尚文，日常生活中对考取功名的精英或者读书识字之人推崇备至。宗族里一旦有人考取功名，必定广为宣传，对族中子弟起到模范作用。比如，黄山学院收藏有年代不详中式举人285名名单，[②]开列有各地生员名单，有扬州厅生、太湖附生、通州增生、桐城厅生、常州附生、镇江附生、黟县厅生、祁门监生、徽州廪生、徽州厅生、休宁县厅生、歙县附生等，主要分布在安徽、江浙等地。这份名单为印刷装订成册，应该是做分发之用。

① 黄山学院图书馆收藏，编号：6.4-F7234-0001，包号：407，尺寸：267毫米×114毫米。

② 黄山学院图书馆收藏，编号：6.11-E0000-0001，包号：252，尺寸：231毫米×242毫米。

民国年间，近现代学校教育不断发展。在新安人眼里，高等教育毕业与明清时期中试同样是光宗耀祖的大事，要广而告之。

**民国张昌麟复旦大学毕业捷报**①

捷　报　　　　　　　　　　　　　　　　　　　　　　京　报

贵府会亲：张先生印昌麟，肄业上海复旦大学文科政治学系本科，期满经本校代理校长郭任远博士、学长余楠秋硕士会同考试，成绩及格，蒙前内阁总理、外交总长唐绍仪发给毕业证书，依大学令称文科学士。

造　福　家　邦

民国时期，张昌麟从复旦大学政治学系本科毕业，获得文科学士。这类毕业捷报，一般张贴在宗族祠堂墙上，向同村亲友报告喜讯。小学也会颁发毕业证书。以下这份歙县小学毕业，钤有歙县教育部门赤印。

**民国十四年（1925）六月歙县立第五初级小学帅建柏毕业证书**②

**歙县县立第五初级小学校毕业证书**

学生帅建柏，安徽省歙县人，现年十五岁，在本校修业完毕，考查成绩及格，准予毕业此证。

校长汪启垣印

任

中华民国十四年六月　　日

## 五、学田收租执照、捐赠助学文书

清代，地方政府会征收专门用于书院资金的谷租。

① 黄山学院图书馆收藏，编号：6.8–F7200–0001，包号：718，尺寸：1100毫米×520毫米。
② 黄山学院图书馆收藏，编号：6.8–F7214–0001，包号：718，尺寸：300毫米×360毫米。

**清光绪十六（1890）、十七（1891）、十九（1893）、二十（1894）、二十一年（1895）歙县程本妹户交租执照**[①]

**执照**

徽州府正堂春　　为执照事。今据歙县姚姓佃户程本妹应交光绪十六年郡城两书院谷租大钱二千三百十六文正，照数呈缴，除存根外合行执照为据，须至执照者。

光绪十六年九月　　日给

这份执照钤有县印，由内容可知，佃户交租是专用于郡城两书院的经费。民国时也沿用了这种形式，有教育局专门征收的租谷经费。

**民国十四年（1925）十二月绩溪柯瑞林户交租执照**[②]

**执照**

绩溪县为征收仓租事。今据八都瑞川村佃户柯瑞林，承佃土名百垃实租田二亩，遵章缴纳民国十四年田租洋二元六角，充归县教育经费，除登收外，合给执照。

中华民国十四年腊月廿三日

这份交租执照钤有县印和绩溪县教育局印章，应是由绩溪县教育局向佃户收取田租，充归县教育经费。

民国时，地方还向民众募集教育基金，也是一样以佃户田租的方式收取。

**民国三十七年（1948）八月休宁孙华封等立捐募教育基金通知**[③]

**休宁县安乐乡国民教育基金筹募委员会通知**

查本乡蒙国防部勘建队策动劝募国民教育基金。本乡业于八月十四日组织成立国民教育基金筹募委员会，除已呈请主管机关备核在案外，兹经本会成立大会讨论事项第五案议决劝募办法，按照本乡种户所种稻田每亩向业主捐募稻谷五升（结收干谷五市斤），迳由佃户在本年应交租谷项下代付。查本乡佃户王来保承种台端稻

① 黄山学院图书馆收藏，编号：6.18—E7016—0001，包号：721，尺寸：235毫米×101毫米。
② 黄山学院图书馆收藏，编号：6.18—F7214—0001，包号：704，尺寸：235毫米×119毫米。
③ 黄山学院图书馆收藏，编号：6.10—F7237—0001，包号：721，尺寸：200毫米×95毫米。

田十亩〇分，恳请认捐稻谷〇石五斗〇升正（折合干谷五十市斤正），以奠地方教育基础。特此通知，敬希查照，为荷此致孙寿晖先生。

主任委员孙华封印

副主任委员汪　准印

金杏林印

总务组长吴书贤印

劝募组长金玉书印

中华民国三十七年八月　　日

民国三十七年（1948），休宁县安乐乡筹募国民教育基金，按照本乡种户所种稻田每亩向业主捐募稻谷五升，以资助地方教育。

**六、近代教育文件、管理规则、学校杂志汇编**

民国时期，徽州地区组织有全徽教育协进社，来自歙县、婺源、休宁各县的教育工作者各抒己见，对近代教育发展提出议案。黄山学院收藏的民国十年至十二年（1921 ~ 1923）《全徽教育协进社议案》，[①] 收录了30份议案文件，包括劝各校兼收贫苦学生案、徽州实施职业教育计划书、组织乡土教材编辑部、筹设安徽省立第三女子师范学校提出清愿案理由书、施行义务教育案等。

徽州师范许长河收藏的民国歙县《安徽省立第三中学校管理细则》，[②] 是安徽省立第三中学校对学生各方面的管理细则，分为统治、教室、体操及游戏、自修室、膳堂、寝室、疗养室、盥所、浴室、阅报室、学生服务、会客、试验、褒奖惩戒、请假、附则十六节。

民国时期，安徽省立第二师范学校杂志还持续出版了学校杂志，内容颇为丰富，既有校情校况、预算支出，也有教师学生的作品和成绩，还有文件、通讯、调查和专案等内容。如民国八年（1919）八月休宁《安徽省立第二师范学校杂志》第六期，[③] 包括序、图画、报告、纪事、研究、规则、训言、讲演、学艺、教生实习成绩、公牍、通讯、调查、专件、文苑、附表若干板块。民国九年（1920）九月休宁《安徽省立第

① 黄山学院图书馆收藏，编号：6.12—F7210—0001，包号：692，尺寸：240毫米×140毫米。

② 徽州师范许长河收藏，编号：6.13—F7200—0001，包号：419，尺寸：265毫米×160毫米。

③ 黄山学院图书馆收藏，编号：6.18—F7208—0002，包号：31，尺寸：295毫米×210毫米。

二师范学校杂志》第七期[①]，包括序、例言、图画、报告、纪事、训育标准之指示、教授研究、体育研究、学生思潮、教生实习成绩、公牍、通讯、本区联合运动会开会纪略、本区国语讲习会开会纪略、本区各种事业进步之调查、杂著、表类、附录若干板块。

民国十四年（1925），旅沪归来的汪延龄创立南源口致中学校，并于四月一日举行成立纪念大会。学校将大会收到的匾额、贺联、祝词等材料汇编而成《皖歙南源口镇致中小学校成立纪念大会汇编》[②]，于民国十五年四月出版，包括发刊词、山西省省长赐赠校训匾额附牍、浙淳教育局赐赠匾额、浙淳县视学题赠校训跋语、成立纪念大会摄影、本校校长肖像、纪念歌曲、联集、祝词、讲演、答词、附刊、勘误表若干内容，此汇编还于歙县南源口镇恒懋和酱园、歙城曹福生衣庄出售。南源口位于练江河畔，是浙江由水道入歙县的第三重镇。由此次纪念大会也可见徽州与浙江淳安教育界的沟通与交流。

## 七、讲义教材

《遂安十七都一图康塘洪氏文书》中存有4份课本，既有手抄本，也有刻印本，应当是私塾使用的教材。清光绪己亥年（1899）《小学千家诗》[③]内容有缺失，包括训孝诗10首、训子词10首、妇道词8首、戒溺女词8首、戒杀生词8首、敬惜字纸及五谷水火诗5首等。清后期私塾课程[④]按时间顺序抄录了每天学习的课程内容。清后期文抄[⑤]抄录了学习的文章，如《郑伯克段于鄢》《周郑交恶》等。民国五年（1916）洪金波记《绘图四千字文》，[⑥]每页上半部为6幅绘制精美形象的图画，下方是注释绘图六千字文及注音词组，上下图文对应，通俗易懂。可见，私塾教育内容既有读书识字，也有伦常纲道。徽州师范许长河藏有一本民国徽州《一年级孙尚源手工课本》[⑦]，为印制课本，内容为纸细工，以图文形式教授折纸细工、切纸细工、织纸细工、豆细工、厚纸细工、竹工、黏土石膏细工、木工等，从衣裤、双船、帆船、蝉、鹤、蛙等各种纸玩具，以至木镜框、书架等各种木工活。

---

① 黄山学院图书馆收藏，编号：6.18−F7209−0001，包号：31，尺寸：295毫米×210毫米。
② 黄山学院图书馆收藏，编号：6.16−F7215−0001，包号：692，尺寸：190毫米×130毫米。
③ 刘伯山收藏《遂安十七都一图康塘洪氏文书》，尺寸：233毫米×150毫米。
④ 刘伯山收藏《遂安十七都一图康塘洪氏文书》，尺寸：75毫米×127毫米。
⑤ 刘伯山收藏《遂安十七都一图康塘洪氏文书》，尺寸：179毫米×130毫米。
⑥ 刘伯山收藏《遂安十七都一图康塘洪氏文书》，尺寸：257毫米×152毫米。
⑦ 徽州师范许长河收藏，编号：6.14−F7200−0001，包号：419，尺寸：280毫米×160毫米。

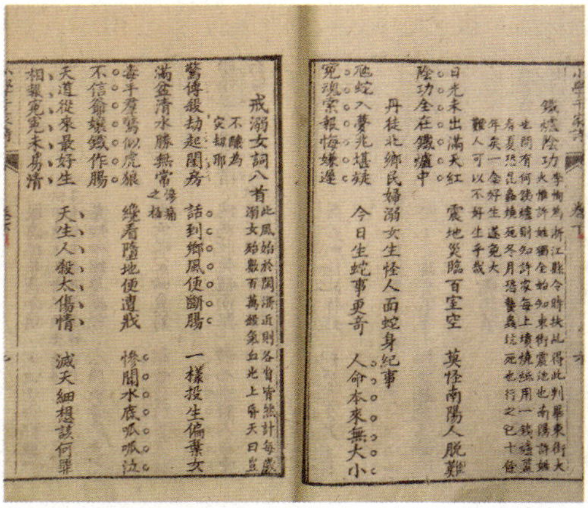
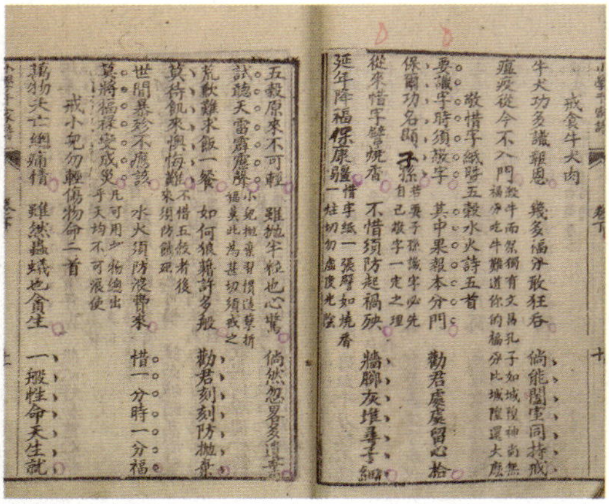

清末《小学千家诗》刻印本

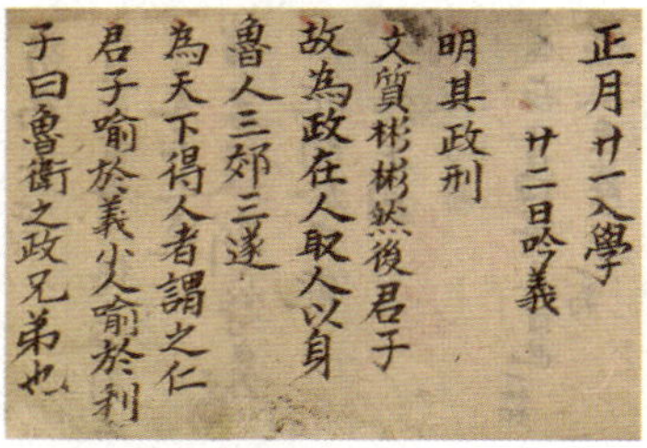

正月廿一入學
廿二日吟義
明其政刑
文質彬彬然後君子
故為政在人取人以身
魯人三郊三遂
為天下得人者謂之仁
君子喻於義小人喻於利
子曰魯衛之政兄弟也

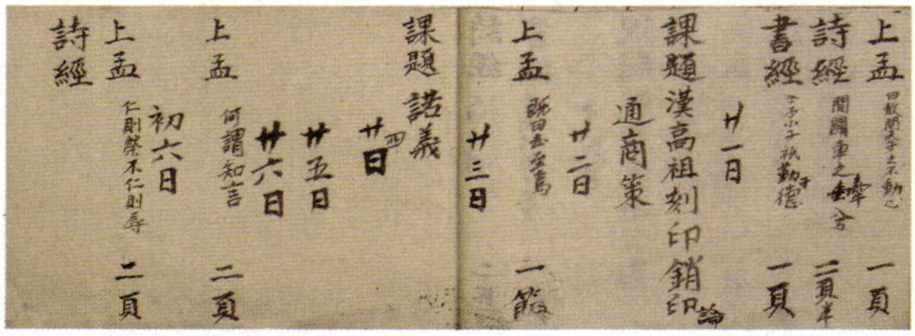

清后期私塾课程

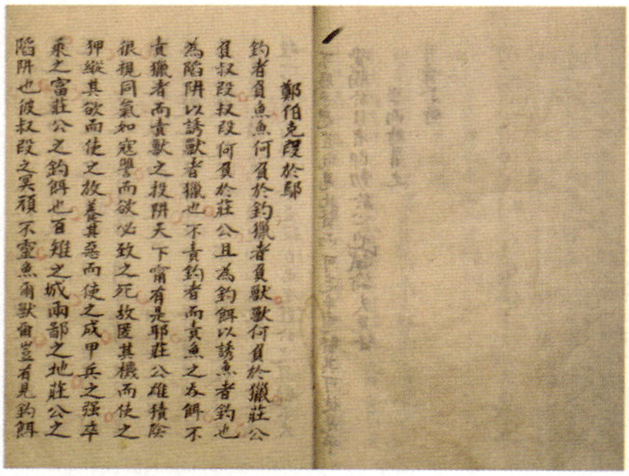
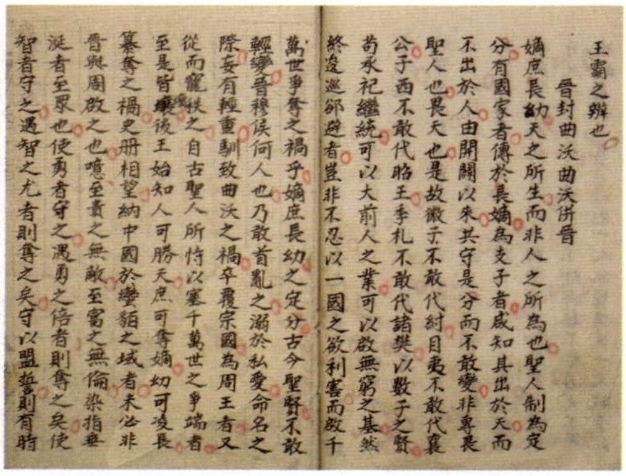

清后期文抄

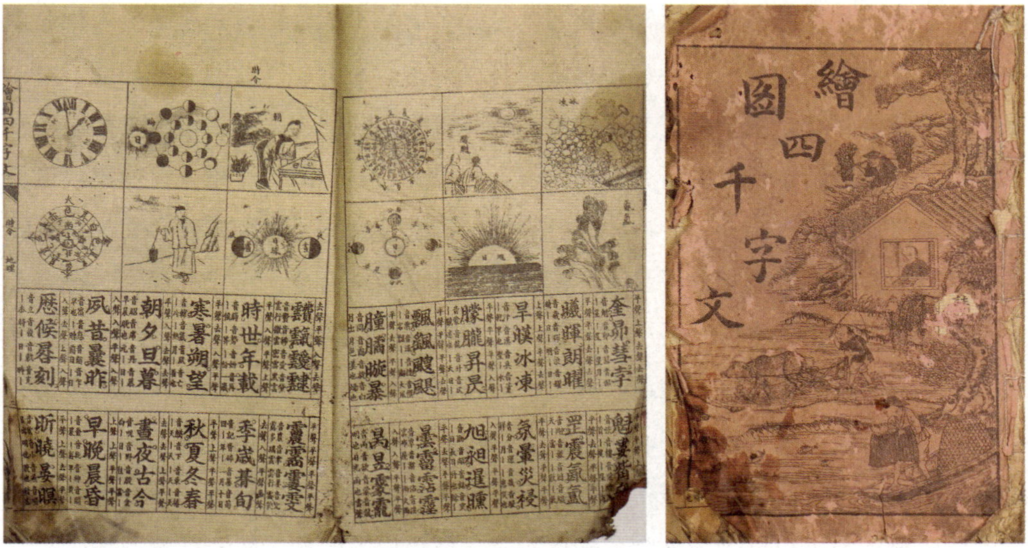


民国五年洪金波记《绘图四千字文》

教育文书既反映了我国古代的科举教育制度，也为教育近现代化演变提供了丰富的史料，展现了新安江流域基层民众的教育文化生活。

## 第七节 会社文书

历史上的会社，是具有某一共同目的的人群组织起来的民间社团组织。明清时期，新安江流域的会社组织情况是比较复杂的，有着不同的目的和功能。社本指土地之神，“做社”又引申为春祈秋报的祭祀之意，有的徽州乡里也会结成大社。新安江流域常见的会社包括具有一定基层权力的文会、祭祀神灵或祖宗的会社、具有金融属性的钱会、开展慈善和公益活动的会社、宗教信徒组成的会社等等。一般会社都拥有集体资产，作为实现共同目的、开展集体活动的经济支持。会社文书较为多见，与钱会有关。

中国古代封建社会没有形成今天制度化、规范化的金融系统和机构，但是民间又有储蓄、借贷、投资等金融需求，这就催生了钱会的诞生和活跃。明清民国时期，钱会这种小规模众筹性的自发金融组织在各地广泛存在，形成了不同的习俗和惯例。

特别是在新安地区，普通民众都会参与几个甚至十几个钱会。钱会基于熟人社会亲戚好友的信任协商而建立，以规避风险，具有储蓄、借贷、投资的金融功能，与今天的投资盈利相比，更加偏重于互助救急。胡中生、俞江、熊远报等学者都对新安江流域的钱会进行了深入的研究。简而言之，钱会的运行流程是由会首邀集数位会脚，协商规定会金、会额、会期、利息等细则，签订会书；钱会按照会书规定运转，会首和会脚按会期次序担任得会人，参会人员每期缴纳会金，凑成会额付与得会人，也就是说每期得会人都能获得一笔会额。但根据钱会性质的不同，通过计算每个参会人的支出与收入，没有收益或收益较小的偏向于储蓄和互助功能，收益较多则类似低利投资。每个钱会都有一套会金、会额、会期、利息的缴纳计算细则，因此钱会的形式非常多样且复杂。按得会方式可以分为独会、轮会、摇会、标会等，按照会金或会额的趋势可以分为缩金会和堆积会。清至民国时期，新安江流域钱会实例中常见的有平金式轮会、缩金式轮会、堆积式轮会、缩金式摇会、堆积式摇会。

## 一、结会文约与结会章程

会社成立时，参会者需要就会社的宗旨、组织、经费、义务、权利达成协议，签订会约。会社即按照会约有序运行和管理。如民国八年（1919）婺源旅休同乡会章程，[①] 为折页形式，由屯溪科学书馆石印，包括定名、宗旨、任务、职权、选举任期、会期会议、入会及经费、出会、会所事务所、附则共十章。其宗旨“通洽婺源同乡之声气、联络婺源同乡之感情”。主要任务有：1. 关于我婺人之生命财产，倘有横来之侵害损失，本会当设法救援；2. 本会对于旅休同乡当以时调查其贤愚臧否，周护指导；3. 关于我婺公益慈善事务，本会当提挈筹助；4. 关于我婺人有新发生事件，本会当相维系扶持。主要通过会费、年费、捐助筹集经费。可见，婺源旅休同乡会的宗旨主要是互相扶持维护婺源同乡的利益、开展公益活动等。

钱会签订的会书，有印制好的制式会书和手写会书。形式上，前半部分一般是序言，规定股数、会金、会额、会期、轮会还是摇会等会规，后半部分开列会脚姓名、次序、每期缴纳的大填小填会金、余利洋等。

---

① 黄山学院图书馆收藏，编号：7.1−F7208−0001，包号：75，尺寸：208毫米 × 815毫米。

## 清光绪三十四年（1908）八月黄道生立会书[①]

### 会书

忝承雅谊，恕叙浮文。谨将会规开载于后：

一是会共成十股，每□付出英洋三十元正，襄成英洋三百元正交首会收，嗣后不须特付。以十个月一行，闰月不计，至期首会按时加利付出，先后次序挨与诸公得收。既蒙集腋成裘，当不有负高情，会满之日会书不缴，以作废纸。谨启。

光绪三十四年八月吉日立会书人黄道生拜订

**芳名登左**

李文林仁弟　　认收二会全股

王佩兰仁兄　　认收头会全股

姚毓芳仁弟　　认收三会全股

孙仰之姻弟　　认收四会全股

洪芝田仁兄　　认收六会全股

洪慎余仁兄　　认收五会全股

洪敦甫仁兄　　认收八会全股

洪会卿仁兄　　认收七会全股

义泰兴宝号　　认收九会全股

洪裕大宝号　　认收末会全股

**收会之期例（列）左**

头会按己酉年八月　　得收洋卅元零五角

二会按庚戌年六月　　得收洋卅一元

三会按辛亥年四月　　得收洋卅一元五角

四会按壬子年二月　　得收洋卅二元

五会按壬子年十二月　得收洋卅二元五角

六会按癸丑年十月　　得收洋卅三元

七会按甲寅年八月　　得收洋卅三元五角

八会按乙卯年六月　　得收洋卅四元

① 黄山学院图书馆收藏，编号：7.1–E7034–0001，包号：721，尺寸：280毫米×130毫米。

九会按丙辰年四月　　得收洋卅四元五角

末会按丁巳年二月　　得收洋卅五元

这份会书中，黄道生就是发起钱会的会首，李文林等10股即会脚，会期为10个月，闰月不计。这应该是一种独会，会脚一次性交齐会金后，此后每期不再出金，也无人得会。会首独得300元，再按次序每期偿还一股的本息，排序越靠前利息越低，排序越靠后利息越高。即光绪三十四年（1908）八月黄道生向10人共借款300元，宣统元年（1909）八月黄道生还王佩兰30.5元，利率为1.67%，宣统二年（1910）六月黄道生还李文林31元，利率为3.33%，以此类推民国六年（1917）二月道生还洪裕大宝号35元，利率为16.67%。黄道生合计还款327.5，平均利率为9.17%。这种形式类似于现在的分期付款，一人向多人借款。

### 民国二十八年（1939）六月［歙县］萧铭成立至公雅集会会书①

会书

萧铭成首会

至公雅集会序

荷蒙诸亲友赞襄义举，雅集至公一会。是会举行由首会向各亲友议定，按次序轮收派定钱数，自始至终不增不减，届期照派定会次坐收，如数全得。盖缘首会代收会者垫补轻会，逐次垫还，仍为原数。缓急相济，承亲友之深情；次第全收，实至公之善法。既蒙高谊于前，定护全终于后。所有会规开列于左：

一议是会每　　轮行一次，照前议定位次全数交收。

一议届期预先奉闻，其洋应期全交，不得挂欠，首会毋得移挪。

一议会外账目毋得在会内纠缠。

一议本会以每年六月二十日收。

民国二十八年六月廿日首会人萧铭成具印

项金月二会，每会付大洋四十四元，庚辰年六月廿日收大洋三百零五元。

萧清海三会，每会付大洋四十一元，辛巳年六月廿日收大洋三百零五元。

① 黄山学院图书馆收藏，编号：7.1–F7228–0001，包号：270，尺寸：215毫米×120毫米。

方木根、方木舟合四会，每会付大洋卅八元，壬午年六月廿日收大洋三百零五元。
殷春财五会，每会付大洋卅五元，癸未年六月廿日收大洋三百零五元。
项明清六会，每会付大洋卅二元，甲申年六月廿日收大洋三百零五元。
毕□秋七会，每会付大洋廿九元，乙酉年六月廿日收大洋三百零五元。
萧养源、萧秋水合八会，每会付大洋廿六元，丙戌年六月廿日收大洋三百零五元。
方有镇九会，每会付大洋廿三元，丁亥年六月廿日收大洋三百零五元。
萧灶生十会，每会付大洋二十元，戊子年六月廿日收大洋三百零五元。
萧仁执末会，每会付大洋十七元，己丑年六月廿日收大洋三百零五元。

这份会书是填写于富文堂印行的制式会书，可见至公雅集会是一种民间惯例的钱会组织形式。民国二十八年（1939）六月发起的至公雅集会，由萧铭成担任首会，他需要以至公雅集会的形式，向10位会脚筹集会额305元，会期为每年六月二十日。会脚有固定的次序、固定的会金，从第二期开始，得会者收会额305元，得会者应缴纳的会金由首会代付，这样末会会首就还完了305元。每位会脚的会金不增不减，会首借了305元，还了305元，没有支付利息，可以说是亲友无偿借贷于首会，助他周转，所以称为至公雅集会，这是非常典型的平金式轮会。从下表中可见，二会至五会通过分期支付利息的方式获得了更早使用大额本金的权利，而六至十一会则通过出借较少金额获得了收益回报。

**民国二十八年（1939）六月[歙县]萧铭成立至公雅集会会书统计表**

| 会期<br>会次 | 一期 | 二期 | 三期 | 四期 | 五期 | 六期 | 七期 | 八期 | 九期 | 十期 | 十一期 | 总支出 | 总收益 | 盈亏 |
|---|---|---|---|---|---|---|---|---|---|---|---|---|---|---|
| 会首 | 305 | −44 | −41 | −38 | −35 | −32 | −29 | −26 | −23 | −20 | −17 | −305 | 305 | 0 |
| 二会 | −44 | 305 | −44 | −44 | −44 | −44 | −44 | −44 | −44 | −44 | −44 | −440 | 305 | −135 |
| 三会 | −41 | −41 | 305 | −41 | −41 | −41 | −41 | −41 | −41 | −41 | −41 | −410 | 305 | −105 |
| 四会 | −38 | −38 | −38 | 305 | −38 | −38 | −38 | −38 | −38 | −38 | −38 | −380 | 305 | −75 |

续表

| 会期 / 会次 | 一期 | 二期 | 三期 | 四期 | 五期 | 六期 | 七期 | 八期 | 九期 | 十期 | 十一期 | 总支出 | 总收益 | 盈亏 |
|---|---|---|---|---|---|---|---|---|---|---|---|---|---|---|
| 五会 | −35 | −35 | −35 | −35 | 305 | −35 | −35 | −35 | −35 | −35 | −35 | −350 | 305 | −45 |
| 六会 | −32 | −32 | −32 | −32 | −32 | 305 | −32 | −32 | −32 | −32 | −32 | −320 | 305 | −15 |
| 七会 | −29 | −29 | −29 | −29 | −29 | −29 | 305 | −29 | −29 | −29 | −29 | −290 | 305 | 15 |
| 八会 | −26 | −26 | −26 | −26 | −26 | −26 | −26 | 305 | −26 | −26 | −26 | −260 | 305 | 45 |
| 九会 | −23 | −23 | −23 | −23 | −23 | −23 | −23 | −23 | 305 | −23 | −23 | −230 | 305 | 75 |
| 十会 | −20 | −20 | −20 | −20 | −20 | −20 | −20 | −20 | −20 | 305 | −20 | −200 | 305 | 105 |
| 末会 | −17 | −17 | −17 | −17 | −17 | −17 | −17 | −17 | −17 | −17 | 305 | −170 | 305 | 135 |

注：为便于理解，该表中“-”表示支出。

民国十七年（1928）四月［祁门］杨畅然立会书，[1] 填写于制式会书之上，绘制有招财进宝童子和文星堂聚宝盆。会首为杨畅然，会脚 10 人，会期为每年四月二十日，会脚先拈阄决定摇骰子的顺序，再摇骰子确定当期的得会者。收付会规规定了每期得会洋，前四期为 100 元，第五期至十一期为 55 元；会首至末会每期应付的会金均是固定的，这应是一种平金式摇会。从下表中可见，二会至四会通过分期支付利息的方式获得了更早使用本金的权利，而五至十一会则通过出借较少金额获得了收益回报。摇骰确定先后次序的方式决定了谁能获利，可见带有金融投资的属性。会额减半则可以照顾资金较少的会脚。

① 黄山学院图书馆收藏，编号：7.1−F7217−0001，包号：200，尺寸：160毫米×760毫米。

## 民国十七年（1928）四月［祁门］杨畅然立（会首）会书统计表

| 会次＼会期 | 一期 | 二期 | 三期 | 四期 | 五期 | 六期 | 七期 | 八期 | 九期 | 十期 | 十一期 | 总支出 | 总收益 | 盈亏 |
|---|---|---|---|---|---|---|---|---|---|---|---|---|---|---|
| 会首 | 100.0 | −14.5 | −14.5 | −14.5 | −14.5 | −14.5 | −14.5 | −14.5 | −14.5 | −14.5 | −14.5 | −145.0 | 100.0 | −45.0 |
| 二会 | −14.5 | 100.0 | −14.5 | −14.5 | −14.5 | −14.5 | −14.5 | −14.5 | −14.5 | −14.5 | −14.5 | −145.0 | 100.0 | −45.0 |
| 三会 | −13.5 | −13.5 | 101.0 | −13.5 | −13.5 | −13.5 | −13.5 | −13.5 | −13.5 | −13.5 | −13.5 | −135.0 | 102.0 | −33.0 |
| 四会 | −12.5 | −12.5 | −12.5 | 102.0 | −12.5 | −12.5 | −12.5 | −12.5 | −12.5 | −12.5 | −12.5 | −125.0 | 102.0 | −23.0 |
| 五会 | −11.5 | −11.5 | −11.5 | −11.5 | 55.0 | 0.0 | 0.0 | 0.0 | 0.0 | 0.0 | 0.0 | −46.0 | 55.0 | 9.0 |
| 六会 | −10.5 | −10.5 | −10.5 | −10.5 | 0.0 | 55.0 | 0.0 | 0.0 | 0.0 | 0.0 | 0.0 | −42.0 | 55.0 | 13.0 |
| 七会 | −9.5 | −9.5 | −9.5 | −9.5 | 0.0 | 0.0 | 55.0 | 0.0 | 0.0 | 0.0 | 0.0 | −38.0 | 55.0 | 17.0 |
| 八会 | −8.5 | −8.5 | −8.5 | −8.5 | 0.0 | 0.0 | 0.0 | 55.0 | 0.0 | 0.0 | 0.0 | −34.0 | 55.0 | 21.0 |
| 九会 | −7.5 | −7.5 | −7.5 | −7.5 | 0.0 | 0.0 | 0.0 | 0.0 | 55.0 | 0.0 | 0.0 | −30.0 | 55.0 | 25.0 |
| 十会 | −6.5 | −6.5 | −6.5 | −6.5 | 0.0 | 0.0 | 0.0 | 0.0 | 0.0 | 55.0 | 0.0 | −26.0 | 55.0 | 29.0 |
| 末会 | −5.5 | −5.5 | −5.5 | −5.5 | 0.0 | 0.0 | 0.0 | 0.0 | 0.0 | 0.0 | 55.0 | −22.0 | 55.0 | 33.0 |

注：为便于理解，该表中“–”表示支出。

## 民国十五年八月［歙县］宋寿星结会文约[①]

### 会券

首会人宋寿星

兹蒙诸亲友十位玉成一会，每股各付出大洋三元正，共成卅元，交付首会领去生息，每一周年举摇一次，摇时俱要现洋上桌，不押不欠，会外账目不得在会内扣算。至期风雨无阻，摇时拈阄轮摇，两色相同准前不准后，三色相同三人打散重摇，以点子多者得会也。

一议会期准于十月初一日为定

民国十五年秋月日立首会人宋寿星押

### 诸公芳名列左

家志清兄　　一股

家耀文兄　　一股

汪日成兄　　一股

汪尼姑兄　　一股

家有喜叔　　一股（戊辰年得三会）

家连富兄　　一股

许银喜姻兄　　一股

祁加顺妹丈　　一股

郑银遂妹丈　　一股

家子华兄　　一股

二会：首会付出大洋六元，未收者各付出大洋二元六角六分六厘。

三会：首二会各付出大洋六元，未收者各付出大洋二元二角五分。

四会：首二三会各付出大洋六元，未收者各付出大洋一元七角一分四厘。

五会：首二三四会各付出大洋六元，未收者各付出大洋一元。

六会：首二三四五会各付出大洋六元，未收者不付。

七会：首二三四五六会各付出大洋六元，余利洋六元，贴三会洋二元四角、四会洋三元六角。

---

① 黄山学院图书馆收藏，编号：7.1-F7215-0001，包号：203，尺寸：215毫米×140毫米。

八会：二三四五六七会各付出大洋六元，余利洋六元，贴四会洋一元二角、五会洋四元八角。

九会：三四五六七八会各付出大洋六元，余利洋六元，贴五会洋四元二角、六会洋一元八角。

十会：四五六七八九会各付出大洋六元，余利洋六元，贴六会洋五元七角、七会洋三角。

末会：五六七八九十会各付出大洋六元，余利洋六元，贴七会洋三元九角、八会洋一元八角、九会洋三角。

会满原书缴回，如有未缴，后日捡出作废纸，不用。

这份会书中，宋寿喜是会首，其余 10 人为会脚，会期为每年十月初一日，每期开会时用抽签排好摇骰的次序，再摇骰确定当期得会者，谁的点数大谁得会，点数最大有两个相同者以先后论，三个相同者则三人重新摇骰。会书中规定了会首和会脚每期应缴纳的会金，在每一期中规定付出的会金 6 元应为大填，规定未得会的会脚付出的会金为小填。余利是因为会金伸缩而多出固定会额的部分，用于补贴会脚。每期会金交齐后的总额 30 元为固定的会额；首会第一期得会额 30 元，从第二期至第七期共付本息 36 元；二会第二期得会额 29.994 元，第三期至第八期支付本息 36 元，合计总支出 39 元；从第七期开始多出的余利分期补贴给较吃亏的三四五六七八九会。未得会的会脚缴纳的会金逐期递减，如下表中末会每一期缴纳的会金是递减的，这就是典型的缩金式摇会。从下表中可见，二会至七会通过分期支付利息的方式获得了更早使用本金的权利，而八至十一会则通过出借较少金额获得了收益回报。摇骰确定先后次序的方式决定了谁能获利，可见带有金融投资的属性。

## 民国十五年八月[歙县]宋寿星结会文约统计表

| 会期／会次 | 一期 | 二期 | 三期 | 四期 | 五期 | 六期 | 七期 | 八期 | 九期 | 十期 | 十一期 | 补利 | 总支出 | 总收益 | 盈亏 |
|---|---|---|---|---|---|---|---|---|---|---|---|---|---|---|---|
| 会首 | 30.000 | −6.000 | −6.000 | −6.000 | −6.000 | −6.000 | −6.000 | 0.000 | 0.000 | 0.000 | 0.000 | 0.000 | −36.000 | 30.000 | −6.000 |
| 二会 | −3.000 | 29.994 | −6.000 | −6.000 | −6.000 | −6.000 | −6.000 | −6.000 | 0.000 | 0.000 | 0.000 | 0.000 | −39.000 | 29.994 | −9.006 |
| 三会 | −3.000 | −2.666 | 30.000 | −6.000 | −6.000 | −6.000 | −6.000 | −6.000 | −6.000 | 0.000 | 0.000 | 2.400 | −41.666 | 32.400 | −9.266 |
| 四会 | −3.000 | −2.666 | −2.250 | 29.998 | −6.000 | −6.000 | −6.000 | −6.000 | −6.000 | −6.000 | 0.000 | 4.800 | −43.916 | 34.798 | −9.118 |
| 五会 | −3.000 | −2.666 | −2.250 | −1.714 | 30.000 | −6.000 | −6.000 | −6.000 | −6.000 | −6.000 | −6.000 | 9.000 | −45.630 | 39.000 | −6.630 |
| 六会 | −3.000 | −2.666 | −2.250 | −1.714 | −1.000 | 30.000 | −6.000 | −6.000 | −6.000 | −6.000 | −6.000 | 7.500 | −40.630 | 37.500 | −3.130 |
| 七会 | −3.000 | −2.666 | −2.250 | −1.714 | −1.000 | 0.000 | 30.000 | −6.000 | −6.000 | −6.000 | −6.000 | 4.200 | −34.630 | 34.200 | −0.430 |
| 八会 | −3.000 | −2.666 | −2.250 | −1.714 | −1.000 | 0.000 | 0.000 | 30.000 | −6.000 | −6.000 | −6.000 | 1.800 | −28.630 | 31.800 | 3.170 |
| 九会 | −3.000 | −2.666 | −2.250 | −1.714 | −1.000 | 0.000 | 0.000 | 0.000 | 30.000 | −6.000 | −6.000 | 0.300 | −22.630 | 30.300 | 7.670 |
| 十会 | −3.000 | −2.666 | −2.250 | −1.714 | −1.000 | 0.000 | 0.000 | 0.000 | 0.000 | 30.000 | −6.000 | 0.000 | −16.630 | 30.000 | 13.370 |
| 末会 | −3.000 | −2.666 | −2.250 | −1.714 | −1.000 | 0.000 | 0.000 | 0.000 | 0.000 | 0.000 | 30.000 | 0.000 | −10.630 | 30.000 | 19.370 |
| 余利 | 0.000 | 0.000 | 0.000 | 0.000 | 0.000 | 0.000 | 6.000 | 6.000 | 6.000 | 6.000 | 6.000 | | | | |

注：为便于理解，该表中“-”表示支出。

**民国徽州《半苏会书（壹百元)》**[①]

## 半苏会书(一百元)

英洋一百元半苏会引

盖以会者，通财之义。财缘义起，缓急皆可相因；义以财生，酌济必求至当。兹荷友谊玉成一会，名曰半苏会，其会须集十人先定次第，周年一转，首二三会众友各照名次参差共付英洋一百元正之数，交得会者收领，得全者应付到底，得半者三会以后分毫不应，似此以全化半，以半得全，本利均前后合一矣，立此会书各执一本存照。

**会友芳名**

| | |
|---|---|
| 首会 | 六会 |
| 二会 | 七会 |
| 三会 | 八会 |
| 四会 | 九会 |
| 五会 | 末会 |

**各应首会**

| | |
|---|---|
| 二会 | 付出英洋十六元六角六分六厘 |
| 三会 | 付出英洋十五元二角八分正 |
| 四会 | 付出英洋十三元八角九分正 |
| 五会 | 付出英洋十二元五角正 |
| 六会 | 付出英洋十一元一角二分正 |
| 七会 | 付出英洋九元七角二分正 |
| 八会 | 付出英洋六元九角四分二厘 |
| 九会 | 付出英洋六元九角四分二厘 |
| 末会 | 付出英洋六元九角四分二厘 |

共成英洋一百元正交首会得

**各应二会**

| | |
|---|---|
| 首会 | 付出英洋十六元六角六分六厘 |

---

① 编号:7.1—F7200—0002,包号:718,尺寸:235毫米×130毫米。

三会　　付出英洋十五元二角八分正

四会　　付出英洋十三元八角九分正

五会　　付出英洋十二元五角正

六会　　付出英洋十一元一角二分正

七会　　付出英洋九元七角二分正

八会　　付出英洋六元九角四分二厘

九会　　付出英洋六元九角四分二厘

末会　　付出英洋六元九角四分二厘

共成英洋一百元正交二会得

**各应三会**

首会　　付出英洋十六元六角六分六厘

二会　　付出英洋十六元六角六分六厘

四会　　付出英洋十三元六角正

五会　　付出英洋十二元二角五分正

六会　　付出英洋十元零八角四分二厘

七会　　付出英洋九元四角五分正

八会　　付出英洋六元八角四分二厘

九会　　付出英洋六元八角四分二厘

末会　　付出英洋六元八角四分二厘

共成英洋一百元正交三会得

三会以后首二三会每年各付出英洋十六元六角六分六厘，共英洋五十元正，照次第交得会者得。

会期递年　　月　　日

会银通用英洋钱价照市

会书会终之后不作行用

民国　　年　　月　　日立会书人

这份民国徽州《半苏会书（壹百元)》，是一份印制的空白会书。由于半苏会是新安江流域民间约定俗成的一种会规，会额固定为100元，相应的会规、会金都是可以提前计算确定的，因此可以将半苏会的详细会规提前印制好。如需立会，只要填写首会、会脚、会期就可以了。半苏会的特点是前三期会额为 100 元，从第四期至十期会额减半为 55 元。半苏会没有规定轮会还是摇会，会额减半则可以照顾资金较少的会脚。在前人论著中似乎还未出现过与半苏会完全同样的会规，也无法用平金、缩金做界定。

以上会书也未能尽录新安江流域多样的钱会规则。钱会的本质是会额、会金的组合变化，最终在首会和会脚的利息和收益上产生差别。前几期的得会者需要付出利息，但获得了本金的优先使用权，后几期的得会者则以较少的支出获得了收益。钱会是一种带有融资与互助性的民间金融组织。

新安江

## 民国徽州《半苏会书（壹百元）》统计表

| 会期<br>会次 | 一期 | 二期 | 三期 | 四期 | 五期 | 六期 | 七期 | 八期 | 九期 | 十期 | 总支出 | 总收益 | 盈亏 |
|---|---|---|---|---|---|---|---|---|---|---|---|---|---|
| 会首 | 100.002 | −16.666 | −16.666 | −16.666 | −16.666 | −16.666 | −16.666 | −16.666 | −16.666 | −16.666 | −149.994 | 100.002 | −49.992 |
| 二会 | −16.666 | 100.002 | −16.666 | −16.666 | −16.666 | −16.666 | −16.666 | −16.666 | −16.666 | −16.666 | −149.994 | 100.002 | −49.992 |
| 三会 | −15.280 | −15.280 | 100.000 | −16.666 | −16.666 | −16.666 | −16.666 | −16.666 | −16.666 | −16.666 | −147.222 | 100.000 | −47.222 |
| 四会 | −13.890 | −13.890 | −13.600 | 49.998 | 0.000 | 0.000 | 0.000 | 0.000 | 0.000 | 0.000 | −41.380 | 49.998 | 8.618 |
| 五会 | −12.500 | −12.500 | −12.250 | 0.000 | 49.998 | 0.000 | 0.000 | 0.000 | 0.000 | 0.000 | −37.250 | 49.998 | 12.748 |
| 六会 | −11.120 | −11.120 | −10.842 | 0.000 | 0.000 | 49.998 | 0.000 | 0.000 | 0.000 | 0.000 | −33.082 | 49.998 | 16.916 |
| 七会 | −9.720 | −9.720 | −9.450 | 0.000 | 0.000 | 0.000 | 49.998 | 0.000 | 0.000 | 0.000 | −28.890 | 49.998 | 21.108 |
| 八会 | −6.942 | −6.942 | −6.842 | 0.000 | 0.000 | 0.000 | 0.000 | 49.998 | 0.000 | 0.000 | −20.726 | 49.998 | 29.272 |
| 九会 | −6.942 | −6.942 | −6.842 | 0.000 | 0.000 | 0.000 | 0.000 | 0.000 | 49.998 | 0.000 | −20.726 | 49.998 | 29.272 |
| 十会 | −6.942 | −6.942 | −6.842 | 0.000 | 0.000 | 0.000 | 0.000 | 0.000 | 0.000 | 49.998 | −20.726 | 49.998 | 29.272 |

注：为便于理解，该表中“−”表示支出。

## 二、出卖会股契约、典当会股契约

会社由人群共同组成，参与者拥有相应的股权和责任，钱会体现得更为明显。会社的股权是可以买卖、典当和抵押的，既可以交易汪公会、关帝会、太子会、华佗会等祭神会社，祭祖的清明会、冬至会、祀会会股也可以交易。

**清康熙十六年（1677）九月歙县汪汝铨立断骨出卖清明赤契**①

立卖契人汪汝铨，承祖有肇九公清明一户，户名长权户，今因身病支用无措，自情愿将本户清明出卖与本支尔慎兄名下为业，当得纹银四钱正前去支用。自今出卖之后一听买人收租为首，递年领胙无阻。未卖之先，并无重复账不明等情。如有自理，不干买人之事。今欲有凭，立此断骨出卖文契为照。

康熙十六年九月廿六日出卖文契人汪汝铨押

见书汪璧如押

这份断骨出卖清明赤契，交易的就是清明会股。清明会是宗族内部以清明扫墓祭祀为宗旨组织的会社，参与人为宗族子弟，可以参与祭祖；每一会股对应有相应的产业，祭祀后可以领取一份胙。这份契约就是将会股对应权益转让给了买主。

**清乾隆五十七年（1792）二月胡鸣玉立替字**②

立替字胡鸣玉，今因不便，自情愿将承祖所遗权公冬至会一股，身得一生，凭中出替与　　侄名下，听从更名入会，得收价银三两三钱正，其银随即收足。其会内每年胙肉饼及轮挨头首、派糴豆生、抽分羡余，概听买人收受，并会内所存产业等项，概归买人分得，本家毫不留存。立此替字存据。

乾隆五十七年二月　　日立替字胡鸣玉押

凭中又侄德培押

这份契约转让的就是冬至会股。出卖之后，买主就可以在祭祀后领取胙肉饼、

① 黄山学院图书馆收藏，编号：7.2–E6316–0001，包号：32，尺寸：520毫米×250毫米。
② 黄山学院图书馆收藏，编号：7.2–E6557–0001，包号：721，尺寸：420毫米×380毫米。

轮流派糴豆、抽分羡余，并享有对应的会社产业。

**民国二十三年（1934）十二月徽州王门张氏立绝卖关帝会股契**[①]

立绝卖关帝会契人王门张氏同男观顺，今因年终急用，自愿将祖遗受石桥关帝会一股，凭中立契出卖与王富贵名下为会，三面言定，得受卖价大洋十二元整。其洋笔下同中收清，其会随即归收承管，并毋执阻。未卖之先，并无重复交易。既卖之后，倘有内外亲房人等异言，均归出卖人承值，不涉受会人之事。此系两相情愿，并无勒逼反悔等情。恐口无凭，立此卖会契为证，永远不得取赎，存照。

民国念三年十二月　　日立卖会契人王门张氏押

同男王观顺押

凭中王良大押

执笔王忝进押

这份绝卖关帝会股契，转让的就是祭祀关公的关帝会会股。《遂安十七都一图康塘洪氏文书》中有一份清光绪十三年（1887）正月洪成法立卖会股字，[②]洪成法将他拥有的汪开泰做首会的钱会一股，出卖给汪董氏婶，以后得会收到的钱两人均分。

**清乾隆五十八年（1793）十二月毕明旺立当会股契**[③]

立当会人毕明旺，今因欠少会银，将张聚成所邀堆金会一个，共二十二股，内该身一股，今身凭中出当与姚名下，三面言定，得受当价足金一千文正，其钱当即收足。其利照典行息，其本利约至收会之日一并付还，决不有误。恐口无凭，立此当会约为据。

乾隆五十八年十二月　　日立当约人毕明旺押

中见会友方灶全押

代书人王灶闲押

---

① 黄山学院图书馆收藏，编号：7.2-F7223-0001，包号：4，尺寸：360毫米×274毫米。

② 刘伯山收藏《遂安十七都一图康塘洪氏文书》，尺寸：250毫米×355毫米。

③ 黄山学院图书馆收藏，编号：7.3-E6558-0001，包号：387，尺寸：350毫米×310毫米。

这份当会股契，典当的是会首张聚成邀集的堆金会22股中的1股，约定收会之日还清本金和利息。

**清嘉庆十一年（1806）元月徽州江阿氏等立自情愿出卖文会契**[①]

立自情愿出卖文会契人江阿氏同男清远，原氏夫遗有十一阄臣佑公文会一名，今因正用自情愿托中将臣佑公文会出卖与得达堂名下承买为业，当凭中三面议作时值价九九钱一千文正。其钱是氏同男当即领讫，其文会自今出卖之后，悉听轮首收租领胙做会，无得生情异说。未卖之先与本家并无重张交易，如有是身自理，不干买人之事。恐口无凭，立此出卖臣佑公文会存照。内添愿自（字）一直，再批。押

其会议定三年内照备原价取赎，如过期不赎即候买人轮首做会之后方准取赎，再批。押

嘉庆十一年正月十九日立自情愿出卖文会契人江阿氏押

同男　清远押

见兄　萃远押

德滋押

依书　益元押

所是契价当日两相交足讫，再批。押

这份出卖文会契，虽名为卖，但从契内的批据可见是活卖契，约定三年内可以按照原价取赎，如果超过三年就等买主轮首做会之后才可以取赎。这份契约交易的是文会名额，受业人可以享有轮流收租、领胙和做会的权利。

**三、会社财产清单、会社收支账簿**

经手人通常将会社的资产、开展活动收支账目记录下来，留存备查。如民国二十五年（1936）五月［歙县］方之恒邀集钱会第九会收账单，[②] 是首会方之恒邀集众人组成钱会第九期的收钱账单，记录了首会人与18股会脚缴纳的会金，“共成大小填十八股，计会本利洋二百零四元”。

① 黄山学院图书馆收藏，编号：7.3–E6611–0001，包号：4，尺寸：480毫米×510毫米。
② 黄山学院图书馆收藏，编号：7.4–F7225–0001，包号：710，尺寸：245毫米×260毫米。

民国十四年（1925）九月休宁《施村志成古会》立收支簿，[①] 从账簿内容可见休宁施村建有社屋，每年二月、六月、九月开展祭祀活动，周围保甲轮值承担祭祀收支。这份账簿记录了民国十四年到二十八年(1925 ~ 1939)的收支明细账目，该会社定期于每年二月十九日要接神，六月十九为保安会，九月十九日是祭观音演戏，主要信奉社屋诸神及观音大士。每年除夕晚各甲轮值交接，经管收支账目。收入主要是施村周边村民捐助的酬愿洋、神方款等，支出主要为修葺社屋观音庙、置办桌椅碗碟、购买香箔鞭炮、请戏班演戏、请和尚做醮钱、请人打扫挑担的力钱、雇佣木匠修葺的工费、中人资费、伙食开支等。

长命会正月十七夜用祭品清单账，[②] 开列了正月十七晚举办长命会祭祀的各种祭品清单，散福、酒馂，最后是上年和本年收租账单。祭品中有三牲，可见该祭祀是比较隆重的，以神前祭品最为繁多。“散福”寓意着沾有神灵的祝福，分发给参与者。除了收租外，也有捐助的祭品。

**长命会正月十七夜用祭品清单账**

元月十七夜

厅前三奠：三牲一副，香烛纸箔，鞭炮一串，水酒五杯。

社内天地前祭品：四两红烛一对，京表一刀，素托盆一个，果盒一个，官香一箍，檀香一炉，清茶三杯，清水一樽。

神前祭品：三牲一副，桌盒一个，鸡各件一副，梳头盒两个，五时菜一盆，五谷一盆，面汤五杯，献茶五杯，点茶五杯，水酒一壶，腌肉五格，腌鱼五格，腌鸡五格，鲜肉五格，肉饼五格，二两双一筒，一千边一串，长钱一竿，三百箔一把，棒香一子，古币一刀，足两红烛六对，三拜烛九对。

散福：肉四斤，腐角四十块，切面四斤，水酒十壶。

下座：香烛纸箔。

各会酒馂：汪公会馂三十二只，腐片八块，龙烛馂四十八只，腐片八块，守社馂四十八只，寿桃六双，腐片十六块。

① 黄山学院图书馆收藏，编号：7.5-F7214-0001，包号：710，尺寸：245毫米×260毫米。

② 黄山学院图书馆收藏，编号：7.9-X0000-0001，包号：721，尺寸：210毫米×490毫米。

发助：寿桃约五斤，腐片四百块。

收租数：

上年收：胡来贵，土名：弓坑，田税三亩，硬租五担，收五折。

本年收：施□贵，土名：汪塌头，田税一亩八分，硬租四担八斗，收七折。

张浪荡，土名：罗塘，田税一亩三分，硬租一担八斗，收对折。

柘林方要，土名：冷水坑口，田税八分，硬租一担四斗，收对折。

## 四、社务活动文约

会社开展活动、处置资产，需要参会人共同协商，达成合意，订立合约，明确权利和责任，保证会社活动的顺利开展。

### 清乾隆四十四年（1779）九月方道明等立合约①

立合同人方道明、方祥初等，于先年设立行官祖社神会，共十五股，费尽勤劳置有产业租花，至今春祈秋报，并无异议。今因会内人心散荡不齐，有各心其心，惟恐散败不能把持，切思不忍视废。是以邀集会友，凭中对神拈阄，各执己见，将会所置产业税粮、租花账目品搭均为十五股，粮米分扒，各人上纳豆租照股均摊各收，以免日后争长论短生事之端，仍将此会务要齐心，合众重新设主，复兴整理，一公无私，则社会之昌盛□保矣。自分之后，各股照依阄得租脑收租，不得私自多收多取，倚强欺弱。如有此情，人神共极。再有会上所存荒山，未有召租，面议坐众，以此各股情愿，毋得翻悔。今口无凭，立此合同一样十五纸，各执一纸为据。

乾隆四十四年九月　日立合同行官社会人方道明押

同社议人方祥初押

方祥斗押

方祥玉押

方祥亮押

方国定押

① 黄山学院图书馆收藏，编号：7.9—E6544—0001，包号：38，尺寸：510毫米×420毫米。

方国洋押

方国秉押

方国茂押

方国秀押

方观社押

方兆英押

方兆模押

刘宣高押

刘宣谕押

书中方斗回押

十二号方祥斗收执税亩租脑例（列）上

(4块山地字号、税亩、土名、豆租、种人，略)

方道明等15人先年设立行宫祖社神会，合资购置会产，举办春祈秋报。但因为人心不一，签订合同，协定将会社产业分为15股，15人以抽签的方式分得各自产业。

**清道光二十三年（1843）八月［歙县］汪灶久等立议合顺约**①

立议合顺约人向日洪琴新居大社，现寓居住塘坞，自历来春祈秋报二社共有三十股，为归于道光十六年公议每次各头手出定大钱二千文，其钱交与公众生息，或借或置产业，至今仍利充足云数。以今人心不古，难以支持公议，照合顺轮流挨转值年无异。日后会外倘有强梁之辈上会，众等公议永远不能入会，不准之进。其产业会内之人不得变卖。如有强梁在变卖，众等公议照依原先本钱二千文退还，不得生端等情。累有恃强欺弱在公议甘罚钱十千文以作会内人公道，无得异言，恐后无凭，设立合顺天地人三纸，各执一纸，永远兴隆，大发存照。

道光念三年八月　日立议合顺约人汪灶久押

汪邦柱押

---

① 黄山学院图书馆收藏，编号：7.6－E6723－0001，包号：65，尺寸：399毫米×508毫米。

汪裕全押

(27人汪氏姓名，略)

代书人汪国铃押

道光年间，汪灶久等30人组成会社，举办春祈秋报祭祀。道光十六年（1836）时议定每人出大钱两千文，交与公众以借贷或置产的方式获得收益。道光二十三年（1843），由于意见不统一，众人协定改为轮流值年的方式；强横之人不得入会；会社资产不得私自变卖；如有私自变卖应赔偿；屡犯恃强欺弱者，应当凭公罚钱。

**民国五年（1916）十月[歙县]江有应等立议合墨据**[①]

立议合墨据人社会首事江有应、春桃、世燧等，今因本里兴有社会一共十五股，历年以来已有百余载，春祈秋报未尝间断。不料于民国二年人心不一，首事难以料理，所以将会内银钱产业神器零碎等项照股均分，致于社会颓败有等意欲兴而不能。今蒙世煐、志清等再三劝谕，吾等一同和气，将社会照旧重兴，另添永隆一股进会洋五元，会内所有等项一概永远有分，念其本里有义之情，凭中议定另立章程。会内产业出租，不得倚强欺弱。所有银钱会内有分者不能强借，神器亦不能私当银钱应用。倘有会内不正之辈滋事生端，若强分会，永远革出，毫无分进。此事各股情愿，无得反悔，如有此情，听凭公罚。但社会重兴之后，惟望神祇保佑。恐口无凭，立此合墨一样四纸，各收一纸，永远存照。

民国五年小阳月　日立合墨人社会十六股　芳名列上

二股有炜、有应、有根押

一股永隆押

二股春桃押

二股玉贵押

一股尚林押

二股永禄押

一股尚妹、尚云、尚春押

① 黄山学院图书馆收藏，编号：7.4-F7205-0001，包号：417，尺寸：403毫米×380毫米。

一股五妹、六妹押
二股永锡押
二股四妹、永海、观妹押
凭中江世煐押
永洪押
世美押
志清押
世懋押
代书人江正升押

江有应等人原兴有一会社合计15股，举办春祈秋报。民国二年（1913）时人心不一，于是将会社产业照股均分。民国五年（1916），在别人的劝说下，重新设立了16股会社，订立了合墨据。

**五、会社借贷字据**

会社借贷字据是指会社拆借资金时订立的字据。

**清乾隆三十一年（1766）九月义兴社经手郑耀斗等立借银买田墨据**[①]

立墨据人义兴社，今因买到菜字七十二号，田一业，共计去价并中资酒食，共九七色银十一两六钱足，其特因社内乏银，转向郑玉侯挪移，其田租暂系玉侯收取以作银利，俟原银交还后，其租再付众收。其银议定陆续交还，本到除利，俟价银归楚之日，此纸缴还社内无异。恐口无凭，立此墨据为照。

乾隆三十一年九月　日立墨据义兴社押
经手郑耀斗押
郑亮如押
郑仲祥押
代笔郑国玉押

① 黄山学院图书馆收藏，编号：7.7-E6531-0001，包号：721，尺寸：240毫米×300毫米。

乾隆年间，义兴社向郑玉侯借钱买田，并约定田租归郑玉侯收取抵扣利息，等到分期还清本金和利息后，田租再归义兴社收取，因此订立了借银买田墨据。

**六、输田、租、银入会文约**

会社资产除采用众人集资的方式，也可以接收捐输。比如无嗣之人捐输入祀会，就可以享受族人子弟的祭祀；也可以行善或酬愿的方式捐输入会。

**清同治四年（1865）三月［祁门］陈肇荣立输租入会契**①

立输契人陈肇荣，今将自手买受得三保土名黄狗坞一号大租四秤，自情愿输入济孤会内，迭年实交谷四秤。自输之后，任凭会内扒税管业，日后子孙毋得异言。恐口无凭，立此输契存照。

内批该田税粮照依原收推入会内供解，只此面批。

同治四年三月二十五日立输契人陈肇荣子代押押

代笔子浩魁押

这份输租入会契就是将产业捐入济孤会行善积德。

**七、会社其他文书**

还有一些无法归入以上类目的会社文书。如有的钱会为了避免风险，规定得会人需要有人担保。

**民国十五年（1926）十一月徽州李观善立收会抵业契**②

立收会抵业契人李观善，今因在于四喜名下来有堆金洋会一股，今身得收共计收洋四十八元正，切思小填人恐身不交，是以自愿将土名风流墓小买熟地一业，计种子一斗正，其四至照依原形，凭中立契出抵与诸位小填人等名下为业。三面言定，此会每年定行两次，六月、十一月朔日为期，每一会应付洋三元，临期不误。如有误者，首会□小填人等并青苗管业。如不误者，满行之日，此契缴讫。恐口无凭，立此抵业契为用。

① 黄山学院图书馆收藏，编号：7.8–E6904–0001，包号：30，尺寸：433毫米×225毫米。
② 黄山学院图书馆收藏，编号：7.8–F7215–0001，包号：4，尺寸：440毫米×365毫米。

民国十五年十一月初一日立收会抵业契人李观善押
保会人李观弟押
代笔人李燧桂押

李观善是于四喜倡立堆金会的会脚1股，民国十五年（1926）时收到当期得会的会额，但是因为小填人顾虑李观善支付不了会金，于是李观善以小买熟地一块作为担保，承诺如期缴纳会金。这份收会抵业契，实际上是抵押担保之意。

通过这些形形色色的会社文书，可以了解历史上的民间社团组织是如何建立、如何筹集资金、如何开展活动的，也反映了基层社会民众互助自助的现实。

## 第八节 社会关系文书

由生至死，人总是生活在社会关系之中，没有人可以孤立无援地存在。广义的社会关系是指人与人之间、人与群体之间、人与国家之间的关系。所有的新安文书都是对人类活动的记录，都反映了某种社会关系，如交易关系、个人与国家、个人与宗族、个人与组织等关系。社会关系文书应当指的是上述文书分类未涵盖的，或是非血缘、非亲缘的交往活动中形成的文书档案。

### 一、兰谱

兰谱是历史上没有血缘关系，而又意趣相投、情投意合的兄弟朋友之间结拜联盟时互换的谱帖，一般记录有每个人的姓名、生辰八字、家庭状况等内容，以示互相之间的信任。

**民国三十二年（1943）元月徽州张景云六人结义书**[①]

张景云

**结议（义）书**

昔刘皇叔有桃园之约，蔺相如有刎颈之交。彼为异姓相投，吾系同乡共好。效

① 黄山学院图书馆收藏，编号：7.1-F7232-0001，包号：248，尺寸：243毫米×872毫米。

桃园义结心交，心如金名；订百年□□□合，永世为凭。真金铁石易销，吾心不易。莫与假桃园之流，俗结口头海味之交。偶因小事未酬，从今分手；切莫因财失义，遗笑后人。□□□丈夫之志能屈能伸，君子之心有终有始。情义相投，效管鲍陈雷之行；并粮共事，仿角哀伯桃之义。今吾辈六人虽不同年共姓，却愿情义相投；殊非同母共爷，希望□□□足。若有小过则齐劝勉之，遇有外侮则起而御之。义妻莫起淫心，义女认为己女。临场集赌，输赢致分；南北暂借，以信为主。切莫参商。斯所谓结义，天伦远胜同胞；海誓山盟，情义似乎昆仲。今六人订契立盟，勿以乘车戴笠。恐口无凭，特立结义书六本，各执一本，永远为序。

谨将各规条列后

一、此番结义不论辈之大小，以年纪而为次序。

二、□此以后，须当以兄弟称呼，不得□称。

三、兄弟之内，不得同□赌博，有伤和气。

四、义妻义女，不得□起淫心、异端邪说。

五、借暂银钱，以信为主，不得强迫。

六、各有正式所好，毋得阻执，起私心暗害。

七、遇事则相帮，切勿推脱；有过则齐勉，不得怨言。

八、勿因小事未到，从今分手。

九、切莫因小节而失大义，遗臭万年。

十、凡事与全体有关系者，当先叙齐相议，不得私行。

谨将姓名列后

民国三十二年元月吉日立结义书人张景云　合

王连顺　结

江锦根　以

江质幹　义

方德发　为

王燧山　利

相助人方栎清　助

代书人方德达　胜

这份结义书并不是标准的兰谱，但同样体现了异姓兄弟结盟之义。民国年间，张景云、王连顺、江锦根、江质幹、方德发、王燧山因志趣相投而结成了异姓兄弟，并订立了结义书，还规定了10条规矩，如以长幼为序，兄弟相称，对义妻不得起淫心，认义女为亲女，兄弟不要同场赌博，兄弟间借钱应当信用为主，互相帮助、互相劝勉，勿因小失大，须集体商讨决议等。

**二、信札**

信札也是新安文书中比较多见的。历史上交通不便，通信方式多为手写书信、便条、口信之类。新安人多于外地经商做官，亲友之间的信函往来也较为频繁。黄山学院藏有一份清［黟县］黄士陵致赞卿信札，① 是篆刻大家黄士陵写给他亲家的信函。清［同治］九年（1870）二月承圭信札，② 是寄给妹妹的，主要讨论家事，嫂子病逝，留有一女，欠债很多，太平天国运动期间生意又不好做，计划明年春天回家，希望可以过继妹妹的儿子承嗣。

**［民国元年］（1912）休宁王锦安信札** ③

字致锦堂、锦盛二位兄长，并三位贤侄，如面。启者非别，因去岁腊月间，弟在家一别，至今一载，未曾睹面叙心也。于本月十二接得二兄并送谱之人，所言家中一切事务，弟年年得知，弟今岁之事，再发、高发二侄尽晓，笔头字多，免得再言，上首之项不必所提。至今有丁摘茶工洋散工钱，休宁所借三钱，并旧岁亥钱，一共扣洋四元〇，望托各位赶紧办齐，代弟交纳谱费并票钱之事。字到之日，休得迟言推诿，字到由（犹）如弟到，不必多议，谱费并脚资同二兄议定洋八元整，不须异说。各位欠弟之钱，非是戏耍糊混之项，无得异言，如有何人胆敢把持，不代弟了清谱票之事，刻下弟上来，休怪弟反面无情，那时悔之晚矣。得罪得罪，字到通知，至紧至紧，速速速速。余言不尽叙，谨此并望

兄长申安

三位贤侄台电

元年十一月廿四日弟王锦安顿首

---

① 黄山学院图书馆收藏，编号：8.2–E0000–0001，包号：721，尺寸：231毫米×122毫米。
② 黄山学院图书馆收藏，编号：8.2–E6909–0001，包号：721，尺寸：230毫米×320毫米。
③ 黄山学院图书馆收藏，编号：8.2–F7201–0001，包号：721，尺寸：240毫米×400毫米。

王占光之事不便明言，候二兄到家自然得知矣。

这份信札是王锦安写给兄弟、侄子的信函，可能由二兄代回家乡。开头看似叙及亲情，其实是为了催债，要求各位亲属归还欠款，代为缴纳谱费并票钱。

信札的利用和研究是比较困难的，因为私人书信大多比较潦草含糊，辨识困难。但如果信札的时间、地点、人物比较明确，或者某家族来往信件保存较多，或者是归户文书中的信件，可以大大丰富个人史、家庭史的独特内容，是开展研究新安江流域基层民众日常生活史的宝贵史料。

### 三、乡规、乡约、禁约

乡规、乡约、禁约是指村落、保甲、乡里民众共同签订的实现自我管理、自我约束目的，并自觉履行的合同公约。其用途包括治安倡导、禁止砍伐、禁止赌博等。

**清乾隆五十四年（1789）十一月十排保甲方自春等立议去匪安良合同**[①]

立议合同十排保甲等，吾乡向来风化淳良，奉公守法。近因村烟繁盛，庄棚附居广多，有等无知妄作非为，或窝项，或偷窃，种种不法，深为痛恨，若不议立规条，将来效尤渐甚，实为合图之害。是以十排保甲公立规条，演戏昭著，务宜同心协力，去匪安良，庶几有益于乡党也。恐口无凭，立此合同为据。

一议拿获赃贼，十排保甲公呈送官究处。

一议获赃窝项，十排保甲公呈送官究处。

一议收留面生可疑之人，作匪落脚，希图物利，查出罚戏两台，令其改过自新，强者排甲公呈送官究处。

一议失物可疑之人，齐集十排保甲公同搜捡，捡出送官究处。

一议豪壮三五成群，沿门强讨，阳为乞丐，阴则撞白□鸡，殊属可恨。凡强壮乞丐者，公议概不打发，违者罚戏一台。

乾隆五十四年十一月　　日立议合同

十排　一甲方自春押　　二甲张竹懋押　　三家张德振　　四甲张文鹄押
五甲张良位押　　六甲张懋德押　　七甲张国懋押　　八甲张德茂押　　九甲姚叙

① 黄山学院图书馆收藏，编号：8.3-E6554-0001，包号：721，尺寸：460毫米×390毫米。

孝押　　十甲张际科押

　　保甲　　方宠盛押　　方自春押　　张恒盛押　　张际科押　　张懋德押

张德茂押　　张国懋押

这份合同就是十排保甲为了地方治安、惩治犯罪共同倡导的规则。比如抓获罪犯要送官处理；不得容留可疑之人，如有罚戏；身体健康之人不能以势强迫乞讨，如有罚戏等。

新安江流域多山林，宗族最看重风水林、祖坟山，事关宗族命运，禁止砍伐山林合同是最常见的。《遂安十五都浯溪鲍家鲍氏文书》中有清道光十一年（1831）八月鲍承彤同弟、侄等立禁议约，[①] 是为了禁止偷窃，兴养五谷、树木等；民国二十二年（1933）八月许来成立禁约，[②] 则是为了禁止偷盗砍伐、兴养树木保护坟山祖灵。

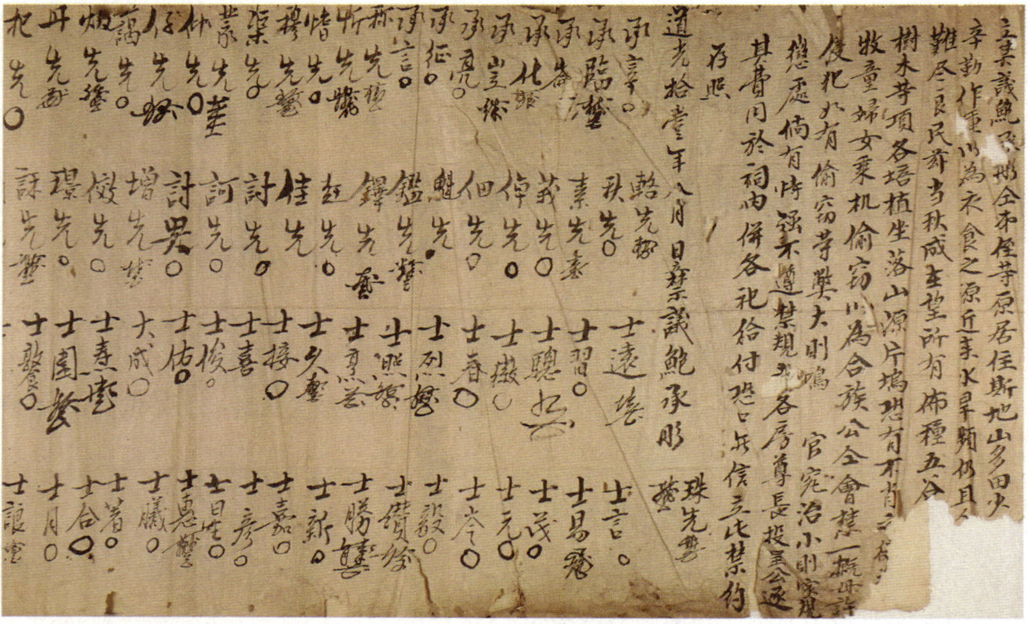

清道光十一年(1831)八月鲍承彤同弟、侄等立禁议约一

① 刘伯山收藏《遂安十五都浯溪鲍家鲍氏文书》，尺寸：248毫米×821毫米。

② 刘伯山收藏《遂安十五都浯溪鲍家鲍氏文书》，尺寸：242毫米×717毫米。

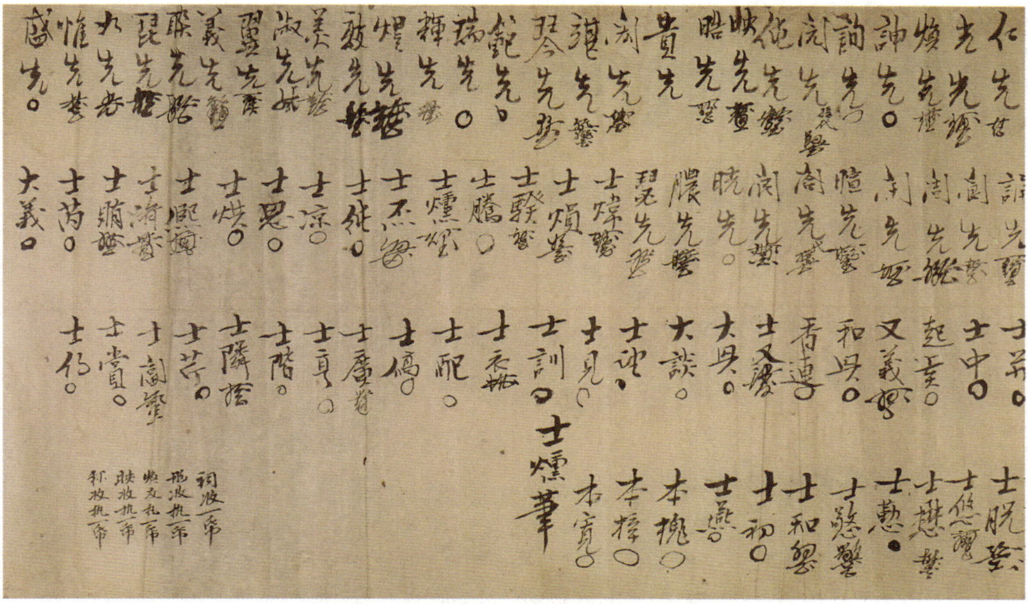

清道光十一年（1831）八月鲍承彤同弟、侄等立禁议约二

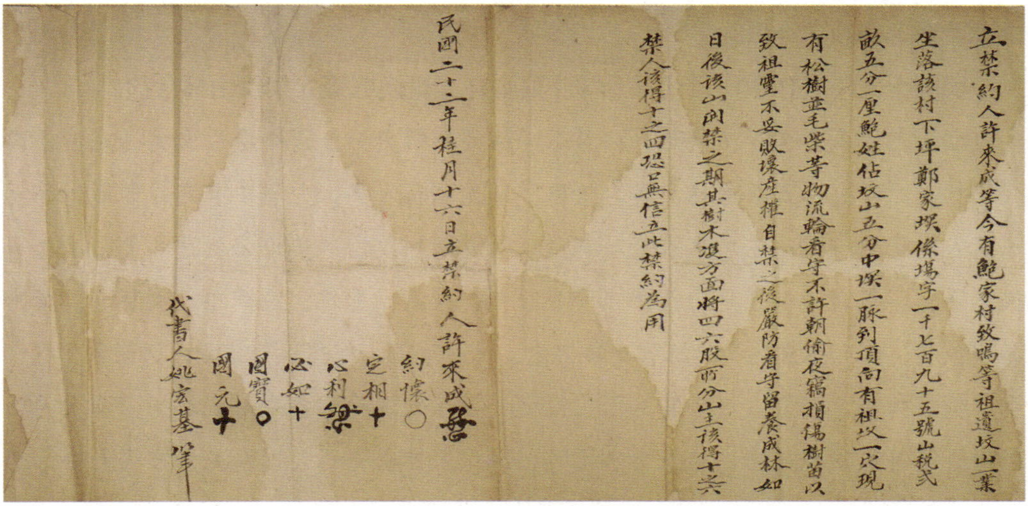

立禁約人許來成等今有鮑家村致鳴等祖遺坟山一業
生落該村下坪鄭家垙係塲字一千七百九十五號山税弍
畝五分一厘鮑姓佔坟山五分中垙一脉到頂向有祖坟一穴現
有松樹並毛柴等物流輪看守不許朝偷夜竊損傷樹苗以
致祖壟不妥敗壞㽵權自禁之後嚴防看守留養成林如
日後該山開禁之期其樹木退方面將四六股所分山主該得十六
禁人該得十之四恐口無信立此禁約為用

民國二十二年桂月十六日立禁約人許來成（押）
紹懷○
定相十
心利（押）
必如十
國寶○
國元十
代書人姚宏基筆

民国二十二年（1933）八月许来成立禁约

## 清光绪十年（1884）三月吕邦典等立禁约[①]

立禁约人吕姓人等，今因木家坞阴阳二山，松杉杂木柴薪脚草一概统禁，所因各家自己山场松杉杂木一概统禁，所因来龙水口各家自己竹园尽行一概统禁，一

① 黄山学院图书馆收藏，编号：8.3−E7010−0001，包号：721，尺寸：405毫米×340毫米。

并花息尽行永不开禁。其众山场日后出林，合众嘀议，典拚其自己山场，各人赏□。倘若犯者，锄头斧头照赃每庄甘罚钱七百文，㩳刀每把五钱，拿赃者赏钱二八抽分，得财卖放者重罚。倘有恃强不服者，合众理论，其资费钱照丁科派，甘罚毋辞。立禁约永远为用，一样五纸。

大清光绪十年三月　　日立禁约人吕姓人等

邦典押

邦金押

邦全押

(15 人姓名，略)

代笔人　永茂押

这份禁约是吕姓宗族为了禁止砍伐松杉、杂木、柴薪、脚草而订立的合同，并规定偷砍者凭锄头斧头等赃物罚钱，抓住违反者可以从罚金中抽成作为奖赏。

**民国十九年（1930）十月［休宁］夏国祥、夏焕庭等立禁伐山林合约**①

立合禁约人夏国祥、焕廷、树荫等，情因曾祖美论公遗有屋后来龙并左右山内大松树，此次公议开拚数株，各自情愿，毫无强行之事，并凭中言定，嗣后身等无论何人对于此来龙并左右山暨老屋基山以及爰家冲坟山，美论公所遗各处公山内一例禁止，不能藉扣恃强再行开拚，所有小树、柴薪、毛竹、毛笋亦一例蓄养，禁止私砍强伐。若有顽梗之徒，胆敢违禁出手，所议范围之外按所砍伐树木、柴薪、毛竹、毛笋价值加罚十倍外，仍将其名下应得之股分永远退除，猪牛践害亦同，不得异说。若有正当特别之费无出，非拚树木不可，经手人亦必先行公同商妥，方可开拚，即小树、柴薪、毛竹、毛笋亦然。恐后无凭，立此合禁约一样二纸，各执一纸永远为据。

中华民国十九年阴历十月　　日立合禁约人夏国祥子代押

焕廷押

树荫押

栗荫押

① 黄山学院图书馆收藏，编号：1.8.6-F7219-0002，包号：402，尺寸：520毫米×360毫米。

福荫押

焕章押

春贵弟代押

洪树德押

凭中　　舒文华押

赵恒修押

夏氏家族祖上遗留下屋后来龙山等属于家族公有财产，因此民国十九年夏国祥等族裔协商开拚数株松树，并且协商公有山场内不得开拚树木，所有小树、柴薪、毛竹、毛笋全部蓄养成材，不得私自砍伐。如果有私自砍伐者，按价值罚钱10倍，且将名下应得股份永远退除；如果是有人饲养的猪牛糟蹋树木也是一样惩罚。如果有需要拚树充作资金（包括采摘小树、柴薪、毛竹、毛笋），经手人必须经过族人共同商讨妥当方可开拚。于是共同订立了这份禁伐山林合约。

民国三十七年（1948），婺源休宁交界处的浙东保地域，也是共产党新四军与国民党争夺的地方，此地的凰腾村今属休宁。民众自愿与新四军签订公约，承诺拥护新四军，不为蒋介石办事。

## 民国三十七年（1948）十月［婺源］浙东乡第四保全体公民公约[①]

### 立公约

查蒋介石为美国的走狗，剥夺我民族的自由权利，蒋匪抽壮丁、派费、逼粮等暴政造成民穷财尽，出卖国家民族利益，丧权辱国，吮吸人民膏脂，造成官僚资本控制商工业，使民族工商陷于破产。兹幸人民解放军入婺源，以期早日打倒蒋匪，解放人民痛苦，自应一致拥护。谨订公约，分列各点如下：

一、拥护新四军，打倒蒋匪反动政权，建立民举（主）政府。

二、协助新四军打倒美国的走狗蒋介石反动政权和一班贪官污吏。

三、不替蒋匪及走狗担任一切工作。

四、不替蒋匪征粮纳税。

① 黄山学院图书馆收藏，编号：8.3-F7237-0001，包号：6，尺寸：230毫米×660毫米。

五、不替蒋匪探听消息和放哨。

六、不替蒋匪征兵或筹款买丁。

七、不违背人民解放军一切利益。

八、不违背民主政府法令。

九、给新四军保守秘密及随时给新四军探听消息、送情报。

十、本军绝对保贵村安全，于反清剿中不受损失。

十一、如有蒋匪压迫办公，前来与本军嘀讨，就保护人民利益之下取得本军同意，或许可给予保证。

十二、为保护人民利益，不在凰腾作战，以免人民遭受损失。

十三、绝对保证反蒋民主人士及公教人员一切安全或自由。

以上各条，浙东乡第四保全体公民自愿遵守。如有违背，代表人甘愿受新四军最严厉之处分。

立公约人

程银堂手印　程进保押　程进来押

(27 人姓名，略)

周边的浙东乡第三保的石岭、板桥、杨林湾和第六保也都于民国三十七年十月订立了一致的公约。[①] 民国三十八年（1949）二月，凰腾村民众又于程氏宗祠召开了全村民众大会，倡导不要为国民党办事，宣传解放军的理念，订立了村民大会决议。

**民国三十八年二月一日 [ 婺源 ][ 浙东乡 ] 凰腾村村民大会决议 [②]**

**兹为奉刘主任、王队长令召开全村民众大会**

地点：凰腾村程氏宗祠

议决：

一、宣劝全村人民男女老幼等，对为亡国派军队一切情事，切不可替彼等办事，

① 民国三十七年十月[婺源]第六保全体公民公约，黄山学院图书馆收藏，编号：8.3−F7237−0002，包号：6，尺寸：230毫米×540毫米；民国三十七年十月[婺源]浙东乡第三保全体公民约，黄山学院图书馆收藏，编号：8.3−F7237−0003，包号：6，尺寸：270毫米×355毫米。

② 黄山学院图书馆收藏，编号：8.3−F7238−0001，包号：6，尺寸：240毫米×1520毫米。

或带路做特务工作等，如被查获严办不贷。

二、对为亡国派军过经或赴本地方时，青年人须题（提）早逃避，免给他拿获，而受压迫至生意外支节。

三、全村民众对为人民解放军应真诚看待，绝底认清，解放军是保护民众解放自由、救济贫苦的军队。

四、解放军与我们民众是一律平等的，不分阶级的，我们民众应不遗余力认真替其办事，切不可敷衍虚伪待之。

五、我民众都是同胞，大家应站在一条线上，互相帮助，绝不可欺负无能或贫苦人民。

六、对我各负责替解放军办事人，如有不好或负任等地方，亦可请诸位民众明白指示为幸。

出席各甲长、户长、民众签名例（列）后

程万喜　程厚余　程守和

(123 人姓名，略)

民国卅八年二月一号下午三时

## 四、伏罪甘罚文约

新安江流域基层社会，如有犯偷窃、盗砍、窝藏等犯罪违规行为被抓获时，犯人须写立字据文书认罪接受惩罚。

### 清乾隆四十六年（1781）二月王潘氏立批据①

立批据人王潘氏，身祖宗公下桥头店屋一所并过街楼。因二子社元囤匪刘九在家，偷窃侵害廷高衣物，被即在身家赃贼两获。因身子不合窝囤，自愿立还批据交众，自愿将二子逐出，日后再无窝囤匪类。倘再有此情查出，身即送官究处，亦听宗公支下立即将屋封锁，身同子等不得执阻，倘有执阻，照同社元一样甘罪处治无辞。恐口无凭，立此批据存照。

乾隆四十六年二月　　日立批据人王潘氏押

① 黄山学院图书馆收藏，编号：8.4–E6546–0001，包号：50，尺寸：227毫米×256毫米。

同男　元庆押

中见　社方押

奉书男　观祖押

乾隆年间，王潘氏有两个儿子，次子社元将小偷刘九窝藏在家中，被人赃并获，社元认罪甘罚。王潘氏也被牵连将社元逐出，并承诺不得再犯，如有再犯送官惩处，由宗族将房产查封。于是书立了这份批据作为承诺。

**清咸丰四年（1854）八月［歙县］胡财福等立戒约**[①]

立戒约人胡财福、胡宝林、胡长宝，今因胡崇礼堂真武打坐地方山业兴养树木柴薪，身等不应窃砍侵害，今遭本家捉获，即将鸣保，欲行呈究。身等深知理亏，托中再三恳请，自愿改过自新，永不侵害，愿立戒约。嗣后所有身等三人，如有窃砍树木柴薪侵害等情，听凭本家呈究，并无推诿。恐口无凭，立此戒约存照。

咸丰四年八月　日立戒约人胡财福押

胡宝林押

胡长宝押

包中胡添财押

胡亨方押

胡大雄押

凭保胡祯瑞押

代笔胡凤翔押

胡财福等三人私自盗树木砍柴薪，被抓获后即将报官。三人再三恳求愿意改过自新、永不侵害，因此书立了这份戒约。

明清民国时期，民间纠纷往往先在宗族内部解决。如偷窃、窝藏、盗砍等情形不严重，宗族或保甲出面调解，要求犯人先伏罪甘罚，给予改过自新的机会。如有再犯，即鸣官惩处。

① 黄山学院图书馆收藏，编号：8.4-E6804-0001，包号：33，尺寸：460毫米×410毫米。

## 五、投主服役文约

明清时期，新安江流域有佃仆制度，贫穷的小姓人家依附于地主，“种主田、住主屋、葬主田”，还需承担一定的劳役，通婚、读书等也受到限制。主仆之间存在着人身依附关系。

### 明万历二年（1574）十二月汪征仂立帖①

十五都汪征仂今为父汪祁百病故无地安葬，承到房东康梦喜、康楠应，乞到房东康景沛、景汀□□土名弯田坑口，宿名飞鹅扑壁地一穴，前去安身。父自埋葬之后，征仂自□长养在心，苗木每年应服无异，子孙无得异说，立此存照。

万历二年十二月廿四日立帖人汪征仂押

代书房东康梦喜押

中见人康楠应押

这份文书可见，汪征仂父亲逝世无地安葬，求得了康氏的一块墓穴，且有“房东”“苗木每年应服无异”字样，汪征仂应当是康氏的佃仆。

## 六、甘结

甘结，即自愿承诺负责的保证书。

### 民国三十一年（1942）九月［徽州］陈荣奎立具切结②

立具切结人陈荣奎同妻胡氏，今因父亲年老古稀，旦夕遭变，咸危难料，自各炊之后理应该孟仲季三房轮流挨供，周而复始。因为抗日是身失业，体弱力薄，掮负不遂，且内人愚蠢，素于懒怠，未能孝奉严命，自愧无志，一切承我兄弟两房供给，业经数载，恤我寒窘，秉质实念手足情关。今身自愿欢迎老父，该我同妻耐心侍奉，谨遂严命指挥，俭食俭用，不敢放肆懒怠砍樵种菜分内之事，以后决不敢私售分产衣服用具。今凭保甲长见中自愿甘立具结，如有违抗等情，任从由保甲长等捆送忤逆之罪，惩严例办。此系自愿甘心，决无反悔，立此切结存据是实。

---

① 黄山学院图书馆收藏，编号：8.5–D5802–0001，包号：721，尺寸：230毫米×350。

② 黄山学院图书馆收藏，编号：8.6–F7231–0001，包号：202，尺寸：270毫米×335毫米。

一批每临孟房供膳之月，该房补贴盐油各一斤，又折菜蔬国币十元正。

中华民国三十一年九月　　日立具切结人陈荣奎印

同妻胡氏手印

保长李芝田印

甲长陈昆祥印

见中人陈理和押

房长陈宜棣押

代书陈尚淇印

陈荣奎同妻胡氏与兄弟分家后，应当轮流供养父亲。但陈荣奎夫妇懒惰自私，未能承担义务。在保甲长、中人的见证下，陈荣奎立具这份切结，承诺自愿好生侍奉父亲；长房供膳时，陈荣奎应当补贴盐油和菜钱。

**七、公益活动文约**

公益活动文约主要是为了开展公益活动订立的合同文书，包括演戏文约、捐献文书、设立义仓、修路造亭等。

(一)演戏文约

看戏是古人重要的娱乐方式之一，徽州早在东晋时期就有“宴会辄令倡伎作新安人歌舞离别之辞”① 的记载。明代末年，歙县知县傅岩著《歙纪》记载：“徽俗最喜搭台观戏。”② 明清至民国时期，诸种新安方志所记地方风俗中均见演剧习俗。新安江流域平民日常生活中主要的休闲娱乐活动就是演戏，祭祀土神、社稷、土地、观音等各种神灵，以及祭祖时都会演戏娱乐；新安江流域民众也会为了保护山林或行业规范订立合约，示禁罚戏。

徽州当地松散的手工业行会为确立和保护行规，订立合约演戏示禁，此类现存的文书史料较少。刘伯山收藏有祁门十四都溶溪叶氏文书，其中一份为清乾隆三十年（1765）正月叶孔臣、冯福先、郑润馀等立议合同齐心演戏严禁约。

---

① [唐]房玄龄等：《晋书卷二十八》，[清]永瑢、纪昀等：《景印文渊阁四库全书》第255册．台湾商务印书馆股份有限公司，1986年，第501页。

② [明]傅岩著，陈春秀等点校：《歙纪》，黄山书社，2007年，第107页，

### 清乾隆三十年（1765）正月叶孔臣、冯福先、郑润馀等立议合同齐心演戏严禁约[①]

立议合同齐心演戏严禁约人叶孔臣、冯福先、郑润余等，向承祖受做箬笠□生意，来历遵守无异。老文三十远年湮，难以据信，故不遵依。但今三十年事艰难，心窍纷纷不一，天下桑海沧田，卅年事之更变多迁，诚恐私私默地先做，还有等上岁私做无休箬笠，于今乾隆三十年正月廿四日，合众谪议演戏加禁。每年议定二月初一日起工破篾，五月初一日止，无许停留宿货，亦无许各姓合文子孙做造，无许私教他人。如有等情，合众执约鸣官理论。如有不遵，查出及禁罚戏一台。倘有入后官内费用，各门照刀（股）均出。今欲有凭，立此合同文约存照。再批合同四纸，各收一纸，孔玉一纸，冯子顺收一纸，郑润余一纸，青如一纸。照。

清乾隆三十年正月廿四日立议齐心同文约人叶孔臣押　冯福先押

郑润余押　叶孔玉押

冯有丰押　叶永言押

叶永初押　郑以行押

叶德章押

冯正传押　冯有泰押

叶赤玉押　叶孔章押

叶青远押　叶孔祥押

冯于天押　叶义和押

叶凤先押　叶永茂押

冯玉明押　叶永隆押

叶孔信押　叶廷爵押

叶天锡押　叶思洪押

冯正倈押　叶思廷押

叶言成押　郑以和押

冯正仙押　叶凤羽押

叶青如押

---

① 刘伯山收藏，尺寸：530毫米×530毫米。

叶氏、冯氏、郑氏垄断当地箬笠生意，为免出现抢先私做和延迟存货破坏行规，协商各户每年二月初一日同时开工破篾，五月初一同时停止，并且不准私教他人，如有违反则鸣官罚戏。清嘉庆十年（1805）四月叶、冯、郑三姓人等立束心合同文约上，批文显示“嘉庆十五年正月廿八日，原因冯于义等于本月在外做造箬笠，众等犯知自知违墨，愿自演戏遵禁，照”。表明其后冯姓违反规定提前做造，遵守约定认罚演戏，这表明示禁罚戏得到了贯彻和执行。同时，再次强调“众议同心演戏加禁，众议遵期递年二月初一起至五月初一为止，不得在家在外做造，亦不得过期，如违者罚戏一台，各宜自遵，此照”。[①]结合同户文书、方志文献，推测溶溪应在祁门县小路口镇附近。在实地田野调查中，小路口镇溶源村民称，溶源，原叫溶溪。可断定，该户文书出自今祁门县小路口镇晨光村溶源村民小组。通过访问当地叶氏后裔，亦确实了清代溶溪叶氏宗族传承制造箬笠手艺，直至1949年之后。

徽州演戏活动的开展，主要是通过订立戏关的方式延请戏班。广泛意义上的关书，即一种聘书。徽州文书中的戏关、揽戏约，既是东家对戏班的聘用、雇佣，也可视为东家与戏班之间的合同，对演戏的时限、剧目、薪资等做了种种规定。面世的徽州文书中，戏关数量较少，但真实反映了民国时期徽州演戏活动是如何开展的。

黄山学院图书馆收藏有数份戏关。民国年间，休宁璜川民众组成三宝神会，每年阴历十月左右延请戏班敬演神戏。民国十六年（1927）新阳春班所立揽戏关填写于屯溪科学馆石印制式关书上，仅事主、日期、数量、价格为毛笔填写，钤有谭绍福印章。

### 民国十六年（1927）七月休宁新阳春班立揽戏关[②]

立揽戏关新阳春，今承到璜川三宝神会名下敬演神戏七本，作三日四夜唱，凭中言定戏价英洋二百三十元正。所有胭肌花粉、大小中台内台油火、加官拜东点戏、大锣茶担、揩面油纸、焰火彩，一切外花均照老账开销。期戏准十月十六日开演，接箱至青山十里为则，如多十里，班内认，无得异言。恐口无凭，立揽戏关为据。

---

① 清嘉庆十年(1805)四月叶、冯、郑三姓人等立束心合同文约，刘伯山收藏，尺寸：512毫米×465毫米。
② 黄山学院图书馆收藏，编号：8.7-F7216-0001，包号：721，尺寸：210毫米×230毫米。

一议休宁县商会言明，均要销印花捐，日期戏照每本英洋二角正，不论日期戏每本英洋二（壹）角正，如有外牵每本洋二角。

一议两造有揽关定关，以作为凭，当收洋二十元。

一议戏场台下或因发生斗殴及酗酒滋事致有祸端，均与本班无干，以免无辜受累。

民国十六年七月廿四日立揽关新阳春班

凭　中谭绍福

凭内牵吴殿卿押

一议奉省令抽收教育捐款，每本征银二（壹）元，双台加倍，余照类推，悉由戏东自行照缴，与本班丝毫无涉。

该份戏关明确规定了民国十六年休宁璜川三宝神会敬演神戏，由新阳春班承揽，从十月十六日开演，东家至青山10里接箱，为期三天四夜共7本。这份戏关虽然没有明确出现“官牙”字样，但依据石印制式关书及“凭中谭绍福”为预先印制好，可推测谭绍福应该是由官方指派的官牙，经手戏关的订立和官牙差费的收取，而“内牵吴殿卿”应为具体牵线的中人。除了支付给戏班的戏价外，东家还要支付给休宁县商会印花捐每本2角，及省令教育捐款每本2元。通过这种方式，官府对雇佣戏班演戏这种商业行为征收税费。

民国十九年（1930）璜川三宝神会照例延请戏班演戏，不过换成了新仙舞台班。

**民国十九年（1930）九月休宁陈汝兴等立议戏约附便条**①

立议戏关人璜川陈汝兴众司首等，今议到新仙舞台贵班名下，夏历九月念七日敬演三宝神会戏，计日夜戏六本，逐夜均选大开台，计两夜，（一夜旗走台，一夜马走台）。一切新戏照关听点，以及内外□、官牙外费等项尽行一并在内，承关之日凭官牙三面议定，计戏金洋六十六元正。订定念七日早晨至本村木戏台接箱，人箱齐到，以备当日开演无误。倘遇官差事费、军队过境意外，一切用费均该贵班自理，不涉本东之事。此系两愿，各无异说。恐口无凭，立议戏关存照。

一议念三夜预先登台敬演，加官六国封赠，酬报神庥。

---

① 黄山学院图书馆收藏，编号：8.7-F7219-0001，包号：721，尺寸：270毫米×230毫米。

一议请台逐夜用鼓乐吹奏，吹打击铙□一并包在之内，不得执讹。

一议加官铙击、开箱礼、拜东礼、胭脂花粉、开脸油、揩脸纸、内台油火、下台蜡烛、大锣茶担、焰火彩钱一并在内。

一议盔袍甲靴小衣等件、桌围椅帔，均凭本东□选鲜艳，以副壮观。

一议一切新戏照关听点，戏登（灯）粉牌张挂不准私自改换，如违罚戏两本。

一议其箱言定接本村木戏台，不问有无下首，订定不送。

一议为世局时时变迁，风声谣谣，万难开演，各将原关两缴，无得生枝异论。

一议电光汽油灯，每夜两盏计洋，洋油等费一并在内。

一议念三日用细鼓乐至源口迎神到坛不误。

民国十九年岁次庚午夏历九月　　日立议戏关人璜川陈汝兴众

该戏关书于红纸之上，与前份戏关不同在于，此份戏关由东家立定，详细规定了演戏的时限，剧目的数量、规格和种类，以及种种花销和开支。民国十九年演戏定于阳历 9 月 27 日，东家至本村木戏台接箱，为期应为一天两夜共 6 本，但 23 日要用细鼓乐至源口迎神及预先登台敬演。通过该戏关可见，定立戏关开展演戏活动需要由官牙做中介，缴纳官牙费用；且有可能受到官方或军方的过问，再缴官差事费。通过征收官差牙费，地方统治者一定程度上可以掌握和控制民间演戏风俗。民国十九年与十六年相比，时局比较动荡，演戏相对减省，价格较低，官差牙费亦由戏班承担。另有一份 9 月 14 日新仙舞台致东家的红纸便条，就官差牙费进行商讨。戏班提出如果官差牙费由戏班承担，则入不敷出，就将原关取消，另请别班；如果东家可以承担，则另批戏关，照规演戏。由于戏关并未写明日期，无法判断便条是在民国十九年戏关之前还是之后书写的。

另有一份民国十五年（1926）江西德兴县戏关，邀请的是婺源新仙舞台班。根据时间及地域可以推论，休宁璜川和江西德兴邀请的是同一个婺源新仙舞台班。江西德兴县新建，即今德兴市新岗山镇，毗邻婺源、休宁，在文化风俗上亦受到古徽州较大影响。此地戏关对还原历史上新安江流域的演戏活动有一定的参考价值。

## 民国十五年（1926）六月德兴程壬卯等立戏关[1]

### 丙寅秋祭关

立戏关人德邑十都新建程壬卯等，我祖孝义公有中秋祝寿会戏九台，写到婺邑新仙舞台贵班，邀集子弟到村唱演，面议包膳，戏金每台计英洋念七元正。内有杂姓戏一台，戏金减除三殳之一。其子弟俱要齐集，行头俱要鲜艳，准定八月初十日进门，唱演规条开后。如子弟不齐，行头不鲜，至期误日，任听将戏金每台扣除五元。两无异说，言明八月二十二日兑钱缴关，如有过期未缴，此关不作行用。恐口无凭，立此戏关为据。

计开

一、接箱定接念里，班内待酒饭一餐，每人肉四块、鱼三块，子半介、时菜，如接念里外，班内另出挑力，另待茶饭。

一、初十日进门，每夜演戏全部另插戏六出，如演昆腔插戏四出，供台饭每夜荤素菜蔬十八盘，通宵素菜饭粥二餐。

一、十一日在祠台插戏十出，点心粉干三十六碗。

一、十二日在祠台插戏十二出，点心同前。

一、十三日阳台全部插戏四出，点心煮粥是夜通宵。

一、十四日插戏四出，点心煮粥小菜八盘。

一、十五日中秋插戏十出，点心粉干同前。

一、十六、十七、十八日，每日插戏八出，点心煮粥小菜八盘。

一、内台每台菜油一斤，茶钱六十文，缴面油纸二十四文，班头钱三十七文，班内烟火彩钱一包在内。

一、写关笔资英洋一元。

民国十五年六月初二日立戏关人壬卯押

同　　润芳押

作周押

乃登押

克宽押

---

① 黄山学院图书馆收藏，编号：8.7－F7215－0002，包号：79，尺寸：260毫米×1010毫米。

以宽押
濂法押
仰之押
振鹏押
诗才押
积成押
子方押
颂周押
锦高押
代笔 有章押
包中 志行押

该份戏关书于红纸上。据戏关内容可知，与新安江流域戏关有所不同，为孝义公中秋祝寿戏9台，按每台戏计价，接箱定20里；从八月初十至十八日，演出剧目中包括昆腔；明确规定包膳食，因此对每天的膳食、点心做出具体详尽的规定。民国十四年十一月，德兴新建程氏宗族订立戏关①，延请乐平同庆贵班于十五年正月为孝义公祭祀演戏，与前引戏关大致相似，不同在于按时间“六日夜”计价，并于年内十二月初六日先行支付了一半款项。这两份德兴戏关中都未明确出现官牙差费字样，与新安江流域戏关对比可见，民国时期新安江流域民间演戏风俗兴盛，官方则通过各种措施加强对民风民俗的引导和控制。探索其原因，一是历史上新安江流域一直是官方统治比较严密完善的地区，二与新安江流域儒家文化占据主导地位、崇尚礼教有密切关系。

(二)捐献文书

新安人急公好义，常倡导义举，如捐资修路造亭、捐助他人等。这些活动形成的文书，就是与公益活动有关的捐献文书。

① 民国十四年(1925)十一月德兴程作周等立戏关，黄山学院图书馆收藏，编号：8.7－F7214－0001，包号：721，尺寸：272毫米×830毫米。

### 民国十五年（1926）七月歙县许国桢等《重修歙北丰岭山河堤大路捐簿》[①]

盖闻修堤防以通道路，礼经有善政之颁；化偏陂而底荡平，洪范垂遵王之训。故夫西方救世尝言，渡出迷途，东里济人，乃见惠周溱水。征诸历史，成绩可稽。是则修路筑堤，诚为当务之急矣。歙北丰岭山下有大路焉，上通箬岭，下达徽城，为丰源之孔道，有曲水以回澜。年来梅雨淋漓，山洪暴发，河堤致遭倾倒，石路因之崩摧残缺，情形不堪入目。在昔履道坦坦，前人几费经营；而今行迈靡靡，父老恒多叹息。所以肩挑襁负，每嗟行路之难；白叟黄童，更抱临渊之惧。乃不容缓于修葺，自非独力所能支；亦不获已于捐资，方冀众擎之易举。估工问价，约需五千余金；就地测量，计长七十外丈。为是劝募仁人善士，发愿乐输，解囊佽助。聚沙自能成塔，集腋便可成裘。俾不日以成功，庶几时而奏效。此际持筹握算，当图切实工程；他年化险为夷，洵是无边阴骘。倘蒙鼎诺，请署台衔。

许国桢　鲍崇坤
仇德容　鲍念慈
戴昌期　叶文熙

民国十五年孟秋月　　同启

仇光照　宋昌炽
汪志成　宋恭润
王训文　唐蕴山

鲍在兹善士乐捐洋一百元收
鲍雅坡善士乐捐洋一百元收
鲍慎之善士乐捐洋一百元收
鲍隐市善士乐捐洋八十元收
鲍拙公善士乐捐洋六十元收
鲍癯仙善士乐捐洋一百元收
鲍其天善士乐捐洋三十元收
鲍农庆善士乐捐洋三十元收

---

① 民国十五年(1926)七月歙县许国桢等《重修歙北丰岭山河堤大路捐簿》，黄山学院图书馆收藏，编号：8.7—F7215—0001，包号：412，尺寸：236毫米×193毫米。

宋逸人善士乐捐洋一百元收二月初九

鲍序东善士乐捐洋一百元收二月十二

鲍乐山善士乐捐洋一百元收五月初二

宋伯寅善士乐捐洋一百元收二月初九

鲍理文善士乐捐洋十元

鲍退思善士乐捐洋五十元收七月初四

隐名氏善士乐捐洋五十元收七月初四

鲍德文善士乐捐洋五元收二月初九

鲍福缘善士乐捐洋四十元收二月十五

许积记善士乐捐洋二百元收二月初九

许泽记善士乐捐洋二百元收二月初九

汪震记善士乐捐洋一百元收六月十一

寿余记善士乐捐洋二十七元收二月初七

歙县北部丰岭山，大略在今天的箬岭、上丰一带。丰岭山下有大路，上通箬岭，下达徽城，依山傍水，由历代先辈修筑而成。民国十五年前，梅雨季节雨水较多，山洪暴发，将河堤道路冲毁，来往路人通行困难。许国桢等人于是倡导募捐资金、修筑堤路。这份《重修歙北丰岭山河堤大路捐簿》记录了这次募捐活动，共有 21 人捐款 1682 元，多的一二百元，少的 5 元、10 元。新安江流域至今仍留存有这种集资修路修桥修祠堂的习惯，还将捐助名单勒石为碑，或是张贴在祠堂的墙上，以示对善行义举的表彰和倡导。

**八、劝息约、劝息杜讼文约**

新安江流域基层社会多依赖宗族组织、保甲制度管理和自治。民众有纠纷多先向宗族和保甲申诉，出面主持之人往往先采用居中调解的方式解决小矛盾小嫌隙。当事人经劝说后达成和解的文书，就是劝息约、劝息杜讼文约。

**清雍正六年（1728）九月婺源汪圣木等立劝息议**[①]

立劝议墨人汪圣木等，今有环溪吴宅崇孝祠清业坟山两号，坐落十一都，土名

① 黄山学院图书馆收藏，编号：8.8－E6406－0001，包号：721，尺寸：600毫米×490毫米。

福潭堨、冷水窟，近因支孙吴福等将山税田契出卖与泮路朱宅扦葬，而支孙吴梧宾等以祖墓清业出而争执，在朱宅以买卖清白，契税两明，各执理论。圣等谊属亲族，且朱宅坟穴与吴宅祖墓相隔辽远，并无干碍，不忍坐视，力为劝释。今劝朱宅具奠仪四十两正入崇孝祠，公贮在吴宅支下，子孙不得生情异说。自今劝议之后，各管各业，不相侵害。况两宅虽系隔县，而居址甚近，又谊属亲朋，从此以敦和好。日后两宅子孙，永远遵守无异。立此劝议一样两张，各执一张存照。

雍正六年九月　　日立劝议人汪圣木押

詹宗维押

詹吉敷押

汪公纯押

吴觐臣押

吴定宇押

吴益三押

吴迪修押

僧洁如押

依议人朱式方押

崇孝祠裔孙吴梧宾押

清雍正年间，休宁泮路朱式方买到婺源吴福的坟山，吴梧宾与朱式方因坟山而发生争执。汪圣木、詹宗维等人出面调解，认为朱氏坟穴与吴氏祖坟距离较远，并不互相妨碍，劝说朱式方补贴四十两入吴氏宗族的崇孝祠，此后双方各管各业，友好相处，不得互相侵害。于是，以汪圣木等调解人的立场，书立了这份立劝息议。

**清同治九年（1870）二月程式十立字据**[①]

立字据人程二十，因先年被西贼掠去，出来之日所带吴纳梨以今年幼，日食难度，不能抚养，程二十即送曹细仂以为义子。今程二十凭公向曹生端异事，我等劝曹出洋二元与程二十度日，日后毋使节外生之。恐口无凭，立此字为据。

① 黄山学院图书馆收藏，编号：8.8—E6909—0001，包号：39，尺寸：440毫米×210毫米。

同治九年二月　　日立字据人程二十押
　　　　　　　　　　　凭公程喜押
　　　　　　　　　　代笔方文波押

清同治太平天国运动期间，程二十被太平天国军掠去，逃脱时带出了吴纳梨，又将吴纳梨送给曹细仂做义子。程二十有可能是将吴纳梨卖给了曹细仂。同治九年(1870)，程二十又挑事端争执。于是，程喜出面调解，劝曹出2元贴给程二十。于是，订立了清同治九年二月程式十立字据。

**清光绪三年（1877）二月徐氏等立笔据**①

立笔据徐氏同男理御，情因争角起衅，缠扯帐务。氏时忆前故夫，怨讹滋吵，亦有缘因伊前寿具在新正寄放，身家偶出，不幸祸延身夫，虽不与伊，伊害身，怨其，其忌具，似以屡行争吵。蒙荷亲族出为调劝，其有光绪三年前该彼，彼银钱账目，依亲族调劝，免利偿本，当即两讫。其后氏亦不能讹怨滋吵，另□生端，毋违族劝。恐口无凭，立此笔据存照。

光绪三年二月　　日立笔据人母代押
　　　　　　　　　　　姚理卿押
　　　　　　　　　凭族中姚宗培押
　　　　　　　　　　　姚政甫押
　　　　　　　　　代笔　　左钺押

这份清光绪三年二月徐氏等立笔据，反映的是徐氏与其儿子姚理卿因为账目银钱发生争吵纠纷，宗族亲属出面调停。

**民国三十六年（1947）八月歙县吴佛来、吴保生为牵牛案立和释纸**②

立和释人吴佛来、吴保生，缘保生控佛来私牵耕牛一案，经中查明，因保生争

① 黄山学院图书馆收藏，编号：8.8-E7003-0001，包号：60，尺寸：345毫米×380毫米。
② 黄山学院图书馆收藏，编号：8.8-F7236-0002，包号：402，尺寸：240毫米×420毫米。

取佛来之犁冲起因，佛来以一时气愤，错误致将保生之牛牵出，就事论事，自不能与偷窃耕牛并论。兹经中调解，犁冲决奉送中人，惟耕牛虽非窃取，然究与手续欠合。今劝佛来除将牛交还原主外，捐助十万元办理公益。双方谅在至亲，均愿受中人调解，以息争端。自此和解之后，双方言归于好，各不相侵。此乃两愿，永远遵守，决无反悔。立此和释二纸，各执一纸存照。

中华民国卅六年八月廿三日　　立和释人吴佛来押

吴保生押

调解人吴鸿水押

吴鸿基押

吴鸿有押

吴鸿亮押

吴广泰押

吴广柏押

吴亦开押

吴瑞祥押

吴德文押

代书吴蔼然押

民国年间，吴保生与吴佛来争夺犁冲，佛来因一时气愤，将保生耕牛牵走。吴氏宗族亲属出面调解，将犁冲送给调解人，劝解吴佛来将牛还给吴保生，并捐助10万元举办公益活动。于是订立了这份和释纸。

以上文书可见，宗族保甲出面调停、劝解的都是钱财等小矛盾小嫌隙。即使到今天，乡里坊间也常会发生小纠纷小矛盾。事实说明，小矛盾极有可能酿成大危机。如果基层组织能够妥善从中调解的话，就可以息矛盾于微时，有效地起到调和人际关系、促进社会环境的作用。

**九、术数文书**

新安人最重占卜术数，举凡村落、阳宅、阴宅选址，结婚、丧葬、竖造等重大日期，无不事先卜筮推算，最普遍的就是算命、择日、堪舆、合婚。

黄山学院收藏有民国福建许万泰推书《天官五星》[①]，封面有“言定笔资洋两元正”字样，这是一本民国二年（1913）出生男性的流年命书。前面绘制了天盘通加吉曜之图、地盘分野胎息之图、奇门遁甲祸福之图，后面推算了 18 ～ 62 岁每年的命运。再如休宁流年命书，[②] 是为一个生于道光五年（1825）九月廿八日少年批的流年命书，指他 11 岁、21 岁、31 岁、41 岁、51 岁有大运等。

建造房屋是人生大事、家庭大事，也需要趋吉避凶，这类文书大多书于红纸之上。如民国二年（1913）二月［祁门］程新盛选建造大厦术数文书，[③] 要选定房屋的方位朝向、建造房屋时应当避讳的生辰，甚至详细到每个环节的吉时、朝向、避讳。

风水先生大多为世家祖传。民国年间，歙南北岸上店街就有吴承均开办的立达轩。吴承均在民国九年（1920）为某户人家建造房屋推选了大造吉日，造房的环节有伐木，起工架，平基、定磉，画墨、结榫，大造，安楼梯、上□壁，上门岩、安门限。[④] 再如，汪焕章推竖造吉期文书，[⑤] 根据事主的具体工期选了 4 次吉期。

**竖造吉期文书所见新安江流域民居营造工序一览表**

| 文书名称 | 推选工期 | 来源 | 备注 |
|---|---|---|---|
| 清中后期《福履绥之》卦书 | 四月十六日起工架马<br>四月廿七日画柱绳墨开柱眼<br>四月廿一日动土打墙脚<br>五月十四日竖柱上梁<br>五月十八日盖瓦泥墙<br>六月十三日架门枋<br>八月廿九日打明堂<br>九月初一日结砌天井<br>十月廿七日做地面 | 刘伯山收藏《遂安十五都浯溪鲍家鲍氏文书》，尺寸：244毫米×103毫米 | |

① 黄山学院图书馆收藏，编号：8.10−F7200−0001，包号：270，尺寸：230毫米×130毫米。

② 休宁流年命书，黄山学院图书馆收藏，编号：8.10−E0000−0001，包号：721，尺寸：310毫米×1400毫米。

③ 黄山学院图书馆收藏，编号：8.10−F7202−0001，包号：193，尺寸：260毫米×850毫米。

④ 民国九年歙县吴承均选大造吉日文书，黄山学院图书馆收藏，编号：8.10−F7209−0001，包号：405，尺寸：220毫米×450毫米。

⑤ 黄山学院图书馆收藏，编号：8.10−X0000−0002，包号：721，尺寸：273毫米×405毫米。

**续表**

| 文书名称 | 推选工期 | 来源 | 备注 |
|---|---|---|---|
| 民国二年(1913)二月[祁门]程新盛选建造大厦术数文书 | 正月念二日伐木<br>正月念五日兴工、架马<br>三月十九日告符、动土<br>三月十九日画柱墨、开柱眼<br>四月十四日截柱脚、平基地<br>六月十一日平水、定磉<br>十月初四日采取梁木<br>十月十二日结梁隼、画梁眉<br>十月十二日排列、穿枋<br>十月十三日竖柱、上梁<br>十月十八日盖屋、泥饰<br>十月念五日门枋登位<br>腊月初三日上大门照(罩) | 黄山学院图书馆收藏,编号:8.10-F7202-0001,包号:193,尺寸:260毫米×850毫米 | “另请高明先生查覆决之,不然或另取可也” |
| 民国九年(1920)歙县吴承均选大造吉日文书 | 庚申年四月廿三日伐木<br>四月廿三日起工架马<br>四月廿九日平基、定磉<br>六月初十日画墨、结榫<br>七月十三日大造(排料、竖柱、安梁、上门岩、安门限,后再选辛酉年正月二十日上门岩、安门限)<br>七月廿一日安楼梯、上□壁 | 黄山学院图书馆收藏,编号:8.10-F7209-0001,包号:405,尺寸:220毫米×450毫米 | 印字“立达轩”“歙南北岸吴承均,世传日期卜易、五星命理、三元合婚、阴阳二宅,诸家造福,凡赐教者请认明墙上大红字为记”“即蔚文书室男樊卿嘉卿同参”“北岸上店街” |
| 汪焕章推竖造吉期文书 | 十月十二日起工架马<br>十一月初八画墨结榫<br>十二月初二安磉木、齐柱脚,竖柱同及安塌砂、门枕<br>十二月初二辰时例木<br>十二月初三采伐金梁<br>十二月十一日丑时结梁笋<br>十二月十一日巳时架上金梁<br>十二月十一日巳时架门枋上吉 | 黄山学院图书馆收藏,编号:8.10-X0000-0002,包号:721,尺寸:273毫米×405毫米 | “另请高明老先生参政无误” |

参考《歙县志》,当地做屋旧俗:首先,要看风水选址、辨土测气。其次,择日祭土地打屋脚;竖柱上梁时仪式隆重,要撒五谷;上梁当天盖好屋瓦,宴请亲朋好友、工匠地师;最后,封墙圆工时,以肥猪祭祭门神,呼龙安宅,并请圆工酒。[①] 综合可见,

① 歙县地方志编纂委员会:《歙县志》,黄山书社,2010年,第1087~1090页。

新安江流域上下游民居的修建具有同样的历史文化和山水地理背景，主要流程相似，又略有差异，体现了民间建房习俗的传承和变异。古代民居建造大多依赖于口传身教，缺乏文献资料，以现代理论探析民居结构技艺不乏佳作，还原营造工序、民俗的研究主要基于田野调查中的口述资料。[①] 这些竖造吉期文书既反映了新安江流域民众对于风水术数的信奉，也展示了新安江流域民居营造的工序，呈现了日常生活中的丰富细节。

清中后期《福履绥之》卦书

婚姻是人生的头等大事，新安民俗要为男女合八字，择定行聘迎娶的吉时。黄山学院收藏有 5 份选大婚、安葬吉日的术数文书，都书写于事先印制有专用名号抬

① 乔宽宽：《徽州传统民居营造技艺现状研究》，中国艺术研究院，2011年硕士论文，第31～39页。

头的红色折页上。由此可知，清代民国时期，歙西田干（疑今徽州区田干）活跃着一个谢氏家族，世代以术数著称，至少分为四支不同的传承。

**择日文书所见清至民国时期歙县术数家族谢氏传承一览表**

| 文书名称 | 风水先生 | 分派传承 | 来源 |
|---|---|---|---|
| 清同治三年(1864)十二月歙县壬树轩选迎娶行聘吉日文书 | 烟村渡壬树轩谢敏功 | 歙西田干谢芝—男圣言—孙辉远—曾孙步青—元孙景三—来孙敏功 | 黄山学院图书馆收藏,编号:8.10–E6903–0001,包号:721,尺寸:235毫米×430毫米 |
| 清同治四年(1865)三月歙县芝兰轩详选大婚吉日文书 | 芝兰轩谢椿龄 | 歙西田干笙桥头竹园内真祖家老长房谢清可—男孙贻—孙男易周—曾孙圣育—元孙道生—来孙荣峰—昆孙椿龄 | 黄山学院图书馆收藏,编号:8.10–E6904–0001,包号:721,尺寸:235毫米×510毫米 |
| 清光绪十一年(1885)十月歙县芝兰轩详选安葬吉日 | 芝兰轩谢椿龄 | 歙西田干笙桥头竹园内真祖家老长房谢清可—男孙贻—孙男易周—曾孙圣育—元孙道生—来孙荣峰—昆孙椿龄 | 黄山学院图书馆收藏,编号:8.10–E7011–0001,包号:721,尺寸:238毫米×748毫米 |
| 甲子年三月歙县芝兰轩详选大婚吉日文书 | 竹园内方井为标记(瑞泉井)谢祖荫 | 歙西田干竹园内祖家老长房谢维吉—男燕贻—孙男宏进—曾孙养海—元孙元松—来孙瑞祥—仍孙祖荫 | 黄山学院图书馆收藏,编号:8.10–X0000–0001,包号:721,尺寸:243毫米×353毫米 |
| 民国三十一年(1942)歙县谢信孚详选迎娶吉日文书 | 芝兰轩谢信孚 | 歙西田干竹园内真老长房谢玉临—孙男涵育—曾孙盛苑—元孙灼占—来孙赓扬—昆孙荣锡—仍孙长青—云孙蕴山—耳孙肇元—传男信孚 | 黄山学院图书馆收藏,编号:8.11–F7231–0001,包号:405,尺寸:250毫米×520毫米 |

由此可知，歙县田干谢氏家族世代以风水术数为业，由清同治年间一直延续到民国年间。这四个不同的派系，虽然都号称歙西田干谢氏为始祖，传承均在七代以上，

但其始祖传承均不相同。其中，谢敏功已迁居歙县烟村渡（即今歙县烟村渡），名号为“壬树轩”；其余谢椿龄、谢祖荫、谢信孚应仍定居在歙县田干竹园周边，仍使用“芝兰轩”的名号，但属于不同的派分。可见，新安江流域曾活跃着这样一批以术数堪舆为职业的风水先生，以及风水崇拜的滥觞。

选大婚吉日文书一般根据男女、女方兄嫂、侄子侄女的生辰八字，详选迎娶、冠笄、文定、安床的良日吉时；详选安葬吉日文书一般选择破土、移棺、安葬吉时，反映了新安江流域民间的婚姻、丧葬民俗。这种对良辰吉日的狂热虽然充满了迷信色彩，也体现了民众对美好生活的向往。

### 十、婚嫁文书

婚姻是人生的头等大事，家族传承也系于此。新安江流域民间婚礼一直遵循朱熹《家礼》颁定的六礼行事。婚礼的议婚、问名、行聘、冠笄、请期、迎亲各环节中形成的文书，即为婚嫁文书。常见的婚嫁文书有龙凤吉期、拜帖、礼单、回单，以及招赘书、出婚书、退婚书等。

#### （一）八字红单、鸳鸯礼书、拜帖

议婚的过程中，经媒妁之言，男女双方互送生辰八字，合八字议婚。如民国四年（1915）十一月唐余庆堂启发《长发其祥》礼单，① 应是民国年间唐氏家族呈给女方的八字红单，还详细登载了男方亲属胞兄弟、胞侄、胞侄孙、堂侄、堂侄孙、房叔、房兄弟各人的姓名及堂号。将男女八字书写于印制精美的鸳鸯礼书之上，也是议婚环节的仪帖之一。鸳鸯礼书的一般形式是印有精美花纹的红色纸张，有的还覆以织物、饰以金粉，中间书有男女双方的八字。

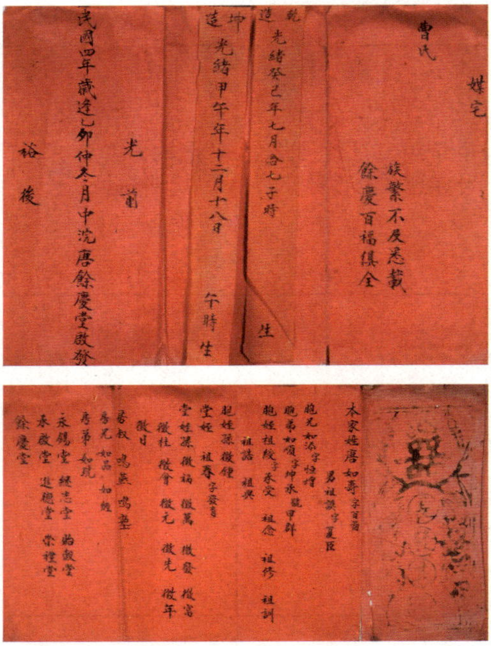

民国四年（1915）十一月
唐余庆堂启发《长发其祥》礼单

① 刘伯山收藏，尺寸：230毫米×300毫米。

**婚配生辰八字**①

角音　乾造丁酉年十一月十五日午时生

商音　坤造己亥年五月初九日亥时建生

此后婚礼的各环节，男方上门送礼时都要呈上拜帖，以示礼仪和尊重。如《淳安五都一内图蘭川庄徐氏文书》中的清同治七年（1868）巧月徐鼎科立星期书，②就是徐鼎科将良辰吉日呈给姻亲过目的拜帖。

**民国十八年（1929）八月［歙县］邵祥湧致老姻台《龙凤星期》**③

**龙凤星期**

伏以

月满琼楼镜耀嫦娥之影

露沾玉院枝飘桂子之香

和鸣克协于凤占祥符两姓

亲迎致隆于雁币谊重百年

恭惟

老姻台大人

簪缨世胄

礼乐名家，芳闺毓秀，正待选以乘龙绣幕牵丝，幸缔缘于屏雀。敬凭月老，恭订星期。

月詹甲戌之良，日卜辛卯之吉。以寅时发香车而出

潭府，取卯刻绣幰迓至蓬庐。从兹宜室宜家，咏螽斯之蛰蛰；允矣寝昌寝炽，

庆瓜瓞之绵绵。伏冀

玉成，俯垂

金诺。谨启　　　　右启上

大德望王翁老姻台老先生老大人阁下

① 黄山学院图书馆收藏，编号：8.11-X0000-0002，包号：721，尺寸：495毫米×400毫米。

② 刘伯山收藏《淳安五都一内图蘭川庄徐氏文书》，尺寸：242毫米×630毫米。

③ 黄山学院图书馆收藏，编号：8.11-F7218-0001，包号：127，尺寸：540毫米×1250毫米。

忝眷生邵祥湧薰沐端肃三鞠躬

民国十八年岁在己巳桂秋月　　吉日　　谷旦

这份《龙凤星期》拜帖，就是将占卜择定的大婚吉日呈给女方家长，请求许可。这种拜帖的格式、行文均大体相似，是仪节的一部分。

**民国二十二年（1933）八月［歙县］《龙凤星期》**[①]

**龙凤星期**

伏以

丹桂宫中瑶砌喷金英之瑞

碧梧井上银林清玉露之华

射雀屏而中目夙缘良缔

得鸿案以齐眉兹成偕老

恭惟

姻台老先生

安定望族

阀阅名家

积德累仁，优游得崇川之乐；礼门义路，栽成追苏岸之风。愧弟也跋涉徒劳，未获蝇头之利；而翁也礼耕义种，已占骏发之财。喜缔朱陈，欢偕秦晋。羡令媛四德克娴，俨同南国；愧小儿一经未读，殊异东床。敢凭月老，敬献星期。月当癸亥维良，日筮丙辰迪吉。平旦之初发香车于

潭府，寅时之正迓彩辇于蓬门。伏愿鼓瑟鼓琴，贻燕踵多男之祝；宜家宜室，惟熊叶大人之占。联凭双璧之将，敢冀千金之诺。祗布寅忱，

仰祈

丙瞩。谨启

时

① 黄山学院图书馆收藏，编号：8.11－F7222－0001，包号：272，尺寸：515毫米×510毫米。

民国二十二年岁次癸酉仲秋月中浣良辰　　谷旦

裕后

余远

(二)礼单、回单

传统婚礼的过程漫长而繁琐，其中涉及利益的部分是对各环节礼金、礼品的讨价还价。一般由女方开出礼单,男方在女方礼单基础上进行增减。如前引婚丧礼帐中,男方的礼单差不多打了对折。这个过程可能会经过几个来回，女方还会在男方回单上再给予增加。

**民国十一年（1922）五月［歙县］石门怀德堂覆《佳我天成》礼单**①

**佳我天成**

| **吉开** | **纳采** |
|---|---|
| 金珠饰礼 | 备送 |
| 托镯礼仪 | 六十两（增子增孙四两） |
| 万口康仪 | 百两 |
| 金书套礼 | 四封（每封二两） |
| 银书套礼 | 四封（每封成两） |
| 大红贡缎 | 双尺 |
| 桂花紫绫 | 四尺 |
| 大红棱布 | 成对 |
| 法红棱布 | 成对 |
| 金花蹄酒 | 成肩 |
| 糯米喜糕 | 成肩 |
| 果子喜盒 | 成肩 |
| 双喜池鱼 | 成对 |
| **冠笄** | **迎娶** |

① 黄山学院图书馆收藏,编号:8.11-F7211-0002,包号:438,尺寸:241毫米×904毫米。

| | |
|---|---|
| 金花蹄酒 | 成肩 |
| 糯米喜糕 | 成肩 |
| 南北京果 | 成肩 |
| 鸳鸯礼书 | 十封 |
| 托书喜糕 | 十扇 |
| 双辉彩镯 | 二十斤（增四斤） |
| 大发馒首 | 八砠 |
| 全福喜亥 | 八十斤（增四斤） |
| 双喜池鱼 | 二十斤（增四斤） |
| 双喜粉糕 | 三十扇 |
| 厅祠规仪 | 二两四钱 |
| 太婆担礼 | 成肩 |
| 外婆担礼 | 成肩 |
| 乳母担礼 | 成肩 |
| 大小司婚 | 备送 |
| 插灯礼仪 | 备送 |
| 拔闩礼仪 | 备送 |
| 送亲礼仪 | 备送 |
| 大小开门 | 备送 |
| 铺筐礼仪 | 备送 |
| 官灯彩舆 | 备送 |
| 凤凰池鱼 | 成对 |
| 槁食礼仪 | 备送 |
| 全红旺相 | 百株 |
| 百子彩蛋 | 百子 |
| 余庆 | 裕后 |

民国十一年岁次壬戌仲夏月　　旦

石门陇西郡怀德堂具覆

这应当是男方的回单，包括了纳采、冠笄、迎娶等主要环节的礼金、礼品清单，而括号中则为女方标记增加的数量。

**民国十六年（1927）三月徽州邵敦伦堂立行聘回单**[①]

**文定纳彩**

今将行聘回单礼仪开例（列）于上

聘金礼

家宅礼

书套礼

乳母礼

太婆礼

门闩礼

以上六礼共结喜洋一百一十六元正（加喜洋八元）

馒首　　七十二斤

麻饼　　五十四斤

鲜亥　　三十六斤

鲜鱼　　四尾

红烛　　两斤

果品　　成肩

**日期冠祥礼**

财礼银　　喜洋五十六元（加子孙洋六元）

鲜亥　　三斤

鲜鱼　　四尾

四色礼　　例送

籼米　　各二斗

糯米

**轿下食（加馒首四十斤，加二十斤）**

① 黄山学院图书馆收藏，编号：8.11-F7216-0001，包号：127，尺寸：270毫米×1015毫米。

| | |
|---|---|
| 鲜亥 | 五十二斤（加亥八斤） |
| 鲜鱼 | 四尾 |
| 红烛 | 四斤 |
| 鸡子 | 百元 |
| 鸭子 | 百元 |
| 祠礼 | 洋两元 |
| 厅礼 | 洋两元 |
| 秘阁祠 | 洋两元 |
| 鸡鱼 | 成对 |
| 旺相 | 例送 |

民国十六年三月日立邵敦伦堂回单

必有余庆

这也是一份回单。可见，民间六礼的称呼各异，这份礼单中的六礼为聘金礼、家宅礼、书套礼、乳母礼、太婆礼、门闩礼，礼品、礼金也更加具体。括号中是女方增加数量的标记。

**民国十九年（1930）七月郑泰和堂、郑敬德堂立行聘礼仪单**[①]

**文定厥祥**

今将行聘礼仪开列于上

| | |
|---|---|
| 郑泰和堂 | 祠礼洋二元一角 |
| 郑敬德堂 | 厅礼洋二元一角 |

**纳币礼**

| | |
|---|---|
| 聘金 | 喜洋二百二十六元正 |
| 书套 | 四封　大洋八元，果子八包 |
| 麻饼 | 一百二十斤 |
| 馒首 | 一百八十斤 |

① 黄山学院图书馆收藏，编号：8.11—F7219—0001，包号：363，尺寸：270毫米×910毫米。

| | |
|---|---|
| 鲜肉 | 一百四十斤 |
| 德禽 | 双双 |
| 鲜鱼 | 四尾 |
| 果品 | 四色 |

**星期礼**

| | |
|---|---|
| 妆盒仪 | 喜洋九十六元正 |
| 点心包 | 四十斤 |
| 鲜肉 | 二十斤 |

亲迎之年三大节彩布三对

**冠笄礼**

| | |
|---|---|
| 白占 | 一担六斗 |
| 籼米 | 四斗 |
| 香油 | 二十八斤 |
| 台青 | 二十四斤 |
| 凤凰 | 成双 |
| 鲜鱼 | 四尾 |
| 果品 | 四色 |

**退堂担**

| | |
|---|---|
| 点心包 | 一百六十斤 |
| 鲜肉 | 一百二十斤 |
| 外婆担 | 一担 |

**轿下食**

| | |
|---|---|
| 梳妆包 | 四十斤 |
| 籼占米 | 四斗 |
| 红烛 | 十六斤，内半斤一对 |
| 孝顺鱼、肉 | 双方 |
| 凤凰 | 成双 |
| 鲜鱼 | 四尾 |
| 果子 | 四色 |

葱□　　　　　　照例

胭脂　花粉　紫线　花红钱　火把钱

余物例送

民国十九年七月日郑泰和堂

郑敬德堂发单

这份郑敬德堂开出的行聘礼仪单，列出了纳币礼、星期礼、冠笄礼、退堂担、轿下食，礼品也有所不同。新安文书中类似的礼单遗存数量不少，为研究古代婚俗的流传和变异提供了丰富的史料，这些丰富而又鲜活的细节也使得传统乡村社会的日常生活跃然纸上。

(三)招赘书、出婚书、退婚书等

传统婚俗既有儒家正统的六礼，还包括招赘、改嫁、退婚等婚俗，也有买卖婚姻等陋俗。

**民国十一年（1922）十二月［休宁］巴氏松茂堂立招赘书**①

立招赘书人开邑中山汪庆余，缘身生育之子，名积熙，年方念有余岁，尚未受育。今自托媒人说到璜源巴德孙名下之媳吴氏名定，年方念四岁，招与为夫，遂成夫妇，因圆生下儿孙枝，执管业田地山场屋宇基地，并□兄弟不析己产，勿械器具，概行经执，房外之人不得争吞。日后子孙发达，人丁兴旺，次子回宗，若是形单影只，一子双承，当凭两宗族议定。日后毋得带妻逃走，所生一子，若有忘恩负义，影归宗，任凭巴汪两姓宗族公议，决不容情。嗣后情愿心诚挟发，谨守规模，天长地久，夫妇团圆，子孙满堂，百世荣昌。立此继书，万代兴隆，百世为凭。

民国壬戌年腊月日立继书人巴氏松茂堂　巴德孙押

凭亲族长巴显森押

巴宇美押

接媒说人汪积光押

代书正开人巴正杰押

① 黄山学院图书馆收藏，编号：8.11-F7211-0003，包号：442，尺寸：500毫米×570毫米。

长发其祥

接媒合说

这份民国招赘书，反映了历史上为儿媳招赘承嗣的特殊状况。民国年间，歙县璜源巴德孙儿子过世，遗下儿媳吴氏，没有子嗣。巴德孙为儿媳招赘了开化汪庆余的儿子汪积熙做上门女婿，希望能生育后代承继家产。双方议定如果生育多子，次子可以姓汪回宗；如果只有一个儿子，双方再协定一子双承。赘婿不得带妻逃走。新安江流域宗族社会为了有后裔继承家产，可以在宗族的同意下过继异姓血缘承嗣。如上述这种为儿媳招赘的情况并不多见，但从文书可知在族长的同意下是可以实行的。也有退婚改嫁的情况。

**民国二十三年（1934）十月［歙县］潘观社为女儿改嫁立出婚书**[①]

立出婚书人潘观社，缘因所生一女名唤长月，年方七岁，出嫁老竹埠洪茂广为婚。两下成人长大，配婚夫妇不和，将女退还年庚礼单，交潘观社名下。无法可想，其女长月改嫁金竹头方正法名下为妻，当面言定聘金洋一百二十元正，其洋即时收足，两厢情愿。倘有洪姓异言，俱系出婚人承当，不干受人之事。恐口无凭，立此出婚书为据。

民国念三年十月　　日立出婚书人潘观社押

凭媒人潘恒政押

由这份民国为女儿改嫁立出婚书可知，潘观社的女儿7岁时嫁给老竹埠洪茂广，成人后被退婚回到娘家。又被嫁给金竹头方正法，父亲潘观社收到聘金120元。这似乎有卖婚的嫌疑。文书中，不仅有为儿媳招赘，还有将弟媳改嫁的。

**民国二十四年（1935）八月［歙县］方重富为弟媳改嫁立出婚据**[②]

立出婚据人方重富，今为方重宝娶罗氏过门有年，所生一子年二十五岁，尚未

① 黄山学院图书馆收藏，编号：8.11-F7223-0001，包号：306，尺寸：435毫米×235毫米。

② 黄山学院图书馆收藏，编号：8.11-F7224-0001，包号：306，尺寸：485毫米×245毫米。

娶妻。不幸堂弟方重宝早逝，家政难持。故立出配与白石英将坑洪云富为室，两情如愿，当得授价洋七十元正，两无增减。恐口无凭，立此婚据为证。

民国廿四年八月日立出婚据人方重富押

媒证人方玉顺押

介绍人方惟珠押

大吉祥

由这份民国为弟媳改嫁立出婚据可见，方重富的弟弟方重宝娶妻罗氏，生有一子已经25岁了，方重宝不幸逝世，方重富竟将罗氏改嫁给洪云富。儿子已经成人的情况下，还将弟媳改嫁的举动匪夷所思。还有因为痴傻被退婚，又被改嫁的女性。

**民国二十三年（1934）十二月 [ 休宁 ] 孙连蓬立退婚休书**[①]

立退婚休书人孙连蓬，今因嫡妻陈氏，女名八仂，于去年十一月初四日迎娶联婚。不意今年八月间忽得痴病，延医无效，而且日夜不安于室，孙连蓬家寒乏人照应，恐致误伤生命情事。故而央托亲族原媒人向陈法佪亲家言明，自情愿立退婚字据与陈法佪为证，其女八仂立即面交，领去其庚帖，礼银概行不要陈宅退回。然自凭公退婚面交女后，概归负责。倘得日后病痊，恁自另行择配，孙姓决不干涉。此系陈孙两方情愿，各毋相强。恐口无凭，特此面立退婚休书收存为据。

中华民国念三年十二月　　日立自情愿退婚书人孙连蓬押

证盟人孙瑞祥押

原媒人陈金发押

依笔代书人程子渔押

民国退婚休书可见，陈八仂于民国二十二年十一月嫁给孙连蓬为妻，民国二十三年十二月因为犯痴病被退婚。

① 黄山学院图书馆收藏，编号：8.11-F7223-0002，包号：318，尺寸：265毫米×277毫米。

### 民国二十六年（1937）十二月［休宁］俞顺德、陈氏八仂立自愿成婚书[①]

立议自由成婚书人陈氏八仂，自情愿配成俞顺德成婚，俞顺德、陈八仂两人自情愿成婚，陈法佪父亲女陈氏八仂出凭俞顺德名下收□，当日三面言定，得痴病要医，知身礼医得好不好，俞顺德不成，两人自愿成婚，之后无脱自身自成，当陈法佪父之事，有事不管俞顺德之事，两无异说。恐口无凭，永远成婚书存照。

陈世德堂

民国念十六年十二月日立自情愿婚书人俞顺德押

陈氏八仂押

出凭人陈发佪押

原媒人陈金发押

衣（依）口代书人陈连枝押

夫妇妻肩

子孙满堂

这份民国自愿成婚书，虽名为自愿，但由文书可见民国二十六年（1937）十二月陈八仂仍然有痴病，又被嫁给了俞顺德。

从这些婚书可见，民国时期伦法纲常的失衡、女性地位的低下，反映出乡村社会的女性毫无婚姻自主、人身自由的社会现实，这些都是应当被鞭笞和抛弃的丑陋婚俗。

### 十一、投师文约

明清民国时期新安人除了务农、读书、经商之外，也会当学徒学门手艺，拜师傅学艺的协议就是投师文约。

### 清光绪十年（1884）八月叶曹氏立投师约[②]

立投师约人叶曹氏，今将三子取名观禄，年方十二岁。为儿终身之靠，央中投到江湘泉师名下习学锡匠生业，三面言定习学六年为满，师帖徒鞋袜钱十三千文

① 黄山学院图书馆收藏，编号：8.11-F7226-0001，包号：318，尺寸：315毫米×500毫米。

② 黄山学院图书馆收藏，编号：8.12-E7010-0001，包号：721，尺寸：320毫米×200毫米。

正，其钱言定首年不支，二年支起，及满五年均支，不得欠短无异。倘有徒不愿习学，饭食扣算该师。倘有师不带者，帖徒之钱不得短欠分文无异。倘有避师逃走，与师无涉。如果风烛不祥，各安天命。今欲有凭，立此投约为照。

光绪十年桂月　　日立投师约人叶曹氏押

同长男兴起押

凭中依书人房叔槐峰押

清光绪十八年（1892），叶曹氏三子观禄 12 岁，叶曹氏送儿子投师江湘泉名下学习锡匠，三面言定，学徒期 6 年出师。虽然是当学徒，其实也是师傅的帮手，师傅从第二年开始贴给徒弟鞋袜钱；如果徒弟不愿学习，要把饭钱还给师傅；如果师傅不传授手艺，贴给徒弟的鞋袜钱不能短少；如果徒弟逃跑，与师傅无关。为此立下了这份投师约。

**民国二十八年（1939）殷季生立关书证**[①]

**关书证**

立关书人殷季生，投业徒兴利皮件厂内吕安祥先生名下学徒，自愿凭托中保授业，决无反悔，倘有半途而废，承认数月用膳食费，归荐保人负责，议定三年为额，如可三年满业，有不测归师另觅，三年满者依厂就业起薪。天有不测风云，人有朝夕祸福，各由天命，性有走逃等情，概归荐保人理值。诚恐无凭，立此关书存据。

立关书人殷季生愿

介绍人高仲池见

保人高仲池押

曹阿良

民国二十八年古历二月　　日立

这份关书证是一个到皮件厂学习手艺的案例。殷季生向兴利皮件厂内吕安祥先生拜师学徒，如果学徒半途而废，伙食费由荐保人承担；学徒期三年，三年出师可

① 黄山学院图书馆收藏，编号：8.12-F7228-0001，包号：363，尺寸：242毫米×946毫米。

在厂里工作。投师文约反映了传统社会中人们生产生活的鲜活事实。

## 十二、卖身约

卖身约指买卖人身文书。卖身契有卖子契、卖女契、卖仆契、卖婢女契等。其中多见卖女、卖妻契，即将女儿、妻子出卖给别人做婚配，这也是一种丑陋的卖婚习俗。

### 清咸丰八年（1858）四月方社宝立卖女卖妻文书①

立卖身文书方社宝，今将衣食无措，有女名唤顺体，年十三岁，并妻张氏，出卖与曹名下为媳为正妻，随即过门，当收聘金洋银四元，听凭早晚婚配，身无异言。倘有天灾时令，各安天命，不干曹姓之事。恐口无凭，立卖身文书，永远大发存照。

咸丰八年四月立卖身文书人方社宝押

中见　方新法押

代笔　冯大兴押

咸丰年间，方社宝将女儿、妻子卖给曹家做儿媳和正妻，说是聘金，其实就是卖身钱。方社宝立下了这份卖女卖妻文书。

### 民国十年（1921）八月［歙县］方长土立杜卖亲生女身据②

**身据大吉**

立杜卖亲生女身据人父方长土，汤溪龙口人。氏缘因家道贫穷，衣食难度，以至自愿将亲生女三弟，现年十七岁，六月初二日未时生，今带兰溪托媒，将女出杜卖于萧永□名下为继室，凭媒言定一应在内，得受聘金洋一百二十元正，其洋凭媒如数当面收足，并无短少，其女三弟亦即凭媒交送过门，两造一并清楚。自卖之后，任凭萧姓带归管束，听凭自行择吉成婚，各无异言翻悔。倘有天灾不测情事，各安天命。日后如有亲族本家大小人等生端阻执，以及节外生枝一切情事，均系出卖人方长土自身一力承当，不涉受主萧姓之事。此系两相情愿，并非勉强等情。恐口无凭，立此杜卖亲生女身据存照。

---

① 黄山学院图书馆收藏，编号：8.13–E6808–0001，包号：721，尺寸：240毫米×210毫米。

② 黄山学院图书馆收藏，编号：8.13–F7210–0001，包号：721，尺寸：250毫米×1080毫米。

民国十年八月　　　日立杜卖亲生女身据人父方长土押

凭媒人杨卸妹押

依口代笔人汪玉书押

全福

这份民国杜卖亲生女身据，反映了方长土将女儿卖到兰溪萧姓做继室。可笑的是，这份契约里还将买家胡姓改为萧姓。文书中，也有卖女给别人做义女的。

**民国十五年（1926）六月徽州汪海隆立杜断卖女据**[①]

**长发其祥**

立杜断卖女据人汪海隆，缘家徒壁立，借贷无门，值新陈不接，米珠薪桂，生活绝望，势将就死。迫不得已，将亲生女，现年九岁，生于民国七年十一月十六日子时，乳名桂花，面央比邻为中证，出卖与府上为养女，身得面议女身价银圆六十元正。此项银圆当日亲手收足无欠，此女即归府上抚养长成择配。身不得预□，设有病疾生死，非人力可能挽回者，皆安天命，亦无异说。此出身之自动情愿，俾得两全，无丝毫被动行为，从此永断葛藤，决无翻异。倘有各色人等声说，尽身支当，不涉府事。特立此据存照。

中华民国十五年夏历六月吉日立杜断卖女人汪海隆押

凭中证人王燮堂押

这份民国杜断卖女据可见，汪海隆将9岁的女儿卖给别人做养女。也有买方立的养育字据。

**民国二十四年（1935）祁门潘协华立养育义女字**[②]

立育养义女字人祁门县第一区第七保黄家坞潘协华，今育到祁西一区三十六保石迹源吴光来亲生末女，年五岁，名末眉，因正用不敷，蒙介绍人汪坑叶雨听君三

---

① 黄山学院图书馆收藏，编号：8.13－F7215－0001，包号：555，尺寸：240毫米×530毫米。

② 黄山学院图书馆收藏，编号：8.13－F7224－0001，包号：718，尺寸：240毫米×275毫米。

面言定，决议身价大洋十五元正，其洋比即付足，将女比带过门，从成之后，永归潘姓家属，身等不得变端。临门长大成人，听余自便，或作于归他姓，只有堂规数元，设若继子自配可作亲戚往来。自成之后，两无异言，女与异姓不干，慨为潘姓执管。恐口无凭，立此育养义女字存照。

再批，出婚据一纸，潘姓收领，另改批为据。又照，填字二个。

中华民国念四年八月初四日立育养字人潘协华押

中见叶雨听押

代笔叶梓播押

民国年间，祁门县第一区第七保黄家坞潘协华，买到祁西一区三十六保石迹源吴光来 5 岁的女儿，虽然年纪尚小不能直接卖婚，但议定女儿长大后嫁出去，亲生父亲还能拿到一笔钱，而如果嫁给潘家儿子则做亲戚往来。为此，书立了这份养育义女字。无论是卖婚，还是卖为义女，都是对人伦纲常的灭绝，对人身权利的否定，对女性自由的践踏，是应当被摒弃的丑陋习俗。

这些丰富各异的社会关系文书展示了传统时代新安江流域多样的民俗风俗，也呈现了真实的基层社会状况，为社会生活史的研究提供了丰富的史料。

## 第九节　民间文化文书

民间文化文书是黄山学院文书整理分类细则中提出的一级目录，主要是指新安文书中多样的日用类书和手抄本。

### 一、乡音字汇手抄本

乡音字汇手抄本是按照一定的体例编排汉字的字典和教材，比较多见的有按照中国古代的声韵调编纂的乡音字汇，还有将某一类常用字编纂成句式的“杂字”。戴元枝[1]对明清徽州留存的杂字进行了整理和研究，探索了杂字所折射的民间社会教

① 戴元枝：《明清徽州杂字研究》，上海教育出版社，2017年。

化、商业启蒙教育、法律教育、契约教育、民俗文化等领域的面貌。

根据赵日新的研究，徽语分布于新安江中上游的徽州一府六县，以及下游的浙江严州府淳安、建德、遂安、寿昌四县和临安淅川，以及江西的德兴、旧浮梁县等地。[①]这一地区的徽语韵书遗存较多，其中以婺源方言韵书发现频多。方光禄等人都曾对婺源方言韵书进行研究。[②]黄山学院图书馆藏有清咸丰六年（1856）婺源詹月泉《环川乡音纂要》手抄本，[③]新编乡音韵字法（清婺源手抄本2册）、乡音释义（清婺源手抄本1册）等。《环川乡音纂要》由浙麓詹松泉抄写，按照平声、上声、去声、入声编排组织同音字以及词组。

乡音字汇以及后述的算法丈量手抄本兼具启蒙和通识教育的功能，按照遗存的数量、体例、功能，单独为一类以突出其独特性和重要性。

## 二、算法丈量手抄本

新安文书中遗存的算法杂抄，内容具有相似性，主要包含珠算口诀及算题算草、农商实用算法口诀及算题算草、经典算题算草等内容，多源于《算法统宗》等古代数学文献。新安人为了日用和生计的需要，将日常生活中与数学计算有关的各项内容抄录下来，以备自用，或是教导族中子弟。这些算法杂抄在传抄中发生变异，使其更加便捷易懂、易于实用，对于当前的科普宣传及数学启蒙教育具有借鉴意义。

黄山学院图书馆收藏的数本民国算法杂抄均为手抄本，有民国休宁《算法歌诀》，文书编号：9.2–F7200–0001，尺寸：210毫米 ×145毫米，原件无封面，缺数页；民国六年（1917）徽州徐亨俊抄《妙算如神》，文书编号：9.2–F7206–0001，尺寸：165毫米 ×110毫米。民国徽州《吴凤山肆业》算法问答，文书编号：9.2–F7200–0003，尺寸：230毫米 ×130毫米，推测此书可能为童蒙教材。刘伯山收藏的《遂安十七都一图康塘洪氏文书》中也有一本清中后期抄立算法口诀簿。[④]

---

① 赵日新：《徽语的特点和分区》，《方言》2005第3期，第279～286页。

② 方光禄：《清末民初徽语韵书五种简介》，《方言》2011第3期，第271～274页；丁治民：《清末民初徽语韵书六种叙录》，《方言》2006年第2期，第189～192页。

③ 黄山学院图书馆收藏，编号：9.1–E6806–0001，包号：718，尺寸：150毫米×120毫米。

④ 刘伯山收藏《遂安十七都一图康塘洪氏文书》，尺寸：247毫米×140毫米。

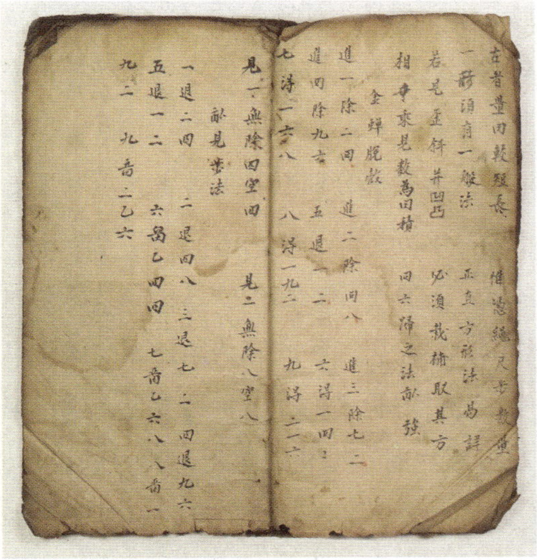

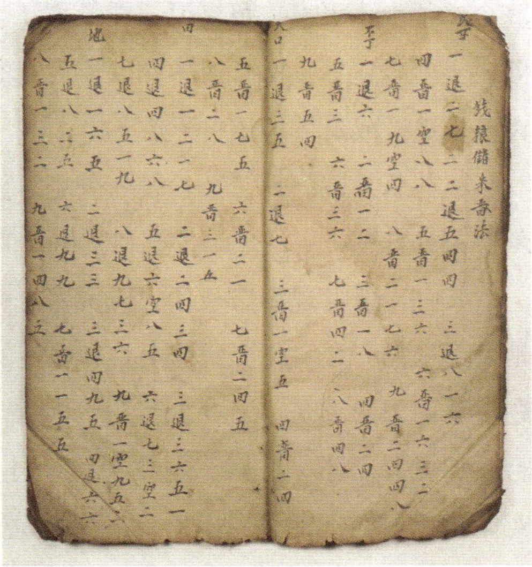

清中后期抄立算法口诀簿

比较这些算法杂抄的内容，具有相似性，主要包含有珠算口诀及算题算草，如珠算加减乘除口诀、九归九因歌诀、掌中定位歌诀等；农商实用算法口诀及算题算草，如田中估稻法、算圆方束木歌、度影量木法、丈量田地法、田形歌诀、算舡装载法、算仓积米歌诀、算骑缝堆竹木法等；度量衡换算，如斤两法口诀、截两为斤歌、截两成斤歌、大数小数、诸物比重等；经典算题算草，如三藏取经、公公记年、僧分馒头、鸡兔同笼、隔墙分银等；术数算法口诀及算题算草，如算孕妇生男生女法、算病生死诀、六壬课数、马前课诀等。与《算法统宗》等古代数学文献比较，民国年间算法杂抄的内容沿用了这些经典著作，采用歌诀附算题算草图示的形式，有的内容几无二致，是同一母本的不同变异。从功能上来说，非常重视实用性。很多经典应用题朗朗上口、贴近生活、饶有趣味，较易广泛流传，致力于解决日常生活中的各种现实问题。如农业中无处不在的各色地形丈量计算，如何估算仓储谷物，如何估算船载货物，以及经商中常见的银钱析分、利息计算等实用性算题。

明清时期，徽商名满天下，“十三四岁往外一丢”，外出的徽州商人大多经历了从伙计到账房再到商人的发展轨迹，民国时仍沿旧习。童年时就要开始学习珠算和各种算法，培养商人善筹算的思维，及长更成为了必备的生存技能。徽商经营致富后，大部分利润回归乡梓，在故土大肆置办家产，购买土地，买租收租、生息增殖。明清以至民国，新安江流域本土以传统的农耕经济为主，日常生活中田土丈量、盘算仓储须臾不可离。可以说，在新安江流域数学知识是为现实生活服务的，不少乡间儒士就将这些生活日用中频繁使用到的与数学计算有关的各种内容记录摘抄下来，以备自用，或是教导族中子弟。

这些新发现的算法杂抄较为少见，抄录的内容中部分属于稀见资料，填补了史料空白，具有一定的理论价值和实用价值。具体有以下三方面：

其一，新发现算法杂抄的体例和内容多源于古算著作，在传抄过程中又因时因地发生变异，在科技史研究上具有一定的理论价值。民国年间算法杂抄采歌诀附算题算草图示的形式，不少内容几无二致，但在传抄过程中出现了种种变异。如，综合数种古算著作，替换算题数字，对同一母题根据时地变化采用更加浅显的说法，对同一母题进行更详细具体地举例阐述，文字的错漏变化，抄录者的更改及注解等。这种变异的比较和探究，以及“一掌金”等珠心算稀见资料，为研究数学史的变迁提供了具体而珍贵的史料。程大位业贾为生，其著《算法统宗》“参会诸家之法，附以一得之愚，纂集成编”，内容多采自古算书和民间各种算法，本于实践而又用于实践，“远而天地之广，近而山川之浩衍，大而朝廷军国之需，小而民生日用之费”。[①] 歌诀上口，图示明白，算题亲近，利于民间广泛使用。新发现民国算法杂抄其路径也是相似的，源于生活经验，而又为生活日用服务，充塞于百姓生活的时时处处。这些现象为探索中国古代科技的发展提供了一种思考路径。

其二，这些算法杂抄同印行的古籍不同，反映了新安人的生活实态。与古籍不同，新发现的民国抄本没有经过正式的编订，没有统一的体例、目录，内容编排充满随意性，逻辑性不强。可以说是新安人将日常生活中所需的与数学计算有关的内容随时抄录汇总，看似杂乱无章，实则内容丰富。这些朗朗上口的歌诀、贴近生产生活的算题，以至术数运算，致力于解决日常生活中的各种现实问题，折射了当时新安江流域基层社会的状况和新安人生活的实态，

其三，这些算法杂抄的形式和内容，仍饱含鲜活的生命力，具有可挖掘的现代价值。2013 年 12 月，中国珠算荣列人类非物质文化遗产名录。在当今数码设备大行其道的时代，算盘势必不再是主流的运算工具。但是在我国青少年中普及珠心算，一方面可以传承优秀传统文化，更重要的是珠心算在激发兴趣、启发思维、健脑益智、

① [明]程大位著，梅荣照、李兆华校释：《算法统宗校释》，安徽教育出版社，1990年，第1011～1012页。

培养综合素质等方面确实有益和有效。对古算文献文书进行整理和挖掘，教学过程中就能够借鉴这些朗朗上口的歌诀、饶有趣味的古算题，可以避免死记硬背弱化学习效果。新发现的算法杂抄内容丰富，经过整理汇编，有的可直接补充进教学过程中。其七言歌诀的体例、通俗的语言形式，也能对当代的数学启蒙教育有一定的借鉴作用。

综上，新发现民国算法杂抄对于今天继承传统文化、开展科普教育、培养青少年综合素养等方面都具有借鉴意义。

### 三、乡村日用类书手抄本

日用类书应当是一种工具书。新安人惯于将生产生活中需要使用到的常识、各种格式等分类抄录下来，便于时时温习和按图索骥。类书同时也能起到通识教育科普推广的作用，使人能够在日常生活中进退有度、应对适宜。日用类书按照功能和内容，可以分为契约格式、合同格式、称呼帖式、礼书帖式、祭祀帖式、诉状帖式、月令时令、对联作法及手抄本、写诗方法、工艺制作方法等。

所谓帖式、格式，通俗的理解就是可以套用的模板和方法。历史上，新安江流域每个乡村通常都有一个熟读诗书的文化人，承担着周边邻里的缮写，如代写契约合同、代写书信、代写诉状、代写帖式、撰写对联等。他们往往会手抄契约、帖式等类书备用，需要时随手翻查模仿即可。黄山学院收藏有多份日用类书。如民国歙县方生之抄《契票式孔语》[①]抄录了顶约式、典屋契式、拚批式、雇工文氏、邀会书式、当契式、借约式等。民国徽州耀堂书柬《便而不用》[②]抄写了很多撰写诉状的用语，如打死人家孤子用“为势殴孤儿绝代断枝事”，偷鸡用“贪肥悦口攘杀德禽恳正理追以免大害事”等等。民国徽州胡原明录《信札月令》[③]抄录了书写信函时可能用到的各种月令用语，如正月可以有“一元复始、正朔初颁、椒花献瑞、梅萼呈祥”等多种表述。这些都是前面提及的各类契约文书的一般格式，代写者可以套用、修改模板写立正式的契约文书。

新安江流域的日常生活中常举办各种冠婚丧祭活动，充斥着繁文缛节，每个环节都需要奉上拜帖、书帖。民国五年（1916）十一月［歙县］方生之抄《称呼帖氏》[④]

① 黄山学院图书馆收藏，编号：9.3.1–F7200–0001，包号：691，尺寸：190毫米×115毫米。
② 黄山学院图书馆收藏，编号：9.3.6–F7200–0001，包号：691，尺寸：190毫米×115毫米。
③ 黄山学院图书馆收藏，编号：9.3.7–F7200–0001，包号：691，尺寸：200毫米×120毫米。
④ 黄山学院图书馆收藏，编号：9.3.3–F7205–0001，包号：691，尺寸：185毫米×115毫米。

抄录了姓氏碎锦疏解、各类对联、各种礼仪拜帖中对不同祖宗的称呼。民国沿用徽州万祥录《冠礼帖式》[①]抄录了婚礼、送礼、谢礼、学生请先生、请酒、葬礼等活动中使用的各种书式、帖式。如，婚礼中的日期书式、男宅接亲交代书、娶亲仆人参帖式、娶亲仆人辞谢帖式、娶亲用鼓乐参帖式等，葬礼使用的父死报讣式、母死报讣式等。实际应用时就可以依样画葫芦。

还有的工具书教人如何写对联和诗。民国徽州凌福昆《学对歌诀》开篇抄录了学对歌诀，随后按类别抄录了天文类、地理类、时令类、宫室类、国号类、伦道类、姓名类、身体类等对联。民国十三年（1924）徽州方善甫记《诗八法》[②]第一部分是诗法入门，抄录了各种七言律式、五言律式的平仄样式和要点，“一三五不论、二四六分明”，接着抄录了各种五言绝句；第二部分是《八法入门》，抄录了写诗的八法及案例，分别为高一层擒题法、低一层擒题法、擒题法、对面擒题法、借擒法、点染映合法、引古擒题法、暗擒法、明擒法。

**民国徽州凌福昆《学对歌诀》**[③]

**学对歌诀**

平对仄，仄对平，平仄要分明。有无虚与虚，死活重兼轻。上去入声皆仄韵，东西南字是平声。

实对实，虚对虚，轻重莫偏枯。留心勤事业，满腹富诗书。古人已用三冬足，年少今开万卷余。

寻义理，辨声音，呼吸务调匀。角宫商徵羽，牙齿舌喉唇。难呼吸语气皆为浊，易纽言辞尽属清。

须熟习，莫闻嬉，讲解更思维。矢穿桑氏砚，坚下董生帷。一旦首登龙虎榜，十年身到凤凰池。

身居乡野的有识之士常常自己创作对联作为赠品或贺礼，看到好的对联也勤于

① 黄山学院图书馆收藏，编号：9.3.4-F7200-0001，包号：691，尺寸：255毫米×120毫米。
② 黄山学院图书馆收藏，编号：9.3.11-F7213-0001，包号：691，尺寸：220毫米×135毫米。
③ 黄山学院图书馆收藏，编号：9.3.10-F7200-0002，包号：691，尺寸：200毫米×125毫米。

抄录汇编以备学习和仿作。民国歙县楹联草底，[①]应是自己创作撰写的对联草底汇集，对联上还有批注和修改的标记，包括有赠歙县县立中学联、抗日春联、薛潭禳火戏联、抗日救国联，后面还有自己创作的诗句上海市观感、对世界大战的有感等。民国徽州仲山手录《楹联》[②]按类别抄写汇编对联，分为春联、堂联、书室、园林、新婚、男寿、女寿、双寿，还抄有祁门伦坑汪氏宗祠楹联。民国年间歙县吕绍常抄《珠玑联句》[③]抄录了民国四年（1915）正月初二日棉潭坑神戏联、武阳花台对台戏联、深渡接观音戏联、种天花还愿戏、汪村观音庙开光句、二十六亩接汪九相公戏、洲头梁十月新彩庆班戏联。民国歙县各类楹联手抄本[④]抄录的内容更丰富，分为华佗联、灵官联、土地联、东岳庙联、圣僧联、达摩祖师、关帝联、上帝联、汪公联、八公联、九公联、祠堂联、书院联、试院联、歙县堂联、入泮联、中举联、目连戏联、道场联、考教员联、观音联、毕业生娶亲、毕业生联、武阳花台、昌溪花台、坐社旛联、医士联、学校联、求子联、洋学生迎娶联、引旛魂联、度关联、检定教育联、开店联、打黄头开册、酒店联、观音联、观音旛、开关联。淳安、遂安民间也有吟诗作对的风俗，如民国七年

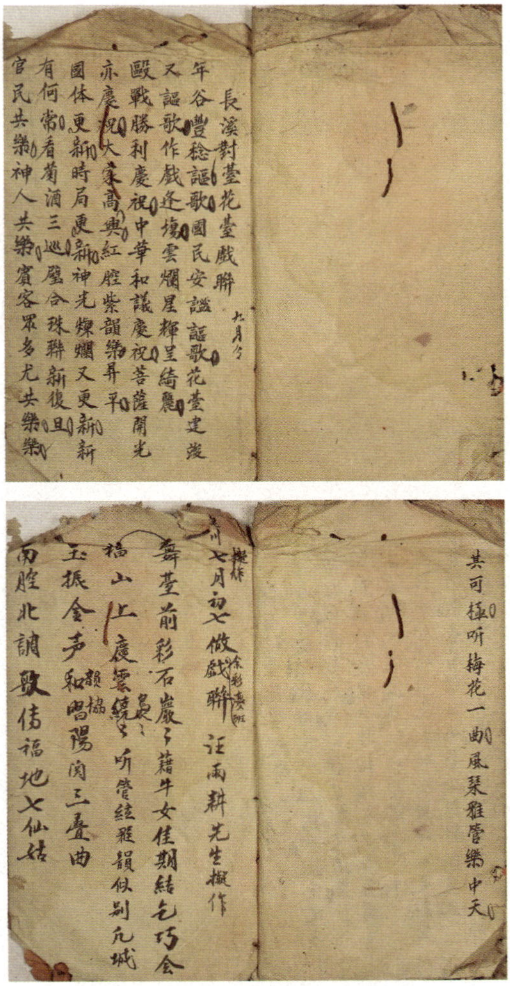

民国七年（1918）正月洪声潮书《对书》

① 黄山学院图书馆收藏，编号：9.4—F7200—0002，包号：691，尺寸：220毫米×130毫米。
② 黄山学院图书馆收藏，编号：9.4—F7200—0003，包号：691，尺寸：240毫米×130毫米。
③ 黄山学院图书馆收藏，编号：9.4—F7204—0001，包号：691，尺寸：240毫米×120毫米。
④ 黄山学院图书馆收藏，编号：9.4—F7200—0004，包号：691，尺寸：190毫米×115毫米。

（1918）正月洪声潮书《对书》[1]、清后期至民国手本对[2]、清后期至民国诗抄[3]。这些对联诗句手抄本，一方面呈现了新安人的文化生活实态，同时也可见民间各种娱乐、祭祀、民俗活动的风采。

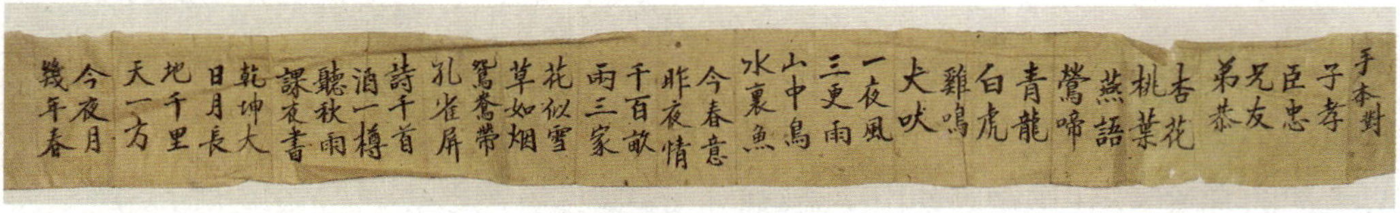


清后期至民国手本对

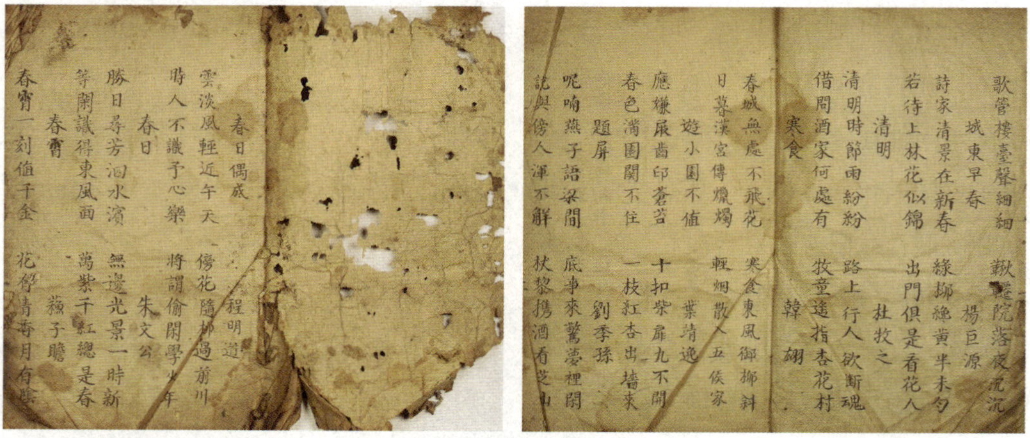

清后期至民国诗抄

民国年间还出现了工艺制作方法抄本。民国婺源退思氏录《人造棉花讲义》[4]抄写了人造棉花讲义、桑棉制法、麻皮制丝光棉、旧棉翻新法、药水棉花法、苛性曹达制法、漂白粉制法、制黑墨水方法。

**四、戏曲、医著药方、堪舆手抄本**

如前所述，演戏是新安人最重要的休闲活动。新安江流域演戏看戏之风滥觞，民间也抄录了不少戏曲的唱词、曲本。如民国二十三年（1934）[徽州]刘道友记《曲本》，[5]

---

① 刘伯山收藏《淳安八都交界歙县三十二都大坦洪氏文书》，尺寸：190毫米×115毫米。

② 刘伯山收藏《遂安十七都一图康塘洪氏文书》，尺寸：61毫米×608毫米。

③ 刘伯山收藏《淳安五都一内图蘭川庄徐氏文书》，尺寸：180毫米×125毫米。

④ 黄山学院图书馆收藏，编号：9.3.13–F7200–0001，包号：656，尺寸：150毫米×160毫米。

⑤ 黄山学院图书馆藏，编号：9.5–F7223–6001，包号：691，尺寸：770毫米×215毫米。

前半部分抄录了八仙工尺谱，后半部分抄录了各种唱词，有“白牡丹”“闺女思嫁”“到下关”“四季相思”“小游春”等。民国二十五年（1936）七月徽州张承先抄订《珠帘寨全本》，[①] 抄写于徽州福生书局印制的笔记本上。

传统时代，新安江流域乡村中最受欢迎有三种人：一为读书人，可开私塾做先生、代写契约信件；一为中医，有的业儒不成转而学医，有的世代以中医为业；一为地师和风水先生，可以占卜堪舆、推算吉期。这几个行当都对文化知识有基本的要求，相关的医著药方手抄本、堪舆手抄本也遗存较多。

民国婺源《良方》手抄本，[②] 抄录了顺生仙方、催生丸、头风痛方、痘毒妙方、疯犬咬神效方、三才种子丸、臭虫灵符、小儿断乳、蛇咬妙方等各种民间药方。古代科学技术不发达，治疗禽畜病更是多用土方、偏方。在新安文书中发现了专门抄录治疗牛病药方的抄本。民国三十年（1941）牛病单方抄本，[③] 绘制有牛的各种穴位、相对应的病症图例，牛病症状图示及相对应的药方，如牛缠喉恶气，则应服用清凉散。

如前所述，新安人最重堪舆术数，地师、风水先生大多世代相传，也通过抄录堪舆术数手抄本学习和传承知识。民国二十年（1931）一月婺源蒋诗培记拣选吉日抄本，[④] 抄录了作灶穷鬼、台神占日不论月、男婚女嫁大小利月，绘制有嫁娶周堂、纳媳周堂、行嫁白虎周堂、阴阳不将日、倒家杀忌上梁、天贼日、三丧日、重丧、火星日忌修造裁衣等内容，主要是趋吉避凶择日之用。民国方科第录《地理书》，[⑤] 绘有方位图，详细解说堪舆朝向的各种方法，为阴宅择地。民国《吕纯阳卦法》抄本，[⑥] 抄录了吕纯阳卦法第一至三十二卦的卦象、卦辞、解释。

民间文化文书包含的各种日用类书及手抄本，为新安人抄录汇集而成，以备随时使用查询或者学习仿作之用，具有工具书的功能，这既是对传统文化和技艺知识的记录，也反映了新安人丰富多彩的文化生活。

---

① 黄山学院图书馆收藏，编号：9.5–F7225–0001，包号：691，尺寸：215毫米×135毫米。
② 黄山学院图书馆收藏，编号：9.6–F7200–0001，包号：691，尺寸：145毫米×160毫米。
③ 黄山学院图书馆收藏，编号：9.6–F7230–0001，包号：691，尺寸：195毫米×120毫米。
④ 黄山学院图书馆收藏，编号：8.10–F7220–0001，包号：353，尺寸：200毫米×115毫米。
⑤ 黄山学院图书馆收藏，编号：9.9–F7200–0001，包号：691，尺寸：200毫米×140毫米。
⑥ 黄山学院图书馆收藏，编号：8.10–F7200–0002，包号：691，尺寸：175毫米×130毫米。

# 第十节 其他文书

新安文书于新安人日常生活中形成，形式多样、内容丰富。众多研究机构、学者专家从形式和内容角度确定了文书的分类体系，但总有未收录或未曾发现的新形式、新内容，可归入其他文书中待进一步的归类和研究。

## 一、婚丧风俗文书

新安江流域遵循朱熹《家礼》，但儒家冠婚丧祭礼在民间社会下沉的过程中，有一个不断简化、不断俗化的过程，需要融入地方长期传沿的民风民俗以及民间信仰。比如，婚礼中要唱撒帐歌，葬礼中择地后再安山醮墓。

朱熹颁定的丧礼不用佛老，具体过程中选择好墓地，开挖坟墓时要祭祀后土，祈求后土之神保佑祖宗下葬的平安。而实际上新安江流域营建阴宅时则是请道士举行安山醮墓仪式，其中有一个关键流程就是焚烧买地券。买地券是以生人的名义向神灵张坚固买来阴地，作为祖先的墓穴。早期买地券为石质、砖质，置于坟墓中。黄山学院图书馆收藏有宋代石质买地券、元代砖质买地券。

### 宋政和八年（1118）九月买地券①

地契。维皇宋政和八年戊戌壬戌朔九月十一庚申日，故岁承事李九郎因南山采药，遇见仙人饮酒，蒙赐一杯，醉落迷魂不返，遂用金银钱各九万九千九百九十九贯九分九毫九厘九丝九忽，买得龙子岗地一穴，名常坑源，东止甲乙，南止丙丁，西止庚辛，北止壬癸，上止青天，下黄泉，永为亡者千年之宅，万岁之坟。凶神不得侵，善神不得占。男占成奴，女占成婢。书人张坚固，保人李定度，读人双白鹤，见人双鲤鱼。鹤何在，上青天。鱼何在，深渊。日后有人来相讨，但来东海白砂边。急急依吾律令。敕。

### 元至正十二年（1352）十一月歙县买地券②

太极肇分二仪，乃立人居其中，号曰三才。既禀乾坤而生，遂因造化而死。魂

① 黄山学院图书馆收藏，编号：10.5−B0408−0001，包号：721，尺寸：385毫米×295毫米。
② 黄山学院图书馆收藏，编号：10.5−C4412−0001，包号：721，尺寸：300毫米×300毫米。

归于天，骨埋而土。上从古世，下及今时，莫不欲承自有惟大礼。今有徽州路歙县德政乡安仁里黄村新兴西社殁故江夏义一朝奉，昨倾人世，谨卜吉地，宜本县古城关葛塘祖坟前安厝，谨用银钱一万贯付地府主吏，共为信契，收置前项地段安葬自己黄金。东至青龙，西至白虎，南至朱雀，北至玄武。内方勾陈，分掌四域。安茔已后，青龙白虎，挟于东西，朱雀玄武，趋迎前后。上则两曜二十八宿照临，下则三十八将拥助。幽坟清净，魂魄逍遥。泽流后裔，俾炽俾昌。若有干犯，墓伯抵当。墨书文卷，永镇幽堂。执此为据，变世无疆。吾奉太上女青急急如律令。

地契付江夏义一朝奉黄公收执。

至正十二年十一月日卖地人　张坚固押

引领人　蒿理老押

清至民国时期，新安江流域买地券常以倒书形式书写，在下葬仪式中火化寄给神灵，以缔结契约的方式求得神灵的庇护，保护墓穴免于阴阳两界的侵害，保障祖灵的平安顺遂，子孙后裔得以仰仗祖灵的庇佑。买地券因火化，实物罕见。安山醮墓、焚化买地券是一种充满了民间信仰色彩的丧葬仪礼。

## 二、民间信仰文书

新安江流域的民间信仰非常丰富多样，既有官方核准的祀典，也有民间崇奉的私祀；既有信奉自然力量的阴阳五行信仰，也有三教神灵及土神信仰。与民间信仰有关的文书不太能贴切放入已有分类中，随着这类文书发现得越来越多，将此类文书单独设立类目，便于研究者开展专题研究。

新安江流域有道教圣境齐云山，又毗邻佛教名山九华山。自古以来新安江流域民众就有往齐云朝拜、去九华进香的习俗。新安江流域民间到底以何为主呢？“徽俗不尚佛、老之教，僧人道士，惟用之以事斋醮耳。无敬信崇奉之者。所居不过施汤茗之寮，奉香火之庙。求其崇宏壮丽所谓浮屠老子之宫，绝无有焉。于以见文公道学之邦，有不为歧途惑者，其教泽入人深哉”。[①] 这段话对新安江流域民间信仰的描述是基本真实的。根据新安方志所载，各地都有供奉佛教或道教神灵的小寺院、小道观，也有供奉土地、社稷、土神的场所，但是没有形成居于垄断地位的单一宗

① 许承尧：《歙事闲谭》，黄山书社，2000年，第607页。

教信仰，更偏向于实用理性主义的儒释道三教融合。但凡有益于民众生活的，无论是官方祀典，还是三教神灵，甚或土神、巫术、禁忌等都可为我所用。通过宗教文书可见，新安江流域民众有信佛的、有信道的，也有崇奉土神的，僧人、道士与新安人之间类似于雇佣关系。

(一)寺庙资产、活动文书

新安江流域佛教的庵堂、道教的道观都有自己的资产，有的来自民众的捐助，有的则为东家所有。寺庙的修建、资产的交易等过程中产生了不少契约、收据。

**清嘉庆十九年（1814）四月徽州梨岭菴菴长僧续遂等立受传契**①

立受传人梨岭庵庵长僧续遂、管家僧昌进，兹承狮川居士胡纯琫施善愿助田山租息，凭中立契助归于庵，作为烹茶日需之用，所受清丈习字号田山字号税亩租数开列于后。以上所助产业租，僧受经管输粮，永远传后烧茶，不得变易。其所助，本家后裔亦不得至庵悖助索赎。此乃善念功德济渴之田，守传历世不易。恐口无凭，立此受传永远存照。

计开

(字号、税亩、土名、租数，略)

以上田山共计十二号

大清嘉庆十九年麦秋月　　日立受传人梨岭庵庵长僧续遂押

僧续法押

僧本物押

管家僧昌进押

中见一甲程辅廷押

二甲姚在衡押

三甲汪耦千押

汪炳衡押

六甲方日美押

七甲胡聚生押

---

① 黄山学院图书馆收藏，编号：10.3-E6619-0001，包号：721，尺寸：440毫米×705毫米。

胡绍安押

余秀川押

八甲姚景镗押

七甲清书余聚和押

狮川族长胡元爵押

代书僧能有押

再批嘉庆二十年季春月又承施善愿助大小买腴田一业，习字一千七百十六号，计田税六分零七毛，土名后塘后凹，计硬白谷租一担四斗四升，以作历年腊正烹姜汤四十日需之用。守传不易，批书人接。管家僧能有押

对同功德无量

这份受传契是一式两份的合同，狮川居士胡纯瑝将田地山产捐助给梨岭庵，由庵堂僧人经管输粮，收益用于为来往过客烧茶和腊月烹姜汤的公益活动。根据都图字号，文书中的梨岭应为今歙县深渡镇附近的梨树岭。历史上，徽商通过梨岭古道到达深渡乘船前往杭州，徽州、淳安等地民众常常捐修古道、茶亭以方便往来。

### 民国二十三年（1934）四月歙县吴瑞厚堂捐助收据①

**收证**

兹缘重造大雄宝殿五百罗汉装金，兼造沙门桥路邮亭，焕然一新。今蒙歙县南乡歁村信士吴瑞厚堂助大洋二元　角正，给此收证为据。

民国二十三年四月　日岘峰山法轮寺住持征财叩印

祯字第三十八号

**对单**

兹缘重建大雄宝殿五百罗汉装金，兼造沙门石板桥路邮亭，焕然一新。今蒙歙县南乡　村信士吴瑞厚堂助大洋二元　角正，先给对单，以杜假冒。务乞交捐时认明此单，骑缝字号图记相符者，不论何人均可交付，特给对单为证。

民国二十三年四月十一日岘峰山法轮寺住持征财叩印

① 黄山学院图书馆收藏，编号：8.7-F7223-0001，包号：412，尺寸：266毫米×216毫米。

这份民国捐助收据，其中的岘峰山法轮寺疑为浙江东阳岘峰法轮寺。僧人为“重造大雄宝殿五百罗汉装金，兼造沙门桥路邮亭”，四处化缘募捐，于歙县南乡收到吴瑞厚堂的捐款。

婺源县高源村为裘氏聚居地，当地有平安社水口庙，供奉有社公、社母、土地、关帝、周仓、关平、社稷、五猖、泗洲三尊共计16尊神像。此外，裘氏还建有平案庵，请来僧人开展佛事活动。裘氏也常与开化县人有交易来往。

**民国六年（1917）十二月婺源平案庵僧人宝光立出押田皮并骨租契附民国七年还洋批**①

立出押田皮并骨租契人平案庵僧人宝光，缘身承众堂东有田一号，坐落土名箬杆�，计田皮二十秤，骨租四秤。今有要用自情愿央中将田皮并骨租尽行出押与裘立堃名下，实押英洋二十元正。其洋是身当即收领，其田自今出押之后，悉听受押人随即过手耕种收谷作利无阻。此田未押之先，与本庵内外人等并无重张不明等情，如有自理，不干受押人之事。今欲有凭，立此押字存据。

七年十二月付还赎洋二十元，方手当缴押字，吉。

民国六年腊月　　日立出押田皮骨租契人僧宝光押

堂东见中裘胜喜押

裘柏能押

裘明祖押

裘加沛押

依书裘云采押

此洋押字，缘因开化人至庵打结去洋数十元，无物过年，合众相嘀移借，本利还讫。

这份文书可见，婺源县高源村裘氏宗族崇奉佛教，集资兴建了平案庵，并捐助了产业，因此被称为平案庵堂东。民国年间，因为开化人要去庵堂数十元钱，僧人无力过年，平案庵僧人宝光只得在堂东中见下将田抵押给裘氏借钱。平案庵堂东常买进田产、出拚杉木，从而获得收益。

① 黄山学院图书馆收藏，编号：10.3－F7206－0001，包号：178，尺寸：242毫米×260毫米。

**民国十年（1921）十二月［婺源］裘日初立出押田皮字**[1]

立出押田皮字人裘日初，今承祖遗阄分股下有田一号，坐落王家舍，计田皮五十□正交纳外，骨租一亩正。今因正事要用，自情愿央中将田皮前号尽行出押与平案庵众等名下，当三面凭中实押英洋四十元正。其洋是身当即收讫。其田未押之先，与本家内外人等并无重复张典押不明等情，如有是身自理，永不干受业人之事，两无异说。今欲有凭，立此出押田皮存据。

民国十年腊月日立出押田皮字人裘日初押

见中裘茂仍押

裘观宝押

依书　亲笔押

婺源高源村常与开化人发生往来，平案庵众堂东还将杉木出拚给开化十一都枫坑宅张金房，由其砍伐，交纳拚价。

**民国十七年（1928）八月婺源平案菴众堂东等立出拚杉木批契**[2]

立出拚杉木批人上下三村平案庵众堂东等，有杉木一片，坐落土名庵前庵后，计杉木大小八十根，四至之内，尽行出拚与开邑十一都大枫坑宅张金房兄名下，当三面言定，议作价洋七十六元正。其洋订定入山砍斫付清，永无异说。自今出拚之后，任凭择吉入山砍斫无阻，两无异说。今欲有凭，立此出拚杉木批为据。

当收树价洋十元正，九月初八日当收树价洋四十元正，因树价高者，众人双方面让价洋四元正。

民国十七年岁次戊辰桂月　日立出拚杉木批人上下三村平案庵众堂东等

见中　裘云彩押　裘得章押　裘庚发押

裘金生押　罗起高押　裘文淦押

裘荣仂押　徐三喜押　裘士仂押

裘富仂押　裘泰遂押　裘灶焱押

① 黄山学院图书馆收藏，编号：10.3—F7210—0001，包号：178，尺寸：240毫米×256毫米。

② 黄山学院图书馆收藏，编号：10.3—F7217—0001，包号：178，尺寸：275毫米×285毫米。

裘能仂
依 书　　裘日初押

裘氏宗族可能比较崇尚佛教，曾举家举办皈依法事活动。

**民国八年（1919）婺源平安社裘氏立醮书草底**[①]

中华民国江南安徽省婺源县万安乡大鱅里平安、高源社奉佛进香，

奉命请醮，沐恩信士裘□□

同侄　□□□

上侍　父　□□

母　□□

兄　□□

侄　□□

暨通家眷人等是日盥手拈香志心皈命于

八年阴历□月□日冒皋百拜

但是高源村裘氏除了信奉佛教外，照样对社稷等神灵供奉香火。

**民国七年（1918）九月开邑姜汉先立议包开光神像批**[②]

立议包开光神像人开邑姜汉先，今包到婺邑高源上村平安社众水口庙神像社公、社母、土地、关帝、周仓、关平、社稷牌位、五猖覆表画，又泗洲三尊，共计十六尊，三面议包覆造新，五彩颜料、赤金、木油漆一并在内，供膳工资共钱八千文正，神须杨梅逑退神点光包等件均照光绪甲申老帐加倍，两无异说。今欲有凭，立此包批存照。

九月廿二日收洋五元正。

中华民国七年岁次戊午九月　　日立包开光神像批人姜汉先押

① 黄山学院图书馆收藏，编号：10.6-F7208-0001，包号：178，尺寸：239毫米×158毫米。

② 黄山学院图书馆收藏，编号：10.3-F7207-0001，包号：178，尺寸：243毫米×186毫米。

见中裘树林押

代书裘步青押

由这份民国包开光神像批可见，婺源高源上村平安社建有水口庙，庙里供奉有社公、社母、土地、关帝、周仓、关平、社稷、五猖、泗洲三尊共计16尊神像，还请来开化人姜汉先焕新神像。由这些婺源高源村裘氏文书，可见当地佛道融合的民间信仰。

崇奉道教的信徒也常常联合起来，与道士签订协议。

**民国二十九年（1940）九月歙县张乾元道士等立订门图事约**①

立订约人道士张乾元与苏川施主等，缘因门图一事，今订章程，道士方面□事，递年照老章程，已事临时面议工资，不得高抬，亦不得误期，每年端节灵符按灶送发，不得短少。施主方面，每年夏麦各户牙升一升，冬粮按灶一升，不得缺少。雇佣道士亦不得滥用，倘遇善事价目不合，亦可另用。此系两愿，各无翻悔。今立订约一样两纸，各执一纸存照。

民国念九年夏历九月日立订约人张乾元押

方震芝印　曹郁章印　潘贵茂　方惠化押

方振成押　方元善押　方秀芝印　方春闰手印

方步青手印　方明德印

代书人方殿卿印

由这份民国门图事约可见，信奉道教的民众联合起来，与道士签订章程和合约，约定道士每年端午要给各户发放灵符；每户每年要照夏冬两季施予道士粮食；临时雇佣道士可以商讨价目。

以上这些文书可见，新安人在与佛道教人士交往时是有一定主动权的，虽粉饰以施舍、捐助的名目，但实质就是雇佣为其所用。新安人的宗教信仰具有实用理性的色彩。

除了崇奉佛道正统神灵外，新安江流域还有独特的土神信仰——汪王崇拜。汪氏为新安大姓，南宋以来即有“十姓九汪”之称。隋末动乱时，汪华起兵保障歙州

① 黄山学院图书馆收藏，编号：10.3-F7229-0001，包号：402，尺寸：360毫米×310毫米。

等江南六州，死后受到新安江流域各地百姓的崇祀，并逐渐演化为地方神，成为新安历史上影响最大的人物之一。徽州一府六县普遍存在祭祀汪华的活动称之为汪王祭、王祖祭等，老百姓则把他称作“越国公”“汪公大帝”“太阳菩萨”等，汪华的夫人和儿子也受到崇奉和祭祀。汪王信仰不仅辐射到淳安等周边地区，甚至还远播贵州省安顺市屯堡。根据汪氏族谱及民间传说，汪华娶四妻生 9 子，第九子汪献早卒。新安江流域民间广泛流传着九相公早逝的各种传说，各地都有崇奉九相公的习俗，如今祁门杨家坞、淳安札溪都存有九相公庙。

祁门杨家坞九相公庙

九相公佛仙纪念碑

淳安札溪九相公祠

九相公圣位

**清道光十七年（1837）二月歙县何天庆等为协力汪九相公游街立议合同**[①]

立议合同九图源里何亳岭社、岂丰大社、新义社、新兴社、新置社同新安社人等，合意恭迎敕封街源横川祖殿汪九相公，神圣庇护，永远康宁，硝磺、铳爆、旗障、摆式、人马、响器各样等项，各社多寡喜助，威风喜气，民民乐神，劝须要各社人等协力齐集风光，日后改换龙衣，永远次次恭迎铺摆，不可先多晏少使用，不可违倒丢心，众等弟子人到双坑口里一顺挨来，各社演戏供奉。倘有外村争论，各社头首照丁齐整。如有不到者，列罚纸花尖。□甲各村头首不得推辞，众必纳福。今恐无凭，立议合同一样六纸，各社一纸。

再批，日后派众用使费，各社照丁均派，又押。

大清道光十七年二月　　日立议合同社人等

| | | | | |
|---|---|---|---|---|
| 亳岭社头首 | 何天庆押 | 天珍押 | 观寿押 | 观海押 |
| 岂丰大社头首 | 王观表押 | 魁荣押 | 荣辉押 | 万沛押 |
| | 有福押 | | | |
| 新义头首 | 江元庆押 | 来森押 | 法启押 | 来有押 |
| | 成祖押 | | | |
| 新新社头首 | 江灶孙押 | 细九押 | 佛宾押 | 佛金押 |
| | 观金押 | | | |
| 新置社头首 | 周国潜押 | 本法押 | 观富押 | 国潮押 |
| | 国闲押 | | | |
| 新安社头首 | 周国兴押 | 国平押 | 国禄押 | 国学押 |
| | 国云押 | | | |

奉书周殿臣押

周本法、王观表、江元庆、何天珍、江灶孙、周国兴收一纸。

这份合同是为协力汪九相公游街而订立，反映了歙县街源地区崇祀汪九相公的活动。九图源里亳岭社、岂丰大社、新义社、新兴社、新置社、新安社六社民众签订协议，为恭迎街源横川祖殿汪九相公神像游街，务必要齐心协力出动物力、人力

① 黄山学院图书馆收藏，编号：8.7－E6717－0001，包号：27，尺寸：310毫米×355毫米。

恭迎铺摆，各社还要演戏供奉。当时九相公游神，要更换新龙衣，出动“硝磺、铳爆、旗障、摆式、人马、响器”，极为热闹。

（二）民间信仰活动账簿

新安人将修理庙宇、兴办祭祀活动时的各项支出记录下来，形成了各种与民间信仰有关的账簿。

新安江流域还流传有五通信仰，唐代兴起于婺源，后广泛传播至江南地区。根据学者研究，宋代五通信仰经官方敕封变为五显神，流传过程中还受到道教和佛教的影响，最后五通、五显混淆不分[①]。婺源灵顺庙为五显信仰的祖庙，歙县、杭州、宁波、南京均有灵顺庙，浙江、江苏、江西、广东、福建等地也有供奉五显大帝的庙宇。[②]光绪《淳安县志》载有五显庙，“在县治内者，朔望行礼。余各乡村皆有庙。按钮玉樵云：洪武封赠死王事诸臣，后梦阵亡军士曰臣等皆为国家死锋镝，不沐思命。因下诏凡江南北，不论乡市民居，于社左右，立尺一之庙。五人为伍，以享血食。故此庙最多”。[③]也有学者认为五猖信仰不同于五通信仰，原为祭祀五方阵亡将士的军傩，后演化为祭祀五方普通非正常死亡的强鬼，五通信仰衰落后渐与五猖信仰合流不分。[④]徽州各地的乡村中特别是婺源，至今仍有五猖庙遗存。根据王振忠的研究，“当社屋里的菩萨像历经数年而破旧剥蚀、需要修补重漆时，就要举行‘呼猖’的仪式。此一隆重的仪式，通常每隔十数年举行一次，整个过程包括退神、开光和上神三个部分”。[⑤]《淳安五都一内图蘭川庄徐氏文书》中就保存有当地举行“呼猖”活动的收支账簿。清光绪三十二年(1906)孟春月万邦记《收六扇纠首呼猖总账》，[⑥]记载了正月十七木兰社纠首嘀议开光，照田亩、豆子、人丁、灶窠、猪、牛派钱的六扇收入账目，和供应餐食支出的工账。民国年间六扇纠首呼猖记事簿[⑦]记载了六扇收支账目，和举行保麦、安苗、七月半、保稻祭祀活动的鞭炮、蜡烛、香纸、纸马等支出账。

---

① 陈金凤：《宋代婺源五显信仰的流变及其相关问题》，《地方文化研究》2014第6期，第84～95页。

② 孔令宏：《五显神的源流与信仰》，《地方文化研究》2016第3期，第56～66页。

③ [清]李诗：《光绪淳安县志》，上海书店，1993年，第425页。

④ 樊嘉禄等：《徽州民间信仰》，安徽大学出版社，2016年，第163页。

⑤ 王振忠：《五猖》，《读书》2017年第1期，第150～158页。

⑥ 清光绪三十二年孟春月万邦记《收六扇纠首呼猖总账》，刘伯山收藏《淳安五都一内图蘭川庄徐氏文书》，尺寸：170毫米×206毫米。

⑦ 刘伯山收藏《淳安五都一内图蘭川庄徐氏文书》，尺寸：158毫米×220毫米。

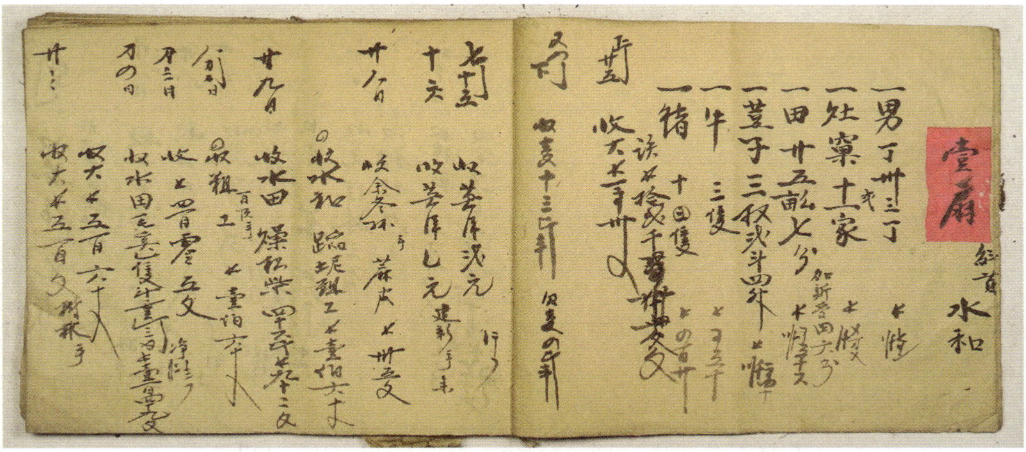

清光绪三十二年孟春月万邦记《收六扇纠首呼猖总账》

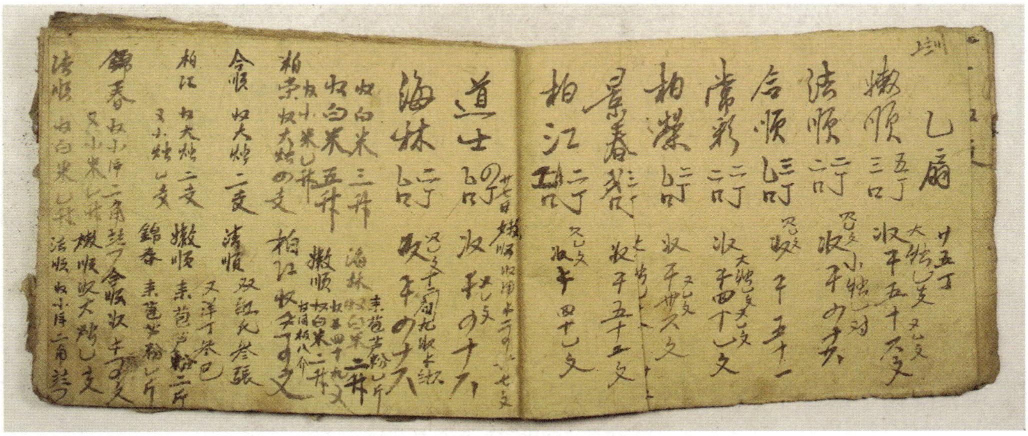

民国年间六扇纠首呼猖记事簿

黄山学院收藏的民国十五年（1926）三月［歙县］汪植中执笔《财神庙修理簿》，[①]盘点了修理财神庙的各项总支出以及人头明细开销，修理费用从报功账内拨款开支。

**财神庙修理支用总登**

| 开支 | 金额（元） |
| --- | --- |
| 五十元书一本 | 0.048 |

① 黄山学院图书馆收藏，编号：10.7–F7215–0001，包号：6，尺寸：140毫米×200毫米。

续表

| 开支 | 金额(元) |
| --- | --- |
| 百运柴灰 | 9 |
| 神福香纸 | 0.025 |
| 桐皮四斤 | 0.342 |
| 笔二枝 | 0.024 |
| 砖匠廿七工半 | 9.167 |
| 木牵廿四个 | 0.48 |
| 石门柱一根 | 1.8 |
| 石匠工资 | 1.167 |
| 法顺窖货 | 1.348 |
| 福泰洋钉 | 0.037 |
| 百煌柴灰 | 0.304 |
| **合计** | 23.742 |

(三)祈福进香、法事科仪文书

新安人常往境内道教名山齐云山进香祈福。黄山学院收藏有一个齐云进香袋，[①]形式类围裙，悬挂于脖颈，钤有赤印3个，并盖有“齐云山东阳道院程长生房戳”，标明了进香人是分属于不同房派的。新安人常到齐云山向神灵呈上全家的姓名生辰，请求神灵保佑全家清吉平安。

**民国歙县信士程义祯合家生辰**[②]

**清吉平安**

民国江南徽州府歙县西关　　爱仁乡

现寓二十五都一图

金山里忠溪大社管

① 齐云进香袋，黄山学院图书馆收藏，编号：10.6-E0000-0001，包号：721，尺寸：565毫米×462毫米。
② 黄山学院图书馆收藏，编号：10.6-F7200-0003，包号：438，尺寸：262毫米×484毫米。

信士弟子

程义祯本命甲辰年十一月初一日寅时　　建生

室中汪氏本命乙巳年十二月初十日子时建生

男文辉本命辛未年八月初一日戌时建生

媳朱氏本命丙子年四月十四日子时建生

孙男日鸿本命乙未年正月十六日巳时建生

孙男礼鸿本命壬寅年五月十六日申时建生

孙女秀琴本命戊申年十二月念五日丑时建生

孙女林琴本命戊午年十月十二日丑时建生

孙媳汪氏本命戊戌年五月十二日未时建生

孙媳汪氏本命丙午年八月三十日未时建生

除了个人的崇奉活动外，民间也常联合举办各种迎神、法事活动，形成了不少科仪文书、法事文书、祭文抄本等。周宣灵王信仰广泛分布于浙江、安徽、江西各地。周宣灵王，即周雄。一说为临安府新城县渌渚人，在浙江杭州府、严州府、衢州府广为崇祀，是新安江流域独具特色的土神信仰之一。明清时期，浙江的杭州府、严州府、金华府、温州府、绍兴府、衢州府，徽州一府六县，江西的饶州府、信州府，均设有周雄庙。[①] 也称周王庙、宣灵庙、周王祠等。万历续修《严州府志》载“三月三日为周宣灵王寿日”，常常联会赛神。[②] 黟县“俗多联会赛神，汪公华、张公巡、许公远，昔以防御有功德于民，关圣帝、周宣灵王以忠孝为民所奉”。[③] 民国歙县也有“周侯庙，在黄坑寺，即周翊应侯庙”。[④] 民国《建德县志》载有宣灵庙，[⑤] 民国《遂安县志》载有周王庙。[⑥] 周宣灵王最初与汪华一样是合境的保安神，逐渐被赋予了孝神、江神、蛙神等神性。五显神亦是起源于婺源的新安江流域地

① 朱海滨：《江南周宣灵王信仰的发生及其演变》，《史林》2008年第2期，第71～79，190页。
② [明]吕昌期修，俞炳然纂：《万历续修严州府志》，书目文献出版社，1991年，第56页。
③ [清]吴甸华修，程汝翼纂：《嘉庆黟县志》，江苏古籍出版社，1998年，第59页。
④ 许承尧：《民国歙县志》，江苏古籍出版社，1998年，第60页。
⑤ 夏日璈等修，王韧等纂：《民国建德县志》，上海书店出版社，1993年，第151页。
⑥ 罗柏麓、周树美修，姚桓、洪梦云纂：《民国遂安县志》，上海书店，1993年，第770页。

方神之一，朱时滨认为南宋后期周雄信仰是作为五显神的从神产生的。[①]有的学者将徽州的周宣灵王信仰归类到水神信仰论述。[②]文书可见，很多徽州乡村庙宇也会供奉周宣灵王神像。

## 民国二十九年（1940）十一月歙县冯叙伦堂支下为周宣灵王重饰神像开光立劄文[③]

关

三天门下，　　　　泰玄都省当省奉

玉帝勅命。今据

正一盟威经箓，雷霆执法烜化上卿，掌监三界鬼神，纠察诸司事。臣谨

奏　为

江南徽州府歙县上乡沙溪里吴辉山前大社管居住冯叙伦堂支下承首信士弟子众等奉暨通家众出财等投词。窃为本里侍奉

勅封护国感应周宣灵王尊神，圣相年久烟尘，发心重饰，幸已完隆。兹乃迎神伏体，开点光明，欲遂通灵，须凭劄告。

本省得此，不敢怠违。除已启告

祖师盟证，请颁

神灵，仰祈照验。即俾出财人户，宥愆宥过，降福储祥。□一境之熙雍，冀四民之乐业。时和岁稔，稼穑丰登。雨顺风调，永乐雍熙万载；民安国泰，匡扶社稷千秋。发筶筶［灵］，托梦梦应。祷雨甘霖大沛，祈晴丽日风和。施灵丹而不藏妙剂，救灾死以必起沉疴。

求子者，保产护胎，即赐麟儿之垂。　求寿者，延生保命，永扶龙鹤之龄。

孩童易育以成人，麻豆关煞而顺迭。　读书者，心聪广记，笔下生花。

求名者，一举鳌头，荣登金榜。　为官者，升进玉堂，位居极品。

户役者，公门出入，官贵提携。　行医者，医通灵扁，起死回生。

堪舆者，点穴寻龙，沙水无差。　手艺者，营为□□，般般遂意。

---

① 朱海滨：《江南周宣灵王信仰的发生及其演变》，《史林》2008年第2期，第71～79，190页。

② 丁希勤：《古代徽州和皖南民间信仰研究》，安徽师范大学出版社，2016年，第198～203页。

③ 黄山学院图书馆收藏，编号：10.6-F7229-0001，包号：412，尺寸：482毫米×757毫米。

开张者，四方贸易，事事亨通。　　　买卖者，经商财货以兴隆，水陆船车而顺利。

造茶者，做出茶色鲜明，清香味美。　樵薪者，动刀弄斧，永无虚惊。

看养者，血财长旺，六畜成群。　　　播种者，一子落地，万倍全收。

人旺财胜，男清女吉。一方大盗不生，四季瘟瘴殄天。

今将作种田园，地坦山场，四至开列于后。

东至界牌源，南至水口外，西至朱圣塘，北至大堨坞。

岽革四界之内，但有豺狼虎豹，麞麂兔鹿，野猪豨猪，山牛黑熊，狐狸竹狗，山鸡山鹊，鹧鸪斑鸠，猿猴鼠豝，白额山羊，猡㺜米蚱，虾蟆貂鼠，稻虱鹤龟，乌鸦麻雀，黄头毒蛇，飞禽走兽，黄丹水丹，土煞□□，地火鬼火，邪精妖怪，魑魅魍魉，黄虫□□，瘟虫螟虫，螢蟊贼虫，菜虫豆虫，粟虫蛀虫，五虚六耗，殢魄伤音，一概革除踪迹，毋许停留界内。

安静农民，春耕夏耨，秋收冬藏，足衣足食，老幼安康。

俾男者耕耘日旺，冀女者织纴时康。受万古之钦宗，高千秋之祭祀。

凡有投告，莫负明言。

谨　劄　　　　　收执准此

大中华民国二十九年十一月良日黄道吉时告下

祖师正一炬祐真君　　　　　　　张证盟

劄文

这份民国为周宣灵王重饰神像开光立劄文，钤有赤印，画有朱批和符咒。反映了民国年间歙县上乡沙溪里崇奉周宣灵王的活动。民国二十九年（1940）歙县上乡沙溪里冯叙伦堂支下重新修饰了周宣灵王的神像，举办祭祀仪式恭迎神灵降临，开点光明，并祈求神灵保佑周边民众的清吉平安、驱邪避害。根据文书中的吴辉及冯叙伦堂，查询方志可知，文书应出自现在的歙县鸿飞村，村北有太子庙，供太子、观音、周宣灵王神像。历史上，鸿飞还有东平王庙，水口方亭供奉五猖及赵公明，路亭供奉土地和九天应元菩萨，太尉庙供奉黑脸、红脸太尉菩萨，社庙供奉社公社母。“冯氏里门逢龙（辰）年、外门逢虎（寅）年，行菩萨开光，皆演目连戏。元宵节行五灯戏。清明以猪羊祭祖，有人鸣锣通知：‘明天上坟到上干，锄头沙箕自家掸。’五月择吉日接太子菩萨‘安苗’，逢旱，抬黑脸太尉菩萨至伏源河源头求雨”。[①] 民间信仰多元并包。此份劄文与方志记述的当地风俗是吻合的。

徽州祭祀的太子实际为张巡，但由于汪王信仰的强势，也出现了将汪华之子误为太子的错用。[②] 按“接太子菩萨安苗”，歙县鸿飞太子庙祭祀的应为汪华及其子，周宣灵王是和观音一起附祀于太子庙，该地另有五猖。周宣灵王不仅是孝神和江神，更被歙县鸿飞居民视为当地村落的保护神。可见新安江流域民间信仰的实态是复杂而多元的，村落庙宇可能会同时祭祀几个神灵。

《遂安十七都一图康塘洪氏文书》收藏有清同治九年（1870）正月洪年谷书《菩萨书》，[③] 记载了浙江严州府遂安县新安乡十七都唐化里玉泉下村双峰社洪氏家族新年拜天地祝文、初六夜祈神祝文、初七日拜神祝文、初八送神。黄帝纪元四千六百四十七年（1949）冬月淳安永平乡德教源澄清里新富社住居吕氏奉佛追荐宗亲簿，[④] 是吕鸣道携全家请湖山禅院僧做荐祖法事的文书，通过做法事祭祀各位近祖、远祖，以保佑家人平安。

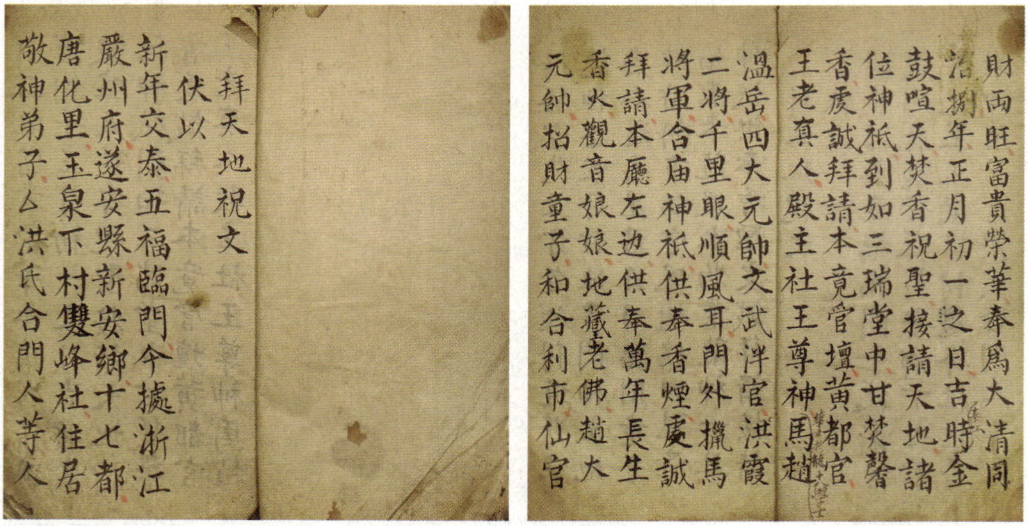
拜天地祝文
伏以
新年交泰五福臨門今據浙江
嚴州府遂安縣新安鄉十七都
唐化里玉泉下村雙峰社住居
敬神弟子厶洪氏合門人等

財兩旺富貴榮華奉爲大清同
治捌年正月初一之日吉時金
鼓喧天焚香祝聖接請天地諸
位神祇到如三瑞堂中甘焚馨
香虔誠拜請本竟晉壇黄都官
王老真人殿主社王尊神馬趙
溫岳四大元帥文武泮官洪霞
二將千里眼順風耳門外攔馬
將軍合庙神祇供奉香煙虔誠
拜請本廳左边供奉萬年長生
香火觀音娘娘地藏老佛趙大
元帥招財童子和合利市仙官

清同治九年(1870)正月洪年谷书《菩萨书》

① 歙县地方志编纂委员会：《歙县志》，黄山书社，2010年，第1443页。
② 陶明选：《明清以来徽州民间信仰研究》，复旦大学.2007年，第16～29页。
③ 刘伯山收藏《遂安十七都一图康塘洪氏文书》，尺寸：240毫米×121毫米。
④ 刘伯山收藏，尺寸：382毫米×226毫米。

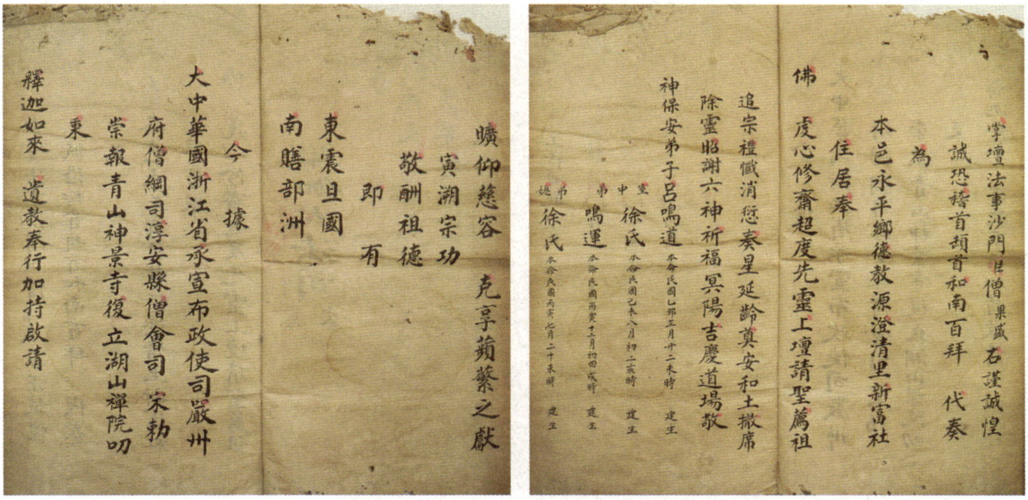


黄帝纪元四千六百四十七年（1949）冬月淳安永平乡德教源澄清里新富社住居吕氏奉佛追荐宗亲簿

（四）宗教讲录、经书手抄本

新安佛教、道教信徒还常抄写宗教讲录、经书，便于诵读、修行。如民国十一年（1922）绩溪《写印大虚法师心经讲录》，[①] 封面有“安徽省立第二师范学校十周年纪念赠品”字样，由婺源余宝勋、胡晋接作序，抄录了《般若波罗蜜多心经》、附大虚法师《心经讲录》（在杭州省教育会演讲），最后有绩溪程宗鲁写作的后记。

歙县沙坦钱氏文书中保存有多份手抄佛经，如民国二十三年（1934）十一月歙县方国英录《太上洞玄灵宝救苦拔罪妙经》[②]、民国歙县钱韵兰订《观音救苦经》[③] 等。民国歙县《南无救苦经》等佛经抄本 [④] 中抄写了《南无救苦经》《妙沙经》，因为有助于朝拜普陀山。《南无救苦经》“此经朝拜南海普陀山路途上宜念，或朝暮各念三五遍，不生邪念妄说，管保平安护福”。《妙沙经》“此经朝拜南海普陀山行船过海宜念，管保浪海风恬，舟航稳载，不致颠簸呕恶”，能保路途平安、风平浪静。

## 三、民俗文书

新安文书中还保留有民间绘制的各种图样，比如鞋样、绣花样等。这类民俗文书数量不多，多出自于女性之手，是历史上女性生活的遗迹，反映了最朴实的民间

---

① 黄山学院图书馆收藏，编号：9.7–F7211–0002，包号：419，尺寸：260毫米×125毫米。

② 黄山学院收藏《歙县沙坦钱氏文书》，尺寸：238毫米×141毫米。

③ 黄山学院收藏《歙县沙坦钱氏文书》，尺寸：238毫米×141毫米。

④ 黄山学院收藏《歙县沙坦钱氏文书》，尺寸：240毫米×134毫米。

民国丁卯年(1927)元月洪氏莲香绘立《花书》

文化和民俗。如《遂安十七都一图康塘洪氏文书》中有一册民国丁卯年（1927）元月洪氏莲香绘立《花书》[①]，绘制了很多鲜活生动的绣花图案，有花鸟鱼虫、莲生富贵等。

① 刘伯山收藏《遂安十七都一图康塘洪氏文书》，尺寸：243毫米×185毫米。

# 第六章　日常生活史视角下的归户文书研究

——以歙县沙坦钱氏文书为例

## 第一节　歙县沙坦钱氏文书概述

歙县沙坦钱氏文书是黄山学院图书馆收藏的一包归户文书，包号为 1080 包。2020 年 7 月，由吴秉坤向屯溪老街文物商人朱英寿收购而来。该户文书合计 237 份，其中簿册 57 份，散件 180 份。起止年代，最早为清嘉庆元年（1796），最晚至 1994 年。从分类上来说，涉及土地关系与财产、赋役、商业、宗族、官府（诉讼）、教育、会社、社会关系、民间文化、其他文书等，涵盖了新安文书的所有大类。具体内容上有土地财产契约、赋税底册和票据、药铺账簿、宗族合同、家庭收支账、阄书、婚丧礼帐、诉讼文书、蒙生规则、钱会收支账、修路造亭账册、信札、婚礼单、命书、对联抄本、契约帖式、佛经抄本、算法抄本、术数抄本、佛教活动账册、道教科仪文书等等，全面展示了位于新安江流域深山里一个家族的宗族活动、经营生计、日常生活、社交往来、法律生活、信仰世界、公益活动，以及跨域交往。

长陔岭上远眺长陔

通过该户文书的赋税底册和票据，且文书中明确出现了胡埠源、沙坦等地名，可知文书出自歙县三十都的砂（沙）坦。需要说明的是，该户文书中有 12 份文书的事主应属毕氏宗族，通过赋税底册和票据可以推断应出自歙县二十六都即今长陔附近。虽然与同包文书没有直接联系，但长陔与沙坦在民国三十年 (1941) 时同属于长埠乡，两地直线距离 8 公里，行驶距离约 21 公里。且钱镠二十五世佛庆迁往陔源长陔，沙坦村民称历史上曾有毕氏定居。因此，整理者认为可以将毕氏所有的文书保留，拓展歙县沙坦钱氏文书的地理和历史背景。

## 第二节　歙县沙坦钱氏文书的地理和历史背景

歙县沙坦自然村，位于歙南胡埠源 5 公里。从胡埠口向南穿过小桥，沿河而上约 5 公里即到达沙坦，村落位于高山河谷中。沙坦上游还有一个姚家坦村，翻过南面的白际山脉，即与浙江淳安接壤。根据《歙县志》，道光时上泽、下泽、胡部口属于三十都；民国时，沙坦属于三十都；如今，沙坦则属于歙县璜田乡。[①]

沙坦为钱氏聚居地。按照《歙县志》中整理的钱氏源流，钱氏得姓有两个不同的源头：一是来自商大夫篯铿，将“竹”字头去掉作钱姓；一是篯铿后人彭孚任周钱府上士，以官为氏。而歙县沙坦钱氏文书中的《钱氏世系》[②] 将钱氏一直追溯至少典－黄帝，认为陆终的第二子篯铿就是寿登八百的彭祖，娶了 19 个老婆，生了 54 个儿子，第 18 个儿子孚公为周文王师，官至钱府上士，因去竹而姓钱氏，乃受姓之始祖也。这种民间的流传倒是将两种说法进行了融合。钱氏以五代时建立吴越国的钱镠为钱氏始祖。传五世隐之，宋时任歙州知州，离任时定居于歙县汝溪（今歙南米滩），葬于今小川，被奉为钱氏迁歙始祖。隐之传八世臻，生 4 子，次子畱、四子㲠于宋建炎年间在桐江牛山大败金兀术，分别赐封惠显侯、惠济侯。畱生 2 子，长子大圭（溯钱镠十二世）于南宋绍兴中叶自汝溪迁居淳安蓝田。《钱

---

① 歙县地方志编纂委员会：《歙县志》，黄山书社，2011年，第46，49，63页。

② 民国歙县《钱氏世系》，黄山学院收藏《歙县沙坦钱氏文书》，尺寸：243毫米×190毫米。

钱氏迁徙路线示意图

氏世系》则载大圭公后裔迁居严州府淳安蔗川，该户文书显示钱氏后裔在清至民国期间也曾与浙江蔗川的钱氏有过交往。大圭生遗腹子芭，芭生 6 子，三子应龙（溯钱镠十四世）于南宋开禧年间自淳安县蓝田迁至淳安县蔗川。应龙生 2 子，次子为端琮；端琮生 3 子，三子为钰；钰生 3 子，三子为汝淑；汝淑生子聪。聪生 2 子，次子为海（溯钱镠十九世），擅长术数堪舆，约于明洪武元年（1368）至歙南街川源，为当地的郑氏看阴宅。郑氏将女儿嫁给了他，47 岁生子积盛（溯钱镠二十世）。积盛定居街川枨枫树，被尊为歙县街川一世祖。积盛生子志芳（溯钱镠二十一世），因为贫困 30 岁还没娶妻，约于明成化九年（1473）入赘上泽姚氏，迁居胡埠口上泽。志芳传三世分支为四派，第二支为良老。良老生 4 子，长子为佛忠。佛忠传四世分支为文宾、文孝、文晋。文宾传三世良起（溯钱镠三十二世），文孝传二世华珠、华炳（溯钱镠三十一世）先后迁下沙坦、对面这一带，即今沙坦。至 2005 年，良起支在沙坦繁衍了八世至“尼”字辈，华珠、华炳支则繁衍了七世至“立”字辈。歙县沙坦钱氏文书中有一份“清咸丰元年（1851）九月歙县大圭公支裔华炳为明确产业、出助产业与大圭公祠作祀产存公、自留山地生供养老死供祭祀事立合议抄白”，[①] 可见华炳应为清道光至咸丰年间生人，与《歙县志》的钱氏源流是可以互相印证的。该户文书中也多次出现胡埠口、上泽、姚氏、胡氏等地名、人名，据这些信息和材料可以确认为歙县沙坦钱氏文书。

2021 年 4 月 10 日笔者前往歙县沙坦村进行初次探访。从胡埠口转入沙坦村的道路虽然能通车，但比较狭窄，会车较麻烦。在进入沙坦村口的一户民宅前，有位爷爷带着孙子，笔者进行了初步的调研。两位被访者均姓钱，据他们所述，沙坦村现有 60 多户，200 多人。沙坦钱氏从胡埠口村树德组迁徙而来，当地除了钱氏外，1949 年之前还有毕姓，现有少量胡姓。文书中频繁出现的钱妙理、钱德骥两人均有存在，还记得钱妙理的老房子地址。但对道教信仰并不知道。

沙坦航拍图

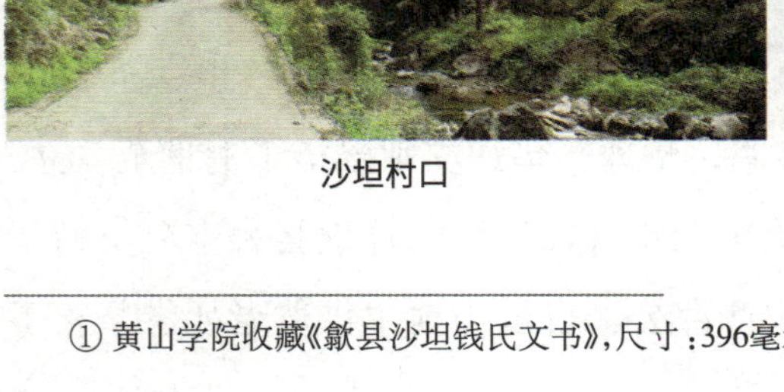

沙坦村口

上游姚家坦

① 黄山学院收藏《歙县沙坦钱氏文书》，尺寸：396毫米×638毫米。

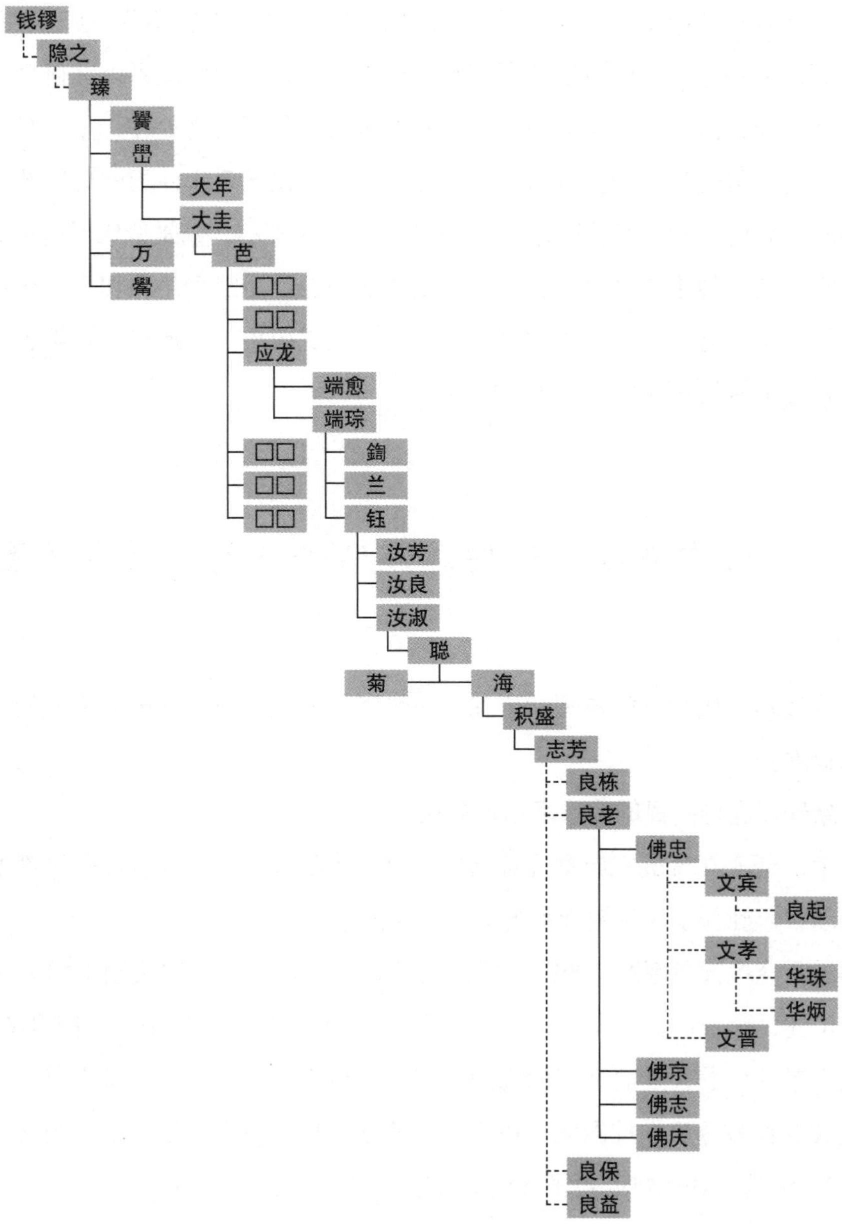


**歙县沙坦钱氏源流示意图**①

① 歙县地方志编纂委员会:《歙县志》,黄山书社,2011年,第1390～1391页。钱氏世系源流图根据《歙县志》整理,该图中虚线表示相隔数代。

歙县沙坦钱氏文书的特点是体量较大，连续性较强，内容多样，归户性较强。通过系统研究能够呈现清中期以来新安江流域平民的日常生活图景，在研究基层社会近现代变迁和跨区域交流等方面具有较高的价值。其不足之处在于：一是文书的上限时间较晚，但通过对钱氏世系源流的追溯可见，钱氏迁入沙坦的时间约在清嘉庆道光年间。清代文书不多虽较为可惜，在逻辑上是合理的。二是钱氏不是富商巨贾，也不是高官大儒，似乎在官方历史中没有重要的地位。但换个角度切入，这也正是这户文书的可贵之处。内容多样的文书真实地反映了历史上普通民众日常生活的方方面面，是有价值的日常生活史研究史料。

## 第三节　清中期以来新安江流域平民的日常生活图景

对歙县沙坦钱氏文书的梳理和研究，一幅清中期以来新安江流域平民的日常生活图景徐徐展开。

**一、新安江流域平民的宗族活动及家族繁衍**

历史上，新安江流域宗族掌握着基层社会的控制权，新安江流域平民都要参与到宗族活动中，确保宗族的发展和繁衍是首要任务。

民国歙县《钱氏世系》[①]的第一部分《钱氏一派宗支脉络世衍之由序》，从钱氏得姓开始记述，一直记叙了大年这一支从汝溪到富川的繁衍，传至二十四世的“奕”字辈。根据前述记载，迁居沙坦的应为大圭公的后裔。因此，这一份文书可能并不是沙坦钱氏的世系源流，推测应为钱氏后裔摘抄流传了下来。第二部分为《钱氏第百字图注》，记载了钱氏自武肃王开始的百字排行如下：

神圣功德厚，光盛武林春。
敕卷传家宝，文章贯日清。
诗书忠孝远，兰桂冕旒尊。

① 民国歙县《钱氏世系》，黄山学院收藏《歙县沙坦钱氏文书》，尺寸：243毫米×190毫米。

温良恭俭让，奕叶立尼门。
王侯从古有，英烈自今新。
物华天象应，人杰地灵生。
蛟腾连凤起，电紫与霞横。
海阔波涛大，枝繁根蒂深。
仰观星斗近，俯视泰嵩平。
皇图期巩固，始终袭骈臻。

第三部分是从排行“清”字的钱进到排行“叶”字，共十八世的世系图，可见排行字与名字并不一致。第四部分则记叙了“神”字至“叶”字的祖先尊讳及夫人。溯本追源，慎终追远，历史上新安人注重宗族世系，是为了宗族组织的发展和繁衍，通过各种祭祀、修坟、修谱等活动增强宗族的凝聚力。

歙县沙坦钱氏文书中主要涉及的宗族活动有三项，一是宗族祖坟补贴摊派费用，一是两派共同开挖坟穴，一是轮管族谱。

为了明确责任和权益、分派任务，新安江流域宗族各派大多会通过确立合同保障宗族活动的顺利进行。清光绪二十四年（1898）十一月歙县钱恭继等为宗族祖坟补贴摊派费用事立议合同，[①] 反映的就是各支派如何为祖坟分配责任和利益，有地的出地，有钱的出钱。清光绪二十四年（1898）十一月，钱恭继、钱恭云、钱恭熙、钱恭喜、钱恭炳、钱恭河、钱恭饭 7 人商讨合作修筑祖坟，地点位于恭熙和恭炳产业的中间，修造了 3 只椁：中椁位于两界中间，下葬的是华书公妣曹氏和胡氏；左椁是华炳公妣胡氏，华璞公妣王氏，华炳孺人张氏，恭承公；右椁是良泽公妣余氏，良池公妣胡氏，良法公妣胡氏。合同规定坟脑护手左右前后，永远不得栽种树木，也不能再扦葬其他人。恭熙和恭炳照旧界经管产业，坟堂内二人均匀作种。其余四人则出资补贴给原业主：恭继的弟弟恭承葬于此处，应出资 1 元；恭云、恭喜共出资 2 元；恭饭出资 2 元。合计 5 元。由于坟穴外的护手地原是恭炳的产业，恭炳分得 3 元 5 角，恭熙分得 1 元 5 角。华璞公后裔恭训、恭位二人由于远处他方，祖先安葬之时并未摊派出资。

① 黄山学院收藏《歙县沙坦钱氏文书》，尺寸：398毫米×639毫米。

民国十九年（1930），钱周林、钱周烈二支的后人钱恭协、钱韵兰等人，由于祖先厝棺散落太多，于是公同举事，占卜选择了上泽屋后破石坞口右边的一块地修筑祖坟，请来从事地师职业的朋友江近仁、堂弟钱润身共同酌参卜选了十月初十开地，十八、十九日登圹，十一月初一安坟门，初五安龙醮墓。这块地内开挖了 7 大明椁，中与右四明棺地葬有 16 位祖先的槥棺，左边 3 只明棺分别是顺本生椁、俭万存椁、让升灵柩。各祖先及让升即时登圹，顺本生椁、俭万存椁待日后听凭择吉登圹。安山由两家祭主承治，丰俭听其自然。各位祖先的下葬事宜由各位后裔分派经手，费用也由各位经手人共同摊派出资。坟穴中棺材的位置示意图见“佳城位序”图。①

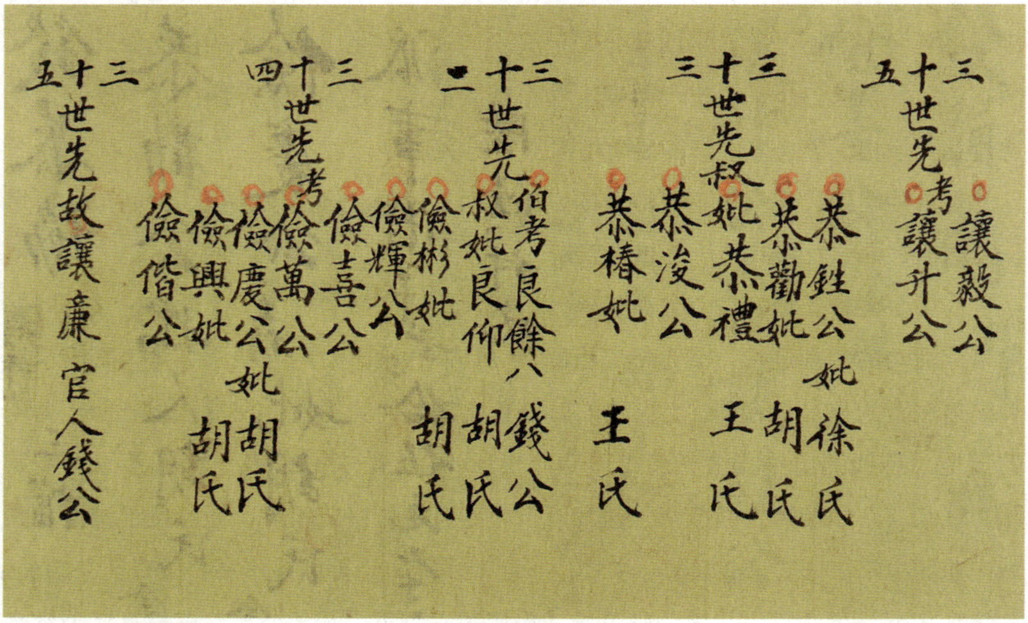
三十五世先考
讓毅公
讓升公
三十三世先叔考妣
恭鉎公 妣徐氏
恭勸妣胡氏
恭禮 王氏
恭浚公
恭椿妣 王氏
三十二世先
伯考良餘八錢公
叔妣良仰胡氏
儉彬妣胡氏
儉輝公
儉喜公
三十四世先考
儉萬公
儉慶公妣胡氏
儉興妣胡氏
儉偕公
三十五世先故讓廉官人錢公

佳城位序

共计有 14 位钱氏后裔参与此次宗族活动，并共同筹集修造祖坟的资金。每人经手各自亲属棺椁的置办下葬事宜，每人按照棺椁的数量、等级（金棺、明棺）摊派相应的经费，支付的方式有分期付款，也可以支付相应的工费或花销。最后再由钱恭协将每人的付款、整个活动的各项花销结算清楚，详见下表。

① 民国十九年（1930）十一月歙县钱恭协等立《洋总工夫》，黄山学院收藏《歙县沙坦钱氏文书》，尺寸：141毫米×207毫米。

**民国十九年（1930）钱周林、钱周烈二支后裔修造祖坟摊派经费一览表**

| 经手人 | 经手棺材数 | 对应先祖 | 派事用洋 | 实付 | 结算 |
| --- | --- | --- | --- | --- | --- |
| 钱恭协 | 3 | 恭劝公孺人胡氏金棺<br>俭庆公金棺<br>妣胡氏金棺 | 25元6角9分5厘 | 25元6角9分5厘 | 陆续付讫 |
| 钱韵兰 | 3 | 堂弟俭喜公金棺<br>长男让升公明棺<br>三男让毅公金棺 | 明棺43元4角<br>金棺17元1角3分<br>合计60元5角3分 | 61元6角2分<br>（妙理1元在内） | 统付讫 |
| 钱俭隆 | 1 | 胞弟俭偕公金棺 | 8元5角6分5厘 | 8元5角6分5厘 | 清讫 |
| 钱长富 | 1 | 俭辉公金棺 | 8元5角6分5厘 | 8元3角 | 余归协手算 |
| 钱俭文 | 1 | 恭礼王氏金棺 | 8元5角6分5厘 | 6元6角3分6厘 | 余归协记名下算讫 |
| 钱俭彬（即河上庄六指） | 1 | 俭彬胡氏金棺 | 8元5角6分5厘 | 7元 | 除收欠洋1元5角6分5厘 |
| 钱恭河 | 1 | 良仰胡氏金棺 | 8元5角6分5厘 | 8元5角6分5厘 | 清讫 |
| 钱俭源 | 1 | 恭浚公金棺 | 8元5角6分5厘 | 8元5角6分5厘 | |
| 钱俭兴 | 1 | 俭兴胡氏金棺 | 8元5角6分5厘 | 8元5角6分5厘 | |
| 钱恭平 | 2 | 伯考良余公金棺<br>恭椿王氏金棺 | 17元1角3分 | 13元2角 | 余归协记手后收 |
| 钱俭海（即河上庄刘海） | 2 | 恭金鉎公金棺<br>妣徐氏金棺 | 17元1角3分 | 6元 | 除收欠洋11元1角3分 |
| 钱仁泰 | 1 | 俭万公明棺<br>明椁所存，因新卒血丧故 | 43元4角3分 | 12元4角 | 除收欠洋31元3分（后付23元） |
| 钱顺炳 | 1 | 生明椁 | 43元4角3分 | 27元4角2分6厘 | 除收仍欠洋16元4厘，后归协手算 |
| 钱俭理 | | 让廉官人棕包1个 | 3元 | 3元 | 清讫 |

整个修造祖坟的活动，包括看风水、做工、石司（做碑铭、安坟门、刻字、买鸡公）、排黄金、打粪箕、挑石灰、木司（定做门板）、买砖头、抬龙猪、安山等修

造和民俗活动，支出有工费、料费、礼金、红包、餐费等。如做风水雇佣18人，有钱氏、胡氏、洪氏、张氏、余氏、和尚等，合计244工，按两工半计1元，共计工洋97元6角。这些账目都要在工程结束后，在两支丁众面前算清。

**民国十九年（1930）冬月上泽屋后新做风水统用总支账一览表**

| 花销名目 | 支出费用 |
|---|---|
| 石灰 | 16元7角7分3厘 |
| 粪箕 | 2元 |
| 排黄金 | 3元2角 |
| 门板 | 7元7角4分 |
| 代老文先 | 12元 |
| 老润先 | 6元 |
| 罗皮 | 1元2角5分 |
| 雨伞 | 4角 |
| 撑雨伞 | 4角 |
| 鸡公 | 5角 |
| 石匠 | 17元 |
| 石匠炭 | 9角 |
| 做工 | 96元4角 |
| 贴猪血 | 2元 |
| 抬龙猪来伙食 | 5角 |
| 道吉口金 | 4元6角8分 |
|  | 10元2角3分7厘 |
| 安山香纸烛箔 | 7元2角3分 |
| 安山日二支伙食 | 21元9分6厘 |
| 木匠工 | 1元1角2分5厘 |
| 石匠伙食 | 12元4角5分 |
| 雇人挖地 | 4角 |

**续表**

| 花销名目 | 支出费用 |
| --- | --- |
| 钢錋锤 | 5角 |
| 石撹谢资 | 2元 |
| 先生伙食 | 7元5角2分8厘 |
| 代金棺 | 6元 |
| 贴来锡双工 | 1元 |
| 修老坟 | 4元 |

此次宗族活动，“惟经手者主一其事一钱不苟，团圆告竣，两支丁众毫无间议。唯愿人杰地灵，英才辈出；将见凤毛济美，麟趾呈祥。若皆二支郑重其事，和气所致也”。[①] 主事者感慨活动圆满，特疏俚言以志之：

> 躬逢大利值时年，周烈周林一本联。
> 协力经营卜宅兆，和衷共济结牛眠。
> 辛峰拱秀人文蔚，震岳钟灵瓜瓞绵。
> 马鬣崇封殷拜跪，叠芬兰桂代光前。

除了祖坟之外，族谱在宗族组织中具有重要的意义。钱氏迁居上泽后，各支在此合建宗祠德本堂。[②] 清末德本堂 4 个支派合修族谱 4 部，每部 16 卷订成 17 本，各支收领 1 部。清光绪二十四年（1898）十二月，分得一部族谱的元生公后裔钱良喜等人认为由一个人管理不太妥当，商议决定：族谱应当由族人轮流经管；交接时应照数过付，不得遗失欠少；若有正当理由，听凭观看，不得阻挡；挑选仁厚孝廉之人担此重任；不得争强竞短，若有此情由合支公议决断。[③]

① 民国十九年十一月歙县钱恭协等立《洋总工夫》，黄山学院收藏《歙县沙坦钱氏文书》，尺寸：141毫米 × 207毫米。

② 歙县地方志编纂委员会：《歙县志》，黄山书社，2011年，第1391页。

③ 清光绪二十四年十二月歙县元生公支下裔孙钱良喜等为轮管族谱立议合同，黄山学院收藏《歙县沙坦钱氏文书》，尺寸：372毫米 × 562毫米。

这些活动构成了新安江流域平民的宗族生活，可见在宗族公共生活中，涉及多人利益和责任的分配，往往采取协商合作的方式，通过合同文约实现利益的最大化、避免纠纷。

除了这些保障宗族组织顺利运行的活动之外，对宗族延续和稳定发展最为重要的就是家庭单位的承嗣和财产分配。

新安江流域家庭在财产继承和分配时采用诸子均分制，在长辈、族长或保长的中正下，将家产品搭均分，诸子通过拈阄获得分配的家产。清同治年间，胡氏女嫁入钱家，不幸翁姑和丈夫相继去世，钱阿胡带着8岁的小叔钱九桂生活。同治十三年（1874），小叔弱冠已婚，由于小叔性情粗暴、肚量狭窄，钱阿胡只得和小叔分家，在族长钱华棠、房长钱恭义、叔公钱恭惟、钱恭点的中正下阄分家产。[①] 清末，钱华书娶妻胡氏，生3子，长子天泽、次子天池、三子天法，均已成年，长子次子均已完婚，三子尚未娶亲。请来舅舅胡成进、堂弟华琳、亲属胡光钟、余经仪、侄子天震、天财作中正，将房屋、田地、山场等财产，剔除存众之外，按照肥瘦品搭3股均分，拈阄为定。钱华书养老的口食由3子轮流供膳。一般阄书还要开列各阄的财产清单。[②]

如果后继无人，则要采取过继的方式绵延血脉、继承家产。民国年间，钱让海及妻子年事已高，生育困难，按照律文应当在亲属中按照亲疏远近挑选继承人。钱让海的祖父生3子，长子俭言、次子俭林、三子俭业。俭言生4子，长子让柿生4子，长子奕善、次子奕冀、三子奕并、四子奕兼；俭林生2子，长子让海、次子让梁，均无后；俭业生3子，均未育后嗣。钱让海按照以下承上的规矩，应当选择弟弟让梁的儿子或叔父俭业的孙子承嗣，但由于他们均未育后，只得在族人的中证下，选择伯父俭言的孙子奕冀承嗣接续，所有房屋田地山场器皿等产业也由奕冀继承，钱让海也由他奉养。这样避免了家产被瓜分的风险，同时老人的生前赡养、生后祭祀也有了交代。[③]

历史上的新安人无法脱离宗族组织，每个人都在宗族中有相应的地位、身份和

① 清同治十三年七月歙县钱阿胡等立分关抄白，黄山学院收藏《歙县沙坦钱氏文书》，尺寸：241毫米×150毫米。

② 清咸同年间歙县钱华书立分关，黄山学院收藏《歙县沙坦钱氏文书》，尺寸：250毫米×203毫米。

③ 民国歙县钱让海立遗嘱继书草底，黄山学院收藏《歙县沙坦钱氏文书》，尺寸：324毫米×445毫米。

功能。新安人依赖宗族获得了利益，同时也将亢吾宗作为首要的宗旨。新安江流域平民的宗族生活是新安江流域基层社会的宗族控制的体现，同时也体现了传统伦理孝观念的文化内涵。

## 二、新安江流域平民的财产交易及赋税活动

契约文书在新安江流域平民的日常生活中首要的功能是财产所有权的凭证，同时也是赋税征收的依据。此外，在发生纠纷时，作为调解、诉讼的依据。歙县沙坦钱氏文书中土地关系与财产交易文书计 16 份，其中买卖契约 5 份，买卖坟穴 3 份，买卖山地 2 份；典当契约 5 份；租赁契约 3 份；田地、田税清单 3 份。所见财产交易的活动并不多，但也有可能与文书流传遗存的情况有关，新安人最重祖坟，因此对与坟穴有关契约文书格外重视得以保留。这些文书主要集中于民国年间，直到 1950 年该地仍沿用传统的契约格式书立买卖风水契。这些交易活动主要发生在钱氏宗族内部，也有与胡氏、姚氏、张氏、王氏的交往，与当地姓氏存续的历史和现实状况是相符的。

**一九五〇年十二月歙县胡绍铨立卖风水穴等契**[①]

立卖契人胡绍铨，今因欠少正用自愿将遗分受阄得圣字八十六号，土名堨头坑坐舍风水一穴，及□□堂并出入道路，自愿凭中立契出卖与钱德骥名下为业，三面言定，得受卖价食米一石二斗正，并中资酒水一概在内。其物即交当时收足，其业即交受人经管。此事两相情愿。恐口无凭，立此卖契大发存照。

公元一九五〇年腊月　日立卖契人胡绍铨押

凭中寿仂手印

代书　胡武职押

这份 1950 年的契约仍然沿用了传统契约的格式、体例、习语。中华人民共和国成立后的一段时间内，民间的坟穴买卖仍按照传统的俗例进行；民间仍然沿用了清代民国时期土地登记的字号、土名；采用了实物给付；仍有凭中、代书。这反映了在新安民间的习俗和生活经历了近代到现代的变迁，这种变迁并不是一日之内的

① 黄山学院收藏《歙县沙坦钱氏文书》，尺寸：315毫米×296毫米。

翻天覆地，而是在一段时间内伴随制度和政策推进的，民众有逐渐认同和接受的过程。

赋役是封建时代国家经济的重要来源。新安江流域宗族将赋役作为忠君爱国的表现，很多族谱都将“输赋税”“赋役当供”列入族规家法。如明万历休宁县林塘范氏宗族统宗祠规规定：“赋役当供：以下事上，古今通谊。赋税、力役之征，国家法度所系。若拖欠钱粮，躲避差徭，便是不良的百姓。连累里长，恼烦官府，追呼问罪，甚至枷号，身家被亏，玷辱父母。……故勤业之人，将一年本等差粮，先要办纳明白，讨经守印押，收票存证，上不欠官钱，何等自在。亦良民职分所当尽者。”① 清代《茗洲吴氏家典》家规规定：“朝廷国课，小民输纳，分所当然。凡众户己户，每年正供杂项，当预为筹画，及时上官，毋作顽民，致取追呼。亦不得故意拖延，希冀朝廷蠲免意外之恩。”② 完纳赋役是新安江流域平民完成社会义务的重要活动之一。

歙县沙坦钱氏文书中归户清册、推收底册计 7 份，主要时间范围是清代至民国时期。这是在清丈登记土地过程中形成的簿册，是赋税征收的依据。保存在民众手中的则是攒造过程中形成的底册。各种票据凭证 94 份，上限是清道光十二年（1832），下限是 1952 年 11 月。这是在催缴征收赋役过程中形成的各种单据、凭证，包括催征通知和完纳凭据，也往往是新安文书中遗存数量较多的种类。1952 年 11 月，沙坦属歙县十四区，村民钱德记缴纳秋粮 287 元，安徽省歙县人民政府发给他秋季农业税收据，钤有安徽省歙县人民政府农业税专印和县长刘文周印。③

这些契约文书和票据丰富了新安江流域平民生活的细节，呈现了基层社会由近代向现代渐进变化的过程。

**三、新安江流域平民的经营生计与金融观念**

新安江流域山多地少，明代以来人口压力加重，治生成为新安人生存发展的首要任务，读书业儒、务农经商……均是正业。沙坦的现实环境更是严苛，群山之中一条狭窄的河谷，肥沃宽广的耕地不多，山地贫瘠也无法种植生产粮食。从遗存文书可见，村民从事的主要行当有药铺、木材、茶叶等。

---

① 卞利：《明清徽州族规家法选编》，黄山书社，2014年，第258页。

② [清]吴翟辑，刘梦芙点校：《茗洲吴氏家典》，黄山书社，2006年，第18页。

③ 黄山学院收藏《歙县沙坦钱氏文书》，尺寸：197毫米 × 82毫米。

### (一)德生堂药号的经营活动

歙县沙坦文书中与药铺经营有关的簿册文书共20份，主要有账册、账单、药材价格清单等，时间在民国二十八年至二十九（1939 ~ 1940）年。根据同包文书中的民国二十八年（1939）四月歙县钱德骥立租屋批[①]可知，钱德骥租到胡埠口对河姚展来等所有的房屋，开设药铺，因此可以确定这就是歙县沙坦钱德骥于胡埠口开办的药号德生春，也称德生堂。通过其他账册可知，民国二十八年（1939）以前，钱德骥之父钱韵兰也曾贩售药材。部分药号账册目录如下表：[②]

**民国二十八年（1939）至二十九年（1940）歙县沙坦德生堂药号部分账册一览表**

| 账册名称 | 原件尺寸(毫米) | 内容简介 |
| --- | --- | --- |
| 民国二十八年(1939)四月歙县德生春立《流水一册》 | 140×200 | 记账时间从四月十一日至六月二十日，按人头登记每天上门买药顾客的银钱收支，主要来自上泽、姚家坦、下舍、东山、胡埠口、石门坞等周边居民钱氏、吴氏、胡氏、姚氏等 |
| 民国二十八年(1939)六月歙县德生堂立《流水二册》 | 142×202 | 记账时间从六月二十日至九月初四 |
| 民国二十八年(1939)九月歙县德生堂立《流水三册》 | 140×200 | 记账时间从九月初五日至十二月三十日 |
| 民国二十九年(1940)一月歙县钱德生堂立《流水一册》 | 141×197 | 记账时间从民国二十九年(1940)正月初三日至七月初七日 |
| 民国二十八年(1939)四月歙县德生春立《草批一册》 | 140×200 | 记账时间从四月初九至六月二十一日，为每天卖出药方和药品的账目 |
| 民国二十八年(1939)六月歙县德生堂立《柜批二册》 | 143×202 | 记账时间从六月二十二日至十一月二十六日 |
| 民国二十八年(1939)十二月歙县德生堂立《柜批三册》 | 142×197 | 记账时间从民国二十八年(1939)十一月二十七日至二十九年(1940)十一月二十四日 |
| 民国二十八年(1939)四月歙县德生堂立《洋总》 | 139×197 | 1.民国二十八年(1939)四月初十至二十七日德生堂流水、柜批洋数总登<br>2.民国二十八年(1939)四月初十日开始营业起至十二月岁晚流水、柜批每册总结分类 |

① 民国二十八年(1939)四月歙县钱德骥立租屋批，黄山学院收藏《歙县沙坦钱氏文书》，尺寸：343毫米×276毫米。
② 均出自黄山学院收藏《歙县沙坦钱氏文书》。

**续表**

| 账册名称 | 原件尺寸(毫米) | 内容简介 |
| --- | --- | --- |
| 民国二十九年(1940)三月歙县钱德生堂立《各户抄折》 | 120×55 | 记账时间从二月至七月,将流水簿的账目按人头汇总登记于小小的折页上,计上泽20人、上泽岭1人、水对10人、胡埠口20人、下泽凹11人、茶园山4人、石桥头4人、石积坑9人、三角4人 |
| 民国二十八年(1939)八月歙县钱德生堂药号立《誊清》 | 231×189 | 将二十八(1939)、二十九年(1940)的流水簿按人头重新誊写清楚,在每个顾客名下按日期计入每笔收支,计有35个地方的315人 |
| 民国二十九年(1940)八月歙县钱德生堂药号立《誊清》 | 233×190 | 记账时间从四月开始,登记的地名、顾客与前一册誊清有出入,计22个地方的271人 |
| 民国二十八年(1939)四月歙县德生春立《存货留根》 | 140×200 | 记录了四月至十月买进药材的账目及存货,经营的药品既有八卦丹、两头丸、藿香丸、天花粉等成药,也有生山枝、生査、厚朴、下枯草、橘皮、苏杆、丹皮、甜茶、元参等药材,主要的供货商是周鉴庭、余楷顺、永康药客、益寿堂等。药号同时也收购火腿 |

德生堂应当是按季度记账、盘账：流水是按每天上门的顾客记账，还会将流水誊清，结算顾客名下的总账；柜批记录的则是每天的药方药材账目；定期结算收支总账；记录买进的药材药品存货。综合以上文书可见，记录药号主要经营活动的若干账册相对完整且连续，反映了民国二十八（1939）、二十九年（1940）歙县沙坦地域一间普通药号的经营活动。

药号的进账主要是周边居民上门购买药方、药材、药品，支出则有伙食、运输药材米粮的劳力工费、置办器具的材料和工费，以及笔墨纸砚等记录工具。如民国二十八年（1939）四月歙县德生堂立《洋总》①，第一项记载了四月初十至二十七日的洋数总登。

① 黄山学院收藏《歙县沙坦钱氏文书》,尺寸:139毫米×197毫米。

**民国二十八年（1939）四月初十至二十七日德生堂洋数总登**

| 类别 | 细目 | 金额 |
| --- | --- | --- |
| 进账 | 流水 | 19元5角4分 |
| | 草批 | 31元3角5分3厘 |
| | 股东 | 100元 |
| 支出 | 胡咸春 | 50元 |
| | 伙食杂货 | 73元5角9分 |
| 结存 | 除支仍存 | 27元3角3厘 |

后续还誊写了民国二十八年（1939）四月初十日开始营业起至十二月岁晚流水、柜批每册总结分类。

**民国二十八年（1939）流水、柜批账目总结**

| 账册 | 金额 | 合计 |
| --- | --- | --- |
| 流水簿第一册 | 90元2角2分6厘 | 流水簿三册合计388元6角1分 |
| 流水簿第二册 | 135元7角0分2厘 | |
| 流水簿第三册 | 162元6角8分2厘 | |
| 柜批簿第一册 | 84元5角9分4厘 | 柜批簿三册合计196元1角7分1厘（原件记数，合计应为196元1角7分2厘） |
| 柜批簿第二册 | 96元7角6分7厘 | |
| 柜批簿第三册 | 14元8角1分1厘 | |
| 总计应收现洋 | 584元7角8分2厘 | 实收现洋339元5角0分6厘，欠款245元2角7分4厘（原件记数，合计584元7角8分，与应收现洋有2厘误差） |

最后是民国二十八年（1939）四月份起至十二月止对于伙食、肩力、办器具一切支用等分类总结，开列了一张分类支出报销表，但尚未填写支出。药号的支出包括柴、米、油、盐、亥、豆腐、酒、烟、花尖、黄表、香，（竹类、铁类、铜类、木类、磁类）器具的工钱原料，肩力（肩药、肩米），元书、手折、毛笔、誊清信封、信纸。通过收支账可以了解德生堂的经营规模和发展历程。

民国二十八年（1939）八月歙县钱德生堂药号立《誊清》,[1] 则是将二十八（1939）、二十九年（1940）的流水簿按人头重新誊写清楚，在每个顾客名下按日期计入每笔收支,计有35个地方的315人。民国二十九年（1940）八月歙县钱德生堂药号立《誊清》,[2] 登记的地名、顾客与二十八年有出入，计23个地方的275人。通过这些可以考察德生堂的经营区域，深入研究可以了解民国时期胡埠口、沙坦、姚家坦周边地区的经济状况。

**民国二十八年（1939）钱德生堂药号立誊清顾客名录一览表**

| 地名 | 姓名 | 人数 |
|---|---|---|
| ／ | 胡尚进、胡和尚、胡历松、胡灶成、胡秋许、姚有金、胡新德、张韫辉 | 8 |
| 本村 | 胡柏高、胡新寿、胡秋贵、老珠、胡灶贵、胡历达、胡历佳、胡历镛、胡颜宜、胡柏桂、姚发根、吉烘、胡新法、徐本能、姚秋锐、胡金来、胡柏日、柏新、胡致中、老□ | 20 |
| 项角岭 | 钱奕荣、钱让金、钱金有叔、钱让书、钱让取、钱法泰、金花、钱士芳 | 8 |
| 西山 | 胡文烘、胡绍饭、胡灶贵、胡尚茂、胡历顺、汪荣贵、胡柏林、钱妙清、钱讨饭、钱金宇、钱文洪、胡玉林、钱加福、钱奕春、钱荣炳、钱让根、钱四善 | 17 |
| 石门坞 | 钱金贵、金三、钱荣华、钱树滋、钱大茂、钱荣贵、钱春生、钱四弟、钱俭懋 | 9 |
| 江阴山 | 胡历相、胡泰仂 | 2 |
| 程家山 | 姚泰水、姚灶年、姚日升 | 3 |
| 砂坦 | 钱万荣、钱荣贵、钱让龙、钱俭隆、俭理叔、寄生、钱让沆、钱福全、钱荣昌、俭周、俭金、钱俭生、胡能详、天云、广富、胡漪进、漪驾、让达 | 18 |
| 姚家坦 | 潘政云、潘妙金、潘灶田、潘老四、开嫂、善之、老三、潘政和、荣根、潘德门、潘恒金、潘政盛、楷盛 | 13 |
| 龙门上 | 潘楷春、潘政礼、潘妙谷、潘宝田、胡应南、潘有仂、潘耀卿、潘震之、潘金好、潘金来、胡漪田、火仂、潘发财、潘楷本、潘柏寿、潘彩庭 | 16 |
| 东山 | 回顺、吴新余、新好、吴万顺、荣娣、汪在烘、胡文杰、胡顺田、灶田、吴新顺、胡文彬、胡顺来、吴新兆、胡新福、胡冬闵、吴本根、胡尚菊、吴本文嫂 | 18 |

① 黄山学院收藏《歙县沙坦钱氏文书》,尺寸:231毫米×189毫米。
② 黄山学院收藏《歙县沙坦钱氏文书》,尺寸:233毫米×190毫米。

续表

| 地名 | 姓名 | 人数 |
|---|---|---|
| 胡家山上舍 | 胡回仂、胡漪中、胡桂善、胡长全、胡小吉、胡春贵、胡漪来、胡漪旺、胡荣贵、历福、胡漪士、胡垚仂、胡能全、胡夏苟舅、胡岳嵩、胡春文 | 16 |
| 胡家山下舍 | 胡有仂、胡柏松、春山、胡漪和、胡历李、胡漪丁、胡六妹、胡漪炼、胡岳松、钱金东、钱柿东、胡毓章、钱虎东、胡尚根、胡尚贵、曹妙泰 | 16 |
| 坐凳 | 胡历山、胡漪苟、潘恒洪、胡秋林、钱法根、钱灶有、潘瑞美、胡尚成、丁灶春、潘顺来、钱妙金、钱彩福、潘顺取 | 18 |
| 中坎 | 胡炳仂、胡文淦、胡尚种、洪奕好、洪奕文、潘政顺、潘政春、潘安寿、潘恒银 | 9 |
| 石岭山 | 潘震之、潘政福、潘政青、潘春法、潘恒茂、潘上法、潘恒泰、潘德茂、胡尚事、余春来、姚长喜、胡历浣、胡妙得、余小苟、胡嘉善 | 15 |
| 胡阜口 | 罗进昌、罗时水、张灶有、钱让根、恭协公、吴本善、钱金淦、胡寿魁、胡盛德、钱俭海、钱让月、钱俭上、钱恭坪、张世良、钱恭林、胡汗荣、胡来法、洪来旺、张新荣、洪来锡、胡云来、罗会树、曹秋顺、张荣富 | 24 |
| 上泽 | 顺炳公、钱让士、王宝善、王连顺、王政堂、王永铎、王财顺、王宝红、王云山、王永族、王庭绍、王春山、凤山、钱禄来、姚增柯、姚泰水 | 16 |
| 上泽岭 | 胡灶二、王万福 | 2 |
| 下泽 | 余春生、禄苟、任天赦、余楷顺、余妙可、余家泰、余九发、余天发、余水喜、余春苟 | 10 |
| 下泽凹 | 胡新元、胡尚铎、姚金贵 | 3 |
| 茶元山 | 钱万生、姚启山、姚春宝、钱万新 | 4 |
| 石桥头 | 姚开法、张世松、钱谦泰、姚春来、钱开万 | 5 |
| 石积坑 | 胡万国、胡文德、胡德种、胡宗辉、胡文雅、胡尚清、胡老四、胡得能、胡金顺 | 9 |
| 石门坞柴苟凹 | 方中宇 | 1 |
| 姚家山 | 罗仕礼、罗文席、胡山海、胡漪竹、胡历清、钱讨果 | 6 |
| 白砂 | 胡福寿、胡老黑 | 2 |
| 西山降 | 曹光鸿 | 1 |
| 蜈公岭 | 胡尚起 | 1 |
| 半山 | 胡茂生、吕九喜、吕宏烈 | 3 |
| 三角 | 钱连和、张起泰、吕鸿宾、钱门详、钱新泽、 | 5 |

续表

| 地名 | 姓名 | 人数 |
| --- | --- | --- |
| 水对理 | 钱老计、钱南玉、钱国泰、钱七进、钱德茂、钱典书、钱金书、钱吕泰、胡胜林、曹景升 | 10 |
| 高山 | 姚大成、文渔姑丈、文殿、文清 | 4 |
| 画川田 | 胡根土 | 1 |
| 榔木坎 | 胡春泰、钱木取 | 2 |
| 合计 | | 315 |

## 民国二十九年（1940）八月歙县钱德生堂药号立《誊清》顾客名录一览表

| 地名 | 姓名 | 人数 |
| --- | --- | --- |
| / | 胡新寿、胡新发、胡秋贵、胡金来、胡尚进、姚发根、胡炎仂、胡漪珠、胡致忠、胡历达、胡历佳、姚□彩、姚秋锐、姚四嫂、胡禄来、吉昌、胡柏桂、胡柏日、胡高苟、胡秋许、钱金有 | 21 |
| 项角岭 | 钱奕荣、钱奕春、钱长有、钱士芳、钱让书、钱金花、钱法泰 | 7 |
| 西山 | 胡富嫂、胡新贵、胡绍春、胡南海、钱良顺、钱俭懋、钱灶苟、钱春山、钱开金、钱开富 | 10 |
| 石门坞 | 钱文洪、钱讨饭、钱金宇、钱加福、钱雪奎、钱树滋、钱金贵、钱荣贵、钱吉太、钱大茂、方忠宇、钱木取、钱四喜四弟、柴苟凹钱老四、钱让奎、胡漪和、钱让根、胡春苟、胡漪泰、胡漪相、姚顺茂 | 21 |
| 程家山 | 姚日升、姚灶年、姚开苟、姚泰水、姚水林、姚细闪、潘政信、潘妙黄、潘政云、潘楷棣、潘政堂、潘老三、潘政和、潘金来、潘善之、潘德明、潘政盛、潘政攸、潘天华、潘金发、潘天众、潘万康、潘金全、胡社雨、储春和、潘恒金、潘春生、潘灶田、潘秋发、潘柏寿、钱长顺、潘楷礼、潘耀卿、潘恒祥、潘彩庭、潘金好、潘柏桂、潘金泰、潘恒余、潘妙记 | 40 |
| 麻英捶 | 胡漪茂、胡历灶、胡漪寿、胡漪驾、钱俭理、钱俭富、钱让洪、钱俭生、钱广富 | 9 |
| 沙坦 | 胡漪进、胡漪驾、钱荣昌、钱让节、钱俭隆、钱让成、钱森茂、万荣、钱万根、钱老四、钱寄生、钱俭周、广富、奕聚、胡能详、胡尚有 | 16 |
| 东山 | 吴上春、吴新好、汪在洪、胡文彬、胡冬闪、吴新余、胡顺田、胡文杰、吴本文嫂、胡顺来、胡尚菊、吴福仂、胡春回、胡尚黄、胡尧仂、胡历福、胡历进 | 17 |

**续表**

| 地名 | 姓名 | 人数 |
|---|---|---|
| 胡家山上舍 | 胡漪回、胡漪忠、胡春贵、胡荣贵、胡垚仂、胡漪士、胡夏苟、胡秋发、胡春文、胡松柏、胡漪丁、胡漪炼、胡六妹、胡漪连、胡秋顺、胡上文、胡福顺、胡福荣、钱金东、胡历金、钱柿东、胡历山、胡漪苟、钱灶有、潘顺聚、潘许美、钱妙来、洪奕文 | 28 |
| 中坟 | 胡炳仂、种仂、胡尚和、潘安寿、潘和仂、潘震之、潘春法、潘德茂、潘上法、潘恒顺、潘恒银、胡漪标、钱恭林 | 13 |
| 胡阜口 | 余小苟、胡历浣、胡云来、胡妙得、余春来、胡嘉善、姚长喜、罗进昌、罗时水、钱恭协、厚公、俭上、俭培、吴本善、钱金淦、张灶有、胡盛得、张世良、钱恭坪、张新荣、胡汗荣、来法、洪来锡、曹秋顺、罗会树、姚开咏、余大珠、钱俭海、邵水得、钱南玉、钱德茂、钱国泰、钱清泰 | 33 |
| 上泽 | 钱顺炳、钱让士、王连顺、王云山、凤山、王财顺、王宝红、姚灶顺、姚增柯、王永铎、王万福 | 11 |
| 上泽岭 | 胡泰深、钱禄茂 | 2 |
| 下泽 | 禄苟、余妙可、余水喜、余春苟、余春生、胡尚铎、胡新荣 | 7 |
| 蜈蚣岭 | 吕海花 | 1 |
| 朱家塝 | 胡尚起、吕九喜、吕宏烈 | 3 |
| 石积坑 | 胡万国、胡宗辉、胡德种、胡老四、胡尚清、胡德能、胡文禄、胡文棣、姚春宝、姚春进、钱万新、胡文雅、胡玉福 | 13 |
| 牛皮坟 | 钱俭水、胡祖祥、姚开法、钱谦泰、胡文康 | 5 |
| 白砂 | 胡福寿、胡漪竹 | 2 |
| 下塆 | 胡光彩、钱让达、钱大云、钱金书、钱新泽、钱红泰、钱金荣、钱云竹、程节吉、胡文渔 | 10 |
| 西山降 | 胡文佳、胡雪花、曹光鸿、胡胜林、曹光樾 | 5 |
| 画川田 | 胡根土 | 1 |
| 合计 | | 275 |

还有一些散件按照药号的柜子，分格登记了存放的药材及价格，可以对民国时期药号的药材有直观的了解，可推测出当时药号的布置和陈设。以上流水收支、盘登总账、顾客名单、药材清单等反映了民国时期新安江流域一个药号经营活动的细节，重现了当时商人的生计生活状况。

（二）新安江流域平民的木材经营活动

茶叶和木材，不仅是明清以来新安人的主要生计行当，至今仍是新安江流域农民的主要收入来源之一。歙县沙坦地处崇山峻岭之中，木材砍伐销售也是当地居民的经营活动之一。

我国古代杉木销售计价先后采用过“估堆法”（按木材堆积大小议价），“称重法”（按重计价），“三定法”（定尺寸、定重量、定价），但都不能保证优质优价，无法兼顾林农的利益，无法满足木材交易市场的需要。直到明崇祯年间，杉木中心产区江西省龙泉县五斗江郭家村的郭维经、郭明珠父女在长期的林业生产实践中不断总结经验、征求意见，创立了“龙泉码价”，后在全国得到推广使用。龙泉码价是明清时期适用于杉木原条的两步计价方法，在材积和市价之间制定了一套兼顾材积、材种、规格、质量、价格的码价表，相应的眉围、材长折算成特定的码价，移用重量单位两、钱、分、厘、毫做表达。[①]具体的操作方法是用“滩尺”（一种专门测量眉高围的篾制尺，1滩尺约等于34.22厘米），在距条木大头底端“眉高”处（成年男子眉高处，大约五尺又三指，约1.7米处）测量木材圆周；通过查阅码价表，折算成码价；根据原条是否标准材，以及弯、尖、疤、槽、空、破、烂等缺陷，调整码价；将码价乘以销售单价，即获得木材的市场价格。龙泉码价随着眉围增长而变化，但并不是简单的递增关系。不少研究者都注意到并且系统研究了这种数理关系。眉围与码价之间是一种幂函数关系：小径木的码价随眉围增大加翻进位小，大径木的码价随眉围增大转贯加翻进位大。[②]这也体现了龙泉码价的优点：木材价格并不是完全按照材积计算，而是小材低价、大材高价，鼓励林农培育大径材，起到了保护中幼材树林的作用。龙泉码价根据木材的规格和缺陷实时调整的让码，既包容又简捷，限制了林农随意锯短木材，提高木材利用率。龙泉码价在实际的运用中，随着测量单位、测量方式、地域、时代的不同呈现了差异化，出现了上海码、杭州码、江西码、汉口码、南京码、陬溪码、洪江价码、锦屏／靖县价码。一直到20世纪50年代，推行公制计量木材制度后，龙泉价码逐渐废止，现行木材销售主要按照材积来结算。龙泉码价是我国古代劳动人民智慧的结晶，蕴含了朴素的生态环保观念，是宝贵的

① 张志云：《龙泉码价探讨》，《农业考古》1999年第1期，第259～264，267～290页。
② 张志云、蔡学林、叶亲文：《龙泉码价数理关系探索》，《江西林业科技》1999第2期，第8～14页。

非物质文化遗产。

历史上新安江流域也是杉木产区之一，木材销售中也使用了龙泉码价。如歙县沙坦钱氏文书中的民国六年（1917）五月歙县《同日利号分围码折》，[①] 封面钤有红印，粘有 1 分面值的民国印花税票 2 张，正面登记了朱元昌行、同昌行分别购买的木头和码价，测量登记每根木材的眉围，再折算成码价核算。朱元昌行买到头阄，一号为木 100 根，码价 3 两 1 钱 1 分 5 厘；二号为木 110 根，码价 3 两 4 钱 3 分 2 厘 5 毫；合计木 210 根，码价 6 两 5 钱 4 分 2 厘 5 毫。又段木 7 根，码价 7 分。总计木 217 根，码价 6 两 6 钱 1 分 7 厘 5 毫。同昌行买到二阄，一号为木 100 根，码价 2 两 9 钱 5 分 7 厘 5 毫；二号为木 110 根，码价 3 两 7 钱 5 分 5 厘；合计木 210 根，码价 6 两 7 钱 1 分 2 厘 5 毫。又段木 6 根，码价 7 分。总计木 216 根，码价 6 两 7 钱 8 分 2 厘 5 毫。两阄总共木 433 根，码价 13 两 4 钱。反面登记了五福全寿料板价、龙泉码价。

**五福全寿料板价一览表**

| 尺寸(寸) | 价格(元) |
|---|---|
| 6 | 0.9 |
| 6.5 | 1.3 |
| 7 | 1.8 |
| 7.5 | 2.4 |
| 8 | 3.4 |
| 8.5 | 4.4 |
| 9 | 5.4 |
| 9.5 | 6.4 |
| 10 | 7.4 |
| 10.5 | 8.4 |

① 民国六年五月歙县《同日利号分围码折》，黄山学院收藏《歙县沙坦钱氏文书》，尺寸：120毫米×1015毫米。

## 龙泉码价一览表

| 眉围(尺) | 码价(两) |
|---|---|
| 0.9 | 0.02 |
| 0.95 | 0.0225 |
| 1 | 0.025 |
| 1.05 | 0.03 |
| 1.1 | 0.035 |
| 1.15 | 0.04 |
| 1.2 | 0.045 |
| 1.25 | 0.0525 |
| 1.3 | 0.06 |
| 1.35 | 0.0675 |
| 1.4 | 0.075 |
| 1.45 | 0.0825 |
| 1.5 | 0.09 |
| 1.55 | 0.105 |
| 1.6 | 0.12 |
| 1.65 | 0.135 |
| 1.7 | 0.155 |
| 1.75 | 0.165 |
| 1.8 | 0.18 |
| 1.85 | 0.205 |
| 1.9 | 0.23 |
| 1.95 | 0.255 |
| 2 | 0.28 |
| 2.05 | 0.305 |
| 2.1 | 0.33 |
| 2.15 | 0.355 |

**续表**

| 眉围（尺） | 码价（两） |
|---|---|
| 2.2 | 0.38 |
| 2.25 | 0.405 |
| 2.3 | 0.43 |
| 2.35 | 0.455 |
| 2.4 | 0.48 |
| 2.45 | 0.505 |
| 2.5 | 0.53 |
| 2.55 | 0.58 |
| 2.6 | 0.63 |
| 2.65 | 0.68 |
| 2.7 | 0.73 |
| 2.75 | 0.75 |
| 2.8 | 0.83 |
| 2.85 | 0.88 |
| 2.9 | 0.93 |
| 2.95 | 0.98 |
| 3 | 1.03 |
| 3.05 | 1.13 |
| 3.1 | 1.28 |

这份龙泉码价表是历史上徽州地域实际遵循的龙泉码价表，将其与其他地域码价比较，与杭州码最相似。二者的差异在于杭州码的眉围 1.7 尺对应码价 0.15 两；龙泉码价的眉围 3.1 尺对应码价 1.23 两。按照《歙县林业志》，歙县遵循的眉围是从 5 尺 7 寸处测量，歙县码没有半寸。① 但从上表可见，徽州地域实际使用的龙泉

①《歙县林业志》编写组：《歙县林业志》内部资料，1991年，第258页。

码是包含半寸的。

(三)新安江流域平民的茶叶等经营活动

新安江流域茶叶的生产经营历史悠久，高山平原遍布茶园，茶叶销售至今仍是新安江流域农民的主要经济来源之一。

从沙坦钱氏文书的账簿中可见，钱韵兰家庭主要的营生收入有开办私塾充任教书先生、开办药铺、收售山货、兼营杂货，以及钱会金融活动和地租收入。收售山货包括山粉（山芋粉）、苞芦（玉米）、若皮（箬叶）、茶叶，茶叶包括春茶、子茶、毛峰、烘青。歙县沙坦钱氏文书中的民国二十年（1931）元月歙县钱韵兰立《家用草批》①记录了民国二十一年（1932）、二十二年（1933）、二十三年（1934）春茶出售账目。民国二十三年（1934）七月歙县钱韵兰立《勤笔免思》②记录了民国二十五年（1936）春茶出售账目。

**民国二十一年（1932）三月卖出春茶进洋一览表③**

| 时间 | 茶叶品种 | 重量(斤) | 收入(元) | 平均价格(元) |
|---|---|---|---|---|
| 三月二十六日 | 春茶 | 16 | 15.4 | 0.96 |
| 三月二十七日 | 烘青 | 12.5 | 11.1 | 0.89 |
| 三月二十八日 | 燥茶 | 13.5 | 12 | 0.89 |
| 三月二十九日 | 燥茶 | 7 | 6.3 | 0.90 |
| 三月三十日、四月初一 | 干茶 | 26 | 23.45 | 0.90 |
| 四月初二、初三 | 茶 | 15 | 14 | 0.93 |
| 四月初四 | 茶 | 8 | 7.6 | 0.95 |
| 四月初五初六 | 茶 | 25 | 20 | 0.80 |
| 四月初九 | 茶 | 18.5 | 15 | 0.81 |

① 黄山学院收藏《歙县沙坦钱氏文书》，尺寸：151毫米×227毫米。

② 黄山学院收藏《歙县沙坦钱氏文书》，尺寸：159毫米×229毫米。

③ 民国时期，徽州地区流通的货币有英洋、元洋、小洋、铜钱、钞等，民间有一定的折算比例。小洋指角，通过测算1角=0.9元。沙坦钱氏文书有时做区分，有时又未做明确标识。为了统计方便，此处未对小洋做折算，按照实数统计。

续表

| 时间 | 茶叶品种 | 重量(斤) | 收入(元) | 平均价格(元) |
|---|---|---|---|---|
| 四月十三日 | 茶 | 48.5 | 36 | 0.74 |
| 合计 | | 190 | 160.85 | 0.85 |

## 民国二十二年（1933）春茶卖出收入洋一览表

| 时间 | 茶叶品种 | 重量(斤) | 收入(元) | 平均价格(元) |
|---|---|---|---|---|
| 四月初十 | 茶 | 17 | 18 | 1.06 |
| 四月十一 | 茶 | 9.5 | 10 | 1.05 |
| 四月十二 | 茶 | 15.5 | 15.7 | 1.01 |
| 四月十三 | 茶 | 14.5 | 15 | 1.03 |
| 四月十七 | 茶 | 52 | 48.4 | 0.93 |
| 四月十八 | 茶 | 15 | 14 | 0.93 |
| 四月二十六 | 茶 | 60 | 36.3 | 0.61 |
| 合计 | | 183.5 | 157.4 | 0.86 |
| 五月二十九 | 子茶 | 7.5 | | |
| 五月三十 | 子茶 | 9.5 | | |
| 闰五月初一 | 子茶 | | | |
| 闰五月初二 | 子茶 | 8 | | |
| 闰五月初三 | 子茶 | 6 | | |
| 合计 | | 31 | | |
| 五月二十五 | 子茶 | 34 | 17.504 | 0.51 |
| 闰五月十二 | 子茶 | 38 | 20.166 | 0.53 |
| 合计 | | 72 | 37.67 | 0.52 |

## 民国二十三年（1934）春茶出售进账一览表

| 时间 | 茶叶品种 | 重量(斤) | 收入(元) | 平均价格(元) |
|---|---|---|---|---|
| 三月二十八 | 燥烘青 | 47 | 38 | 0.81 |
| 三月二十九 | 燥烘青 | 20 | 18 | 0.90 |
| 四月初一 | 烘青茶 | 20 | 17.8 | 0.89 |
| 四月初二 | 烘青茶 | 14.5 | 12 | 0.83 |
| 四月初三 | 烘青茶 | 22 | 14 | 0.64 |
| 四月初四至十二 | 烘燥茶 | 81.5 | 49 | 0.60 |
| 合计 | | 205 | 148.8 | 0.73 |
| 五月十三日 | 子茶 | 9.5 | 6.5 | 0.68 |
| 五月十五日 | 茶 | 16.5 | 11.75 | 0.71 |
| 五月二十日 | 子茶 | 30.5 | 20 | 0.66 |
| 五月二十三日 | 子茶 | 9 | 6 | 0.67 |
| 合计 | | 65.5 | 44.25 | 0.68 |

## 民国二十五年（1936）春茶出售进账一览表

| 时间 | 茶叶品种 | 重量(斤) | 收入(元) | 平均价格(元) |
|---|---|---|---|---|
| 闰三月十七日 | 燥茶 | 25 | 18 | 0.72 |
| 闰三月十八日 | 茶 | 12.5 | 9.6 | 0.77 |
| 闰三月十九日 | 茶 | 10 | 7.3 | 0.73 |
| 闰三月二十五日 | 茶 | 43 | 24.1 | 0.56 |
| 闰三月二十八日 | 茶 | 26.5 | 16 | 0.60 |
| 合计 | | 117 | 75 | 0.64 |
| 五月初九 | 茶 | 32 | 13.2 | 0.41 |
| 五月十三 | 茶 | 15 | 6.8 | 0.45 |
| 五月十四日 | 茶 | 5 | 2.3 | 0.46 |
| 合计 | | 52 | 22.3 | 0.43 |

民国二十九年（1940）六月歙县钱永泰富记立《茶批》，[①]主要内容是钱永泰记录的六月十五日至十七日收购茶叶的账目，钤有“钱让达”印。下表可见当时收购茶叶也是按照品质一人一价，六月收购夏茶的均价在 0.458 元。

**民国二十九年（1940）六月歙县钱永泰富记收购茶叶账目表一览表**

| 日期 | 姓名 | 茶叶(斤) | 收购价格(元) | 平均收购价格(元) |
|---|---|---|---|---|
| 十五日 | 在春 | 31 | 13.3 | 0.429 |
| | 老三 | 59 | 27.1 | 0.459 |
| | 俭理 | 106 | 51 | 0.481 |
| | 俭周 | 14 | 6 | 0.429 |
| | 寒生 | 28.5 | 12.6 | 0.442 |
| | 奕聚 | 51 | 23.6 | 0.463 |
| | 泰水 | 40 | 18 | 0.450 |
| | 俭起 | 76.5 | 35.1 | 0.459 |
| | 俭生 | 205 | 100.4 | 0.490 |
| | 俭隆 | 125 | 55 | 0.440 |
| | 志文 | 11 | 5 | 0.455 |
| | 让水 | 124 | 57 | 0.460 |
| | 荣华 | 22 | 10 | 0.455 |
| | **合计** | 893 | 414.1 | 0.464 |
| 十六日 | 新福 | 17 | 7.4 | 0.435 |
| | 福仂 | 194.5 | 83.1 | 0.427 |
| | 反仂 | 2.5 | 1.1 | 0.440 |
| | **合计** | 214 | 91.6 | 0.428 |

① 黄山学院收藏《歙县沙坦钱氏文书》，尺寸：140毫米×196毫米。

**续表**

| 日期 | 姓名 | 茶叶(斤) | 收购价格(元) | 平均收购价格(元) |
|---|---|---|---|---|
| 十七日 | 泰水 | 2 | 0.9 | 0.450 |
| | 森木 | 78 | 37.5 | 0.481 |
| | **合计** | 80 | 38.4 | 0.480 |
| **三日总计** | | 1187 | 544.1 | 0.458 |

民国三十六年（1947）歙县钱德骥立《进出支用账》[①]记录了一九五〇年春茶出售进账。此时的币值面额以千万计数。

**一九五〇年四月初六日春茶账一览表**

| 茶叶品种 | 重量(斤) | 收入(元) | 平均价格(元) |
|---|---|---|---|
| 毛峰 | 30 | 390000 | 13000 |
| 毛峰 | 39 | 526500 | 13500 |
| 烘青 | 61 | 597800 | 9800 |
| **合计** | 130 | 1514300 | 11648.46 |

通过以上账目，可以总结出春茶售价趋势：每年从清明节前开始春茶销售，价格随着时间呈下降趋势；春茶价格要远高于夏茶；每年的茶叶出售量也大体持平。每年的茶叶销售可以粗略分为三四月和五六月两个阶段，民国二十一年（1932）至二十九年（1940）同期茶叶均价走势如下图所示：

① 黄山学院收藏《歙县沙坦钱氏文书》，尺寸：149毫米×206毫米。

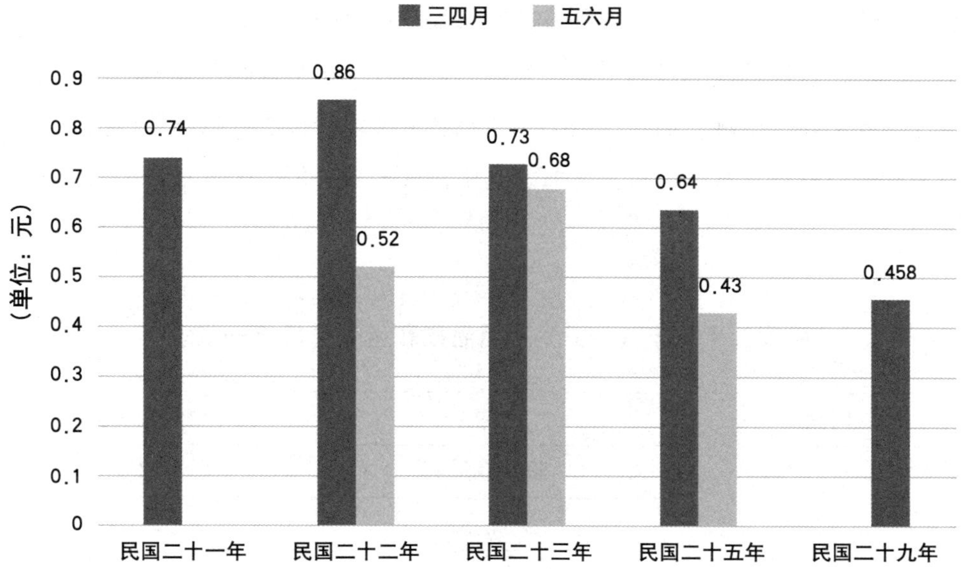

民国二十一年至二十九年（1932～1940）同期茶叶售价走势图

这种种植、采摘、销售茶叶的生产行为一直延续至今，每年清明前后全村人员出动，早早上山采茶，中午茶农背着装满茶叶的竹篮、布袋，与上门收购的小贩讨价还价。以下这份文书显示了新安江流域农户收购玉米的经营活动。

**民国三十一年（1942）十月歙县钱生泰立收领苞芦条**①

立收领人钱生泰，今收到钱俭理、俭隆、福遂、安月等苞芦二担，凭中收到，以后不得反悔，两无异言。恐口无凭，立此收领为据。

民国卅一年十月　　日　　立收领人钱生泰押

凭中　和泰押

让龙押

张百犬押

亲笔

钱韵兰除了经营药材、收售山货外，也面向沙坦周边居民销售杂货，文书中未

① 黄山学院收藏《歙县沙坦钱氏文书》，尺寸：233毫米×124毫米。

见货物出售盘账，多散见在与人往来的经济活动记录中。据此推测杂货销售规模可能不大，应是药铺的附属经营活动。钱韵兰多从外地进货，经常交易的有潘德和号，也常往遂安县城、威坪、街口等地办货。笔者从沙坦钱氏手记的账簿中摘录了一些比较清晰明白的进货盘账，可见一斑。其中，有些口头用语尽量誊录为一致的通行用语。

**民国二十二年（1933）正月潘德和宝号送货单一览表**①

| 时间 | 货物 | 价格(元) |
|---|---|---|
| 正月初五 | 来粉丝八斤 | 2 |
| | 洋油一听 | 5.2 |
| | 萝卜丝十二斤 | 1 |
| | 京枣四斤半 | 1 |
| | 香糕四斤半 | 1 |
| | 麻圆四斤半 | 1 |
| | 冻糖四斤半 | 1 |
| | 桃酥四斤半 | 1 |
| | 交丁二斤十二两 | 0.5 |
| | 花生二斤 | 0.272 |
| | 彩糕半斤 | 0.144 |
| | 京丹十张 | 0.22 |
| | 粉背红十五张 | 0.21 |
| | 上圣红一张 | 0.04 |
| | 八十元书二本 | 0.088 |
| | 菜油二十四斤 | 6 |

① 黄山学院收藏《歙县沙坦钱氏文书》，尺寸：151毫米×227毫米。

**续表**

| 时间 | 货物 | 价格(元) |
| --- | --- | --- |
| 正月初五 | 料码折二个 | 0.032 |
| | 绍记酒四坛 | 24 |
| | 真海头一担 | 9.1 |
| | 旧牵绳十丈四尺 | 0.416 |
| | **合计** | 54.222 |
| 正月十七日 | 来煤油一听 | 5.2 |
| | 苏酒一坛 | 6 |
| | 六九连四纸半刀 | 0.5 |
| | 石膏二斤四两 | 0.16 |
| | 剔破二刀 | 0.24 |
| | 红包八个 | 1.144 |
| | 金鼠牌一打 | 1.48 |
| | **合计** | 原件合计14.624<br>实数合计14.724 |
| 正月二十夜 | 洋烛二对 | 0.5 |
| | 草荐二条 | 1.1 |
| **实数合计** | | 70.546 |

民国二十二年（1933）正月初五、十七、二十日晚潘德和号分别送了3次货，钱韵兰则于二月初二付货款68元，五月初八付了2.118元，合计70.118元。五月二十九日，潘德和号还送货一单，价值1.774元。由此货单可见，这些杂货主要是粉丝、京枣、香糕、麻圆、冻糖、桃酥、花生、彩糕之类的点心食品，以及菜油、酒之类的调味料和饮品，多从外地买进。

## 民国二十二年（1933）九月办货账单一览表①

| 时间 | 货物 | 价格(元) |
|---|---|---|
| 九月初九威坪办货 | 贡檀香一斤 | 0.8 |
| | 红蜡烛二斤 | 0.72 |
| | 正佛表二十八刀 | 2.5 |
| | 新料花尖十五刀 | 1.5 |
| | 一千贡边一包 | 0.16 |
| | 五百贡边一包 | 0.08 |
| | 双百边二包 | 0.336 |
| | 背红二张 | 0.024 |
| | 洋红烛二对 | 0.2 |
| | 云耳四两 | 0.44 |
| | 香莀二两 | 0.36 |
| | 粉丝二斤 | 0.376 |
| | 青鱼三尾 | 0.234 |
| | 雨伞一把 | 0.34 |
| | 蓝洋土六尺 | 0.6 |
| | 卷棉花十二两 | 0.36 |
| | 油筒一筒 | 0.077 |
| | □糖五斤半 | 1.2 |
| | 砂糖一斤 | 0.2 |
| | 灯油二斤 | 0.492 |
| | 海砂九斤半 | 1 |
| | 顶皮烟 | 1 |
| | **合计** | 12.999 |

① 民国二十年元月歙县钱韵兰立《进出支用》，黄山学院收藏《歙县沙坦钱氏文书》，尺寸：151毫米×227毫米。

续表

| 时间 | 货物 | 价格(元) |
| --- | --- | --- |
| 九月十九街口办货 | 提市米一担一斗六升 | 8 |
| | 白占米二斗一升 | 2 |
| | 洋油一听 | 3 |
| | 菜油九升半 | 2 |
| | 酱油二斤 | 0.32 |
| | 大方二十块 | 0.28 |
| | 冻糖一斤 | 0.224 |
| | 缠单五十个 | 0.35 |
| | 二两双二筒 | 0.32 |
| | 仇连十张 | 0.11 |
| | 墨屑四两 | 0.4 |
| | 卷子棉半斤 | 0.26 |
| | □九斤半 | 1 |
| | 香糕一斤 | 0.224 |
| | 标白三尺三寸 | 0.2 |
| | **合计** | 原件合计19.2<br>实数合计18.688 |
| 九月二十五办货 | 黑枣十二斤 | 2.2 |
| | 蜜枣一斤 | 0.48 |
| | 麻烘糕四十包 | 0.48 |
| | 菜油两斤 | 0.4 |
| | 香粉九两 | 0.16 |
| | □□二只 | 0.03 |
| | **合计** | 3.75 |

钱韵兰10天左右就会前往威坪、街口等地办货，主要销售给沙坦周边居民。由此也可见，沙坦村民的日常生活的物质需求。

(四)新安江流域平民的金融活动

中国古代封建社会没有形成今天制度化规范化的金融系统和机构，但是民间又亟须储蓄、借贷、投资等金融需求，这就催生了钱会的诞生和活跃。明清民国时期，钱会这种小规模众筹性的自发金融组织在各地广泛存在，形成了不同的习俗和惯例。特别是在新安地区，普通民众都会参与几个甚至十几个钱会。钱会基于熟人社会亲戚好友的信任协商而建立，以规避风险，具有储蓄、借贷、投资的金融功能，与今天的投资盈利相比，更加偏重于互助救急。胡中生、俞江、熊远报等学者都对新安江流域的钱会进行了深入的研究。[①]

简而言之，钱会的运行流程是由会首邀集数位会脚，协商规定会金、会额、会期、利息等细则，签订会书；钱会按照会书规定运转，会首和会脚按会期次序担任得会人，参会人员每期缴纳会金，凑成会额付与得会人，也就是说每期得会人都能获得一笔会额。但根据钱会性质的不同，通过计算每个参会人的支出与收入，没有收益或收益较小的偏向于储蓄和互助功能，收益较多则类似低利投资。每个钱会都有一套会金、会额、会期、利息的缴纳计算细则，因此钱会的形式非常多样且复杂。按得会方式，可以分为独会、轮会、摇会、标会等。按照会金或会额的趋势，可以分为缩金会和堆积会。清至民国时期，新安江流域钱会实例中常见的有平金式轮会、缩金式轮会、堆积式轮会、缩金式摇会、堆积式摇会。

通过新安文书中丰富的会书可以深入研究各种钱会的运行，从而展示乡村社会的人际关系，以及基层社会的运转。在歙县沙坦钱氏文书中，民国十三年（1924）三月歙县钱韵兰立《银会出入》[②]记载了民国十二年（1923）至二十三年（1924）间钱韵兰家庭参加的15个钱会，既有缩金式，也有平金式、堆积式；有的会为钱韵兰经手参加，也有继承而来。如此频繁的钱会活动，再现了一个近代普通农民的金融生活图景，说明了新安江流域普通乡村的民间金融活动也是非常活跃的，呈现了中国传统农村社会生产与再生产的一个侧面。

---

① 俞江：《清中期至民国的徽州钱会》，《安徽大学学报(哲学社会科学版)》2017年第4期，第1～22页。胡中生：《清代徽州民间钱会研究》，《民间文献与地域中国研究》，时代出版传媒股份有限公司，2006年，第659～700页。熊远报：《在互酬与储蓄之间——传统徽州“钱会”的社会经济学解释》，《中国经济史研究》2017年第6期，第5～29页。

② 黄山学院收藏《歙县沙坦钱氏文书》，尺寸：142毫米×203毫米。

**民国十二年（1923）至二十三年（1934）间钱韵兰家庭参加的15个钱会一览表**

| 起止时间 | 会名 | 首会 | 首次会额 | 会脚 | 行会周期 | 利息 | 会酌 | 得会 | 存续 | 类型 | 备注 |
| --- | --- | --- | --- | --- | --- | --- | --- | --- | --- | --- | --- |
| 民国十二年(1923)十一月至民国二十一年(1932)五月 | | 钱圣清 | 6元×24股/144元 | 24股 | 三季(五月初九、六月初九、十一月初九) | 加四利 | 10元 | 七会 | | 缩金式摇会 | |
| 民国十三年(1924)五月至民国二十年(1931)五月 | | 钱天德 | 3元×20股/60元 | 20股 | 三季(五月十五、六月十五、十一月十五) | 加二 | 2元 | | 圆会 | 缩金式 | 代新妹兄付 |
| 民国十三年(1924)五月至民国二十年(1931)十一月 | | 潘政和 | 5元×16股/80元 | 16股 | 两季(五月十五、十一月十五) | 加五利 | 6元 | 二会 | 圆会 | 缩金式 | |
| 民国六年(1917)七月至民国十六年(1927)六月 | 仁义银会 | 胡树芝 | 105元 | 10股 | 一季(六月初二) | | 1元 | 三会 | 清 | 平金式 | 前谱入来 |
| ?至民国十六年(1927)五月 | | 钱俭松 | | 16股 | 两季(五月初九、十一月初九) | | | | 满会 | 缩金式 | 前谱入来。民国十四年(1925)五月初九收第十三季会洋半股。有余利。民国十六年(1927)五月初九满会，半股收洋40元 |
| ?至民国二十年(1931)五月 | | 天德 | 3元×16股/48元 | 16股 | 两季(五月十五、十一月十五) | | | | 圆会 | 缩金式 | 四人合一股 |

**续表**

| 起止时间 | 会名 | 首会 | 首次会额 | 会脚 | 行会周期 | 利息 | 会酌 | 得会 | 存续 | 类型 | 备注 |
|---|---|---|---|---|---|---|---|---|---|---|---|
| 民国十二年(1923)六月至民国十七年(1928)十一月 | | 节吉 | 2元×12股/24元 | 12股 | 两季(五月十五、十一月十五) | 加二利 | 无 | | 圆会 | 缩金式 | |
| | | 胡锦来 | | | | | | | | 缩金式 | 前谱入来付第十九季会洋大填半股5元7角6分3厘 |
| 民国十四年(1925)五月至民国二十三年(1934)五月 | | 钱让达 | 6元×20股/120元 | 20股 | 两季(五月初四、十一月初四) | 大填加六利 | | 五会 | 圆会 | 缩金式摇会 | 自己半股,与俭松合 |
| 民国十七年(1928)十一月至民国二十三年(1934)十一月 | | 钱妙周 | 4元×16股/64元 | 16股 | 两季(五月初七、十一月初七) | 大填加五利 | 4元 | 十一会 | | 缩金式摇会 | |
| 民国十七年(1928)至民国二十三年(1934)六月 | | 钱树滋 | 10元×21股/210元 | 21股 | 两季(五月初七、十一月初七) | 加七利 | 10元 | 七会 | | 缩金式摇会 | |
| 民国二十年(1931)五月至民国二十三年(1934)十一月 | | 胡尚周 | 4元×26股/104元 | 26股 | 三季(五月初三、六月初三、十一月初三) | 加四利 | 8元 | 半股六会、半股九会 | | 缩金式摇会 | |

续表

| 起止时间 | 会名 | 首会 | 首次会额 | 会脚 | 行会周期 | 利息 | 会酌 | 得会 | 存续 | 类型 | 备注 |
|---|---|---|---|---|---|---|---|---|---|---|---|
| 民国二十一年(1932)五月至民国二十三年(1934)五月 | 七贤仁义会 | 潘岩寿 | 7股/140元 | 7股 | 一季(五月初十) | | | 二会 | | 堆积式轮会 | 民国二十二年(1933)改小会,会脚每季各付一半,首会每季照依原形 |
| 民国二十年(1931)五月至民国二十二年(1933)五月 | 七贤会 | 钱让爵 | 126元 | 7股 | 一季(五月初九) | | | 七会 | | 堆积式轮会 | |
| ? 至民国二十三年(1934)十一月 | | 钱俭珠 | 5元×16股/80元 | 16股 | 两季(五月初十、十一月初十) | 加五利 | 5元 | | | 缩金式摇会 | 会首名下第三季等来80元银会半股 |

概而言之，歙县沙坦钱氏家族的经济生活囊括了药铺、木材、茶叶、山货等生产经营活动，以及钱会的金融活动，这些也是历史上新安江流域乡村农民的一般性生产经营活动。新安人将“治生”放在首位，于勤恳劳作中创建家园、创造生活。正是在劳动人民的生产生活中，创造出了灿烂的物质和非物质文化遗产。

**四、新安江流域平民的生活消费和人情往来**

新安江流域，农民至今仍有将日用支出事无巨细地记录、保存下来的习惯。新安文书中大量的账簿、账单反映了新安人的收入和支出等经济交往活动。新安人日常生活中的大事有建房、婚丧等。

（一）建房支出

在商品经济不发达的新安江流域农村，至今仍遗存着雇佣乡亲、好友做工建房的习俗。新安江流域乡村中比较能干的人除了从小做农活外，一般都会学习木匠、砖匠等手工技艺，这就实现了乡村社会的自给和互助。一九五七年歙县入山伐木造房工账，[①] 就记录了一个钱氏家庭造房过程中的各种用工及支出。新安江流域平民一般就地取材，采用大量的杉木建造房屋，因此首先雇用大量的人工入山伐木，开杉木皮、加工木材，合计雇用了约 34 名，主要包括沙坦周边的姚、胡、钱、吴等姓，可见皆为相识的本地居民。造房的主要工种有石匠、木匠、竹匠，此外还有打塝脚、做墙、作树、做磅、做地面、做大门、打篓捶、打粪箕、盘翌、开治补墙、拆屋、镢匠等。新安江流域木构建筑最关键的工序为竖柱，当天周围的亲朋好友也纷纷前来助工，有的还送上白豆和豆腐，计有 41 人，均为钱、姚、胡、潘姓。

1971 年 5 月 18 日钱宝三号开工修理沿沟磅，当时已应用炸药开挖沟渠，东家买来勇士烟、新安江烟、浦江烟、雄狮、大红鹰等分发给雇工，买来炸药、雷秆、火素、砲焇等用于工事，还按雇工人头记录 5 月 18 日至闰五月初九日的每日工时，统计伙食供给账。[②] 这份簿册的夹页还记载了 1971 年 6 月修建房屋礼物账，计有 55 人送了黄豆等礼物，主要来自钱、胡、姚、吴等姓亲友。

---

① 黄山学院收藏《歙县沙坦钱氏文书》，尺寸：199毫米 × 163毫米。

② 一九七一年五月歙县建房工账，黄山学院收藏《歙县沙坦钱氏文书》，尺寸：143毫米 × 205毫米。

## 1971年6月修建房屋礼务(物)账一览表

| 人名 | 礼物 | 备注 |
|---|---|---|
| 姚泰煌 | 黄豆三升 | 付 |
| 钱森茂 | 黄豆三升 | 付 |
| 吴小化 | 黄豆三升 | 付 |
| 吴荣喜 | 黄豆三升 | 付 |
| 胡历茂 | 黄豆三升 | |
| 吴南海 | 黄豆二升 | |
| 钱奕昌 | 黄豆三升 | |
| 胡德春 | 猪油1.15斤 | |
| 钱国基 | 黄豆三升 | |
| 钱奕吉 | 黄豆三升 | 付 |
| 钱根申 | 黄豆三升 | 付 |
| 钱正明 | 黄豆三升 | |
| 钱万荣 | 黄豆三升 | 付 |
| 钱石余 | 黄豆三升 | |
| 钱金茂 | 黄豆三升 | 付 |
| 胡灶祥 | 黄豆三升 | 付 |
| 钱海清 | 黄豆三升 | 付 |
| 钱去南 | 黄豆三升 | 付 |
| 汪德运 | 黄豆三升 | 付 |
| 钱发祥 | 黄豆三升 | 付 |
| 方灶荣 | 黄豆三升 | |
| 方柏林 | 黄豆三升 | |
| 钱春荣 | 黄豆三升 | 付 |
| 钱訨生 | 黄豆三升 | |
| 钱家富 | 豆腐一桌 | 付 |
| 钱得遂 | 黄豆三升 | 付 |

续表

| 人名 | 礼物 | 备注 |
|---|---|---|
| 钱奕灶 | 黄豆三升 | 付 |
| 姚春花 | 黄豆三升 | 付 |
| 钱根茂 | 黄豆三升 | |
| 钱荣桂 | 黄豆三升，人民币二元 | |
| 胡武阳 | 黄豆三升 | |
| 胡历录 | 黄豆三升 | 付 |
| 王新良 | 黄豆四升 | 付 |
| 胡历尧 | 黄豆四升 | |
| 钱大根 | 豆腐一桌 | 付 |
| 胡新记 | 豆腐一桌 | |
| 胡金永 | 黄豆一桌 | 付 |
| 钱德众 | 黄豆三升 | |
| 协荣根 | 六升 | |
| 胡彩洪 | 七升 | |
| 胡南桂 | 三升 | 付 |
| 协新会 | 三升 | 付 |
| 胡历菊 | 三升 | 付 |
| 胡历灶 | 三升 | 付 |
| 钱奕树 | 三升 | |
| 钱荣昌 | 三升 | 付 |
| 胡五全 | 三升 | |
| 胡得谷 | 三升 | 付 |
| 胡桂善 | 三升 | 付 |
| 胡秋棣 | 三升 | 付 |
| 胡培谷 | 豆腐一桌 | 付 |
| 姚老七 | 豆腐一桌 | 付 |

续表

| 人名 | 礼物 | 备注 |
| --- | --- | --- |
| 姚川茂 | 豆腐一桌 | 付 |
| 姚太孝 | 三升 | 付 |
| 姚太和 | 三升 | 付 |

(二)丧葬花销

新安人极为重视丧葬，讲究阴阳宅风水，请风水先生精心选择墓穴，有的在世时即已选定营建墓址；有的过世时还没找到就先停棺，待子孙找到上好墓穴再行迁葬。民国十二年（1923）十一月歙县钱氏家族账册《葬之以礼进出支用》，[①]记录了钱氏后裔为先考妣购买营建墓穴、迁柩的花销费用，展示了新安江流域民间举行丧葬活动的实况。民国十二年，钱氏后裔为了先妣曹氏迁葬，十月时先找余尚棣下定了下泽外坞垯第三明塳中左边的墓穴，价格 54 元，十一月初六付了定金 20 元。但是这个墓穴风水不好最终没有选定，民国十三年（1924）五月二十四日余尚棣退还了 21 元。民国十二年（1923）十二月，钱氏另买了老培兄名下上岗上平坦墓穴，直到民国十三年（1924）六月十四日分几期付清，塳价总计 52 元。买好墓穴，先请风水先生看风水，挑个好日子下葬，请人将棺材抬入墓穴落葬，封塳门祭祀。这个过程中，应用到市米、公鸡、烧酒、猪肉、香纸、红烛等物事。

**民国十二年（1923）先妣恭云孺人曹氏迁葬支用账款一览表**

| 时间 | 科目 | 金额(元) |
| --- | --- | --- |
| 十二月初三 | 代买塳定洋 | 2 |
| 十二月十一 | 代塳价 | 10 |
| | 代中用 | 5.2 |
| | 代先生分针礼 | 1 |
| | 封塳门礼 | 0.2 |

① 黄山学院收藏《歙县沙坦钱氏文书》，尺寸：145毫米 × 205毫米。

续表

| 时间 | 科目 | 金额(元) |
| --- | --- | --- |
| 十二月十一 | 余德昌店火酒 | 0.3 |
| | 苏烧酒 | 1.843 |
| | 索面 | 0.6 |
| | 黄豆 | 1.5 |
| | 油盐 | 1.2 |
| | 市米 | 1 |
| | 鲜亥 | 2 |
| | 海带 | 0.12 |
| | 果子 | 0.338 |
| | 纸料 | 0.74 |
| | 锡箔 | 2 |
| | 花尖纸 | 1 |
| | 黄表 | 54文 |
| | 火炮 | 0.632 |
| | 檀香 | 0.08 |
| | 烟 | 0.286 |
| | 红烛 | 0.125 |
| | 鸡公一对 | 0.718 |
| | 雇人枱(抬)工 | 0.5 |
| 合计 | | 实数合计33.382+54文<br>原件合计32.436 |

同时，钱氏后裔还为先考买了胡部（埠）口的一处墓穴。这次买墓下葬活动由俭祝、俭金、俭理、俭周共同出资出力举行。十月初八，他们从张芬达兄处买到胡部口街后山虎形山脚的一只明塛，总价 70 元。十月十三日定立契约，当时付中见 7 元，付给胡正杉、吕老大酒酌 1.7 元。民国十五年（1926）四月二十七日，于张芬达店中在徐翰卿、曹士云、胡义章见证下付了 50 元。五月十六日代找付树芝会洋 8 元，

五月二十九日付 12 元，前后三次付清。于选定的十月十六日寅时搬棺落葬，并请道士举行了安山醮墓。总计花销了 96.598 元（原件为 95.598 元），其中 69.6 元由众会本利洋支付，26.998 元由四支后裔摊派。

**民国十二年（1923）先考荣入桂城及蒙山超度出入支用一览表**

| 科目 | 金额(元) |
|---|---|
| 搬柩果子面酒 | 0.886 |
| 代张忠毓封墎门礼 | 0.2 |
| 买胡来贵奚公一只 | 0.2 |
| 毓贞先生分针礼 | 1 |
| 月饼 | 钞15枚 |
| 街口肩米三斗一升半 | 3 |
| 街口买亥九斤 | 2 |
| 街口肩黄豆一斗一升 | 1 |
| 花尖十刀 | 0.8 |
| 锡箔 | 1 |
| 纸料 | 0.2 |
| 红烛一斤 | 0.32 |
| 灯油一斤 | 0.2 |
| 檀香四两 | 0.1 |
| 大条香一只 | 0.12 |
| 海带一斤 | 0.1 |
| 火炮 | 0.3 |
| 纸马 | 0.075 |
| 买烟 | 0.075 |
| 道士口金 | 0.342 |
| 代老芬墎价洋 | 50 |
| 燥松柴二百斤 | 1 |

续表

| 科目 | 金额(元) |
|---|---|
| 安山醮墓 | 3 |
| 买豆油 | 1 |
| 立买契中资 | 7 |
| 立契酒酌 | 1.7 |
| 墎价 | 20 |
| 总计 | 实数合计95.618+钞15枚<br>原件合计95.598 |

请道士举行安山醮墓仪式，其中有一个关键流程就是焚烧买地券。买地券是以生人的名义向神灵张坚固买来阴地，作为祖先的墓穴。清至民国时期，新安江流域买地券常以倒书形式书写，在下葬仪式中火化寄给神灵，以缔结契约的方式求得神灵的庇护，保护墓穴免于阴阳两界的侵害，保障祖灵的平安顺遂，子孙后裔得以仰仗祖灵的庇佑。买地券因火化，实物罕见，这份账册中抄录的一份民国年间的买地券，还原了这种民俗的风貌。

南昌受炼司　今据江南徽州府歙县孝女乡筵宾里上泽义合社管居住沙坦为契孝男×××，痛念先灵魂命往泉关，无地安厝，今用冥财一角，凭中买到张坚固名下阴地一片，土名×××，迁立××山　向，其地左至青龙，右至白虎，前至朱雀，后至玄武，上至青天，下至黄泉，中央阴地一片，一尽买来与先×××灵柩安厝，荫益子孙，存亡两利。自卖之后毋许盗伐，妖魔古瘗伏尸，天上玉青真尹律令无违。

民国　　年　　月　　日立卖契人张坚固押

天地作证　　　　　　中见李定度押

日月为盟　　　　　　迁地百鹤仙押

　　　　　　　　　　代书嵩里老押

新安人最重丧葬，不仅重视墓地的选择，也很重视置办棺材，往往在世时就购置好做棺材所需要的木料，或者将棺材置办好存放在祠堂里。棺材也可以互相周转转卖。根据同包文书信函抄件可知，民国三十四年（1945）钱德骥之父已逝世，其母尚在世。民国二十八年（1939）钱德骥母亲在世时，就请师傅为其做棺材，支付了原材料费、伙食费、工费，以苞芦结账。

**民国二十八年（1939）十一月二十六日钱德骥为母亲做棺材支出账单一览表**[①]

| 科目 | 金额 |
|---|---|
| 寿丁全幅 | |
| 面粉三斤 | 结苞芦五升 |
| 猪肉三斤半 | 结苞芦一斗七升半 |
| 月豆两升 | 支苞芦三升 |
| 桐油二斤四两 | 支苞芦一升半 |
| 石灰三斤 | 苞芦一升 |
| 市米三升 | 结苞芦五升 |
| 做工 | 苞芦五斗 |
| 纸钭烈 | 二斗 |

钱德骥还记录了民国三十五年（1946）十二月长喜孺人王氏过世的丧葬支出，与民国十二年（1923）相比，简省了许多。

**民国三十五年（1946）十二月长喜孺人王氏过世丧葬支出账单一览表**[②]

| 科目 | 金额(法币/元) |
|---|---|
| 老布八丈 | 8000 |
| 活蓝一丈 | 7000 |
| 棺材一付 | |

① 民国二十八年(1939)四月歙县德生堂立《货源总登》，黄山学院收藏《歙县沙坦钱氏文书》，尺寸：139毫米×198毫米。

② 民国二十八年四月歙县德生堂立《货源总登》，黄山学院收藏《歙县沙坦钱氏文书》，尺寸：139毫米×198毫米。

续表

| 科目 | 金额(法币/元) |
|---|---|
| 做棺材工钱 | 14000 |
| 道士口金 | 6400 |
| 寿衣工钱 | 2500 |
| 伙夫 | 4000 |
| 解洗鸡公一只 | 500 |
| 箱衣帽一付 | 1400 |
| 锡箔千张一把 | 7000 |
| 巨尖二刀 | 1600 |
| 时香一把 | 1000 |
| 火酒两斤 | 2400 |
| 猪肉七斤 | 17500 |
| 面粉两斤 | |
| 红烛两对 | |
| 红烛两对 | |

1950 年十二月，钱德骥为父亲扦葬堨头坑，支付了买堨头坑墓穴订立契约的花销等，既有实物也有现金结算。

## 1950年十二月十四日先考俭祝府亲扦葬堨头坑支出账单一览表[①]

| 科目 | 金额 |
|---|---|
| 代契价 | 市米一石二斗，并中用酒水在内。又付去人民币5000元 |
| 五色纸 | 苞芦二斗 |
| 鸡公一只 | 苞芦一斗二升，计币14000元 |

① 民国二十八年四月歙县德生堂立《货源总登》，黄山学院收藏《歙县沙坦钱氏文书》，尺寸：139毫米×198毫米。

续表

| 科目 | 金额 |
| --- | --- |
| 双向一筒 | 苞芦五升 |
| 乞去伙食市米八升 | |
| 豆油一斤 | |
| 猪肉里外六斤 | |
| 理表兄肩去白炭一担 | 米三斗 |

此外，在“事死如生”传统观念的影响下，新安人还经常定期祭拜祖先。除了元旦、清明、中元、寒衣、下元、冬至等重要节日外，也非常重视冥寿。民国三十七年（1948）十二月十六日钱德骥就为太祖父举办了百岁冥寿祭祀。

**民国三十七年（1948）十二月十六日太祖父百岁冥寿之期所支出一览表**①

| 科目 | 金额 |
| --- | --- |
| 鲜亥四斤 | |
| 黄豆三升 | |
| 苞芦粉九斤 | |
| 豆油一斤 | |
| 道士口金、相担衣帽一钭一马并伙食 | 苞芦四斗三升 |

通过这些账目展现的丧葬花销细节，鲜活地描绘了新安人日常生活中非常重要的关节——丧葬祭祀活动是如何开展的。

(三)日用收支

得益于对读书业儒的崇尚，以及行商坐贾的习俗，新安江流域乡村的平民教育较为普及，男性大多能识字认数，收入和支出又是日常生活中的重中之重，因此

① 民国二十八年四月歙县德生堂立《货源总登》，黄山学院收藏《歙县沙坦钱氏文书》，尺寸：139毫米×198毫米。

新安人热衷于将日用收支和银钱往来事无巨细地一一记录保存。这种传统代代相传，一直影响到今天的新安江流域农民。歙县沙坦钱氏文书中保留有很多账册，其中有一部分内容繁杂多样，涉及日常生活中的方方面面，小到买个糖饼、看个戏，大到学费收入、售卖药材茶叶收入，聚沙成塔、积少成多，涓涓细滴绘就了钱韵兰家庭几代人的生活图景。

**歙县沙坦钱氏日用收支账册一览表**

| 序号 | 名称 | 尺寸(毫米) | 备注 |
|---|---|---|---|
| 1 | 民国十四年(1925)二月歙县钱韵兰立《洋蚨总登》 | 141×203 | 记录了民国十四年至二十四年(1925～1935)间钱韵兰家庭的银钱往来和收支情况。这本账簿的第一层目录按年代顺序记叙,在每一年份下再按人头姓名记录,在人名下登录此后历年的银钱往来情况。这本账簿可能为事主的日常手登,涉及的经济活动非常繁杂,收支均载。前半部分偏重每个对象的会钱、利息往来,后半部分则偏重与每个对象出售药材的银钱往来。其他经济活动,还有借贷和还款、租金收入、买卖春茶烘青、买地买屋、卖纺绸、收顶皮烟等;各种工费开支,如付碓磨粉钱、付做屋工钱、到遂安县挑盐工钱、漂净山粉工费、代挑松柴工钱,以及支付深市议委保会费用。活动的地域既有周边的胡家山脚、下璜田,也有跨县的遂安 |
| 2 | 民国十六年(1927)歙县钱韵兰立收支账簿 | 145×206 | 按人头登录了经济往来收支活动,又按年份盘点了民国十六年至二十年(1927～1931)日常支用账。这本账册记录了钱韵兰的具体收入,包括担任私塾先生收受的束修钱(1～21元不等),以及销售药品、杂货的收入等。支出包括衣食住行的日常开支,参与雷祖神庙修造的支出等 |
| 3 | 民国二十年(1931)元有歙县钱韵兰立《家用草批》 | 151×227 | 按人头记录了民国二十年至二十三年(1931～1934)的经济往来收支活动,其中记载了民国二十一年至二十三年(1932～1934)春茶的销售情况,以及为儿子广富请风水先生禳解天狗枭的花销 |
| 4 | 民国二十年(1931)元月歙县钱韵兰立《进出支用》 | 151×227 | 按时间顺序盘点了民国二十一年(1932)至二十三年(1934)七月的日常支用账 |
| 5 | 民国二十三年(1934)七月歙县钱韵兰立《进出支需》 | 161×211 | 按时间顺序盘点了民国二十三年(1934)七月至二十五年(1936)八月的日常支用账 |

续表

| 序号 | 名称 | 尺寸(毫米) | 备注 |
|---|---|---|---|
| 6 | 民国二十三年(1934)七月歙县钱韵兰立《勤笔免思》 | 159×229 | 按人头记录了民国二十三年至二十八年(1934～1939)的经济往来收支活动,其中记载了民国二十五年(1936)春茶销售情况;并夹有遂安商号发票一张,应为钱韵兰于遂安某商号进货后给予的发票,钤有红色赤印,可见"遂城、粮食油水、发票、不凭"等字样。印章雕有荷花和两个人头像,粘有1分印花税票3张 |
| 7 | 民国二十五年(1936)八月歙县钱德骥登记收支帐 | 141×205 | 前半部分按人头记录了民国二十五年(1936)九月至二十九年(1940)的经济往来收支活动,后半部分按时间顺序盘点了民国二十五年(1936)九月至二十九年(1940)三月的日常支用账。其中,记载了钱德骥与岳母、母亲等家人编箬皮、盖屋的工时;夹有购买药品账单一张 |
| 8 | 民国二十八年(1939)四月歙县德生堂立《货源总登》 | 139×198 | 按人头记录了民国二十八年(1939)至1953年的经济往来收支活动。民国三十五年(1946)至1953年徽州地域使用法币和人民币,面值达千万计数。其中,记载了母亲下葬、太祖父冥寿、父亲扦葬花销 |
| 9 | 民国三十六年(1947)歙县钱德骥立《进出支用账》 | 149×206 | 按人头记录了民国三十六年(1947)至,1955年的经济往来收支活动,按时间顺序记录了民国三十六年(1947)、民国三十七年(1948)、1954年的日常支用账。收购和销售山货,包括山粉(山芋粉)、苞芦(玉米)、若皮(箬叶)、茶叶。雇工支出,包括采茶、做茶、肩树、做树、竹司、挑粪、烧炭、介板、挑苞芦等 |
| 10 | 民国歙县妙理叔经手支出账单 | 322×431 | 提及律师费 |
| 11 | 民国歙县账单 | 419×300 | |
| 12 | 民国歙县账单 | 306×416 | |
| 13 | 民国歙县日用支出账散页 | 141×202 | |
| 14 | 一九五二年歙县钱岩樾立账簿 | 140×170 | 按人头记录了1952～1953年的经济往来收支活动 |

以上这些账册大致有两种不同的记录形式：第一种是时间－人头－时间，第一层目录按年代顺序记叙，在每一年份下再按人头姓名登记，在每个人名下登录此后历年的银钱往来情况，包含收入和支出；第二种可能是盘账，将每年的支出按照月份日期次序逐项登录，一般只记录支出。

从这些账簿可见，钱韵兰家庭主要的营生收入有开办私塾充任教书先生、收售山货、兼营杂货，以及钱会金融活动和地租收入；其子钱德骥经营药铺和杂货；从同包文书抄录的信件可知，钱岩樾是钱德骥之子。这些账簿是新安江流域一户普通农家三代人手记的日常支用，反映了民国至中华人民共和国成立后当地农民日常生活中丰富多样的经济活动，包括日用收支、经营收支、借贷还款、实物交易、会钱往来、租金收入等。日用支出中有衣食住行、婚丧娱乐的花销，也有各种雇工费支出。经营收支有药品杂货的采购销售、茶叶的收购销售等。借贷还款多为亲朋好友之间小额现金的拆借周转。更有实物的周转交换，借肉还肉、借盐还盐、借苞芦粉还苞芦粉、借面粉还面粉等，不一而足。可见即使到了民国时期，新安江流域乡村社会的实物交易一直存在。可能是因为历史上地势偏僻的小山村交通不便，物资流通难度较大，小环境内部以实物交易比现金借贷更为便捷。

这些账簿记录经济活动，涉及有周边的街口、胡埠口、盘岭、长垓、璜蔚、深渡等重要集散地和交通要道，也有徽州本地的政治经济中心歙县县城、屯溪，还有毗邻的威坪、遂安县城、杭州城。这种将日常支用事无巨细、锱铢必较地记录下来的习俗，也反映了物质的相对匮乏和新安人的简省。通过对这些账簿的梳理，完全可以还原出民国十四年（1925）到 1953 年钱韵兰家庭日常生活图景，包括日常生活细节、重要节庆婚丧、人际社交往来、地理活动半径等诸多鲜活而真实的细节。

这些账簿在时间上是连续的，通过梳理可以较为准确地还原出民国十六年（1927）到民国二十九年（1940）三月期间沙坦钱氏家庭的日常支用账，从而复原出新安江流域一个小山村中普通家庭的日常生活细节。兹录于下。

## 民国十六年（1927）春王月初五日立支用账一览表①

| 时间 | 支出 | 金额(元) |
| --- | --- | --- |
| 正月初五 | 买牛痘苗 | 大洋2 |
| 二月初五 | 托士成屯溪带米 | 大洋1 |
| 二月二十八 | 柏松娶亲贺拜礼 | 1.6 |
|  | 德骥屯溪合跌打药 | 3 |
|  | 清明置纸箔 | 1.2 |
| 三月二十五 | 威坪喉科水药、末药 | 1 |
| 四月二十 | 托柏林旧威坪买酥糖、冰糖 | 元洋0.4 |
|  | 买猪蹄胞二斤半 | 大洋0.64 |
| 四月二十七 | 自己威坪买草席五条、洋巾、鞋钉 | 大洋3.48 |
| 五月初四 | 付让达第五会银 | 大洋2.4 |
| 五月十三 | 付还胡漪许账款 | 50 |
|  | 托老璞屯溪买笔墨 | 1.5 |
|  | 托历许分来西洋巾二条 | 0.356 |
| 五月十四 | 钞6枚买洋巾二条 | 元洋0.4 |
|  | 付智水第二季会 | 8.25 |
| 六月初一 | 威坪饼药糖 | 1 |
| 六月二十 | 糖担上买丝光袜、香肥皂 | 元洋0.5 |
| 七月初二 | 室中点药 | 1 |
| 七月初九 | 自己点药 | 1 |
| 八月初六 | 威坪阔香18□、锡箔、黄表 | 2 |
| 八月十二 | 胡部川看会用 | 钞180枚 |
| 八月二十 | 代妙周赈款 | 17 |
|  | 代妙理暂款 | 1.246 |
|  | 买笋干三斤六两 | 1 |
| 八月二十七 | 付支家内籴谷 | 6 |

① 民国十六年(1927)歙县钱韵兰立收支账簿，黄山学院收藏《歙县沙坦钱氏文书》，尺寸：145毫米×206毫米。

续表

| 时间 | 支出 | 金额(元) |
| --- | --- | --- |
| 九月初三 | 买佛表一刀 | 元洋0.1 |
| | 买硃砂联一对 | 大洋0.3 |
| 九月二十九 | 学生历梁拜礼 | 大洋1 |
| 十月十三 | 梁下大有恒籴米一元 | 大洋1 |
| | 买竹纸腰包 | 0.5 |
| | 岑岭下城里往来盘缠 | 0.3 |
| | 璜蔚买亥三斤四两 | 1 |
| | 侄女冬妹嫁礼 | 元洋0.6 |
| | 侄婿雷社春拜礼 | 元洋0.4 |
| 十一月初三 | 代石匠工 | 6 |
| 十一月初四 | 付让达会 | 2.25 |
| 十一月初六 | 上林子贺拜两礼 | 元洋12角 |
| | 代遂法工钱 | 3 |
| | 让奎工钱 | 2 |
| | 妙清工钱 | 2.4 |
| 十一月十五 | 付政和第　会 | 7.5 |
| | 付节吉第十会 | 2.4 |
| | 付妙周工钱 | 2 |
| | 付众会 | 0.9 |
| | 代历许账款 | 10 |
| | 代妙理账款 | 42 |
| 十二月初八 | 威坪年货布匹 | 15 |
| 十二月初九 | 代竹匠工 | 0.5 |
| | 代学金 | 0.5 |
| 十二月十二 | 标香洋缎 | 1 |
| | 买石膏 | 0.1 |
| 十二月十八 | 代俭永工钱并旧款 | 2 |

## 民国十七年（1928）正月立支用账一览表[①]

| 时间 | 支出 | 金额(元) |
|---|---|---|
| 正月初六 | 侄男寄生合婚拜礼 | 2 |
| 正月二十二 | 林妹接发喜礼仪 | 1 |
| 正月二十五 | 胡起来染挺市洋布 | 1.05 |
| 正月二十四 | 代做鞋工夫钱 | 0.754 |
| 二月二十二 | 室氏点喉药 | 钞100枚 |
| 二月二十五 | 自点发表药 | 元洋0.2 |
| 又二月初九 | 代吴永裕号雪片糕、天青扣 | 元洋0.3,钞12枚 |
| | 威坪酥糖、冰糖各一斤 | 大洋0.5 |
| 三月初九 | 街口肩米五元、油一元 | 6 |
| 三月十二 | 薛川口买仁饼 | 元洋0.4 |
| 三月二十九 | 郡城笔墨纸布 | 9 |
| | 盘缠散用 | 元洋0.6 |
| | 代老四染布 | 1 |
| | 搭威坪买朱青,活青、洋土香 | 1.4 |
| | 搭遂安买百龄□一瓶、海婆药一瓶 | 2.4 |
| | 街口毕天成号仁饼四十四 | 1 |
| | 付圣清第十三会 | 8.4 |
| | 付智水第三会 | 7.143 |
| | 代女彩凤 | 6 |
| | 付老树头会 | 10 |
| | 付雷祖庙捐 | 1 |
| 八月十三 | 代俭谷柏树床程料二块 | 1 |
| | 自己朝拜南海香愿 | 42 |
| 九月二十五 | 文茂兄带米 | 1 |

① 民国十六年(1927)歙县钱韵兰立收支账簿,黄山学院收藏《歙县沙坦钱氏文书》,尺寸:145毫米×206毫米。

续表

| 时间 | 支出 | 金额(元) |
| --- | --- | --- |
| | 托胜周兄雕小图章 | 钞60枚 |
| 十月初六 | 街口买熟白一匹零二尺,茂友司做鞋袜二双 | 1 |
| | 买糯米糖一包 | 0.166 |
| 十一月初二 | 代胡义隆暂款 | 1 |
| 十一月初六 | 代毓章学金 | 1 |
| 十一月初四 | 付让达第六季会 | 4.8 |
| 十一月初七 | 付树滋第二季会 | 9.191 |
| | 付历许买屯溪货 | 1 |
| | 付俭谷买床梃 | 1 |
| 十一月十一 | 棣林兄娶孙媳贺、拜礼 | 1.2 |
| | 威坪办年货用 | 8 |
| | 印契契 | 3 |
| | 上税用 | 2.4 |
| | 代汪长根裁缝工 | 0.64 |
| | 买时香一捆 | 元洋0.4 |
| | 找蒙山零头 | 元洋0.476 |

## 民国十八年（1929）二月立支用账一览表[①]

| 时间 | 支出 | 金额(元) |
| --- | --- | --- |
| | 街口肩米纸箔 | 6 |
| | 街口威坪眼睛水药 | 1 |
| | 方玉友娶媳贺拜礼 | 1 |
| | 合村迎龙做福善事 | 2 |

① 民国十六年歙县钱韵兰立收支账簿,黄山学院收藏《歙县沙坦钱氏文书》,尺寸:145毫米×206毫米。

续表

| 时间 | 支出 | 金额(元) |
| --- | --- | --- |
| | 街口买花尖箬 | 1 |
| | 代汽车路费 | 1 |
| 三月初六 | 归家里应用 | 10 |
| | 威坪甘草艮花元参 | 0.5 |
| | 吴永裕号内买蜜枣 | 元洋0.4 |
| 四月十 | 搭威坪买养荣丸六两、英灰标五尺 | 1.544 |
| | 雷祖庙捐 | 大洋0.5 |
| 四月十七 | 搭徽郡买笔墨 | 3 |
| 四月十八 | 搭买熟香半匹 | 0.326 |
| | 搭遂城买艾罗补脑汁 | 1.2 |
| | 搭杭州买南枣莲子 | 2 |
| 四月二十 | 买兰江香土布 | 3.023 |
| 四月二十四 | 买蟹青挺市标五尺 | 0.9 |
| | 买桂圆 | 1 |
| 四月二十五 | 禄娣威坪点药 | 1.02 |
| 五月初六 | 禄娣点药 | 1.322 |
| 五月初七 | 付树芝第三会 | 8.8 |
| | 付妙周第三会 | 3.467 |
| 五月初八 | 福聚伙食 | 3 |
| | 买仁米红早 | 2 |
| | 搭百林屯溪买香挺市 | 1 |
| | 搭社宇徽城买洋标蓝 | 1,小洋0.5,少20枚 |
| | 搭半山和仂兄买铜壶 | 1 |
| | 付许美修路捐 | 1 |
| 六月二十八 | 自己点药、纸箬 | 1 |
| 七月初七 | 威坪檀香、甸扣、洋袜 | 0.36 |

续表

| 时间 | 支出 | 金额(元) |
|---|---|---|
| | 九公神衣帽 | 1.5 |
| 七月十三 | 家里使用 | 30 |
| | 胡部部口点药 | 9 |
| | 锡箔五元,璜田保安会愿宝蓝五只装箔元 | 6 |
| 八月初二 | 买锡箔还九公愿 | 1 |
| 八月十四 | 威坪点药买纸箔,雷祖庙用 | 8 |
| 八月十七 | 代锦清司工钱 | 1 |
| | 俭元打油工钱 | 2 |
| 八月二十四 | 威坪买卷子棉 | 0.5 |
| | 威坪买红枣仁米 | 0.5 |
| 十月十九 | 买标腰一个、卷棉四两、灰标五尺 | 1.046 |
| 十月二十一 | 买砖六十八块 | 1 |
| | 付挑砖肩力 | 2.024 |
| 十月二十二 | 买足千箔二把,洋绵、土绵各三尺 | 2.326 |
| 十月二十二 | 代挑茂有司裁缝工 | 元洋10角 |
| 十一月初四 | 付书仂第十季大填(半股) | 4.8 |
| 十一月初九 | 付圣清第　季大填会 | 8.4 |
| 十一月初七 | 付树滋第四会 | 8.339 |
| 十一月十三 | 灶成兄次郎漪然贺礼对联 | 1.332 |
| | 姚顺茂娶亲贺、拜礼 | 1 |
| 十一月十四 | 代让隆猪肉账 | 1 |
| 十一月十七 | 代让禄进屋众办贺礼 | 元洋0.4 |
| 十一月二十四 | 付德骥家用 | 10 |
| 补十一月初十 | 付家里用 | 5 |
| 十二月初十 | 代桃哥账 | 2 |
| 十二月十六 | 代道士口金 | 3 |

续表

| 时间 | 支出 | 金额(元) |
|---|---|---|
| 十二月二十二 | 威坪买果子糖 | 3 |
| 十二月二十三 | 街口海带、糯米 | 1 |
| | 代永华砖匠工 | 0.52 |
| 十二月二十七 | 代让隆猪肉账 | 0.25 |
| 十二月二十八 | 代新宅纸马 | 0.336 |

## 民国十九年（1930）立支用账一览表[①]

| 时间 | 支出 | 金额(元) |
|---|---|---|
| 一月十二 | 代漪春兄买苗猪 | 3 |
| 一月十五 | 威坪买金面联三对 | 1 |
| 一月二十六 | 付德骥挑粮食 | 1 |
| | 威坪买肥皂 | 0.1 |
| 三月三 | 街口肩米十四□ | 2 |
| 三月九日 | 马志琦,药客,金华东阳县人,来上上西洋参四钱 | 1 |
| 三月十日 | 自己部川寿康堂点水药 | 0.33 |
| 三月十六 | 室中寿康堂点水药 | 0.37 |
| 三月十七 | 买自来火、小洋袜一双 | 0.177 |
| 三月六 | 德骥遂安县买丁靴,龙门山买谷 | 5 |
| | 室氏散用 | 0.248 |
| 四月十八 | 代徐来顺司裱资 | 1 |
| 五月初八 | 付方秋荀代做床帐 | 4 |
| 五月十三 | 付月生带笔墨纸 | 1 |
| 五月二十 | 代吴永裕药账 | 1.09 |

① 民国十六年(1927)歙县钱韵兰立收支账簿,黄山学院收藏《歙县沙坦钱氏文书》,尺寸:145毫米×206毫米。

续表

| 时间 | 支出 | 金额(元) |
|---|---|---|
| | 广富点胀子药 | 0.246 |
| 五月二十三 | 代永安桥捐 | 5 |
| 五月二十七 | 买海参一斤 | 4 |
| | 蜜枣、八味丸各一斤 | 1 |
| 六月四日 | 付让达十一季会 | 4.8 |
| 六月七日 | 付树滋第五季会 | 7.889 |
| 六月二十五 | 付漪进威坪买药 | 1 |
| | 付麻坎根威坪买货 | 1 |
| | 纳钱粮 | 0.15 |
| | 付禄娣买兰溪土布六尺 | 0.408 |
| 六月三十日 | 代文香搭早饭福聚伙食 | 5 |
| 七月十二 | 文香街口肩米 | 1 |
| 八月十七 | 代文香街口肩米六十五 | 1 |
| 八月二十五 | 搭香兄威坪香水、红枣、荔枝、罗通二匹 | 4.316 |
| 九月十七 | 代张芬远兄兴起头会洋 | 10 |
| | 付家里开支应用 | 15 |
| | 兑荣昌洋锁铁索 | 大洋0.5 |
| | 买江早麻烘糕看旧母 | 大洋0.5 |
| 十月十一 | 买大金面对联一对 | 大洋0.38 |
| 十月十六 | 大姨夫孙国祥完娶贺礼一元、拜礼二元 | 大洋3 |
| 十月二十 | 买痱癞粉三两 | 1 |
| | 买行军油二瓶 | 元洋0.4 |
| | 付广富买锡 | 元洋0.2 |
| 十月十七 | 街口点药三帖 | 0.21 |
| | 深渡丰泰店买洋哔支、月花绒、做袷衣裤一身 | 4.5 |
| | 深渡买天青扣线 | 0.2 |

续表

| 时间 | 支出 | 金额(元) |
| --- | --- | --- |
| 十一月一号 | 托长春堂上桂兄手寄上海买药 | 5 |
| 十一月二号 | 寄上海五洲药信费 | 元洋0.3 |
| | 搭遂妹西门外买米 | 2 |
| | 代漪凳司工钱 | 1 |
| | 胡灶贵婚娶贺拜礼 | 2 |
| | 代俭李衣帽箱 | 1 |
| | 代翠仂暂款 | 1 |

## 民国二十年（1931）元月立支用账一览表①

| 时间 | 支出 | 金额(元) |
| --- | --- | --- |
| 元月十三 | 钱恒泰娶媳贺拜礼 | 1 |
| 元月十三 | 俭富聚孙媳贺拜礼 | 1 |
| 二月初五 | 搭荣桂遂安女界宝 | 1 |
| 元月二十六 | 付德骥 | 1 |
| 元月三十 | 当付香木耳 | 1 |
| 元月二十五 | 买火酒散用 | 1 |
| 二月初六 | 回春堂点药 | 1 |
| 二月十四 | 回春堂点药 | 1.3 |
| 三月十五 | 威坪买布 | 2 |
| 三月二十八 | 璜蔚买麻酥糖一斤、仁饼一筒 | 1 |
| 四月初四 | 付荣昌杭州带六〇六 | 2 |
| 四月初七 | 胡部口煎腐十片、香腐五块、药、笋干 | 0.54 |
| 四月初七 | 付广富挑米 | 2 |

① 民国十六年(1927)歙县钱韵兰立收支账簿，黄山学院收藏《歙县沙坦钱氏文书》，尺寸：145毫米×206毫米。

续表

| 时间 | 支出 | 金额(元) |
| --- | --- | --- |
| 四月初八 | 代福聚搭饭伙食 | 5 |
| 四月十七 | 璜蔚买皮夹、洋袜 | 1 |
| 四月十八 | 看戏散用 | 1 |
| 四月二十 | 付荣昌杭州买自来血 | 8 |
|  | 怀德堂药账 | 2.176 |
|  | 徽郡笔墨字帖 | 1.85 |
| 五月初四 | 付让达第十三会 | 4.8 |
|  | 付天德会满会 | 0.75 |
| 五月十五 | 代新妹去年十一月半股会并付1元5角 | 30.5 |
| 五月二十二 | 代千张箔一把 | 0.58 |
| 五月二十二 | 代俭李纸箱衣帽 | 0.27 |
| 六月初四 | 买笋干四斤十两 | 1.5 |
|  | 买鲜鱼二斤四两 | 0.36 |
| 六月十一 | 买威坪腊腿五斤四两 | 2.5 |
|  | 买苏酒一斤 | 0.27 |
| 七月十三 | 胡埠口看戏用 | 1.6 |
|  | 威坪莲子、自来血、挺市布 | 2 |
| 七月二十 | 让爵娶亲拜礼 | 1 |
| 七月二十 | 任庶外甥娶亲拜礼 | 1.5 |
| 七月二十八 | 付德骥深渡买布 | 10 |
|  | 付德骥买红早、仁米 | 2 |
| 八月初七 | 付家中用 | 10 |
|  | 煎腐六□ | 钞20枚 |
|  | 早娣出嫁,自己利市包 | 0.4 |
|  | 汪在成孙婚娶贺拜礼 | 1 |
| 九月初十 | 街口挑米妙宇肩 | 1 |

续表

| 时间 | 支出 | 金额(元) |
|---|---|---|
| 九月二十四 | 代桶匠工钱并漆 | 1.5 |
| 九月二十七 | 搭达仂朱家村买布 | 1 |
| 九月三十 | 贴侄女批乩求药 | 1 |
| 十月二十四 | 让根迎娶拜贺 | 1 |
| 十月二十八 | 拚猪爆用,重八十斤,共十六元 | 6 |
|  | 买明矾 | 元洋0.2 |
|  | 协叔次男贺拜礼 | 1.5 |
|  | 怀德堂点药 | 0.612 |
|  | 付让达第十四会 | 4.686 |
|  | 托妙宇妹丈街口带米 | 1 |

## 民国二十一年（1932）进出支用账一览表[①]

| 时间 | 支出 | 金额(元) |
|---|---|---|
| 正月初一 | 怀德堂点茶两剂三三六、三帖三〇四 | 1 |
| 正月初三 | 回春堂六神丸一瓶,1元4角8分 | 0.2 |
|  | 吗啡粉 | 0.4 |
| 正月初八 | 二两双四筒 | 0.68 |
|  | 苏酒 | 3 |
|  | 菜油 | 2 |
|  | 千张箔五把半 | 3.08 |
|  | 顶皮 | 1 |
|  | 生油、豆豉、油筒 | 0.4 |
|  | 冻糖一斤半 | 0.336 |

① 民国二十年(1931)元月歙县钱韵兰立《进出支用》,黄山学院收藏《歙县沙坦钱氏文书》,尺寸:151毫米×227毫米。

**续表**

| 时间 | 支出 | 金额(元) |
|---|---|---|
| | 咸春号茶二帖 | 0.2 |
| | 膏油 | 0.046 |
| | 海砂九斤半 | 1 |
| | 冻糖 | 0.2 |
| | 潘德和号办货 | 5 |
| | 永昌隆号办货 | 4 |
| 正月初九 | 黄表六刀 | 0.48 |
| | 拉香半斤 | 0.16 |
| | 醋 | 0.04 |
| | 火酒 | 2 |
| | 点药二剂 | 0.2 |
| 正月十四 | 吗啡粉 | 0.2 |
| | 一马 | 0.5 |
| | 道士口金 | 4.4 |
| 正月十六日 | 点药一剂,又一付 | 0.312 |
| | 时香二千 | 钞1800 |
| | 买鸡子 | 1 |
| | 姚开全贺拜礼 | 1.5 |
| 二月初九 | 花尖十三刀 | 1.444 |
| | 佛表六刀 | 0.816 |
| | 赤砂一斤 | 0.192 |
| | 石□二斤一两 | 0.148 |
| | 米一斗七升 | 2 |
| | 六百箔三把 | 1.152 |
| | 洋火一包 | 0.1 |
| | 油七斤半 | 2 |

**续表**

| 时间 | 支出 | 金额(元) |
|---|---|---|
| | 买烟 | 0.2 |
| 二月二十二 | 买陈腿五斤十两(自洋) | 3.5 |
| 二月二十五 | 搭让云威坪点药 | 1 |
| 三月初二 | 德骥代鸡子账 | 1 |
| 三月初十 | 紫铜肩谷 | 4 |
| 三月十八 | 街口海砂洋油 | 3 |
| 三月二十四 | 买花尖一刀、锡箔四百一把 | 大洋0.36 |
| | 买箬笠六个 | 大洋0.326 |
| 三月二十六 | 广富璜蔚卖茶食面 | 钞32枚 |
| 三月二十七 | 搭漪监街口买油 | 1 |
| 三月二十八 | 买麻布二丈六尺 | 2.6 |
| 四月初一 | 璜蔚买亥六斤半 | 2 |
| | 买烟二包 | 0.5 |
| 四月十四 | 代宗台济人贺礼(自洋) | 2 |
| | 代回春堂药账(自洋) | 1.3 |
| 四月十八 | 街口籴苞芦一担四斗 | 9.17 |
| | 街口挑米一斗八升 | 2 |
| | 代德和店账 | 10 |
| 四月十九 | 代灶时谢资 | 2 |
| | 代让遂借款 | 24 |
| 四月二十五 | 代开全鸡子 | 2 |
| | 买小鸡十四只 | 1 |
| | 代新妹利钱 | 5 |
| | 璜蔚看戏用(自洋) | 元洋0.9 |
| | 璜田买小红枣二斤(自洋) | 元洋0.6 |
| | 代永昌隆店账 | 10 |

续表

| 时间 | 支出 | 金额(元) |
|---|---|---|
| 四月二十八九 | 街口籴苞芦二担九斗 | 19.72 |
| | 长春堂点药 | 2.48 |
| | 代汪峻山命先 | 1 |
| 五月初二 | 代开全正月借来款 | 11 |
| 五月初六 | 街口挑籼糯米 | 6 |
| | 街口买豆油 | 1 |
| | 张隆大号定点心 | 1 |
| | 买台青二斤 | 0.384 |
| 五月初六 | 付爵仂七贤会 | 12 |
| 五月初七 | 代妙贵买司工钱 | 1.4 |
| | 代付妙周第八会 | 1.77 |
| | 付树滋会 | 17 |
| | 付岩寿七贤会 | 26 |
| 四月十一 | 自来血三瓶 | 3.36 |
| | 正千张□箝四把 | 2.04 |
| | 六〇六药水股一瓶 | 1.5 |
| | 肥皂一连 | 0.13 |
| | 蓝挺布二丈二尺 | 5.236 |
| | 天青扣一只 | 0.16 |
| | 七格八角果盒一个 | 0.55 |
| | 时疫水三瓶 | 0.15 |
| | 代道士口金(入前) | 1.4 |
| 四月十一 | 街口买亥二十斤 | 6 |
| | 买点心三十斤 | 2.7 |
| | 下日期书后节聘金 | 22 |
| 五月二十五 | 付姚发根会 | 4.1 |

**续表**

| 时间 | 支出 | 金额(元) |
| --- | --- | --- |
| | 代妙周 | 1 |
| | 纳钱粮 | 1.2 |
| | 广富支去春茶撰□ | 4 |
| | 德骥买烟 | 0.2 |
| | 买避瘟丹(自洋) | 0.6 |
| | 买扇(自洋) | 0.1 |
| 六月初三 | 付尚菊三会 | 3.64 |
| 五月二十四 | 付发根第　会 | 4.8 |
| 六月初五 | 代丁仂司工钱 | 1 |
| 六月初八 | 买苎二斤十两 | 1 |
| 六月初九 | 买花红十个 | 钱35文 |
| 六月十六日 | 剃头两次 | 元洋0.2 |
| 六月十九 | 广富午阳度关禳解 | 大洋2.4 |
| | 自己街口点药 | 0.4 |
| 六月二十 | 买黑纸扇四把 | 大洋0.4 |
| | 德骥威坪用 | 7 |
| 六月二十五 | 遂安挑豆 | 10 |
| | 挑豆盘缠 | 元洋0.4 |
| | 共剃头四回 | 元洋0.4 |
| 七月初四 | 新宝仙游吊礼 | 大洋0.72 |
| 七月初十 | 付德骥买培元药水 | 1 |
| | 买亥三斤五两 | 1 |
| | 买煎腐 | 0.3 |
| | 阳坑挑苞芦十五斗五升 | 9.5 |
| | 遂安挑谷 | 4.2 |
| | 街口挑米 | 2 |

续表

| 时间 | 支出 | 金额(元) |
| --- | --- | --- |
| | 代新妹官利 | 3 |
| | 胡埠口买粉干 | 1 |
| | 代细闵打油工 | 1.36 |
| | 买顶荤饼一筒 | 0.22 |
| | 代九子剃头 | 0.089 |
| | 代老万司剃头 | 0.089 |
| 八月初二 | 代石灰肩力 | 1.5 |
| | 代俭李衣帽纸箱 | 0.22 |
| | 广富余家坞挑谷盘缠 | 0.367 |
| | 酒糟煎豆腐 | 0.356 |
| 八月初八 | 遂安挑黄豆 | 4 |
| | 挑豆盘缠 | 元洋0.4 |
| | 买雪梨 | 元洋0.3 |
| 八月十二 | 威坪挑麦 | 4 |
| | 威坪挑海沙 | 1 |
| | 姚家坦买亥 | 1 |
| | 代文孝公官利 | 14 |
| | 搭荣昌杭州买药 | 2 |
| | 买煎腐 | 钞15枚 |
| 补记 | 代胡武信裁缝司 | 1 |
| 八月二十六 | 街口挑米 | 4 |
| 八月二十八 | 让田贺、拜礼 | 2 |
| 九月初八 | 板桥挑谷一担 | 4 |
| 九月初十 | 良顺婚娶贺、拜礼 | 1.5 |
| 九月十三 | 广钊子来宾婚娶贺、拜礼 | 1 |
| 九月十五 | 付金预定亥 | 10 |

续表

| 时间 | 支出 | 金额(元) |
| --- | --- | --- |
| 九月二十八 | 街口买米三十三升 | 3 |
|  | 街口买□九斤四两 | 1 |
|  | 街口买亥三斤四两 | 1 |
|  | 门上买荔枝 | 3 |
| 十月初十 | 街口挑洋油一箱 | 5.2 |
|  | 街口挑米一斗一升半 | 1 |
|  | 买洋土一丈二尺 | 1 |
|  | 买椽钉一斤半 | 0.356 |
|  | 买亥一斤四两 | 0.4 |
|  | 买蛇鱼骨六尺 | 钞15枚 |
| 十月十八 | 付尚信裁缝工 | 1.4 |
|  | 付尚信买扣线 | 0.16 |
| 十月十九 | 代俭全买扣线 | 0.107 |
| 十月二十八夜 | 光松子老六婚娶贺、拜礼 | 2 |
| 十月三十 | 恭贺义遂侄则舜婚娶礼 | 2 |
| 十一月初一 | 麻坆根仂王村肩米二斗二升 | 2 |
| 十一月初二 | 广富街口肩米二斗三升、□十八斤 | 4 |
| 十一月初三 | 付尚菊第六季会 | 3.454 |
| 十一月初四 | 付让达第十六季会 | 4.224 |
|  | 付文香工夫钱 | 1 |
|  | 付天旺禄仂八根一元算 | 1 |
| 十一月十五 | 璜蔚买猪亥四斤、猪油三斤半 | 2 |
| 十一月二十八 | 璜蔚剁猪肉 | 2 |
| 补记<br>十一月二十四 | 付发根会 | 4.8 |
|  | 尚圣买□冰一斤半 | 铜元30枚 |
| 十二月初一日 | 接先生并轿夫 | 7.1 |

续表

| 时间 | 支出 | 金额(元) |
|---|---|---|
| | 接先生使用 | 1 |
| | 俭周上徽州府使用 | 2 |
| | 买雪梨二斤 | 元洋0.4 |
| 十二月初二日 | 怀德堂 | 1 |
| 十二月初三 | 亥一百六十斤半 | 36.025 |
| 十二月初四 | 先生资礼 | 2 |
| 又 | 街口长春堂点药二帖 | 3.15 |
| 又 | 街口放米起高代租 | 0.695 |
| | 籼糯米 | 39.86 |
| | 买粟杆糖 | 0.2 |
| | 上城里盘缠 | 1.6 |
| 十二月初七 | 威坪买南红半刀 | 0.16 |
| | 买黄表五刀 | 0.5 |
| | 买四万对五把 | 1 |
| | 买千边一包 | 0.18 |
| | 买五百贡边一包 | 0.08 |
| | 买五十双串三包 | 0.564 |
| | 买一百边双串二包 | 0.168 |
| | 买台白一斤 | 0.264 |
| | 买台赤一斤 | 0.196 |
| | 挑海沙 | 6 |
| | 买南枣一斤六两 | 1 |
| | 买机骨并洋钉 | 0.232 |
| | 买酱姜一斤并瓶 | 0.15 |
| | 下威坪饭店钱盘缠 | 0.272 |
| | 买五香豆腐干 | 0.083 |

续表

| 时间 | 支出 | 金额(元) |
| --- | --- | --- |
| 补记<br>十二月初四日 | 付侄婿日兴师木匠 | 5 |
| 十二月十九日 | 付日兴师木匠,荣贵师收去 | 1 |
| 十二月初四 | 付侄婿日兴师木匠 | 6 |
| 又 | 付荣贵师木匠做寿木 | 3 |
| 十二月初八日 | 遂安板桥万林兄亥肉 | 1.327 |
| 十二月十三日 | 灯笼一对 | 0.34 |
| 十二月十七 | 花尖十五刀 | 1.5 |
| | 朱青四匹 | 4.88 |
| | 苏烘四十包 | 0.64 |
| | 元条香,枣子□ | 0.644 |
| | 果子四包 | 0.72 |
| | 朱青□匹零二□ | 0.72 |
| 十二月十七 | 朱青钭五□ | 0.35 |
| | 标白一匹 | 0.73 |
| | 蓝一匹 | 0.68 |
| | 街口点药 | 1 |
| | 威坪买钉装、插键 | 0.84 |
| 十二月十六日 | 代俭苗香款、布款 | 1 |
| 十二月十七 | 梁下江同懋红烛二十斤 | 6 |
| | 广富买橡皮鞋 | 1 |
| | 集和堂点药二帖 | 元洋0.4 |
| 十二月二十八 | 义桂兄分来火酒 | 1 |
| | 代俭周工钱 | 0.4 |
| 原件合计 | | 530.879 |

## 民国二十二年（1933）春王正月立进出支用账一览表①

| 时间 | 支出 | 金额(元) |
|---|---|---|
| 元月初五 | 威坪肩海砂四十八斤二两 | 5 |
| | 酱油十斤 | 2 |
| | 顶皮烟九斤 | 3 |
| | 付咸春药账 | 2 |
| | 香高丽巾二条 | 0.208 |
| 元月十一 | 恭炳叔八旬贺礼 | 1 |
| 元月十三 | 托全叔遂安买奚子 | 3 |
| 元月十四 | 街口买散货 | 2 |
| | 张森茂买面粉 | 2 |
| 元月十七 | 买胭脂香粉、紫线、虾米 | 0.24 |
| 元月二十 | 代张有德点 | 6 |
| | 买泰西缎瓜皮帽一顶 | 0.64 |
| | 买芙蓉糕一联 | 0.25 |
| 元月二十四 | 代妙春暂款 | 10 |
| 元月二十三 | 代祠礼 | 6 |
| | 代胡妙宇理屋工钱 | 1 |
| | 代寄生暂款 | 1 |
| | 代方冬起抬轿工 | 11.7 |
| | 代江万休亥账 | 6 |
| 二月十六日 | 街口买朱清一匹 | 0.76 |
| | 街口买刷纸 | 铜元30枚 |
| | 街口买鞋刷一个 | 元洋0.1 |
| | 胡毓章暂去 | 3 |
| 自 | 秋姣胡部口点水药 | 0.27 |

① 民国二十年(1931)元月歙县钱韵兰立《进出支用》，黄山学院收藏《歙县沙坦钱氏文书》，尺寸：151毫米×227毫米。

续表

| 时间 | 支出 | 金额(元) |
|---|---|---|
| 二月二十九 | 兑协叔店中切面、红早 | 1 |
| | 桂菊璜田点药 | 1 |
| 三月初三自 | 葆生堂点水药 | 0.82 |
| | 满田张树滋外科药 | 1 |
| | 买箬笠三个 | 大洋0.1 |
| 自 | 付女时仂产育奚子 | 1 |
| 四月初十 | 买亥五斤四两 | 1.313 |
| 四月十二 | 买亥三斤六两 | 0.81 |
| 四月二十 | 买亥四斤 | 1 |
| 四月二十二 | 代胡毓章猪银 | 10 |
| 四月二十三自 | 买钉靴一双 | 2 |
| 四月二十六 | 代林祥铁司工钱 | 1.14 |
| 四月二十六 | 代俭理洋糕 | 元洋0.2 |
| 四月二十七 | 代联盟会捐款 | 1.5 |
| 四月二十七 | 代漪登竹匠工 | 1.2 |
| 四月二十八 | 代应万余药客 | 2.06 |
| 四月二十九自 | 代二位药客 | 4.2 |
| 自 | 买笋干送本家 | 1 |
| 五月初三自 | 付尚周第七会 | 4.576 |
| | 代水明食锅 | 3.85 |
| 五月初二 | 永大成籴苞芦七斗 | 3.57 |
| 五月初二 | 德和籴苞芦七斗 | 4.9 |
| 五月初二 | 买捍枣三斤 | 1 |
| | 出街口散用 | 钞35枚 |
| 五月初四自 | 付让达第十七会 | 4 |
| 五月初五自 | 姚家坦买亥四斤四两 | 1 |

续表

| 时间 | 支出 | 金额(元) |
| --- | --- | --- |
| 五月初六 | 付爵仂第三季会 | 12 |
| 五月初七自 | 付妙周第十一会 | 0.572 |
| 五月初八 | 支会洋,代妙德借款 | 12 |
| | 买菊□一方 | 铜元41枚 |
| 五月初九 | 代荣昌手借款 | 12 |
| 五月初九 | 支会洋,代来苟借款 | 24 |
| 五月初九 | 买四百箔二十把 | 5 |
| 五月初十 | 长标籴苞芦一担七斗 | 8.36 |
| 五月十六自 | 代天台山捐 | 大洋0.5 |
| 五月十七自 | 买枇杷 | 0.084 |
| 五月十七自 | 买大号福字表一刀 | 大洋0.1 |
| 五月十八自 | 姚家坦买笋干 | 1 |
| | 代学锣鼓金 | 1 |
| 五月十九 | 代齐云山捐 | 大洋0.5 |
| 五月十九 | 煤油一罐 | 3 |
| 五月十九 | 市米 | 2 |
| 五月十九 | 买豆油 | 2 |
| 五月二十二 | 张□仁贺礼 | 5 |
| 五月二十四 | 付姚发根会 | 4.618 |
| 补记五月初二 | 买亥四斤 | 1 |
| 补记五月初十 | 买绒絮一条 | 3.85 |
| 五月二十八 | 纳粮 | 1.2 |
| | 浙宁波大福寺捐 | 大洋0.2 |
| 五月二十九自 | 禄娣长春堂水药八帖 | 2.08 |
| 自 | 代长春堂旧药款 | 0.92 |
| 闰五月初一 | 禄娣点水药白糖 | 0.613 |

续表

| 时间 | 支出 | 金额(元) |
|---|---|---|
| 自 | 买糖冰四两 | 0.095 |
| 闰五月初五 | 买亥二斤 | 大洋0.8 |
| 闰五月初七 | 付树滋第十二季会 | 大洋17 |
| | 代光月姨夫货款 | 11.863 |
| 闰五月十一自 | 买文玉白腐三块,腐干十块 | 0.114 |
| 闰五月十二 | 付新妹官利 | 5 |
| 闰五月十三 | 付新妹旧岁官利 | 5 |
| 闰五月十三自 | 代荣昌手买锣鼓 | 1 |
| 自 | 代毓章猪银并暂去洋在内 | 8 |
| 自 | 代让爵苞芦壳 | 小洋0.6 |
| | 付让爵苞芦壳 | 1.24 |
| 闰五月十六 | 买腐干十三块 | 0.057 |
| | 遂邑肩麦一百三十八斤 | 大洋6 |
| | 挑麦盘缠 | 大洋0.679 |
| 闰五月十八自 | 买文玉兄腐干 | 大洋0.168 |
| 自 | 买固本肥皂二盒 | 大洋0.2 |
| 自 | 禄娣街口点水药一帖 | 大洋0.098 |
| 闰五月二十自 | 威坪买酥糖、冰糖、橘饼 | 大洋1 |
| 闰五月二十自 | □众买硝逐吊神 | 大洋1 |
| 闰五月二十一 | 代胡文淮借款,内票四张二十元 | 大洋60 |
| 闰五月二十一<br>内自洋一元 | 代光钺借款 | 大洋11 |
| 闰五月二十七自 | 买豆腐鸡子 | 0.19 |
| 闰五月二十九自 | 代邵仲仁 | 2 |
| 自 | 街口点药六帖 | 0.576 |
| 自 | 批乩货物 | 1.174 |

续表

| 时间 | 支出 | 金额(元) |
|---|---|---|
| 六月初一 | 代怀德堂药账 | 钞票5 |
| | 街口苞芦一担四斗 | 12.16 |
| | 街口方卸保挑苞芦担力 | 2.1 |
| 六月初二自 | 买腐干二十块 | 0.072 |
| 六月初三自 | 代长春堂1.658 | 2 |
| | 代生和批乩资1.774 | 1.432 |
| 六月初三 | 玫瑰花一斤二两 | 0.24 |
| | 挑米六斗,东海临溪放来 | 4.7 |
| 六月初三 | 豆腐片、粿粽、条香烟 | 钞33枚 |
| 六月十四 | 买亥四斤 | 1 |
| 自 | 买亥四斤七两 | 1.166 |
| 自 | 买酒糟四两 | 钞10枚 |
| 六月二十一自 | 代咸春合丸药款 | 0.77 |
| 六月二十一自 | 代咸春堂养血丸半斤、人参七两 | 0.86 |
| 六月二十一自 | 代本社求雨 | 1 |
| 七月初三自 | 德骧深渡买布 | 11 |
| | | 10 |
| 自 | 德骧到深渡散用 | 0.492 |
| 七月初五自 | 禄娣点药二帖 | 0.712 |
| 自 | 买洋袜两双 | 0.54 |
| | 籴黄豆五斗 | 5 |
| 七月初六 | 威坪买花尖 | 大洋2 |
| 自 | 威坪买海砂 | 大洋3 |
| | 威坪买洋袜一双 | 元洋0.3 |
| | 代咸春别直参 | 元洋0.62 |
| | 剃头 | 钞30枚 |

**续表**

| 时间 | 支出 | 金额(元) |
|---|---|---|
| | 全钱 | 0.2 |
| | 威坪散用 | 0.5 |
| 七月十四自 | 贺家万花子方仂娶妇 | 大洋1 |
| 自 | 德骥点药 | 0.32 |
| 七月十七自 | 代水林手打油工 | 1 |
| 七月二十五日 | 遂安挑谷 | 3.4 |
| 七月二十九自 | 买竹席两条 | 1 |
| 自 | 杭州买哔支长褂料一丈二尺、大纺绸裤一条 | 7 |
| 自 | 买当归养血丸 | 0.44 |
| 自 | 补中益气丸四两 | 0.2 |
| 八月初五自 | 自点药三帖 | 大洋0.324 |
| 自 | 买石膏一斤十四两 | 钞34枚 |
| 八月十九自 | 代本社戏金丁银 | 2.5 |
| 八月二十自 | 买炉二、碗十六只 | 1 |
| 八月二十一自 | 买苏酒一斤 | 0.2 |
| 自 | 买瓷器茶壶一把 | 0.36 |
| 自 | 买小洋袜一双 | 0.11 |
| 自 | 桂兰回家看戏、看母 | 元洋0.4 |
| 八月二十七自 | 遂安挑谷并盘缠 | 0.32 |
| 自 | 看戏散用并待客 | 1.8 |
| 九月初一自 | 买亥四斤六两 | 1.028 |
| | 买猪肝一斤十二两 | 0.392 |
| 九月初七自 | 则娣分来丸药五两 | 大洋0.62 |
| 九月初八自 | 买亥七斤半 | 1.5 |
| 九月初九 | 威坪买货 | 2 |
| 九月初九自 | 威坪办货 | 10 |

**续表**

| 时间 | 支出 | 金额(元) |
|---|---|---|
| 九月十八 | 代妙贵裁缝工钱 | 5 |
| 九月十九自 | 街口办货 | 19 |
| 九月二十五 | 办货 | 3.75 |
| 九月二十七自 | 买蕨粉九斤 | 1 |
| 自 | 买锡箔八把一千六 | 1 |
| 自 | 付俭李纸扎衣帽 | 1 |
| 自 | 苏酒半坛十六斤 | 2.8 |
| 十月初三自 | 买遂安鸡子 | 3 |
| 自 | 遂安买亥 | 3 |
| 自 | 遂安籴黄豆 | 1 |
| 自 | 江炳传子侄贺礼 | 4 |
| 自 | 代打油工零头 | 0.412 |
| 自 | 代恭协叔一百二十根素香五把 | 0.56 |
| 十月初四自 | 代怀德堂药账 | 0.908 |
| 十月初九 | 代方卸宝挑米肩力 | 1 |
| 自 | 璜田剃头 | 0.08 |
| 自 | 买盘两个 | 0.11 |
| 十月二十一 | 自一元,付德骥下威坪用 | 6 |
| 十一月初四自 | 付让达十八季会 | 3.775 |
| 十一月初三 | 付尚周第八季会 | 4.436 |
| 十一月初六自 | 付绍植司工钱 | 1 |
| 十一月初七自 | 付妙周十二季会 | 5.893 |
| 十一月十八自 | 买德元亥十一斤 | 2 |
| 十一月二十六自 | 买花尖十二刀 | 1 |
| 自 | 买火腊二斤 | 1 |
| 自 | 代便契中资 | 20 |

续表

| 时间 | 支出 | 金额(元) |
| --- | --- | --- |
| 十一月初十日自 | 代夹皮酒酌 | 20 |
| 十一月十一日自 | 代广富还暂款 | 5 |
| | 街口籼米四元、糯米一元 | 5 |
| | 威坪买货 | 3 |
| 十一月十五自 | 代恭协叔伙食 | 12 |
| 十一月十六自 | 郭邨挑谷一百〇二斤 | 3 |
| 自 | 代卸宝挑谷肩力 | 1 |
| 十二月二十五自 | 买麦四十四斤 | 2 |
| 十二月二十六自 | 买熟蓝一匹0.62,二两双一筒0.15,二千边一包0.28 | 1.05 |
| 十二月二十八自 | 买苏酒 | 1 |
| 十二月三十自 | 代衣帽纸扎 | 1 |

## 民国二十三年（1934）进出支用账一览表①

| 时间 | 支出 | 金额(元) |
| --- | --- | --- |
| 元月自 | 买角烟六包,红印香烟一封 | 0.16 |
| 元月十六自 | 买俭富苏酒二斤 | 0.4 |
| 元月二十一自 | 义佳次子婚娶贺、拜礼 | 2 |
| 元月二十五自 | 代周仂璜蔚药帐 | 元洋0.2 |
| 二月初五自 | 禄娣威坪点药 | 2 |
| 自 | 街口肩米一斗一升、海沙七斤半 | 2 |
| 二月十二自 | 禄娣买鸡子五十个 | 1 |
| 自 | 街口肩米二斗四升 | 2 |

① 民国二十年(1931)元月歙县钱韵兰立《进出支用》,黄山学院收藏《歙县沙坦钱氏文书》,尺寸:151毫米×227毫米。

续表

| 时间 | 支出 | 金额(元) |
| --- | --- | --- |
| 自 | 街口肩海沙十三斤 | 2 |
| 自 | 威坪买八百箔四把 | 2 |
| 三月初五自 | 代恭协叔伙食账 | 10 |
| 三月十七自 | 禄娣点药十帖 | 2 |
| 三月二十四自 | 街口市米、洋油4元,海砂3元 | 10.77 |
| 三月二十二自 | 买笋干六斤七两 | 2 |
| 三月二十五自 | 买葛粉七斤 | 1 |
| 自 | 买奚子七十三个 | 1 |
| 三月二十七自 | 买鲜亥四斤半 | 1 |
| 四月初三 | 代钉枰做鞦单 | 小洋0.4 |
|  | 雪娣璜蔚点药 | 元洋0.4 |
| 四月初五 | 代猪银钱 | 5 |
| 四月初十 | 四元八角,代灶成猪银 | 5 |
| 四月初十自 | 代恭协伙食账 | 16 |
| 四月十二自 | 恭贺老芬□堂匾、寿匾 | 2 |
| 四月十三自 | 买小楷羊毫笔八支、净纯羊毫笔四支 | 0.32 |
| 四月十三日 | 代孙晋藩药客 | 0.47 |
|  | 代应万余药客 | 2 |
| 四月十七自 | 买定做钉靴一双 | 2 |
|  | 代方岩山和尚捐 | 小洋0.5 |
| 自 | 买纯羊毫笔一支 | 0.06 |
| 四月二十日自 | 代赖手皮袍款 | 14 |
| 自 | 代上江老培火炉砖 | 0.42 |
| 四月二十二日 | 街口挑苞芦八斗 | 4.24 |
|  | 街口盘缠 | 0.2 |
|  | 潘德和苞芦米四担 | 23.6 |

续表

| 时间 | 支出 | 金额(元) |
|---|---|---|
| | 代德和账 | 1 |
| 四月二十三 | 代咸春宝号药账 | 20 |
| 自 | 代幹庭东洋参账 | 2.5 |
| 自 | 代葆生堂药账 | 3.143 |
| | 代挑苞芦担工 | 1 |
| 又 | 盘缠 | 0.4 |
| 四月二十八自 | 茶捐 | 1 |
| 茶 | 茶捐 | 0.7 |
| | 买膏药油 | 0.1 |
| 四月二十九自 | 代曹光月 | 2.4 |
| 五月初三 | 付尚菊会 | 3.29 |
| | 街口帖药 | 0.4 |
| 五月初四自 | 付让达十六季会 | 3.543 |
| 五月初六 | 付让爵第四会 | 11 |
| 自 | | 1 |
| 五月初七 | 付俭周十三会 | 5.53 |
| | 付树滋十三会 | 17 |
| 五月初十 | 付岩寿会 | 13 |
| 五月十八 | 德和挑米 | 2 |
| | 买铁十一斤 | 0.877 |
| | 买高丽巾 | 0.12 |
| | 街口点药三帖 | 0.315 |
| 五月十九 | 付俭理义会 | 30 |
| 五月二十三自 | 代新妹利钱 | 1 |
| 自 | 代大桥捐 | 大洋0.5 |
| 五月二十四 | 付发根会 | 4.15 |

续表

| 时间 | 支出 | 金额(元) |
|---|---|---|
| 五月二十六 | 纳粮 | 0.588 |
| 六月初三 | 付尚菊会 | 4.208 |
| 六月初七 | | 0.632 |
| 六月初七 | 付树滋会 | 16.53 |
| 六月二十三自 | 街口挑黄豆一担、市米一斗九升 | 10 |
| | 盘缠 | 钞27枚 |
| 七月初三自 | 火酒 | 0.325 |
| | 买扣线 | 0.2 |
| 六月二十三 | 代德和账 | 0.89 |
| | 代同寿堂药账 | 0.63 |
| | 买熟蓝一匹 | 0.51 |
| | 街口长春堂帖药 | 0.142 |
| 七月二十三日 | 代永昌隆账 | 5 |
| | 街口挑米 | 2 |
| | 街口买海砂 | 1 |
| | 买巨尖纸 | 1 |
| | 威坪买锡箔 | 1.7 |
| | 米 | 0.26 |
| | 黑纸 | 0.2 |
| | 盘缠 | 0.2 |
| | 铁子 | 0.2 |
| 七月二十九① | 街口挑米 | 2 |
| | 街口挑猪食 | 1 |
| | 搭开荷威坪买糖 | 元洋0.4 |

① 民国二十三年(1934)七月歙县钱韵兰立《进出支用》,黄山学院收藏《歙县沙坦钱氏文书》,尺寸:161毫米×211毫米。

**续表**

| 时间 | 支出 | 金额(元) |
|---|---|---|
| 补记 | 德骥怀德堂点药 | 元洋0.4 |
| 七月二十八 | 深渡买香纸扇页 | 元洋0.2 |
| | 搭威坪买台青糖、赤砂糖 | 元洋0.4 |
| 八月初一 | 代细闵打油工磨粉 | 1 |
| 八月初□ | 怀德堂母亲点药 | 0.2 |
| 八月初五 | 代威坪同顺店前款 | 0.469 |
| | 同顺店买寿被二条 | 大洋0.43 |
| 八月十二 | 遂安板桥挑谷 | 4.4 |
| | 遂安挑谷 | 4.4 |
| 八月初十 | 恭贺方和尚婚娶礼 | 2 |
| 九月初六 | 遂安胡泽挑苞芦子 | 6 |
| | 挑苞芦子盘缠 | 元洋0.4 |
| 九月初七 | 姚开士街口带来海沙七斤 | 1 |
| 九月初十 | 深渡买长褂棉马褂 | 12 |
| 九月十六 | 森茂婚娶拜礼 | 1 |
| | 上深渡盘缠 | 元洋0.3 |
| 九月十九 | 恭贺财顺子浩山婚娶礼 | 1 |
| 九月二十三 | 街口潘德和号洋油一罐 | 4.3 |
| | 威坪肩海沙十八斤 | 2 |
| 九月二十七 | 门上籴遂安米二斗 | 2 |
| 九月二十八 | 代裁缝工 | 2 |
| | 上三项贺东春表婚娶礼 | 亥三斤二两<br>蕨粉三斤三两<br>麻烘糕二包 |
| 十月初五 | 买出蕨粉一百八十五斤 | 15.4 |
| | 代挑利 | 1.5 |
| | 小川火炮 | 1 |

续表

| 时间 | 支出 | 金额(元) |
|---|---|---|
| | 盘缠 | 1.28 |
| | 代三伪暂款 | 5 |
| 十月初九 | 付雪娣桑园坋看戏 | 元洋0.2 |
| 十月十三 | 付老六竹匠买科藤 | 元洋0.4 |
| 十月十七 | 遂安海沙肩来七斤 | 1 |
| | 籴米一斗 | 1 |
| | 代潘恒元毛竹六根 | 1 |
| 十二月初九 | 挑海砂二十五斤十两 | 3 |
| | 锡箔四百五把、八百二把 | 1.9 |
| | 花尖十三刀 | 1 |
| | 佛表二刀 | 0.14 |
| | 南红半刀 | 0.076 |
| | 红烛斤半 | 0.42 |
| | 小洋烛一对 | 0.1 |
| | 一千边一包 | 0.14 |
| | 五百边一包 | 0.07 |
| | 五十边二包 | 0.28 |
| | 一百边二包 | 0.28 |
| | 朱青一匹 | 1 |
| | 标白一匹 | 0.66 |
| | 熟蓝一匹 | 0.56 |
| | 朱青斜四尺 | 0.224 |
| | 白标三尺五寸 | 0.11 |
| | 麻烘交二十包 | 0.23 |
| | 五条饼干二十六,冻糖、雪枣十八两 | 0.251 |
| | 石交一斤四两 | 0.065 |

续表

| 时间 | 支出 | 金额(元) |
| --- | --- | --- |
| | 台青一斤 | 0.2 |
| | 粉丝半斤 | 0.1 |
| | 豆油十二斤 | 2 |
| | 白米两升 | 0.25 |
| | 买烟 | 小洋0.4 |
| | 买洋火一包 | 钞25枚 |
| | 油纸二张 | 钞24枚 |
| | 散用 | 钞23枚 |
| | 酱油一斤 | 0.196 |

## 民国二十四年（1935）正月初十日立支用账一览表[①]

| 时间 | 支出 | 金额(元) |
| --- | --- | --- |
| 正月初十日 | 怀德堂点药 | 0.196 |
| 正月十一 | 怀德堂点药 | 0.226 |
| 未 | 怀德仙方一帖 | 0.57 |
| 欠洋0.742 | 街口花黄、箔、药、红枣、烛 | 3.724 |
| | 买正礼尖布 | 6.554 |
| | 璜蔚点药 | 钞49枚 |
| | 威坪挑海砂 | 1 |
| | 威坪盘缠 | 小洋0.1 |
| | 买苏管糖 | 钞10枚 |
| | 怀德堂点药 | 小洋0.2 |
| | 代有黄司 | 大洋2 |

① 民国二十三年(1934)七月歙县钱韵兰立《进出支用》,黄山学院收藏《歙县沙坦钱氏文书》,尺寸:161毫米×211毫米。

**续表**

| 时间 | 支出 | 金额(元) |
|---|---|---|
| | 买烟半斤 | 小洋0.2 |
| | 璜蔚点药 | 小洋0.2 |
| | 璜蔚买连子,冰糖 | 小洋0.2 |
| | 潘景山问卦 | 1.1 |
| | 买豆花 | 钞10枚 |
| | 代妙贵司 | 1 |
| 除 | 璜蔚点药 | 0.102 |
| 除 | 买烟胡埠口 | 小洋0.2 |
| 除 | 有方师挑金 | 2 |
| | 怀德堂两帖 | 0.814 |
| | 买酱油四两 | 钞13枚 |
| 正月二十日 | 买冰糖 | 小洋0.1 |
| 正月二十一 | 璜蔚点药 | 大洋0.116 |
| 正月二十四 | 修雨伞 | 小洋0.2 |
| 二月初二 | 怀德堂点药 | 小洋0.2 |
| 二月初三 | 买烟一包盘缠 | 小洋0.4 |
| 二月初四 | 买香烟 | 小洋0.2 |
| 二月初五 | 点药一帖 | 0.342 |
| | 寒热丸三十 | 0.45 |
| 二月初六 | 璜蔚买一烟 | 小洋0.2 |
| 二月初十日 | 一马 | 0.13 |
| 二月十一 | 代道士口金 | 2 |
| | 代达遵 | 4 |
| 二月十八 | 代徐效宝暂 | 小洋0.2 |
| | 代俭隆鸡子 | 钞30枚 |
| | 代俭生借 | 小洋0.2 |

续表

| 时间 | 支出 | 金额(元) |
| --- | --- | --- |
| 三月初一 | 威坪籴米八升 | 大洋1 |
| | 买纸 | 小洋0.2 |
| | 买纸 | 钞32枚 |
| | 胡顺苟司祭礼 | 0.2 |
| | 买纸 | 钞20枚 |
| 三月二十一日 | 挑苞芦两担七斗四升 | 大洋22小洋0.2 |
| 三月二十五日 | 挑苞芦三担一斗一升 | 大洋25 |
| | 盘缠挑苞芦 | 大洋0.43 |
| 三月三十 | 代万和隆店账 | 大洋7 |
| | 买亥四斤 | 大洋1 |
| | 街口挑米五斗四升 | 大洋7 |
| | 买肥皂一连 | 钞30个 |
| | 盘缠 | 钞18个 |
| | 璜蔚仲伙 | 小洋0.2 |
| 四月初二 | 代老陆竹司 | 大洋0.6 |
| | 璜蔚仲伙 | 小洋0.2 |
| | 代威坪同顺店 | 大洋0.456 |
| 四月初五 | 代俭富暂洋 | 10 |
| | 代历福猪帐 | 4.4 |
| 四月初七 | 代致中和店帐 | 6 |
| | 代胡和尚暂 | 15 |
| | 付摘茶工 | 3.2 |
| 四月十二 | 买麻酥糖 | 大洋0.34 |
| | 璜蔚代药 | 0.648 |
| | 代同昌号 | 20 |
| | 代新妹利 | 2 |

续表

| 时间 | 支出 | 金额(元) |
|---|---|---|
| 此纸 | 代俭生暂 | 1 |
| | 代文潘政文利 | 1 |
| | 代潘政和于父分金 | 1 |
| | 代天赦暂 | 10 |
| | 序师合经 | 2 |
| | 木匠众 | 1 |
| | 代暂款 | 1 |
| | | 钞16个 |
| | 火酒一斤 | 0.4 |
| | 买豆腐 | 钞12个 |
| | 买豆腐干 | 钞38个 |
| | 代暂款文渔 | 10 |
| | 代暂款尚德 | 10 |
| | 妙理今宜送嫁 | 1 |
| 存 | 买蕨粉十斤 | 1 |
| | 代松茂、幹廷参款 | 大洋5 |
| 五月初三 | 付尚菊会 | 大洋5.6 |
| 五月初四 | 付让书会 | 大洋3 |
| 五月初一日 | 菜油 | 大洋3.1 |
| | 挑米一斗六升 | 大洋2 |
| | 挑海砂 | 大洋3 |
| | 买亥四斤 | 大洋1 |
| | 代同昌号 | 大洋10.74 |
| | 代德和 | 大洋40.829 |
| | 代长春堂 | 大洋1.572 |
| | 代永昌隆 | 5.38 |

续表

| 时间 | 支出 | 金额(元) |
| --- | --- | --- |
| | 代咸春药号 | 11.558 |
| | 买头寄满 | 0.268 |
| | 买腰布 | 0.41 |
| | 买广金四张 | 钞8枚 |
| | 买洋角糖 | 0.5 |
| | 代致中和 | 0.52 |
| | 代贵兰诸会 | 2 |
| | 广富入身 | 0.2 |
| 五月初六 | 付让节会 | 12 |
| | 付树滋会 | 15.728 |
| | 付俭周会 | 4.8 |
| | 代光越店 | 2.6 |
| | 还去方国英 | 4 |
| | 代财顺口金 | 3 |
| | 代怀德堂药账 | 0.714 |
| 五月初十日 | 付安寿会 | 13 |
| | 朱仂 | 1.89 |
| 五月二十一日 | 代泉款洋 | 3 |
| | 遂安挑枣 | 4 |
| | 盘缠 | 0.734 |
| | 街口买火酒 | 小洋0.4 |
| | 代桃伯茶租 | 小洋0.4 |
| | 买石膏二斤 | 小洋0.2 |
| | 付发根会 | 8.208 |
| | 代文孝公利 | 1 |
| 五月二十七 | 代新妹官利 | 14 |

续表

| 时间 | 支出 | 金额(元) |
|---|---|---|
| 六月初五 | 肩米一斗六升 | 2 |
| | 买黄表三刀 | 0.234 |
| | 买皮纸二十一张 | 0.2 |
| | 代财□工钱 | 1 |
| | 代全仂木洋红 | 钞35枚 |
| | 代林弟姑立钱 | 5 |
| | 天济堂点药二帖 | 小洋0.3 |
| | 点药二帖 | 小洋0.2 |
| | 点药一帖 | 大洋0.1 |
| | 买人丹一包 | 钞16枚 |
| | 街口挑米九升 | 1 |
| | 桃□枯二十九斤 | 1 |
| | 买草鞋 | 钞9个 |
| | 鞋 | 钞16个 |
| | 盘缠用 | 钞23个 |
| | 买火酒半斤 | 0.2 |
| | 买千张箔 | 1 |
| | 买黄表、沙糖 | 0.4 |
| | 遂安挑豆 | 3 |
| | 遂安挑米 | 1 |
| | 盘缠用 | 小洋0.201 |
| | 代国英锡箔 | 2 |
| | 妙雨叔买亥 | 1 |
| | 遂安挑米一斗 | 1 |
| | 遂安挑米 | 2.3 |
| | 龙门山挑谷 | 3.3 |

**续表**

| 时间 | 支出 | 金额(元) |
|---|---|---|
| | 代人妹工钱 | 1 |
| | 遂安挑谷 | 1 |
| 自 | 威坪买麻布 | 小洋0.5,14个 |
| | 街口肩海砂 | 1 |
| 九月初十 | 点药二帖取 | 0.324 |
| | 买烟 | 小洋0.1 |
| | 买膏药油 | 钞12个 |
| | 代文海富用 | 钞100 |
| | 树芝床嫁 | 大洋1 |
| 九月二十四日 | 朋元兄乞喜酒 | 大洋1 |
| | 挑米 | 大洋2 |
| 十一月十六日 | 俭益贺、拜礼 | 大洋1 |
| | 俭贞拜礼 | 大洋1 |
| | 家理买□七斤 | 1 |
| | 付俭周令 | 大洋0.47 |
| | 代老文先 | 1 |
| 十一月十二日 | 街口肩海砂八斤三 | 1 |
| | | 又□子代盐十斤四两 |
| | 代对□朋元兄乞喜酒 | 0.25 |
| | 遂安挑米 | 3 |
| 十二月初九日 | 威坪办货 | 2 |
| | 许宏泰买五十边三包 | 0.42 |
| | 买草席 | 小洋0.4 |
| | 买雪片糕 | 钞20 |
| | 买五色纸 | 钞69枚 |
| | 买光本 | 钞12枚 |

续表

| 时间 | 支出 | 金额(元) |
| --- | --- | --- |
| | 买烟二包 | 0.4 |
| | 买豆腐两回 | 钞23枚 |
| | 买阳火 | 钞25枚 |
| | 街口买洋油 | 1 |
| | 买洋火一包 | 0.1 |
| | 威坪挑海砂 | 2 |
| | 内除0.2买酒,街口买烟二包 | 小洋0.4 |
| | 买香三只 | 小洋0.1 |
| | 买香一百二只、三十根三只 | 钞25枚 |

## 民国二十五年（1936）闰三月立支用账一览表①

| 时间 | 支出 | 金额(元) |
| --- | --- | --- |
| | 街口挑海沙 | 2 |
| | 街口点药二帖 | 0.4 |
| 三月十三 | 街口挑洋油 | 4.7 |
| | 街口肩海砂 | 3 |
| | 街口买箬笠 | 小洋0.1 |
| | 街口买烟 | 小洋0.2 |
| | 买豆干 | 钞12枚 |
| | 王村肩米六斗 | 5 |
| 暂 | 盘缠用 | 钞56枚 |
| 暂 | 此洋母亲收入,王村买锡箔 | 1 |
| 四月二十 | 代三苟竹司 | 1 |

① 民国二十三年(1934)七月歙县钱韵兰立《进出支用》,黄山学院收藏《歙县沙坦钱氏文书》,尺寸:161毫米×211毫米。

续表

| 时间 | 支出 | 金额(元) |
|---|---|---|
| | 街口买箬帽 | 小洋0.3 |
| | 街口代潘德和 | 5 |
| | 代胡能祥 | 0.85 |
| 暂 | 街口点药两帖 | 0.4 |
| 暂 | 威坪台青两斤 | 0.5 |
| | 付老陆竹司,代弈聚学金 | 2 |
| | 代彩云利市包 | 0.2 |
| | 代彩云学金 | 2 |
| | 代新妹利钱 | 5 |
| | 代效宝烟 | 小洋0.6 |
| 四月初三 | 广富买鸡子 | 2 |
| | 代咸春药号 | 6 |
| 四月初三日 | 买核桃肉半斤 | 0.318 |
| 自肩担 | 代买帖只一斤 | 0.2 |
| | 代尚有师 | 1 |
| | 代街口药账 | 钞18文 |
| | 代俭富香三百根 | 大洋0.1 |
| | 代保生堂 | 大洋0.344 |
| | 纳钱粮周列户 | 大洋0.298 |
| | 纳钱粮承绪 | 大洋0.156 |
| | 助让法诚吊□ | 小洋0.4 |
| 四月二十九日 | 付妙理会 | 24 |
| 五月初一日 | 代同昌旧账 | 5 |
| | 街口挑海砂 | 1 |
| | 买老布还奕书 | 4.653 |
| | 买烟 | 小洋0.2 |
| | 代众官利 | 4 |

续表

| 时间 | 支出 | 金额(元) |
| --- | --- | --- |
| 七月初七 | 付俭周会 | 1 |
| | 付树滋会 | 1 |
| 七月初十 | 付岩寿会 | 6 |
| | 代怀德堂旧新 | 大洋0.96 |
| | 付朱仂会 | 1.771 |
| | 代老幹参账,代0.72收仁丹十二包 | 1 |
| 五月十七 | 代新妹利钱 | 1 |
| | 付树滋会 | 4 |
| | 挑苞芦二担一斗二斤并盘缠 | 10.9 |
| 六月二十六 | 打油工,一百十三斤十两算 | 1.7025 |
| 又 | 街口肩米七升 | 0.5 |
| | 代达仂保甲 | 0.2 |
| 七月十六 | 石山岭下挑苞芦 | 5 |
| | 盘缠 | 0.37 |
| | 代文海付亥 | 1 |
| 八月初八日 | 威坪买花尖刀二刀 | 0.16 |
| | 黄表一刀 | 钞20枚 |
| | 果子四样 | 0.32 |
| | 买眼药 | 0.1 |
| | 遂安肩谷一百十四斤 | 3 |
| | 街口肩盐 | 1.6 |
| 九月初六① | 买火酒一斤六两 | 大洋0.25 |
| | 代润身孝礼 | 大洋0.25 |
| | 买洋火一包 | 小洋0.1 |

① 民国二十五年(1936)八月歙县钱德骥登记收支帐,黄山学院收藏《歙县沙坦钱氏文书》,尺寸:141毫米×205毫米。

续表

| 时间 | 支出 | 金额(元) |
|---|---|---|
| | 文渔姑丈喜酒 | 大洋2 |
| 九月十七 | 保甲金费 | 钞6个 |
| 十月二十一 | 街口买海砂十六斤 | 2 |
| | 黄表一刀 | 0.09 |
| | 买锡箔一把 | 0.226 |
| | 天济堂点药 | 0.432 |
| | 代保甲金费 | 0.2 |
| 十月二十五 | 恭炳孝礼 | 0.283 |
| 十一月初八 | 威坪买花尖六刀 | 0.44 |
| | 四百锡箔二把 | 0.36 |
| | 买小洋袜一双 | 0.08 |
| | 买时香一只 | 钞6个 |
| | 买黄表一刀 | 0.09 |
| | 买忠山鞋一双 | 0.72 |
| | 盘缠 | 1.2 |
| | 买芙蓉糕 | 0.166 |
| | 买麻烘糕十八包 | 0.2 |
| | 诚泰买烟 | 0.2 |
| | 买石交 | 0.15 |
| | 买洋火 | 0.73 |
| | 买赤砂糖 | 0.188 |
| | 买鞋面一尺六寸 | 0.326 |
| 十二月二十日 | 城里买米二斗 | 2 |
| | 买熟蓝一匹、帽一个 | 1.06 |
| | 买鞋袜一双 | 0.245 |
| | 买线一只 | 0.02 |
| | 买洋麻酥糖 | 1 |

续表

| 时间 | 支出 | 金额(元) |
| --- | --- | --- |
| | 盘缠 | 0.34 |
| | 买香 | 0.2 |
| | 买红烛半斤 | 0.16 |
| | 代金费 | 0.1 |
| | 代对纷 | 0.432 |
| | 街口买海砂 | 1 |
| | 代肩利 | 钞20个 |
| | 买盐冰 | 钞9个 |
| | 街口买烟 | 0.2 |
| | 买洋酥糕 | 钞16个 |

## 民国二十六年（1937）正月初五日立支用账一览表①

| 时间 | 支出 | 金额(元) |
| --- | --- | --- |
| 正月初五日 | 顺炳恭贺寿 | 大洋0.2 |
| | 保甲金费 | 大洋0.1 |
| | 代保甲金费 | 大洋0.164 |
| 二月初三 | 买烟 | 大洋0.4 |
| | 交租酒 | 1 |
| | 买花尖、锡箔 | 1 |
| | 盘岭买亥 | 1 |
| 三月二十二 | 盘岭肩米 | 2 |
| 三月二十六 | 买箬帽三个 | 0.15 |
| | 买烟两包 | 0.2 |

① 民国二十五年(1936)八月歙县钱德骥登记收支帐，黄山学院收藏《歙县沙坦钱氏文书》，尺寸：141毫米×205毫米。

续表

| 时间 | 支出 | 金额(元) |
| --- | --- | --- |
| | 气面 | 0.12 |
| | 买麻酥糖 | 0.1 |
| | 买麻酥糖二十包 | 0.17 |
| 四月初七 | 付树滋会 | 11 |
| 四月初八 | 买亥三斤半 | 1 |
| | 买火酒一斤 | 0.25 |
| 四月初十 | 代天济堂 | 0.444 |
| | 代胡尚有 | 2.85 |
| | 代潘楷金 | 3.7 |
| | 买洋油 | 1 |
| | 代仁妹 | 0.3 |
| | 挑苞芦 | 10 |
| | 深渡买烟 | 1 |
| 四月初七 | 盘岭买笋干 | 5 |
| 四月二十四 | 代俭贞会 | 1 |
| 四月二十三 | 代能祥司 | 0.3 |
| 五月十七 | 付树滋会 | 9.185 |
| 五月二十三 | 代潘德和 | 3 |
| 五月二十四 | 代上根 | 0.25 |
| | 交正买米 | 1 |
| | 买黄表三刀、香三只、箔二、花 | 0.2 |
| | 买生姜一斤 | 小洋0.1 |
| | 盘岭目 | 0.3 |
| | 盘岭交租 | 5 |
| | 买洋火一包 | 0.1 |
| | 代国英 | 0.1 |
| | 璜田买雪梨 | 0.12 |

**续表**

| 时间 | 支出 | 金额(元) |
|---|---|---|
| | 璜田出丁银 | 1 |
| | 买枯香二只 | 钞8枚 |
| 七月十二 | 俭理叔拜礼 | 1 |
| | 发泰贺礼 | 0.5 |
| | 璜田保安会用 | 0.785 |
| | 买米一斗二升八 | 1 |
| | 代俭理叔黄表五刀、二两双一筒 | 0.497 |
| | 街口买八卦丹一包、顶皮一包 | 0.2 |
| | 买红洋烛六对 | 0.1 |
| 八月初八 | 威坪买盐 | 1 |
| | 买台青一斤 | 0.2 |
| | 买黄连甘草 | 0.1 |
| | 盘缠 | 0.23 |
| | 街口买烟二包 | 0.2 |
| | 买雪本一筒 | 0.05 |
| | 买鸡子五十四个 | 1 |
| | 买红烛六对 | 0.1 |
| | 买麻烘四包 | 钞20个 |
| | 买鸡子一百五十四个 | 3.3 |
| | 买时香一百根 | 钞10个 |
| | 俭源香纸箔 | 0.25 |
| | 让泰贺、拜 | 1 |
| | 法泰贺礼 | 0.5 |
| | 荣昌拜礼 | 1 |
| | 街口买盐 | 2 |
| | 街口买烟 | 0.2 |
| | 街口买活青 | 0.15 |

续表

| 时间 | 支出 | 金额(元) |
|---|---|---|
| | 代填爬树 | 1 |
| | 漪才贺礼 | 1 |
| | 街口买盐 | 2 |
| | 街口买盐 | 1 |
| | 代口德和年 | 2.72 |
| | 街口买盐 | 0.4 |
| | 红烛一斤 | 0.235 |
| | 时香五把 | 0.165 |
| | 代挖壕沟 | 1.1 |

## 民国二十七年（1938）正月初三日立支用账一览表[①]

| 时间 | 支出 | 金额(元) |
|---|---|---|
| 正月初三日 | 买洋袜一双 | 0.2 |
| | 买酥糖七包 | 0.083 |
| | 买粉丝一斤 | 0.08 |
| | 买麻烘十二包 | 0.16 |
| | 买火酒一斤 | 0.22 |
| | 代奕樾学堂贺礼 | 0.1 |
| | 苞芦一担八斗二升 | 11 |
| | 街口买烟 | 0.2 |
| | 代药账 | 0.2 |
| | 代青贵温水酒钱 | 0.1 |
| | 买时香 | 0.1 |

① 民国二十五年(1936)八月歙县钱德骥登记收支帐，黄山学院收藏《歙县沙坦钱氏文书》，尺寸：141毫米×205毫米。

续表

| 时间 | 支出 | 金额(元) |
| --- | --- | --- |
| | 买海砂 | 1 |
| | 买米二斗四升 | 2 |
| | 买字纸 | 0.2 |
| | 买烟 | 0.11 |
| | 纳钱粮 | 0.156 |
| | 交正市米 | 1 |
| | 代根仂花尖、锡箔 | 1 |
| | 代药账威坪 | 0.5 |
| 六月初七 | 交正肩米 | 6 |
| 六月十九 | 买糕 | 0.1 |
| | 买烟 | 0.1 |
| | 买烟 | 钞24个 |
| | 买 | 钞12个 |
| | 买烟 | 票0.1 |
| | 交正挑米 | 1 |
| 七月二十八日 | 威坪肩麦 | 2 |
| | 威坪买海砂 | 1 |
| | 街口买亥 | 0.5 |
| | 买糖一斤 | 0.21 |
| | 街口买烟 | 0.2 |
| | 威坪盘缠 | 0.206 |
| | 威坪买麻本一筒 | 0.1 |
| | 挑谷一担 | 4 |
| | 盘缠 | 0.2 |
| | 代学金 | 2 |
| | 买洋烛一对 | 0.283 |

**续表**

| 时间 | 支出 | 金额(元) |
| --- | --- | --- |
| | 买烟 | 0.1 |
| | 买活蓝 | 0.06 |
| | 盘缠 | 0.2 |
| | 挑谷一担 | 4 |
| | 盘缠 | 0.4 |
| | 买月本一筒 | 0.2 |
| | 买糖袋一只 | 0.25 |
| | 买烟二包 | 0.2 |
| | 散用 | 0.1 |
| | 买亥一斤 | 0.25 |
| | 街口买海砂 | 1 |
| | 威坪买丹本二筒 | 0.4 |
| | 买草席一条 | 0.36 |
| | 买洋线一尺六寸 | 0.26 |
| | 代荣昌手岩寿会 | 0.6 |
| | 代尚有槅司 | 1 |
| | 买亥 | 0.25 |
| | 威坪衣裳裤 | 3 |
| | 威坪买布 | 4.7 |
| | 买巨尖 | 1 |
| | 买黄表红 | 0.5 |
| | 买药油 | 0.2 |
| | 水药一帖 | 0.06 |
| | 买纸 | 0.3 |
| | 买烟 | 0.3 |
| | 买元书 | 0.07 |

续表

| 时间 | 支出 | 金额(元) |
|---|---|---|
| | 买亥 | 0.528 |
| | 针焙 | 0.22 |
| | 买洋烛 | 0.3 |
| | 伐工万贵 | 0.2 |
| | 代小春先 | 1 |
| | 买青油 | 0.5 |
| | 买活青五尺 | 0.53 |
| | 买酒坛 | 0.5 |
| | 买烟 | 0.2 |
| | 买笔 | 0.2 |
| | 买酥糖 | 0.1 |
| | 买丁草 | 0.05 |
| | 代打油工 | 0.82 |
| | 盘缠 | 0.25 |
| | 籴米谷 | 1 |
| 十月初七 | 代尚菊会顺田手 | 2 |
| | 代老三利钱 | 1 |
| 十月十一 | 代节吉 | 1 |
| | 遂安肩海砂 | 2 |
| | 金有叔贺、拜 | 1 |
| | 锡箔二千 | 2 |
| 十月二十 | 代顺田会银 | 2 |
| | 代饭先竹纸 | 0.05 |
| 十月二十四 | 买亥二斤四两 | 0.53 |
| | 买麻酥糖十五包 | 0.2 |
| | 买烟一包 | 0.1 |

续表

| 时间 | 支出 | 金额(元) |
|---|---|---|
| | 威坪肩卤 | 2 |
| | 买烟 | 0.3 |
| | 买市糖 | 0.1 |
| | 合约 | 0.2 |
| | 盘缠 | 0.2 |
| 十一月初十 | 盘岭代租 | 3 |
| | 买酒曲 | 0.03 |
| 十一月十七 | 代老树 | 5 |
| | 买蜡烛 | 0.25 |
| | 买竹纸 | 0.1 |
| | 代让善猪 | 2.8 |
| | 买荣交 | 0.27 |
| | 买罂粟花 | 0.033 |
| | 买卤水 | 0.1 |
| | 威坪肩海砂 | 1 |
| | 买芙蓉交 | 0.2 |
| | 买果子五样 | 0.35 |
| | 买大小线袜 | 0.55 |
| | 买酥杆糖 | 0.3 |
| | 买边炮 | 0.54 |
| | 买麻烘十六包 | 0.2 |
| | 买红洋烛 | 0.24 |
| | 买砂糖 | 0.21 |
| | 买烟 | 0.4 |
| | 代兰仂 | 0.4 |
| | 代来旺 | 0.2 |

续表

| 时间 | 支出 | 金额(元) |
| --- | --- | --- |
| | 代俭隆暂玉 | 1.5 |
| | 代德和 | 1 |
| | 付岩寿会 | 1 |
| | 买橘粉 | 1.5 |
| | 买香糕 | 0.5 |
| | 遂安米富手 | 2 |
| | 代来旺天德 | 0.3 |
| | 买炖钵 | 0.3 |
| | 买钞票 | 0.2 |
| | 买羊丹小对联 | 0.03 |
| | 代毓章先 | 0.4 |
| | 买人丹 | 0.25 |
| | 买洋油二斤十二两 | 1 |

## 民国二十八年（1939）立支用账一览表[①]

| 时间 | 支出 | 金额(元) |
| --- | --- | --- |
| | 毓章买鸡子十二个 | 0.24 |
| | 交正市米 | 1 |
| 正月二十四 | 街口买烟 | 0.2 |
| | 威坪买粉丝 | 0.2 |
| | 历福买火酒 | 0.25 |
| 正月二十五 | 代保甲金费 | 0.1 |
| 二月初三 | 贺福一包 | 0.1 |

① 民国二十五年(1936)八月歙县钱德骥登记收支帐，黄山学院收藏《歙县沙坦钱氏文书》，尺寸：141毫米×205毫米。

**续表**

| 时间 | 支出 | 金额(元) |
| --- | --- | --- |
| | 市米 | 2 |
| | 洋油 | 1 |
| | 买笋干 | 1 |
| | 买亥 | 1 |
| | 买烟 | 0.2 |
| | 买一烟 | 0.48 |
| | 买草一 | 0.5 |
| | 付寿田挑苞芦 | 5 |
| | 付吴开渼 | 1.4 |
| | 买笔二只 | 0.1 |
| | 代作荣肩利 | 0.4 |
| | 街口肩米 | 1 |
| | 代药账 | 4.357 |
| | 桂林肩力 | 0.1 |
| | 璜蔚中伙 | 0.143 |
| | 代俭周暂款 | 1 |
| 四月初二日 | 胡埠口中伙 | 0.3 |
| 四月初七 | 威坪挑海砂 | 1 |
| | 买祥线布 | 0.644 |
| | 买赤砂一斤 | 0.2 |
| | 买石交一斤十二两 | 0.258 |
| | 代纸、箔、火酒 | 0.54 |
| | 盘岭雇人 | 2.4 |
| | 代尚有司 | 0.14 |
| | 代顺田猪银 | 3 |
| | 挑苞芦一担 | 9.5 |

续表

| 时间 | 支出 | 金额(元) |
| --- | --- | --- |
| | 代药账 | 4 |
| | 八卦丹,代寄生挑苞芦工钱 | 0.24 |
| 五月二十八日 | 三手,代树滋会利 | 1 |
| | 代齐云山捐 | 0.5 |
| | 买众物 | 0.5 |
| | 挑谷一担 | 5.6 |
| 六月初四 | 盘岭拔草 | 1.5 |
| | 代金取金财 | 2 |
| | 买亥肩柴菜 | 0.38 |
| 十二月初四 | 花尖六刀 | 0.546 |
| | 麻烘 | 0.5 |

## 民国二十九年（1940）三月初一日立支用账一览表①

| 时间 | 支出 | 金额(元) |
| --- | --- | --- |
| 三月初一日 | 买鸡子四十个 | 2 |
| | 买赤红糖 | 1 |
| | 苞芦市米 | 10 |
| | □ | 1 |
| | 尚菊会,此洋药账算 | 17.267 |
| | 买黄表 | 0.3 |
| | 买衣裤二身 | 10.4 |
| | 遂安肩谷 | 6 |
| | 买亥肩柴菜 | 1 |

① 民国二十五年(1936)八月歙县钱德骧登记收支帐,黄山学院收藏《歙县沙坦钱氏文书》,尺寸:141毫米×205毫米。

续表

| 时间 | 支出 | 金额(元) |
| --- | --- | --- |
| 八月初七 | 树乞药一帖 | 0.4 |
| 八月二十五 | 树乞药二帖 | 0.52 |
| | 买洋袜一双 | 0.3 |
| 九月初五 | 买海砂 | 1 |
| 九月十三 | 买海砂 | 2.1 |
| 十月十六 | 代作分 | 1 |
| | 买洋袜一双、线三尺 | 4 |

### 民国三十五年（1946）立支用账一览表[①]

| 时间 | 支出 | 金额(法币元) |
| --- | --- | --- |
| 十二月十八日 | 来药一帖 | 750 |
| 十二月二十一 | 来药一帖 | 950 |
| 十二月二十六 | 来药二帖 | 2000 |

### 民国三十六年（1947）三月初三立支用账一览表

| 时间 | 支出 | 金额(法币元) |
| --- | --- | --- |
| 四月十八日[②] | 买海砂四十斤 | 960000 |
| | 买活蓝二尺 | 96000 |
| | 买布二尺 | 150000 |
| | 盘缠 | 78000 |

① 民国二十八年(1936)四月歙县德生堂立《货源总登》，黄山学院收藏《歙县沙坦钱氏文书》，尺寸：139毫米×198毫米。

② 民国二十八年(1939)四月歙县德生堂立《货源总登》，黄山学院收藏《歙县沙坦钱氏文书》，尺寸：139毫米×198毫米。

续表

| 时间 | 支出 | 金额(法币元) |
|---|---|---|
| | 买木黑 | 30000 |
| | 买麻布 | 860000 |
| | 挑米三斗 | 1450000 |
| 四月十三 | 买苞芦四斗 | 1440000 |
| | 买饭谷四斤 | 200000 |
| | 盘缠 | 210000 |
| | 买谷五十斤 | 1000000 |
| | 买布三尺 | 360000 |
| | 买布五尺 | 600000 |
| | 买苞芦二斗 | 800000 |
| | 买一丈二尺 | 1850000 |
| | 买香烟 | 春茶四斤半 |
| 三月初三日① | 买米三斗 | 24600 |
| | 代木柜工钱 | 8000 |
| | 代道士口金 | 6500 |
| | 代敬酒钱 | 10000 |
| | 买亥两斤半 | 10000 |
| | 买黑两块 | 1000 |
| | 买毛六纸十张 | 1000 |
| | 挑米盘缠 | 3800 |
| | 挑苞芦六斗 | 36000 |
| | 挑海砂二十斤 | 26000 |
| 四月初三日 | 挑米四斗 | 104000 |
| | 买亥四斤 | 20000 |

① 民国三十六年(1939)歙县钱德骥立《进出支用账》,黄山学院收藏《歙县沙坦钱氏文书》,尺寸:149毫米×206毫米。

续表

| 时间 | 支出 | 金额(法币元) |
| --- | --- | --- |
| | 买火酒 | 5000 |
| | 代有金野猪脚 | 20000 |
| 四月十二日 | 肩苞谷一担 | 180000 |
| | 盘缠 | 7000 |
| | 买花尖二刀 | 4000 |
| | 买时香五百根 | 5000 |
| 六月十五日 | 买时香一千根 | 7000 |
| | 挑苞芦三斗 | 48000 |
| | 挑玉米一斗 | 20000 |
| | 盘缠 | 12000 |
| | 买锡箔一把 | 20000 |
| | 买毛六纸五张 | 1000 |
| | 代打油工钱 | 25000 |
| | 代仁先生 | 40000 |
| 七月初十日 | 肩谷一担 | 105500 |
| | 买花尖六刀 | 18000 |
| | 买海砂十斤 | 15000 |
| 七月二十三日 | 买亥 | 21500 |
| | 吉昌买亥二斤四两 | 14400 |
| | 买洋巾两条 | 14000 |
| | 买笋干两斤 | 24000 |
| | 买海砂三十斤 | 126000 |
| | 买麻二尺五寸 | 12000 |
| | 买花尖二刀 | 16000 |
| | 买表新二刀 | 6000 |
| | 买雄猪一口 | 140000 |

续表

| 时间 | 支出 | 金额(法币元) |
| --- | --- | --- |
| | 买时香五把 | 2500 |
| 十一月十五日 | 代保甲经费 | 18000 |
| | 姑父贺礼糕 | 22000 |
| | 代文渔洋油 | 10000 |
| | 买香烟 | 2000 |
| | 代药账漪连 | 13000 |
| 腊月十五日 | 买箱衣一幅 | 15000 |
| | 买猪肉二斤 | 28000 |
| | 买米两斗 | 180000 |
| | 买麻酥糖 | 10000 |
| | 买牙粉 | 8000 |
| | 买通书一本 | 5000 |
| | 相店 | 19000 |
| | 饭米两斗 | 18500 |
| | 洋火一盒 | 2000 |
| | 过渡 | 3000 |
| | 吃酒 | 3000 |
| 腊月二十四日 | 街口买□五斤 | 50000 |
| | 买□冰三两半 | 4000 |
| | 买花尖二刀、黄表一刀 | 34000 |
| | 买火酒一斤 | 20000 |

### 民国三十七年（1948）元月立支用账一览表①

| 时间 | 支出 | 金额(法币元) |
|---|---|---|
| 元月 | 买糕，长喜舅、新智舅 | 10000 |
| | 大坞头李表兄 | 60000 |
| | 代父亲分金 | 橘粉三斤 |
| 二月初八日 | 付先生买书 | 20000 |
| 二月二十三日 | 买花尖五刀 | 140000 |
| | 买洋火一烟 | 9000 |
| | 买猪肉三斤十两 | 310000 |
| | 买猪油一斤 | 100000 |
| | 代有利洋油一包 | 40000 |
| | 代街口盘缠 | 18000 |
| | 买海砂四十斤 | 960000 |
| | 买麻布二丈 | 860000 |
| | 买活白二尺 | 96000 |
| | 买洋线二尺 | 150000 |
| | 盘缠 | 78000 |
| | 买黑一块 | 30000 |
| | 挑米三斗 | 1470000 |
| | 挑苞芦四斗 | 1440000 |
| | 买饭米四升 | 200000 |
| | 盘缠 | 210000 |
| | 龙门山肩谷五十斤 | 1000000 |
| | 买利市布三尺 | 360000 |
| | 买黑士林布五尺 | 600000 |
| | 买黑白青线十四只 | 140000 |

① 民国三十六年(1947)歙县钱德骥立《进出支用账》，黄山学院收藏《歙县沙坦钱氏文书》，尺寸：149毫米×206毫米。

续表

| 时间 | 支出 | 金额(法币元) |
| --- | --- | --- |
| | 挑苞芦六斗 | 2500000 |
| | 买豆腐片 | 160000 |
| | 买洋油二斤 | 160000 |
| | 买布一丈二尺 | 1850000 |
| | 买洋火七□ | 30000 |
| | 买肥皂一块 | 25000 |
| | 彩春喜酒 | 600000 |
| | 代裁缝工 | 200000 |
| 五月二十七日 | 肩苞芦一担一斗 | 7700000 |
| | 盘缠 | 1160000 |
| | 买万金油一瓶 | 400000 |
| | 买雄黄 | 10000 |
| | 买苞芦一斗五升 | 1200000 |
| 七月十二日 | 买花尖二刀 | 640000 |
| 七月十三日 | 代打油工,豆枯四十九个,并老□□内五个 | 1960000 |
| | 买龙头布五尺 | 1300000 |
| | 买苞芦一斗五升,买米一斗五升 | 10100000 |
| | 盘缠 | 1150000 |

## 一九五二年立支用账一览表①

| 时间 | 支出 | 金额(人民币元) |
| --- | --- | --- |
| | 买豆枯 | 72000 |
| | 买米 | 159400 |

① 一九五二年歙县钱岩樾立账簿,黄山学院收藏《歙县沙坦钱氏文书》,尺寸:140毫米×170毫米。

续表

| 时间 | 支出 | 金额(人民币元) |
|---|---|---|
| | 买亥 | 22000 |
| | 买锅 | 48500 |
| | 买亥 | 13000 |
| | 买亥 | 6900 |
| | 代竹司 | 20000 |
| | 买牙膏 | 7100 |
| | 买亥二斤十三两 | 12500 |
| | 凿洞 | 6500 |
| | 代旧钱粮 | 3000 |
| | 代母亲 | 15000 |
| | 买草席、买洋油一斤 | 25000 |
| | 买洋土六尺五寸 | 22100 |
| | 买洋油四斤 | 25600 |
| | 买麻酥糖六包 | 2000 |
| | 买洋巾一条 | 5700 |
| | 代锡司工钱 | 12000 |
| | 点药四帖 | 18600 |
| | 点药二帖 | 9600 |
| | 代新记工钱 | 40000 |
| | 买绵相 | 1000 |
| | 代合理工钱 | 10000 |
| | 代金财工钱 | 30000 |
| | 代学堂书习 | 5500 |
| | 买海砂五十斤 | 75000 |
| | 代理□工钱 | 40000 |
| 五月二十四日 | 团支部杬洞衫 | 31000 |

续表

| 时间 | 支出 | 金额(人民币元) |
|---|---|---|
| | 知经 | 6500 |
| | | 65000 |
| | 买海砂 | 13500 |
| 闰五初九日 | 买亥二斤四两 | 10000 |
| 闰五十二日 | 买粉丝一斤 | 3500 |
| | 买绵毯 | 3000 |
| | 买洋土市林红 | 8400 |
| | 红枣、石膏、桂圆、砂糖、花生共二元 | 20000 |
| 闰五十五日 | 代学堂支经 | 15000 |
| | 买咸笋干二斤半 | 10000 |
| 七月初二日 | 代里屋工钱 | 25500 |
| | 樾仂淳安 | 280000 |
| | 樾仂淳安 | 200000 |
| | 金三买亥 | 10000 |
| | 春仂买亥 | 20000 |
| | 代柞份打油工 | 46200 |
| 七月初四日 | 买桐枯五十斤 | 39000 |
| | 买肥猪□十四包 | 10000 |
| | 买赖时红 | 2000 |
| 七月初九日 | 买苞芦一担一斗 | 93500 |
| | 盘缠市用 | 16500 |
| | 买白豆二十市斤 | 20000 |
| 七月十二日 | 点药两帖樾服 | 4600 |
| 七月十五日 | 东山买猪肉二斤四两 | 10000 |
| 八月初四日 | 买洋油四斤 | 24000 |
| | 代书习老司手 | 10000 |

续表

| 时间 | 支出 | 金额(人民币元) |
| --- | --- | --- |
| | 代铁匠工匠 | 2000 |
| 八月初四日 | 买布 | 4000 |
| | 买猪肉 | 19300 |
| | 买时林 | 6800 |
| | | 17700 |
| | 买□新 | 7100 |

## 一九五四年支用账一览表[①]

| 时间 | 支出 | 金额(人民币元) |
| --- | --- | --- |
| 二月初六日 | 买中仙米二十斤 | 24000 |
| | 买海砂十斤 | 15000 |
| 三月初四日 | 买大米四十斤 | 47200 |
| 三月十一日 | 买苞芦二百斤 | 159000 |
| 三月十二日 | 买洋油四斤 | 18000 |
| | 买砂糖六两 | 2000 |
| | 合药、交药 | 2700 |
| | 买信谊牙膏一盒 | 3200 |
| 四月十六日 | 玉子一百五十斤 | 119250 |
| | 点水药两服 | 6600 |
| | 雨伞一把 | 12500 |
| | 买冰糖半斤 | 5200 |
| | 点水药四服 | 12800 |

① 民国三十六年(1947)歙县钱德骥立《进出支用账》,黄山学院收藏《歙县沙坦钱氏文书》,尺寸:149毫米×206毫米。1954年使用第一套人民币,面值为1～50000元。第二套人民币于1955年3月1日发行。此表中闰五月开始,事主可能折合后再登录。

续表

| 时间 | 支出 | 金额(人民币元) |
|---|---|---|
| | 买人丹大小八把 | 2400 |
| | 买十点水两瓶 | 700 |
| | 买冰糖二两 | 1100 |
| 闰五月十九日 | 买市米三十斤 | 3.67 |
| | 买□三十斤 | 4.5 |
| | 买市 | 1.4 |
| | 富纸妈 | 0.6 |
| | 岩樾买香烟五包 | 0.65 |
| | 还新好清讫 | 0.35 |
| | 买羊油二斤 | 1.1 |
| | 预金 | 5 |
| | 代款 | 10 |
| | 磨粉清讫 | 1.47 |
| | 还去万金手清讫 | 3 |
| | 大米五十斤 | 6 |

1927 ~ 1952 年间，钱氏家庭的日用支出由钱韵兰、钱德骥、钱岩樾子孙三代接续记录，反映了一个徽州山村普通家庭日常生活细节，以及时代背景下的变迁。根据笔迹可辨别，1927 ~ 1934 年为钱韵兰手记，1934 年 4 月开始钱德骥参与记录。1941 年钱德骥入伍，1945 年归家，因此这段时间家庭账目缺失。

衣食住行、休闲娱乐，一针一线、一分一厘，皆事无巨细地记录下来。既有日常起居，也有精神信仰。比如，去南海朝拜还愿、为兴修雷祖庙捐款、崇奉九相公、请道士做法事、买硝磺驱逐吊神、拜神求雨、找风水先生问卦禳解，民众秉承着实用理性原则，佛、释、道、地方神信仰杂糅，甚至寻求巫术、土法等神秘力量的帮助。民国时期，民众还要应付各种苛捐杂税，纳钱粮、缴保甲金费，“民国二十六年（1937）正月至三月保甲金费 0.264 元，三月至七月联保费 28 元，七月至十二月 38.9 元；区署缴给养模范棉衣补助两次 45.9 元，揞款 25 元，国民兵二名 20 元，军事用品 25 元，训练费二月 8 元”。[①] 从 1952 年、1954 年的支用账可见，中华人民共和国成立后的一段时间内新安江流域乡村居民的生活习惯、日用支出还是延续了传统的习俗，暂未受到现代化的冲击。

(四)婚丧礼帐

在中国的熟人社交中，最重要的人情往来就是婚丧礼帐。民国时期，新安江流域乡村社会仍遵循了传统“六礼”模式，实际施行中简省为批庚、行聘、下定、迎娶等，这些重要环节主家都要给重要的亲友送上来礼，昭告喜事，收礼者在大婚之日则要回以贺礼和拜礼。这既是新安江流域平民日常生活中的重要开销，也反映了熟人社会的人际交往。民国十三年（1924）十二月歙县钱韵兰立《礼尚往来》，[②] 记录了民国十三年（1924）、十六年（1927）、民国十七年（1928）、二十三年（1934）钱韵兰家庭收到的各家亲戚子孙结婚送上门的来礼，以及回礼情况。

**民国歙县沙坦钱韵兰婚礼来还礼账一览表**

| 时间 | 来礼人 | 事由 | 来礼 | 还礼 |
|---|---|---|---|---|
| 民国十三年(1924) | 胡文殿妹丈 | 十二月初六日尚德外甥行聘、德妹甥女下定 | 馒首6个<br>麻饼6个,又另4个<br>鲜亥2斤,又猪蹄腕1只<br>粿粽10个,新郎大粽1个<br>星期书礼<br>油粽12个,馒首8个,亥2斤 | 十月十三日大婚吉期<br>敬贺仪一肩,拜礼洋6元<br>甥女嫁礼礼衣一身,礼洋1元 |
| | 钱俭松 | 十二月初六日孙奕绅行聘 | 馒头6个,新郎大粽1个 | 民国十四年(1925)十二月初三贺、拜礼洋1元 |
| | 钱恭范叔 | 十二月初六日堂弟俭佳行聘 | 粿粽6个,新郎大粽1个 | 十二月初六日婚期去拜礼洋1元 |
| | (补记西山)胡祖廷兄 | 十月初三女雪花下定 | 馒首8个,麻馒6个<br>甲子年(1924)十月十七日星期书礼<br>馒首10个,上头油粿8个 | 十二月十六送去嫁礼洋元洋8角,米糕4包 |

① 民国二十五年(1936)八月歙县钱德骥登记收支帐,黄山学院收藏《歙县沙坦钱氏文书》,尺寸:141毫米×205毫米。

② 黄山学院收藏《歙县沙坦钱氏文书》,尺寸:141毫米×202毫米。

**续表**

| 时间 | 来礼人 | 事由 | 来礼 | 还礼 |
|---|---|---|---|---|
| 民国十三年(1924) | 恭厚叔 | 十月初六日次男行聘 | 粿粽4个 | 十二月廿三成婚合卺,敬贺仪大洋1元,贺、拜礼各5角 |
| 民国十三年(1924) | 汪长根先 | 长男隆仂行聘 | 粽8个 | 十六年(1927)九月廿一敬贺仪贺、拜礼共1元 |
| 民国十三年(1924) | 九天婶 | 十月十六女小来娣下定 | 馒首8个,麻饼6个 | 民国十四年(1925)三月十八日送去嫁礼元洋4角,米糕4包 |
| 民国十三年(1924) | 胡棠林妹丈 | 十二月十五日柏松外甥行聘 | 粿粽6个 | 成婚去拜贺礼洋1元 |
| 民国十三年(1924) | 胡文运贤契 | 十二月廿三日行聘 | 粿粽6个 | 成婚未贺,羁身开化县 |
| 民国十三年(1924) | 钱奕槐家先生 | 十二月十七日行聘 | 喜粿,子孙粿 | |
| 民国十三年(1924) | 曹妙喜旧 | 次男新顺表弟行聘 | 新郎大粽1个,时粽4个 | 十五年(1926)正月十九日大婚吉期去贺礼一肩,拜礼洋1元 |
| 民国十三年(1924) | 妙理弟 | 十一月廿四日女冬娣出嫁 | | 付去嫁礼元洋6角 |
| 民国十六年(1927) | 钱遂妹 | 为男让善定部川罗会珍女,八月十八日行聘 | 时粽8个,新郎大粽1个 | 婚娶,去贺金面联一对,拜礼洋1元 |
| 民国十六年(1927) | 汪在亮兄 | 为男荣桂定搭搭石胡妙仁女为妻,八月十八行聘 | 时粽　个 | |
| 民国十六年(1927) | 俭源堂弟 | 为男让淦下定批庚 | 礼粽6个 | 十月廿九日迎娶成婚付去拜礼洋6角 |

**续表**

| 时间 | 来礼人 | 事由 | 来礼 | 还礼 |
| --- | --- | --- | --- | --- |
| 民国十六年(1927) | 胡棣林 | 十二月初十为孙历树行聘 | 喜粽6个 | 当付发喜一科。婚娶去贺、拜礼洋共2元 |
| | 钱树芝 | 十二月十一日为男竹山行聘 | 喜粽4个,新郎大粽1个 | 当付发喜一科。民国十七年(1928)九月初六日婚娶吉期室中胡氏往贺,贺礼菲仪2元,拜礼菲仪1元 |
| | 钱位春嫂 | 十二月十一日为三男行聘 | 喜粽6个,新郎大粽1个 | 当付发喜一科。错计 |
| | 钱荣炳 | 十二月十三日为男燹奎行聘 | 喜粽4个 | 当付去发喜一科。十七年(1928)十一月十六日大婚娶吉席,去贺、拜礼洋1元 |
| | 胡光启 | 八月　日为男灶财行聘 | 喜粽4个 | 当付去发喜一科 |
| | 雷社春 | 十二月十一日为弟盛棣行聘 | 喜粽6个 | 当付去发喜一科。婚娶付去礼箩一肩,拜礼洋1元 |
| | 胡文尚 | 为男□苟行聘 | 新郎大粽1个,时粽6个 | 付去发喜一科。婚娶贺联一对,拜礼1元 |
| 民国十七年(1928) | 恭河叔 | 十一月十六日第五子行聘 | 礼粽 | 婚娶去贺、拜礼洋1元 |
| | | 十一月十九日女下定 | 馒头8个,麻饼6个<br>民国廿年(1931)七月十九下星期书<br>馒头6个,油粿8个 | 九月初一日送去嫁礼拜洋5角 |
| | 遂发兄 | 十一月十六日三子让银行聘 | 时粽家中4个,学堂4个,新郎大粽1个 | 当付发喜一科。婚娶去喜联一对,拜礼1元 |

续表

| 时间 | 来礼人 | 事由 | 来礼 | 还礼 |
|---|---|---|---|---|
| 民国十七年（1928） | 俭贤 | 子行聘 | 时粽1个 | |
| | 妙德弟 | 十一月十七日次女秀仂下定批庚 | 馒头10个，麻饼8个，自己另来麻馒饼6个，新郎大粽1，时粽6个 | |
| | 姚开全 | 子日昇行聘 | 十一月十八日时粽6个 | |
| | 恭钧叔 | 十一月十八日孙行聘横塘坞胡天福女 | 时粽6个，大粽1个 | 廿年（1931）十月廿四婚娶吉礼，贺、拜礼洋1元 |
| | 姚光松 | 十二月十一日长男行聘麻园塖胡漪桂女为媳 | 新郎大粽1个，时粽8个 | 婚娶吉期，贺、拜礼洋1元 |
| 民国廿三年（1934） | 家俭益 | 五月十三日为四孙奕财行聘 | 礼粽6个，新郎大粽1个 | |
| | 曹来苟 | 六月初十日为次子行聘 | 时粽6个，新郎大粽1个 | |
| | 家俭益/贞 | 十月廿二日为男行聘 | 礼粽6个，新郎大粽1个 | |

如民国十三年（1924）钱韵兰就收到了 13 人次的来礼。沙坦当地习俗，行聘、下定、星期书、批庚时都要给亲友送上馒头、麻饼、粿粽、猪肉等。根据回礼时间可见，民国时期新安江流域婚礼的议婚程序还是比较长的，常见一年后才正式举行婚礼。参加婚礼的宾客回礼在 1 元左右。有来有往，民国二十年（1931）十一月钱韵兰为四子广富行聘，也要挑上礼粽送到各家亲戚，统计有 55 人。

民国歙县 [ 钱韵兰 ] 立婚姻礼账，[①] 记载了钱韵兰于民国六年（1917）十月初十日为长男德先、民国十二年（1923）十月十九日为次男德骥举行婚礼收受的礼账，从中也可见新安江流域婚礼实态及人情往来。虽然簿册中未见钱韵兰名字，但根据同包账册可知，钱韵兰与钱德骥应为父子关系。歙县沙坦婚礼亲友赠予的贺礼和拜礼是分开的，大多数亲友既送贺礼又送拜礼。贺礼既有现金，也有实物，如鲜猪肉、

① 黄山学院收藏《歙县沙坦钱氏文书》，尺寸：142毫米 × 203毫米。

鲜鱼、面粉、裱联、刀面、米糕、山粉、蕨粉等；拜礼均为现金，有元洋、大洋、英洋、龙洋、铜元等。礼金多则 1 元，少则 2 角。

**民国六年（1917）十月初十日长男德先婚礼亲友贺礼清单一览表**

| 姓名 | 贺礼 |
|---|---|
| 程孝成 | 鲜亥3斤，面粉3斤 |
| 胡漪涵 | 200文 |
| 胡绍华 | 英洋1元，内拜礼3角 |
| 曹绍贵 | 裱联1对，鲜亥3斤，刀面3斤 |
| 曹光月 | 鲜亥3斤，面粉3斤，米糕2包 |
| 胡文殿 | 鲜亥3斤，面粉3斤，裱联1对 |
| 胡锦霆 | 元洋2角 |
| 方泽之 | 英洋5角，裱联1对 |
| 钱树滋 | 1元 |
| 方国英 | 3角 |
| 胡忠水 | 裱联1对，鲜亥3斤，刀面3斤，米糕2包 |
| 胡招弟姑 | 鲜亥3斤，刀面3斤，米糕2包 |
| 胡秋宝叔公 | 元洋6角 |
| 钱培滋 | 英洋5角 |
| 胡光启 | 英洋5角 |
| 潘政楚 | 英洋5角 |
| 潘政唐 | 英洋5角 |
| 钱恭象 | 英洋5角 |
| 胡漪苟 | 英洋5角 |
| 程孝永 | 龙洋1元 |
| 潘四喜 | 山粉3斤 |
| 潘楷仁 | 山粉3斤 |
| 潘楷玉 | 面粉3斤 |

续表

| 姓名 | 贺礼 |
| --- | --- |
| 姚敬本 | 鲜亥3斤,面粉3斤 |
| 潘双喜 | 元洋4角 |
| 胡冬苟 | 元洋2角 |
| 胡上林 | 元洋4角 |
| 胡文海 | 元洋2角 |
| 钱俭全 | 元洋2角 |
| 胡漪云 | 元洋1角,铜元12个 |
| 胡漪驾 | 元洋2角 |
| 胡漪进 | 元洋2角 |
| 钱俭可 | 元洋2角 |
| 钱俭贤 | 元洋2角 |
| 胡来贵 | 元洋2角 |
| 胡社财 | 鲜亥3斤,刀面3斤 |
| 钱灶洪 | 刀面三斤 |
| 姚光松 | 山粉3斤 |
| 姚开全 | 山粉3斤 |
| 姚旺根 | 山粉3斤 |
| 姚九朱 | 山粉3斤 |
| 姚开苟 | 山粉3斤 |
| 姚灶年 | 山粉3斤 |
| 姚万庆 | 山粉3斤 |
| 姚开明 | 山粉3斤 |
| 胡历明 | 山粉3斤 |
| 胡文品 | 元洋4角 |
| 姚来遂 | 元洋2角 |
| 胡锦置 | 元洋3角 |

续表

| 姓名 | 贺　礼 |
| --- | --- |
| 胡介景 | 元洋2角 |
| 胡三顺 | 元洋2角2分 |
| 胡天仁 | 铜元30个 |
| 胡金玉 | 元洋5角 |
| 胡树芝 | 铜元30个 |
| 胡大有 | 铜元36个 |
| 钱兆麟 | 铜元22个 |
| 钱长青 | 元洋4角 |
| 胡锦来 | 1元 |
| 胡光升 | 元洋4角 |
| 胡贵喜 | 元洋3角 |
| 胡迪林 | 元洋4角 |
| 汪在成 | 元洋2角 |
| 姚遂财 | 元洋2角 |
| 钱俭富 | 元洋2角 |
| 胡堂林 | 山粉3斤，米糕2包 |
| 胡锦通 | 铜元25个，五子高升 |
| 钱天林 | 元洋3角 |
| 钱天池 | 面粉3斤 |
| 钱天心 | 山粉3斤 |
| 钱妙清 | 铜元30个 |
| 钱天旺 | 山粉3斤 |
| 钱天顺 | 山粉3斤 |
| 钱俭山、俭焕、俭朱 | 共1元 |
| 钱松茂 | 元洋4角 |
| 胡文珠 | 元洋4角 |

续表

| 姓名 | 贺礼 |
| --- | --- |
| 余天法 | 刀面3斤,米糕30包 |
| 余上知 | 刀面3斤,米糕30包 |
| 任天赦 | 米糕32包,刀面3斤 |
| 胡双春 | 元洋2角 |
| 胡文秀 | 元洋3角 |
| 胡灶苟 | 刀面3斤 |
| 钱恭祥 | 元洋2角 |
| 钱恭金 | 元洋2角 |
| 钱恭五 | 元洋2角 |
| 钱恭垤 | 铜元30个 |
| 钱恭祝 | 铜元25个 |
| 胡光玉 | 元洋2角 |
| 胡锦潭 | 元洋3角 |
| 钱恭申 | 元洋2角,铜元22个 |
| 俭淬 | 300文 |
| 四弟、再贤、再仕 | 共英洋1元,小洋2角 |
| 俭泽 | 元洋4角 |
| 俭谷 | 元洋4角 |
| 再文、荣炳 | 共1元 |
| 六德 | 元洋2角 |
| 俭长 | 元洋3角 |
| 胡锦翠 | 元洋2角 |
| 姚九庆 | 山粉3斤 |
| 胡日贵 | 山粉3斤 |
| 张世椿 | 1元 |
| 胡世隆 | 元洋4角 |
| 胡光恒 | 元洋3角 |

合计收到107人102份贺礼，事主统计共收贺礼洋25元3角，鲜亥24斤，山粉51斤，刀面27斤，面粉20斤，米糕100包。

**民国六年（1917）十月初十日长男德先婚礼亲友贺礼清单一览表**

| 姓名 | 拜礼 |
| --- | --- |
| 岳家利市 | 元洋2角 |
| 岳父母 | 英洋1元 |
| 绍秋伯公 | 铜元20个 |
| 利市 | 英洋1元,五子高科 |
| 父母 | 英洋2元 |
| 俭金 | 龙洋1元 |
| 俭理 | 1元 |
| 妙周 | 1元 |
| 俭益 | 1元 |
| 俭元 | 1元 |
| 俭李 | 1元 |
| 孝成 | 1元 |
| 文殿 | 1元 |
| 秋宝 | 1元 |
| 绍贵 | 1元 |
| **姓名** | **拜礼** |
| 光月 | 1元 |
| 树滋 | 1元 |
| 知水 | 1元 |
| 绍华 | 英洋3角 |
| 泽之先生 | 英洋5角 |
| 国英 | 英洋3角 |
| 老培 | 英洋5角 |

续表

| 姓名 | 拜礼 |
|---|---|
| 光启 | 英洋5角 |
| 楷玉 | 元洋2角 |
| 楷仁 | 元洋2角 |
| 四喜 | 铜元25个 |
| 冬苟 | 元洋2角 |
| 天心 | 200文 |
| 旺根 | 元洋2角 |
| 开全 | 元洋2角 |
| 光松 | 元洋2角 |
| 进喜叔娘 | 大洋6角 |
| 妙得 | 大洋4角 |
| 恭饭 | 大洋6角 |
| 俭智 | 大洋4角 |
| 恭炳 | 元洋5角 |
| 恭遂 | 元洋4角 |
| 俭贞 | 元洋4角 |
| 世椿 | 元洋4角 |
| 锦潭 | 元洋2角 |
| 来苟 | 元洋2角 |
| 天法 | 元洋3角 |
| 松茂 | 元洋2角 |
| 上知 | 大洋2角2分 |
| 锦通 | 元洋4角 |
| 长青 | 元洋4角 |
| 兆麟 | 大洋2角 |
| 灶年 | 大洋2角 |

续表

| 姓名 | 拜礼 |
|---|---|
| 漪驾 | 元洋2角 |
| 漪进 | 元洋2角 |
| 世隆 | 元洋4角 |
| 恭河 | 元洋2角 |
| 文珠 | 元洋3角 |
| 九朱 | 大洋2角 |
| 开明 | 元洋2角 |
| 妙春 | 元洋2角 |
| 妙永 | 五子高科 |
| 天林 | 元洋3角 |
| 日贵 | 元洋2角 |
| 六德 | 元洋2角 |
| 漪云 | 元洋2角 |
| 万庆 | 大洋2角 |
| 开荀 | 元洋2角 |
| 俭谷 | 元洋2角 |
| 灶荀 | 元洋2角 |
| 社财 | 元洋4角 |
| 敬本 | 元洋4角 |
| 光玉 | 元洋2角 |
| 迪林 | 元洋4角 |
| 俭泽 | 元洋4角 |
| 长喜 | 元洋2角 |
| 招弟姑 | 元洋2角 |
| 恭熙娘 | 元洋2角 |
| 恭金 | 元洋2角 |

续表

| 姓名 | 拜礼 |
|---|---|
| 翠凤 | 元洋2角 |
| 遂财 | 元洋3角 |
| 让畔 | 元洋4角 |
| 让耕 | 元洋4角 |
| 光升 | 铜元48个 |
| 上林 | 铜元30个 |
| 俭全 | 铜元28个 |

合计收到 81 人份拜礼，事主统计共收礼洋 34 元 2 角。

## 民国十二年（1923）十月十九日次男德骥婚礼贺礼清单一览表

| 姓名 | 贺礼 |
|---|---|
| 程节炳 | 鲜鱼2斤，面粉3斤，糕4包 |
| 潘楷玉 | 山粉3斤，元洋2角 |
| 潘楷礼 | 蕨粉3斤，元洋2角 |
| 潘楷春 | 蕨粉3斤，元洋2角 |
| 任天赦 | 大洋5角 |
| 胡文殿 | 表联1对，面3斤，鲜鱼1斤，元洋5角，高高五子登科 |
| 胡文澜 | 面粉3斤，鲜亥2斤半 |
| 胡新贵 | 元洋5角，切面3斤 |
| 胡天贵 | 元洋5角，切面3斤 |
| 胡金桂 | 米糕30包，刀面3斤 |
| 胡秋宝 | 亥3斤，刀面3斤 |
| 汪长根 | 大洋5角 |
| 曹绍桂 | 亥3斤，刀面3斤，挂联1对 |

续表

| 姓名 | 贺礼 |
| --- | --- |
| 曹妙喜 | 亥3斤，刀面3斤，挂联1对 |
| 曹忠益 | 大洋5角，挂联1对 |
| 曹春法 | 大洋5角 |
| 曹光月 | 大洋1元，□糕□包 |
| 曹开泰 | 大洋1元 |
| 胡绍华 | 大洋1元 |
| 钱树滋 | 大洋1元 |
| 程有棣 | 大洋5角 |
| 胡智水 | 鲜亥3斤，刀面3斤 |
| 钱俭松 | 大洋5角 |
| 钱让书 | 大洋5角 |
| 钱培滋 | 大洋5角 |
| 胡交弟姑 | 大洋5角 |
| 钱荣炳 | 大洋5角 |
| 胡光启 | 大洋5角 |
| 胡福庆 | 大洋5角 |
| 姚妙贵 | 大洋5角 |
| 潘恒章 | 元洋5角 |
| 吴炳文 | 元洋5角 |
| 胡金苟 | 元洋5角 |
| 钱达本 | 大洋5角 |
| 胡文海 | 大洋5角 |
| 钱天顺 | 元洋4角 |
| 姚开来 | 元洋3角 |
| 姚增发 | 大洋5角 |
| 姚光祝 | 元洋3角 |

续表

| 姓名 | 贺礼 |
|---|---|
| 胡绍花 | 元洋5角 |
| 钱天心 | 元洋5角 |
| 姚灶年 | 元洋4角 |
| 胡祖庭 | 大洋1元 |
| 胡德和 | 元洋4角 |
| 钱俭盛 | 元洋4角 |
| 张芬远 | 大洋5角 |
| 姚开全 | 元洋4角 |
| 钱俭翠 | 大洋5角 |
| 姚九荣 | 铜元48枚 |
| 钱恭厚 | 元洋4角 |
| 钱老德 | 元洋4角 |
| 姚旺根 | 元洋3角 |
| 胡漪驾 | 元洋1角，铜元32个 |
| 胡漪进 | 大洋5角 |
| 胡历许 | 元洋5角 |
| 钱春济 | 铜元50个 |
| 钱妙来 | 大洋5角 |
| 钱金有 | 大洋1元 |
| 钱上元 | 大洋5角 |
| 胡妙雨 | 大洋5角 |
| 钱遂发 | 元洋4角 |
| 钱遂妹 | 元洋4角 |
| 钱妙清 | 元洋4角 |
| 姚光松 | 元洋3角 |
| 余天发 | 大洋5角 |

续表

| 姓名 | 贺礼 |
| --- | --- |
| 钱恭协 | 元洋4角 |
| 钱德清 | 大洋5角 |
| 姚开苟 | 元洋3角 |
| 胡锦泉 | 元洋6角 |
| 胡绍春 | 鲜亥,点心 |
| 钱云竹 | 元洋4角 |

贺礼宾客有 71 人，事主统计共收贺礼大洋 18 元，元洋 125 角，铜元 130 个（共结洋 2972），鲜亥 17 斤半，山粉 9 斤，面粉 6 斤，刀面 24 斤，喜联 4 对。

**民国十二年（1923）十月十九日次男德骥婚礼拜礼清单一览表**

| 姓名 | 拜礼 |
| --- | --- |
| 利市润身 | 大洋1元,发喜1科 |
| 父母 | 大洋2元 |
| 钱灶福 | 铜元32个 |
| 钱恭和 | 元洋4角 |
| 灶熙叔娘 | 元洋5角 |
| 姚开苟 | 元洋3角 |
| 钱妙得 | 元洋4角 |
| 钱俭智 | 元洋3角 |
| 钱来苟 | 元洋4角 |
| 胡绍花 | 元洋4角 |
| 钱俭永 | 元洋3角 |
| 胡文澜 | 元洋4角 |
| 钱天顺 | 元洋3角 |
| 胡秋宝 | 大洋1元 |

续表

| 姓名 | 拜礼 |
| --- | --- |
| 进喜叔娘 | 大洋1元,发喜1科 |
| 胡绍花 | 元洋6角 |
| 钱妙春 | 元洋4角 |
| 妙周叔公 | 大洋1元 |
| 程林妹姑 | 大洋1元 |
| 姚开全 | 元洋4角 |
| 妙理叔公 | 大洋1元 |
| 妙宇叔公 | 大洋1元 |
| 胡智水 | 大洋1元 |
| 胡金桂 | 大洋1元 |
| 钱长喜 | 铜元50个 |
| 曹春法 | 元洋3角 |
| 钱金有 | 大洋1元 |
| 胡历许 | 元洋6角 |
| 胡天桂 | 大洋1元 |
| 胡新桂 | 大洋1元 |
| 胡祖庭 | 元洋4角 |
| 钱俭翠 | 元洋5角 |
| 胡绍春 | 大洋1元 |
| 钱天心 | 元洋5角 |
| 姚光松 | 元洋3角 |
| 曹光月 | 大洋1元 |
| 曹忠益 | 元洋6角 |
| 曹妙喜 | 大洋1元 |
| 姚灶年 | 元洋3角 |
| 钱俭树 | 大洋1元 |

续表

| 姓名 | 拜礼 |
| --- | --- |
| 胡妙雨 | 元洋5角，铜元10个 |
| 胡德和 | 元洋4角 |
| 吴本文 | 元洋4角 |
| 钱俭贞 | 元洋6角 |
| 曹绍桂 | 大洋1元 |
| 钱俭松 | 大洋5角 |
| 钱让书 | 大洋5角 |
| 钱俭李 | 元洋5角 |
| 潘恒章 | 元洋4角，铜元8个 |
| 钱俭元 | 大洋1元 |
| 钱恭厚 | 元洋4角 |
| 钱恭协 | 元洋4角 |
| 钱俭盛 | 元洋4角 |
| 钱老德 | 元洋4角 |
| 钱恭范公 | 大洋1元 |
| 胡锦泉 | 大洋1元 |
| 钱德清 | 大洋5角 |
| 余天发 | 大洋5角，发喜1科 |
| 钱妙来 | 大洋5角 |
| 张芬远 | 大洋5角 |
| 钱俭益 | 大洋1元 |
| 姚光祝 | 元洋3角 |
| 姚增发 | 大洋5角 |
| 姚开来 | 元洋3角 |
| 胡文海 | 大洋5角 |
| 钱达本 | 大洋5角 |

续表

| 姓名 | 拜礼 |
| --- | --- |
| 胡福庆 | 大洋5角 |
| 岳父母 | 元洋4角 |
| 胡光启 | 大洋5角 |
| 钱荣炳 | 大洋5角 |
| 汪长根 | 大洋5角 |
| 程有棣 | 大洋5角 |
| 胡文殿 | 大洋5角 |
| 钱培滋 | 大洋5角 |
| 胡交娣姑 | 大洋5角 |
| 姚妙桂 | 大洋5角 |
| 胡金苟 | 元洋5角 |
| 胡漪进 | 元洋3角,铜元11枚 |

拜礼宾客78人份，事主统计共收拜礼大洋32元，元洋148角，铜元111个。比较民国六年（1917）长男德先和民国十二年（1923）次男德骥婚礼的拜贺礼可发现，民国六年（1917）婚礼收受拜贺礼金时，未做元洋、大洋的区分；民国十二年（1923）则将大洋、元洋、铜元做了分别统计，似有一定的折合比率；民国六年（1917）赠予拜贺礼的宾客多于民国十二年（1923），礼金大约持平，礼物数量比较多。

传统新安江流域婚礼往往开席数天，特别是在乡村往往举村亲友都要前来拜贺帮忙,这个习俗也一直传承至今。民国六年（1917）长男德先迎娶仪式定在十月初十，但婚礼过程初八就开始了，一直延续到十二日，前后长达5天。事主家要操办7次宴席，最多的是大婚当晚男宾13席，女宾3席。如果按照每席10人统计，包括主宾大约160人。

**民国六年（1917）长男德先婚礼宴席一览表**

| 时间 | 男宾 | 女宾 |
| --- | --- | --- |
| 十月初八夜 | 男二席 | 女一席 |
| 初九夜 | 男八席 | 女二席 |
| 初十日 | 男一席 | 女二席 |
| 初十夜 | 男十三席 | 女三席 |
| 十一日 | 陪饭 | 女五席 |
| 十一夜 | 男十一席 | 女四席 |
| 十二日 | 男三席 | 女一席 |

民国十二年（1923）次男德骥大婚的日子是十月十九日，十八日晚就要发轿前往女方家中，十九日晚是洞房花烛夜，二十日为三朝，二十一日起马，宴客一直持续到二十一日晚，前后4天。事主家操办了5次宴席，大婚当夜宴客12席，男宾8席，女宾4席，含主宾大约120人。

**民国十二年（1923）次男德骥婚礼宴席一览表**

| 时间 | 男宾 | 女宾 |
| --- | --- | --- |
| 十八夜发轿 | 男六席 | 女二席 |
| 十九夜花烛 | 男八席 | 女四席 |
| 廿夜三朝 | 男九席 | 女三席 |
| 廿一日起马 | 男六席 | 女三席 |
| 廿一夜 | 男三席 | 女一席 |

在另一份“民国歙县钱□□立婚姻礼账散页”[①]中，也记载了一次婚礼宴席的过程，元月二十二日宴请厨司值堂，二十三日发轿晚餐，二十四日大婚晚餐，二十五日陪饭中餐及晚餐，二十六日中餐、晚餐。由此推测，民国六年（1917）长男德先婚礼十月初八晚可能也宴请了厨司值堂，而民国十二年（1923）次男德骥婚礼则相

① 黄山学院收藏《歙县沙坦钱氏文书》，尺寸：155毫米×212毫米。

对简省，且规模人数也少于兄长的婚礼。

操办婚礼不仅有拜贺礼的收入，也有许多开支，比如时烛、海砂、松柴，用于照明和燃料等；付给轿夫抬轿的轿金；支付祠礼等钱；开办宴席还要买米、猪肉、点心。

除了婚礼，丧礼也是重要的人情往来场所，这种吊唁慰问的习俗一直传承至今。一九六一年九月歙县钱奕越订《子孙发达榚兴代仪》，[1] 记录了钱氏家庭一次葬礼中收到的礼物和礼金。吊唁宾客大多挽助纸香、锡箔、火炮、白豆等，少数会赠送礼金。这种习俗在新安地区传承至今，现代新安人吊唁时在礼金之外，还会带上一份纸香锡箔。吊唁的宾客中还出现了大队组织，体现了传统习俗的变异。传统新安江流域的丧礼同样延续数日，“七七”之内每个关节都有民俗和避讳。由礼账可见，在沙坦“六七”也是一个重要的节点，亲友也有烧纸送礼的习俗。

**一九六一年九月歙县钱奕越订《子孙发达榚兴代仪》礼账一览表**

| 姓名 | 吊唁礼 |
|---|---|
| 姚顺茂 | 纸香锡箔簿干1副 |
| 姚泰孝 | 人民币1元5角 |
| 胡金水 | 纸香锡箔1副 |
| 钱长顺 | 纸香锡箔1副 |
| 姚泰和 | 纸香锡箔1副 |
| 胡历春 | 纸香锡箔1副，白豆3升 |
| 钱灶寿 | 芦干1斤，白豆3升 |
| 胡漪进 | 芦干1斤 |
| 大队钱春荣、钱得众、钱根茂、胡金妹、胡历树、胡才寿、吴善仕、胡历顺、钱良顺 | 仝挽助火炮烛纸香 |
| 胡金财 | 做六七一并 |
| 胡金遂 | 人民币2元正 |

① 黄山学院收藏《歙县沙坦钱氏文书》，尺寸：132毫米×269毫米。

续表

| 姓名 | 吊唁礼 |
| --- | --- |
| 潘荣根 | 纸香锡箔1付 |
| 胡德国 | 纸香锡箔1付 |
| 胡新记 | 纸香锡箔1付 |
| 胡灶闵 | 纸香锡箔1付 |
| 胡武阳 | 纸香锡箔1付,烧六七 |
| 钱祝山 | 纸2刀,人民币2元 |

通过以上这些账目，基本全面还原了钱韵兰家庭五花八门的花销和支出，展示了新安江流域平民家庭日常生活的丰富细节，鲜活的日常生活图景也徐徐呈现。

**五、新安江流域平民的法律生活**

新安江流域自宋代以来就养成了爱打官司的习惯，明清民国时期更是争讼不休，形成了“健讼”风俗。新安文书中更是保留了大量的法律文书档案。即使在沙坦这个小村子发生纠纷，也会遵循传统路径，先寻求宗族居中调解，再向保甲申诉，转而向地方派出所呈文，严重的还会告上知事署、法庭。

沙坦钱氏文书中遗存有多份诉讼文书抄件，是新安人将自己涉及的纠纷资料留存，以备不时之需。经过梳理和分类，还原了一些典型案例如下。

(一)民国歙县三十区东山诉上胡家山恶人强砍树木案

东山位于沙坦下游700米处，主要居住吴姓、胡姓、汪姓。上胡家山位于东山下游1.3公里处，为胡姓聚居处。两地常年因砍伐山林发生纠纷。

**民国歙县三十区一段东山为党恶违示、纠众强砍、向理遭殴、身受重伤、恳恶赏警验讫事立禀状抄白，黄山学院藏歙县沙坦钱氏文书**①

具禀呈人三十区一段东山，距街四十里呈，为党恶违示、纠众强砍、向理遭殴、身受重伤、恳恩赏警验讫事。祸缘客岁除夕之日，讵有素行不法，惯害山场之互乡，地名上胡家山恶首胡锦达、胡锦通等，邀集数人，于除夕下午乘敝处终岁谢

① 黄山学院收藏《歙县沙坦钱氏文书》,尺寸:242毫米×269毫米。

神，义务事烦之际，公然入林将杉松竹木肆行砍伐，屡年如此。敝处知其故习，命人登山看望，果见多人在林强砍，当将恶等斧斤夺回，欲鸣保正，以为凭证。岂料恶等挟忿回家，不思理屈，反敢纠众，各带凶器，来村逞雄肆虐。身等见有斧斤，缘命吴文质、胡文玉、汪明长三人登门向理，不料途中相遇，不分皂白，顿将凶器截打，三人俱已受伤，惟文玉遍体遭戕，危在旦夕。身等随即鸣保验明，至上胡家山询其何故。窃思从前胡部源内各处合议禁养山场，奉有宪示，立有公约，该处胡锦达、胡玉贵众列名书押。今竟违示背约，强害山场，视宪示如草芥，砍树木为刍荛，伤人若无其事，向理犹自负强。为此迫不得已，抄示附呈。伏乞所长先生恩鉴作主，饬警验明，并提锦达、锦通等恶到案。速行究办，以重人命，而昭宪示，振兴山场，维持公益，俾得安全，实为德便。上叩。

胡部源内的各个自然村曾经立有公约禁止砍伐、养护山场，并得到了官方的支持。东山和上胡家山都属于胡部源内，也都签署和参与了这个协议。但是上胡家山的胡锦达等人常常找机会砍伐东山的山林。民国某年除夕的下午，东山村民众正忙碌于年终谢神，胡锦达又带领数人趁机肆意砍伐杉松竹木。东山知道他们的恶行，特意找人上山巡查。双方遭遇，东山村人将斧头等工具抢回，准备作为控诉的证据。胡锦达等人回家后又纠集多人，带上凶器，往东山村寻衅滋事。东山村也推举了吴文质等人上胡家山理论。双方途中相遇厮打起来，吴文质三人受伤，胡文玉伤势严重。东山村民随即向保长申诉鸣冤，写此禀文向当时地方派出所所长报案，请求派警察验明事实，惩办胡锦达等恶人。当然这只是原告方的一面之词，不过也能看出当地纠纷的主要原因之一，大多是利益上的冲突。胡部源内河水自姚家坦一路向下，自胡部口汇入干流，再流向新安江。一衣带水，形成了松散的社区关系，这个地理单元的居民既有经济文化的交往互动，团结互助、共兴善事，也有冲突矛盾的一面。

### (二)民国九年(1920)至十年(1921)胡埠口钱恭厚诉王村奸商舒德宝勾结钱以义盗砍祖坟荫木案

除了山场，新安人更加重视祖坟荫木、风水林、来龙山，在传统风水观念里这些是事关家族繁盛、子孙兴旺的头等大事。这类涉讼案件更是不胜枚举，基本每个村落每个家族都有类似事件的流传，有的还会郑重其事地写入族谱或者勒石为碑砌入祠堂墙壁，永远警示和教育子孙后代。

钱韵兰曾开办私塾、教授子弟，可谓沙坦的文化人。他常常将对联、契约格式等抄录下来进行学习、琢磨。在民国四年（1915）歙县钱韵兰立《应酬碎锦》[①]中就抄录了民国九（1920）至十年（1921）胡埠口钱恭厚诉王村奸商舒德宝勾结钱以义盗砍祖坟荫木案系列材料。

为护坟荫木，纠众强砍，毁示藐法，送案拘留，请　恩重办事。窃民等族居治下南乡三十区一段胡埠口地方，自前季时迁葬始祖师公于胡石山等处，历今数百余年，完粮无异。讵知外族不肖支丁，恶棍钱以义、钱以家，串通就近乌合，突将祖坟荫木概被强砍殆尽，胆敢指树脱售村邻，希图贪利。今始查知祖坟大树数百年，被恶等砍到数十株，坟被遭残，不堪寓目。若不指名送究，敝族繁衍，被支下周知，为族老文会者均受责任主权，不能辞其咎。事关合族丁命，例所不容，前已请奉严禁煌煌，竟不畏法，反敢将　示扯毁，藐视法纪。似此祖坟被害，荫木被伐，向理逞蛮，以藉无赖纠众，势焰压倒过人，该树□为己有。一面送案请　恩拘留讯究，一面请　恩饬警发封，将树封禁，以免化为乌有。为此抄呈先奉告示，将以家、以义先行送案，环叩厅长鉴核作主，赏将以义、以家拘留讯究，并求一面饬提恶党钱以智等重办。以整不法，为保先茔，实为德便，合族均感。上诉。

这份抄白虽然没有明确年份，但根据后文可知案件发生于民国九年（1920），文书原写于民国九年（1920）年底。定居于歙县南乡三十区一段胡埠口的钱氏家族，将始祖坟墓迁葬于胡石山等处，历经数百年。不料民国九年，非同宗的钱以义、钱以家勾结外人，将祖坟附近的荫木砍掉数十株，卖给邻村之人，还破坏了祖坟。胡埠口钱氏将钱以义等人先行送案，诉至歙县知事公署，恳请厅长将钱以义等人拘留，并派警察封禁被砍的树木，挽回损失。

阴历十二月初一日进

为案经保释，候讯无期，急叩封板，存归祠内，勒提讯办事。祸因王村奸商聚

① 黄山学院收藏《歙县沙坦钱氏文书》，尺寸：123毫米×222毫米。

泰店东舒德宝贪巧射利，贿通敝族不肖支丁钱以义、以家，私将胡石山等处护坟荫木，先后强砍殆尽，以致敝族总祠四大房族老文会先将以义、以家送呈一案。蒙恩拘留感激之至，孰料钱以智、钱以政兄弟运动非常，藉词调处，将以义、以家保释，害民等在城候讯，无从结束。而恶等则如鸟出笼、放虎归山，尤甚逍遥法外，反敢捏修厅屋为抵制，以不认识总祠为搪塞，私拚擅砍，肆无忌惮。民等今凭族长地保至该山验明大树，先被奸商贿串钱以义砍倒四十株，即行设棚三处，用匠数十余人，镧作板料，该板用聚泰发棕印盖记，运在王村河下堆存如山。至于以义送案后，由德宝贿通以智等，纠众乌合，尤复砍伐十六株大树，均量开围尺寸，粘呈均鉴。非沐发封板料，饬保看管，不足以为祠有，诚恐日后脱售，化为乌有。祖坟左右护手坟堆，并石碑门石均被树压坏，数处不堪寓目。事关支丁命脉，例所不容。若不再请勒提被告一干人证，质讯严办，以防刁风日炽，效尤日甚。为此粘叩厅长先生鉴主，迅赏饬整封板，毋许脱售，勒限补提奸商舒德保到庭禁运，并求提被告人证，按名对质讯办。该板存祠，以儆贪利，而保先茔，恩同再造，合族均感。上诉。

此案前经希提未到，兹据钱恭厚等状催前来，除批示外，合亟仰吏警等立即协同捕保。先将舒德保私拚树木镧成板料封禁，一面将被提人等按名提齐带案，并传钱恭厚等到庭，以凭讯判，毋延速速。

钱以义、钱以家被拘后，钱以智、钱以政等将其保释。胡埠口钱恭厚等人于民国九年（1920）十二月初一日再次补充陈述，指钱以义方面称为修建房屋误砍树木是搪塞之词。族长地保至现场验明，钱以义勾结奸商砍树后，设棚三处，雇佣数十个木匠将树木锯成木板，木板盖有聚泰发号的印记，再将木板运到王村河下堆存。钱以义被拘后，舒德宝又贿赂钱以智再砍了16棵大树，也已验明尺寸呈交。祖坟也在砍树时被压坏。钱恭厚请求厅长做主，尽快封存木板，拘留舒德宝、钱以智等人到案。厅长批示，按此办理。后面还记录了封条两张。

为饬封不封，奉提不提，贿抗不案，请改警吏派队，提讯判决事。情因王村奸商聚泰店东舒德保贪巧射利，私拚坟荫，串通敝族不肖支丁钱以义等纠众强砍一案，叠次蒙　恩批示饬提讯办，并给封条两纸，饬警吏立即前往封板，合族莫不感德。无如德保势力广大，财可通神，贿嘱警吏汪春来、王家骏百般舞弊，诱抗不提。始则将以家、以义兄弟拘留，被告当事人运动保释；继则该警吏无禀覆字样，擅行报告；终则奉提不提，饬封不封。种种不法卧票，鉴之可证，情已显然，以致该商妄为胆大，将板搬运不止，任其脱售，一块莫存，绝无树板踪迹。殊不知该坟大树四十树，系奸商串以义私拚强砍于前，请提禁阻，终无效力，反被德保贿出。以智纠众复砍坟荫古木十六株于后，较前尤甚。惟合族在城候质，且有宗谱确凭，甚至于祖荫被砍殆尽，树痕具在，稽查尺寸数目，前已陈明。而坟被残害，情实难堪，警吏行为若此，陷冤莫至。既往警吏之敝实未除，害民等等候判无日。况值年关将届，急待归家度岁，设使一时传质，民等不在城中，岂不藐视指令？非请改换警吏，派队勒限严提办，不足水落石出，直曲难分，则奸商逍遥法外，族恶亦可扬眉，余党尤其得志，狗党狐群，纷纷蝟集，诚恐酿成巨祸，不得不据实理由呈诉。为此再求厅长先生鉴怜作主，格外施恩，迅赏改警派队，勒提奸商舒德保、钱以义、钱以家等，及被告按名人证到庭，彻讯究办，以免缠讼，而杜后患。实为德便，生殁均感。上诉。

此状据称舒德保私拚坟荫，则此案确系山业，自应准理，先以发封。惟该民应才所争树木价值遵缴讼费，更换民状，以凭审理，仰即知照。此批。

民国九年（1920）除夕前，钱恭厚等第三次呈文，起诉舒德宝贿赂警吏汪春来、王家骏，以致钱以义、钱以家被保释；板材被运走销售而空，不见踪迹。请求厅长改派警队，勒提舒德保、钱以义、钱以家等人，尽快审讯、办理、结案。厅长批示，先将山业封禁；树木板材涉及财产纠纷，应先缴纳诉讼费用。民国十年（1921）元月，钱恭厚缴纳了诉讼费 15 元，这份收据也被抄录了下来。

**讼费收据**

歙县知事公署

兹据钱恭厚等与钱以义等因地上板涉讼一案，遵章缴到讼费银一十元〇角〇分，除粘贴印纸外，并遵章缴加五成讼费银五元〇钱，如数收讫，此据。

中华民国十年元月廿三日收费员

这个案件尽显新安地区健讼缠讼的风俗。清至民国时期，地方官员审理这类经济纠纷案件时往往和稀泥，各打五十大板，兼顾各方利益，做不到完全的公平公正。

（三）民国钱俭春被牵连拐卖妇女案

除了常见的经济纠纷，还有被牵连至其他案件中的状况。民国年间，胡进富的老婆被开化人拐走，在找回老婆的过程中，钱俭春被牵连其中，因而告到开化县知事公署。

**民国歙县钱俭春等诉拐卖妇女案一诉状抄白**[①]

为拐妇勒赎，得洋复拦，迫请严迅饬押放，并赏获送回籍，一面严拘拐犯讯明法办事。缘辖县窑匠叶田生，抵敝县本都下凹地方制造砖瓦。阴历四月间，有田生党友张时济，藉戒吗啡，往窑蓬停住有日。阴历五月十五日夜间，有邻近金沙湾庄胡进富之媳胡王氏，因婆媳不和，由家吵闹，夜奔娘门，路经窑蓬，不幸遇叶田生、张时济闻知情形，由以此地并无人家，黑夜亦无人见，遂顿生恶意，乘间巧言诱骗。胡王氏抱忿不悟，受其愚弄，当夜遂被张时济等拐带来开。及胡家觅媳，四近查遍无踪。嗣遇遂安贩猪客人往徽，幸识张时济等拐带经过其地方之事，得伊告知，胡姓遂追索窑东钱老四协同来开。奈拐犯将妇藏匿，并不见面，只得姑返。胡姓既知为叶田生所带，不能追返，一面勒钱老四来开代追，一面将其伙伴张长根带去为押。老四与民谊在一脉，故着张长根之子能荣，亦在就近邻窑帮佣，伴民来开追取此妇。民等于本月初一抵拐犯里，向叶田生等理论，乃张时济勒索民等出洋二十元取赎，先交洋后交人。民思孤身远出，只得如命，由初三日上午将洋付张能荣等转交。讵张时济既收此洋，至黄昏时候，姑将王氏带至叶田生之胞兄叶营生店内交付。及民拟初四日领妇起程，岂知张时济复暗纠匪党，各带凶器，伺候开遂交交界岭上有意拦截。幸得闻消息，民又就地保卫团内请其护送，无如团丁均畏张时济党众，恐多未便谢却。似此不法已极，民地隔人遥，突来寻人，实难久候，非叩迅赏保护，往返尤烦。为此迫请贵知事恩赏，迅饬先行押放，并予护送回籍，一面严拘拐犯，讯明法办，正法安良，激切谨状。

| | | | | | |
|---|---|---|---|---|---|
| 原告 | 钱俭椿 | 安徽埠川 | 年四十岁 | 农 | |
| | 张能荣 | 八都塘坞口 | 年二十六岁 | 窑 | 照 |
| 被告 | 张时济 | | | | |

---

① 黄山学院收藏《歙县沙坦钱氏文书》，尺寸：279毫米×493毫米。

叶田生

叶营生

批，候饬警勒传拐犯一干人证，并带拐妇胡王氏带案讯明法办。

民国年间，开化叶田生租用歙县三十都下凹钱老四的产业开窑制造砖瓦。某年阴历四月，其朋友张时济因要戒除吗啡，住在叶田生的窑棚里。五月十五日晚，附近金沙湾胡进富的媳妇因为婆媳不和逃回娘家，黑夜时路过窑棚，被叶田生和张时济骗拐到开化。遂安来往徽州贩猪的小贩，碰巧遭遇张时济等拐带妇女经过遂安，将他们的去向告诉了胡进富。胡进富于是要求钱老四协同前往开化找人，奈何叶田生等人将妇人藏匿起来。胡进富等没有寻回人，只得返回徽州。胡进富扣留了钱老四的伙计张长根，勒索钱老四将人追回。钱俭春受钱老四委托，和张长根之子张能荣相伴，于六月初一抵达开化叶田生村中理论，张时济向钱俭春勒索 20 元才能赎人。双方约定初三上午在叶田生胞兄叶营生店内先交钱后交人，钱俭春原本计划四日带妇人起程返回，不料收到消息，张时济准备到时带人在开化遂安交界处等候拦截抢人。钱俭春请地方保卫团帮忙护送，保卫团畏惧叶张势力并没有出手相助。钱俭春等只得告到开化县知事署，请求派法警将犯人勒传到案惩处，将妇人送回原籍。开化县知事署作了批示，并下发了饬令，派法警将案犯和被拐的胡王氏押送到案。

**民国歙县钱俭春诉拐卖妇女案三饬令抄白**①

饬警勒传讯究事案。据安徽歙县钱俭椿状诉，切开化窑匠叶田生在歙县三十都下凹地方制造砖瓦，其党友张时济久停伊窖。阴历五月十五日夜，有邻近金沙湾胡进富之媳，因婆媳不和逃往母家，路经窑蓬时已黑夜，被叶田生暨张时济骗拐到开。胡姓侦知，与窑东钱老四来开，该犯等将妇密藏，不能追返，仍勒钱老四代追，并将帮伙张长根带去为押。嗣由民伴张长根之子能荣于六月初一抵该犯村内，向叶犯理论，张时济勒索民出洋廿元取赎，初三上午将洋交与张能荣转交张时济，初四在田生胞兄营生店内领妇起程，张时济复暗纠其党匪伺夺。民知情，向就地保卫团固请其护送，团中以该犯党众未许。请求饬警押送回籍，并予拘究等语到署。据此仰

① 黄山学院收藏《歙县沙坦钱氏文书》，尺寸：280毫米×634毫米。

该警立往八都塘坞口等处，将后列一干人等按名勒传来案，以凭讯明究惩，并将上项事迹邀查具复。毋得缠延，切切特饬。

计开

被告　张时济

叶田生

叶营生

被拐　胡王氏

胡进富

原　　钱俭椿

张能荣

仰警等饬将被拐胡王氏起获，速同一干人等押送来案，毋延切切。

右仰法警程椿树

高新铭

沈　中

吴志标

钱俭春停留开化等待审讯，身处异乡耗费颇多。张、叶二人明里声称放人，暗地仍将胡王氏扣留，钱俭春只得再次呈文。知事大人批示已派法警前去查传。[①] 钱俭春第三次呈文又指张叶收了钱后，假意在叶荣生店内交人，又暗中将人带回藏匿。法警上门查传时，“竟敢一味恃强，饬词搪塞，只认王氏在此，不肯将人见面”。知事批示，“再饬马金警所多派干警将被拐妇及一干人证并提到县以凭讯究”。[②] 开化县知事署“派警四名，前往查传，张时济等直言承认，不肯交人”。马金警所又派警十名同往该村，张叶仍然负隅顽抗。胡进富催促钱俭春将胡王氏带回，张、叶又向钱俭春敲诈勒索。钱俭春前后夹攻、进退维谷，第四次呈文请求知事派法警协同马金警所同往犯人村里，饬令保卫团、族长、房长将人交出。知事批示“此案尚未

① 民国歙县钱俭春诉拐卖妇女案五诉状及批词抄白，黄山学院收藏《歙县沙坦钱氏文书》，尺寸：278毫米×290毫米。

② 民国歙县钱俭春诉拐卖妇女案六诉状及批词抄白，黄山学院收藏《歙县沙坦钱氏文书》，尺寸：279毫米×424毫米。

据马金警所将饬警提犯情形具复到署，据状各节候再令催加紧办理，解送严究”。[①]

钱俭春这类有文化有见识之人，常常会被族人推举出面处理这类纠纷诉讼。钱韵兰将这些诉讼抄录下来，既是对宗族事务的记录，也是日常学习、琢磨以备不时之需。由这些纠纷诉讼，也得以窥见新安人日常法律生活的景象。宗族、保甲无法调解的重要案件，还会在县里、省里盘桓数日进行数次申述，谓之“健讼”。

## 六、新安江流域平民的教育生活

新安人对儒家文化的崇尚、对契约精神的遵循、对法治调解的推崇，以至新安文化的繁盛、新安商帮的辉煌，都得益于新安人对教育的普及和提倡。宋元明清时期，官学、蒙学教育均极为兴盛。

### （一）蒙学教育

钱韵兰曾在沙坦开办私塾，充任教书先生，招收附近村人弟子入学。沙坦钱氏文书中也有一份少见的《蒙生规模二十四则》，书写了私塾学生的起居作息以及规则。

**民国歙县《蒙生规模二十四则》**[②]

蒙生规模二十四则

一清晨洒水。（按十二支）子辰寅

一揭椅凳物。　　　　　午戌申

一扫除厅堂。　　　　　卯丑巳

一撲拭桌凳。　　　　　酉未亥

一抽筹交课。前事已毕，诸生各自拈筹，先生洗面，挨号交课。如课未熟，自当跪读。如违规者，即开责究。

一朝夕焚香。

一出学早膳。挨号揖出，如先出而后进者，即究三板手心。每食一餐时香三寸为则，倘遇剃头梳辫面禀。

一进习端方。诸生谨戒偏斜、踢鞋弄物、傍言拈笔、书写歪坐、身傍带物、桌屉私开，以上一切开除，如违即究。

---

① 民国歙县钱俭春诉拐卖妇女案七诉状及批词抄白，黄山学院收藏《歙县沙坦钱氏文书》，尺寸：248毫米×187毫米。

② 黄山学院收藏《歙县沙坦钱氏文书》，尺寸：237毫米×637毫米。

一问业则起。诸生侧问之业，先呼先生之名则自读上句，则起传下句。

一教业则立。诸生必读礼记，可知先生问则对，则立而读之。

一各生勤读。诸生倘未知者义语参讹，即当博详搜寻问读。

一完课午膳。谨遵早课同例。

一进学揖礼。诸生凡揖者，手圆腰直，头正足齐，躬身一礼。

一写录端楷。诸生毋许懒笔草写、墨污歪斜、待写多笔、少错缺填，以上等件，每件三板。

一温故题录。诸生下午题一句至廿句止，每逢朔望默相认字交课。

一知新带交。诸生各依温故号内交，加课几人及远者先交。

一默昨认字。倘有未知，早必问记于心，如违每字一板。

一晚礼出学。诸生各交筹揖礼，至家父母、叔婶、兄嫂及长者揖之。

一有东君至。诸生各父母兄长以自位之凳，随即师侧位告坐，如违退究。

一师长谒礼。凡先生之师友宾朋长者，各生端方称名揖礼，各自勤读。

一出入必告。诸生凡出者，父母唤事、饮食烹茶、师出初进，生入揖之，生倘日久未入揖，师容禀，以上毋许擅专出入，如违即究。

一禁止喧哗。诸生各自循规朗诵，倘人来久坐，毋许混乱谈詈，如违暂究。

一兄师不礼。诸生回家威武弄打、水浴减詈、见师不称，师见者责十板。

一便有拈筹。诸生凡便者便两次、溲六次，其余近告，如违者重责五板。

一凡亲长至。诸生各理头上四则，徒生值日，上午洒水揭凳二人，下午扫地、揩桌二人。

一踏矩循规。一切前规，各生谨记，万勿侵犯。如违随即提究，再者开除。

学生清晨到学堂洒水、揭凳，下午放学时打扫、擦拭桌椅。每个学生抽选签筹，按号码顺序当先生面背诵前一天布置的功课，如果背诵不熟练则应当跪读；如果背不出来则追究责任。背完课文，则朝夕焚香。按照抽到的号码顺序，学生向老师拜谒而出吃早饭，每餐规定时间为燃香三寸，如果剃头梳辫则要向老师报告；如果不按顺序，则要打手心三下。学生在课堂学习时应当注意礼仪举止，不能东倒西歪、趿拉鞋子、嘈杂说话、私带物品、私开抽屉等，如果违规则开除。学生向老师请教，应当先呼先生大名。先生教授课业，学生知道的应该回答先生，站立应对。学生对于课业不理解的，应当先自行读书寻找答案。午餐与早餐规则相同。学生向老师作揖时，应当姿势端正，“手圆腰直，头正足齐，躬身一礼”。学生书写作业时应当端正楷书，不准偷懒潦草、污渍歪斜、多笔少笔等，每犯错一次打三板心。下午学生应当温习默写功课。学生上交温习的功课，功课比较多的或者住家较远者先交。默写的功课，有未记熟者应当熟记于心，如果有错每字打一板心。傍晚放学时，学生交还签筹、拜谒老师后再离开，回到家要向父母、叔婶、兄嫂及长辈行礼。如果老师上家门拜访，老师坐主位，学生父母兄长坐在一旁，如违规则学生退学。如果老师的师友宾客到学堂拜访，学生应当向来人称呼行礼，再自行勤读功课。如果因为父母召唤、吃饭喝水、老师进门等进出学堂，学生应当向老师行礼，不得不经报告擅自出入学堂。学堂之内禁止喧哗，学生应各自循规朗诵，不许骚闹骂人。学生回家后行为不端、嬉戏打闹、玩水骂人、见到老师不打招呼等等，被老师知道则打手心十下。学生上厕所时要拈签筹，每天可以大便两次、小便六次，要方便时需报告老师，如有违反打手心五下。但凡亲长拜访学堂，学生要洒水除尘、擦拭桌椅，每天四人轮流值日，上午洒水、揭凳，下午扫地、揩桌。学生应当循规蹈矩，遵守前述所有规矩。如违反则惩罚，多次违反者开除。

私塾里教授的课业有礼记、四书等，还有每日摘抄《朱子治家格言》练习书法[①]，也要学习加减乘除珠算法，[②]这也是务农行商的基础知识。

(二)通识教育

除了蒙学教育外，能读书习字的新安人也会抄录学习一些日常生活所需的常识，比如各类契约格式、婚丧祭礼帖式、进退应对等。明清民国时期，即能买到各种印行的日用类书，新安人也常常抄录一些更适合自己应用的类书。如民国二十一年（1932）歙县曹国理抄录的《通用各样字约式》[③]中就抄录了各种契约格式，包括阄书、小买顶约式、学关、买熟地契式、父立分关、管业不包利当契式、包利不管业当契式、投师文书、兄弟分单阄书、承继文书式、遵继文书式、合伙生意合同、祠堂人众合同、本家山场禁约、坟山禁约、朝山水口禁约、村内严禁田禾菜园、讼召式、包管、伏贬约、访召寻人帖、当契、卖契、卖屋契、风水卖契、推单、交业票、取赎票、小买契、田

① 民国二十五年八月歙县摘抄《朱子治家格言》每日练字帖，黄山学院收藏《歙县沙坦钱氏文书》，尺寸：626毫米×1090毫米。

② 民国歙县算法抄本，黄山学院收藏《歙县沙坦钱氏文书》，尺寸：126毫米×118毫米。

③ 民国二十一年歙县曹国理抄录《通用各样字约式》，尺寸：157毫米×98毫米。

地召批、田地租批、召屋店批约、租居店批约、牛召批、牛租批、卖牛契、收领约、钱粮收领、借约、欠字、退业票、雇工文约、帮工文约、拚批、匠雇徒弟约、风水地契、典契、劝息、会书、延师关帖，这些涵盖了日常生活中可能遭遇到的各种情况下需要书立的契约格式。一般新安文书都会找读书识字之人代为书写，无论代书还是自书，都可以照着这些现成的契约格式依样画葫芦。

新安江流域民间一直遵循朱熹《家礼》颁定的通礼以及冠、昏、丧、祭礼行事，家礼有具体的下沉和落实的过程。清雍正年间吴氏宗族编纂的《茗洲吴氏家典》就以朱子家礼为规，编订了各种帖式及祭文。这份《通用各样字约式》抄录了定亲、下聘、娶亲等婚礼帖式，送教师、造屋、生子、娶亲、祝寿等各种情形贺礼帖式、谢礼帖式等，更加适合实际使用，足以应付日常起居应对。新安江流域传统婚礼既有礼单式六礼即议婚、问名、行聘、冠笄、请期、迎亲，也有称为纳彩、纳吉、纳征、聘金、纳帛、冠笄，每一礼男方都要送上礼金。此外，沙坦还有多样的礼俗如下：

贽定肩：兴隆、鲜肉、麻饼、塘鱼①
日期担：兴隆、鲜肉、同前
出门福：点心、鲜肉、猪首三牲一全副、孝顺肉双方、籼糯米各样几斗
轿下食：点心、鲜肉、踏脚双尾
梳妆包
宗堂礼
大门礼
小门礼
喜红烛
花粉钱
火把钱
手巾钱

男方既要送上文定、定日子的各种礼物，结婚当天出门、下轿、梳妆、拜祖宗、

① 民国二十一年歙县曹国珵抄录《通用各样字约式》，尺寸：157毫米×98毫米。

出大门、出小门、红烛、花粉、火把、手巾等都要送上各式礼物、礼金。结婚当年还要送上色布三对，此后每年过节也要送上标洋一对。

蒙学教育打好基础，既可读书入仕，也可务农经商；通识教育则使人能够在日常生活中进退有度、应对适宜。这样方能塑造出诸多的人才和精英，大则为国家栋梁，小则为宗族乡贤。

## 七、新安江流域平民的信仰世界及演戏风俗

### (一)信仰世界

新安江流域的民间信仰非常丰富多样，既有官方核准的祀典，也有民间崇奉的私祀；既有信奉自然力量的阴阳五行信仰，也有三教神灵及土神信仰。

1. 阴阳五行信仰

基于阴阳五行信仰的风水术数在新安江流域民间非常盛行，但凡起居行动、重要关节无不事先卜筮推算，最普遍的就是算命、合婚、择日、堪舆。

歙县沙坦钱氏文书中就保存了两份命书。第一份民国歙县命书①是一份单张文书，写有生辰八字，据此推算命运。第二份民国歙县流年命书②是一份簿册，更为详尽。绘有分州之图、地盘先天分野之图、详查风水否泰之图、后天八卦缠宿之图、详查限度否泰之图，其后有详细的批文以及流年运势。这份命书钤有赤印图案若干，应当出自风水先生之手。

传统婚礼要先合八字、请期。要将男女双方的八字交给风水先生推算，占卜婚礼娶亲的吉日。新安江流域习俗将男女双方的八字写于精美版画印制的红纸之上，即鸳鸯礼书，是婚礼的重要礼仪之一。③

新安江流域民间日常生活中的重要活动，比如建房、修墓、婚礼、葬礼等都要趋吉避凶挑个好日子。歙县沙坦钱氏文书中就保存了一份民国歙县竖造房屋择吉日术数抄本，④记录了如何推算修造动土、安葬、入山伐木、起工驾马、书柱绳墨、起手发槌、竖造宅舍、盖屋泥饰每个重要环节的宜忌时日。

中国民间传统葬礼习俗并不是下葬即止，而是要走完整个七七四十九天的流程，

① 民国歙县命书，黄山学院收藏《歙县沙坦钱氏文书》，尺寸：210毫米×251毫米。
② 民国歙县流年命书，黄山学院收藏《歙县沙坦钱氏文书》，尺寸：234毫米×130毫米。
③ 民国歙县《鸳鸯礼书》，黄山学院收藏《歙县沙坦钱氏文书》，尺寸：530毫米×1132毫米。
④ 民国歙县竖造房屋择吉日术数抄本，黄山学院收藏《歙县沙坦钱氏文书》，尺寸：240毫米×120毫米。

实际上也并不是标准的四十九天，而要根据死者的生殁时间以及实际情况排七。1949年之后，民间葬礼还要根据死者的生殁时间推算出七七的具体时间。①

新安人重丧葬，尤重请堪舆先生精心占卜、挑选茔墓。前文记述的歙县沙坦钱氏家庭丧葬花销部分可见，要请先生分针、封墎门。这种封建迷信是缺乏科学基础的，早已湮没在历史中。现在婚礼、动工还是会挑个吉利日子。葬礼排七也不那么讲究，还是会请老人家排个日子出来，新安江流域民间仍遵循三七、五七这些最重要的习俗。

2．佛教、道教及土神信仰

儒释道融合的情况在歙县沙坦地域以及钱韵兰家庭体现得极为显著。

（1）佛教信仰

歙县沙坦钱氏文书中保存有多份手抄佛经，如民国二十三年（1934）十一月歙县方国英录《太上洞玄灵宝救苦拔罪妙经》②、民国歙县钱韵兰订《观音救苦经》③等。民国歙县《南无救苦经》等佛经抄本④中抄写了《南无救苦经》《妙沙经》，因为有助于朝拜普陀山。《南无救苦经》“此经朝拜南海普陀山路途上宜念，或朝暮各念三五遍，不生邪念妄说，管保平安护福”。《妙沙经》“此经朝拜南海普陀山行船过海宜念，管保浪海风恬，舟航稳载，不致颠簸呕恶”，能保路途平安、风平浪静。

民国十七年（1928）八月，以胡绍财为首20多人组团前往普陀山朝拜，名单包括胡绍财、钱韵兰、钱让达、钱俭松（胡氏）、钱俭年（胡氏）、胡锦许、胡锦爱（钱氏）、胡绍灶、曹氏、胡岩兴、胡祖华、胡妙来、胡旺贵、胡金木、胡绍连（曹氏）、胡老根、胡绍树、周德坤、钱妙金、胡漪和、胡义隆、胡忠胜，多为胡埠口周边地域人士。每人份出20元，共同筹集了此次拜佛之旅的资金共计440元，最后结算每人份应出19.11元，找回0.88元。此次行程从八月十八日开始筹备，八月十九日从街口启程开船，八月二十六日辗转到达普陀山，八月二十九日从普陀返回，九月初一到达上海，停留至九月初四到达杭州，九月初七从杭州包船返回，九月十六日到达街口，九月十七日到达沙坦家中，历时近一个月。这可以从民国十七年（1928）

---

① 一九九四年歙县毕氏排七通知单，黄山学院收藏《歙县沙坦钱氏文书》，尺寸：512毫米×498毫米。

② 黄山学院收藏《歙县沙坦钱氏文书》，尺寸：216毫米×148毫米。

③ 黄山学院收藏《歙县沙坦钱氏文书》，尺寸：238毫米×141毫米。

④ 黄山学院收藏《歙县沙坦钱氏文书》，尺寸：240毫米×134毫米。

八月歙县钱韵兰立《普陀山进香朝还支用》[①] 中还原出比较详细的行程。

**民国十七年（1928）八月歙县钱韵兰普陀山进香朝拜行程及支用账目一览表**

<table>
<tr><th>日期</th><th>地点</th><th>活动</th><th>金额(元)</th><th>科目</th></tr>
<tr><td rowspan="4">八月十九日</td><td rowspan="10">街口－威坪－严州－桐庐－杭州</td><td rowspan="10">街口开船，至杭州</td><td>0.082</td><td>买香肥皂一块</td></tr>
<tr><td>钞7枚</td><td>时香一只</td></tr>
<tr><td>元洋0.2</td><td>威坪明目丸仁丹</td></tr>
<tr><td>0.2</td><td>行军油一瓶</td></tr>
<tr><td rowspan="4">八月二十日</td><td>元洋0.3</td><td>港口雪梨藕片</td></tr>
<tr><td>0.2</td><td>状元街买雪梨</td></tr>
<tr><td>钞4枚</td><td>买甘蔗</td></tr>
<tr><td>0.11</td><td>买洋烛一对</td></tr>
<tr><td rowspan="2">八月二十三日</td><td>6</td><td>买定□二条</td></tr>
<tr><td>0.245</td><td>买五百箔一把</td></tr>
<tr><td rowspan="2">八月二十四日</td><td rowspan="2">杭州－上海</td><td rowspan="2">杭州至上海八百里，坐火车至南站，歇悦来旅社</td><td>钞18枚</td><td>买申报</td></tr>
<tr><td>大洋0.3</td><td>买洋袜一双</td></tr>
<tr><td>八月二十五日</td><td>上海</td><td>二十五日礼拜轮船不开[②]</td><td>0.1</td><td>上海散用</td></tr>
<tr><td rowspan="6">八月二十六日</td><td rowspan="6">上海－镇海－普陀山</td><td rowspan="6">由上海夜班至镇海，换定海轮船至普陀山，住洪筏庵堂</td><td>0.5</td><td>上海轮船费</td></tr>
<tr><td>元洋0.4</td><td>上海轮船酒钱</td></tr>
<tr><td>元洋10角</td><td>定海轮船费</td></tr>
<tr><td>元洋0.05</td><td>定海轮船酒资</td></tr>
<tr><td>钞10枚</td><td>普陀山渡钱</td></tr>
<tr><td>元洋0.5</td><td>轮船食物使用</td></tr>
</table>

① 黄山学院收藏《歙县沙坦钱氏文书》，尺寸：140毫米×202毫米。

② 与民国十七年（1928）八月歙县胡绍财立《普陀进香香友总账》相互勘误，应为二十四日礼拜日轮船不开。

**续表**

| 日期 | 地点 | 活动 | 金额(元) | 科目 |
| --- | --- | --- | --- | --- |
| 八月二十七日 | 普陀山 | 此日叩拜。<br>先叩正殿前寺，次叩佛顶山大殿，三叩梵音洞化身处，四叩后寺大殿 | 钞30枚 | 南海山剃头 |
| | | | 大洋0.2 | 买寿糕一包 |
| | | | 大洋0.25 | 自己另买檀香 |
| | | | 1 | 洪筏庵放焰口超度 |
| | | | 元洋0.2 | 梵音洞灯油钱 |
| | | | 钞40枚 | 和尚化缘 |
| 八月二十八日 | 普陀山 | 先叩拜紫竹林大士，后拜观音古洞大士，三拜磐陀石大士 | 44文 | 买玉花、玉锁 |
| | | | 钞7枚 | 买观音掌 |
| 八月二十九日 | 普陀山－沈家门 | 院前。十二点半钟开饭，一点钟起马到埠头，候轮船，开至沈家门歇 | 钞12枚 | 买玻璃花 |
| | | | 元洋0.2 | 买洋箱一把 |
| | | | 元洋0.4 | 自己另开小礼 |
| 九月初一 | 定海－镇海－宁波－上海 | 坐轮船由定海经镇海至宁波，换大轮船至上海。上海南仓街至南火车站，坐黄马车，车费钞20枚 | 0.4 | 小轮船茶酒礼 |
| | | | 0.5 | 散用伙食 |
| | | | 1.14 | 轮船起埠至胡开文墨庄火车费 |
| 九月初二 | 上海 | | 1.07 | 上海买洋伞 |
| 九月初三 | 上海 | 大世界游玩 | 钞5枚 | 坐电车到大世界 |
| | | | 大洋0.1 | 新新世界买票 |
| | | | 元洋0.3 | 大世界玩景买票 |
| | | | 元洋0.2 | 大世界坐车至小南门南仓街 |
| 九月初四 | 上海－杭州 | 坐火车 | 1.9 | 上海至杭州伙食火车 |
| 九月初五 | 杭州－天竺山 | | 0.8 | 杭州至天竺山烛纸钱使用 |

**续表**

| 日期 | 地点 | 活动 | 金额(元) | 科目 |
|---|---|---|---|---|
| 九月初六 | 杭州 | 购物 | 2.78 | 宏裕店买泰西缎14尺 |
| | | | 元洋0.2 | 买天青扣线0.15 |
| | | | 元洋0.4 | 买小瓜帽一顶 |
| | | | 元洋0.1 | 买小洋袜一双 |
| | | | 大洋0.5 | 买肥皂六匣半 |
| | | | 大洋0.65 | 买洋巾半打 |
| | | | 元洋0.16 | 买灰洋绒二尺五寸 |
| | | | 0.64 | 买狗皮膏一个 |
| | | | 1.86 | 买眼镜一副 |
| | | | 1 | 千张箔一千六 |
| 九月初七 | 杭州–富阳 | 杭州开船，至富阳歇 | | |
| 九月初八 | 西口 | 船歇西口 | 钞20枚 | 买腐干 |
| 九月初九 | 严州府 | 船歇严州府 | 大洋0.2 | 买小绒帽一个 |
| | | | 钞12枚 | 散用 |
| 九月初十 | 阳溪 | 船歇阳溪 | | |
| 九月十一日 | 茶园关王庙前 | 船歇茶园关王庙前 | | |
| 九月十二日 | 港口 | | 钞24枚 | 港口散用 |
| 九月十三日 | 淳安县 | 船歇淳安县 | 钞6枚 | 淳安县测字 |
| 九月十四日 | 威坪 | 船歇威坪 | | |
| 九月十五日 | 永旭隆 | 永旭隆 | 0.36 | 借来双响二筒、三百边二包 |
| 九月十六日 | 街口 | 船歇街口 | 0.12 | 找众账 |
| 九月十七日 | 沙坦 | 到家下马 | | |

民国十七年（1928）八月歙县钱韵兰立《普陀山进香朝还支用》，是进香团成员钱韵兰手记的个人旅程开支。通过此表可知，进香团先是从街口包船沿着新安江

溯流而下，到达杭州，这条航线也是历史上外出经商读书的徽州人到达杭州的水路，有各种版本的水路程一览或歌诀传抄[①]。由于对路线不熟悉，进香团一路上颇费了些周折。到达杭州后，他们坐火车到达了当时的上海南站。农历八月二十四日适逢礼拜日轮船不开，于悦来旅馆住宿一晚。二十五晚间乘船至镇海，再换乘定海轮船，最终到达了普陀山。钱韵兰一路上购买了香皂、明目丸仁丹、雪梨藕片、甘蔗、《申报》、食物等，坐轮船要付轮船费和酒资。在普陀山停留至八月二十九日，从普陀山坐船到沈家门过夜，九月初一坐轮船从定海经镇海至宁波，换大轮船至上海，坐黄马车到达南火车站附近。与胡绍财的总账比较，九月初二至初三，钱韵兰自行外出娱乐消费，购买了洋伞，还到大世界、新新世界游玩。九月初四，进香团坐火车从上海到达杭州，一直停留至九月初七日。期间，钱韵兰先去了天竺山拜佛，还在杭州采办购买了泰西缎、天青扣线、小瓜帽、小洋袜、肥皂、洋巾、灰洋绒、狗皮膏、眼镜、千张箔。九月初七日，进香团一行包船，从杭州沿新安江而上，经富阳、西口、严州府、阳溪、茶园关王庙前、淳安、威坪、永旭隆，九月十六日到达街口，大家盘点账目、多退少补。九月十七日钱韵兰回到了沙坦家中。此次进香团的朝拜之旅落幕。

民国十七年(1928)进香团从沙坦至普陀山往返路线示意图(红线为去程，蓝线为回程)

---

① 民国休宁程厚志抄《杭省武林门至休宁屯溪水程一览表》，黄山学院程伟乐收藏，编号：9.3.9－F7200－0001，包号：665，尺寸：120毫米×55毫米。

可见，旅程大部分的时间花在了从沙坦到杭州的水路上，相较而言比翻山越岭要省力得多。下图中绘制了进香团从沙坦到普陀山的往返路线示意图。

进香团在旅途中乘车坐船，想必一直诵念着《南无救苦经》《妙沙经》，祈求神灵保佑路途平安、风平浪静。他们此行最主要的目的就是进香朝拜。普陀山为中国佛教四大名山之一，相传为观音菩萨应化的道场。二十六日进香团到达普陀山后，居住于洪筏禅院（今仍有遗迹）。根据钱韵兰的记载，主持师父是瑞昌大师父管家，还有圆参师父、圆照师父。钱韵兰还抄录了洪筏禅院的对联，可见当时普陀山的风采。[①]

**本院楼上正柱联**

音亦可观方信聪明无二用，佛何称士须知儒释有同源；

法演西天光现千层照普济，佛游南海泽流万顷被群生。

下图所示的南海埠头牌楼联，直到20世纪80年代普陀山牌楼仍在沿用。

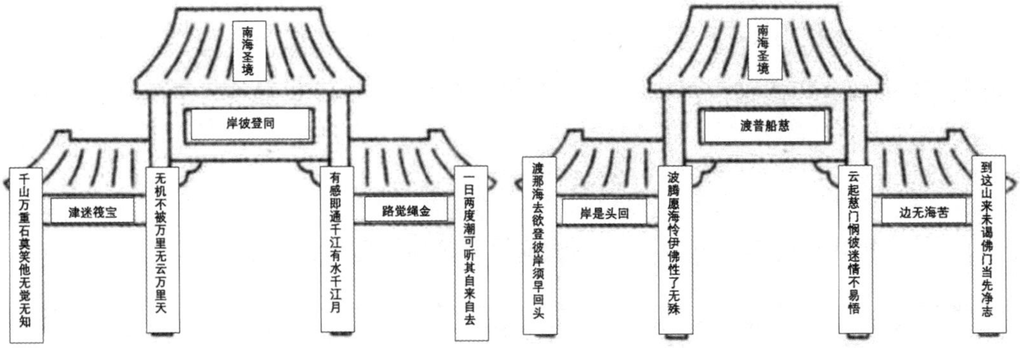


南海埠头牌楼正面和内面牌楼联

拜佛前先到南海山剃头整理仪容，置办朝拜的贡品，比如檀香、红烛等。二十七日，进香团开始叩拜普陀山各寺庙供奉的佛像。先叩正殿前寺，次叩佛顶山大殿，三叩梵音洞化身处，四叩后寺大殿。活动环节还要花销洪筏庵放焰口超度、梵音洞灯油钱、和尚化缘、和尚点寿烛费等。二十八日，先叩拜紫竹林大士，后拜

① 民国十七年(1928)八月歙县钱韵兰立《普陀山进香朝还支用》，黄山学院收藏《歙县沙坦钱氏文书》，尺寸：140毫米×202毫米。

观音古洞大士，三拜磐陀石大士，也要给紫竹院襄助灯油费。此日，钱韵兰还购买了玉花、玉锁、观音掌。两日之间，进香团足迹已遍布了普陀山的主要寺院圣地。二十九日离开前，进香团还和洪筏禅院结算账目，包括伙食、超度、香友礼惭等花销。这次朝圣之旅再现了民国时期佛教信徒朝拜的实态，也是平民视角的宗教信仰原生纪录。此次普陀山进香团的拜佛之旅人数众多、历时较长、舟车劳顿。钱韵兰还往杭州天竺山拜谒。可见该地佛教信仰风俗的盛行。但文书所见的实际情形是佛道并不泾渭分明。参加进香团中的 3 人钱韵兰、钱让达、钱妙金也参加了胡埠口的道教活动。

进香团中，胡绍财是领头者，主管财务开支，钱韵兰的身份和地位也有特别之处。从前述钱韵兰的手记中可以看出，钱韵兰具有一定的文化知识、头脑灵活、性格外放。通过歙县沙坦钱氏文书中的大量账簿可知，钱韵兰曾开办私塾、教授子弟，可谓沙坦的文化人。他常常将对联、契约格式等抄录下来进行学习、琢磨。因此，他才会记录普陀山的各种对联。钱韵兰还经营药材，兼营百货，收售山货，常往遂安县城、威坪、街口等地办货。进香团的主要目的虽然是朝圣，但途经杭州、上海这些商业经济繁荣的大城市，也少不了消费和代购活动。钱韵兰是徽州本地农村一个小小的商户，兼营私塾和务农，他在这次的进香团之旅中也顺带帮助沙坦周边居民代购了不少物品。

**民国十七年（1928）歙县钱韵兰普陀山进香代购账目一览表**[①]

| 姓　名 | 寄　洋 | 代购物品 | 结　算 | 存　洋 |
|---|---|---|---|---|
| 妙　理 | 14 | 绒花一条<br>西洋伞一把<br>千张箔四元<br>熟香六匹 | 九月十九日付讫 | 0.75 |
| 恭　范 | 1 | 千张箔一元 | 九月十九日付讫 | |
| 妙　周 | 3 | 千张箔一元<br>全鹿丸二元 | 九月十九日付讫 | |

① 民国十七年(1928)八月歙县钱韵兰立《普陀山进香朝还支用》，黄山学院收藏《歙县沙坦钱氏文书》，尺寸：140毫米×202毫米。

**续表**

| 姓　名 | 寄　洋 | 代购物品 | 结　算 | 存　洋 |
|---|---|---|---|---|
| 彩　莲 | 1.2 | 黑洋线 | 付讫 | 0.2 |
| 妙　德 | 小洋0.6 | 直泰西缎<br>鞋梁 | 付讫 | |
| 禄　娣 | 2.4 | 黑洋线<br>斜西缎 | 付讫 | |
| 桂　花 | 1 | 黑洋线 | 九月十九日<br>还去洋1元 | |
| 上林嫂 | 1 | 捍红枣 | | |
| 文尚兄 | 8 | 预定代购时式金耳坠一对、时式金挖担二支、时式金银瓢二支<br>九月初二日，上海凤翔银楼买烧金压发二支、银瓢二个，共三元八角三分，金耳箍一对五元三角三分 | 九月二十日付讫 | |
| 金灶正兄 | 八月二十三付去洋6元定买绒絮 | 一条五斤半<br>一和合絮六斤<br>共长五尺六寸，阔四尺六寸 | 九月初六收讫 | |

表中的这些账目应当是出发前各位亲友事先预定好的，包括有布料、针线、锡箔、熟香、洋伞、药丸、首饰、棉被等。金银首饰就是九月初二钱韵兰于上海凤翔银楼购买的。徽州山村的居民能买到上海银楼的金饰，可见这户人家家资有一定的积累、消费观念颇为时新。

20多人的拜佛团浩浩荡荡由徽州经杭州至上海，往返将近1200公里，一路坐船乘车、舟车劳顿，花费了近一个月的时间。这是他们第一次朝拜之旅，由于路不熟悉，花了不少冤枉钱。钱韵兰总结到：

此次共派众账每位各十九元，行当路次不熟，多用三四元之谱。

日后设有进香，当由街口雇船至杭州，由杭州江头搭汽轮船至义桥，由义桥坐船到绍兴，绍兴坐火车到宁波，换小轮船到普陀山亦便；或杭州坐火车至上海（头等三元、二等二元八角、三等二元五角、四等一元三角），由上海搭定海小轮船至定海，由定海至普陀甚便。此二处，此处比上海大轮船至宁波约近数百里，可省二三元之谱。今有小轮船三号舟山、慈北、定海，俱至普陀山往海岛贸易。[①]

据此，文书中提到的杭州至普陀三条线路如下。路线 1 为民国十七年（1928）进香团的实际路线，其弊端为上海至镇海大轮船费用较高，船运路途也较远；路线 2 则换乘较多，但也避开了大轮船；路线 3 上海至定海小轮船较近，船费也略节省。

杭州至普陀路线 1：杭州—上海—镇海—普陀山。

杭州至普陀路线 2：杭州—义桥—绍兴—宁波—普陀山。

杭州至普陀路线 3：杭州—上海—定海—普陀山。

杭州至普陀线路示意图(红线为民国十七年实际路线，绿线、蓝线为备选路线)

① 民国十七年(1928)八月歙县钱韵兰立《普陀山进香朝还支用》，黄山学院收藏《歙县沙坦钱氏文书》，尺寸：140毫米 × 202毫米。

九月十六日，众人回到街口，当即盘点账目。进香团筹集的资金由胡绍财总经手，最后盘结总账、多退少补。

**民国十七年（1928）八月歙县胡绍财立《普陀进香香友总账》一览表**①

| 日期 | 金额(元) | 支出 | 备注 |
| --- | --- | --- | --- |
| 八月十八 | 1.54 | 六四双表一块 | |
| | 0.32 | 四两双一筒 | |
| | 0.16 | 赛品一千 | |
| | 0.16 | 时香二十只 | |
| | 0.12 | 六两红烛一筒 | |
| | 0.16 | 巨尖二刀 | |
| | 0.093 | 五十元书二本 | |
| | 2.8 | 正黄表一块 | |
| | 0.26 | 四百箔一把 | |
| | 2 | 街口买米 | |
| | 钞44枚 | 威坪灯龙阳帽 | |
| | 1 | 料香十二捆 | |
| | 2 | 茶元街籴米 | |
| | 0.11 | 洋烛一对 | |
| 八月二十一 | 0.5 | 豆腐青菜油 | |
| | 5 | 付船力，此五元入归八十元内 | |
| 二十二 | 5 | 严州府买米 | 至严州府 |
| | 0.1 | 买灯笼一个 | |
| 二十二 | 8.9 | 桐庐拖轮船 | 至桐庐 |

① 民国十七年(1928)八月歙县胡绍财立《普陀进香香友总账》，黄山学院收藏《歙县沙坦钱氏文书》，尺寸：140毫米×203毫米。

续表

| 日期 | 金额(元) | 支出 | 备注 |
| --- | --- | --- | --- |
| 二十三 | 10 | 杭州千张箔十六把 | 至杭州 |
| | 1.582 | 红烛四十二两 | |
| | 80 | 付余灶正船力 | |
| 二十四日 | 58 | 杭州火车至上海 | 至上海,轮船礼拜不开,歇悦来旅馆 |
| | 元洋10角 | 茶栈吃茶 | |
| | 2 | 付同乡友吴老五使用 | |
| 二十五 | 20.42 | 代悦来栈房钱并酒钱在内 | |
| 二十六日 | 11 | 轮船费,每人0.5照派 | 上海龙(轮)船至镇海,夜班八百二十里 |
| | 18.95 | 轮船费并酒钱在内 | 又镇海至普陀山换定海船 |
| | 3 | 普陀山买檀香 | |
| | 4.84 | 香烛纸焰口超度用 | |
| | 大洋0.5 | 普陀山买红烛 | |
| | 大洋0.2 | 代和尚点寿烛费 | |
| | 1 | 代紫竹院灯油费 | |
| 二十九日 | 54 | 众香友伙食账 | 洪筏禅院算账 |
| | 8 | 香友放焰口超度 | |
| | 8 | 香友礼惭 | |
| | 1 | 开小礼 | |
| 九月初一 | 21.57 | 轮船费 | 普陀起马回程,坐小轮船至定海,定海到宁波,船钱使用 |
| | 2 | 茶酒钱 | |
| | 11 | 轮船钱,下统舱,0.5一名 | 宁波坐大轮船至上海,酒钱各人自代 |

**续表**

| 日期 | 金额(元) | 支出 | 备注 |
|---|---|---|---|
| 九月初六日 | 2 | 籴米 | 杭州 |
| 初七 | 4 | 杭州买米 | |
| | 2 | 到杭州吃面 | |
| | 30 | 付灶正船力 | |
| 初八 | 2 | 载溪买米 | |
| | 0.22 | 买白菜 | |
| | 元洋0.2 | 西口买油盐 | |
| 初九 | 2 | 严州府买米 | 至严州 |
| | 0.52 | 香烛纸 | |
| 初十 | 2.4 | 付零货厘金 | |
| 十一 | 2 | 罗桐埠买米 | |
| | 2 | 茶元街买米 | |
| 十三 | 4 | 淳安县买米 | 至淳安 |
| | 4 | 淳安县付剥船力 | |
| 十五 | 3 | 代剔剥船力 | |
| | 1.5 | 威坪厘金 | |
| | 0.648 | 威坪香烛纸 | |
| | 1.4 | 黄江潭厘金 | |
| | 1.1 | 街口厘金 | |
| | 6 | 代剔剥船力 | |
| | 5 | 代本船伙计酒钱 | |
| | 1.9 | 收入绍清双名香烛纸箔洋1.9元 | |
| | 1.9 | 又自付出双名1.9元 | |

拜佛团每人份 20 元大多于旅途中分期支付给胡绍财，用于旅途花销，最后再由胡绍财结算，总共花掉了 420.6 元，存洋 19.4 元，摊派 22 人份，每人份需找回

0.88 元。旅途中除了衣食住行外，比较重要的花销就是雇佣船夫和零货厘金。余灶正兄船户应是他们雇佣街口至杭州往返的船工，分三次合计付 110 元工费。

清末至民国时期，来往于徽杭一带的徽州人经常会代办货物，赚取钱财。乘船经威坪等关卡时，就会被征收厘金零货捐税。厘金是清末民国征收的一种商业税，按道理商人行李免捐，也有少数人将货物充作行李，这种厘金零货捐税就是对所有乘船人的行李收税。徽州商人团体于光绪民国年间曾多次向兰溪厘局、严州厘局、浙江通省厘捐总局等递送呈文、禀文申诉要求减免，这些文书抄件汇集而成《徽河零货捐小史》①。回程时，进香团包揽船只携带的货物也被征收了厘金。富阳、阳溪、威坪、黄江潭、街口都征收了厘金。

普陀山进香之旅的动机是佛教信徒虔诚的信仰，通过朝圣抵达心灵中神圣的世界，祈求神灵的庇护。宗教活动的开展又仰赖于资金支持。徽州乡村社会普通民众收入水平不高，务农同时兼营多种生业，开源节流以应付物质和精神生活需求。这次普陀山进香之旅可见，在交通不便的年代，生活在深山里的徽州老百姓也并不闭塞，他们通过新安江走出大山吸收信息、拓展见识，同时又将大上海、杭州的时髦货、新玩意带回故土。普陀山进香团的朝拜之旅，兼有娱乐观光、代购进货的活动，反映了新安江流域普通老百姓的信仰世界、娱乐消费、生产经营的实态，还原了新安江流域乡村日常生活的图景。于群山中蜿蜒迂回的新安江，不仅是滋养徽杭两地民生的母亲河，也是新安江流域人走出去经商、读书、旅行的重要通道，沟通了新安江流域之间的物流、人流、信息流。

从上述支用账可见，钱韵兰还曾为浙江宁波大福寺捐。可见，该地佛教信仰风俗的盛行。但实际情形是佛道并不泾渭分明，参加拜佛团中的 3 人钱韵兰、钱让达、钱妙金也参加了胡埠口的道教活动，比如崇奉雷神、往齐云山朝拜等。

（2）道教信仰

根据新安江流域诸方志记载，明代开始将风云雷雨山川城隍坛列为祀典，其后各地多将风云雷雨山川城隍坛合祀，祈求风调雨顺。歙县“风云雷雨山川城隍坛，在紫阳门外，县从府祀，无特建。初宋风师坛在社坛之东，雷师在社坛之西，雨师又在其西，各稍北。后雷师雨师坛，附于社，风师坛移东关。明合风云雷雨山川城

① 民国壬戌年（1922）秋月《徽河零货捐小史》，黄山学院收藏复印件，原件为徽州地区博物馆藏刊印本。

隍为坛，于南门外。今因之。岁以春秋二仲上丁之第三日，陈主而祭，祭款银三两”。[①]建德县神祇坛“亦曰风云雷雨山川坛。在澄清门外，隔江二里。明洪武二年奉文于城南立二坛，一为风云雷雨，一为山川，八年合二坛为一，南向广袤与社稷坛同。木主三，中曰风云雷雨之神，左曰本府境内山川之神，右曰本府城隍之神。神厨库房悉如社稷坛制，成化九年（1473）知府朱暟修，清初仅立围墙四门，不建房屋。乾隆八年（1743）并行雩祭合祠社稷山川诸神，每岁孟夏上辛日假先农坛行礼。咸丰以后礼废”。[②]除了这些位于县城的风云雷雨山川城隍坛，民间也有设立雷神坛庙、雷祖庙。

前往普陀进香的钱韵兰、钱让达、钱妙金同时也参加了歙县胡埠口的道教活动。民国十八年（1929）十月胡埠口新建了雷神坛庙，塑有雷神像，为雷神像开光、神灵降临举办了盛大的仪式。仪式上念诵敬献了劄文。

**民国十八年（1929）十月歙县胡埠源内众社信士为新立祖师九天应元雷神坛庙及迎雷神入庙立劄文抄白**[③]

谨奉

玉帝饬命，劄子请颁。今据

正一盟威经箓，雷霆执法宣化上卿，掌监三界鬼神，纠察诸司事。臣奏为

中华国江南徽州府歙县孝女乡筵宾里胡埠源汪陆坪中岭山脚，源内众社延生信士弟子

**翰屏岭上泽义合社**

钱金有　钱让禄　钱让遂　钱奕书　钱奕荣　钱奕福　钱让水

钱士成　钱俭芳　钱奕桂　胡文茂　胡文尚　胡文相　钱让锥

钱让金　钱让银　钱遂妹　钱上林　钱上元　钱长青　钱妙清

钱舜仪　胡妙宇　胡绍清　胡三法

**西山和义社**

胡瑞祥　胡三法　胡发荣　钱让达　汪在亮　胡文洪　胡历顺

① [清]张佩芳修，刘大櫆纂：《乾隆歙县志》，成文出版社有限公司，1975年，第185～186页。

② 夏日璈等修，王韧等纂：《民国建德县志》，上海书店出版社，1993年，165～166页。

③ 黄山学院图书馆收藏《歙县沙坦钱氏文书》，尺寸：475毫米×791毫米。

胡文淦　胡绍饭　胡文泰　胡绍春　胡天桂　胡新桂

**石铭坞上泽义合社**

钱树滋　钱荣炳　钱金宇　钱金桂　钱吉泰　钱周南　钱文鸿

钱洪吉　钱恭升　钱俭善　钱俭萃　钱俭焕　钱则贤　钱则学

方忠宇　钱天顺　钱天旺　钱天星

**程家山上泽义合社**

姚光松　姚开全　姚万根　姚光祝　姚开来　姚开苟　姚增统

姚开桂　姚开基　姚遂财　姚增法　姚月生

**龙门上、姚家坦、茶园山、麻园塆新义社**

潘恒元　潘恒兴　潘楷礼　潘政攸　潘恒祯　潘政柏　潘政烈

潘政槱　潘妙谷　胡忠庙　潘楷辉　潘恒志　潘楷玉　潘政芝

潘恒祥　潘妙宇　潘秋法　潘政信　潘恒寿　潘九河　潘政文

潘政和　潘楷春　潘林炳　潘政方　潘春荣　潘政许　潘金发

潘政盛　潘九荣　潘政悦　潘彩庭　潘政唐　潘恒宇　潘政安

潘汉文　潘楷祥　潘政秀　潘开发　胡锦财　潘政云　潘政文

储春祥　储春松　潘楷高　潘佶镛　潘阿胡　胡玉桂　潘天生

胡锦宝　胡漪妙　潘政荣　胡漪禄　胡阿钱　胡漪闪　胡漪本

钱俭永

**沙坦上泽义合社**

钱韵兰　钱俭贞　钱恭范　钱妙德　钱俭智　钱俭富　钱让启

钱俭益　钱润身　钱恭河　钱妙理　钱俭贤　钱俭全　钱妙宇

钱俭元　钱俭源　钱俭标　钱妙周　钱俭可　胡漪进　胡文海

**东山义合社**

吴文芳　胡新福　吴七顺　胡顺昌　吴文洪　吴万顺　胡文玉

胡文彬　吴森炳　胡尚煌　吴永裕　吴大椿　汪在成　胡绍荣

吴雨顺　胡灶盛　吴森桂　吴有顺　汪在遂　吴文质　吴位茂

胡林桂　吴文佳

**上胡家山忠仁社**

胡锦达　胡漪洄　胡历相　胡九全　胡锦槊　胡漪杨　胡三泰

胡漪钟 胡胜发 胡历福 胡长全 胡锦仲 胡漪礼 胡秋宝

**下胡家山忠仁社**

胡锦旺 胡尚妹 胡金桂 胡锦江 胡秋桂 胡漪河 胡学文
胡龙文 胡新宝 胡棣林 胡棠林 胡漪树 胡锦林 胡孔秀
胡大文 胡岳山 胡漪冬 胡漪镜 胡漪杠 胡历金 胡漪友
胡漪涵 胡文选 胡秋法 胡福顺

**坐凳上泽义合社**

胡灶福 胡和尚 钱妙金 丁灶春 胡锦祥 钱灶有 钱妙祝
胡尚金 曹起贺 胡锦清 钱恒太 胡文才 钱彩福 胡历法
曹起家 钱妙来 钱彩旺 胡得福 曹士进

**中圡胡埠口义合社**

洪奕富 胡文极 胡文淦 胡尚和 洪灶煌 洪奕文 洪奕雷
罗运成 潘岩寿 潘许美

**石岭山新义社**

潘尚义 潘光胜 潘光招 潘政春 潘恒焕 潘尚法 潘光进
潘恒顺 潘长闪 潘妙顺 潘恒富 潘春法 潘生宝 潘政富
潘九林 潘新太 潘金菊 潘恒福 胡历佳

暨通众社出财人户等投词。窃因源内公众卜筮汪陆坪中岭山脚，新立祖师九天应元雷神坛壝。既经庙宇落成，金身整饬，兹时蠲吉，迎
神伏体，开点光明，入庙登座，须凭剳告，遂致通灵。惟尔
雷祖震惊轰烈，显赫威灵；即俾出财人户消愆宥过，赐福降祥。保一源之清吉，佑万户以咸亨。年年风调雨顺，岁岁谷稔仓盈。上顺天时，民洽好生之德；下扶国泰，人沾乐利之恩。发筶筶灵，托梦梦应。祈雨大降甘霖，求晴立见化日。求药多施妙剂，拯灾能疗膏肓。门庭耀彩，产业加增。男成贵品，女尽贤良。婴孩无灾易长，火盗永绝不遭。一堂和气，万事怡情。读书者过目不忘，习武者知方有勇。为农者作种倍收，为工者成材利用。业医者，起死回生，术精庐扁；堪舆者，寻龙点穴，砂水无差；经商者，舟车顺利，广进财源；坐贾者，货殖充盈，多沾倍利；教授者，子弟聪明，英才显达；采樵者，斧斤入山，永无凶险；看养者，畜时不失，胜旺成群。老健少顺，妻俭夫勤，父慈子孝，兄友弟

恭。行行皆发达，件件悉安宁。倘有山岔路口、恶水深山，任凭来往、不受惊惶。万祸冰消，千祥云集。爰将界内魑魅魍魉、鬼怪妖精、恶禽猛兽、毒害虫蛇，以及五音殇亡、百耗邪祟，一概革除绝迹，毋许隐伏潜踪。

俯愿

尊神执监，照劄施行。凡有投告，莫负明言。千叫千应，万叫万灵。求财多招珍宝，求子早产贤郎，求福福如东海，求寿寿比南山，求名名扬四海，求禄禄进万钟，求婚夙缔良缘，求趁得逢好会，求种五谷丰登。所有瓜果莳蔬，无不滋荣成熟。终岁闾阎安堵，群生衣食余饶。瘟瘴迸诸异地，时疫禁其入源，速往他方，以昭

圣化。　　谨劄收执，准此无违。

今将源内作种田园山场地坦四至开列于后

东至石岭山尖　　遣百耗于他方

南至龙门上　　为一源之保障

西至程家山冈　　受万民之祭祀

北至翰屏岭　　著千古之威灵

庶保界内安静，源中泰康。登山吉庆，居家允臧。

民国十八年岁次己巳小阳月廿七日　时之吉　告下劄文

民国年间，歙县胡埠源内众社信士弟子在汪陆坪中岭山脚新立了九天应元雷神坛庙，塑有雷神金身塑像，要为其开光，请神灵降临，需要请玉帝颁劄文饬命雷神降临，保佑胡埠源地界的安宁和信士民众的健康顺利。道教信徒认为九天应元雷声普化天尊能够执掌生杀枯荣、善恶赏罚、行云布雨、斩妖伏魔、号令雷霆。雷神原本掌管雷电这种自然力量，被赋予了赏善罚恶的职能，但在聚落信徒那里又演变而为一方乡土的庇护神，掌管全境居民的所有事务。新安江流域的道教信仰具有浓厚的农耕色彩，又呈现出复合性的特点。

劄文不仅展现了民间的道教信仰，而且反映了胡埠口地域的组织和姓氏分布。胡埠源即指由南至北于胡埠口汇入街源的支流，胡埠源众社沿该支流分布。这些道教信徒中，胡氏 88 人、钱氏 65 人、潘氏 65 人、吴氏 13 人、姚氏 12 人、洪氏 4 人、汪氏 3 人、曹氏 3 人、方氏 1 人、储氏 2 人、丁氏 1 人、罗氏 1 人。

钱韵兰此前参加了普陀山朝拜活动，这一次他又是奉雷祖入庙的首事，可见民间佛道信仰之间并不泾渭分明、不可逾越。除了以上众社弟子上奏的劄文外，4位首事钱韵兰、胡毓章、洪奕富、胡锦燻还为奉雷祖入庙开光进献了劄文。

**民国歙县胡部源内众社首事钱韵兰等为奉雷祖入庙开光立劄文抄白**[①]

奏为

大民国江南徽州府歙县孝女乡筵宾里胡部源内众社管，奉道迎神，登座净醮，祈恩赐福，延生信士弟子首事钱韵兰

胡毓章

洪奕富

胡锦燻

暨通源内众社出财人眷等，沐手捧香端拜

伏以

辅正驱邪久感维持之德

御灾捍患恒蒙保卫之恩。谨抒愚忱，上干大造，下情弟子投词。伏为本源之内山水凶恶、邪祟潜藏，幸赖祖师九天应元雷声普化天尊威灵显赫、轰烈震惊。克俾凶邪隐遁、恶曜消除，使民乐业安居，得以逢凶化吉。虽有天灾时疫，亦能保危为安。是以同寅协心营立坛壝，故特刻雕圣像，尊奉

雷神为一源之保障，等万里之长城。凡有求而即应，诚不怒而严威，使人畏敬奉承，终日往来朝拜。兹既

开光伏草，劄付持衡。

涓今月良日恭迎

雷祖天尊入庙登座，净醮一筵，信香一炬。仰求

通灵显圣，赫濯监临，随感而应，锡祐无疆。俯愿

上顺天心施号令，

下安士庶降祯祥。

庇佑源内众社弟子等，年年清吉，岁岁平安。家家和乐，户户康臧。男增

① 黄山学院收藏《歙县沙坦钱氏文书》，尺寸：233毫米×384毫米。

百福，女纳千祥。作种倍收，养畜胜旺。人财顺遂，物利丰盈。出作入息，
如意称心。千般吉利，万事亨通。凡在

光中，全叨

庇佑。谨疏。

钱韵兰还多次为雷祖庙捐款、进献锡箔、代本社求雨等。齐云山自古就是道教圣境，新安江流域居民常往齐云山进香奉道。钱韵兰家庭也为齐云山捐过款，钱德骥就曾到齐云山进香祈福，得偿所愿，于是再做法事回报神灵还愿。

**民国歙县上泽义合社钱德骥为叩谢齐云山进香祈福立醮文草底**[①]

奏为

大中国江南徽州府歙县孝女乡延宾里上泽义合社管，居住程家下舍，奉道齐云进香，延生士钱德骥

既通合家人眷等，是日沐手捧香端拜。

伏以

承天地覆载之恩

感日月照临之德。谨启愚忠，上干鸿造，下情弟子专为合家人口清吉，祈保灾消病灭。果蒙护佑，悉获安康，理宜虔诚焚香，赴山叩谢。

涓今月良日修设

齐云仙境太素官中净醮一筵，信香一炬。

仲求道力赐福无疆。俯愿

金阙垂仁，

玉庐洞鉴。

庇佑弟子合家清吉，大小平安。四季无灾，八节有庆。作种倍收，养畜胜旺。
财源茂盛，生意兴隆。千般顺遂，万事亨通如意。

此外，钱韵兰家庭还常为某个具体目的祈福。上述支用账可见，钱韵兰于民国

① 黄山学院收藏《歙县沙坦钱氏文书》，尺寸：201毫米×297毫米。

二十一年（1932）端午节请人做禳解以助四子广富平安渡过天狗枭，花了大洋2.4元。钱韵兰之孙、钱德骥之子钱岩樾也曾为母亲、老婆、弟弟、两个女儿“禳送太岁天狗白虎为殃”，并设太乙坛酬谢神灵。

**民国歙县上泽义合社钱岩樾等为酬谢流年欠利祈福立醮文草底**[①]

奏为

大中国江南安徽歙县孝女乡延宾里上泽义合大社管，居住程家山下舍，奉献禳送天狗白虎，延生信士弟子钱岩樾　室中潘氏

弟奕树

女根娣　□娣

母亲胡氏

暨通合家人眷等，是日上干大造，下情言念弟子专为潘珍珠、钱岩樾、钱□娣等名下，诚恐流年欠利，禳送太岁天狗白虎为殃，祈保安康。理宜备仪，即行酬谢。

涓今月良日修设

太乙正坛，献醮一燃，信香一炷。俯愿

天上五星来送福，

人间九曜去除灾。

庇佑弟子合家清吉，大小平安。四季无灾，八节有庆。生意兴隆，财源广进。兴养六畜，

人丁旺相。从前告许一并酬还。

凡在光中，全叨保佑。

谨疏。

歙县沙坦钱氏还会为先祖亡寿设坛叩谢，为儿媳生病设坛求药，[②] 长辈家人下葬时也会请道士做法事。

---

① 黄山学院收藏《歙县沙坦钱氏文书》，尺寸：330毫米×401毫米。

② 民国歙县钱□□为儿媳生病设坛求药疏文草底，黄山学院收藏《歙县沙坦钱氏文书》，尺寸：314毫米×393毫米。

## 民国歙县上泽义合社信士为叩谢先祖亡寿设坛立疏文草底[①]

奏为

中国江南徽州府歙县孝女乡筵宾里上泽义合社管，居住程家山下舍，奉献蒙山一坛，信士弟子

孝男 ×× 室中 ××

孝孙男 ××

母 ××

暨通孝眷人等，是日上干

大造，下情但念孝男、孝孙合家名下，叩谢

民故先 ××朝奉，

奉献超渡蒙山 × 旬亡寿之期。

涓今月良日修设。

伏以

合家清吉，大小平安。

四季无灾，八节有庆。

生意兴隆，财源广进。

孝男告许，即行敬谢。

凡在光中，

全叨庇佑。

谨疏。

（2）土神信仰

除了崇奉佛道正统神灵外，新安江流域还有独特的土神信仰——汪王崇拜。汪氏为新安大姓，南宋以来即有“十姓九汪”之称。隋末动乱时，汪华起兵保障歙州等江南六州，死后受到新安江流域各地百姓的崇祀，并逐渐演化为地方神，成为新安历史上影响最大的人物之一。徽州一府六县普遍存在祭祀汪华的活动，称之为汪王祭、王祖祭等，老百姓则把他称作“越国公”“汪公大帝”“太阳菩萨”等，汪华

① 黄山学院收藏《歙县沙坦钱氏文书》，尺寸：245毫米×297毫米。

的夫人和儿子也受到崇奉和祭祀。汪王信仰不仅辐射到淳安等周边地区，甚至还远播贵州省安顺市屯堡。根据汪氏族谱及民间传说，汪华娶四妻生 9 子，第九子汪献早卒。新安江流域民间广泛流传着九相公早逝的各种传说，各地都有崇奉九相公的习俗，如今祁门黄龙口、淳安札溪都存有九相公庙。

歙县沙坦钱氏文书的支用账可见，钱韵兰为九公神捐过衣帽、买锡箔还九公愿。这里的九公，应当就是指汪华的第九个儿子。歙县沙坦钱氏文书中也保留有一份民国歙县汪九相公神位牌。这可能是移用了道教的法术，借用九相公神力。

**民国歙县汪九相公神位牌**①

随身兵马

唐朝饬封崇忠王正衍九里主坛汪九相公等神之位

侍从威灵

以上可见，新安江流域民间信仰繁杂而融合，并没有某一教派独断的情况。锡箔、香纸、鞭炮等物品在钱韵兰家庭支用账中出现频次最高，婚丧祭祀要用，拜佛崇道也要用。无论何种信仰和神灵，进献的都是相似的祭品，可见民间信仰的实操仪礼也并不泾渭分明、非此即彼，而是呈现出趋同化。试分析其背后的原因，笔者认为：一是下沉社会儒释道融合趋势使然，一是中国人的宗教信仰呈现出为我所用的实用理性特点，追求功能性及便捷性。

(二)演戏风俗

宗教信仰满足了安放心灵的需求，休闲娱乐则满足了感官刺激的需要，构成了新安人丰富的精神世界。看戏是古人重要的娱乐方式之一，徽州早在东晋时期就有“宴会辄令倡伎作新安人歌舞离别之辞”② 的记载。明代末年，歙县知县傅岩著《歙纪》记载：“徽俗最喜搭台观戏。”③ 明清至民国时期，诸种新安方志所记地方风俗中均见演剧习俗，演剧的种类并不明确，包括歌舞、傩剧、目连戏、昆腔等。此外，新安

① 黄山学院收藏《歙县沙坦钱氏文书》，尺寸：261毫米×196毫米。

② [唐]房玄龄等：《晋书》卷二十八。[清]永瑢、纪昀等：《景印文渊阁四库全书》第255册，台湾商务印书馆股份有限公司，1986年，第501页。

③ [明]傅岩著，陈春秀等点校：《歙纪》，黄山书社，2007年，第107页。

江流域还流传有傀儡戏、采茶戏等民间游艺。这些新安江流域的民间曲艺的兴盛促进了明清时期徽戏的形成和发展。而至今仍伫立于新安江流域各地的古戏台，如祁门渚口贞一堂、歙县大阜潘氏宗祠戏台等，则是新安演戏风俗的历史见证。新安江流域平民日常生活中主要的休闲娱乐活动就是演戏，祭祀土神、社稷、土地、观音等各种神灵，以及祭祖时都会演戏娱乐；新安江流域民众也会为了保护山林或行业规范订立合约，示禁罚戏。

民国四年（1915）歙县钱韵兰立《应酬碎锦》，[①] 主要是钱韵兰抄录的各地对联，以做日常揣摩、学习之用。其中就抄录了数对演戏联，有姜岭山、小洲、栗木犾、长陔各地的戏联，多与宗教信仰有关；凡进主、炼渡等宗族大事必演戏；祭社要做会演傩剧、打目连，融汇儒释道教人向善，跳五猖以驱邪祈福；还愿、还痘也要唱戏娱神。可见，民间演戏活动的兴盛，娱神亦自娱，每逢演戏周围的村民大多前往观看。钱韵兰《应酬碎锦》抄录的演戏联摘录如下：

**光绪六年（1880）威坪镇十月溪滩还愿戏联**

堂柱：鸾笙响彻环山外；蚓笛声传流水中。

正柱：禾稼纳场中末岁同歌正供名神大德；梅花开岭上阳春迭奏如闻盛世元音。

**光绪□年本祠修葺告成并修谱进主并炼渡演戏联匾**

十月小阳春喜家乘重修舞扬祖德；七修新谱牒听管弦节奏歌叙宗功。

由庆系溯大宗一本相传清且正谱有庆系有大宗有；续流光述积盛五支胥衍炽而昌流光积盛吾祖始祖。

**民国十二年（1923）胡埠口胡姓敦睦祠六十年一次进主炼渡演戏联匾**

进主戏台：进别后先奏羽音而安坐次；主分左右歌商颂以咏寝成。

横批：丞衍烈祖。

**城里禄管社做会对联**

捍患驱邪古礼乡傩歌百禄；红腔紫板盛时雅乐奏三终。

横批：神听和平。

① 黄山学院收藏《歙县沙坦钱氏文书》，尺寸：123毫米×222毫米。

**瀹潭目连戏联**

借视听之娱聊以劝惩世道；庶神灵不爽堪为呵护人民。

横批：其严乎。

**姜岭山戏联**

法雨霑时三农共庆；慈云覆处四境咸安。

横批：歌报慈恩。

**小洲唱戏联**

圣境仰齐云遐迩万家蒙膏泽；倾心劝向日官商一片颂灵庥。

横批：以古为鉴。

冬至日初长六管频吹流水韵；山衔梅欲放一枝先寄小洲春。

沐浴慈恩四野桑麻含秀色；宣扬德意连村歌舞为欢心。

**还痘戏联**

感呵护深恩无患无虞胥蒙福荫；体生全大德有系□竹聊颂神庥。

横批：孩提之广

**栗木坋开光戏联**

法相竟庄严际潦尽烟凝时谁九月，神光重耀彩喜墉崇栉比庆洽三农

**长坋唱戏联匾**

试看瑞气发生皆蒙帝力；遥听佳音迭奏共颂神庥。

**九月底进主演戏联**

进主安灵斯时篱菊含华酒酿郁金虔灌地；歌功颂德值此岭梅叱秀曲喧箫管奏钧天。

**猖台联匾**

道法宏深驱邪护正；神灵赫濯降福延龄。

横批：神人以和。

犒享具多仪玉帛牺牲昭格敬；猖兵迎五路龙骧虎跃著森严。

犒事以牲牛郑商遗意；猖神如奔马赵帅为宗。

新安人听说附近哪里演戏，最爱赶去看戏。上述支用账中就记录了民国二十年至二十三年（1931 ~ 1934）间，钱韵兰家人前往胡埠口、璜蔚等地 7 次看戏的支出。

通过上述文书，呈现了新安人辛苦劳作、营生糊口之外，也有自己的精神追求

和娱乐活动，还原了歙县沙坦周边地域新安江流域民众的信仰世界及休闲娱乐，新安江流域平民日常的休闲活动图景徐徐展开。

**八、新安江流域平民的公益活动及跨域交往**

新安方志、族谱中常有专节记述仁人义举，可见地方对公益活动的崇尚和提倡。得益于宗族力量的号召、崇德尚文的风气、互助团结的需要，在外的商人、本土的平民常常成立公济局、桥会路会等，兴起扶贫济孤、施药赈棺、修桥造路、整饬通途、整洁村容等义行义举，首事者振臂一呼，应者云集，有钱的出钱，有力的出力，自发自愿地投入到公益活动中。

歙县胡埠口、沙坦一带毗邻浙江，常常通过水路或者翻山越岭，与衢州、严州、遂安等地互通有无。横坞岭（现属浙江淳安）为徽皖与衢严的必经要道，但山路年久失修，不利于通行。清光绪二十三年（1897）歙县沙坦、姚家坦、遂安县双溪口的发起人倡议修路造亭，以方便来往的旅客。

**清光绪二十三年(1897)九月歙县钱恭聚等立《福缘善庆》**[①]

盖闻剪碍道之荆榛，圣人垂训；造息行之亭宇，王者遗风。于是修路造亭之举实非吾人好事耳。惟此横坞岭古路，虽高山小径，实为要道平原。上则通乎徽皖，下则达于衢严。钹修已久，畚插多年。是以石堆草塞，沙涨泥填。只见捷径，皆由往者过、来者续。不乏担囊困苦，回首臻巅甚远，心则速，步则迟，几多裹足难前。或行在中道而沛然下雨，遭之者淋头透胆，恨无躲避之区。或趋在半途而忽尔黄昏，至此者进阻退难，嗟少信宿之地。吾人见景生情，诚心告语，惟愿仁人君子动念堪怜，或自己役劳破几工之日，或倩人帮代舍数串之钱，修一峻岭之途开成大道，扦百箩坎之处建立小亭。莫谓此举无益，修德获报可卜年寿，筹添积厚流光，定出子孙贤孝。成斯善举无吝悭焉，务滋树德踊跃输捐。

主首人　沙坦　　　钱恭聚

　　　　　　　　　　恭云

　　　　姚家坦　　潘　长

　　　　遂邑双溪口　章新春

① 黄山学院收藏《歙县沙坦钱氏文书》，尺寸：141毫米×240毫米。

参与人员来自沙坦周边的东山、胡部口、璜田等地，也有遂安、江西人赞助义举。有的捐钱，有的捐工。捐钱 25 人，捐工 71 人，合计 154 个工时。

**修路造亭喜助洋钱名单一览表**

| 地名 | 人名 | 金额(元) |
| --- | --- | --- |
| 东山 | 吴天妹 | 1 |
| | 文焕 | 1 |
| | 元仂 | 0.5 |
| | 胡老四 | 1 |
| 沙坦 | 钱顺聚 | 2 |
| | 顺继 | 1 |
| | 日荣嫂 | 3 |
| 麻汰 | 埒法 | 1 |
| 石铭坞 | 来富嫂 | 1 |
| 胡部口 | 罗凤钧 | 200文 |
| | 胡媲爵 | 400文 |
| 江西 | 喜寿司 | 260文 |
| 吴公岭 | 方光柏 | 1 |
| 璜田 | 胡丽和 | 1 |
| 遂邑 | 章峻瑞 | 1 |
| | 维桢 | 70文 |
| | 龙贤 | 280文 |
| | 峻胜 | 280文 |
| | 克淳 | 140文 |
| | 永茂 | 280文 |
| 遂邑 | 同茂 | 210文 |
| | 峻槐 | 140文 |
| | 金德生 | 280文 |

续表

| 地名 | 人名 | 金额(元) |
| --- | --- | --- |
| | 汪增梅 | 210文 |
| | 徐鼎钟 | 70文 |

## 修路造亭捐助工名单一览表

| 地名 | 人名 | 工时 |
| --- | --- | --- |
| 姚家坦 | 潘崇亲 | 6 |
| | 恒心 | 3 |
| | 恒性 | 3 |
| | 恒升 | 8 |
| | 恒荣 | 3 |
| | 丁和 | 3 |
| | 来富 | 4 |
| | 恒田 | 4 |
| | 政灼 | 5 |
| | 政清 | 3 |
| | 九荣 | 4 |
| | 政河 | 1 |
| | 双发 | 2 |
| | 恒燕 | 3 |
| | 恒善 | 3 |
| | 四喜 | 2 |
| | 顺本 | 1 |
| | 恒润 | 3 |
| | 恒满 | 3 |
| | 恒铎 | 5 |

续表

| 地名 | 人名 | 工时 |
|---|---|---|
| 姚家坦 | 天富 | 6 |
| | 有忠 | 3 |
| | 顺德 | 2 |
| | 潘有顺 | 2 |
| | 来宝 | 2 |
| | 恒年 | 4 |
| | 恒椿 | 3 |
| | 政齐 | 2 |
| | 崇彬 | 1 |
| | 崇禄 | 2 |
| | 新发 | 1 |
| | 政喜 | 1 |
| 茶园山 | 胡李寿 | 3 |
| | 寿金 | 2 |
| | 新富 | 2 |
| | 灶松 | 3 |
| | 李木 | 2 |
| 麻园埵 | 胡花之 | 3 |
| | 玉发 | 2 |
| | 玉贵 | 2 |
| 东山 | 吴小云 | 2 |
| | 胡老四 | 1 |
| 上舍 | 胡花云 | 1 |
| 沙坦 | 钱恭云 | |
| | 恭聚 | |
| | 恭炳 | 3 |
| | 恭饭 | 1 |

续表

| 地名 | 人名 | 工时 |
|---|---|---|
| 沙坦 | 恭河 | 1 |
| | 恭熙 | 2 |
| | 俭全 | 2 |
| | 俭富 | 1 |
| | 俭喜 | 1 |
| | 胡文海 | 3 |
| | 文炯 | 1 |
| 遂邑双溪口 | 方绍成 | 1 |
| | 志大 | 1 |
| | 鸿嬉 | 1 |
| | 新春 | 2 |
| | 鸿昌 | 1 |
| 浮阪桥头 | 卢海福 | 1 |
| | 叶凤仂 | 1 |
| | 王龙贵 | 1 |
| | 章家瓮 | |
| | 章成九 | 1 |
| | 成林 | 1 |
| | 峻绍 | 1 |
| | 龙佐 | 1 |
| | 峻孔 | 1 |
| | 峻滩 | 1 |
| 新田阪 | 水拿 | 1 |
| | 瞎拿 | 1 |
| | 峻雨 | 1 |

徽州、遂安等地居民以出资或出劳力的方式共同参与了这次修路造亭活动，方便了往来旅客的交通休息。举事者和参与者可能经常走这条道路通商或来往出入，修路造亭的义举的确方便了自身的出行。但这场义举的意义远不止于此，它是真正造福周边百姓生产生活的公益活动，加强了地域之间的人流、物流、信息流的沟通。

歙县沙坦是一个处于新安江流域大山里的普通小村庄，但是山限壤隔并没有阻拦村民与外界的交往。沙坦村民通过水路和陆路，一步步地走出大山，不断扩大辐射自己的活动范围，他们和周边的小村落以商贸等方式互通有无；和胡埠源众社团结互助，共同参与祭祀雷祖的活动；也常常到胡埠口、街口、长垓、璜蔚、璜田、深渡、县城、屯溪、齐云山等地采买、看戏、进香；翻山越岭、乘船涉水到遂安、淳安[①]等地采办货物；甚至通过水路取道杭州，远及上海拜佛和采购。

历史上，徽州与淳安百姓通过陆路、水路来往频繁，实现人流、物流、信息流的跨域互动。由宋至清，钱氏宗族就曾从歙县迁往淳安，又从淳安移居歙县街川等地。清末，徽州、遂安等地居民共襄义举、修路造亭，使交流的通道更加顺畅。钱韵兰家庭常常到威坪、遂安、淳安、杭州、宁波等地进货、购药，遂安、淳安人士也会来徽州送货、卖猪仔。除了正向交流外，两地也会因产业、纠纷发生诉讼。因为地域毗邻、交通顺畅，徽州与遂安、淳安之间的交往密切，经济上互通有无，文化上互相影响。

由沙坦参与胡埠源社活动及修路造亭义举，可见民间百姓跨域的团结互助；通过水陆交通，地域之间加强了地缘联系；宗族的迁移和活动，形成了天然的血缘联系。人心、地缘和血缘夯实了跨域活动的基础，这种人流、物流、信息流的沟通模式也是新安人冲破大山阻隔与外界沟通联系的基本结构。

## 第四节 钱韵兰、钱德骥父子家庭生活史的还原

通过歙县沙坦钱氏文书，围绕钱韵兰家庭还原了沙坦钱氏及周边民众的日常生活

① 民国时，遂安、淳安为两邑。1958年10月撤遂安县建制，与淳安县合并。

图景。钱韵兰家庭及其先祖为钱氏后裔，积极参加宗族活动，营造祖坟、轮管族谱；通过拈阄的方式，处理好财产继承和分配，完善赡养和祭祀体系；直到中华人民共和国成立后，仍沿用传统契约处理财产交易买卖；按时完纳赋役，承担社会义务；主要通过经营药铺、木材、茶叶，兼营杂货、山货，举办私塾，投资钱会，获得收入；日常支出则包括建房、丧葬、衣食住行、人情往来等；遭遇纠纷时，先寻求宗族居中调解，再向保甲申诉，转而向地方派出所呈文，严重的还会告上知事署、法庭；通过私塾开展蒙学教育，学习基础知识，通过自学等方式不断吸收知识和常识，成为有用之才；既信奉阴阳五行，也崇奉三教神灵及土神，呈现出融合性和实用性的特点；喜欢赶往各地看戏；热心公益、自助互助；通过水陆交通由近及远，实现跨域交流。

该户文书中的钱韵兰、钱德骥手抄的各种诉讼文书、信件，更是丰富了家庭生活史和个人经历的书写。一个家庭的变动，有时会因为某个关键性的重大事件发生逆转性的变化；而这个关键性的重大事件又并非纯属偶然，可能早在百年前就埋下了导火索。

通过前文追溯可知，清道光至咸丰年间，钱氏先祖华珠、华炳等先后迁至下沙坦、对面一带。歙县沙坦钱氏文书中保存有一份清咸丰元年（1851）九月歙县大圭公支裔华炳为明确产业、出助产业与大圭公祠做祀产存公、自留山地生供养老死供祭祀事立合议抄白。[①] 华炳的这一举动牵扯出了钱韵兰、钱德骥父子后续的种种纠纷，且对钱韵兰家庭的发展产生了重大影响。

**清咸丰元年（1851）九月歙县大圭公支裔华炳为明确产业、出助产业与大圭公祠作祀产存公、自留山地生供养老死供祭祀事立合议抄白**

立合议人大圭公支裔华炳，缘身续买到作字号内，胡长新、进宝等山业，土名郑四坞、二婆坟，沙坦通山业。该华炳三股管二，共税，现今助契内载明税亩、四至为据。通山业内该堂弟华林管业一股，向以各分股法、各有四至、两无侵害。华林分得中岭上段，下至坐马、势，横断以为一股。又搭里培中岭并下山脚平地，住居屋、菜园、出入道路系堂弟华林股法外，余之业与华林无涉，尽自华炳之业。华炳现管上山外岭作一股，自种杉木苗一万有余，内有自出杉木无数，并搭里中岭，

① 黄山学院收藏《歙县沙坦钱氏文书》，尺寸：396毫米×638毫米。

又小中嘴，下半里外至坑，上半外培，扦有杉木以为一股。又搭里首大短岭当脊里培以为一股，至茶园山凹头为界，业内所种杉木五千余树，并茶柯一应在内。以上两股俱系华炳执管之业。再身山脚平地，堂弟华书造有三间屋一堂，言明屋左右前后、檐水三尺并门前直出八尺，横断言明华书门前八尺以外仍是华炳助地一块，外至大路。日后公祠内如要着人看守山场，听凭公祠取用起造。此业原系华炳助业，今公议华书屋基每年交租钱　无异外，余之业俱系华炳执管。今华炳年迈无传，并亲族将以上两股山业自愿出助与大圭公祠内以为祀产，生息存公，以后两无反悔、万载传流、永垂不朽。再华炳上山坟内迁有先室胡氏坟冢一穴，言明坟前左右、坟后来龙禁步之内不得侵害。又下山所葬先父母坟冢一穴，本家蓄养来龙、左右护荫以保祖坟。其有下山屋后山业，并自造水碓、屋宇；门前平地朝东小阴培，存寄山税一分。俱系华炳存坐安生，养老度日，是以为生衣食之本，百年后以作祭祀之源。日后子侄永远不得私卖，公祠内亦不能私卖。如有私者，执此合议以不肖究治。日后两无言，各守各业，恐后难凭，公立合议一样两纸，各执一纸永远大发存照。（原笔批，本存山税二分，并前存山税一分，其税寄于大圭公孝恩户，本家每年增贴完粮无异）

咸丰元年九月日立合议人海公支裔华炳

凭中胡灶护

胡百有

汇川

培之

功德

二男

武仙

世禹

昌林

张效忠

张余三

一份文书根据其内容定名分类，但在不同场景下的功能是不同的。买卖契约、税票、合同等可以作为财产凭证、赋税凭证，同时又能在调解纠纷的场景下作为佐

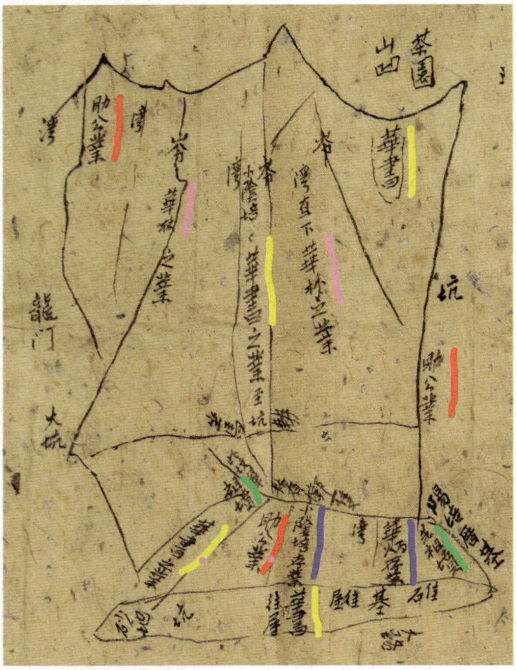


清咸丰元年(1851)华炳出助产业合议示意图

证而存在。这份合约表面上看来是华炳出助产业，但因为涉及兄弟产业的分界，为日后纠纷埋下了隐患。咸丰元年，钱华炳因为年事已高、丧妻无子，将自己的产业出助与浙江淳安蔗川大圭公祠内。根据合议及其上绘制的地形图，可见钱华炳、钱华林、堂弟钱华书三兄弟产业毗邻交界，钱氏这些产业分成几个部分，各有归属：1. 钱华炳将自己的两份山业，实际上分布于三地，出助给大圭公祠内；2. 下山钱华炳自造的房屋、水碓，屋后山业，屋前平地，均为钱华炳自己留存，供应养老和祭祀的资金来源，日后钱氏后裔及大圭公祠都不能私自出售；3. 两块祖坟，应为众存产业；4. 钱华林有分处两地山业；5. 如图所示，华书有两处产业，还在山脚华炳所有的平地上造有房屋，双方约定房屋“左右前后、檐水三尺并门前直出八尺”之外，仍是钱华炳出助给大圭公祠的产业，应由大圭公祠管理开发，而华书要每年交纳屋基的租金。似乎分界交代得清楚明白，但是这份合议的凭中是胡姓、张姓人士，这有违新安江流域宗族合议的惯例。涉及产业分界、捐助，又是出助给同姓的宗祠，钱氏宗族的族长、长辈、亲属应用出面持中。

但是通过该包文书中的以下 3 份信件抄白、诉状草底，可以看到钱华书、钱华林方面的说法。

**民国歙县［钱德骥］为族人强占产业立诉状草底一**①

兹缘高祖华书、华炳、华林兄弟三人，华书所生三子，长子良泽、次子良池、三子良法。华炳未有后嗣，不愿亲支承继，就将该身山场产业并华书、华林之产业

① 黄山学院收藏《歙县沙坦钱氏文书》，尺寸：393毫米×625毫米。

一统载于族契合议族至浙江蔗川念修堂。良泽比时惊急没有办法，魄降魂升。室余氏思之一人所育二子一女恭云、恭喜，见丈夫身故，自缢投环门前枇杷树下。二子一女无人牵带，逃至外母家中度口，后日出幼返里，不知产业失落何方。闻之族房有言，华炳一人自专将兄弟三人产业一概立于族契，合议族至蔗川念修堂内。华林闻知华炳将兄弟三人产业族于念修堂内，就鸣族亲友房长理论，华炳设法就往浙江念修堂内将华林阄得赎回。华书该身之产业，身体亡故，子良泽不幸夭亡，二子恭云、恭喜年纪虽幼，难以度日，无计可思。日后良池之子恭炳偕子俭新与恭云父子相嘀，拆毁披椳厕所猪栏，准于俭新开基创造屋宇，言定水口大路下沙洲准于恭云父子取用。亦至民国念一年浙江蔗川念修堂修理谱序，捡出合议一纸，派人来至街川经管山场屋宇。华瑛之曾孙俭源、俭福同俭新三人等定规，重托韵兰、俭理二人往浙江蔗川念修堂内将合议赎回。不料韵兰往浙江身生怪恙，所费银币数十元，来舍耽搁数月日后病愈。俭源同俭福、俭新将合议收回，路费使用毫文不认。至民国念二年身心不忍，凭族房长亲友追究理论。族房亲友再三哀劝嘱咐俭源、俭福等，所以山场产业既失已久，再亦不说，就将本村水口大路下沙洲存坐增补韵兰后代，所搭披椳所厕便用。谁知俭新所生奸骨之心得情忘义，不认兄弟之情。故族房亲友再三劝解，众面言议，俭源、俭福二人全家产业俱以韵兰父子之功，故将披椳厕所基立此合议一纸，永远存照。忽然旧岁冬月时间俭新之子荣贵、荣昌奸骨多端，将水口大路下民搭披椳拆毁，地基强占。民凭前中族房亲友向理，理向不闻，野蛮押迫，民不得已，哀哀上诉。

以上这份诉状草底，原告是钱韵兰之子钱德骥，被告是俭新之子荣贵、荣昌。时间大概在民国二十二年（1933）之后。

**民国歙县 [ 钱德骥 ] 为族人强占产业立诉状草底二** ①

恃势违约，纠众侵占祖业，拆毁柴蓬，恳情准予追还产业，以济营生事由。

窃民世居沙坦地方，曾祖良泽、良法二公与本村地痞钱让淦之祖华炳公叔侄至亲。因华炳□老无嗣，不愿亲支接脉，嗣于咸丰年间暗将民祖所有产业立合议绘图文契，统助浙江蔗川大圭公祠内。民祖查悉急成患病身亡，祖妣余氏无法可想，夫故子幼何

① 黄山学院收藏《歙县沙坦钱氏文书》，尺寸：312毫米×406毫米。

以营生，就向门前枇杷树上自缢投缳殒命。民祖恭云偕弟恭喜年幼无知，只得逃至亲戚家中相依度日。迨及长成归里，不知产业失落何方。嗣后浙江蔗川祠内修谱捡出合议文契，专人来里经管此业，始知被等之祖助出酿成后患。此凭族中当众核明，将本村脚大路下沙洲地业任凭民祖良泽、良法二支搭柴蓬、造厕所、作种取用，立有公约。被等托民父即往浙江蔗川祠内赎回合议文契。民父路冒风雨，即沾重恙，延医疗治，支绌国币数十元方才病愈。那知被等分文不出，至于民国念二年间凭族中理究，蒙诸友劝止，从前产业已失年久，念在亲属无庸考虑，复立公约，嗣后各管各业，不得争论。至于旧岁冬间该地痞钱让淦纠集人多将民等良泽、良法二支柴蓬拆毁，管业作种。民等故于本年二月间即凭族中理究，该被等当场应诺雇人造就归还原业，迄今置之不理。民等复请保甲族中向理，被等竟敢声言不遵。民等痛思祖妣，因产业被助，无故命遭，冤不能伸，今复违背公约，拆毁柴蓬，业不能管。若由被等似此目无法纪，□为此据实具文，沥情恳请钧长鉴核，俯恤下情，准予追还产业以济营生，则不胜感激之至。谨呈乡长吴。

阳山保沙坦民

以上这份诉状草底，原告应当是钱韵兰之子钱德骥，被告是钱让淦。两份诉状草底为的是同一件事。

**民国歙县［钱韵兰］为赎回前人助与浙江蔗川念修堂产业契据、告浙江来人取钱事信件抄白**①

先世倒行逆施之华炳公生前所为之劣迹何其上苍不佑、斩祀覆宗。前清光绪初年，贵处有起发、先之父子已将此公之实据来我祠内出卖，得受多金，最后声言并无遗据，得徼厚贶，以告推诚。迄今四十余年未闻提及，旧岁贵族辑谱捡出此公墨据，实伪非真，未知是起发父子手内抄录。据中词语不符，历年虽久，泾渭原分，当众议沸腾之际，幸蒙 × 先生力排众议，体谅原情，对众解决，将此据缴□敝处取消，免贻后患，嘱敝处补助贵族公用款数，理宜如期照数奉送来前以昭信义。讵料返舍途中生变，威吓阻劫，未知此举何来？兼之贱恙在身，受此一惊，几乎不保，以致

① 黄山学院收藏《歙县沙坦钱氏文书》，尺寸：232毫米×211毫米。

途舍延医，疗治费去多金，是谁之吝？兹幸托庇告痊，并不计较。但敝处既允之款，必须贵族与各处各派重要妥人来舍领取，定践前言，决不爽约。否则敝处虽有食过虎胆豹肝之人，亦不敢携款来缴，自取危亡。且使贵处肇启衅端，更加惶恐。特将实情沥陈以明鄙意，非敢爽约取咎，实出于万不得已。□此。

奉禀临楮，不胜待命之至，务希示复作何结局，至盼至祷。

以上这封信件，通过同包文书可知为钱韵兰书写。通过以上所引的三份文书，可以还原沙坦钱氏宗族的说法，以及纠纷的由来。首先，可以梳理清楚案件涉及的各方人物，四位先祖分别为钱华炳、钱华林、堂弟钱华书、钱华琎。钱华炳虽无亲生儿子，但诉状中称钱华炳后裔为钱让淦。堂弟钱华书生三子良泽、良池、良法，良泽生二子恭云、恭喜，诉状中称钱恭云后裔为钱韵兰；良池有子恭炳，恭炳有子俭新，俭新生子荣贵、荣昌。诉状中还出现了钱华琎的后裔钱俭源、钱俭福。

歙县沙坦钱氏认为咸丰时华炳没有后裔继承，也不愿过继侄子承祀，因此私下擅自将华炳、华书、华林的产业都出助给了浙江蔗川念修堂即大圭公祠。华林知道后就找宗族房长和亲友出面理论，华炳即往浙江念修堂将华林的产业赎回。而华书生有三子良泽、良池、良法。长子良泽听说产业被出助气急攻心而过世，他的老婆余氏因为丈夫身故，自己一人无法养育二子一女，在自家门前枇杷树上自缢身亡。良泽的三个孩子恭云、恭喜等只得逃往外婆家中，成年后返回故里，自家产业已不知失落何方。后来，华书次子良池偕子俭新与恭云父子商量后，同意拆毁披堘厕所猪栏，由俭新开基创建屋宇，言定水口大路下沙洲准于恭云父子取用。

由信件内容可知，清代光绪初年，浙江淳安蔗川的起发父子曾到歙县沙坦钱氏宗族兜售咸丰时钱华炳订立的合议原件，收到沙坦钱氏的巨款后，声称再无其他文书。

民国二十一年（1932），浙江淳安蔗川念修堂捡出一份墨据，就是前述咸丰元年（1851）华炳所立出助产业合议，于是派专人凭此契前来经管山场屋宇（另一种说法是，浙江蔗川钱氏宗族有乡贤建议将合议交还沙坦钱氏，由沙坦钱氏给点补贴）。沙坦钱氏宗族决议将大路下沙洲地业任凭良泽、良法二支搭柴蓬、造厕所、作种取用。华琎之曾孙钱俭源、钱俭福同钱俭新（也有说华炳后裔本村地痞钱让淦）委托良泽子恭云后裔钱韵兰、钱妙理携款前往浙江蔗川念修堂取赎合议。不料途中钱韵兰身染怪病，医药费耗资数十元。后来，钱俭源、钱俭福、钱俭新将合议收回后，不愿承担钱韵兰的路费和医药费。

民国二十二年（1933），钱韵兰找宗族房长亲友追究理论，族房亲友出面再三劝解。钱俭新忘恩负义，钱俭源、钱俭福则和钱韵兰达成协议，将本村水口大路下沙洲存坐增补韵兰后代，所搭披塅所厕便用。不料，俭新之子荣贵、荣昌（也有说钱让淦等）将水口大路下所搭披塅拆毁，强占地基。钱韵兰之子钱德骥凭族人理论，钱让淦等虽然当场答应雇人修造恢复原样，但是一直置之不理。钱德骥又请来保甲理论，钱让淦竟敢声言不尊。钱德骥于是又向吴乡长申述，要求追回产业。钱韵兰患病，以及由此产生的纠纷，势必对钱韵兰家庭造成严重打击。钱德骥与钱让淦等因此产生的产业纠纷更是后患无穷，使得个人和家庭都走向了深渊。

根据同包文书可恢复民国二十八年（1939）前后的事件。

**一九五一年二月歙县钱德骥为追回钱天德欠款立报告**[①]

报告一九五一年二月　　日

窃我本自然村钱天德，兹在民国十八年十一间，他往遂安买猪贩卖，因款不敷，托民代为暂移款子，约期半月归还。民即向前途邻友代为掉动银币廿八元应他便用。后半月之时，前路征催，民向天德讨取。不料天德不认归还，反以势力压迫。民无法可设，仅得忍痛自凑如数归缴前途。至民国廿八年民受冤屈，被拘伪政府受苦。回家迄今数载，屡向天德讨取，藉以欺骗之势置之不理。民毫无恒产，全家生活均赖开山度日，实属维难。幸今人民政府不容此等份子欺骗人民，兹是备文呈诉，恳祈
钧干鉴核，俯念下情，准予传集钱天德到案，祈追归偿血本，充民寒饿，实为得便。

谨呈

歙县街口区

阳山工作组

阳山村第九组第二户钱德骥泣诉手印

时任甲长钱天德往浙江遂安贩猪，于民国十八年(1929)十一月向钱德骥借款周转，约定半月归还。钱德骥向亲友调动了28元借给了钱天德。不料，钱天德不认借款，

① 黄山学院收藏《歙县沙坦钱氏文书》，尺寸：235毫米×160毫米。

与钱德骥结下了梁子。

### 一九五一年一月歙县钱德骥为民国年间被地痞欺压冤告夺产立报告抄白一[①]

报告人钱德骥现住歙县第十四区阳山村第九组，年五十四岁。窃民命运不幸，无端受累，于过去民国念八年十一月因搭柴棚在沙坦水口大路外，被同族（钱让淦）藉故争执，经过而淦仂之妻有孕，恰值难产，一命呜呼，地方不知者皆谓我触犯人命，有口难分，以致涉讼，饱受囹圄之苦。当事出之际，岂料胡部口恶霸钱恭协冒称本族族长，邀集其子（俭云）俭荣及侄（俭尚）俭培、俭海同族人众，恃其族势，到达沙坦，会同甲长钱天德及地痞（姚水林）胡彩春等抢掳民家中粮食、财物，连屋瓦均被拆卖如洗，仍不满意，还将与民嫡亲之（钱妙德）的家中粮食财物亦抢掠一光。在此淫威之下有冤无处伸，而（钱妙德）亦冤枉受屈，回家病死。民在受监禁之时，(钱妙德)家属会同戚族胡祖祥、胡绍佳等谓我不该犯人命，逼令我侄(奕聚)赔偿损失，(奕聚）无奈只得将我被拆的屋基地交其管业。我因脱离监狱，改受兵役，淘汰回家已有数年，逐年均在开山生产度日。今幸全国解放，有冤可伸，理合报告于右，恳请贵工作组鉴核，赐于传讯各该犯，依法惩办，以杜效尤，而民冤可伸。所具报告是实。

此致

土改工作组

公历一九五一年古正月二十一日报告人钱德骥

### 一九五一年二月歙县钱德骥为民国年间被地痞欺压冤告夺产立报告二[②]

报告一九五一年二月十八日

窃查我自然村沙坦钱淦仂之弟妇妹姣，自在一九四八年陶同志在沅工作，素称地痞，在过去与钱国珍私通淫欲，历有数年。在民国廿八年间民在本村水口余地建舍柴棚，钱国珍、钱天德、胡妹姣、胡彩春等乘机挑唆钱淦仂与民纠纷。该时淦仂之妻刚逢难产身亡，钱国珍等令他乘机控告以民触犯凶殴，即结本族钱俭荣等抢民家中物资抢掳一空之后，复把民拘送伪政府扣押数载，弄得民家毫无寸土。民受此

① 黄山学院收藏《歙县沙坦钱氏文书》，尺寸：238毫米×268毫米。

② 黄山学院收藏《歙县沙坦钱氏文书》，尺寸：234毫米×237毫米。

冤枉服役回家，迄已数年，均赖开山度日，实觉堪怜。钱国珍后往璜蔚居住，胡妹姣又私通钱老四蜜欲奸情，自在一九四八年九月间胡埠口地方组织伪自卫，钱老四当任伪大队部秘书，他等藉以反动势力，民受他痛苦难尽其言。至旧岁十一月间政府在下璜田枪决钱国珍之后，胡妹姣、钱老四、钱天德诬说民不应控告钱国珍，非民控告不致枪决。民该时在淳安顶角尖开山收熟，毫无消息，此事实属无端受怨。在过去情形所受冤屈无处能伸，幸今全国解放，人民政府领导之下穷弱翻身，兹是才敢将前冤屈备文泣诉。恳祈钧干鉴核，俯念下情，准予转呈上级人民政府，传拘该犯，依法核办，诚可达到懦弱翻身之日。不胜迫切，实为得便。

谨呈

歙县街口区

阳山工作组

阳山村第九组第二户钱德骥泣诉手印

根据以上两份报告可知，民国二十八年 (1939) 十一月，钱德骥在本村水口大路外建柴棚（应为前文所述补贴给钱韵兰后人的产业），钱国珍、钱天德、胡妹姣、胡彩春等乘机挑唆钱让淦与钱德骥因柴棚发生纠纷。当时钱让淦妻子恰巧难产而死，钱国珍、钱天德等人唆使钱让淦控告钱德骥伤害致死。在钱德骥看来，钱天德是因为借款纠纷而参与其中以图报复。钱德骥控诉其时，胡埠口恶霸钱恭协冒称族长，邀集其子俭云、俭荣及侄俭尚、俭培、俭海，前往沙坦，与甲长钱天德及地痞姚水林、胡彩春等会合，将钱德骥家中抢夺一空，还抢夺了钱妙德家中的粮食财物。

民国三十年（1941）三月十二日，安徽歙县地方法院法警刘斌因此案奉命前往提拘钱德骥等人，钱德骥、钱广富在族人的帮助下乘机逃脱，钱妙德、钱生泰驱使族人将刘斌捆绑围殴。因此首谋聚众以强暴胁迫脱逃的罪名，钱德骥被判有期徒刑八年。

**民国三十年八月歙县《安徽歙县地方法院刑事判决》**[1]

**安徽歙县地方法院刑事判决（三十年度公字第一〇五号）**

公诉人：本院检察官

---

① 黄山学院收藏《歙县沙坦钱氏文书》，尺寸：282毫米×206毫米。

被告：钱德骥（男，年四十二岁，歙县人，业农，住沙坦）

钱妙德（男，年五十岁，歙县人，业农，住同）

钱生泰（男，年二十九岁，歙县人，业农，住树德村）

选任辩护人：程锦卿律师

右被告因妨害公务逃脱、妨害自由及伤害等罪案件，经公诉人提起公诉，本院判决如下：

**主文**

钱德骥首谋聚众以强暴胁迫脱逃，处有期徒刑八年，其余部分无罪。

钱妙德、钱生泰聚众以强暴胁迫便利依法逮捕之人脱逃，而在场助势，各处有期徒刑七年，其余部分均无罪。

**事实**

本院司法警察刘斌因奉刑庭命，票拘伤害致死一案被告钱德骥、钱广富、钱桂林、钱俭发等四名到庭审讯，而于三月十二日至在逃之被告钱广富家中实施拘捕时，适被告钱德骥亦在该处，当将该两被告一并拘获。钱德骥见已被拘，顿起逃念，比除诡称身有疾病不能行走，以为延不起程之口实外，一面遂遣被告钱妙德佯以雇人舁其到案为词，而阴实使之助其呼朋引类，俾对刘斌实施强暴胁迫，以便其与钱广富相偕脱逃。寻在逃之被告钱让节（即砍柴的）、钱金荣（即害脚的）等数人即先后应召，以至被告钱生泰随即亦冉冉而来。迨至日落天昏，钱妙德岀自外返之际，其余不知姓名者多人亦纷至沓来，伺立路口。众见时机已至，当由不知姓名者二人乘钱德骥诡令刘斌入厨就膳之际，将该钱德骥、钱广富背负而去。刘斌见而拦阻，即被妇女数人蜂起扯住，不令近前，并由钱让节击以木棍使其却步。时钱妙德、钱生泰则跃跃欲试于门首，以为实施强暴胁迫者壮威助势。嗣刘斌于被不知姓名者多人再度围殴捆缚以后，情急呼号，由姚岳钟、胡彩春闻声赶往解下并报。由检察官侦查认被告钱德骥、钱妙德、钱生泰共犯刑法第一百三十六条后段、第三百零二条第二项、第二百七十七条第一项之罪，被告钱德骥并犯同法第一百六十一条第三项，钱妙德、钱生泰并犯同法第一百六十二条第三项后段之罪，提起公诉。

**理由**

……

据上论，结合依刑事诉讼法第二百九十一条前段、第二百九十二条，刑法第一百六十一条第三项后段、第一百六十二条第三项前段、第二百八十七条、第二百七十七条第一项、第五十五条、第五十七条第一款、第四款，刑事诉讼法第二百九十三条第一项，判决如主文。

本件经检察官张叔夜莅庭执行职务。

中华民国三十年八月十五日

安徽歙县地方法院刑事庭

推　事承谷香

不服本判决，应于送达后十日内向本院提出书状上诉于安徽高等法院第二分院。

右正本证明与原本无异

书记官廖金亮

中华民国三十年八月　日

这份民国三十年（1941）八月《安徽歙县地方法院刑事判决》应当是由钱德骥保存的铅印件，原件钤有红色赤印若干。可见，民国三十年（1941）三月钱德骥在钱妙德、钱生泰等族人的帮忙下逃脱法警的拘捕，族人将法警捆缚吊在树上围殴，法警被姚岳钟、胡彩春解救。钱德骥、钱妙德、钱生泰被判有期徒刑后，选择上诉至安徽高等法院。

### 民国三十一年六月歙县《安徽高等法院第二分院刑事判决》①

### 安徽高等法院第二分院刑事判决(三十年度上字第九十二号)

上诉人：安徽歙县地方法院检察官

被告（即上诉人）：钱德骥（男，年四十三岁，做生意，住歙县沙坦）

钱妙德（男，年五十一岁，务农，住同右）

钱生泰（男，年三十岁，务农，住同右）

右指定辩护人：俞崇志律师

右上诉人因被告等妨害公务及脱逃案件，不服安徽歙县地方法院中华民国三十年八月十五日第一审判决，提起上诉。被告等亦分别上诉。本院判决如左：

---

① 黄山学院收藏《歙县沙坦钱氏文书》，尺寸：287毫米×225毫米。

**主文**

上诉人之上诉及被告之上诉均驳回。印

**事实**

钱德骥与在逃之钱广富、钱桂林、钱俭发等共犯伤害人致死案件，歙县地方法院刑事庭派法警刘斌于民国三十年三月十二日前往拘提。是日上午九时许先到钱广富家，适钱德骥亦在其家楼上睡卧，遂将钱广富、钱德骥二人一并拘获。而钱德骥诡称有病不能行走，须雇人抬舁，乃嘱其妻转托钱妙德扬言叫人抬走，实际则暗中叫人埋伏四周。迨日暮天晚，钱妙德与钱生泰二人同阵到来，同时就来了许多人，三个两个都把路口站起，先由在旁之人钱让节等将钱德骥、钱广富二人背走。法警刘斌睹此情状，起而拦阻，竟被屋内男女多人拉住。钱妙德、钱生泰在场助势，就喊大家一起动手，致钱德骥、钱广富得以脱逃。刘斌向钱妙德、钱生泰等等加以责问，不应劫案，群众遂将其捆缚吊于树上施以打击，受有伤痕，大喊救命。幸由姚岳钟、胡彩春等闻声前来解救，抬往其家，并向检察官告发，一面由刘斌回院报告。经检察官加派警队，除钱广富等在逃，俟获案另结外，分别拘传钱德骥、钱生泰、钱妙德到案，侦查终结，提起公诉。印

**理由**

……

中华民国三十一年六月　日

这份民国三十一年（1942）六月《安徽高等法院第二分院刑事判决》也是由钱德骥保存的铅印件，原件钤有红色赤印若干，被挖去一块。安徽高等法院第二分院判决上诉被驳回，维持原判。钱德骥被判八年有期徒刑，钱妙德也被牵连，被判七年有期徒刑。

钱德骥自述身陷囹圄后，于民国三十一年（1942）元月服兵役脱离监狱。钱德骥入伍期间，钱妙德因病去世。

民国三十三年（1944）九月，钱德骥在军队期间，钱妙德妻子钱胡氏和亲戚胡祖祥、胡绍佳等人逼令钱德骥侄子钱奕聚赔偿损失，钱奕聚无奈只得将钱德骥被拆的屋基地增补给钱妙德的妻子。

## 民国三十三年（1944）九月歙县钱俭隆等为口角增补事立合墨[①]

立合墨据人钱俭隆、奕聚、灶寿等，缘因以前德骥与让鉴两面口角，德骥方面诸君到此后至郡城成讼，仍妙德受害而至郡城被受困苦灾难，后来沾恙数月回家已故。是以德骥方面诸君不忍，凭中理论增补妙德沙坦大路后老屋基三股之一外，补国币洋一千八百元，俭隆增补妙德国币洋七百元，而总共增补国币洋二千五百元正以作困苦之费。日后不得异言，此事三面情愿，亦无威逼。恐口无凭，立有合墨一样三纸，各执一纸，永远大发存照。

民国三十三年菊月　日立合墨据人钱俭隆押

奕聚押

灶寿押

张百犬押

胡祖筏押

胡绍佳押

凭中钱妙理押

钱让爵押

钱让成押

钱让义押

钱让焰押

钱奕渊押

依书人潘吉人押

由该份合墨可见，沙坦大路后老屋基三股之一即钱德骥的产业，的确是在他入伍期间被赔偿的。虽然说是情愿之事，实际上可能是存在逼迫的。钱妙德因为协助钱德骥逃脱被判刑后病逝，其家庭也因此遭受重大打击。

民国三十一年至三十四年（1942 ~ 1945），钱德骥通过入伍当兵逃脱了牢狱之灾。但是原本经营药铺杂货、收入尚可的家庭，财产被抢夺一空，父亲钱韵兰过世，家中剩下的母亲、嫂子、叔叔俭理、侄子奕聚、妻子及儿子岩樾、树仂生活窘困。根

① 黄山学院收藏《歙县沙坦钱氏文书》，尺寸：477毫米×400毫米。

据民国三十四年（1945）三月歙县钱氏立信件汇抄[①]可以还原此期间钱德骥经历及其家庭状况。

民国三十四年（1945）三月歙县钱氏立信件汇抄，录有近20份信件等，应为钱德骥于民国三十四（1945）年抄录的民国三十三年至三十四年（1944～1945）间他与亲友的来往书信。信件未按时间顺序抄录，且未标明具体日期。笔者兹根据信件内容推测了大致时间、写信人、收信人，整理了顺序，列表如下。

**民国三十四年（1945）三月歙县钱氏立信件汇抄整理信息一览表**

| 推测时间 | 写信人 | 收信人 | 信件内容 | 备注 |
|---|---|---|---|---|
| 民国三十三年(1944) | 钱德骥 | 某叔 | 钱德骥在外抗日，父亲已过世，母亲写信告知家中经济困难，祖宗遗产由各位叔父经管。希望叔父既然经管就应该鼎力维持，照顾母亲家庭生活 | |
| 民国三十三年(1944) | 钱德骥 | 某叔 | 钱德骥在外抗日，请叔父代为照料母亲，并偿还欠的300余斤租谷 | |
| 民国三十三年(1944) | 钱德骥 | 某叔 | 六月七号收到来信一切知悉。现有上峰命令出征军人之优待金可向本县优待委员会准取。现时在中华民国之军人各处照样，为何徽地无此手续，请叔叔找保长向县府查究 | |
| 民国三十三年(1944) | 钱德骥 | 让成贤弟 | 钱德骥母亲的寿衣被让善借走十年，让善已过世，让善与让成是亲兄弟，请让成尽快置办归还寿衣 | |
| 民国三十三年(1944) | 钱德骥 | 凤翔、松茂二位仁兄 | 钱德骥六月三号寄回家两封信没回音，请二位代询问是否收到；钱德骥所在军队经过宣城，原想请假回家，但五月未曾发饷，准备到南京发饷后再寄钱回家，又担忧被人抢夺；之前请让成归还寿衣，拜托二位仁兄查明是否归还 | |

① 黄山学院收藏《歙县沙坦钱氏文书》，尺寸：131毫米×195毫米。

续表

| 推测时间 | 写信人 | 收信人 | 信件内容 | 备注 |
|---|---|---|---|---|
| 民国三十三年(1944) | 威坪咸春 | 钱德骥 | 告知家中情形,鉴廷知之甚详,他到街源时经常去你家中。大概十一月时鉴廷去姚家坦看戏,也到过你家。你母亲与嫂子、妻子、俭理、奕聚均健康。之前抵押之地今年已赎回一部分,你家也养了一口猪,家庭状况较你离开时好得多;你的嫂嫂听说已在十月间过世;明天鉴廷去街源会将原信送到你家中,再给你回信;写信人明天赴杭州,大约二十号后回威坪,如果汇款到威坪,一定妥当送到你家中,决不有误;你有要事可拍电报,末尾写你字即可<br>月前接到你来函,家中甚为欣慰,出征军人家属书均已收到;领优待费一事,徽州没有听说,不知在哪个机关领取;你家保甲经费历年均未缴纳,本年调查户口你家属于伪半户,附于奕聚之内;让善借去寿衣至今未归还,让成虽然应允但总不归还,希望你下次直接来函质问让成 | |
| 民国三十三年(1944)腊月十三 | | 钱德骥 | 不知你驻扎东乡在何处,未能回信;现在看到你寄威坪咸春的信,知道驻扎之地址,于是回信;你妻子及儿子岩樾、树仂三人均平安,不过家庭状况甚苦寒,缺衣少食,母亲年老近来多病可怜;让成所借之寿衣,听说布已经买好,想来谅能归还;你家庭情况老幼如此,无人照管,我也老迈无能,如果你能请假返里整理更好;如果路远不能回家,有余钱也可汇款若干调济家庭,无论威坪、街口邮局都可兑现 | |
| 民国三十四年(1945) | 钱德骥 | 母亲大人 | 钱德骥当时仍在国民党军队中,告知母亲等国家独立,再返乡侍奉尽孝心 | |
| 民国三十四年(1945)三月初一日 | 钱德骥 | 叔父母大人 | 去年十二月二十八日收到来信一切知悉。国民政府有改编队伍的打算以致没有回信,总在五月间编成。今年军长又发出抗战军人家属书,由县优待委员会转项保甲,请叔父亲收。询问叔父,家中可曾受到旧岁优待家属费?今年政府代电下来每月300元不知我们那里如何办理?以及保甲金费是否免除 | |

**续表**

| 推测时间 | 写信人 | 收信人 | 信件内容 | 备注 |
| --- | --- | --- | --- | --- |
| 民国三十四年(1945) | 钱德骥 | 父母亲大人 | 离家三年，现在扬州，“抗战已八年”“二月中旬委员长(蒋介石)与参谋长(何应钦)、白崇禧三人等在京都会议准备精兵，全中国实有三百余师，编成九十个师也，在近日三月一日完成，年老体弱都准备回家”。如果钱德骥提前回家，就没有证件，请父母原谅。“歙东里洪坑兆昌收” | 此时钱德骥父亲应当已去世，未知何故仍写父母亲大人 |
| 民国三十四年(1945) | 钱德骥 | 俭理叔父母 | 去年十二月二十七日收到你们的回信告知情况，知道母亲经常生病，因为三月军队整编，想拿一张证件再回家，钱款散在外面一时无法团结也没办法汇款，请叔父告知母亲放心，三月上旬一定回家 | |
| 民国三十四年三月七日 | 钱德骥 | 凤翔仁兄 | 于十二月二十四日接到来信，告知家中生活艰难。钱德骥在元月下旬感冒，服了800多元的药才痊愈。钱德骥报告主官，允许他三月返梓。钱德骥希望能拿到退伍证再回家。现金不多，汇款4000元请兄长代为照料 | |
| 民国三十四年(1945)三月十三日 | | 钱德骥 | 去年腊月二十八收到钱德骥来信，告知在外参加抗战，担忧母亲和大嫂安全。写信人于是回信宽慰，并告知“尔所寄来的抗战军人家属证明书已由保长吴焕庭交来” | |
| 民国三十四年(1945)四月十一日 | 凤翔仁兄 | 钱德骥 | 前月由邮局汇来之款，如数收到，当将此款代送你家中；兹因令堂大人年高血衰，时有疾病；你的叔叔也非常想念你，且膝下无人，家事无人照应，希望你能尽快回家 | |

以上可知，钱德骥参加国民党队伍在外抗日期间，家中经济状况窘迫且受尽欺负，产业被叔父侵占、叔父欠款不还、母亲寿衣被借走不还。民国三十四年（1945）二月，国民党方面准备改编精简军队，预计三月一日完成。钱德骥准备等改编完成后，拿到退伍证明再返回家乡。此簿册中，还抄录了一份退伍报告。

**报告**

窃兵因在队瞬眼已是数月，甚蒙各钧座爱戴，另眼看待，兵实不胜感激。只念己力体薄，不能为国效劳，实感愧甚，故乘国家裁兵时机，仰恳钧座鉴核，准予长假返里，续行旧业谋理务，不胜衔环。

谨呈

值日生军士，转呈

排长　　　，转呈

主任　　　，转呈

队长钧鉴

兵某　呈

根据信件汇抄中钱德骥的记载，他所在部队于民国三十四年“六月十六泰县启程，住九陈乡，十七收息，十八收息”“七月五号太县出发，周家楼，六号扬州，七号上午八点钟师长说话，十一点坐船到镇江”。

钱德骥退伍返回家乡后，还曾请求救济和优待。

**呈民国三十六年九月二十七日**

窃于民国三十一年元月间自动入伍陆军第一百四十八旅服务，前后转战疆场三载，于兹抗战胜利后，因年迈力差，蒙本师师长及长官等准予复员退伍，并持有退字第四五六八号证明书为凭。年来因体弱多病，步履艰难，不堪农作，而家无恒产，兼以上有白发老母，下有弱小妻儿，一家数口，行将待敷。为此具文恳请钧长转呈乡所，赐予设法救济优待，俾以乃延而维生计。

谨呈

保长吴

阳山保住民钱德骥

民国三十五年（1946）后，钱德骥返回家乡务农为生，还经常与钱妙德之妻发生口角。

**民国三十六年（1947）四月歙县钱德骥为堂叔妙德之妻胡氏以长凌弱立报告抄白一**①

**报告**

三十六年四月　日于埠北口

事由：以长凌弱，籍端生事，得寸进尺，让无可让，声请救济事

窃民祖居埠北口阳山保第　甲，系退役军人，在乡村专事务农为业，安分守己，曾无不轨行为，素为乡党所深知，毋庸赘述。兹因有堂叔妙德之妻钱胡氏，悍泼异常，时与民寻衅，稍不如意破口大骂，驯致击木相打。民行居晚辈，不敢有欺长行为，时以理喻。而钱胡氏不但不听，反而得寸进尺，专事与民为难，似有纠众逞凶之意。民虽居晚辈，亦不能任其时常凌弱，诚恐一旦被其暗害，连累地方人士，故将钱胡氏泼妇行为与民寻衅情形为此据情呈报。恳乞钧长鉴核作主，赐予喻知钱胡氏无理取闹，阻止野蛮行为以安民懦，不胜戴德之至。

谨呈

长埠乡乡长洪

具呈人钱德骥

可见，因钱妙德之死，以及钱德骥产业被增补于钱胡氏，双方多年来一直纠纷不断，一直到中华人民共和国成立后，1951年钱德骥还多次上告。

**公元一九五一年二月歙县钱德骥为堂叔妙德之妻胡则娣以长凌弱立报告抄白三**②

具报告人钱德骥为以长欺弱，籍端生事，得寸进尺，让无可让。窃民祖居阳山村沙坦，专事务农为业，安分守己，曾无不轨行为，素为乡村所知，无庸赘述。因有堂叔公妙德之妻胡则娣悍泼异常，时与民寻衅，稍不如意破口大骂，驯至击木相打。民行居晚辈，不敢有欺长行为，时以理喻。而胡氏则娣不但不听，反而得寸进尺，专事与民为难，似有纠众逞凶之意。民行居晚辈，以不能任其时常欺弱，诚恐一旦被其暗害，连累地方人士，故将胡则娣泼妇行为与民寻衅情形为此据情报告。

① 黄山学院收藏《歙县沙坦钱氏文书》，尺寸：282毫米×395毫米。

② 黄山学院收藏《歙县沙坦钱氏文书》，尺寸：236毫米×151毫米。

恳请

贵工作组楚理之事

立报告人钱德骥手印

公历一九五一年古二月十八日立

根据前引文书可知，因为清咸丰年间钱华炳捐助产业埋下的后患，造成钱华书后裔与族人的产业纠纷；钱让淦等拆毁钱德骥产业，双方发生纠纷；钱国珍、钱天德、胡妹姣、胡彩春等乘机挑唆钱让淦，诬告钱德骥伤害钱让淦之妻致死；钱德骥被拘捕期间又伤害了法警刘斌，而被判有期徒刑八年；钱德骥通过入伍服兵役逃离监狱；钱德骥服役期间，被拆的屋基地被迫补贴于钱妙德之妻；钱德骥退伍回乡后，又与钱国珍等人常发生纠纷。钱国珍后迁居璜蔚，胡妹姣又与钱老四私通。1948 年九月钱老四担任伪大队部秘书，钱德骥饱受他们的压迫。中华人民共和国成立后，钱国珍在下璜田被枪决。胡妹姣、钱老四、钱天德诬赖是因为钱德骥控告揭发的。钱德骥辩解自己当时在淳安顶角尖开山，毫不知情，无端受冤。于是，钱德骥多次向歙县街口区阳山工作组报告，希望能惩戒这些无赖。由此可见，这些文书虽多为一面之词，但钱德骥的确命运波折、饱受苦难，性格也较为执拗，多次纠缠于往日恩怨中的情况，也从字里行间中呈现出来。

通过以上文书，还原了清咸丰以来钱韵兰家庭史和钱德骥个人经历。早年，钱韵兰还能经营药材、茶叶、杂货，开办私塾，维持生计。然而由于先人的产业纠纷，自民国二十一年（1932）钱韵兰被牵扯进产业纠纷后患病，家庭状况急转直下。民国二十八年（1939）、二十九年（1940），钱韵兰之子钱德骥在胡埠口开办药号德生堂仅两年，民国三十年（1941）又因产业纠纷，42 岁时身陷囹圄后入伍，个人命运波折，家庭也遭受重创。钱德骥返乡后，直到 1951 年仍旧缠诉不断。

《歙县沙坦钱氏文书》真实反映了历史上普通民众日常生活的方方面面，是有价值的日常生活史研究史料。通过对歙县沙坦钱氏文书的梳理和研究，一幅清中期以来新安江流域平民的日常生活图景徐徐展开。根据文书还原了新安江流域平民的宗族活动及家族繁衍、财产交易及赋税活动、经营生计与金融观念、生活消费和人情往来、法律生活、教育生活、信仰世界及演戏风俗、公益活动及跨域交往，以及钱韵兰钱德骥父子家庭生活史的丰富细节。

这种对归户文书的系统研究是否有意义，一直是萦绕于笔者心头思考的问题。笔者认为，研究者依据归户文书还原历史上普通民众的真实生活，虽然常被学界视之为琐碎而无意义，但尽力重组看似零碎的片段，却能使被淹没的平民在历史长河中发出应有的声音。类似的日常生活史基础研究越来越多，终会将各阶层各地域的平民之歌汇聚成华丽的篇章。对文书的整理和研究是学术金字塔的最底层，由梳理单包归户文书开始聚沙成塔，总会在当下或未来有益于地方经济文化发展和乡村振兴。这样的研究不是有用和无用的争辩，而是应该更多地重视。

# 余论　新安文书所见区域一体化

民间文书，一般是按照遗存的地理空间来区分和命名。在本书行文中，将新安江上中下流域遗存的文书视为同一文化系统，未做明确区分。客观上，新安江上游的徽州文书发现较早，以数量多、质量高而著称；新安江中下游文书面世数量不多，具有挖掘的潜力和空间。两者在形式上略有差异，在内容上极为相仿，存在着不可分割的联系，反映了区域内在一体性。

## 第一节　新安江中下游流域归户文书及比较分析

新安江中下游文书数量不多，归户性较强，兹将部分新发现的归户文书做一简介。

**部分新安江中下游流域归户文书简介一览表**

| 名称 | 收藏单位 | 份数 | 文书起止上下限 | 地点 | 内容及特点 |
|---|---|---|---|---|---|
| 淳安县琅川方氏文书（包号:45） | 黄山学院 | 47 | 清康熙十五年(1676)<br>清乾隆六年(1741) | 今浙江省杭州市淳安县瑶山乡琅坑源村 | 主要为土地等事产买卖文书，以卖田、卖山赤契较多 |
| 淳安县琅川方氏文书（包号:52） | 黄山学院 | 119 | 清顺治九年(1652)<br>清同治四年(1865) | 今浙江省杭州市淳安县瑶山乡琅坑源 | 45与52应为同一户文书。大部分为土地关系与财产文书，以卖田、卖山契较多 |

续表

| 名称 | 收藏单位 | 份数 | 文书起止上下限 | 地点 | 内容及特点 |
|---|---|---|---|---|---|
| 遂安十五都浯溪鲍家鲍氏文书 | 刘伯山 | 262 | 清康熙五年(1666)<br>1950年 | 今浙江省杭州市淳安县浪川乡浯溪鲍家村，为鲍氏聚居地 | 田地山场等买卖契约较多，各种清单、日用收支账单、租谷账簿较多，比较完整地反映了清至民国时期鲍氏家族的日常生活 |
| 淳安五都一内图蘭川庄徐氏文书 | 刘伯山 | 144 | 清嘉庆八年(1803)<br>民国二十四年(1935) | 疑为今浙江省杭州市淳安县威坪镇旗山村徐家坞自然村 | 文书类别较丰富，除了产业买卖外，还有赋税、宗族、民俗、民间信仰文书，遗存有较多的日用支出账簿、商业经营账簿。徐氏家族应以经商为生，主要经营杂货销售、粮食山货柴火纱布收购贩售、衣物典当、借款生息等业务，种类繁多。且有与徽州地域商贸往来。该地还有呼猖的习俗 |
| 遂安十七都一图康塘洪氏文书 | 刘伯山 | 81 | 清道光二十六年(1846)<br>民国三十四年(1945) | 今浙江省杭州市淳安县姜家镇霞社村康塘自然村 | 据查，朱熹曾经三次前往康塘，与当地洪氏家族交往颇深，留下不少诗文墨宝。田地产业交易文书较多，宗族、教育文书比较突出，有阄书、祖墓图、手抄宗谱、宗族合同、私塾教材等 |
| 遂安十六都全朴村一图王氏文书 | 刘伯山 | 79 | 清康熙七年(1668)<br>民国辛未年(1931) | 今浙江省杭州市淳安县浪川乡全朴一带 | 多为土地财产交易契约和赋税凭证 |
| 淳安七都三图永丰庄徐氏文书 | 刘伯山 | 113 | 清乾隆六十年(1795)<br>1951年 | 今浙江省杭州市淳安县威坪镇凤凰村凤坡自然村 | 多为土地财产交易契约、阄书、账册等 |
| 淳安七都一图黄石潭徐氏文书 | 刘伯山 | 30 | 清同治元年(1862)<br>民国三十三年(1944) | 今浙江省杭州市淳安县威坪镇黄石潭自然村 | 为土地财产交易契约 |

续表

| 名称 | 收藏单位 | 份数 | 文书起止上下限 | 地点 | 内容及特点 |
|---|---|---|---|---|---|
| 淳安迁昌化十一都田干脚陈氏文书 | 刘伯山 | 46 | 清同治八年(1869)<br>民国三十六年(1947) | 今浙江省杭州市临安区清凉峰镇马啸乡大鹄村 | 多为土地财产交易契约和赋税凭证，有民国七年(1918)滚灯章程记录了当地的滚灯仪礼 |
| 淳安十七都光昌边一带张氏、刘氏文书 | 刘伯山 | 18 | 清同治三年(1864)<br>1953年 | 今浙江省杭州市淳安县光昌边村 | 为土地财产交易契约 |
| 淳安县王阜乡郑中村邵氏文书 | 刘伯山 | 20 | 民国十五年(1926)<br>民国三十六年(1947) | 今浙江省杭州市淳安县王阜乡郑中村 | 为土地财产交易契约、阄书等 |
| 淳安县威坪镇石川村徐氏清后期至民国类书 | 刘伯山 | 3 | 清中后期<br>民国 | 今浙江省杭州市淳安县威坪镇石川村 | 祭祀、契约、礼仪类书 |
| 遂安十都交界开化六都柴塘汪氏文书 | 刘伯山 | 16 | 清乾隆三十一年(1766)<br>1951年 | 今浙江省衢州市开化县柴塘村 | 为土地财产交易契约、阄书等 |
| 遂安十二都西乡殿前陈氏、刘氏文书 | 刘伯山 | 27 | 清道光二十三年(1843)<br>1960年 | 疑为浙江省杭州市淳安县浪川乡狮古山村陈家村 | 为土地财产交易契约、阄书等 |
| 遂安十二都一图汾口一带郑氏文书 | 刘伯山 | 15 | 清光绪三十年(1904)<br>民国二十九年(1940) | 今浙江省杭州市淳安县汾口镇一带 | 为土地财产交易契约、账单、族谱等 |
| 遂安十六都一图马石庄王氏文书 | 刘伯山 | 49 | 清光绪二十四年(1898)<br>民国二十九年(1940) | 今浙江省杭州市淳安县浪川乡马石村 | 为土地财产交易契约、阄书等 |
| 遂安芳梧乡鲍家村鲍氏文书 | 刘伯山 | 12 | 清光绪七年(1881)<br>1952年 | 今浙江省杭州市淳安县浪川乡鲍家村 | 为土地财产交易契约 |

以上所列新安江中下游归户文书，有方、鲍、徐、洪、王、陈、汪等姓，其中方、王、徐、洪均为今淳安县人数较多的姓氏。从地域分布来看，有淳安县东北及西南，

有的与歙县陆路接壤。

将本书所引文书做一简要比较，可见徽州文书与中下游流域遗存的文书在形式上有各自的习惯性表述：首先，在买卖契约表述中，徽州文书习惯用“契”或“契约”来表述，而在新安江中下游流域多次出现“契推”。如清道光二十三年（1843）五月洪允泰立卖猪栏契。[①] 其次，文书可见，徽州常使用“伪”来做人名称谓后缀，新安江中下游流域则倾向使用“边”。如民国十五年[休宁]刘囡伪立抵稻苗批。[②] 前引清道光十一年（1831）二月鲍阿王氏立卖厕所契推，[③] 则使用了“契推”，称“堂伯　先边”。但两者并不存在本质的差异，在文书的体例和内容上内在一致性更加显著。新安江中下游流域文书虽然相较而言品相不够好，保存不够完善，书写多拙劣，内容不足繁复，但仍涵盖了土地关系与财产、赋税、商业、宗族、官府、教育、会社、社会关系、民间文化、其他 10 个大类，囊括了历史上乡村日常生活的方方面面。

## 第二节　新安文书所见区域互动

新安江上游流域大量发现的徽州文书，是迄今所知国内遗存数量最多、质量最高的民间文书群。其发现、收藏与整理可以追溯至 20 世纪 50 年代，利用徽州文书开展学术研究取得的成果更是硕果累累。作者在研究之初也存在疑惑，新安文书的概念是否足以成立。但随着研究的展开，这一问题的答案即存在于文书之中。

### 一、血缘相系

由于地理位置毗连相近，历史上新安江流域存在着频繁的氏族迁移活动，上游远祖迁往中下游，中下游又迁回上游定居。支分派衍，千丁之族散布于新安江流域

① 清道光二十三年五月洪允泰立卖猪栏契，刘伯山收藏《淳安八都交界歙县三十二都大坦洪氏文书》，尺寸：438毫米×378毫米。

② 民国十五年[休宁]刘囡伪立抵稻苗批，黄山学院图书馆收藏，编号：1.10.3–F7215–0002，包号：212，尺寸：385毫米×399毫米。

③ 清道光十一年二月鲍阿王氏立卖厕所契推，刘伯山收藏《遂安十五都浯溪鲍家鲍氏文书》，尺寸：240毫米×500毫米。

群山之中；时间荏苒，宗族后裔又发生着千丝万缕的联系。比如本书第六章，根据方志及归户文书还原的歙县钱氏迁移路线。钱氏南宋绍兴中叶从歙县迁居淳安县蓝田，南宋开禧年间自淳安县蓝田迁至淳安县蔗川，明洪武年间有一支后裔回到了歙县街川。歙县沙坦钱氏后裔曾于清咸丰年间将产业出助于淳安蔗川祠堂，以至于清末民国时期钱氏后裔和淳安蔗川钱氏来往解决问题。这样的案例不胜枚举。根据《歙县志》统计，方、汪、叶、章、吕、洪、项、胡、姚、柯、邵、钱都有这种宗族迁移活动，其中以方、洪、胡、钱氏的迁入迁出较为频繁。[①] 而根据《淳安县志》的记载，方、王、汪、郑、吴、叶、张由徽州迁入，除歙县外，王、汪姓均有从婺源迁入的后裔。[②]

淳安县浯溪鲍家的鲍氏敦睦堂内景（2018年10月24日摄）

## 二、水陆相通

位于新安江上游的休宁、歙县、绩溪与中下游的淳安等地地缘相接、水缘相连，水路陆路的相通促进了人流、物流、信息流的沟通。

① 歙县地方志编纂委员会：《歙县志》，黄山书社，2011年。

② 淳安县志编纂委员会：《淳安县志》，汉语大词典出版社，1990年，第95～96页。

## 清乾隆年间潘氏出卖淳安县田地契约一览表

| 时间 | 卖主 | 买主 | 字号 | 土名 | 推税户 | 收税户 | 田税 | 价格 | 原契尺寸(毫米) |
|---|---|---|---|---|---|---|---|---|---|
| 乾隆五十一年(1786)十一月 | 潘兴佳 | 洪君如 | 玉字二百号、二百二十号、二百二十二号、二百三十三号 | 淳邑八都一图大舍村庄坞源 | 八都一图西山庄潘惟上户 | 本都里东山庄洪户 | 一亩零四厘(一半) | 七折钱十四两五钱 | 510×411 |
| 乾隆五十二年(1787)二月 | 潘兴仁 | 洪君如 | 玉字二百号、二百二十号、二百二十二号、二百三十三号 | 淳邑八都一图大舍村庄坞源 | 八都一图西山庄潘惟上户 | 本都里东山庄洪户 | 一亩零八厘(四股之一) | 七折钱七两二钱五分 | 505×418 |
| 乾隆五十二年(1787)五月 | 潘兴佳 | 洪君如 | 玉字二百号、二百二十号、二百二十二号、二百三十三号 | 淳邑八都一图大舍村庄坞源 | 八都一图西山庄潘惟上户 | 本都里东山庄洪户 | 一亩零八厘(四股之一) | 七两 | 505×412 |
| 乾隆五十四年(1789)闰五月 | 潘兴仕<br>潘兴佳 | 洪君如 | 腾字四百十三号 | 淳邑七都一图庄坞口鳅形 | 八都一图西山庄潘惟上户 | 本都本图大坦庄洪玉远户 | 九分八厘一半，四分九厘 | 十三两 | 480×400 |
| 乾隆五十六年(1791)九月 | 潘兴仁 | 洪君如 | 腾字四百十三号 | 淳邑七都一图庄坞口鳅形 | 本都本图西山庄潘惟上户 | 本都本图大坦庄洪玉远户 | 九分八厘四股之一，二分四厘半 | 六两五钱 | 480×415 |
| 乾隆五十六年(1791)十二月 | 潘兴佳 | 洪君如 | 玉字一千零三十号 | 淳邑八都一图打尧坞名 | 本都本图西山庄潘惟公户 | 本都本图大坦庄徽置户 | 四亩一分六厘(四股之一) | 二十六两 | 484×396 |

刘伯山收藏的《淳安八都交界歙县三十二都大坦洪氏文书》出自歙县三十二都一图的大坦，其中有6份为清乾隆年间潘氏出卖淳安县田地的契约文书，见上表。

以上文书可见，歙县里东山的洪君如多次购买了位于淳安县八都一图的田地，田税则从淳安县八都一图西山庄潘惟上户推入里东山庄洪姓户。通过《歙县志》以及同包文书信息，可以确定里东山、大坦均为今天金川乡合丰村下的自然村和小地名；淳安县八都大致位于今天的淳安县王阜乡，王阜乡金家岙村附近有小地名西山脚，正与里东山接壤。由地图可见，歙县里东山与淳安西山脚毗邻，定居交界处的徽州人也会购买淳安土地。可见，新安江流域内地缘接近处的经济往来更频繁。

徽州人特别是徽商，通过水陆交通要道走出大山。如前所述，歙县沙坦村与原遂安地域毗邻，两地居民常常通过横坞岭来往交通。清光绪二十三年（1897）歙县沙坦、姚家坦、遂安县双溪口等地居民就共同出资出工修路造亭，以方便来往的旅客。这些县域接壤处的交通要道，历史上大多由周边居民共襄义举、筹资修建。这些都是地缘相接的见证。

历史上水路交通对于人员、货物运输更加便捷有效。新安江一衣带水，有效沟通了上下游的人流、物流和信息流。如前引民国休宁程厚志抄《杭省武林门至休宁屯溪水程一览表》、吴柏淮记《水路程》抄录了杭州武林沿着新安江一路上溯至屯溪的水路路程，沿岸居民无不从中受益。如歙县胡埠口、沙坦周边居民就从街口乘船，经威坪、严州、桐庐，至杭州中转至上海，最终到达普陀山朝拜。可以想见，历代徽州人正是沿着同样的水路外出学习、经商。《徽河零货捐小史》反映了徽州商人仰赖新安江水路贩运货物，又因沉重的零货捐负担，与浙江兰溪、严州及省级官府部门展开角力。这种水陆相通密切了新安江流域之间的人际交往、货物流通、文化交流，加强了地域间的互动和交融。

**三、文脉相容**

由秦至隋，淳安、遂安与徽州地域一直属于同一行政区划，梁普通二年（521）寿昌也曾属新安郡。直到隋开皇九年（589），上游的徽州与中下游的淳安、建德才剥离了行政隶属关系。从历史发展的角度来说，新安江上中下游的社会发展趋势和历史文化积淀具有强相关性。本书中不同类型的各地文书也进一步说明了新安江上中下游的民风民俗、文化传统、制度习惯同出一源、路径趋同，语言文化上也同属于徽语区。

血缘相系强化了社群认同，水陆相通密切了区域互动，文脉相容奠定了精神归属，由此新安文化的内在一致性得以确立。新安文书并不是徽州文书与新安江中下游流域文书的简单加总，其外延和内涵是一致而自洽的，应当将新安江流域视为研究的对象，从整体上把握该流域形成和遗存至今的文书档案，拓展新安江中下游流域文书研究的深度和广度，展示新安江流域的区域互动与历史发展。

## 第三节　新安文书整理和研究的省思与前行

笔者自2003年开始接触徽州文书整理，曾对阄书、算法杂抄、宗族文书、揽戏约等有过研究和论述，但徽州文书内容极为丰富，非一人一时可以穷尽所有类别，对囫囵吞枣、不求甚解的研究水平自觉惭愧。在本书的研究和写作过程中，笔者对民间文书的体系、分类等实践和理论，一边摸索学习，一边探求思考，申请立项了安徽省社科规划项目“新安江中下游流域文书整理及研究”（AHSKY2019D117），本书也是该项目的最终成果。

徽州文书整理和研究硕果累累，《徽州文书档案》《徽州文书类目》等论著建构了徽州文书整理和研究的框架，展示了很多历史价值较高、特色鲜明的文书史料。本书对这些学术成果多有参考和借鉴，为了拓展文书研究的范围，更倾向于采用了新发现文书，比较多地利用了清至民国时期的文书。如果读者有进一步探索的需求，亦推荐本文所引用的相关论著，用于深入学习徽州文书的理论知识、领略民间文书的丰富性。

本书试图通过分类研究和归户研究，给予新安文书以全景式的描述。中国社会科学院历史所在整理和研究中形成的分类标准和规则，奠定了文书内容分类法的基础，其他的内容分类法都是在此框架上的增益和补充。这种按照文书形式和内容进行定名和分类的方法成为了通行的规则。在实际操作过程中，内容分类法一般遵循指名和用途原则，即文书中出现的首行文字或标题可作为其名称，而当名称不明确时又按照文书的具体内容和用途为其定名。这种定名和分类的方法在大部分标准文书范畴内有其便捷性，但在一些特殊情况下又不得不反复踌躇和斟酌。主要体现在：1. 指名的定名方法有陷入穷举式的困境，新安文书的内容和形式极其丰富，无人敢对确切的文书数量下定论，也无人敢说自己见过所有形式的文书，往往是出现未见过的体例和内容，又得增加新的类别，难免存在悖于分类学逻辑的风险。2. 内容分类法往往按照文书名称进行分类，但文书的撰写虽然大多遵循约定俗成的契式，实操中却又存在很多变异和讹误，有时名称和内容、功能并不相符，直接按照名称分类就达不到准确如实的标准。3. 有些文书具有多个类别的特性，这种跨类别的文书一般按照就少原则归类，以突出其独特性，存在着以偏概全的情况。4. 如果设置分类时兼顾名称与内容，又存在一定程度的逻辑混乱。按照内容开展分类研究的优势在于掌握大量文书的基础上，可以开展系统的比较研究，从而对某一领域或某一专项进行深入的剖析与探讨，比如以长时间跨度的卖田契可以分析纵向上的银价波动、通货膨胀等问题，以各县的文书契约可以开展横向上的异同比较。

2018年10月24日，刘伯山（中）在浯溪鲍家翻看鲍氏宗谱

归户分类方法则绕开了内容分类的路径，从来源和归属上确定为某一共同主体就可以归入某一户文书中，整理者只需确定年代和名称即可。优点在于研究者可以借此对某一村落或某一宗族展开全面而系统的研究，是现成的宗族史、家庭史、日常生活史史料。不过，由于归户文书的体量巨大，没有细致而深入地整理和分析难以穷尽全貌；从内容分类研究角度切入，在检索和利用史料上难度较高。

内容分类法和归户分类法各有优缺点，内容分类法对整理者的要求较高，便于后续深入研究的展开；归户分类法则要求整理者对于地域信息熟稔，能够开展一定的田野调查活动。在文书的具体利用和研究中，往往会综合运用这些分类方法。本书遵循内容分类法试图展现新安文书的全貌，通过引用大量新发现文书介绍文书的体例、用途，以及相关背景和理论知识；同时又利用归户文书个案描绘新安江流域乡村平民的日常生活图景，在日常生活史研究领域进行探索。本书的编撰和行文始终追求具象化、通俗化，尽力浅显易懂地表述古代文书中詟牙诘屈的文字语言，尽力解读指明民间文书中的俗字、土话、民俗，尽力阐释说明文书涉及的现代语境中不易理解的制度、习惯、文化，尝试让最广大的读者受众认识文书、理解文书，进而以文书为媒介了解基层社会历史实态，树立正确的历史观、价值观。同时本书也坚持遵守真实、科学、严谨的学术道德和学术规范，尽力搜集和识读第一手文书史料，正确规范引用文献和既有研究成果。由于个人的局限性，本书在文书识读、理论研究等方面可能存在着一些不足和错误，请各位方家批评和指正。

在本书的研究和写作过程中，笔者常常思考，今天收集、整理、研究历史上形成的民间文书，除了为学术研究提供丰富史料、传承历史文化遗产之外，还有哪些现实的意义和价值？怎样使遗存的史料焕发生机和活力？

**一、新安人日常生活图景的再现**

民间文书的可贵性就在于自上而下的宏观叙事之外，呈现了基层社会平民日常生活的丰富细节。既有的研究成果侧重于最早的文书、最稀见的文书、最珍贵的文书、高官大户的文书，或者是体量较大、特色鲜明的文书，研究的视角多倾向于对正史的注脚、增益、考辨、订正。但是新安文书，再加上近年浮出水面的清水江文书、太行山文书等，民间文书的体量可以几十万份计算，这几十万份的民间文书中被认为具有较高历史价值、学术价值的比例可能并不高。那么其他不被视为珍贵稀见的大量的文书，被妥善收藏、整理出版后，是否就束之高阁、无人问津了呢？整理这些小商人、小地主、读书人、农民、工匠甚至佃农的文书，意义何在呢？这些在整理研究的工作中常常产生的疑问，除了能为研究者带来收益之外，这些看似细微平凡的文书更具有悠远深长的意味。专家学者可以从起居注、官方史书、历史文献中，还原皇帝、高官等人士的生活状态，对统治阶级做出白描式的记述，为某些至关重要的人物著书立传。与之相比，民间文书提供了平民日常生活丰富的细节，为研究民间社会日常生活史提供了史料来源。对一个家庭、一个宗族、一个村落的文书展开深入而系统的研究，跬步千里、聚沙成塔，那些细小而普通的身影将会越来越清晰、越来越鲜活。这些平凡的人来过、存在过，正是他们的生活、创造汇聚成了历史长河。而通过对新安文书的深入开发和研究，新安江流域一个个小山村的日常生活图景得以徐徐展开。

**二、新安文化构建和研究的基石**

新安文书数量巨大、内涵丰富、跨度时间长，涉及经济、政治、文化、社会生活等方方面面，为新安文化各领域的研究提供了丰富的史料。以新安文书为依据，新安文化的内在一致性得到充分的论证。研究新安文化只能以文书展示的历史实态为依据，结合方志文献、田野调查，进行探索、分析和归纳。构建新安文化的宏大体系，凝练新安文化的内涵与特色，推展新安文化的外延，也应当从真实的新安文书中汲取精华。

**三、新安江流域乡村振兴的宝藏**

构建新安文化的目的是提振区域经济、社会和文化的发展。自古以来，新安江流域就是以山林经济为基石，未来发展的重点和关键在于解决好农业、农村、农民问题。拥有丰富历史遗产的乡村，如宏村、西递，借助旅游文创实现飞跃；拥有独特物产资源的乡村，如三阳、三潭，通过电商、交通、物流探索农业经济的发展；文化和自然遗产积淀不多的一般乡村显现出趋同化、盲从化、虚构化的乱象；而更多路尽头的山村，则面临着人口迁移和空心村的问题。在乡村振兴战略的引领下，是探索城乡融合的道路，还是引进、发展业态，强化农村自生力，还是传承发扬农耕文明，抑或创新乡村治理体系，关键和重点都是尊重历史、结合实际、凝练特色。而新安文书是新安江流域乡村历史记忆的真实记录，保存了传统村落独特的文脉发展，饱含传统乡村社会治理丰富的历史经验。只有真实而独特的历史文化传统，才是最有价值、最具生命力的源泉。每一个乡村都可以从新安文书中提炼出独具特色的文化传统和开发利用的真实材料，探索出一条差异化的乡村振兴之路。

最后，本书资料的搜集得到了周晓光、翟屯建、刘伯山、马勇虎、淳安县领导，以及黄山学院的大力支持和帮助，对此表示衷心的感谢！本书校对成于母亲灵前，谨以此书对辛勤养育的父母赵八斤、郑桂英致以最大的感恩与敬意！